# 增长曲线模型及其扩展

胡建华　柳福祥　辛　欣　著

本书获得上海财经大学“中央高校双一流引导专项资金”和“中央高校基本科研业务费”资助出版，同时部分获得国家自然科学基金面上项目（基金编号：11571219）的资助以及上海财经大学创新团队基金支持

科 学 出 版 社
北 京

## 内 容 简 介

增长曲线模型是一种用于分析和描述具有短、中期时间序列的随时间重复测量或纵向数据中响应变量变化轨迹的统计工具。特别适用于研究个体或群体如何随着时间的推移、变化或发展，在生理学、心理学、教育学、医学和生物学等各个领域有着广泛的应用。本书内容包括增长曲线模型、多元线性与增长曲线混合模型、嵌套可加增长曲线模型、正交可加增长曲线模型和多元增长曲线模型等，以极大似然和广义最小二乘法为基本主线阐述参数的估计、假设检验及其估计的大小样本性质。

本书适合作为多元统计分析、数理统计、统计学等专业方向研究生（含本科高年级）课程的教材或参考书，也适合作为从事生物学以及相关专业研究工作者的参考书。

**图书在版编目 (CIP) 数据**

增长曲线模型及其扩展 / 胡建华, 柳福祥, 辛欣著. — 北京 : 科学出版社, 2025.2. — ISBN 978-7-03-081407-4

I. C815

中国国家版本馆 CIP 数据核字第 2025E4F952 号

责任编辑：王丹妮 / 责任校对：贾娜娜
责任印制：张 伟 / 封面设计：有道设计

科学出版社出版
北京东黄城根北街 16 号
邮政编码：100717
http://www.sciencep.com
天津市新科印刷有限公司印刷
科学出版社发行 各地新华书店经销
*
2025 年 2 月第 一 版 开本：720×1000 1/16
2025 年 2 月第一次印刷 印张：16 1/2
字数：332 000

**定价：180.00 元**

（如有印装质量问题，我社负责调换）

# 前　言

不同时间或空间的重复测量指对同一组个体或样本在不同时间点或空间点进行的多次观察测量，利用重复测量数据可以跟踪个体或样本随着时间的推移而发生的在特定变量（如身体发育、认知能力、心理幸福感）上的变化，从而揭示出特定变量随时间变化的模式、趋势以及各时间点之间特定变量值的相关关系。这种跟踪观察可以帮助人们理解（感兴趣的）特定变量变化过程中的关键阶段、转折点以及影响发展的因素。

增长曲线模型是一种用于分析和描述具有短、中期时间序列的随时间重复测量或纵向数据中的特定变量（统计学常用术语响应变量）变化轨迹的统计工具。假设响应变量随着时间按照特定的模式或轨迹系统地变化，其基本思想是引入基本函数（如多项式）来捕捉随时间观察测量的响应变量变化的增长模式。这个模型特别适用于研究个体或群体如何随着时间的推移、变化或发展，在生理学、心理学、教育学、医学和生物学等各个领域有着广泛的应用，研究人员在这些领域中感兴趣的是理解和预测发展轨迹、治疗效果以及响应变量（结果）的纵向变化。

本书旨在介绍增长曲线模型及其扩展模型，涵盖经典的增长曲线模型、多元线性与增长曲线混合模型、嵌套可加增长曲线模型、正交可加增长曲线模型和多元增长曲线模型。以极大似然和广义最小二乘法为基本主线叙述参数的估计、假设检验及其估计的大小样本性质。力争把各模型现存极大似然和广义最小二乘方法与理论的基本概貌呈现给读者，并使读者在理解增长曲线模型的基本理论和基本方法的同时了解相关增长曲线模型研究的现状和挑战。

全书共分八章。第 1 章叙述增长曲线问题的来源，增长曲线模型的创立，可加增长曲线模型的现实需要，多元线性与增长曲线混合模型的建立，嵌套可加增长曲线模型的发展，正交可加增长曲线模型的提出以及多元增长曲线模型的延拓。为展示模型的适用性列举了若干示例并收集了若干实际数据，同时提供了对各模型有选择的但力求反映其基本发展概貌的相关文献综述。

第 2 章涵盖增长曲线模型正态随机误差下参数的极大似然估计，三种模式协方差结构的极大似然估计，拟合优度检验，复合双线性假设检验，已知协方差的一阶参数广义最小二乘估计，误差分布未知时一阶参数复合双线性变换两步广义最小二乘估计及其渐近性质。

第 3 章阐述协方差外积最小二乘法及其在多元统计模型中的应用，分别应用外积最小二乘法到增长曲线模型以及具有特殊结构协方差的多元线性模型, 两类模型的协方差外积最小二乘估计及其性质, 增长曲线模型一阶参数两步广义最小二乘估计与大样本性质, 数值模拟计算以及实际数据分析。

第 4 章涉及增长曲线模型的变量选择方法, 首先介绍假设检验型变量选择方法。然后介绍利用正则化技术, 基于群组 SCAD(smoothly clipped absolute deviation, 平滑削边绝对偏离) 惩罚的广义最小二乘三级惩罚变量选择方法, 后者将一阶参数矩阵的行和列作为具有特别重叠的群组分别来选择变量和控制多项式阶数, 该方法可同时确定剖面矩阵多项式的阶数, 识别重要的解释变量和估计一阶非零参数, 通过选择适当的调节参数, 可以得到该方法的 Oracle 性质和估计的相合性。最后展示围绕正则惩罚变量选择方法的模拟计算与实际数据分析。

第 5 章蕴含多元线性与增长曲线混合模型正态分布随机误差下参数的极大似然估计, 拟合优度检验, 参数线性假设检验, 复合双线性假设检验, 随机误差分布未知时协方差外积最小二乘估计, 一阶参数的两步广义最小二乘估计及其大样本性质, 相关的模拟计算与实际数据分析。

第 6 章介绍嵌套可加增长曲线模型正态随机误差下参数的极大似然估计, 协方差的外积最小二乘估计及其性质, 误差分布未知时一阶参数两步广义最小二乘估计及渐近性质, 两方法所获估计性能比较的模拟计算, 最后是实例分析。

第 7 章介绍正交可加增长曲线模型正态随机误差下参数的极大似然估计, 协方差的无偏不变估计与一阶参数的广义最小二乘估计, 随机误差未知时一阶参数两步广义最小二乘估计及渐近性质, 相关的模拟计算与实际数据分析。

第 8 章涉及多元增长曲线模型随机误差分布未知时协方差矩阵的外积最小二乘估计, 一阶参数的可行广义最小二乘估计, 一阶参数带约束的估计和最优子集选择, 实际数据分析。

胡建华负责全书的统筹、内容的选取和写作以及最后全书的勘正审核, 柳福祥参与第 3、第 5、第 6 章的写作和全书手稿的校正, 辛欣参与第 4、第 8 章的写作和全书手稿的校正。本书使用的记号说明见附录 B。

1999 年 11 月 28~30 日, 世界著名的菲尔兹数学科学研究所 (Fields Institute for Research in Mathematical Sciences) 组织全球最活跃的多元统计分析学者举行了一场有关现代多元统计分析的研讨会, 本书第一作者胡建华随同受邀请的加拿大多元统计分析学者 Chi Song Wong 教授一起参加了包括全球多元统计分析领域顶级学者参加的学术研讨会。在这次研讨会期间, 作者认识了包括 Theodore Wilbur Anderson, Donald Fraser, Nancy Reid 和 Dietrich von Rosen 教授等在内的多位世界级的著名学者。研讨会期间在一次由 von Rosen 教授组织的邀请午餐中, 作者第一次接触与了解到了增长曲线这个模型的基本内容, 也认识了首先提出嵌套可加增长曲线模型的 von Rosen 教授。与此同时, 一位学者在交流时强调, 增长曲线模型不仅在生理学、医学和社会科学等许多领域有广泛的应用，在军事领域也有重要应用。这位美国学者正在与美国军方合作一个重要的项目，因保密的约束，项目细节不能详述。这次参会经历和增长曲线模型在军事上有重要用途的说法对作者后来把增长曲线模型作为研究多元统计分析的一个研究方向有着极大的潜在影响。在随后十多年的针对增长曲线模型的学术研究过程中，因学术交流，2010 年 7 月 11 日，von Rosen 教授来上海财经大学统计与数据科学学院做学术演讲，对各自增长曲线模型新的研究成果的评论，以及 von Rosen 教授多次当面邀请作者访问他和他从教的瑞典农业科学大学 (Swedish University of Agricultural Sciences)，建立了与 von Rosen 教授较为密切的学术联系与个人友谊，作者的研究工作也多次获得 von Rosen 教授的认可与赞赏，这些不仅让作者受益匪浅，更极大推动了学术积累与提升。在此，作者谨向 von Rosen 教授致以最诚挚的感谢。2024 年 3 月 1 日至 5 月 25 日在多伦多大学 (University of Toronto) 访问期间，再次来到位于加拿大安大略省多伦多市市中心、毗邻多伦多大学主校区的菲尔兹数学科学研究所，重游故地，追忆二十五年前那场大咖云集的多元统计分析学术盛会。

本书是作者对增长曲线模型这个专题十多年研究的一个总结。因作者各方面的局限性，撰写的拙著管窥之见，疏漏和不足在所难免，敬请读者批评指正。

全书以作者和合作者多篇公开发表的论文为主体内容，我们的合作者包括上海财经大学的尤进红教授、加拿大布鲁克大学 (Brock University) 的 S. Ejaz Ahmed 教授、纽布伦斯威克大学 (University of New Brunswick) 的 Guohua Yan 教授等，他们多年来与我们的科研合作以及提供的帮助，使我们受益良多，借此向他们表示衷心的感谢！

最后感谢我们的家人长期以来对我们科研和教学工作的支持与理解，他们背后的默默支持和鼓励，使我们能够充分投入时间和精力，获得专著所涉及科学问题的相关研究成果，并以此为基础精心完成全书的撰写。

胡建华 (上海财经大学)

柳福祥 (三峡大学)

辛　欣 (河南大学)

于 2024 年 5 月

# 目　　录


**第 1 章　增长曲线问题** ······ 1

1.1　问题的来源 ······ 1

1.2　增长曲线模型的提出 ······ 2

1.3　可加增长曲线模型 ······ 10

1.4　多元增长曲线模型简介 ······ 18

1.5　若干数据实例 ······ 21

**第 2 章　增长曲线模型** ······ 24

2.1　正态随机误差下参数的极大似然估计 ······ 24

2.2　正态随机误差下的假设检验 ······ 33

2.3　已知协方差的一阶参数广义最小二乘估计 ······ 39

2.4　误差分布未知时一阶参数复合双线性变换两步广义最小二乘估计及其渐近性质 ······ 41

2.5　关于增长曲线模型研究的简评 ······ 52

**第 3 章　协方差外积最小二乘法及其在多元统计模型中的应用** ······ 53

3.1　动机与问题 ······ 53

3.2　增长曲线模型协方差的外积最小二乘估计 ······ 54

3.3　增长曲线模型协方差外积最小二乘估计的理论性质 ······ 60

3.4　增长曲线模型一阶参数两步广义最小二乘估计与大样本性质 ······ 63

3.5　外积最小二乘法在多元线性模型模式协方差估计中的应用 ······ 65

3.6　模拟计算和实例分析 ······ 80

**第 4 章　增长曲线模型的变量选择方法** ······ 92

4.1　增长曲线模型的协变量选择 ······ 93

4.2　增长曲线模型的多目标变量选择 ······ 99

4.3　现存相关研究 ······ 124

**第 5 章　多元线性与增长曲线混合模型** ························ 125
5.1　正态随机误差下参数的极大似然估计 ························ 125
5.2　正态随机误差下的假设检验 ························ 128
5.3　随机误差分布未知时参数的广义最小二乘估计 ························ 136
5.4　模拟计算与实例分析 ························ 147
5.5　关于极大似然估计的精确分布 ························ 154
**第 6 章　嵌套可加增长曲线模型** ························ 157
6.1　正态随机误差下参数的极大似然估计 ························ 157
6.2　协方差的外积最小二乘估计及其性质 ························ 166
6.3　误差分布未知时一阶参数两步广义最小二乘估计及渐近性质 ························ 175
6.4　数值模拟分析 ························ 183
6.5　实例分析 ························ 185
**第 7 章　正交可加增长曲线模型** ························ 190
7.1　正态随机误差下参数的极大似然估计 ························ 190
7.2　协方差的无偏不变估计与一阶参数的广义最小二乘估计 ························ 193
7.3　随机误差未知时一阶参数两步广义最小二乘估计及渐近性质 ························ 207
**第 8 章　多元增长曲线模型** ························ 219
8.1　随机误差分布未知时协方差矩阵的外积最小二乘估计 ························ 219
8.2　一阶参数的可行广义最小二乘估计 ························ 226
8.3　一阶参数带约束的估计和最优子集选择 ························ 230
8.4　实际数据分析 ························ 234
**参考文献** ························ 238
**附录 A** ························ 250
**附录 B** ························ 254

# 第 1 章　增长曲线问题

## 1.1　问题的来源

在生理学、医学和社会科学的研究过程中, 对生物在一段时间内的增长研究往往具有实际需求与现实意义。增长曲线 (growth curve) 是生物体在一段时间内随着时间变化的增长过程的定量刻画, 增长曲线问题 (growth curve problem) 泛指研究生物体在一段时间内随着时间变化的增长曲线及其所涉及的相关科学问题。在统计学中, 这种问题通常涉及建立数学模型来描述增长过程, 并通过分析观察、测量数据用统计推断的技术手段了解增长曲线的模式、形态、趋势和变化。增长曲线问题在生物学、医学和社会科学等领域都有广泛的应用, 例如, 研究社会普遍感兴趣的植物的生长、动物的重量、儿童的发育、儿童的行为等特征或目标随时间变化的规律。

增长曲线问题早就引起了统计学家的重视并从不同角度开展了科学研究。Wishart (1938) 对一项营养实验的结果进行统计分析, 该实验对三组生猪的生长进行了测试, 它们的食物配给中蛋白质含量分别设置了三个不同的水平, 这些生猪从断奶后不久开始实验, 一直进行到体重达到 200 lb (1 lb=0.453592kg) 后送往熏肉工厂。Box (1950) 对材料的磨损曲线问题进行了统计分析, 并对相关假设开展了统计推断。

在涉及增长问题研究的实验中, 对个体的增长观察有时可以连续地在时间轴上获得一条曲线, 或者技术上能做但经济成本昂贵, 通常更实际可行的方式是在有限数量的指定时间点获得对个体的重复观测数据。从这些重复观测数据中, 可以研究两个有趣的问题: 一个是构建一个贴切、拟合度高的统计模型来描述个体生物在一段时间内的增长变化过程。另一个是比较不同条件下的增长特征, 如饮食和环境等。如果我们成功地获得了一个合适的增长模型, 那么第二个问题就对适用于不同情形的各个统计模型进行比较选优 (不限于此)。尽管还是存在不能完全解释增长过程的不足, 但我们可以比较增长的各种物理上可定义和有意义的量, 如在一段时间内的总增长量、平均增长速率 (average growth rate)、增长速率 (growth rate) 的变化。对此, Rao (1958) 研究了比较增长曲线的相应统计方法。Leech 和 Healy (1959) 也从注重平均增长比率的角度研究了增长曲线问题。Rao (1959) 进一步对随机误差服从多元正态分布的重复观测数据提出了一种用于估计增长曲线及其构建参数置信区间的解决方法。Elston 和 Grizzle (1962) 对随机误差服从一般分布的重复观测数据进行了增长曲线估计及其参数置信区间的构建。同类的还包括 Healy (1961) 和 Bock (1963) 等的相关研究。

这些针对增长曲线问题的研究所采用的不同方法除了多元统计分析外主要还涉及重复观测数据所属领域的专业化知识, 并未形成一套研究增长曲线问题的统计分析模型、方法及理论。

## 1.2　增长曲线模型的提出

增长曲线问题的研究涉及对同一对象的同一个响应变量进行重复观测, 因此重复观测数据通常是存在相关性的 (Crowder and Hand, 1990), 早期研究的这些对象通常是动物, 除了在更简单的情形下, 对象一般被分成两个或更多群组, 不同的群组可能代表不同的处理方式, 并且需要对不同处理方式进行比较。对于增长曲线问题的研究会涉及多元统计分析中的多元线性模型这个统计分析工具。

一般多元高斯-马尔可夫 (Gauss-Markov) 模型 (约定通称多元线性模型, multivariate linear model) 定义为

$$Y = X\Theta + \mathcal{E} \tag{1.1}$$

其中, $Y$ 表示 $n \times p$ 阶的观察 (observation) 矩阵 (对 $n$ 个个体的 $p$ 个响应变量的观察), $X$ 表示 $n \times m$ 阶的设计矩阵 (design matrix) 或预测变量矩阵 (predictor matrix) $(n > m)$, $\Theta$ 表示 $m \times p$ 阶的未知回归系数矩阵, $\mathcal{E}$ 是 $n \times p$ 阶的随机误差矩阵且它的行是一个样本 (即各行是独立同分布的), 它的总体 (population) 服从一个均值为零、协方差为 $\Sigma$ 的一般连续型分布 $\mathcal{F}$。在协方差的估计中, 为了保证其估计以概率 1 正定, $r(X) + p \leqslant n$ 是常备的条件, 这里 $r(X)$ 表示 $X$ 的秩。

多元线性模型的均值 (观察矩阵 $Y$ 的期望) 与协方差的结构分别为

$$\mathbb{E}(Y) = X\Theta \text{ 与 } \mathrm{Cov}(Y) = I \otimes \Sigma \tag{1.2}$$

其中, $\mathbb{E}(Y)$ 表示随机矩阵 $Y$ 的期望, $\mathrm{Cov}(Y)$ 表示随机矩阵 $Y$ 的协方差, 而运算符号 $\otimes$ 表示克罗内克积。

在增长曲线问题中, 即使我们仅关心一个响应变量 (或目标), 但是 $p$ 个顺序时间点的观察测量被视为这个响应变量在 $p$ 个不同时间点的复制 (即 $p$ 次重复), 这个响应变量实际上被视为一个 $p$ 维存在相关关系的响应向量。于是, 不管是关注实际问题的一个响应变量还是多个响应变量, 只要涉及增长曲线问题, 它就不是一元而是属于多元统计问题的范畴了。

本书定义的多元线性模型包括多元线性回归模型 (multivariate linear regression model) 和多元方差分析模型 (multivariate analysis of variance, MANOVA) 两方面。

多元线性回归模型 (针对协变量) 和多元方差分析模型 (针对因子变量) 都是用于分析多个响应变量和一个或多个预测 (解释) 变量之间关系的统计技术。然而, 它们之间也有一些区别。

(1) 焦点。多元线性回归模型侧重于使用线性回归技术对多个协变量 (covariate) 或连续变量和响应变量之间的关系进行建模。多元方差分析模型侧重于比较多个响应变量的均值向量在由一个或多个因子变量 (factor) 或离散变量定义的不同水平上的差异。

(2) 分析类型。多元线性回归模型通常涉及估计回归系数的参数, 以描述变量之间的线性关系。多元方差分析模型涉及测试多个响应变量的均值向量在不同水平之间是否显著不同。

(3) 结果。在多元线性回归模型中, 结果通常是一组回归系数, 表示自变量对每个响应变量的影响。在多元方差分析模型中, 结果是一项统计检验结果, 指出在不同水平之间是否存在响应变量的均值向量有显著差异。

(4) 解释。在多元线性回归模型中, 解释涉及了理解协变量对每个响应变量的影响。在多元方差分析模型中, 解释涉及了理解在不同水平之间是否存在整体的多变量响应差异, 而不指明哪些变量导致了这些差异。

总之, 虽然多元线性回归模型专注于估计连续变量与响应变量之间的关系, 而多元方差分析模型专注于测试不同水平之间的均值向量差异。不同的环境下, 这两种技术都可以提供关于多个响应变量和水平之间关系的见解。进一步深入的了解请读者参考多元统计分析的著名教科书 (Rao, 1973; Arnold, 1981; Muirhead, 1982; 张尧庭和方开泰, 1982; Eaton, 1983; Anderson, 2003; Kollo and von Rosen, 2005)。本书统一地用术语多元线性模型更符合增长曲线模型研究发展的实际, 这样既蕴含了多元线性回归模型方法与理论在增长曲线模型研究中的发展也概括了多元方差分析模型方法与理论在增长曲线模型研究中的延拓。

在多元线性模型 (1.1) 下许多实际问题需要检验形如

$$C\Theta D^{\mathrm{T}} = \mathbf{0} \tag{1.3}$$

的复合双线性假设以及它的置信区间, 其中 $C$ 和 $D$ 为已知常数矩阵且 $D^{\mathrm{T}}$ 表示矩阵 $D$ 的转置。从形如式 (1.3) 的复合双线性假设检验中, Potthoff 和 Roy (1964) 获得了启发和灵感, 他们发现若允许在多元线性模型的均值结构式 (1.2) 中附加一个已知后置矩阵 (post matrix), 后续研究称为剖面矩阵 (profile matrix), 那么许多种类的增长曲线问题都能被统一地刻画进一个统计模型。由此在多元线性模型 (1.1) 的基础上, Potthoff 和 Roy (1964) 进行了重要意义的推广, 首创性地提出了增长曲线模型 (growth curve model, GCM)

$$Y = X\Theta Z^{\mathrm{T}} + \mathcal{E}, \quad \mathcal{E} \sim \mathcal{G}(\mathbf{0}, I \otimes \Sigma) \tag{1.4}$$

其中, $Y$ 为 $n \times p$ 阶的观测矩阵 (对 $n$ 个个体针对响应变量进行的 $p$ 个时间点的重复测量), $X$ 为 $n \times m$ 阶的处理设计矩阵 (treatment design matrix), $Z$ 为 $p \times q$ 阶的剖面矩阵 ($p > q$), $\Theta$ 为 $m \times q$ 阶未知的一阶参数矩阵以及 $\mathcal{E}$ 为 $n \times p$ 阶的随机误差矩阵且它的 $n$ 行是服从一个均值为零、协方差矩阵为 $\Sigma$ 的一般连续型分布 $\mathcal{G}$ 总体的样本。对于重复测量数据, 如果增长曲线模型是合适的, 由于 $q < p$, 那么增长曲线模型的优势在于把一阶参数矩阵 $\Theta$ 从 $mp$ 个分量减少到 $mq$ 个, 所以, 前者的一阶参数分量个数少于后者的回归系数的参数个数。

在早期文献中, 常用广义多元方差分析 (generalized multivariate analysis of variance, GMANOVA) 称增长曲线模型 (1.4)。用 MANOVA 代替多元线性模型 (1.1)。但从实际涉及的统计内容来讲, 研究内容和方法既包括多元线性回归模型也涉及多元方差分析。用增长曲线模型和多元线性模型能更准确地描述相应问题及其研究内容的范围。

Potthoff 和 Roy (1964) 建立的增长曲线模型 (1.4) 特别适用于许多种类的增长曲线问题以及相关的统计推断问题。在增长曲线模型建立之前, 研究增长曲线问题的不同方法都涉及了数据所属领域的专业知识, 一个问题基本上有一种处理方法。增长曲线模型 (1.4) 提供了具有足够普遍适用性的对增长曲线问题进行分析的新的统计工具。这些统计工具的理论源泉还是多元线性模型占主导地位的多元正态理论, 不同的是, 增长曲线模型的均值 (重复观测矩阵 $Y$ 的期望) 结构为

$$\mathbb{E}(Y) = X\Theta Z^{\mathrm{T}} \tag{1.5}$$

而不是式 (1.2) 中的期望结构。在增长曲线模型的均值结构 (1.5) 中, 后置矩阵或剖面矩阵 $Z$ 的出现导致对未知参数矩阵 $\Theta$ 的估计及其统计推断相比于多元线性模型的均值结构 (1.2) 的复杂程度增大, 如增长曲线模型的参数估计将失去多元线性模型参数估计的有些优良性质。

Potthoff 和 Roy (1964) 提供的部分示例展示了增长曲线模型 (1.4) 和形如式 (1.3) 的复合双线性假设检验是如何用于研究增长曲线的相关问题的。

(1) 从最简单的情形开始。假设有 $n$ 只动物, 它们都处于相同的处理条件下, 每只动物在时间点 $t_1, t_2, \cdots, t_p$ 进行重量测量。每一只动物的 $p$ 个观察时间点的重量值并不是独立的, 而是假定它们服从具有未知协方差矩阵 $\Sigma$ 的多元正态分布 (或一般连续型分布)。每只动物的增长曲线被假定为时间 $t$ 的一个 $q-1$ 次多项式 (这导致了增长曲线模型后置矩阵或剖面矩阵的形成), 因此在时间点 $t$ 时对任何动物的重量测量的期望值将是一个多项式函数

$$\theta_0 + \theta_1 t + \cdots + \theta_{q-1} t^{q-1}$$

对照增长曲线模型 (1.4) 的表达式, 这里的设计矩阵为 $X_1 = \mathbf{1}_n$, 未知参数矩阵为

$\Theta_1 = (\theta_0\ \theta_1\ \cdots\ \theta_{q-1})$, 后置矩阵或剖面矩阵为

$$Z_1 = \begin{pmatrix} 1 & t_1 & \cdots & t_1^{q-1} \\ 1 & t_2 & \cdots & t_2^{q-1} \\ \vdots & \vdots & & \vdots \\ 1 & t_p & \cdots & t_p^{q-1} \end{pmatrix}$$

然后, 我们可以研究估计参数矩阵 $\Theta$, 检验参数矩阵 $\Theta$ 的复合双线性假设以及获得增长曲线的置信区间等统计推断问题。

(2) 情形 1 的推广。假设有 $m$ 个动物群组, 第 $j$ 群组由 $n_j$ 只动物组成, 每群组接受不同的处理条件。所有群组的动物在相同的时间点 $t_1, t_2, \cdots, t_p$ 上进行重复测量, 并假定它们的重复测量之间具有相同的协方差矩阵 $\Sigma$。而第 $j$ 群组动物的增长曲线设定为

$$\theta_{j0} + \theta_{j1}t + \cdots + \theta_{j(q-1)}t^{q-1}$$

这时, 增长曲线模型 (1.4) 里的设计矩阵可表示为

$$X_2 = \begin{pmatrix} \mathbf{1}_{n_1} & \mathbf{0} & \cdots & \mathbf{0} \\ \mathbf{0} & \mathbf{1}_{n_2} & \cdots & \mathbf{0} \\ \vdots & \vdots & & \vdots \\ \mathbf{0} & \mathbf{0} & \cdots & \mathbf{1}_{n_m} \end{pmatrix}$$

未知参数矩阵设为

$$\Theta_2 = \begin{pmatrix} \theta_{10} & \theta_{11} & \cdots & \theta_{1(q-1)} \\ \theta_{20} & \theta_{21} & \cdots & \theta_{2(q-1)} \\ \vdots & \vdots & & \vdots \\ \theta_{m0} & \theta_{m1} & \cdots & \theta_{m(q-1)} \end{pmatrix}$$

后置矩阵或剖面矩阵 $Z_2$ 取 $Z_1$。

下面考虑假设检验问题。如果复合双线性假设 (1.3) 是假设 $m$ 个群组具有相同的增长曲线, 则取

$$C_1 = \begin{pmatrix} I_{m-1} & -\mathbf{1}_{m-1} \end{pmatrix} \text{ 且 } D_1 = I$$

如果复合双线性假设 (1.3) 是假设 $m$ 条增长曲线中除常数 $\theta_{10}, \theta_{20}, \cdots, \theta_{m0}$ 之外的多项式系数都相等, 那么取

$$C_2 = C_1 \text{ 且 } D_2 = \begin{pmatrix} \mathbf{0} & I_{q-1} \end{pmatrix}$$

如果复合双线性假设 (1.3) 是假设 $m$ 条增长曲线的多项式次数实际上都小于等于 $q-2$, 那么取 $C_3 = I$, $D_3 = (\mathbf{0}\ 1)$。除了上述三个假设检验之外, 根据关心的

不同检验问题可以设置许多其他的假设形式。

(3) 推广情形 2 到有两种处理所产生的两种效应的场景。假设有 3 种饮食和 2 种温度, 饮食和温度之间没有相互作用, 受到第 $a$ 种饮食和第 $b$ 种温度饲养的动物的增长曲线 (期望值) 可以用一个形如

$$\theta_{a0} + \theta_{a1}t + \cdots + \theta_{a(q-1)}t^{q-1} + \gamma_{b0} + \gamma_{b1}t + \cdots + \gamma_{b(q-1)}t^{q-1} \tag{1.6}$$

的多项式函数来表示。

记有 $n_{ab}$ 只动物受到第 $a$ 种饮食和第 $b$ 种温度组合的影响 $(a = 1, 2, 3; b = 1, 2)$。假设每只动物, 无论在这 6 个组合中的哪一组合中, 都在时间点 $t_1, t_2, \cdots, t_p$ 处同时测量, 并假定它们重复测量之间具有相同的协方差矩阵 $\Sigma$。

针对上述问题, 增长曲线模型 (1.4) 的设计矩阵设置为

$$X_3 = \begin{pmatrix} \mathbf{1}_{n_{11}} & \mathbf{0} & \mathbf{0} & \mathbf{1}_{n_{11}} & \mathbf{0} \\ \mathbf{1}_{n_{12}} & \mathbf{0} & \mathbf{0} & \mathbf{0} & \mathbf{1}_{n_{12}} \\ \mathbf{0} & \mathbf{1}_{n_{21}} & \mathbf{0} & \mathbf{1}_{n_{21}} & \mathbf{0} \\ \mathbf{0} & \mathbf{1}_{n_{22}} & \mathbf{0} & \mathbf{0} & \mathbf{1}_{n_{22}} \\ \mathbf{0} & \mathbf{0} & \mathbf{1}_{n_{31}} & \mathbf{1}_{n_{31}} & \mathbf{0} \\ \mathbf{0} & \mathbf{0} & \mathbf{1}_{n_{32}} & \mathbf{0} & \mathbf{1}_{n_{32}} \end{pmatrix}$$

未知参数矩阵设置为

$$\Theta_3 = \begin{pmatrix} \theta_{10} & \theta_{11} & \cdots & \theta_{1(q-1)} \\ \theta_{20} & \theta_{21} & \cdots & \theta_{2(q-1)} \\ \theta_{30} & \theta_{31} & \cdots & \theta_{3(q-1)} \\ \gamma_{10} & \gamma_{11} & \cdots & \gamma_{1(q-1)} \\ \gamma_{20} & \gamma_{21} & \cdots & \gamma_{2(q-1)} \end{pmatrix}$$

后置矩阵或剖面矩阵设置为 $Z_3 = Z_1$。

复合双线性假设检验问题可以类似于情形 2 中所示设置。例如, 针对增长曲线模型 (1.4), 可能考虑 2 种温度的影响没有差异, 这时可设置 $D = I$ 并取 $C = (0\,0\,0\,1\ -1)$ 即可。

实际上, 上述描述的设置还可以进一步泛化。我们不仅可以进行明显的扩展以便使用一般数量的饲料和温度 (不是特定的数字 3 和 2) , 还可以考虑完全不同类型的设计, 包括各种不完全区组设计和因子设计。如果基于几个不同的多项式函数的增长曲线模型 (每个多项式函数代表一个特定条件或效应, 如式 (1.6) 所示) 是合适的, 那么几乎可以容纳任何常规设计。

(4) 考虑情形 2 的第二种泛化, 这与泛化情形 3 的方向不同。场景和情形 2 一样, 有 $m$ 个动物群组, 每个动物在已知的 $p'$ 个时间点进行测量, 但我们测量的不仅仅是与增长相关的单一特征, 而是多个这样的特征。换句话说, 现在有的是多响应

而不是单一响应的情形。例如, 假设测量每只动物的两个特征: 身高和体重。假设第 $j$ 个群组动物的身高增长曲线为

$$\theta_{j0}+\theta_{j1}t+\cdots+\theta_{j(q_1-1)}t^{q_1-1}$$

而第 $j$ 群组的体重增长曲线为

$$\gamma_{j0}+\gamma_{j1}t+\cdots+\gamma_{j(q_2-1)}t^{q_2-1}$$

每只动物将有 $p=2p'$ 次观测, 即 $p'$ 次身高测量和 $p'$ 次体重测量。这里 $p=2p'$ 次测量之间的协方差矩阵为 $\Sigma$。并注意到, $p'$ 次身高测量之间存在相关性, $p'$ 次体重测量之间存在相关性, 并且身高测量与体重测量之间也存在相关性。

应用增长曲线模型 (1.4), 其设计矩阵设置为 $X_4=X_2$, 未知参数矩阵设置为

$$\Theta_4=\begin{pmatrix}\theta_{10} & \theta_{11} & \cdots & \theta_{1(q_1-1)} & \gamma_{10} & \gamma_{11} & \cdots & \theta_{1(q_2-1)}\\ \theta_{20} & \theta_{21} & \cdots & \theta_{2(q_1-1)} & \gamma_{20} & \gamma_{21} & \cdots & \theta_{2(q_2-1)}\\ \vdots & \vdots & & \vdots & \vdots & \vdots & & \vdots\\ \theta_{m0} & \theta_{m1} & \cdots & \theta_{m(q_1-1)} & \gamma_{m0} & \gamma_{m1} & \cdots & \gamma_{m(q_2-1)}\end{pmatrix}$$

剖面矩阵设置为

$$Z_4=\begin{pmatrix}Z_{41} & \mathbf{0}\\ \mathbf{0} & Z_{42}\end{pmatrix}$$

其中

$$Z_{41}=\begin{pmatrix}1 & t_1 & \cdots & t_1^{q_1-1}\\ 1 & t_2 & \cdots & t_2^{q_1-1}\\ \vdots & \vdots & & \vdots\\ 1 & t_{p'} & \cdots & t_{p'}^{q_1-1}\end{pmatrix} \text{ 且 } Z_{42}=\begin{pmatrix}1 & t_1 & \cdots & t_1^{q_2-1}\\ 1 & t_2 & \cdots & t_2^{q_2-1}\\ \vdots & \vdots & & \vdots\\ 1 & t_{p'} & \cdots & t_{p'}^{q_2-1}\end{pmatrix}$$

如果复合双线性假设 (1.3) 是假设所有 $m$ 条身高增长曲线相同, 取

$$C_4=\begin{pmatrix}I_{m-1} & -\mathbf{1}_{m-1}\end{pmatrix} \text{ 且 } D_4=\begin{pmatrix}I & \mathbf{0}\end{pmatrix}$$

如果复合双线性假设 (1.3) 是假设所有 $m$ 条身高和体重增长曲线分别相等, 那么取

$$C_4=\begin{pmatrix}I_{m-1} & -\mathbf{1}_{m-1}\end{pmatrix} \text{ 且 } D_4=I$$

以上设置很容易推广到测量时间不同的情形, 身高测量发生在时间点 $t_{11},t_{12},\cdots,t_{1p_1}$, 体重测量发生在时间点 $t_{21},t_{22},\cdots,t_{2p_2}$。更重要的是, 增长曲线模型也可以用来解决测量任意个数的不同特征 (多个响应变量) 的一些 (但不是所有) 增长曲线问题。

Potthoff 和 Roy (1964) 还指出, 增长曲线模型 (1.4) 可能在增长曲线之外也有

用途。例如,如果 $X$ 的每一行表示在空间相邻点上进行的一组测量,那么为增长曲线模型 (1.4) 开发的理论可能在某些实际情形下得到应用,例如,测量光或声音离源头距离处的强度。也可以选定空间坐标中一确定维度的响应方程。这里所涉及的空间可以是一维、二维或三维的 (与时间不同,时间只能是一维的)。

增长曲线模型 (1.4) 的基本思想是引入基本函数,如多项式函数,来捕捉随时间观察测量的物体特征或目标变化的增长模式。增长曲线模型的关键组成部分通常包括:①时间变量,表示响应变量被测量的时间点。它可以表示为连续变量 (如月份、年份、距离) 或分类变量 (如前测、后测)。②基本函数,代表 $n$ 个体平均变化轨迹的曲线。它们描述了总体的增长曲线模式,如线性、二次或三次趋势。③随机效应,捕捉变化轨迹中个体差异的参数。随机效应考虑了不同个体或群体在初始状态和随时间变化速率上的变化,它们允许对个体特定的增长轨迹进行建模。④残差方差,代表了响应变量在 $p$ 个时间点未被固定和随机效应解释的变异性。它捕捉了个体内的变异性或测量误差。

自从 Potthoff 和 Roy (1964) 发表他们的开创性工作以来,众多的研究人员对于参数估计、假设检验、变量选择、残差诊断、缺失数据、近似分布、未来值预测、贝叶斯方法 (Bayesian method)、降秩增长曲线 (reduced-rank growth curve model)、高维增长曲线模型 (high-dimensional growth curve model) 等问题进行了深入的研究。

在随机误差服从正态分布的假设下, Rao (1965)、Khatri (1966)、Grizzle 和 Allen (1969) 使用条件概率论证技术得出参数 $\Theta$ 的极大似然估计。Gleser 和 Olkin (1970) 采用经典规范形式推导出了参数极大似然估计的分布, Kabe (1975) 使用了不同的技术推导增长曲线模型 (1.4) 参数极大似然估计的分布。Kenward (1986) 利用超几何函数表达了极大似然估计的密度。Grizzle 和 Allen (1969) 为增长曲线模型发展了一个拟合优度检验。Khatri (1966) 推导了增长曲线模型复合双线性假设的似然比检验。Fujikoshi (1974) 研究了似然比的备择假设的渐近分布。Chakravorti (1976) 讨论了极大似然估计的渐近性质。Anderson 和 Olkin (1985) 把增长曲线模型作为带约束的多元线性模型推导了极大似然估计。Kabe (1986) 利用广义 Sverdrup 引理重新推导了 Khatri (1966) 的关于增长曲线模型的似然比检验。von Rosen (1990) 研究了增长曲线模型的矩估计及其应用。Gong (1998) 讨论了检验球性的似然比统计量的渐近分布。Wong 和 Cheng (2001) 推导了非负定协方差和受约束均值空间情形下的极大似然估计。

鉴于增长曲线模型参数极大似然估计的精确分布在应用上存在困难,研究者想用近似函数来替代其精确分布。Fujikoshi (1985, 1987) 对极大似然估计矩阵元素线性组合的密度进行了渐近展开,并给出了误差的上界。Kollo 和 von Rosen (1998) 提出了多元密度函数的一般 Edgeworth 展开,利用这种展开,推导出极大似然估计分布的近似并给出了误差的上界。Kollo 等 (2007) 推导了增长曲线模型极大似然估计密度的 Edgeworth 近似, 其近似由正态与 Kotz 型分布混合而成, 构成一个椭圆分布。

当随机误差分布未知时, Chaganty (2003) 利用最小二乘法推导了增长曲线具有模式协方差二阶参数的最小二乘估计及其渐近性质。Žežula (2006) 研究了协方差具有均匀相关、广义均匀相关和一阶自回归相关三种特殊结构的二阶参数的估计。Bischoff (2000) 研究了增长曲线模型的渐近最优检验。Hu 和 Yan (2008) 研究了增长曲线模型非模式协方差一阶参数两步广义最小二乘估计及其大样本性质, Hu 等 (2012a) 提出了协方差外积最小二乘法以及在增长曲线模型中的应用。

关于增长曲线模型的诊断问题, Liski (1991) 研究了增长曲线模型关于影响力的检测问题, von Rosen (1995) 给出一种增长曲线模型的残差计算方法, Pan 和 Fang (1995, 1996) 研究了增长曲线模型中具有非结构化协方差矩阵的多重异常值和影响力检测。Pan 和 Fang (2002) 对增长曲线模型以及统计诊断进行了全面的论述。

对降秩增长曲线模型的研究, Albert 和 Kshirsagar (1993) 探讨了纵向数据判别分析中的降秩增长曲线模型。如果降秩限制是合理的, 降秩增长曲线模型被认为会提供比增长曲线模型 (1.4) 更简洁的结果。Reinsel 和 Velu (2003) 对增长曲线模型参数矩阵使用降秩结构, 阐述了降秩增长曲线模型的发展与扩展, 提供了参数的最大似然估计和似然比检验。Takane 等 (2011) 引入了一种岭型正则化方法, 应用广义奇异值分解进行降秩以获得参数的更好估计。

关于增长曲线模型的预测问题, Geisser (1970) 以贝叶斯观点考虑了增长曲线模型, 讨论了一阶参数矩阵的后验推断和未来向量的预测问题, Lee 和 Geisser (1972, 1975) 讨论了部分和条件预测问题及其应用。Geisser (1987) 在参数统计推断部分研究了增长曲线模型未来值的预测问题, Keramidas 和 Lee (1990) 将增长曲线模型应用于技术进步的预测。Lee (1988) 针对带均匀相关和一阶自回归相关 (序列) 两种特殊结构协方差的增长曲线模型研究了估计、预测和部分预测问题。

关于缺失数据, Woolson 和 Leeper (1980) 分析了完整和不完整纵向数据的增长曲线, Liski (1985) 考虑组合方法利用 EM 算法 (expectation-maximization algorithm, 期望最大化算法) 分析了带缺失值的增长曲线数据。

关于增长曲线模型的变量选择和模型的确定, 请参见 4.3 节。关于高维增长曲线模型及其应用, 请参阅 2.5 节。

其他相关问题。Zerbe (1979) 把完全随机设计的随机化分析扩展到了增长曲线, Holmes (1983) 对增长曲线模型提出了一个图识别程序, Vonesh 和 Carter (1987) 研究了非平衡数据的随机系数增长曲线模型的高效推断, Lange 和 Laird (1989) 研究了协方差结构对随机参数平衡增长曲线模型中协方差估计的影响, Liski 和

Nummi (1990) 对带随机效应的增长曲线模型基于最大似然法通过应用 EM 算法解决相关预测问题, Nummi (2000) 研究了带测量误差的增长曲线模型, Ohlson 和 von Rosen (2010) 研究了协方差具有线性结构的增长曲线模型参数的显式估计。

von Rosen (1991) 全面回顾了早期增长曲线模型的研究工作, 涵盖了参数估计、假设检验、模型扩展、不完全数据、贝叶斯方法和协方差结构等。Daniel 和 Ivanž (2011) 选择性评述了部分增长曲线模型的研究结果。关于增长曲线模型的专著或专题 ( Kshirsagar and Smith, 1995；Srivastava and von Rosen, 1999；Pan and Fang, 2002；Kollo and von Rosen, 2005) 请读者自行阅读参考。

## 1.3　可加增长曲线模型

增长曲线模型 (1.4) 的限制之一是在重复测量中其均值配置形式只能为 $X\Theta Z^{\mathrm{T}}$, 这里仅包含一个涉及处理的设计矩阵和一个涉及多项式函数的剖面矩阵, 这导致每个个体增长只能是同阶的多项式函数。很明显, 实际数据分析中这不一定总是真实的, 同时仅为同阶多项式函数的限制也导致增长曲线模型缺乏灵活性, 从而制约了增长曲线的适应性。所以放松这个限制就成了必然。

若考虑增长曲线模型的设计矩阵和剖面矩阵在重复测量中可以具有不同的配置形式, 不失一般性, 假设有 $k$ 个设计矩阵和 $k$ 个剖面矩阵, 它们分别记为 $X_1, X_2, \cdots, X_k$ 和 $Z_1, Z_2, \cdots, Z_k$, 其中 $X_i$ 是 $n \times m_i$ 阶的而 $Z_i$ 是 $p \times q_i$ 阶的 $(i = 1, 2, \cdots, k)$。第 $i$ 个设计矩阵 $X_i$ 和第 $i$ 个剖面矩阵 $Z_i$ 对应的未知参数矩阵记为 $\Theta_i$ ($m_i \times q_i$ 阶的)。于是一个期望值为可加结构的增长曲线模型应运而生, 称可加增长曲线模型, 其定义如下

$$Y = X_1\Theta_1 Z_1^{\mathrm{T}} + X_2\Theta_2 Z_2^{\mathrm{T}} + \cdots + X_k\Theta_k Z_k^{\mathrm{T}} + \mathcal{E},\ \mathcal{E} \sim \mathcal{G}(\mathbf{0}, I \otimes \Sigma) \tag{1.7}$$

其中, $Y$ 与 $\mathcal{E}$ 的含义和假设与增长曲线模型 (1.4) 的相同。

可加增长曲线模型 (1.7) 的一种特殊情形即设计矩阵的列空间具有嵌套结构, 首先出现在 von Rosen (1984) 的研究报告中, 而 Verbyla 和 Venables (1988) 用示例阐述了一般的可加增长曲线模型以及这类模型的适用性。在他们的论文里使用的是增长曲线模型 (1.4) 的扩展 (extension of growth curve model), 随后, von Rosen (1984) 的嵌套可加增长曲线模型是可加增长曲线模型 (1.7) 的一个极其重要的特别情形。扩展 (extension 或者 extended) 在增长曲线模型研究中的使用有点泛滥, 为了不引起混乱, 本书用更贴切的称谓——可加增长曲线模型。

可加增长曲线模型 (1.7) 有着广泛的适用性, Verbyla 和 Venables (1988) 展示了几个在实际问题研究中常出现的情形。

**示例 1.1**　平行剖面 (parallel profiles)。对响应变量的测量发生在时间点 $t =$

$1, 2, \cdots, p$, 假设第 $i$ 个处理的系数参数函数为 $\xi_i(t) = \mu_t + \delta_i$ $(i = 1, 2, \cdots, m)$, 系数参数函数仅与时间和效应的常数有关而与测量的时间 $t$ 值无关 (视为平行剖面), 响应变量在时间点 $t$ 测量 $y(t)$ 的期望为

$$\mathbb{E}[y(t)] = \sum_{i=1}^{m} x_i \xi_i(t) = \left(\sum_{i=1}^{m} x_i\right) \mu_t + \sum_{i=1}^{m} x_i \delta_i$$

那么, $n$ 个个体的重复测量数据 $Y$ 的期望表示为

$$\mathbb{E}(Y) = X_1(\mu_1\ \mu_2\ \cdots\ \mu_p) I_p + X \begin{pmatrix} \delta_1 \\ \delta_2 \\ \vdots \\ \delta_m \end{pmatrix} \mathbf{1}_p^{\mathrm{T}}$$

其中, $X = (x_{ij})$ 和 $X_1 = X\mathbf{1}_m$。这是一个包含两个剖面矩阵的可加增长曲线模型, 一个是单位矩阵, 另一个是分量为数字 1 的行向量。

**示例 1.2** 设计实验中的纵向数据 (longitudinal data from designed experiments)。假设可以把纵向数据 $Y$ 的均值表示成

$$\mathbb{E}(Y) = X_1 \Xi + X_2 \Xi_2 + \cdots + X_k \Xi_k$$

这里以效应是可加的来分离主效应和交互效应。如果对处理效应的系数参数随时间变化感兴趣 (Evans and Roberts, 1979), 那么可以对每个处理效应系数矩阵 $\Xi_i$ 的转置建立多元线性模型

$$\Xi_i^{\mathrm{T}} = Z_i \Theta_i^{\mathrm{T}}$$

把均值和系数矩阵结构结合在一起就会导致 $n$ 个个体的纵向数据 $Y$ 的均值 (Jones, 1993), 这是一个标准可加增长曲线模型 (1.7) 的均值。

**示例 1.3** 协变量 (covariates)。在许多实验中, 感兴趣的响应变量的初始值 $Y_0$ 在施加处理之前就已测量并且有可能把所测量的初始值 $Y_0$ 视为协变量 (Leech and Healy, 1959) 用于统计建模。如果重复测量值与初始值 $Y_0$ 之间的差异 $Y$ 是一个 $n \times p$ 阶的观察矩阵, 可以假设这个差异 $Y$ 在初始值 $Y_0$ 下的条件均值为

$$\mathbb{E}(Y|Y_0) = X\Theta_1 Z^{\mathrm{T}} + Y_0 \Theta_2$$

这可视为具有两个配置的可加增长曲线模型。显然它也是可加增长曲线模型 (1.7) 的又一种特殊情形。Chinchilli 和 Elswick (1985) 研究了这个由多元线性模型 (1.1) 和增长曲线模型 (1.4) 构成的混合模型。

我们还可以进行各种各样的扩展, 如时间移动的协变量 (Patel, 1986)。但是这种任意性的扩展会给估计带来统计推断技术上的难题 (Verbyla, 1988)。

**示例 1.4** 非线性模型 (nonlinear models)。对每个时间点 $t = t_1, t_2, \cdots, t_p$, 假

设第 $i$ 个处理的效用系数的参数 $\xi_i(t)=f(t,\boldsymbol{\theta}_i)$ 是关于参数向量 $\boldsymbol{\theta}_i$ 的非线性曲线 (至少有 $\boldsymbol{\theta}_i$ 的一个分量是非线性的), 其中 $\boldsymbol{\theta}_i$ 是 $q$ 维向量 $(i=1,2,\cdots,k)$。响应变量在时间点 $t$ 的测量 $y(t)$ 的均值为

$$\mathbb{E}[y(t)]=\sum_{i=1}^{k}x_i f(t,\boldsymbol{\theta}_i)$$

在真值 $\boldsymbol{\theta}_i$ 的邻域取一个点 $\boldsymbol{\theta}_i^0$ 并且在 $\boldsymbol{\theta}_i^0$ 点对函数 $f(t,\boldsymbol{\theta}_i)$ 进行一阶泰勒展开, 得到 $\xi_i(t)=f(t,\boldsymbol{\theta}_i)$ 的一阶线性项

$$f(t,\boldsymbol{\theta}_i)\approx f(t,\boldsymbol{\theta}_i^0)+\sum_{j=1}^{q}(\theta_{ij}-\theta_{ij}^0)\left.\frac{\partial f(t,\boldsymbol{\theta}_i)}{\partial\theta_{ij}}\right|_{\boldsymbol{\theta}_i=\boldsymbol{\theta}_i^0}=f_i^0(t)+\boldsymbol{z}_i^{\mathrm{T}}(t)\boldsymbol{\theta}_i$$

其中

$$\boldsymbol{z}_i(t)=\left(\left.\frac{\partial f(t,\boldsymbol{\theta}_i)}{\partial\theta_{i1}}\right|_{\boldsymbol{\theta}_i=\boldsymbol{\theta}_i^0}\quad\left.\frac{\partial f(t,\boldsymbol{\theta}_i)}{\partial\theta_{i2}}\right|_{\boldsymbol{\theta}_i=\boldsymbol{\theta}_i^0}\quad\cdots\quad\left.\frac{\partial f(t,\boldsymbol{\theta}_i)}{\partial\theta_{iq}}\right|_{\boldsymbol{\theta}_i=\boldsymbol{\theta}_i^0}\right)^{\mathrm{T}}$$

和

$$f_i^0(t)=f(t,\boldsymbol{\theta}_i^0)-\sum_{j=1}^{q}\theta_{ij}^0\left.\frac{\partial f(t,\boldsymbol{\theta}_i)}{\partial\theta_{ij}}\right|_{\boldsymbol{\theta}_i=\boldsymbol{\theta}_i^0}$$

考虑测量的时间点 $t=t_1,t_2,\cdots,t_p$, 记

$$\Xi_i=\begin{pmatrix}f(t_1,\boldsymbol{\theta}_i)\\f(t_2,\boldsymbol{\theta}_i)\\\vdots\\f(t_p,\boldsymbol{\theta}_i)\end{pmatrix},\ F_i^0=\begin{pmatrix}f_i^0(t_1)\\f_i^0(t_2)\\\vdots\\f_i^0(t_p)\end{pmatrix}\ \text{且}\ Z_i=\begin{pmatrix}\boldsymbol{z}_i(t_1)^{\mathrm{T}}\\\boldsymbol{z}_i(t_2)^{\mathrm{T}}\\\vdots\\\boldsymbol{z}_i(t_p)^{\mathrm{T}}\end{pmatrix}$$

经一阶线性函数近似后, 第 $i$ 个参数函数的均值向量可写为

$$\Xi_i=F_i^0+Z_i\boldsymbol{\theta}_i,\quad i=1,2,\cdots,k$$

$n$ 个个体重复测量 $Y$ 的均值写成

$$\mathbb{E}(Y)=XF_0^{\mathrm{T}}+X\begin{pmatrix}\boldsymbol{\theta}_1^{\mathrm{T}}Z_1^{\mathrm{T}}\\\boldsymbol{\theta}_2^{\mathrm{T}}Z_2^{\mathrm{T}}\\\vdots\\\boldsymbol{\theta}_k^{\mathrm{T}}Z_k^{\mathrm{T}}\end{pmatrix}=XF_0^{\mathrm{T}}+\sum_{i=1}^{k}X_i\boldsymbol{\theta}_i^{\mathrm{T}}Z_i^{\mathrm{T}}$$

其中, $X=(X_1\ X_2\ \cdots\ X_k)$ 和 $F^0=(F_1^0\ F_2^0\ \cdots\ F_k^0)$。从两边减去常数项 $XF_0^{\mathrm{T}}$ 导致了一个可加增长曲线模型 (1.7)。

我们也可以在示例 1.2 的情形下加入线性和非线性分量, 从而为可加增长曲线模型提供更多的灵活性 (Vonesh et al., 1997)。

可加增长曲线模型 (1.7) 大大扩展了增长曲线模型 (1.4) 的应用范围, 自然地对增长曲线问题具有广泛的适用性。

众所周知, 很多事都有两个面, 有有利的一面, 也有不利的一面。可加增长曲线模型 (1.7) 的不利一面是, 关于这个模型的统计推断因为 $k$ 个设计矩阵错综多变的结构, 难以形成一套统一的行之有效的统计推断方法和技术。由此, 对其研究演变成了这样的现状, 研究和发展的统计推断方法和理论依赖众设计矩阵 $X_1, X_2, \cdots, X_k$ 的结构, 包括不同的剖面矩阵 $Z_1, Z_2, \cdots, Z_k$ 的结构, 这导致具有不同设计矩阵的增长曲线模型需要一套不同的统计推断形式。而同一个增长曲线问题, 可以设计出不唯一的可加增长曲线模型。结构千变万化的可加增长曲线模型在理论发展方面给统计学学者带来挑战。在应用方面, 建模技巧性强, 又给统计从业人员带来了极大的不方便。

在可加增长曲线模型 (1.7) 的理论和研究发展过程中, 有几种具有特殊结构的可加增长曲线模型得到了广泛的研究, 其研究成果也较丰富。下面将着重介绍多元线性模型与增长曲线模型的混合模型、设计矩阵列空间具有嵌套结构的可加增长曲线模型以及设计矩阵列空间具有正交结构的可加增长曲线模型。

### 1.3.1 多元线性与增长曲线混合模型简介

Chinchilli 和 Elswick (1985) 提出多元线性与增长曲线混合模型源于 Danford 等 (1960) 用多元方差分析方法分析的一个癌症患者化疗的数据, 见实例 1.2。Danford 等 (1960) 的实验设计在控制外部变量 (年龄或健康状态) 方面存在不足, 患者测量的得分与年龄无关, 同时也与健康状态无关, 这导致他们对这项试验的分析不尽如人意。Chinchilli 和 Elswick (1985) 发现健康状况这个协变量与时间无关, 但重复测量的得分是时间的线性函数。于是, 他们把分析重复测量数据的工具 (增长曲线模型) 和控制协变量的手段 (多元线性模型) 结合起来, 最早提出多元线性与增长曲线混合模型

$$Y = X_1\Theta_1 Z^{\mathrm{T}} + X_2\Theta_2 + \mathcal{E},\ \mathcal{E} \sim \mathcal{G}(\mathbf{0}, I \otimes \Sigma) \tag{1.8}$$

这里符号假设与增长曲线模型的相同。而设计矩阵 $X_2$ 主要用来刻画可能存在某些复合协变量的协变量矩阵, $\Theta_2$ 是回归参数矩阵。Chinchilli 和 Elswick (1985) 称模型 (1.8) 为 MANOVA 和 GMANOVA 模型的混合 (mixture of the MANOVA and GMANOVA models)。由于 MANOVA-GMANOVA 模型这个术语过于专业, 本书将使用在统计学中大众化的术语, 即多元线性与增长曲线混合模型。

假设随机误差服从多元正态分布, Chinchilli 和 Elswick (1985) 推导了参数的最大似然估计, 通过似然比准则构建了模型的拟合优度检验以及对于参数线性和

参数复合双线性两类假设推导了似然比检验。Verbyla 和 Venables (1988) 在展示可加增长曲线模型 (1.7) 的广泛适用性时, 把多元线性与增长曲线混合模型作为他们的示例之一, 见示例 1.3。Yokoyama (1995) 讨论了带有随机效应的多元线性与增长曲线混合模型的估计和检验问题。

白鹏 (2005) 推导了多元线性与增长曲线混合模型协方差矩阵极大似然估计的精确分布。随后, Bai 和 Shi (2007) 推导了模型一阶参数矩阵极大似然估计的精确分布。Bai (2009) 研究了多元线性与增长曲线混合模型正态随机误差的球度检验。白鹏和郭海兵 (2007) 给出了带高斯型误差的多元线性与增长曲线混合模型中未知参数的精确置信域。杨兰军和白鹏 (2020) 研究了一类带一阶自回归协方差结构的多元线性与增长曲线混合模型参数极大似然估计的小样本特征。Byukusenge 等 (2022) 讨论了多元线性与增长曲线混合模型残差的极端元素的识别。Wamono 等 (2022) 讨论了多元线性与增长曲线混合模型参数在秩约束下的残差问题。Wamono 等 (2023) 通过重复调查使用多元线性与增长曲线混合模型对乌干达家庭生活水平的趋势进行了小区域估计。

然而, 实际情形中的随机误差可能并不一定服从正态分布, 对于随机误差矩阵服从一般连续分布, Takane 等 (2011) 把岭型正则化方法引入多元线性与增长曲线混合模型以获得参数的更好估计。Hu 等 (2012b) 利用协方差外积最小二乘法估计协方差, 然后基于协方差的外积最小二乘估计推导了一阶参数的两步广义最小二乘估计并研究了这些估计的渐近性质。

### 1.3.2　嵌套可加增长曲线模型简介

Chinchilli 和 Elswick (1985) 提出的多元线性与增长曲线混合模型 (1.8) 的均值本身具有优美的结构, 他们在推导参数的极大似然估计显式表达式时并没有遇到不可克服的数学上的困难, 也就没有刻意关注均值的结构。von Rosen (1984) 在研究用不同阶多项式函数来捕捉随时间观测的物体特征的增长曲线模型时, 均值结构呈现可加形式的带任意结构的可加增长曲线模型。为了在研究可加增长曲线模型的参数估计和假设检验等统计推断问题时, 考查多种类型预测变量 (协变量和因子变量) 对系统的不同影响效应, 能够显式地表达极大似然估计, von Rosen (1984,1985) 借助向量空间划分的技巧, 将可加增长曲线模型中的各设计矩阵之间的关系巧妙地定格为列空间嵌套形式, 并获得了一个非常有意义的设计矩阵的列空间具有嵌套结构的可加增长曲线模型。

设计矩阵的列空间具有嵌套结构的可加增长曲线模型 (简称嵌套可加增长曲线模型) 一般形式为

$$Y = X_1\Theta_1 Z_1^{\mathrm{T}} + X_2\Theta_2 Z_2^{\mathrm{T}} + \cdots + X_k\Theta_k Z_k^{\mathrm{T}} + \mathcal{E} \tag{1.9}$$

且设计矩阵的列空间满足嵌套条件

$$r(X_1)+p\leqslant n \text{ 且 } \mathscr{C}(X_1)\supseteq\mathscr{C}(X_2)\supseteq\cdots\supseteq\mathscr{C}(X_k) \tag{1.10}$$

其中, $\mathscr{C}(X)$ 表示 $X$ 的列空间, 其他符号、假设与可加增长曲线模型 (1.7) 的相同。

如前所述, 设计矩阵的列空间具有嵌套结构的可加增长曲线模型 (1.9)～式 (1.10) 是出于对更一般均值结构的需求同时能成功地获得参数极大似然估计显式表达式的目的而提出的。对照而言, 经典的增长曲线模型 (1.4) 显然不支持这种可加结构, 而一般的可加增长曲线模型 (1.7) 的参数极大似然估计又不能确定被显式表达。从发表的时间来说, 嵌套可加增长曲线模型最早是由 von Rosen (1989) 在他的论文中正式引入的, 用的称谓为扩展的增长曲线模型 (extended growth curve model, EGCM)。该模型在 von Rosen 的研究报告中首次被提及 (von Rosen, 1984)。与此同时, Banken (1984) 考虑了该模型的规范形式, 另见 Kariya (1985) 的第 4 章。Elswick (1985) 也研究了一个以不同名称命名的类似于嵌套可加增长曲线模型的模型。

嵌套可加增长曲线模型可用于分析具有短、中期时间序列的纵向数据, 其中每个群组的均值都遵循不同次数的多项式 (Kollo and von Rosen, 2005)。嵌套可加增长曲线模型具有增长曲线模型的所有属性, 并且还允许将更一般的均值结构纳入模型中。增长曲线模型是嵌套可加增长曲线模型的一个特例, 嵌套可加增长曲线模型可以描述为具有线性约束的增长曲线模型。同样, 增长曲线模型是线性约束的多元方差分析模型, 嵌套可加增长曲线模型的应用包括 (但不限于) 生物医学研究和流行病学 (Hamid and von Rosen, 2006)。

嵌套可加增长曲线模型也是 Zellner 的多元半相依回归 (multivariate seemingly unrelated regression, MSUR) 模型的一个特例。Stanek III 和 Koch (1985) 研究了增长曲线模型与半相依回归 (seemingly unrelated regression, SUR) 模型 (Zellner, 1962,1963) 之间的关系, 只要适当地选取半相依回归, 两者之间的模型和参数估计是等价的。Liu (1993) 利用剖面矩阵列空间的补空间的基把增长曲线模型表示成二元半相依回归模型。

由于增长曲线与多元线性混合模型的两个列空间 $\mathscr{C}(X_1)$ 和 $\mathscr{C}(X_2)$ 没有任何包含关系, 因此嵌套可加增长曲线模型式 (1.9) 包含不了增长曲线与多元线性混合模型 (1.8)。

随后, 许多学者对嵌套可加增长曲线模型式 (1.9)～式 (1.10) 做了广泛的研究。例如, von Rosen (1989) 给出了在随机误差分布为正态分布情形下参数无约束和带约束的极大似然估计。Fujikoshi 和 Satoh (1996) 研究了变量的选择问题。Yokoyama (1996) 研究了带随机效用协方差的可加增长曲线模型。Wu (1998) 研究了随机误差分布为正态分布前提下一致最小风险无偏估计的存在性条件。

Yokoyama (2000) 讨论了带随机效应协方差的嵌套可加增长曲线模型中平行均值配置假设检验问题，获得了 Wald 准则和它们的渐近非零分布 (asymptotic non-null distributions)。Wu 等 (2006) 讨论了模型参数 $\Sigma$ 函数 $\mathrm{tr}(C\Sigma)$ 的若干估计问题。Hamid 和 von Rosen (2006) 分析了一些与模型残差相关的统计推断问题。Wu 等 (2009) 重点研究了模型参数 $\Sigma$ 的函数 $\mathrm{tr}(C\Sigma)$ 不变无偏最小二乘估计存在性的充要条件。Ye 和 Wang (2009) 对模型具有均匀相关、广义均匀相关和一阶自回归相关三种特殊的协方差结构的二阶参数提出了估计方法。Tian 和 Takane (2009) 研究了模型的自然约束和估计的相合性。Nzabanita 等 (2012) 研究了在线性结构协方差条件下的参数估计问题。Liu 等 (2015) 利用外积最小二乘法研究了对随机误差为一般连续分布环境下的广义最小二乘估计及其统计性质。von Rosen T 和 von Rosen D (2017) 研究了降秩的嵌套可加增长曲线模型。Jana 等 (2018) 研究了随机误差在多元偏正态分布 (multivariate skew normal distribution) 下的嵌套可加增长曲线模型的估计问题。Hamid 和 Jana (2020) 探讨了嵌套可加增长曲线模型中的一些检验以及在聚类纵向数据的分析的应用。

嵌套可加增长曲线模型的嵌套条件还有另外一种剖面矩阵的列空间嵌套的形式

$$r(X) + p \leqslant n \text{ 且 } \mathscr{C}(Z_1) \supseteq \mathscr{C}(Z_2) \supseteq \cdots \supseteq \mathscr{C}(Z_k) \tag{1.11}$$

其中，$X = (X_1\ X_2\ \cdots\ X_k)$。

通过再参数化，设计矩阵的列空间嵌套与剖面矩阵的列空间嵌套所构成的可加增长曲线模型事实上是等价的。因此，在随机误差为正态分布时，在嵌套剖面矩阵条件下，参数的极大似然估计可以显式地表达。但因为极大似然估计都不是线性的，所以两者的性质不能平行转变，Filipiak 和 von Rosen (2012) 推导了带嵌套条件 (1.11) 的可加增长曲线模型的极大似然估计及其性质。

多元线性模型与嵌套可加增长曲线模型混合可形成多元线性与嵌套可加增长曲线混合模型

$$Y = X_1\Theta_1 Z_1^{\mathrm{T}} + X_2\Theta_2 Z_2^{\mathrm{T}} + \cdots + X_k\Theta_k Z_k^{\mathrm{T}} + X_{k+1}\Theta_{k+1} + \mathcal{E} \tag{1.12}$$

且设计矩阵的列空间满足嵌套条件

$$r(X) + p \leqslant n \text{ 且 } \mathscr{C}(X_1) \supseteq \mathscr{C}(X_2) \supseteq \cdots \supseteq \mathscr{C}(X_k) \tag{1.13}$$

其中，$X = (X_1\ X_{k+1})$。von Rosen (1989) 为多元线性与嵌套可加增长曲线混合模型推导了正态分布随机误差下参数的极大似然估计显式表达式。很容易看出，嵌套条件 (1.13) 可被下面弱一些的嵌套条件所替代

$$r(X) + p \leqslant n \text{ 且 } \mathscr{C}(M_{X_{k+1}}X_1) \supseteq \mathscr{C}(M_{X_{k+1}}X_2) \supseteq \cdots \supseteq \mathscr{C}(M_{X_{k+1}}X_k) \tag{1.14}$$

其中, $M_{X_{k+1}} = I - X_{k+1}(X_{k+1}^{\mathrm{T}}X_{k+1})^{-}X_{k+1}^{\mathrm{T}}$, 这里 $^{-}$ 表示广义逆。即在较弱的嵌套条件下, 正态分布随机误差可加增长曲线模型的极大似然估计也有显式表达式。

### 1.3.3 正交可加增长曲线模型简介

增长曲线模型 (1.4) 采用的是同阶多项式函数, 这个限制使增长曲线模型在数据分析中对具有不同阶多项式特征的数据拟合欠缺灵活性。可加增长曲线模型 (1.7) 中的各设计矩阵和各剖面矩阵并没有结构限制, 它们的任意性使得可加增长曲线模型在拟合重复测量数据时非常灵活, 适用性广。但是, 这种灵活性不能转化成实用性。原因在于: 用可加增长曲线模型进行统计推断时需根据各设计矩阵和剖面矩阵的具体结构因地制宜地推导出统计推断的方法, 难形成一套统一的统计推断方法和理论。例如, 极大似然估计不能显式地表达, 只能通过迭代方法或 EM 算法去计算, 难获得其统计性质。

嵌套可加增长曲线模型 (1.9) 是可加增长曲线模型 (1.7) 的一种特殊情形, 学者喜爱前者的原因在于它有设计矩阵嵌套结构蕴涵优美的数学特质这个优势。在进行统计推断时, 这种潜在的优美数学特质在建立统计推断方法时发挥了重要作用。这是嵌套可加增长曲线模型 (1.9) 的研究发展充分而广泛的关键因素。但也没有明显的实例数据说明, 重复测量数据分析时, 可加增长曲线模型的各设计矩阵就很容易设计成具有嵌套结构 (1.10) 的设计矩阵。

由此可知, 挖掘各设计矩阵或剖面矩阵具有其他结构的可加增长曲线模型并深入研究有理论意义和应用价值。在研究增长曲线模型的过程中, 发现了这样的现象: 可加增长曲线模型的各设计矩阵往往是针对群组设计的, 设计矩阵的列向量呈现正交的特征。由此萌发把设计矩阵设计成正交的结构。

例如, 在某个实验中, 同类动物被分成 $m$ 个群组, 每一群组里的动物受到不同的对待, 对所有群组中的动物均在相同的 $p$ 个时间点上进行重复观察测量, 显然每一动物在 $p$ 个点的观察测量是相关的。假定所有同类动物样本具有相同的协方差矩阵 $\Sigma$。

在这个 $m$ 组动物实验中, 可能存在不同的增长模式, 如 $k$ 个。记第 $i$ 个增长模式为

$$\theta_{i0} + \theta_{i1}t + \cdots + \theta_{iq_i}t^{q_i}$$

这意味着增长曲线模型有不同的增长模式, 这种增长模式由剖面体现。记 $m_i$ 群组具有相同的剖面形式, $m = \sum_{i=1}^{k} m_i$, 这 $m_i$ 群组共有 $n_i$ 个个体, $n = \sum_{i=1}^{k} n_i$。最简单的情形为 $m_i = 1$, 每一个群组具有一个不同的剖面。假设 $k$ (这时 $k = m$) 个群组和 $p$ 个观察时间点满足条件 $k + p \leqslant n$ (这个条件可保证协方差估计的正定性)。对 $i = 1, 2, \cdots, k$, 设

$$Z_i = \begin{pmatrix} 1 & t_1 & t_1^2 & \cdots & t_1^{q_i-1} \\ 1 & t_2 & t_2^2 & \cdots & t_2^{q_i-1} \\ \vdots & \vdots & \vdots & & \vdots \\ 1 & t_p & t_p^2 & \cdots & t_p^{q_i-1} \end{pmatrix},$$

$$\Theta_i = (\theta_{i0}\ \theta_{i1}\ \theta_{i2}\ \cdots\ \theta_{i\,(q_i-1)}),$$

且

$$X_i = (x_{i1}\ x_{i2}\ \cdots\ x_{in})^{\mathrm{T}} \in \mathbb{R}^n$$

其中，$x_{i(p_i+j)} = 1, j = 1, 2, \cdots, n_i, p_0 = 0, p_i = \sum_{j=1}^{i-1} n_j$，而其他 $x_{ij} = 0$。

对上述情形一般化，讨论下列可加增长曲线模型

$$Y = \sum_{i=1}^{k} X_i \Theta_i Z_i^{\mathrm{T}} + \mathcal{E}, \quad \mathcal{E} \sim \mathcal{G}(\mathbf{0}, I \otimes \Sigma) \tag{1.15}$$

且设计矩阵的列空间相互正交，即

$$\sum_{i=1}^{k} r(X_i) + p \leqslant n \text{ 且 } \mathscr{C}(X_i) \perp \mathscr{C}(X_j) \text{ 或} X_i^{\mathrm{T}} X_j = \mathbf{0},\ i \neq j \tag{1.16}$$

带正交约束 (1.16) 的可加增长曲线模型 (1.15) 称为设计矩阵列空间正交可加增长曲线模型 (简称正交可加增长曲线模型)，它比传统增长曲线模型以更简洁的方式拟合数据。在上面陈述的动物例子中，传统的增长曲线模型假设一切观测具有相同的剖面形式，这可能导致模型错配、欠拟合或过拟合。

显然，嵌套列空间的约束与正交列空间的约束没有包含关系，所以嵌套列空间结构与正交列空间结构的两个可加增长曲线模型之间不存在包容关系。对于群组、性别或种族等因子变量，形成满足正交条件的各设计矩阵是较自然的。Hu (2010) 提出了正交可加增长曲线模型式 (1.15)～式 (1.16) 并研究了正交列空间可加增长曲线模型参数估计的部分小样本性质。与此同时，Hu 等 (2011) 研究了正交可加增长曲线模型在一般分布随机误差假设下一阶参数的两步广义最小二乘估计方法及其估计的渐近性质。

## 1.4 多元增长曲线模型简介

如前所述，增长曲线数据是指在一系列时间点上对 $n$ 个个体进行重复测量，并且这些时间点具有有序的维度，如一维的时间、三维的空间位置等。这种数据在几乎所有使用统计模型的领域中经常出现，如医学、农业和工程学。在医学中，通常在每个时间点上测量多个特征。然而，分析通常是基于对单个特征的重复测量的

探索,而介于特征之间的相关结构所包含的信息被忽视或被丢弃。

前面对单个个体在 $p$ 个时间点观察测量单一特征 (可视为单一响应变量) 的重复观测数据的分析进行了论述。然而,许多实际的数据分析中常常涉及单个个体的多个特征 (不可合并为一个响应变量)。例如,随着时间的推移,可以同时观测某种新药对患者收缩压和舒张压的各自影响。收缩压和舒张压不能合并成一个单一响应变量。又如,对学生的多种培训项目 (或多科目学习成效) 的测试可能会在几个月内反复进行,多种培训项目或多科学习不能简单地合并为一个响应变量而应考虑为多个响应变量,在 $p$ 个时间点的重复测量就是指多响应变量在 $p$ 个时间点的同时 (可以拓展到不同时间) 重复测量。

假设这里有 $n$ 个个体的 $k$ 个特征,类比增长曲线模型,多元增长曲线模型可以表示为

$$Y_i = X_i \Theta_i Z_i^{\mathrm{T}} + \mathcal{E}_i, \ \mathbb{E}(\mathcal{E}_i) = \mathbf{0}, \quad i = 1, 2, \cdots, k \tag{1.17}$$

随机误差矩阵的协方差结构为

$$\mathrm{Cov}(\mathcal{E}_i \ \mathcal{E}_j) = I_n \otimes \Sigma_{ij}, \quad i, j = 1, 2, \cdots, k \tag{1.18}$$

其中, $Y_i$ 是一个 $n \times p_i$ 阶的观测矩阵,由 $n$ 个个体的 $p_i$ 个重复测量组成, $X_i$ 是一个 $n \times m_i$ 阶的解释变量或设计矩阵, $Z_i$ 是 $p_i \times q_i$ 阶的剖面矩阵,由 $q_i - 1$ 阶的多项式在 $p_i$ 个时间顺序点的取值所构成, $\mathcal{E} = (\mathcal{E}_1 \ \mathcal{E}_2 \ \cdots \ \mathcal{E}_k)$。假定随机误差矩阵 $\mathcal{E}$ 的行独立同分布于 $p = p_1 + p_2 + \cdots + p_k$ 阶均值为 $\mathbf{0}$, 协方差矩阵为 $\Sigma = (\Sigma_{ij})$ 的一般连续型 $\mathcal{G}$ 分布。在没有先验信息的情况下,协方差的任意正定结构是合理的。

值得强调的是, $k = 1$ 的多元增长曲线模型 (1.17) 只是一个可以看作线性混合效应模型的特别的增长曲线模型,如参见 Demidenko (2004) 的第 4 章。然而,多元增长曲线模型与线性混合效应模型之间不存在包含关系。

如果所有的 $i = 1, 2, \cdots, k$ 都有 $p_i = 1$, 那么多元增长曲线模型被简化为半相依回归模型。它已经被广泛地研究并应用于经济学、金融学和社会学等各个领域。详细可参阅 Zellner (1962, 1963), Wang (2010) 和 Baltagi (2021) 等文献。

当对所有的 $i = 1, 2, \cdots, k$, 取 $Z_i = I$ 时,多元增长曲线模型 (1.17) 就是半相依多元回归 (seemingly unrelated multivariate regressions, SUMR) 模型,参阅 Srivastava 和 David (1987) 的研究。

Reinsel (1982) 首先将一元增长曲线模型推广到多元增长曲线模型,针对多响应重复测量模型的多元随机效应协方差结构,推导了类似 Potthoff 和 Roy (1964) 的参数估计、假设检验和置信区间等结果。

多元增长曲线模型使统计学家对重复测量数据研究不同响应变量之间的关系成为可能。Carter 和 Hubert (1984) 对随时间变化的多变量生物检验中的参数进行

估计, 结合 Fieller 定理的多元泛化, 构建致死浓度中位数在任意时间点的估计和置信带。Chinchilli 和 Carter (1984) 对多元增长曲线模型关于模式协方差结构提出了一个似然比检验。

Lundbye-Christensen (1991) 对怀孕妇女孕期相关量的双变量连续观测, 除了考虑多元时间序列的纵向方面, 还讨论了增长曲线的横截面分布, 对多元增长曲线模型在估计和模型检验问题上进行了考证, 并将结果用于分析由 91 名妇女的双变量时间序列组成的数据。

Nummi 和 Möttönen (2000) 提出了一种基于随机系数回归模型的多元模型用于分析增长曲线数据, 推导了极大似然和受限极大似然框架下模型参数的闭合形式表达式, 给出了一种用于检验一般线性假设的方法。

Hwang 和 Takane (2004) 提出了一种多元降秩增长曲线模型, 将单变量降秩增长曲线模型拓展到多变量情形, 响应变量在多个时间点上重复测量, 允许以比传统增长曲线模型更简洁的方式研究多个响应变量之间的关系, 比传统增长曲线模型更灵活, 响应变量不必在相同的时间点测量, 也不必在相同数量的时间点测量, 还可以在响应变量之间应用具有不同秩的各种基函数矩阵, 无须事先指定完整的基函数集。对于多变量纵向数据的分析通常有两种方法, 多元随机效应增长曲线模型和潜在曲线模型。尽管这两种方法受欢迎, 但在前一种方法中, 需要事先指定完整的基函数集。而在后一种方法中, 随机效应或潜在变量分数的估计并不唯一确定。为了克服这两种方法的局限性, Hwang 和 Takane (2005) 研究了一个扩展的多元随机效应增长曲线模型, 拓展了现有的多元随机效应增长曲线模型, 使其不需要事先指定所有基函数能提供随机效应的唯一估计。

Hamid 和 Beyene (2009) 提出了一种多元增长曲线模型来对重复测量的时间序列微阵列数据进行基因排名和估计平均基因表达谱。时间序列微阵列实验中的基因排名问题是具有挑战性的, 因为不同时间点的基因表达水平之间存在相关性。连续时间点上的表达值通常来自同一生物体、组织或培养物。此外, 基因表达值的时间依赖性通常是感兴趣的, 并且经常是激发实验的生物问题。他们提出了一种多变量增长曲线模型来对重复的时间序列微阵列数据进行基因排名和估计平均基因表达谱。该方法考虑了个体内的相关性以及时间顺序。此外, 时间被纳入模型作为连续变量, 以解释时间模式。假设用多项式剖面来描述时间依赖性, 并使用跨基因信息的转换。然后, 对转换后的数据应用调整的似然比检验, 以获得根据生物组间表达谱差异进行基因排名的统计量。Hamid 等 (2011) 对多元增长曲线模型的均值提出了一个迹检验。

Xin 和 Qiu (2017) 提出了一种新的建模方法, 用于随机误差分布未知的多元增长曲线模型, 先使用外积最小二乘技术直接估计协方差, 然后推导一阶参数的可行广义最小二乘估计, 并研究了估计的大样本性质, 把对协方差和一阶参数的估计方法扩展到特定零假设检验, 最小化 BIC (Bayesian information criterions, 贝叶斯信息准则)(Schwarz, 1978) 选择最佳子集从而进行变量选择。通过对真实数据集的分析, 展示了所提出的方法在多响应重复测量中模型识别和模型拟合 (参数估计) 方面的有用性和竞争力。

Hamid 等 (2022) 对多元增长曲线模型的残差进行了图分析并应用在聚类纵向数据的分析。

本书所涉及的内容只是对上述各个模型研究成果有选择性的介绍和叙述。受专著要求的约束, 作者的研究工作和成果占全书的比重较大, 而其他丰富研究内容的选择难免挂一漏万。

多元增长曲线模型不仅在生理学、医学、农学等自然科学领域应用广泛, 在心理学、行为科学、社会科学领域应用更为浩瀚, 从 Curran 等 (2023) 的叙述可略窥一斑。

“在过去一个世纪里, 行为科学面临的最棘手的挑战之一是如何最佳地衡量、估计和预测随时间变化特征的规律。长期以来人们已经知道, 收集和分析重复测量数据具有许多优势。事实上, 在行为科学的许多领域中, 纵向数据已经几乎成为必需品。如何最好地实证捕捉个体变化的挑战贯穿于实证研究的方方面面, 包括研究设计、心理测量、受试者抽样、数据分析和实质性解释。本综述只是探索一种特定类型的纵向数据分析方法——多元增长模型。在社会科学中, 由于我们对术语的热爱, 我们的领域创造了相当多的术语来描述个体随时间变化的模式。这些术语包括 (但不限于) 增长、曲线、轨迹和路径。无论术语是增长模型、增长轨迹、增长曲线、潜在轨迹、发展曲线、潜在曲线、时间路径或潜在发展增长曲线时间路径轨迹, 都往往指的是同一件事情, 即对一组个体进行重复测量, 并随时间跟踪, 模型旨在捕捉随时间变化的曲线模式及其相关的均值和协方差。”

在心理学、行为科学和社会科学领域, 关于增长曲线建模的各个方面, 参阅 McArdle 和 Nesselroade (2003) 关于现代心理学研究中的增长问题, Curran 等 (2010) 关于广泛性增长问题的个性化和研究意义以及 Johnson (2015) 关于人类增长问题研究的分析战略。

## 1.5 若干数据实例

**实例 1.1** 在一项牙科研究中, 对 11 名女孩和 16 名男孩分别在 8 岁、10 岁、12 岁和 14 岁进行了某项测量。假设这 4 个相关时间的观测值的 $4\times4$ 协方差矩阵对所有 27 个个体都是相同的, 数据见附录 A 中表 A.1。Potthoff 和 Roy (1964) 对以下问题感兴趣: (a) 增长曲线应该用时间 $t$ 的二次方程表示, 还是线性方程表示? (b) 应该为男孩和女孩分别使用两条曲线, 还是两者都有相同的增长曲线? (c) 能否为预期的增长曲线估计置信区间？

这个数据集首先被 Potthoff 和 Roy (1964) 引入, 随后被众多研究广泛应用, 如 Lee 和 Geisser (1975), Rao (1987), Pan 和 Fang (2002), Hamid 和 von Rosen (2006) 以及 Hu 等 (2011)。

**实例 1.2**　本研究数据集包含了 45 名有特定癌症病变的患者, 他们接受了全身 X 射线照射。感兴趣的响应变量是心理运动测试设备的得分。研究对象被分为四个不同的群组：控制组或 0 剂量组 (6 名患者)、低剂量组 (14 名患者)、中剂量组 (15 名患者) 和高剂量组 (10 名患者)。低剂量为 25～50 (X 射线剂量单位), 中剂量为 75～100, 高剂量为 125～200。在治疗前的第 0 天进行了基准测量, 然后在治疗后的连续十天内每天进行测量, 数据见附录 A 中表 A.2。Danford 等 (1960) 最初指出：实验的目的是确定全身 X 射线是否影响患者 (由该设备测量) 的心理运动表现, 以及如果有影响, 效应是否与剂量有关。

这个数据集首先被 Danford 等 (1960) 分析, 后被 Chinchilli 和 Elswick (1985) 利用在他们的研究工作中并据此数据的特征提出了多元线性与增长曲线混合模型 (1.8)。

**实例 1.3**　在一项研究中, 数据集包含了 20 名男孩, 在他们 8 岁、8.5 岁、9 岁、9.5 岁时测量他们的下颌骨的上升部分的高度, 称为 Ramus 高度, 测量数据见附录 A 中表 A.3。Ramus 高度是时间 $t$ 的二次函数还是线性函数?

这个数据集首先被 Elston 和 Grizzle (1962) 分析, 随后被众多学者广泛的研究, 如 Grizzle 和 Allen (1969), Verbyla (1986), Rao (1987), Fujikoshi 和 Rao (1991), 以及 Pan 和 Fang (2002)。

**实例 1.4**　在一项研究中, 数据集包含了 13 只雄性小鼠的体重, 在从出生到断奶的 21 天期间以 3 天为间隔连续测量, 见附录 A 中表 A.4。请问雄性小鼠体重随时间 $t$ 变化的多项式曲线?

这个数据集首先被 Williams 和 Izenman (1981) 分析, 后被 Rao (1987) 以及 Pan 和 Fang (2002) 在他们的研究工作中使用。

**实例 1.5**　在一项关于高血糖和相对高胰岛素血症关联的研究中, 在科罗拉多大学医学中心的儿科临床研究病房对 13 名对照组和 20 名肥胖患者进行了标准葡萄糖耐量口服试验。附录 A 中表 A.5 报告了从标准剂量口服葡萄糖后的 0 小时、0.5 小时、1 小时、1.5 小时、2 小时、3 小时、4 小时和 5 小时抽取的血样测得的血浆无机磷浓度测量结果。

Pan 和 Fang (2002), 以及 Liu 等 (2015) 在他们的研究工作中分析了这个数据集。

**实例 1.6**　美国劳工部的有关 14 ～ 24 岁女性的美国国家纵向调查 (National Longitudinal Surveys, NLS) 数据集属于 1982 年、1983 年、1985 年、1987 年和 1988 年进行的相关调查数据集的子集, 数据的详细描述可参见 Hill 等 (2008) 的相关研究。数据集共收集了 716 名妇女的信息, 每一个妇女的信息包含八个变量, 分别是: 工资/ GNP 通货膨胀扣除率的对数值、正常工作时间、业绩完成质量等级、总体工作经验和三个哑变量。D1 如果该妇女来自南方, 则取值为 1。D2 如果该妇女是黑人, 则取值为 1。D3 如果该妇女来自工会, 则取值为 1。评估黑人妇女和白人妇女的工资/ GNP 通货膨胀扣除率的对数值是否存在差异。详细见第 5 章 5.4.2 节的数据分析。

**实例 1.7** 美国劳工部进行的全国青年纵向调查 (the National Longitudinal Survey of Youth, NLSY) 数据由 Curran (1998) 提供。从 1986 年到 1992 年, 每隔一年对儿童和母亲进行评估。从 6283 名儿童和母亲的样本中, 获得了 221 对儿童和母亲在四个时间点的调查数据。在四个时间点上重复测量两个变量: 反社会行为和阅读识别能力。通过测量母亲对六项反社会行为问题指数的总和得到儿童的反社会行为。儿童的阅读识别技能通过计算皮博迪个人成就阅读识别子测验 84 个项目中儿童正确条目的总数计算。除了重复测量的两个响应变量或特征指标外, 家庭对儿童的认知刺激、家庭对儿童的情感支持和性别是三个解释变量。他们只在初始时间点测量了一次。性别为女取值为 $-1$, 性别为男取值为 1。研究这个数据有两个主要目的。第一, 研究认知刺激、情感支持和性别对响应变量的影响。第二, 研究反社会行为和阅读识别能力随时间变化的最佳模式。4.2.6 节分析了该数据。详细见第 8 章 8.4 节的数据分析。

# 第 2 章　增长曲线模型

本章叙述的内容包括: ① 随机误差服从正态分布时协方差分别为任意正定 (非模式) 结构、均匀相关结构、一般均匀相关结构和一阶自回归相关或序列结构的增长曲线模型参数的极大似然估计；② 随机误差服从正态分布时模型的拟合优度检验；③ 随机误差服从正态分布时复合双线性假设检验；④ 随机误差分布未知时增长曲线模型一阶参数复合双线性变换的两步广义最小二乘估计及其大样本性质。

## 2.1　正态随机误差下参数的极大似然估计

对增长曲线模型 (1.4), 假设随机误差矩阵服从正态分布在重复测量数据分析中是最常见的。为了简洁起见, 对于观测矩阵 $Y$, 根据不同的场景, 可视为随机变量也可视为数据, 这不会导致读者理解的混乱。本节假设增长曲线模型 (1.4) 中的 $n \times p$ 阶观测矩阵 $Y$ 服从多元正态分布 $N_{n\times p}(X\Theta Z^{\mathrm{T}}, I \otimes \Sigma)$, 其联合概率密度函数 (joint probability density function) 为

$$f(Y;\Theta,\Sigma) = c|\Sigma|^{-n/2}\mathrm{etr}\left[-\frac{1}{2}(Y - X\Theta Z^{\mathrm{T}})^{\mathrm{T}}(Y - X\Theta Z^{\mathrm{T}})\Sigma^{-1}\right], \quad Y \in \mathscr{M}_{n\times p} \tag{2.1}$$

其中, $\mathrm{etr}(\cdot) \equiv \exp\ \mathrm{tr}(\cdot)$, $c = (2\pi)^{-np/2}$ 是一个在讨论中可以忽视的非零常数, $\Theta \in \mathscr{M}_{m\times q}$ 以及 $\Sigma \in \mathscr{N}_p$ (称为非模式结构的协方差)。

### 2.1.1　协方差为非模式结构

给定数据 $Y$, 称联合概率密度函数 (2.1) 对参数 $\Theta$ 和 $\Sigma$ 的轮廓函数 (profile function) 为参数 $\Theta$ 和 $\Sigma$ 的似然函数 (likelihood function), 记为

$$L(\Theta,\Sigma|Y) = c|\Sigma|^{-n/2}\mathrm{etr}\left[-\frac{1}{2}(Y - X\Theta Z^{\mathrm{T}})^{\mathrm{T}}(Y - X\Theta Z^{\mathrm{T}})\Sigma^{-1}\right], \quad \Theta \in \mathscr{M}_{m\times q}, \Sigma \in \mathscr{N}_p \tag{2.2}$$

矩阵 $\Sigma$ 为一随机向量的协方差当且仅当 $\Sigma$ 是一非负定矩阵, 见 Muirhead (1982) 的第 1 章。在本书的讨论中, 希望协方差 $\Sigma$ 是以概率 1 正定的。

下面讨论一阶参数 $\Theta$ 和协方差 $\Sigma$ 的极大似然估计 (maximum likelihood estimator, MLE)。讨论需要下列引理。

**引理 2.1** 假设 $S_0$ 是非奇异的, $V$ 是任意的适当阶数矩阵并且相应的逆是存在的, 那么, 下列矩阵等式成立。

(i) $(S_0+V^{\mathrm{T}}V)^{-1}=S_0^{-1}-S_0^{-1}V^{\mathrm{T}}(VS_0^{-1}V^{\mathrm{T}}+I)^{-1}VS_0^{-1}$。

(ii) $V(S_0+V^{\mathrm{T}}V)^{-1}=HVS_0^{-1}$, 其中 $H=(I+VS_0^{-1}V^{\mathrm{T}})^{-1}$。

引理 2.1 在经典线性模型著作 Rao (1973) 和王松桂等 (2004) 的研究中均有介绍, 它将在一些非常重要的矩阵方程求解过程中发挥作用。

**引理 2.2** 矩阵的半消去法则: 假设矩阵 $A, X$ 和 $Z$ 有适当的阶数, 则

$$A^{\mathrm{T}}AX=A^{\mathrm{T}}AZ \text{ 当且仅当 } AX=AZ$$

众所周知, 矩阵集合通常的乘法运算不满足交换律, 也不满足消去法则。引理 2.2 只是半消去法, 不要与消去法混淆。引理 2.2 在矩阵方程式的运算中常常发挥四两拨千斤的作用, 它也将在本节和后续章节求解极大似然估计的过程中发挥作用。它的证明留给读者作为练习。

利用矩阵微分和矩阵等式, 有下列定理。关于矩阵微分, 有兴趣的读者可参阅 Magnus 和 Neudecker (1991) 的经典专著。

**定理 2.1** 假设 $Y$ 服从多元正态分布 $N_{n\times q}(\boldsymbol{\mu}, I\otimes\Sigma)$, 其中均值结构为 $\boldsymbol{\mu}=X\Theta Z^{\mathrm{T}}$ 且协方差 $\Sigma$ 为正定矩阵。那么, 一阶参数 $\Theta$ 和协方差 $\Sigma$ 的极大似然估计, 记为 $\widehat{\Theta}_{\mathrm{mle}}$ 和 $\widehat{\Sigma}_{\mathrm{mle}}$, 分别为

$$\widehat{\Theta}_{\mathrm{mle}}=(X^{\mathrm{T}}X)^{-}X^{\mathrm{T}}YS^{-1}Z(Z^{\mathrm{T}}S^{-1}Z)^{-} \tag{2.3}$$

和

$$\widehat{\Sigma}_{\mathrm{mle}}=\frac{1}{n}\left(Y-X\widehat{\Theta}Z^{\mathrm{T}}\right)^{\mathrm{T}}\left(Y-X\widehat{\Theta}Z^{\mathrm{T}}\right) \tag{2.4}$$

其中, $S=Y^{\mathrm{T}}M_XY$ 在约束条件 $r(X)+p\leqslant n$ 下是以概率 1 正定的, 这里 $M_X=I-X(X^{\mathrm{T}}X)^{-}X^{\mathrm{T}}$。进一步, 当 $X$ 和 $Z$ 满秩时, $\widehat{\Theta}_{\mathrm{mle}}$ 和 $\widehat{\Sigma}_{\mathrm{mle}}$ 可分别表示为

$$\widehat{\Theta}_{\mathrm{mle}}=(X^{\mathrm{T}}X)^{-1}X^{\mathrm{T}}YS^{-1}Z(Z^{\mathrm{T}}S^{-1}Z)^{-1} \tag{2.5}$$

和

$$\begin{aligned}\widehat{\Sigma}_{\mathrm{mle}}&=\frac{1}{n}(Y-P_XYS^{-1/2}P_{S^{-1/2}Z}S^{1/2})^{\mathrm{T}}(Y-P_XYS^{-1/2}P_{S^{-1/2}Z}S^{1/2})\\&=\frac{1}{n}S+\frac{1}{n}T^{\mathrm{T}}Y^{\mathrm{T}}P_XYT\end{aligned} \tag{2.6}$$

其中, $P_X=X(X^{\mathrm{T}}X)^{-}X^{\mathrm{T}}$ 和 $T=I-S^{-1}Z(Z^{\mathrm{T}}S^{-1}Z)Z^{\mathrm{T}}$。

**证明:** 在约束条件 $r(X)+p\leqslant n$ 下, $S$ 是以概率 1 正定的, 参考早期 Dykstra (1970) 文献, 更多详细的论述参考 Muirhead (1982) 的第 3 章。

根据似然函数 (2.2), 对数似然函数 $g(\Theta, \Sigma_*)$ 为

$$\begin{aligned} g(\Theta, \Sigma_*) &= \log L(\Theta, \Sigma|Y) \\ &= \frac{n}{2}\log\det(\Sigma_*) - \frac{1}{2}\mathrm{tr}[(Y - X\Theta Z^{\mathrm{T}})^{\mathrm{T}}(Y - X\Theta Z^{\mathrm{T}})\Sigma_*] + \log c \end{aligned}$$

其中, $\Sigma_* = \Sigma^{-1}$ 为精准矩阵 (precision matrix)。那么, 对任意 $\mathrm{d}\Theta \in \mathscr{M}_{m\times q}$, 对对数似然函数 $g(\Theta, \Sigma_*)$ 求微分, 有

$$\mathrm{d}g(\Theta, \Sigma_*)(\mathrm{d}\Theta) = -\frac{1}{2}\mathrm{tr}\left[(Y - X\Theta Z^{\mathrm{T}})^{\mathrm{T}}(-X\mathrm{d}\Theta Z^{\mathrm{T}})\Sigma_*\right]$$

并且对任意 $\mathrm{d}\Sigma_* \in \mathscr{M}_{p\times p}$ (这里放宽对非负定矩阵的要求是数学上的要求), 对对数似然函数 $g(\Theta, \Sigma_*)$ 求微分, 得到

$$\mathrm{d}g(\Theta, \Sigma_*)(\mathrm{d}\Sigma_*) = \frac{n}{2}\mathrm{tr}\left[\Sigma_*^{-1}(\mathrm{d}\Sigma_*)\right] - \frac{1}{2}\mathrm{tr}\left[(Y - X\Theta Z^{\mathrm{T}})^{\mathrm{T}}(Y - X\Theta Z^{\mathrm{T}})(\mathrm{d}\Sigma_*)\right]$$

根据微分学最优化必要条件, 设

$$\mathrm{d}g(\Theta, \Sigma_*)(\mathrm{d}\Theta) = \mathbf{0} \text{ 且 } \mathrm{d}g(\Theta, \Sigma_*)(\mathrm{d}\Sigma_*) = \mathbf{0}$$

有等式

$$\mathrm{tr}\left[(Y - X\Theta Z^{\mathrm{T}})^{\mathrm{T}}(-X\mathrm{d}\Theta Z^{\mathrm{T}})\Sigma_*\right] = 0$$

即

$$\mathrm{tr}\left[Z^{\mathrm{T}}\Sigma_*(Y - X\Theta Z^{\mathrm{T}})^{\mathrm{T}}X\mathrm{d}\Theta\right] = 0$$

与

$$n\,\mathrm{tr}\left[\Sigma_*^{-1}(\mathrm{d}\Sigma_*)\right] - \mathrm{tr}\left[(Y - X\Theta Z^{\mathrm{T}})^{\mathrm{T}}(Y - X\Theta Z^{\mathrm{T}})(\mathrm{d}\Sigma_*)\right] = 0$$

由于 $\mathrm{d}\Theta$ 和 $\mathrm{d}\Sigma_*$ 的任意性, 得到下列矩阵方程组

$$X^{\mathrm{T}}\left(Y - X\Theta Z^{\mathrm{T}}\right)\Sigma^{-1}Z = \mathbf{0} \tag{2.7}$$

与

$$n\,\Sigma = (Y - X\Theta Z^{\mathrm{T}})^{\mathrm{T}}(Y - X\Theta Z^{\mathrm{T}}) \tag{2.8}$$

把极大似然估计 $\widehat{\Theta}_{\mathrm{mle}}$ 和 $\widehat{\Sigma}_{\mathrm{mle}}$ 代入, 并注意分解

$$\widehat{\Sigma}_{\mathrm{mle}} = \frac{1}{n}Y^{\mathrm{T}}M_XY + \frac{1}{n}\left(P_XY - X\widehat{\Theta}_{\mathrm{mle}}Z^{\mathrm{T}}\right)^{\mathrm{T}}\left(P_XY - X\widehat{\Theta}_{\mathrm{mle}}Z^{\mathrm{T}}\right)$$

由 $S$ 是以概率 1 正定意味着 $\widehat{\Sigma}_{\mathrm{mle}}$ 也是以概率 1 正定的。所以矩阵方程组式 (2.7)～式 (2.8) 中的 $\widehat{\Sigma}_{\mathrm{mle}}^{-1}$ 是有定义的。于是, 有

$$X^{\mathrm{T}}(Y - X\widehat{\Theta}_{\mathrm{mle}}Z^{\mathrm{T}})\widehat{\Sigma}_{\mathrm{mle}}^{-1}Z = \mathbf{0} \tag{2.9}$$

以及

$$\widehat{\Sigma}_{\text{mle}} = \frac{1}{n}\left(Y - X\widehat{\Theta}_{\text{mle}}Z^{\text{T}}\right)^{\text{T}}\left(Y - X\widehat{\Theta}_{\text{mle}}Z^{\text{T}}\right)$$

我们获得了表达式 (2.4)。又注意到

$$n\,\widehat{\Sigma}_{\text{mle}} = S + V^{\text{T}}V$$

其中 $V = P_XY - X\widehat{\Theta}_{\text{mle}}Z^{\text{T}}$。进一步将式 (2.9) 表示为

$$X^{\text{T}}V(S + V^{\text{T}}V)^{-1}Z = \mathbf{0}$$

根据引理 2.1, 有

$$X^{\text{T}}HVS^{-1}Z = \mathbf{0}$$

其中 $H = (I + V^{\text{T}}S^{-1}V)^{-1}$ 是正定的, 也就是说,

$$(H^{1/2}X)^{\text{T}}(H^{1/2}X)[(X^{\text{T}}X)^{-}X^{\text{T}}Y - \widehat{\Theta}_{\text{mle}}Z^{\text{T}}]S^{-1}Z = \mathbf{0}$$

利用引理 2.2, 先消去 $(H^{1/2}X)^{1/2}$, 再消去非奇异的 $H^{1/2}$, 得到

$$X[(X^{\text{T}}X)^{-}X^{\text{T}}Y - \widehat{\Theta}_{\text{mle}}Z^{\text{T}}]S^{-1}Z = \mathbf{0}$$

用 $X^{\text{T}}$ 左乘上述方程并注意关系式 $X^{\text{T}}X(X^{\text{T}}X)^{-}X^{\text{T}} = X^{\text{T}}$ 产生

$$X^{\text{T}}X\widehat{\Theta}_{\text{mle}}Z^{\text{T}}S^{-1}Z = X^{\text{T}}YS^{-1}Z \tag{2.10}$$

式 (2.10) 中 $\widehat{\Theta}_{\text{mle}}$ 的广义解为

$$\widehat{\Theta}_{\text{mle}} = (X^{\text{T}}X)^{-}X^{\text{T}}YS^{-1}Z(Z^{\text{T}}S^{-1}Z)^{-}$$

到此, 我们获得了表达式 (2.3)。

如果 $X$ 与 $Z$ 是满秩的, 则解 (2.3) 唯一, 可表示为

$$\widehat{\Theta}_{\text{mle}} = (X^{\text{T}}X)^{-1}X^{\text{T}}YS^{-1}Z(Z^{\text{T}}S^{-1}Z)^{-1}$$

给定 $Y$, 除非 $X$ 与 $Z$ 是满秩的, $\widehat{\Theta}_{\text{mle}}$ 不是唯一的。但是,

$$\widehat{\Sigma}_{\text{mle}} = \frac{1}{n}(Y - P_XYS^{-1/2}P_{S^{-1/2}Z}S^{1/2})^{\text{T}}(Y - P_XYS^{-1/2}P_{S^{-1/2}Z}S^{1/2})$$

总是唯一的。所以, 我们获得了表达式 (2.5) 与式 (2.6)。定理 2.1 证明完毕。

对定理 2.1 的结论, 许多文献也有阐述。例如, Khatri (1966) 首先给出了增长曲线模型的极大似然估计, Anderson 和 Olkin (1985) 把增长曲线模型作为带约束的多元线性模型推导了极大似然估计, Kollo 和 von Rosen (2005) 的多元统计分析专著也有专题论述。Wong 和 Cheng (2001) 推导了非负定协方差和受约束均值空

间情形下的极大似然估计。

在定理 2.1 的证明过程中, 采用的是经典规范的矩阵微分求最优化问题的思路与技术, 后面还会有更具技巧性的多次使用, 但使用中矩阵微分和求解矩阵方程组是不变的。

**推论 2.1** 如果设计矩阵 $X$ 和剖面矩阵 $Z$ 均为满秩的, 那么由定理 2.1 所得的 $(\widehat{\Theta}_{\rm mle}, \widehat{\Sigma}_{\rm mle})$ 是参数 $(\Theta, \Sigma)$ 的充分统计量和相合估计且 $\widehat{\Theta}_{\rm mle}$ 是无偏的。

证明留作练习, 相关文献可参考 Gleser 和 Olkin (1970) 以及 Kabe (1975) 的相关研究, 充分统计量概念和证明技术参考陈希孺 (1997) 或 Casella 和 Berger (2002) 的相关研究。

### 2.1.2 协方差为均匀相关结构

在增长曲线模型的协方差结构中, 具有均匀相关结构的协方差情形是最常见的, 参阅文献 Lee (1988) 及其所引用的参考文献。均匀相关结构协方差定义为

$$\Sigma(\sigma^2, \rho) = \sigma^2[(1-\rho)I_p + \rho\mathbf{1}\mathbf{1}^{\rm T}] \tag{2.11}$$

其中, 二阶未知参数 $\sigma^2$ 和 $\rho$ 满足 $\sigma^2 > 0$ 与 $-1/(p-1) < \rho < 1$ 以及 $\mathbf{1} = (1\ 1\ \cdots\ 1)^{\rm T}$。

已知协方差为均匀相关结构, 给定数据 $Y$, 增长曲线模型的随机误差具有多元正态密度函数 (2.1), 将讨论一阶参数 $\Theta$ 和二阶参数 $\sigma^2$ 和 $\rho$ 的极大似然估计。

**定理 2.2** 假设 $Y$ 服从多元正态分布 $N_{n\times p}(\boldsymbol{\mu}, I\otimes\Sigma)$, 其中均值结构为 $\boldsymbol{\mu} = X\Theta Z^{\rm T}$ 且协方差结构为 $\Sigma(\sigma^2, \rho)$。那么, 当 $X$ 和 $Z$ 满秩时, 参数 $\Theta, \sigma^2$ 和 $\rho$ 的极大似然估计记为 $\widehat{\Theta}_{\rm mle}, \widehat{\sigma}^2_{\rm mle}$ 和 $\widehat{\rho}_{\rm mle}$, 分别为

$$\widehat{\Theta}_{\rm mle} = (X^{\rm T}X)^{-1}X^{\rm T}YZ(Z^{\rm T}Z)^{-1} \tag{2.12}$$

$$\widehat{\sigma}^2_{\rm mle} = \frac{1}{np}{\rm tr}(S_*) \tag{2.13}$$

和

$$\widehat{\rho}_{\rm mle} = \frac{1}{p-1}\left[\frac{\mathbf{1}^{\rm T}S_*\mathbf{1}}{{\rm tr}(S_*)} - 1\right] \tag{2.14}$$

其中

$$S_* = (Y - P_XYP_Z)^{\rm T}(Y - P_XYP_Z) = Y^{\rm T}M_XY + M_ZY^{\rm T}P_XYM_Z$$

**证明:** 根据似然函数 (2.2), 参数的似然函数可以表示为

$$L[\Theta, \Sigma(\sigma^2,\rho)|Y] = c|\Sigma(\sigma^2,\rho)|^{-n/2}{\rm etr}\left\{-\frac{1}{2}\left[\Sigma^{-1}(\sigma^2,\rho)S_*\right]\right\}$$

$$\cdot \operatorname{etr}\left\{-\frac{1}{2}\left[Z^{\mathrm{T}}\Sigma^{-1}(\sigma^2,\rho)Z(\Theta-\widehat{\Theta}_{\mathrm{mle}})^{\mathrm{T}}(X^{\mathrm{T}}X)(\Theta-\widehat{\Theta}_{\mathrm{mle}})\right]\right\}$$

显然, 对所有 $\Theta \in \mathscr{M}_{m\times q}$, 不等式

$$L[\Theta,\Sigma(\sigma^2,\rho)|Y] \leqslant |\Sigma(\sigma^2,\rho)|^{-n/2}\exp\left\{-\frac{1}{2}\operatorname{tr}\left[\Sigma^{-1}(\sigma^2,\rho)S_*\right]\right\}$$

成立, 且等式成立的充分必要条件为 $\Theta = \widehat{\Theta}_{\mathrm{mle}}$。这里, 注意到了 $Z^{\mathrm{T}}\Sigma^{-1}(\sigma^2,\rho)Z$ 和 $X^{\mathrm{T}}X$ 是正定的这个条件并且利用了下面的结论:

$$\operatorname{tr}\left[\Sigma^{-1}(\sigma^2,\rho)(\Theta-\widehat{\Theta}_{\mathrm{mle}})^{\mathrm{T}}(X^{\mathrm{T}}X)(\Theta-\widehat{\Theta}_{\mathrm{mle}})\right]=0$$

成立的充分必要条件是 $\Theta = \widehat{\Theta}_{\mathrm{mle}}$。从而获得式 (2.12)。到此, 证明了对所有的 $\Sigma(\sigma^2,\rho)$, $\widehat{\Theta}_{\mathrm{mle}}$ 是参数 $\Theta$ 的极大似然估计。余下的任务即为求参数 $\sigma^2$ 和 $\rho$ 的轮廓函数

$$L[\widehat{\Theta}_{\mathrm{mle}},\Sigma(\sigma^2,\rho)|Y] = |\Sigma(\sigma^2,\rho)|^{-n/2}\exp\left\{-\frac{1}{2}\operatorname{tr}\left[\Sigma^{-1}(\sigma^2,\rho)S_*\right]\right\}$$

的最大值和最优解, 等价地, 求对数似然函数

$$l[\widehat{\Theta}_{\mathrm{mle}},\Sigma(\sigma^2,\rho)|Y] = -\frac{1}{2}\log|\Sigma(\sigma^2,\rho)| - \frac{n}{2}\operatorname{tr}\left[\Sigma^{-1}(\sigma^2,\rho)S_*\right]$$

的最大值和最优解。根据极大似然函数不变原则, 有

$$\widehat{\Sigma}_{\mathrm{mle}}(\sigma^2,\rho) = \Sigma(\widehat{\sigma}^2_{\mathrm{mle}},\widehat{\rho}_{\mathrm{mle}}) = \widehat{\sigma}^2_{\mathrm{mle}}[(1-\widehat{\rho}_{\mathrm{mle}})I+\widehat{\rho}_{\mathrm{mle}}\mathbf{1}\mathbf{1}^{\mathrm{T}}]$$

使用矩阵理论中的基本技巧, 重新表述对数似然函数为

$$\begin{aligned}
l[\widehat{\Theta}_{\mathrm{mle}},\Sigma(\sigma^2,\rho)|Y] &\equiv \log L[\widehat{\Theta}_{\mathrm{mle}},\Sigma(\sigma^2,\rho)|Y]\\
&= \frac{n}{2}\log|\Sigma^{-1}(\sigma^2,\rho)| - \frac{1}{2}\operatorname{tr}\left[\Sigma^{-1}(\sigma^2,\rho)S_*\right]\\
&= \frac{n}{2}\log|\Sigma^{-1}(\sigma^2,\rho)S_*| - \frac{1}{2}\operatorname{tr}\left[\Sigma^{-1}(\sigma^2,\rho)S_*\right] - C_*\\
&= \frac{n}{2}\log|S_*^{1/2}\Sigma^{-1}(\sigma^2,\rho){S_*}^{1/2}| - \frac{1}{2}\operatorname{tr}\left[S_*^{1/2}\Sigma^{-1}(\sigma^2,\rho)S_*^{1/2}\right] - C_*\\
&= \frac{1}{2}\sum_{i=1}^{p} n\log(\lambda_i) - \frac{1}{2}\sum_{i=1}^{p}\lambda_i - C_*
\end{aligned}$$

其中, $C_* = (n/2)\log|S_*|$, 而 $\lambda_1,\lambda_2,\cdots,\lambda_p$ 是 $S_*^{1/2}\Sigma^{-1}(\sigma^2,\rho)S_*^{1/2}$ 的特征值。由于下列函数

$$h(\lambda) = n\log(\lambda) - \lambda$$

在 $\lambda = n$ 处获得唯一最大值, 故

$$S_*^{1/2}\left[\widehat{\Sigma}_{\mathrm{mle}}(\sigma^2,\rho)\right]^{-1}S_*^{1/2} = nI$$

即

$$\widehat{\Sigma}_{\text{mle}}(\sigma^2,\rho)=\frac{1}{n}S_* \text{ 或 } \Sigma(\widehat{\sigma}^2_{\text{mle}},\widehat{\rho}_{\text{mle}})=\frac{1}{n}S_* \tag{2.15}$$

对式 (2.15) 两边取迹 (trace) 值, 有

$$\widehat{\sigma}^2_{\text{mle}}[(1-\widehat{\rho}_{\text{mle}})\text{tr}(I)+\widehat{\rho}_{\text{mle}}\text{tr}(\mathbf{1}\mathbf{1}^{\text{T}})]=\frac{1}{n}\text{tr}(S_*)$$

即获得式 (2.13)。

对式 (2.15) 两边左乘 $\mathbf{1}^{\text{T}}$ 和右乘 $\mathbf{1}$, 有

$$\mathbf{1}^{\text{T}}\Sigma(\widehat{\sigma}^2_{\text{mle}},\widehat{\rho}_{\text{mle}})\mathbf{1}=\frac{1}{n}\mathbf{1}^{\text{T}}S_*\mathbf{1}$$

即获得式 (2.14)。定理 2.2 证明完毕。

定理 2.2 的证明思路与定理 2.1 的证明思路是截然不同的, 定理 2.2 的证明中虽然避开了矩阵微分技术, 但是要事先猜到 $\widehat{\Theta}_{\text{mle}}$ 的表达式。

### 2.1.3 协方差为广义均匀相关结构

Kshirsagar 和 Smith (1995) 针对增长曲线模型考虑了一个一般的均匀相关协方差结构, 是对均匀相关结构协方差 (2.11) 的推广。一般的均匀相关结构协方差定义为

$$\Sigma(\theta,\eta)=\theta G+\eta\boldsymbol{w}\boldsymbol{w}^{\text{T}} \tag{2.16}$$

其中, $G$ 是对称矩阵, $\boldsymbol{w}$ 是已知 $p$ 阶向量。Khatri (1973) 在研究协方差特定结构的假设检验问题时, 考虑的是 $G=UU^{\text{T}}$ 正定的情形。

由于协方差 $\Sigma(\theta,\eta)$ 必须是半正定矩阵, 所有的 $\theta$ 和 $\eta$ 的参数空间应受到限制。区分两种情况, 如果 $\theta\leqslant 0$ (必须条件) 和 $\eta\leqslant 0$, 根据 Rao 和 Toutenburg (1999) 的定理 A.71 和 A.69, 有

$$\theta G-|\eta|\boldsymbol{w}\boldsymbol{w}^{\text{T}}\leqslant\mathbf{0}\Leftrightarrow G\geqslant\mathbf{0},\boldsymbol{w}\in\mathscr{C}(G),|\eta|\boldsymbol{w}^{\text{T}}G^+\boldsymbol{w}\leqslant\theta$$

如果 $\theta$ 和 $\eta$ 都大于等于零, 并且 $G$ 是正定的, 那么对于任意的 $\boldsymbol{w}$, $\theta G+\eta\boldsymbol{w}\boldsymbol{w}^{\text{T}}\geqslant\mathbf{0}$ 是很平凡的。

已知协方差为一般的均匀相关结构, 给定数据 $Y$, 增长曲线模型的随机误差具有多元正态密度函数 (2.1), 下面讨论一阶参数 $\Theta$ 和二阶参数 $\theta$ 和 $\eta$ 的极大似然估计。

**定理 2.3** 假设 $Y$ 服从多元正态分布 $N_{n\times q}(\boldsymbol{\mu},I\otimes\Sigma)$, 其中均值结构为 $\boldsymbol{\mu}=X\Theta Z^{\text{T}}$ 且协方差结构为 $\Sigma(\theta,\eta)$。那么, 当 $X$ 和 $Z$ 满秩时, 参数 $\Theta$, $\theta$ 和 $\eta$ 的极大似然估计记为 $\widehat{\Theta}_{\text{mle}}$, $\widehat{\theta}_{\text{mle}}$ 和 $\widehat{\eta}_{\text{mle}}$, 分别为

$$\widehat{\Theta}_{\text{mle}}=(X^{\text{T}}X)^{-1}X^{\text{T}}YZ(Z^{\text{T}}Z)^{-1} \tag{2.17}$$

$$\widehat{\theta}_{\text{mle}} = \frac{1}{n}\frac{<\mathbf{1},\boldsymbol{w}>^2 \operatorname{tr}(S_*)-<\boldsymbol{w},\boldsymbol{w}> \mathbf{1}^{\mathrm{T}}S_*\mathbf{1}}{<\mathbf{1},\boldsymbol{w}>^2 \operatorname{tr}(G)-<\boldsymbol{w},\boldsymbol{w}> \mathbf{1}^{\mathrm{T}}G\mathbf{1}} \tag{2.18}$$

和

$$\widehat{\eta}_{\text{mle}} = \frac{1}{n}\frac{\mathbf{1}^{\mathrm{T}}S_*\mathbf{1}\operatorname{tr}(G)-\mathbf{1}^{\mathrm{T}}G\mathbf{1}\operatorname{tr}(S_*)}{<\mathbf{1},\boldsymbol{w}>^2 \operatorname{tr}(G)-<\boldsymbol{w},\boldsymbol{w}> \mathbf{1}^{\mathrm{T}}G\mathbf{1}} \tag{2.19}$$

**证明:** 根据似然函数 (2.2), 参数的似然函数可以表示为

$$\begin{aligned}L[\Theta,\Sigma(\theta,\eta)|Y] =& c|\Sigma(\theta,\eta)|^{-n/2}\operatorname{etr}\left\{-\frac{1}{2}\left[\Sigma^{-1}(\theta,\eta)S_*\right]\right\}\\ &\cdot \operatorname{etr}\left\{-\frac{1}{2}\left[Z^{\mathrm{T}}\Sigma^{-1}(\theta,\eta)Z(\Theta-\widehat{\Theta}_{\text{mle}})^{\mathrm{T}}(X^{\mathrm{T}}X)(\Theta-\widehat{\Theta}_{\text{mle}})\right]\right\}\end{aligned}$$

对所有 $\Theta\in\mathscr{M}_{m\times q}$, 不等式

$$L[\Theta,\Sigma(\theta,\eta)|Y]\leqslant|\Sigma(\theta,\eta)|^{-p/2}\exp\left\{-\frac{1}{2}\operatorname{tr}\left[\Sigma^{-1}(\theta,\eta)S_*\right]\right\}$$

成立, 且等式成立的充分必要条件为 $\Theta=\widehat{\Theta}_{\text{mle}}$。同理, $Z^{\mathrm{T}}\Sigma^{-1}(\theta,\eta)Z$ 和 $X^{\mathrm{T}}X$ 是正定的, 并且

$$\operatorname{tr}\left[\Sigma^{-1}(\theta,\eta)(\Theta-\widehat{\Theta}_{\text{mle}})^{\mathrm{T}}(X^{\mathrm{T}}X)(\Theta-\widehat{\Theta}_{\text{mle}})\right]=0$$

成立的充分必要条件是 $\Theta=\widehat{\Theta}_{\text{mle}}$, 从而获得式 (2.17)。对所有的 $\Sigma^{-1}(\theta,\eta)$, $\widehat{\Theta}_{\text{mle}}$ 是参数 $\Theta$ 的极大似然估计。下面的任务即为求二阶参数 $\theta$ 和 $\eta$ 的轮廓函数

$$L[\widehat{\Theta}_{\text{mle}},\Sigma(\theta,\eta)|Y]=|\Sigma(\theta,\eta)|^{-n/2}\exp\left\{-\frac{1}{2}\operatorname{tr}\left[\Sigma^{-1}(\theta,\eta)S_*\right]\right\}$$

的最大值, 等价地, 求对数似然函数

$$l[\widehat{\Theta}_{\text{mle}},\Sigma(\theta,\eta)|Y]=-\frac{n}{2}\log|\Sigma(\theta,\eta)|-\frac{1}{2}\operatorname{tr}\left[\Sigma^{-1}(\theta,\eta)S_*\right]$$

的最优值。根据极大似然函数不变原则

$$\widehat{\Sigma}_{\text{mle}}(\theta,\eta)=\Sigma(\widehat{\theta}_{\text{mle}},\widehat{\eta}_{\text{mle}})=\widehat{\theta}_{\text{mle}}G+\widehat{\eta}_{\text{mle}}\boldsymbol{w}\boldsymbol{w}^{\mathrm{T}}$$

对数似然函数可以表示为

$$\begin{aligned}l[\widehat{\Theta}_{\text{mle}},\Sigma(\theta,\eta)|Y]&\equiv\log L[\widehat{\Theta}_{\text{mle}},\Sigma(\theta,\eta)|Y]\\&=\frac{n}{2}\log|\Sigma^{-1}(\theta,\eta)|-\frac{1}{2}\operatorname{tr}\left[\Sigma^{-1}(\theta,\eta)S_*\right]\\&=\frac{n}{2}\log|\Sigma^{-1}(\theta,\eta)S_*|-\frac{1}{2}\operatorname{tr}\left[\Sigma^{-1}(\theta,\eta)S_*\right]-C_*\\&=\frac{n}{2}\log|S_*^{1/2}\Sigma^{-1}(\theta,\eta)S_*{}^{1/2}|-\frac{1}{2}\operatorname{tr}\left[S_*^{-1/2}\Sigma^{-1}(\theta,\eta)S_*^{-1/2}\right]-C_*\end{aligned}$$

$$=\frac{1}{2}\sum_{i=1}^{p}n\log(\lambda_i)-\frac{1}{2}\sum_{i=1}^{p}\lambda_i-C_*$$

其中, $\lambda_1,\lambda_2,\cdots,\lambda_p$ 是 $S_*^{1/2}\Sigma^{-1}(\theta,\eta)S_*^{1/2}$ 的特征值。由于函数 $h(\lambda)=n\log(\lambda)-\lambda$ 在 $\lambda=n$ 处获得唯一最大值, 故

$$S_*^{1/2}\Sigma^{-1}(\widehat{\theta}_{\mathrm{mle}},\widehat{\eta}_{\mathrm{mle}})S_*^{1/2}=nI$$

即

$$\widehat{\theta}_{\mathrm{mle}}G+\widehat{\eta}_{\mathrm{mle}}\boldsymbol{w}\boldsymbol{w}^{\mathrm{T}}=\frac{1}{n}S_* \tag{2.20}$$

对式 (2.20) 两边取迹值, 有

$$\widehat{\theta}_{\mathrm{mle}}\mathrm{tr}(G)+\widehat{\eta}_{\mathrm{mle}}<\boldsymbol{w},\boldsymbol{w}>=\frac{1}{n}\mathrm{tr}(S_*) \tag{2.21}$$

对式 (2.20) 两边左乘 $\mathbf{1}^{\mathrm{T}}$ 和右乘 $\mathbf{1}$, 有

$$\widehat{\theta}_{\mathrm{mle}}\mathbf{1}^{\mathrm{T}}G\mathbf{1}+\widehat{\eta}_{\mathrm{mle}}<\mathbf{1},\boldsymbol{w}>^2=\frac{1}{n}\mathbf{1}^{\mathrm{T}}S_*\mathbf{1} \tag{2.22}$$

解联立方程式 (2.21) 和式 (2.22) 得到表达式 (2.18) 和式 (2.19)。定理 2.3 证明完毕。

### 2.1.4 协方差为一阶自回归 (序列) 相关结构

一阶自回归 (序列) 相关结构定义为

$$\Sigma(\sigma^2,\rho)=\sigma^2\begin{pmatrix}1&\rho&\rho^2&\cdots&\rho^{p-1}\\\rho&1&\rho&\cdots&\rho^{p-2}\\\vdots&\vdots&\vdots&&\vdots\\\rho^{p-1}&\rho^{p-2}&\rho^{p-3}&\cdots&1\end{pmatrix}$$

其中, $|\rho|<1$。Rusnačko 和 Žežula (2016) 讨论了增长曲线模型的均匀相关与序列相关两种结构的联系。

已知协方差为一阶自回归相关或序列相关结构, 给定数据 $Y$, 增长曲线模型的随机误差具有正态密度函数 (2.1), 下面讨论一阶参数 $\Theta$ 和二阶参数 $\sigma^2$ 和 $\rho$ 的极大似然估计。

**定理 2.4** 假设 $Y$ 服从多元正态分布 $N_{n\times q}(\boldsymbol{\mu},I\otimes\Sigma)$, 其中均值结构为 $\boldsymbol{\mu}=X\Theta Z^{\mathrm{T}}$ 和自回归相关协方差结构 $\Sigma(\sigma^2,\rho)$。那么, 当 $X$ 和 $Z$ 满秩时, 参数 $\Theta$, $\sigma^2$ 和 $\rho$ 的极大似然估计记为 $\widehat{\Theta}_{\mathrm{mle}}$, $\widehat{\sigma}^2_{\mathrm{mle}}$ 和 $\widehat{\rho}_{\mathrm{mle}}$, 分别为

$$\widehat{\Theta}_{\mathrm{mle}}=(X^{\mathrm{T}}X)^{-1}X^{\mathrm{T}}YZ(Z^{\mathrm{T}}Z)^{-1}$$

$$\widehat{\sigma}^2_{\mathrm{mle}}=\frac{1}{np}\mathrm{tr}(S_*) \tag{2.23}$$

和

$$(p-1)\widehat{\rho}_{\rm mle}+(p-2)\widehat{\rho}_{\rm mle}^2+\cdots+\widehat{\rho}_{\rm mle}^{p-1}=\frac{p}{2}\left[\frac{\mathbf{1}^{\rm T}S_*\mathbf{1}}{{\rm tr}(S_*)}-1\right] \tag{2.24}$$

**证明:** 证明的前部分与定理 2.2 的前部分完全相同, 细节从略。假设推导已得出下列方程

$$\Sigma(\widehat{\sigma}_{\rm mle}^2,\widehat{\rho}_{\rm mle})=\frac{1}{n}S_* \tag{2.25}$$

对式 (2.25) 两边取迹值, 有

$$p\,\widehat{\sigma}_{\rm mle}^2=\frac{1}{n}{\rm tr}(S_*)$$

即获得式 (2.23)。

对式 (2.25) 两边左乘 $\mathbf{1}^{\rm T}$ 和右乘 $\mathbf{1}$, 有

$$\widehat{\sigma}_{\rm mle}^2[p+2(p-1)\widehat{\rho}_{\rm mle}+2(p-2)\widehat{\rho}_{\rm mle}^2+\cdots+2\widehat{\rho}_{\rm mle}^{p-1}]=\frac{1}{n}\mathbf{1}^{\rm T}S_*\mathbf{1}$$

即获得式 (2.24)。定理 2.4 证明完毕。

## 2.2 正态随机误差下的假设检验

一元正态随机变量的平方产生卡方分布 $\chi^2$。那么, 多元正态随机矩阵的二次型会产生怎样的分布呢? 下面给出 Wishart 分布的定义。

**定义 2.1** 如果 $Y\sim N_{n\times p}(\mathbf{0},I\otimes\Sigma)$ 且 $A=Y^{\rm T}Y$, 则称随机矩阵 $A$ 服从 $p$ 维的自由度为 $n$, 协方差为 $\Sigma$ 的中心 Wishart 分布, 记为 $A\sim W_p(n,\Sigma)$。

当 $n\geqslant p$ 时, 中心 Wishart 分布存在密度函数, 它的密度函数为

$$\frac{1}{2^{pn/2}\Gamma_p\left(\frac{1}{2}n\right)\det(\Sigma)^{n/2}}{\rm etr}\left(-\frac{1}{2}\Sigma^{-1}A\right)\det(A)^{(n-p-1)/2},\quad A>\mathbf{0}$$

其中, $\Gamma_p(\cdot)$ 表示多元伽马函数, 见 Muirhead (1982) 的定义 2.1.10。

**定义 2.2** 如果 $Y\sim N_{n\times p}(\boldsymbol{\mu},I\otimes\Sigma)$ 且 $A=Y^{\rm T}Y$, 则称随机矩阵 $A$ 服从 $p$ 维的自由度为 $n$, 协方差为 $\Sigma$, 非中心参数矩阵为 $\Omega=\Sigma^{-1}\boldsymbol{\mu}^{\rm T}\boldsymbol{\mu}$ 的非中心 Wishart 分布, 记为 $A\sim W_p(n,\Sigma,\Omega)$。

当 $\boldsymbol{\mu}=\mathbf{0}$ 时, $\Omega=\mathbf{0}$。于是随机矩阵 $A$ 简约为中心的 Wishart 分布。当 $p=1$ 时, $\Sigma=\sigma^2$。这是一元情形, 于是随机矩阵 $A/\sigma^2$ 简约为非中心的卡方分布 $\chi^2(\delta)$, 这里 $\delta=\boldsymbol{\mu}^{\rm T}\boldsymbol{\mu}/\sigma^2$。

一般来讲, 当 $n\geqslant p$ 时, Wishart 分布 $W_p(n,\Sigma)$ 具有密度函数, 可参见 Muirhead (1982) 的第 3 章和第 10 章, 或者 Eaton (1983) 的第 8 章。当 $n<p$ 时, Wishart 分布 $W_p(n,\Sigma)$ 是奇异的, 关于奇异 Wishart 分布的概率密度函数的相关结果, 有兴趣的读者可阅读 Srivastava (2003) 的研究结果。

我们有 $\mathbb{E}(A) = n\Sigma + \boldsymbol{\mu}^{\mathrm{T}}\boldsymbol{\mu} = n\Sigma + \Sigma\Omega$, 详细推导参见 Muirhead (1982) 第 10 章。

当 $n \geqslant p$ 时, 非中心 Wishart 分布存在密度函数, 它的密度函数为

$$\frac{1}{2^{pn/2}\Gamma_p\left(\frac{1}{2}n\right)\det(\Sigma)^{n/2}}\mathrm{etr}\left(-\frac{1}{2}\Sigma^{-1}A\right)\det(A)^{(n-p-1)/2} \cdot \mathrm{etr}\left(-\frac{1}{2}\Omega\right){}_0F_1\left(\frac{1}{2};\frac{1}{4}\Omega\Sigma^{-1}A\right) \quad (A > \mathbf{0})$$

其中, $\Omega = \Sigma^{-1}\boldsymbol{\mu}^{\mathrm{T}}\boldsymbol{\mu}$ 而且 ${}_0F_1(a;b)$ 是一个特殊的广义超几何函数或级数 (generalized hypergeometric function or series), 见 Muirhead (1982) 的定义 1.3.1。

### 2.2.1 拟合优度检验

拟合优度检验 (goodness of fit) 通常用于确定观察值与假设的理论分布之间的偏差程度, 用于评估一组观察值是否与一个理论分布或模型相符。这一部分叙述增长曲线模型拟合优度检验。

从第 1 章 1.2 节知道, 增长曲线模型 (1.4) 所用参数的个数 $mq$ 少于多元线性模型 (1.1) 的参数个数 $mp$。于是, 下面介绍拟合优度检验。

拟合优度检验: 增长曲线模型 (1.4) 对多元线性模型 (1.1)。

根据已知满秩的剖面矩阵 $Z$, 容易构造一个已知的 $p \times (p-q)$ 阶的满秩矩阵 $Z_*$ 使得

$$Z_*^{\mathrm{T}} Z = \mathbf{0}$$

例如, $Z_*^{\mathrm{T}}$ 由正交投影矩阵 $M_Z$ 的 $p-q$ 列线性独立的向量组成。设 $\Theta^*$ 为 $m \times q$ 阶的而 $\Theta$ 为 $m \times p$ 阶的未知参数矩阵。

为增长曲线模型 (1.4) 对多元线性模型 (1.1) 的假设检验问题可设计为如下一对原假设和备择假设, 原假设为

$$H_0: \mathbb{E}(Y) = X\Theta^* Z^{\mathrm{T}} \tag{2.26}$$

备择假设为

$$H_1: \mathbb{E}(Y) = X\Theta \tag{2.27}$$

**定理 2.5** 对原假设 (2.26) 与备择假设 (2.27), 给定显著性水平 $\alpha$, 似然比检验拒绝规则为

$$\text{如果 } |I_{p-q} + S_h S_e^{-1}|^{-1} > c_\alpha, \text{则拒绝原假设 } H_0$$

其中, $c_\alpha$ 是一个依赖 $\alpha$ 的很小的值, $S_h = Z_*^{\mathrm{T}} Y^{\mathrm{T}} P_X Y Z_* \sim W_{p-q}(m, Z_*^{\mathrm{T}}\Sigma Z_*)$, $S_e = Z_*^{\mathrm{T}} Y^{\mathrm{T}} M_X Y Z_* \sim W_{p-q}(n-m, Z_*^{\mathrm{T}}\Sigma Z_*)$ 且 $S_h$ 和 $S_e$ 相互独立。

**证明:** 根据定理 2.1 和多元线性模型 (1.1) 协方差的极大似然估计 $\widehat{\Sigma}_{\text{mle}} = Y^{\mathrm{T}}M_XY/n$, 原假设 (2.26) 与备择假设 (2.27) 的似然比经计算化简为

$$\Lambda = \frac{\max\limits_{\Theta^*\in\mathscr{M}_{n\times q}} L(\Theta^*|Y)}{\max\limits_{\Theta\in\mathscr{M}_{n\times p}} L(\Theta|Y)} = \frac{|S|^{n/2}}{|S+T^{\mathrm{T}}Y^{\mathrm{T}}P_XYT|^{n/2}}$$

故对原假设 (2.26) 与备择假设 (2.27), 给定显著性水平 $\alpha$, 获得一个很小的数值 $c_\alpha$, 似然比检验拒绝规则为

$$\text{如果 } \frac{|S|}{|S+T^{\mathrm{T}}Y^{\mathrm{T}}P_XYT|} > c_\alpha, \text{则拒绝原假设 } H_0 \tag{2.28}$$

并且由等式 $\Pr(\Lambda^{2/n}\leqslant c_\alpha|H_0)=\alpha$ 确定 $c_\alpha$。

设 $Q_1^{\mathrm{T}} = S^{-1}Z(Z^{\mathrm{T}}S^{-1}Z)^{-1}$, $Q_2^{\mathrm{T}} = Z_*$, 则

$$Q^{\mathrm{T}} = \begin{pmatrix} Q_1^{\mathrm{T}} & Q_2^{\mathrm{T}} \end{pmatrix} \text{ 是满秩的}$$

并且有下列关系

$$Q_1SQ_2^{\mathrm{T}} = \mathbf{0},\ TQ_1^{\mathrm{T}} = \mathbf{0} \text{ 且 } TQ_2^{\mathrm{T}} = Q_2^{\mathrm{T}}$$

对式 (2.28) 的分子分母同时左乘 $|Q|$ 与同时右乘 $|Q^{\mathrm{T}}|$, 通过矩阵计算导致式 (2.28) 的分子为

$$|Q_1SQ_1^{\mathrm{T}}||Q_2SQ_2| = |Q_1SQ_1^{\mathrm{T}}||Q_2Y^{\mathrm{T}}M_XYQ_2^{\mathrm{T}}|$$

而式 (2.28) 的分母为

$$|Q_1SQ_1^{\mathrm{T}}||Q_2SQ_2 + Q_2Y^{\mathrm{T}}P_{X_2}YQ_2^{\mathrm{T}}| = |Q_1SQ_1^{\mathrm{T}}||Q_2Y^{\mathrm{T}}M_XYQ_2^{\mathrm{T}} + Q_2Y^{\mathrm{T}}P_XYQ_2^{\mathrm{T}}|$$

似然比检验拒绝规则 (2.28) 重写为

$$\text{如果 } \frac{|Z_*^{\mathrm{T}}Y^{\mathrm{T}}M_XYZ_*|}{|Z_*^{\mathrm{T}}Y^{\mathrm{T}}M_XYZ_* + Z_*^{\mathrm{T}}Y^{\mathrm{T}}P_XYZ_*|} > c_\alpha, \text{则拒绝原假设 } H_0$$

注意到 $Z_*^{\mathrm{T}}Y^{\mathrm{T}}M_XYZ_*$ 是以概率 1 正定的。所以给定显著性水平 $\alpha$, 找到由 $\alpha$ 决定的值 $c_\alpha$, 似然比检验拒绝规则为

$$\text{如果 } |I_{p-q} + S_hS_e^{-1}|^{-1} > c_\alpha, \text{则拒绝原假设 } H_0$$

建立 $S_h$ 和 $S_e$ 的分布如下。易知 $Y^{\mathrm{T}}P_XY$ 服从 $W_p(m,\Sigma)$ 分布, $Y^{\mathrm{T}}M_XY$ 服从 $W_p(n-m,\Sigma)$ 分布且相互独立, 根据 Muirhead (1982) 的定理 3.2.5, $Z_*^{\mathrm{T}}Y^{\mathrm{T}}P_XYZ_*$ 服从 $W_{p-q}(m, Z_*^{\mathrm{T}}\Sigma Z_*)$ 分布, $Y^{\mathrm{T}}M_XY$ 服从 $W_{p-q}(n-m, Z_*^{\mathrm{T}}\Sigma Z_*)$ 分布且相互独立。定理 2.5 证明完毕。

下面讨论 $\Lambda^{2/n}$ 的分布。设 $f_1, f_2, \cdots, f_{p-q}$ 是 $S_hS_e^{-1}$ 的特征根, 则

$$\Lambda^{2/n}=\sum_{i=1}^{p-q}\frac{1}{1+f_i}=p-q-\sum_{i=1}^{p-q}\frac{f_i}{1+f_i}$$

而

$$V=\sum_{i=1}^{p-q}\frac{f_i}{1+f_i}=\mathrm{tr}[S_e(S_h+S_e)^{-1}]$$

是 Pillai 统计量 (Pillai, 1955, 1956)。它的精确非零分布在范围 $0<V<1$ 被 Khatri 和 Pillai (1968) 发现是一个复杂的区域多项式级数 (complicated zonal polynomial series)。当样本量 $n\to\infty$ 时, 渐近的零值分布见 Muirhead (1982) 定理 10.6.7。除了 Pillai 统计量, 还有其他不变统计量如下。

### 2.2.2 复合双线性假设检验

本节叙述似然比 (likelihood ratio, LR) 检验方法来检验增长曲线模型中关于参数矩阵 $\Theta$ 的复合双线性假设。原假设和备择假设对为

$$\text{参数复合双线性假设 } H_0:\ C\Theta D^{\mathrm{T}}=\mathbf{0};\ H_1:\ C\Theta D^{\mathrm{T}}\neq\mathbf{0} \tag{2.29}$$

其中, $C$ 是 $c\times m$ 阶矩阵 $(c\leqslant m)$ 而 $D$ 是 $d\times q$ 阶矩阵 $(d\leqslant q)$。

**引理 2.3** 下列各矩阵的阶如前所述, 则

$$\Sigma=Z(Z^{\mathrm{T}}\Sigma^{-1}Z)^{-1}Z^{\mathrm{T}}+\Sigma Z_*(Z_*^{\mathrm{T}}\Sigma Z_*)^{-1}Z_*^{\mathrm{T}}\Sigma$$

以及

$$\Sigma^{-1}Z(Z^{\mathrm{T}}\Sigma^{-1}Z)^{-1}=Z(Z^{\mathrm{T}}Z)^{-1}-Z_*(Z_*^{\mathrm{T}}\Sigma Z_*)^{-1}Z_*^{\mathrm{T}}\Sigma Z(Z^{\mathrm{T}}Z)^{-1}$$

两矩阵等式成立。

**引理 2.4** 设新的随机变量变换为

$$W_1=YZ(Z^{\mathrm{T}}Z)^{-1},\ W_2=YZ_* \text{ 且 } W=(W_1,W_2)$$

则随机矩阵 $W$ 服从多元正态分布 $N_{n\times p}(\boldsymbol{\mu},\Omega)$, 其中

$$\boldsymbol{\mu}=(\boldsymbol{\mu}_1\ \boldsymbol{\mu}_2)=\begin{pmatrix}X\Theta & \mathbf{0}\end{pmatrix}$$

和

$$\Omega=\begin{pmatrix}\Omega_{11} & \Omega_{12}\\ \Omega_{21} & \Omega_{22}\end{pmatrix}=\begin{pmatrix}(Z^{\mathrm{T}}Z)^{-1}Z^{\mathrm{T}}\Sigma Z(Z^{\mathrm{T}}Z)^{-1} & (Z^{\mathrm{T}}Z)^{-1}Z^{\mathrm{T}}\Sigma Z_*\\ Z_*^{\mathrm{T}}\Sigma Z(Z^{\mathrm{T}}Z)^{-1} & Z_*^{\mathrm{T}}\Sigma Z_*\end{pmatrix}$$

**引理 2.5** 假设矩阵 $X_1$ 和 $X_2$ 有合适的阶数, 则

$$\begin{pmatrix} X_1^{\mathrm{T}}X_1 & X_1^{\mathrm{T}}X_2 \\ X_2^{\mathrm{T}}X_1 & X_2^{\mathrm{T}}X_2 \end{pmatrix}^- = \begin{pmatrix} A_{11} & A_{12} \\ A_{12}^{\mathrm{T}} & (X_2^{\mathrm{T}}M_{X_1}X_2)^- \end{pmatrix}$$

其中

$$A_{11} = (X_1^{\mathrm{T}}X_1)^- + (X_1^{\mathrm{T}}X_1)^- X_1^{\mathrm{T}}X_2(X_2^{\mathrm{T}}M_{X_1}X_2)^- X_2^{\mathrm{T}}X_1(X_1^{\mathrm{T}}X_1)^-$$
$$A_{12} = -(X_1^{\mathrm{T}}X_1)^- X_1^{\mathrm{T}}X_2(X_2^{\mathrm{T}}M_{X_1}X_2)^-$$

引理 2.3～引理 2.5 用矩阵论或概率论课程中的基本方法就可证明, 有兴趣的读者可以把它们作为练习自行证明。

**定理 2.6** 在增长曲线模型下, 针对原假设和备择假设对式 (2.29), 给定显著性水平 $\alpha$, 存在一个依赖 $\alpha$ 的很小的值 $c_\alpha$ 使得参数复合双线性假设的似然比检验拒绝规则为

$$\text{如果 } |I + S_hS_e^{-1}|^{-1} > c_\alpha, \text{则拒绝原假设 } H_0$$

这里, $S_e = D(Z^{\mathrm{T}}S^{-1}Z)^{-1}D^{\mathrm{T}}$ 和 $S_h = (C\widehat{\Theta}D^{\mathrm{T}})^{\mathrm{T}}\left(CRC^{\mathrm{T}}\right)^{-1}(C\widehat{\Theta}D^{\mathrm{T}})$, 其中

$$\widehat{\Theta} = (X^{\mathrm{T}}X)^{-1}X^{\mathrm{T}}YS^{-1}Z(Z^{\mathrm{T}}S^{-1}Z)^{-1}$$

和

$$R = (X^{\mathrm{T}}X)^{-1} + (X^{\mathrm{T}}X)^{-1}X^{\mathrm{T}}Y[S^{-1} - S^{-1}Z(Z^{\mathrm{T}}S^{-1}Z)^{-1}Z^{\mathrm{T}}S^{-1}]Y^{\mathrm{T}}X(X^{\mathrm{T}}X)^{-1}$$

并且在 $H_0$ 下 $S_h$ 和 $S_e$ 是自由度分别为 $c$ 和 $n-m-p+q$ 而协方差为 $D(Z^{\mathrm{T}}\Sigma^{-1}Z^{\mathrm{T}})^{-1}D^{\mathrm{T}}$ 的中心 Wishart 分布。

**证明:** 作变量变换

$$W = (W_1\ W_2),\ W_1 = YZ(Z^{\mathrm{T}}Z)^{-1} \text{ 且 } W_2 = YZ_*$$

随机变量 $W$ 的联合密度可以表示为 $W_2$ 的密度函数和在给定 $W_2$ 的条件下 $W_1$ 的条件密度函数的乘积。利用 Muirhead (1982) 的定理 1.2.11 和引理 2.4, 有

$$W_2 \sim N_{n\times(p-q)}(\mathbf{0}, I\otimes Z_*^{\mathrm{T}}\Sigma Z_*)$$

和

$$W_1|W_2 \sim N_{n\times q}(\boldsymbol{\mu}_1 + W_2\Omega_{22}^-\Omega_{21}, I\otimes(\Omega_{11} - \Omega_{12}\Omega_{22}^-\Omega_{21})) \tag{2.30}$$

由引理 2.3和引理 2.4, 经过矩阵运算得

$$\Omega_{11} - \Omega_{12}\Omega_{22}^-\Omega_{21} = (Z^{\mathrm{T}}\Sigma^{-1}Z)^{-1}$$

和

$$\boldsymbol{\mu}_1 + W_2\Omega_{22}^-\Omega_{21} = X\Theta + W_2(Z_*^{\mathrm{T}}\Sigma Z_*)^{-1}Z_*^{\mathrm{T}}\Sigma Z(Z^{\mathrm{T}}Z)^{-1}$$

由于 $W_2$ 的分布与参数 $\Theta$ 无关, 重点放在条件分布式 (2.30) 上, 条件期望重写为

$$\mathbb{E}(W_1|W_2) = \begin{pmatrix} X & W_2 \end{pmatrix} \begin{pmatrix} \Theta \\ \Gamma \end{pmatrix}$$

其中, $\Gamma = (Z_*^{\mathrm{T}}\Sigma Z_*)^{-1}Z_*^{\mathrm{T}}\Sigma Z(Z^{\mathrm{T}}Z)^{-1}$。

设

$$W_1^* = W_1 D^{\mathrm{T}},\ \Gamma_* = \begin{pmatrix} \Theta \\ \Gamma \end{pmatrix} D^{\mathrm{T}} \text{ 且 } C_* = \begin{pmatrix} C & \mathbf{0} \end{pmatrix}$$

考虑多元线性模型

$$W_1^*|W_2 = X_*\Gamma_* + \mathcal{E}_*$$

其中, $X_* = (X\ W_2), \mathcal{E}_* \sim N(\mathbf{0}, D(Z^{\mathrm{T}}\Sigma Z)^{-1}D^{\mathrm{T}})$ 以及假设检验

$$C_*\Gamma_* = \mathbf{0}$$

这个模型属于标准的多元方差分析模型, 由 Muirhead (1982) 定理 10.2.2, 似然比为

$$\Lambda = \frac{1}{|I + S_h S_e^{-1}|^{n/2}}$$

其中,

$$S_e = DW_1^{\mathrm{T}} M_{X_*} W_1 D^{\mathrm{T}}$$

$$S_h = DW_1^{\mathrm{T}} X_*(X_*^{\mathrm{T}}X_*)^{-1}C_*^{\mathrm{T}}[C_*(X_*^{\mathrm{T}}X_*)^{-1}C_*^{\mathrm{T}}]^{-1}C_*(X_*^{\mathrm{T}}X_*)^{-1}X_*^{\mathrm{T}}W_1D^{\mathrm{T}}$$

利用引理 2.3 和引理 2.5, 整理得 $S_e = D(Z^{\mathrm{T}}SZ)^{-1}D^{\mathrm{T}}$ (与 $W_2$无关),

$$\begin{aligned}
&C_*(X_*^{\mathrm{T}}X_*)^{-1}C_*^{\mathrm{T}} \\
=&C[(X^{\mathrm{T}}X)^{-1} + (X^{\mathrm{T}}X)^{-1}X^{\mathrm{T}}W_2(W_2^{\mathrm{T}}M_X W_2)^{-1}W_2^{\mathrm{T}}X(X^{\mathrm{T}}X)^{-1}]C^{\mathrm{T}} \\
=&CRC^{\mathrm{T}}\ (\text{与 } W_2 \text{无关})
\end{aligned}$$

以及

$$\begin{aligned}
&C_*(X_*^{\mathrm{T}}X_*)^{-1}X_*^{\mathrm{T}}W_1D^{\mathrm{T}} \\
=&C[(X^{\mathrm{T}}X)^{-1}X^{\mathrm{T}} - (X^{\mathrm{T}}X)^{-1}X^{\mathrm{T}}YZ_*(Z_*SZ_*)^{-1}Z_*^{\mathrm{T}}Y^{\mathrm{T}}M_X]YZ(Z^{\mathrm{T}}Z)^{-1}D^{\mathrm{T}} \\
=&C(X^{\mathrm{T}}X)^{-1}X^{\mathrm{T}}Y\{I - [I - S^{-1}Z(Z^{\mathrm{T}}S^{-1}Z)^{-1}Z^{\mathrm{T}}]\}Z(Z^{\mathrm{T}}Z)^{-1}D^{\mathrm{T}} \\
=&C(X^{\mathrm{T}}X)^{-1}X^{\mathrm{T}}YS^{-1}Z(Z^{\mathrm{T}}S^{-1}Z)^{-1}D^{\mathrm{T}} \\
=&C\widehat{\Theta}D^{\mathrm{T}}\ (\text{与 } W_2 \text{无关})
\end{aligned}$$

给定显著性水平 $\alpha$, 存在一个依赖 $\alpha$ 的很小的值 $c_\alpha$ 使得参数复合双线性假设的似然比检验拒绝规则为

$$\text{如果 } |I_d + S_h S_e^{-1}|^{-1} > c_\alpha, \text{则拒绝原假设 } H_0$$

且由 $\Pr(\Lambda^{2/n} \leqslant c_\alpha | H_0) = \alpha$ 式子确定小数值 $c_\alpha$。

给定 $W_2, S_e$ 的条件分布为中心 Wishart 分布

$$W_d(n-m-p+q, D(Z^{\mathrm{T}}\Sigma^{-1}Z)^{-1}D^{\mathrm{T}})$$

$S_h$ 的条件分布为非中心 Wishart 分布

$$W_d(c, D(Z^{\mathrm{T}}\Sigma^{-1}Z)^{-1}D^{\mathrm{T}}, (C\Theta D^{\mathrm{T}})^{\mathrm{T}}\left(CR^{-1}C^{\mathrm{T}}\right)^{-1}(C\Theta D^{\mathrm{T}}))$$

由上述可知：由于 $S_e$ 且 $S_h$ 均与 $W_2$ 无关。在 $H_0$ 下, $S_h$ 的分布为中心 Wishart 分布

$$W_d(c, D(Z^{\mathrm{T}}\Sigma^{-1}Z)^{-1}D^{\mathrm{T}})$$

所以, 无条件分布与有条件分布一样。

Khatri (1966) 以及 Muirhead (1982) 提供了三个检验拒绝规则：

(1) 如果 $\mathrm{tr}[S_e(S_h+S_e)^{-1}] \geqslant c_\alpha$, 拒绝原假设 $H_0$。

(2) 如果 $\mathrm{tr}(S_hS_e^{-1}) \geqslant c_\alpha$, 拒绝原假设 $H_0$。

(3) 如果 $S_hS_e^{-1}$ 的最大特征根 $f_1 \geqslant c_\alpha$, 拒绝假设 $H_0$。

设上述三个检验拒绝规则中的 $c_\alpha$ 分别为 $\lambda_1, \lambda_2$ 和 $\lambda_3$, 则它们的数值由下式所确定

$$\begin{aligned}\alpha &= \Pr\left\{\mathrm{tr}[S_e(S_h+S_e)^{-1}] \geqslant \lambda_1 | H_0\right\}\\ &= \Pr\left[\mathrm{tr}(S_hS_e^{-1}) \geqslant \lambda_2 | H_0\right]\\ &= \Pr(f_1 \geqslant \lambda_3 | H_0)\end{aligned}$$

定理 2.6 证明完毕。

定理 2.5和定理 2.6 的证明思路与方法将在 5.2 节的定理证明中使用。

## 2.3 已知协方差的一阶参数广义最小二乘估计

在增长曲线模型 (1.4) 的重复测量数据分析中, 如果随机误差不服从多元正态分布也不确定其具体的分布, 能否考虑使用统计学的最小二乘思想？本节将探讨最小二乘方法在增长曲线模型 (1.4) 参数估计中的应用范围和局限性。

当协方差 $\Sigma$ 已知时, 根据最小二乘理论, 如参见 Rao (1973) 的 (4a.2), 增长曲线模型的正则方程为

$$X^{\mathrm{T}}X\Theta Z^{\mathrm{T}}\Sigma^{-1}Z = X^{\mathrm{T}}Y\Sigma^{-1}Z$$

一阶参数 $\Theta$ 的广义最小二乘 (generalized least squares, GLS) 估计, 记为 $\widehat{\Theta}_{\mathrm{gls}}$, 由下

式给出

$$\widehat{\Theta}_{\text{gls}} = (X^{\mathrm{T}}X)^{-1}X^{\mathrm{T}}Y\varSigma^{-1}Z\left(Z^{\mathrm{T}}\varSigma^{-1}Z\right)^{-1} \tag{2.31}$$

由于

$$(X^{\mathrm{T}}X)^{-1}X^{\mathrm{T}} = (X^{\mathrm{T}}X)^{-1}X^{\mathrm{T}}P_X$$

且

$$Z\left(Z^{\mathrm{T}}\varSigma^{-1}Z\right)^{-1}Z^{\mathrm{T}} = \left(P_Z\varSigma^{-1}P_Z\right)^{+} \tag{2.32}$$

式 (2.31) 能写成

$$\widehat{\Theta}_{\text{gls}} = (X^{\mathrm{T}}X)^{-1}X^{\mathrm{T}}Y\varSigma^{-1}\left(P_Z\varSigma^{-1}P_Z\right)^{+}Z(Z^{\mathrm{T}}Z)^{-1} \tag{2.33}$$

从 Rao (1973) 的 (4a.2) 知, $\widehat{\Theta}_{\text{gls}}$ 是 $\Theta$ 的最优线性无偏估计 (best linear unbiased estimator, BLUE)。当剖面矩阵 $Z = I$, 式 (2.33) 简化为

$$\widehat{\Theta} = (X^{\mathrm{T}}X)^{-1}X^{\mathrm{T}}Y \tag{2.34}$$

式 (2.34) 正是多元线性模型 (1.1) 中回归参数 $\Theta$ 的最小二乘估计。

这里引出一个事实, 回归参数 $\Theta$ 的最优无偏估计与随机误差分布的协方差 $\varSigma$ 无关, 这说明：在多元线性模型中, 对于相关的多元响应变量, 可以无视它们之间的相关性 (等同于视它们为独立的响应变量) 求得回归参数 $\Theta$ 的最优无偏估计。在统计学的估计理论中, 回归参数的估计的重要性高于协方差的估计。

在多元线性模型中, 回归参数 $\Theta$ 的最小二乘估计 $\widehat{\Theta}$ 与协方差 $\varSigma$ 无关。因此, 不管协方差 $\varSigma$ 如何, $\widehat{\Theta}$ 都是 $\Theta$ 的最优线性无偏估计。如此独有的特征和优良的性质, 在增长曲线模型中就不再拥有了, 因为 $Z \neq I$, $\widehat{\Theta}_{\text{gls}}$ 依赖于协方差 $\varSigma$。

增长曲线模型 (1.4) 均值结构 $\boldsymbol{\mu} = X\Theta Z^{\mathrm{T}}$ 中的剖面矩阵 $Z$ 对增长曲线模型的参数估计影响巨大。它的一阶参数极大似然估计 (2.3) 的表达式为

$$\widehat{\Theta}_{\text{mle}} = (X^{\mathrm{T}}X)^{-}X^{\mathrm{T}}YS^{-1}Z(Z^{\mathrm{T}}S^{-1}Z)^{-}$$

因为 $Z \neq I$, 从而 $S^{-1}Z(Z^{\mathrm{T}}S^{-1}Z)^{-} \neq I$。在多元线性模型 (1.1) 中, 条件 $S^{-1}Z$ $(Z^{\mathrm{T}}S^{-1}Z)^{-} = I$ 总是成立的, 协方差 $\varSigma$ 或者协方差的估计 $S$ 根本不起作用。对多元线性模型, 等式 $S^{-1}Z(Z^{\mathrm{T}}S^{-1}Z)^{-} = I$ 成立, 而对增长曲线模型则 $S^{-1}Z(Z^{\mathrm{T}}S^{-1}$ $Z)^{-} \neq I$。

下面举例说明等式 $S^{-1}Z(Z^{\mathrm{T}}S^{-1}Z)^{-} = I$ 成立的含义。眼睛近视后主要依靠配戴凹透镜以矫正视力, 老花眼主要配戴凸透镜以矫正视力 (这里忽视造成两者状态的医学原理)。在统计模型中, 引起光线聚焦变化的就是这个协方差 $\varSigma$ 或 $S$。如果等式 $S^{-1}Z(Z^{\mathrm{T}}S^{-1}Z)^{-} = I$ 成立相当于一个人由近视后经老花最后视力变为正

常, 多元线性模型的回归参数估计与协方差 $\Sigma$ 无关这个独有的特征和优良的性质就属于这种情形。如果等式 $S^{-1}Z(Z^{\mathrm{T}}S^{-1}Z)^{-}=I$ 不成立相当于一个人由近视后经老花最后视力不会还原成正常状态的 $I$, 增长曲线模型的一阶参数估计就属于这种情形。在第 1 章和前面都已提到, 增长曲线模型中的这个 $Z$ 导致估计问题难度增加, 从上述知道, 解剖面矩阵 $Z$ 导致等式 $S^{-1}Z(Z^{\mathrm{T}}S^{-1}Z)^{-}=I$ 不成立了, 在上述比喻里, 就是这个 $Z$ 导致由近视后经老花最后视力不会还原成正常状态了。

所以, 当协方差 $\Sigma$ 已知时, $\widehat{\Theta}_{\mathrm{gls}}$ 是一个统计量; 当协方差 $\Sigma$ 未知时, $\widehat{\Theta}_{\mathrm{gls}}$ 含有未知参数, 它并不是一个统计量也不是 $Y$ 的一个线性函数 (除非二阶参数 $\Sigma$ 为一个常数)。于是, 当协方差 $\Sigma$ 未知时, 增长曲线模型一阶参数 $\Theta$ 的估计寻求采用两步估计思想就成为必然。下面主要探讨参数 $\Theta$ 的两步广义最小二乘估计 (two-step generalized least squares estimator, 2GLS) 及其他的相合性质和渐近正态性质。其内容主要取自 Hu 和 Yan (2008) 的研究。

## 2.4 误差分布未知时一阶参数复合双线性变换两步广义最小二乘估计及其渐近性质

设 $\gamma(\Theta)=C\Theta D^{\mathrm{T}}$ 是一阶参数矩阵 $\Theta$ 的一个可估复合双线性变换, 也简记 $\gamma=\gamma(\Theta)$。本节介绍一个关于 $\gamma$ 的两步广义最小二乘估计 (简记为 $\widehat{\gamma}_{2\mathrm{gls}}$) 及它的相合性 (consistency) 和渐近正态性 (asymptotic normality)。除此之外, 考虑协方差 $\Sigma$ 的一个二次估计并讨论它的相合性。

有追溯兴趣的读者可以参考 Eicker (1963), Theil (1971) 和 Nussbaum (1977) 关于一元和多元回归模型的普通最小二乘估计的大样本性质。

本节可分为三个小部分: 2.4.1 节对于可估计的参数复合双线性变换 $\gamma=C\Theta D^{\mathrm{T}}$, 提出一个两步广义最小二乘估计 $\widehat{\gamma}_{2\mathrm{gls}}$ 以及一个关于协方差 $\Sigma$ 的二次估计 $\widehat{\Sigma}$; 2.4.2 节证明两个估计的相合性质; 2.4.3 节证明在一定的条件下, 两步广义最小二乘估计 $\widehat{\gamma}_{2\mathrm{gls}}$ 具有渐近正态性质。

### 2.4.1 一阶参数复合双线性变换的两步广义最小二乘估计

给定 $A\in\mathscr{M}_{n\times p}$ 和 $B\in\mathscr{M}_{p\times s}$, 如果存在某个 $T\in\mathscr{M}_{n\times s}$ 使得 $\mathbb{E}(T^{\mathrm{T}}A\boldsymbol{\beta})=B^{\mathrm{T}}\Theta$ 对所有 $\boldsymbol{\beta}\in\mathbb{R}^{p}$ 成立, 那么, 线性参数函数 $B^{\mathrm{T}}\boldsymbol{\beta}$ 是关于 $A$ 可估的 (estimable)。感兴趣的读者可以参考 Hu 和 Shi (2008) 或 Bakaslary 和 Kala (1976) 了解更多关于可估性 (estimability) 的知识。

正如 Potthoff 和 Roy (1964) 所讨论的, 实际应用中, 增长曲线模型下形如 $C\Theta D^{\mathrm{T}}=\mathbf{0}$ 的复合双线性假设检验问题经常被考虑, 这里 $C\in\mathscr{M}_{s\times m}$ 和 $D\in\mathscr{M}_{t\times q}$。因此, 本节考虑: 给定已知矩阵 $C\in\mathscr{M}_{s\times m}$ 和 $D\in\mathscr{M}_{t\times q}$, 参数复合双线性

变换 $\gamma = C\Theta D^{\mathrm{T}}$ 的估计问题。

当协方差 $\Sigma$ 已知时, 由式 (2.33), 设

$$\widehat{\gamma}_0 = C\widehat{\Theta}_{\mathrm{gls}} D^{\mathrm{T}} \tag{2.35}$$

$\widehat{\gamma}_0$ 的均值和协方差分别为 $C\Theta D^{\mathrm{T}}$ 和 $[C(X^{\mathrm{T}}X)^{-1}C^{\mathrm{T}}] \otimes [D(Z^{\mathrm{T}}\Sigma^{-1}Z)^{-1}D^{\mathrm{T}}]$。

另外, 由 Rao (1973) 的 (4a.2) 得知: 如果 $X$ 与 $Z$ 都满秩, 则对于任何矩阵 $C \in \mathscr{M}_{s\times m}$ 与 $D \in \mathscr{M}_{t\times q}$, $\gamma = C\Theta D^{\mathrm{T}}$ 都是可估的。所以, 由式 (2.35) 定义的 $\widehat{\gamma}_0$ 是可估参数复合双线性变换 $\gamma = C\Theta D^{\mathrm{T}}$ 的最小二乘估计。从 Rao (1973) 的 (4a.2), 容易推导出 $\widehat{\gamma}_0$ 是 $\gamma$ 的最优线性无偏估计。

下面介绍未知的协方差 $\Sigma$ 情形。设

$$\widehat{\Sigma} = Y^{\mathrm{T}} W_0 Y, \quad W_0 \equiv \frac{1}{n - r(X)}(I - P_X) \tag{2.36}$$

Muirhead (1982) 的定理 3.1.4 证明了, 在随机误差矩阵服从正态分布时假设 $\widehat{\Sigma}$ 是以概率 1 正定的。关于 $\widehat{\Sigma}$ 以概率 1 正定性的证明, 正态分布在其中扮演了关键的作用, 有趣的是, Muirhead (1982) 中定理 3.1.4 在很一般的假设下也是成立的, 感兴趣的读者请参阅 Muirhead (1982) 第 3 章的相关论述。因此, 即使针对非正态分布情形的 $Y$, 在使用形如 $\widehat{\Sigma}$ 统计量时, 也不再那么特意纠结它是否是正定的。

为何对式 (2.36) 所定义的 $\widehat{\Sigma}$ 情有独钟呢? 原因或动机来自两方面: 一方面, 协方差 $\Sigma$ 的极大似然估计 (2.6) 是统计量 $S$ 的一个很复杂的函数; 另一方面, 它很简单, 且源自多元线性模型 (1.1) 的经典理论。多元统计分析理论说明, 在随机误差服从正态分布时 $\widehat{\Sigma}$ 是 $\Sigma$ 的一个一致最小方差无偏不变估计, 参见 Rao 和 Kleffe (1988) 或者 Anderson (2003) 的相关研究。既然这个估计在多元线性模型有一致最小方差无偏不变性质, 应用模特儿效应扩散原理, 也可以将它放到增长曲线模型对应的位置, 例如, 作为两步估计中的第一步估计。

正是基于以上两点动机, 这个估计 $\widehat{\Sigma}$ 的确常常被用来作为第一步估计 (Žežula, 2006)。下面也把它作为第一步估计。

对于已知的协方差, 式 (2.35) 给出了 $\gamma$ 的一个无偏最小二乘估计。但是, 对于未知的协方差, 式 (2.35) 依赖于未知参数 $\Sigma$, 它不是一个统计量, 另外, 若 $\widehat{\Theta} \equiv (X^{\mathrm{T}}X)^{-1}X^{\mathrm{T}}Y\Sigma^{-1}Z\left(Z^{\mathrm{T}}\Sigma^{-1}Z\right)^{-1}$, 则 $\widehat{\gamma} \equiv \gamma(\widehat{\Theta}) = C\widehat{\Theta}D^{\mathrm{T}}$ 依赖 $\Sigma$。于是, 采用两步估计方法去求 $\gamma(\Theta)$ 的估计, 简记成 $\widehat{\gamma}_{\mathrm{2gls}} = \gamma(\widehat{\Theta}_{\mathrm{2gls}})$。

首先, 基于数据 $Y$, 求一个协方差 $\Sigma$ 的第一步估计 $\widetilde{\Sigma}$, 然后, 用第一步估计 $\widetilde{\Sigma}$ 替代未知参数 $\Sigma$ 并用增长曲线模型的正则方程求 $\widehat{\Theta}_{\mathrm{2gls}}$。

用式 (2.36) 中的 $\widehat{\Sigma}$ 作为第一步估计。用 $\widehat{\Sigma}$ 替代式 (2.33) 中的 $\Sigma$, 由式 (2.31) 和式 (2.35), 有

$$\widehat{\gamma}_{2\text{gls}} = C(X^{\text{T}}X)^{-1}X^{\text{T}}Y\widehat{\Sigma}^{-1}Z\left(Z^{\text{T}}\widehat{\Sigma}^{-1}Z\right)^{-1}D^{\text{T}} \tag{2.37}$$

设

$$\widehat{H} \equiv \widehat{\Sigma}^{-1}\left(P_Z\widehat{\Sigma}^{-1}P_Z\right)^{+} \tag{2.38}$$

则由式 (2.38), 式 (2.37) 能重新写成

$$\widehat{\gamma}_{2\text{gls}} = C(X^{\text{T}}X)^{-1}X^{\text{T}}Y\widehat{H}Z(Z^{\text{T}}Z)^{-1}D^{\text{T}} \tag{2.39}$$

称式 (2.39) 中的 $\widehat{\gamma}_{2\text{gls}}$ 为可估参数复合双线性变换 $\gamma = C\Theta D^{\text{T}}$ 的一个两步广义最小二乘估计。

当 $C$ 和 $D$ 为单位矩阵时, $\gamma(\Theta) = \Theta$。由式 (2.39) 或式 (2.33), 有

$$\widehat{\Theta}_{2\text{gls}} = (X^{\text{T}}X)^{-1}X^{\text{T}}Y\widehat{H}Z(Z^{\text{T}}Z)^{-1} \tag{2.40}$$

由于任何估计都是随机变量或数据 $Y$ 的函数, 因此也用函数形式表示估计, 如 $\widehat{\Sigma}$ 与 $\widehat{\Sigma}(Y)$ 都表示参数 $\Sigma$ 的同一个估计, 前者为了书写简洁而后者强调是 $Y$ 的函数, 全书所有估计都会因需要利用两种表述中的任何一种, 相信这不会引起混乱, 后面章节不再作说明。

若随机误差矩阵 $\mathcal{E}$ 是关于原点对称的, 那么下列的引理保证了两步广义最小二乘估计 $\widehat{\gamma}_{2\text{gls}}$ 具有无偏性 ( unbiasedness)。

**引理 2.6** 假设随机误差矩阵 $\mathcal{E}$ 的分布关于原点对称, 那么由式 (2.39) 定义的统计量 $\widehat{\gamma}_{2\text{gls}}$ 是可估参数复合双线性变换 $\gamma(\Theta)$ 的一个无偏估计。

**证明:** 容易看出 $\widehat{\Sigma}(Y) = \widehat{\Sigma}(\mathcal{E}) = \widehat{\Sigma}(-\mathcal{E})$, 统计量 $\widehat{\gamma}_{2\text{gls}}$ 可表示成

$$\begin{aligned}\widehat{\gamma}_{2\text{gls}} =& C(X^{\text{T}}X)^{-1}X^{\text{T}}X\Theta Z^{\text{T}}\widehat{\Sigma}^{-1}(\mathcal{E})Z\left[Z^{\text{T}}\widehat{\Sigma}^{-1}(\mathcal{E})Z\right]^{-1}D^{\text{T}}\\&+C(X^{\text{T}}X)^{-1}X^{\text{T}}\mathcal{E}\widehat{\Sigma}^{-1}(\mathcal{E})Z\left[Z^{\text{T}}\widehat{\Sigma}^{-1}(\mathcal{E})Z\right]^{-1}D^{\text{T}}\end{aligned}$$

设

$$M(\mathcal{E}) = C(X^{\text{T}}X)^{-1}X^{\text{T}}\mathcal{E}\widehat{\Sigma}^{-1}(\mathcal{E})Z\left[Z^{\text{T}}\widehat{\Sigma}^{-1}(\mathcal{E})Z\right]^{-1}D^{\text{T}}$$

那么 $M(-\mathcal{E}) = -M(\mathcal{E})$, 所以 $\mathbb{E}[M(\mathcal{E})] = 0$。于是, $\mathbb{E}(\widehat{\gamma}_{2\text{gls}}) = C\Theta D^{\text{T}}$。引理 2.6 证明完毕。

### 2.4.2 参数估计的相合性

由于 $Y$ 与样本量 $n$ 有关, 用 $Y_n$ 代替 $Y$, 如 $\widehat{\Sigma}(Y_n)$, $\widehat{H}(Y_n)$, $\widehat{\gamma}_{2\text{gls}}(Y_n)$ 和 $\widehat{\Theta}_{2\text{gls}}(Y_n)$ 等。然后探讨当样本量 $n$ 趋于无穷大时估计

$$\widehat{\Sigma}(Y_n) = Y_n^{\text{T}}W_0Y_n \text{ 与 } \widehat{\gamma}_{2\text{gls}}(Y_n) = C(X^{\text{T}}X)^{-1}X^{\text{T}}Y_n\widehat{H}(Y_n)Z(Z^{\text{T}}Z)^{-1}D^{\text{T}}$$

的相合性, 注意矩阵 $X$ 和 $\mathcal{E}$ 也与样本量 $n$ 有关。当随机误差服从多元正态分布时, 统计量 $(n-r)\widehat{\Sigma}(Y_n)$ 服从一个中心 Wishart 分布 $W_p(n-r,\Sigma)$。

首先, 探讨估计 $\widehat{\Sigma}(Y_n)$ 的相合性质。

**定理 2.7** 对于增长曲线模型 (1.4), 统计量 $\widehat{\Sigma}(Y_n)$ 是协方差 $\Sigma$ 的一个相合估计。

**证明:** 由于 $Y_n^{\mathrm{T}}W_0Y_n=(Y_n-X\Theta Z^{\mathrm{T}})^{\mathrm{T}}W_0(Y_n-X\Theta Z^{\mathrm{T}})$ 是一个平移不变群, 在下面的讨论中, 不失一般性可以认为 $X\Theta Z^{\mathrm{T}}=\mathbf{0}$。所以根据式 (2.36), 有

$$\widehat{\Sigma}(Y_n)=\frac{n}{n-r}\left(\frac{1}{n}\sum_{l=1}^{n}\mathcal{E}_l\mathcal{E}_l^{\mathrm{T}}-\frac{1}{n}\mathcal{E}^{\mathrm{T}}P_X\mathcal{E}\right) \tag{2.41}$$

其中, $\mathcal{E}=(\mathcal{E}_1\ \mathcal{E}_2\ \cdots\ \mathcal{E}_n)^{\mathrm{T}}\sim\mathcal{G}(0,I_n\otimes\Sigma)$。

注意到, $(\mathcal{E}_l\mathcal{E}_l^{\mathrm{T}})_{l=1}^n$ 可视为一个样本, 它来自一个均值为 $\mathbb{E}(\mathcal{E}_l\mathcal{E}_l^{\mathrm{T}})=\Sigma$ 的总体。根据柯尔莫哥洛夫强大数定律, 见文献 Rao (1973) 的 2c.3 (iv), 有

$$\frac{1}{n}\sum_{l=1}^{n}\mathcal{E}_l\mathcal{E}_l^{\mathrm{T}}\ \text{以概率 1 收敛于}\ \Sigma \tag{2.42}$$

设 $\varepsilon>0$, 由 Chebyshev 不等式以及利用等式 $\mathbb{E}(Y^{\mathrm{T}}WY)=\mathrm{tr}(W)\Sigma+\mathbb{E}(Y)^{\mathrm{T}}$ $W\mathbb{E}(Y)$, 得到

$$\begin{aligned}\Pr\left(\left\|\frac{1}{\sqrt{n}}P_X\mathcal{E}\right\|_{\mathrm{F}}\geqslant\varepsilon\right)&\leqslant\frac{1}{n\varepsilon^2}\mathbb{E}\left[\mathrm{tr}(\mathcal{E}^{\mathrm{T}}P_X\mathcal{E})\right]=\frac{1}{n\varepsilon^2}\mathrm{tr}\left[\mathbb{E}(\mathcal{E}\mathcal{E}^{\mathrm{T}})P_X\right]\\&=\frac{1}{n\varepsilon^2}\mathrm{tr}\left[I_n\mathrm{tr}(\Sigma)P_X\right]=\frac{1}{n\varepsilon^2}\mathrm{tr}(P_X)\mathrm{tr}(\Sigma)\end{aligned}$$

其中, $\|\bullet\|_{\mathrm{F}}$ 表示矩阵 $\bullet$ 的 Frobenius 范数, 为简洁有时也写为 $\|\bullet\|$。由于 $\mathrm{tr}(P_X)=r(X)$ 是一个常数, 样本量 $n$ 趋于无穷大时, $\Pr(\|P_X\mathcal{E}/\sqrt{n}\|\geqslant\varepsilon)$ 趋于 0。所以,

$$\frac{1}{\sqrt{n}}P_X\mathcal{E}\ \text{依概率收敛于 0} \tag{2.43}$$

由于以概率 1 收敛一定是依概率收敛的, 根据式 (2.42) 和式 (2.43), 式 (2.41) 说明 $\widehat{\Sigma}(Y_n)$ 依概率收敛于 $\Sigma$。定理 2.7 证明完毕。

其次, 讨论两步广义最小二乘估计 $\widehat{\gamma}_{\mathrm{2gls}}(Y_n)$ 的相合性。先要证明一个引理。

**引理 2.7** 由式 (2.38) 定义的统计量 $\widehat{H}(Y_n)$ 以概率 1 收敛于 $H=\Sigma^{-1}$ $(P_Z\Sigma^{-1}P_Z)^+$。

**证明:** 从 $A$ 到 $A^+$ 的线性变换不是连续的。由于 $\widehat{\Sigma}^{-1}(Y_n)$ 以概率 1 是正定的, 由 Lehmann (1999) 的引理 5.3.2 和上述的定理 2.7, 有

$$\widehat{\Sigma}^{-1}(Y_n)\ \text{依概率收敛于}\ \Sigma^{-1} \tag{2.44}$$

记 $P_Z=O\Lambda O^{\mathrm{T}}$ 和 $Q_n=O^{\mathrm{T}}\widehat{\Sigma}(Y_n)O$, 其中 $O$ 是 $p\times p$ 正交矩阵, $\Lambda=\mathrm{diag}(0,\ I_q)$

和 $q=r(Z)$ 且

$$Q_n^{-1}=O^{\mathrm{T}}\widehat{\varSigma}^{-1}(Y_n)O=\begin{pmatrix}G_{11}(Y_n) & G_{12}(Y_n)\\ G_{21}(Y_n) & G_{22}(Y_n)\end{pmatrix}$$

式中, $G_{22}(Y_n)$ 是一个 $q\times q$ 随机矩阵。根据式 (2.44), 对任何 $i,j=1,2$, $G_{ij}(Y_n)$ 依概率 1 收敛 $G_{ij}$。注意到, $(P_ZCP_Z)^+=P_Z(P_ZCP_Z)^+P_Z$, 则

$$\begin{aligned}\widehat{H}(Y_n)=&\widehat{\varSigma}^{-1}(Y_n)\left[P_Z\widehat{\varSigma}^{-1}(Y_n)P_Z\right]^+\\
=&OQ_n^{-1}\varLambda O^{\mathrm{T}}\left(O\varLambda Q_n^{-1}\varLambda O^{\mathrm{T}}\right)^+O\varLambda O^{\mathrm{T}}\\
=&O\begin{pmatrix}G_{11}(Y_n) & G_{12}(Y_n)\\ G_{21}(Y_n) & G_{22}(Y_n)\end{pmatrix}\varLambda O^{\mathrm{T}}\left[O\varLambda\begin{pmatrix}G_{11}(Y_n) & G_{12}(Y_n)\\ G_{21}(Y_n) & G_{22}(Y_n)\end{pmatrix}\varLambda O^{\mathrm{T}}\right]^+O\varLambda Q^{\mathrm{T}}\\
=&O\begin{pmatrix}0 & G_{12}(Y_n)\\ 0 & G_{22}(Y_n)\end{pmatrix}O^{\mathrm{T}}\left[O\begin{pmatrix}\mathbf{0} & \mathbf{0}\\ \mathbf{0} & G_{22}(Y_n)\end{pmatrix}O^{\mathrm{T}}\right]^+O\varLambda O^{\mathrm{T}}\\
=&O\begin{pmatrix}0 & G_{12}(Y_n)\\ 0 & G_{22}(Y_n)\end{pmatrix}\begin{pmatrix}\mathbf{0} & \mathbf{0}\\ \mathbf{0} & G_{22}^{-1}(Y_n)\end{pmatrix}\varLambda O^{\mathrm{T}}\\
=&O\begin{pmatrix}0 & G^*(Y_n)\\ 0 & I_q\end{pmatrix}O^{\mathrm{T}}\end{aligned}$$

其中, $G^*(Y_n)=G_{12}(Y_n)G_{22}^{-1}(Y_n)$。

类似地, $H$ 能分解为

$$H=O\begin{pmatrix}0 & G_{12}G_{22}^{-1}\\ 0 & I_q\end{pmatrix}O^{\mathrm{T}}$$

由于 $G^*(Y_n)$ 以概率 1 收敛于 $G_{12}G_{22}^{-1}$, 得出结果

$$\begin{pmatrix}0 & G^*(Y_n)\\ 0 & I_q\end{pmatrix}\text{依概率收敛于}\begin{pmatrix}0 & G_{12}G_{22}^{-1}\\ 0 & I_q\end{pmatrix}$$

即 $\widehat{H}(Y_n)$ 依概率收敛于 $H$。引理 2.7 证明完毕。

基于引理 2.7, 证明两步广义最小二乘估计 $\widehat{\gamma}_{2\mathrm{gls}}(Y_n)$ 的相合性。

**定理 2.8** 假设

$$\lim_{n\to\infty}\frac{1}{n}(X^{\mathrm{T}}X)=R \tag{2.45}$$

其中, $R$ 是一个正定矩阵。那么, 统计量 $\widehat{\gamma}_{2\mathrm{gls}}(Y_n)$ 是可估参数复合双线性变换 $\gamma=C\varTheta D^{\mathrm{T}}$ 的相合估计。

**证明:** 为了证明统计量 $\widehat{\gamma}_{2\mathrm{gls}}(Y_n)$ 是 $\gamma$ 的相合估计, 根据 Slutsky 定理, 参考 Lehmann 和 Romano (2005) 的定理 11.2.11, 只要证明统计量 $\widehat{\Theta}(Y_n)$ 是 $\Theta$ 的相合估计即可。

用 $X\Theta Z^{\mathrm{T}}+\mathcal{E}$ 替代式 (2.40) 中的 $Y_n$, 分解 $\widehat{\Theta}(Y_n)$ 为 $E_n+F_n$, 其中

$$E_n=(X^{\mathrm{T}}X)^{-1}X^{\mathrm{T}}X\Theta Z^{\mathrm{T}}\widehat{H}(Y_n)Z(Z^{\mathrm{T}}Z)^{-1}$$

和

$$F_n=(X^{\mathrm{T}}X)^{-1}X^{\mathrm{T}}\mathcal{E}\widehat{H}(Y_n)Z(Z^{\mathrm{T}}Z)^{-1}$$

注意到, 如果 $B$ 对 $A$ 是可估的, 那么 $A^{\mathrm{T}}A(A^{\mathrm{T}}A)^{-}B=B$。由于 $Z^{\mathrm{T}}P_Z=Z^{\mathrm{T}}$, 有

$$\begin{aligned}E_n=&\Theta Z^{\mathrm{T}}\widehat{\Sigma}^{-1}(Y_n)\left[P_Z\widehat{\Sigma}^{-1}(Y_n)P_Z\right]^{+}Z(Z^{\mathrm{T}}Z)^{-1}\\=&\Theta Z^{\mathrm{T}}P_Z\widehat{\Sigma}^{-1}(Y_n)P_Z\left[P_Z\widehat{\Sigma}^{-1}(Y_n)P_Z\right]^{+}Z(Z^{\mathrm{T}}Z)^{-1}\\=&\Theta Z^{\mathrm{T}}Z(Z^{\mathrm{T}}Z)^{-1}=\Theta\end{aligned}$$

和

$$F_n=n(X^{\mathrm{T}}X)^{-1}\left(\frac{1}{\sqrt{n}}X^{\mathrm{T}}\right)\left(\frac{1}{\sqrt{n}}P_X\mathcal{E}\right)\widehat{H}(Y_n)Z(Z^{\mathrm{T}}Z)^{-1}$$

根据极限条件 (2.45), $X^{\mathrm{T}}/\sqrt{n}$ 是有界的。事实上, $X^{\mathrm{T}}/\sqrt{n}$ 的元素最多是 $n^{-1/2}$ 阶的, 详细见引理 2.8 的证明。于是, 由式 (2.43)、式 (2.45) 和引理 2.7, $F_n$ 依概率收敛于 $\mathbf{0}$。故 $\widehat{\Theta}(Y_n)$ 依概率收敛于 $\Theta$。定理 2.8 证明完毕。

### 2.4.3 复合双线性变换的两步广义最小二乘估计的渐近正态性

2.4.2 节获得了两步广义最小二乘估计 $\widehat{\gamma}_{2\mathrm{gls}}(Y_n)$ 的相合性。本节讨论两步广义最小二乘估计 $\widehat{\gamma}_{2\mathrm{gls}}(Y_n)$ 的收敛速度, 即讨论 $\sqrt{n}\,[\widehat{\gamma}_{2\mathrm{gls}}(Y_n)-\gamma]$ 的渐近正态性。

首先证明一个有用的引理。

**引理 2.8** 假设条件 (2.45) 成立, 又设 $S=(X^{\mathrm{T}}X)^{-1}X^{\mathrm{T}}=(\boldsymbol{s}_1\ \boldsymbol{s}_2\ \cdots\ \boldsymbol{s}_n)_{m\times n}$, 其中 $\boldsymbol{s}_l$ 是矩阵 $(X^{\mathrm{T}}X^{\mathrm{T}})^{-1}X^{\mathrm{T}}$ 的第 $l$ 列。那么, 对 $l\in\{1,2,\cdots,n\}$, $\sqrt{n}\,\boldsymbol{s}_l$ 中的元素都是 $O(n^{-1/2})$ 的。

**证明:** 记

$$V=\frac{1}{\sqrt{n}}X^{\mathrm{T}}=(\boldsymbol{v}_1\ \boldsymbol{v}_2\ \cdots\ \boldsymbol{v}_n)$$

其中 $v_l$ 的转置是一个 $m$ 阶行向量, 即

$$\boldsymbol{v}_l^{\mathrm{T}}=\left(\frac{1}{\sqrt{n}}x_{l1}\ \frac{1}{\sqrt{n}}x_{l2}\ \cdots\ \frac{1}{\sqrt{n}}x_{lm}\right)$$

这里, $X=(x_{ij})$。从式 (2.45), $VV^{\mathrm{T}}=n^{-1}X^{\mathrm{T}}X$ 收敛于正定矩阵 $R$。故 $VV^{\mathrm{T}}=$

$\boldsymbol{v}_1\boldsymbol{v}_1^{\mathrm{T}}+\boldsymbol{v}_2\boldsymbol{v}_2^{\mathrm{T}}+\cdots+\boldsymbol{v}_n\boldsymbol{v}_n^{\mathrm{T}}$ 的元素是有界的。声称:

$$\text{对任何 } l\in\{1,2,\cdots,n\},\boldsymbol{v}_l \text{ 的所有元素都是 } O(n^{-1/2}) \text{ 的}$$

反证, 如果不真, 不失一般性, 假设 $\boldsymbol{v}_n$ 中存在一个元素 $O(n^{\alpha-1/2})$, 这里 $\alpha>0$。那么, $\boldsymbol{v}_n\boldsymbol{v}_n^{\mathrm{T}}$ 存在一个元素是 $O(n^{2\alpha-1})$ 阶的。所以, 矩阵 $VV^{\mathrm{T}}=\boldsymbol{v}_1\boldsymbol{v}_1^{\mathrm{T}}+\boldsymbol{v}_2\boldsymbol{v}_2^{\mathrm{T}}+\cdots+\boldsymbol{v}_n\boldsymbol{v}_n^{\mathrm{T}}$ 的对应元素也是 $O(n^{2\alpha})$ 的 $(\alpha>0)$, 这说明矩阵 $VV^{\mathrm{T}}$ 的元素中有无界的元素。这与条件 (2.45) 相矛盾。

由于

$$\begin{aligned}(\sqrt{n}\boldsymbol{s}_1\ \sqrt{n}\boldsymbol{s}_2\ \cdots\ \sqrt{n}\boldsymbol{s}_n)&=\sqrt{n}\,(X^{\mathrm{T}}X)^{-1}X^{\mathrm{T}}=n\,(X^{\mathrm{T}}X)^{-1}\frac{1}{\sqrt{n}}X^{\mathrm{T}}\\&=n\,(X^{\mathrm{T}}X)^{-1}(\boldsymbol{v}_1\ \boldsymbol{v}_2\ \cdots\ \boldsymbol{v}_n)\end{aligned}$$

即对 $l=1,2,\cdots,n$, 有 $\sqrt{n}\,\boldsymbol{s}_l=n(X^{\mathrm{T}}X)^{-1}\boldsymbol{v}_l$。因此, 对 $l=1,2,\cdots,n$, $\sqrt{n}\,\boldsymbol{s}_l$ 的 $m$ 个元素也是 $O(n^{-1/2})$。引理 2.8 证明完毕。

现在, 讨论 $\sqrt{n}\,[\widehat{\boldsymbol{\gamma}}_{\mathrm{2gls}}(Y_n)-\boldsymbol{\gamma}]$ 的渐近正态性问题。

**定理 2.9** 在条件 (2.45) 下, $\sqrt{n}\,[\widehat{\boldsymbol{\gamma}}_{\mathrm{2gls}}(Y_n)-\boldsymbol{\gamma}]$ 依分布收敛于多元正态分布 $N_{s\times t}(0,\varOmega)$, 其中协方差 $\varOmega=(CR^{-1}C^{\mathrm{T}})\otimes[D(Z^{\mathrm{T}}\varSigma^{-1}Z)^{-1}D^{\mathrm{T}}]$。

**证明:** 首先, 由式 (2.38), 分别重写 $\boldsymbol{\gamma}$ 和 $\widehat{\boldsymbol{\gamma}}(Y_n)$ 为 $\boldsymbol{\gamma}=CSX\varTheta Z^{\mathrm{T}}HKD^{\mathrm{T}}$ 以及 $\widehat{\boldsymbol{\gamma}}(Y_n)=CSY_n\widehat{H}(Y_n)KD^{\mathrm{T}}$, 其中 $K=Z(Z^{\mathrm{T}}Z)^{-1}$。故两者之差为

$$\begin{aligned}\widehat{\boldsymbol{\gamma}}(Y_n)-\boldsymbol{\gamma}&=CSY_n\widehat{H}(Y_n)KD^{\mathrm{T}}-CSX\varTheta Z^{\mathrm{T}}\widehat{H}(Y_n)KD^{\mathrm{T}}\\&=CS(Y_n-X\varTheta Z^{\mathrm{T}})\widehat{H}(Y_n)KD^{\mathrm{T}}\\&=CS\mathcal{E}\widehat{H}(Y_n)KD^{\mathrm{T}}=CL_n\widehat{H}(Y_n)KD^{\mathrm{T}}\end{aligned}\tag{2.46}$$

其中, $L_n\equiv S\mathcal{E}$。进一步, $L_n$ 表示为

$$L_n=\sum_{l=1}^{n}\boldsymbol{s}_l\mathcal{E}_l^{\mathrm{T}}\tag{2.47}$$

其中, $\boldsymbol{s}_l$ 为 $S$ 的 $l$ 列向量且 $\mathcal{E}_l^{\mathrm{T}}$ 是矩阵 $\mathcal{E}$ 的行向量, 这里 $\mathcal{E}\sim\mathcal{G}(0,I_n\otimes\varSigma)$。

其次, 通过证明

$$\sqrt{n}\,L_n \text{ 依分布收敛于多元正态分布 } N_{m\times p}(0,R^{-1}\otimes\varSigma)\tag{2.48}$$

来求 $\sqrt{n}\,[\widehat{\boldsymbol{\gamma}}(Y_n)-\boldsymbol{\gamma}]$ 的极限分布。

由于 $\{\mathcal{E}_l^{\mathrm{T}}\}_{l=1}^n$ 是独立同分布的, $\boldsymbol{t}\in\mathscr{M}_{p\times m}$, $\sqrt{n}\,L_n^{\mathrm{T}}$ 的特征函数 $\varPsi_n(\boldsymbol{t})$ 是

$$\varPsi_n(\boldsymbol{t})=\mathbb{E}\{\exp[i\,\mathrm{tr}(\boldsymbol{t}^{\mathrm{T}}\sqrt{n}\,L_n^{\mathrm{T}})]\}=\mathbb{E}\{\exp[i\,\mathrm{tr}(\boldsymbol{t}\sqrt{n}\,L_n)]\}=\prod_{l=1}^{n}\varPhi(\sqrt{n}\,\boldsymbol{t}\boldsymbol{s}_l)$$

其中, $\varPhi(\cdot)$ 是 $\mathcal{E}_l^{\mathrm{T}}$ 的特征函数。

由数学分析知识, 对原点 0 邻域的取值 $u$, 有

$$\ln(1-u) = -u + f(u) \text{ 且 } f(u) = \frac{1}{2}u^2 + o(u^2) \tag{2.49}$$

设 $p(u) = f(u)/u$, 那么, 从式 (2.49), 有

$$\text{当 } u \to 0 \text{ 时}, p(u) = o(u) \tag{2.50}$$

而且

$$\text{当 } \boldsymbol{x} \to 0 \text{ 时}, \Phi(\boldsymbol{x}) = 1 - \frac{1}{2}\boldsymbol{x}^{\mathrm{T}}\Sigma\boldsymbol{x} + g(\boldsymbol{x})\ (\boldsymbol{x} \in \mathbb{R}^m) \text{ 且 } g(\boldsymbol{x}) = o(\|\boldsymbol{x}\|_2) \tag{2.51}$$

其中, $\|\boldsymbol{x}\|_2$ 表示向量 $\boldsymbol{x}$ 的 $L_2$ 范数, 为简洁也记为 $\|\boldsymbol{x}\|$。

对 $\varepsilon > 0$, 存在 $\delta(\varepsilon) > 0$ 使得

$$\text{当 } 0 < \|\boldsymbol{x}\|_2 < \delta(\varepsilon), |g(\boldsymbol{x})| < \varepsilon\|\boldsymbol{x}\|_2 \tag{2.52}$$

所以, 由式 (2.49) 和式 (2.51), $\sqrt{n}\,L_n^{\mathrm{T}}$ 的特征函数分解为

$$\begin{aligned}
\Psi_n(\boldsymbol{t}) &= \exp\left\{\sum_{l=1}^{n}\ln\left[\Phi(\sqrt{n}\,\boldsymbol{t}\boldsymbol{s}_l)\right]\right\} \\
&= \exp\left\{\sum_{l=1}^{n}\ln\left[1 - \frac{n}{2}\boldsymbol{s}_l^{\mathrm{T}}\boldsymbol{t}^{\mathrm{T}}\Sigma\boldsymbol{t}\boldsymbol{s}_l + g(\sqrt{n}\,\boldsymbol{t}\boldsymbol{s}_l)\right]\right\} \\
&= \exp\left\{\sum_{l=1}^{n}\left[-\frac{1}{2}n\boldsymbol{s}_l^{\mathrm{T}}\boldsymbol{t}^{\mathrm{T}}\Sigma\boldsymbol{t}\boldsymbol{s}_l + g(\sqrt{n}\,\boldsymbol{t}\boldsymbol{s}_l) + f\left(\frac{1}{2}n\boldsymbol{s}_l^{\mathrm{T}}\boldsymbol{t}^{\mathrm{T}}\Sigma\boldsymbol{t}\boldsymbol{s}_l - g(\sqrt{n}\,\boldsymbol{t}\boldsymbol{s}_l)\right)\right]\right\} \\
&= \exp\left(-\frac{1}{2}\alpha_n + \beta_n + \eta_n\right)
\end{aligned} \tag{2.53}$$

其中

$$\alpha_n = \sum_{l=1}^{n} n\boldsymbol{s}_l^{\mathrm{T}}\boldsymbol{t}^{\mathrm{T}}\Sigma\boldsymbol{t}\boldsymbol{s}_l = \mathrm{tr}\left(\sum_{l=1}^{n} n\boldsymbol{s}_l^{\mathrm{T}}\boldsymbol{t}^{\mathrm{T}}\Sigma\boldsymbol{t}\boldsymbol{s}_l\right)$$

$$\beta_n = \sum_{l=1}^{n} g(\sqrt{n}\,\boldsymbol{t}\boldsymbol{s}_l)$$

且

$$\eta_n = \sum_{l=1}^{n} f\left(\frac{1}{2}n\boldsymbol{s}_l^{\mathrm{T}}\boldsymbol{t}^{\mathrm{T}}\Sigma\boldsymbol{t}\boldsymbol{s}_l - g(\sqrt{n}\,\boldsymbol{t}\boldsymbol{s}_l)\right)$$

对 $\alpha_n$, 有

$$\alpha_n = \mathrm{tr}(\Sigma n\boldsymbol{t}SS^{\mathrm{T}}\boldsymbol{t}^{\mathrm{T}}) = \mathrm{tr}[\Sigma n\boldsymbol{t}(X^{\mathrm{T}}X)^{-1}\boldsymbol{t}^{\mathrm{T}}]$$

由式 (2.45), 得

$$\lim_{n\to\infty}\alpha_n = \mathrm{tr}(R^{-1}\boldsymbol{t}^{\mathrm{T}}\Sigma\boldsymbol{t}) = \mathrm{vec}(\boldsymbol{t})^{\mathrm{T}}(R^{-1}\otimes\Sigma)\mathrm{vec}(\boldsymbol{t}) \tag{2.54}$$

对 $\beta_n$, 由引理 2.8 和 $\boldsymbol{ts}_l$ 的连续性, 对式 (2.52) 的 $\delta(\varepsilon)>0$, 存在一个整数 $N(\varepsilon)>0$ 使得：当 $n>N(\varepsilon)$, 有

$$0<\|\sqrt{n}\,\boldsymbol{ts}_l\|<\delta(\varepsilon),\quad l=1,2,\cdots,n \tag{2.55}$$

取 $n>N(\varepsilon)$, 那么, 由式 (2.52) 和式 (2.55), 有

$$|g(\sqrt{n}\,\boldsymbol{ts}_l)|<\|\sqrt{n}\,\boldsymbol{ts}_l\|^2\varepsilon \tag{2.56}$$

故

$$|\beta_n|<\sum_{l=1}^{n}\|\sqrt{n}\,\boldsymbol{ts}_l\|^2\varepsilon=\varepsilon\,\mathrm{tr}(n\boldsymbol{t}SS^{\mathrm{T}}\boldsymbol{t}^{\mathrm{T}})=\varepsilon\,\mathrm{tr}(n\boldsymbol{t}(X^{\mathrm{T}}X)^{-1}\boldsymbol{t}^{\mathrm{T}})$$

所以, 由式 (2.45), $\limsup_{n\to\infty}|\beta_n|\leqslant\varepsilon\,\mathrm{tr}(\boldsymbol{t}R^{-1}\boldsymbol{t}^{\mathrm{T}})$。由于 $\varepsilon>0$ 是任意的, 有

$$\lim_{n\to\infty}\beta_n=0 \tag{2.57}$$

而且对 $\eta_n$, 设

$$\lambda_l=\frac{1}{2}(\sqrt{n}\,\boldsymbol{ts}_l)^{\mathrm{T}}\Sigma(\sqrt{n}\,\boldsymbol{ts}_l)-g(\sqrt{n}\,\boldsymbol{ts}_l)$$

从而, 根据式 (2.56), 有

$$|\lambda_l|<\frac{1}{2}(\sqrt{n}\,\boldsymbol{ts}_l)^{\mathrm{T}}\Sigma(\sqrt{n}\,\boldsymbol{ts}_l)+\|\sqrt{n}\,\boldsymbol{ts}_l\|^2\varepsilon \tag{2.58}$$

取 $n>N(\varepsilon)$, 由引理 2.8, $\boldsymbol{ts}_l$ 的连续性以及式 (2.50), 如有必要增加 $N(\varepsilon)$, 对所有 $l$, 有 $|p(\lambda_l)|<\varepsilon$。由于 $f(\lambda_l)=p(\lambda_l)\lambda_l$, 获得

$$|\eta_n|=\sum_{l=1}^{n}|f(\lambda_l)|=\sum_{l=1}^{n}|p(\lambda_l)||\lambda_l|\leqslant\sum_{l=1}^{n}\varepsilon|\lambda_l|$$

故从式 (2.58), 有

$$|\eta_n|\leqslant\sum_{l=1}^{n}\left[\frac{\varepsilon}{2}\mathrm{tr}(\sqrt{n}\,\boldsymbol{s}_l^{\mathrm{T}}\boldsymbol{t}^{\mathrm{T}}\Sigma\boldsymbol{t}\sqrt{n}\,\boldsymbol{s}_l)+\|\sqrt{n}\,\boldsymbol{ts}_l\|^2\varepsilon^2\right]$$

或者

$$|\eta_n|\leqslant\sum_{l=1}^{n}\left[\frac{n\varepsilon}{2}\mathrm{tr}(\boldsymbol{t}^{\mathrm{T}}\Sigma\boldsymbol{ts}_l\boldsymbol{s}_l^{\mathrm{T}})+\mathrm{tr}[\sqrt{n}\,\boldsymbol{ts}_l(\sqrt{n}\,\boldsymbol{ts}_l)^{\mathrm{T}}\varepsilon^2]\right]$$

即

$$|\eta_n|\leqslant\frac{\varepsilon}{2}\mathrm{tr}(\boldsymbol{t}^{\mathrm{T}}\Sigma\boldsymbol{t}nSS^{\mathrm{T}})+\mathrm{tr}(n\boldsymbol{t}SS^{\mathrm{T}}\boldsymbol{t}^{\mathrm{T}})\varepsilon^2 \tag{2.59}$$

注意到, $nSS^{\mathrm{T}} = n(X^{\mathrm{T}}X)^{-1}$ 以及 $\varepsilon$ 的任意性, 由式 (2.45) 和式 (2.59), 有

$$\lim_{n\to\infty} \eta_n = 0 \tag{2.60}$$

又由式 (2.54), 式 (2.57) 和式 (2.60) , 从式 (2.53) 获得

$$\lim_{n\to\infty} \varPsi_n(\boldsymbol{t}) = \exp\left[-\frac{1}{2}\mathrm{vec}(\boldsymbol{t})^{\mathrm{T}}(R^{-1}\otimes \varSigma)\mathrm{vec}(\boldsymbol{t})\right]$$

根据 Lévy 连续性定理, 式 (2.47) 中的 $\sqrt{n}\,L_n$ 依分布收敛于多元正态分布 $N_{m\times p}$ $(0, R^{-1}\otimes\varSigma)$, 正如在式 (2.48) 中声明的那样。

最终, 根据引理 2.7, 式 (2.46), 式 (2.48) 和 Muirhead (1982) 的定理 1.2.6, 有

$$\sqrt{n}\,[\widehat{\gamma}_{\mathrm{2gls}}(Y_n)-\gamma]\ \text{依分布收敛于}\,N_{s\times t}(0,\varOmega_1)$$

其中, $\varOmega_1 = CR^{-1}C^{\mathrm{T}}\otimes(DK^{\mathrm{T}}H^{\mathrm{T}}\varSigma HKD^{\mathrm{T}})$。用 $\varSigma^{-1}\,(P_Z\varSigma^{-1}P_Z)^{+}$ 和 $Z(Z^{\mathrm{T}}Z)^{-1}$ 分别取代 $H$ 和 $K$, 得出结论

$$\sqrt{n}\,[\widehat{\gamma}_{\mathrm{2gls}}(Y_n)-\gamma]\ \ \text{依分布收敛于多元正态分布}\ N_{s\times t}(0,(CR^{-1}C^{\mathrm{T}})\otimes(DTD^{\mathrm{T}}))$$

其中, $T = (Z^{\mathrm{T}}Z)^{-1}Z^{\mathrm{T}}\,(P_Z\varSigma^{-1}P_Z)^{+}\,Z(Z^{\mathrm{T}}Z)^{-1} = \left(Z^{\mathrm{T}}\varSigma^{-1}Z\right)^{-1}$, 见式 (2.32) 。定理 2.9 证明完毕。

在增长曲线模型 (1.4) 中, 形如 $H_0:\ \gamma(\varTheta)\equiv C\varTheta D^{\mathrm{T}} = \mathbf{0}$ 的复合双线性假设检验是通常要考虑的, 见式 (1.3) 。从定理 2.9 和 Slutsky 定理, 下列推论提供了 $\sqrt{n}\,\widehat{\gamma}(Y_n)$ 在原假设 $H_0$ 下的渐近表现。

**推论 2.2**　在条件 (2.45) 下, 如果矩阵 $C(X^{\mathrm{T}}X)^{-1}C^{\mathrm{T}}$ 和 $D[Z^{\mathrm{T}}\ \widehat{\varSigma}^{-1}(Y_n)\ Z]^{-1}$ $D^{\mathrm{T}}$ 是非奇异的, 那么, 统计量 $[Cn(X^{\mathrm{T}}X)^{-1}C^{\mathrm{T}}]^{-1/2}\sqrt{n}\,\widehat{\gamma}(Y_n)\{D[Z^{\mathrm{T}}\widehat{\varSigma}^{-1}(Y_n)Z]^{-1}$ $D^{\mathrm{T}}\}^{-1/2}$ 在原假设 $H_0$ 下依分布收敛于多元正态分布 $N_{s\times t}(0,I)$。

引理 2.6 说明: 若随机误差矩阵 $\mathcal{E}$ 关于原点对称, $\widehat{\gamma}_{\mathrm{2gls}}(Y_n)$ 是 $\gamma$ 的一个无偏估计。一般来说, 获得 $\widehat{\gamma}_{\mathrm{2gls}}(Y_n)$ 的协方差是困难的。但是, 在条件 (2.45) 下, 定理 2.9 提供了估计 $\widehat{\gamma}_{\mathrm{2gls}}(Y)$ 的协方差的一个近似 $\left[C(X^{\mathrm{T}}X)^{-1}C^{\mathrm{T}}\right]\otimes\left\{D[Z^{\mathrm{T}}\widehat{\varSigma}^{-1}(Y_n)Z]^{-1}D^{\mathrm{T}}\right\}$。

最后讨论实例 2.1。在讨论中, 无须随机误差具有多元正态分布。

**实例 2.1**　有 $m$ 个动物群, 每个动物群有 $r$ 只动物, 每组动物接受不同的待遇, 所有群组的动物都在相同的 $p$ 个时间点 $t_1, t_2, \cdots, t_p$ 进行重量测量。不同动物的重量测量结果都是独立的。但是每只动物的 $p$ 个重复测量值是相关的, 它们服从一个均值为 $\mathbf{0}$、协方差为 $\varSigma$ 的连续分布。

基于所讨论的问题, 群组数 $m$ 保持不变而 $r$ 可趋于无穷, 样本量为 $n = rm$。对 $i = 1, 2, \cdots, m$, 第 $i$ 群动物的增长曲线是 $\theta_{i0}+\theta_{i1}t+\cdots+\theta_{1q-1}t^{q-1}$。设 $X = (\boldsymbol{x}_1\ \boldsymbol{x}_2\ \cdots\ \boldsymbol{x}_m)$, 其中

$$\boldsymbol{x}_i = \begin{pmatrix} \delta_{1i} \\ \delta_{2i} \\ \vdots \\ \delta_{ti} \end{pmatrix} \otimes \mathbf{1}, \quad \delta_{ij} \text{ 为 克罗内克符号}$$

记 $\boldsymbol{\theta}_i = (\theta_{i0}\, \theta_{i1}\, \cdots\, \theta_{i\,q-1})$, 则 $\Theta = (\boldsymbol{\theta}_1^{\mathrm{T}}\, \boldsymbol{\theta}_2\, \cdots\, \boldsymbol{\theta}_m^{\mathrm{T}})^{\mathrm{T}}$。剖面矩阵为

$$Z = \begin{pmatrix} 1 & t_1 & t_1^2 & \cdots & t_1^{q-1} \\ 1 & t_2 & t_2^2 & \cdots & t_2^{q-1} \\ \vdots & \vdots & \vdots & & \vdots \\ 1 & t_p & t_p^2 & \cdots & t_p^{q-1} \end{pmatrix}$$

观察数据矩阵 $Y_n$ 视为由 $Y_n = X\Theta Z^{\mathrm{T}} + \mathcal{E}$ 所产生, 其中 $\mathcal{E} = (\mathcal{E}_1\, \mathcal{E}_2\, \cdots\, \mathcal{E}_n)^{\mathrm{T}}$, $\mathcal{E}_1, \mathcal{E}_2, \cdots, \mathcal{E}_n$ 是独立同分布的样本, 它们的整体服从均值为 0、协方差为 $\Sigma$ 的连续分布。然而, 由式 (2.44), 有

$$R^{-1} = \lim_{r\to\infty} n(X^{\mathrm{T}}X)^{-1} = mI$$

根据式 (2.40), 计算得

$$\widehat{\Theta}(Y_n) = \frac{m}{n} X^{\mathrm{T}} Y_n \widehat{\Sigma}^{-1}(Y_n) \left[ P_Z \widehat{\Sigma}^{-1}(Y_n) P_Z \right]^{+} K$$

对于给定的 $C \in \mathscr{M}_{s\times m}$ 和 $D \in \mathscr{M}_{t\times q}$, 可估参数复合双线性变换 $\boldsymbol{\gamma} = C\Theta D^{\mathrm{T}}$ 的两步广义最小二乘估计为

$$\widehat{\boldsymbol{\gamma}}_{2\mathrm{gls}}(Y_n) = C\widehat{\Theta}(Y_n) D^{\mathrm{T}}$$

根据定理 2.9, 可知: $\sqrt{n}\,[\widehat{\boldsymbol{\gamma}}(Y_n) - \boldsymbol{\gamma}]$ 依分布收敛于多元正态分布 $N_{s\times t}(\mathbf{0}, \Omega)$, 其中 $\Omega = (mCC^{\mathrm{T}}) \otimes \left[ D(Z^{\mathrm{T}}\Sigma^{-1}Z)^{-1}D^{\mathrm{T}} \right]$。

进一步, 如果我们试图检验所有 $m$ 个动物群的增长曲线除了一个截距参数之外 $\theta_{i0}$ 是否相同, 那么, 取 $C$ 是一个 $(m-1)\times m$ 矩阵, 它的前 ( $m-1$ ) 列构成一个 $(m-1)$ 阶的单位阵, 它的最后一列元素全为 $-\mathbf{1}$, 而 $D$ 是一个 $(q-1)\times q$ 矩阵, 它的第一列为 $\mathbf{0}$ 向量, 最后 ( $q-1$ ) 列为单位矩阵, 即

$$C = \begin{pmatrix} I_{m-1} & -\mathbf{1}_{m-1} \end{pmatrix}_{(m-1)\times m}, \; D = \begin{pmatrix} \mathbf{0} & I_{q-1} \end{pmatrix}_{(q-1)\times q}$$

且原假设 $H_0$ 为 $C\Theta D^{\mathrm{T}} = \mathbf{0}$。显然, 矩阵 $C(X^{\mathrm{T}}X)^{-1}C^{\mathrm{T}}$ 和 $D[Z^{\mathrm{T}}\widehat{\Sigma}^{-1}(Y_n)Z]^{-1}D^{\mathrm{T}}$ 是非奇异的。根据推论 2.2, 统计量

$$[Cn(X^{\mathrm{T}}X)^{-1}C^{\mathrm{T}}]^{-1/2}\sqrt{n}\,\widehat{\boldsymbol{\gamma}}(Y_n)\{D[Z^{\mathrm{T}}\widehat{\Sigma}^{-1}(Y_n)Z]^{-1}D^{\mathrm{T}}\}^{-1/2}$$

在 $H_0$ 下依分布收敛于多元正态分布 $N_{(m-1)\times(q-1)}(\mathbf{0}, I)$。

## 2.5　关于增长曲线模型研究的简评

对于重复测量数据, 随机误差是否是正态分布, Zhang (2016) 提出了一个通用的贝叶斯框架, 通过明确识别增长曲线模型随机误差分布来灵活地建模服从正态或非正态的数据, 这是一个很有意义的问题, 值得进一步研究。

在高维重复测量数据的研究中, Srivastava 和 Singull (2017a, 2017b) 研究了高维增长曲线模型关于随机误差分布球形的检验、协方差结构的检验以及均值矩阵的检验等问题。Jana (2013) 研究了高维增长曲线模型在基因组学中的应用。Jana 等 (2017) 研究了增长曲线模型的高维扩展及其在遗传学中的应用。Jana 等 (2019) 以贝叶斯的观点研究了增长曲线模型在高维纵向数据中的应用。

处于高维数据、超高维、大数据/大规模数据研究蓬勃发展的时代, 相比于其他模型的研究, 高维增长曲线模型及其应用的研究成果较少。

当前, 神经网络 (Goodfellow et al., 2016) 和强化学习 (Sutton and Barto, 2018) 在机器学习和人工智能领域被广泛应用, 通过神经网络或强化学习来研究增长曲线模型是值得探讨的课题。神经网络用来拟合增长曲线模型, 需要通过将时间或其他相关因素作为输入, 将增长曲线的值作为输出, 可以训练一个神经网络来学习这种复杂的非线性关系。一种常见的方法是使用具有多个隐藏层的深度神经网络, 通过适当设计网络结构和调整参数, 可以使神经网络适应不同类型的增长曲线模型。强化学习用于基于环境和奖励信号来优化增长曲线模型的参数, 需要定义奖励函数来评估模型预测与真实增长曲线之间的差异, 并使用强化学习算法来调整模型参数以最大化奖励。这种方法通常需要定义一个适当的状态空间和行动空间, 以及相应的奖励函数。然后, 强化学习算法会根据与环境的交互来学习如何调整模型参数以更好地拟合增长曲线。①

无论使用神经网络还是强化学习, 都需要仔细设计模型结构、选择合适的输入特征和目标函数, 并进行适当的训练和调优来实现对增长曲线模型的建模和预测。研究实际有效的结合是具有挑战性的课题, 皆有待探索与开发。

① 注：纽约州纽约市——2025 年 3 月 5 日——美国计算机学会 ACM 今天宣布 Andrew Barto 和 Richard Sutton 获得 2024 年 ACM A.M. 图灵奖，以表彰他们开发了强化学习的概念和算法基础。就强化学习而言，从 20 世纪 80 年代开始，Barto 和 Sutton 在其一系列论文中介绍了主要理念，构建了数学基础，并开发了重要的算法——这是创建智能系统的最重要方法之一。

# 第 3 章　协方差外积最小二乘法及其在多元统计模型中的应用

本章叙述的内容针对的是随机误差分布未知的情形, 包括：①提出协方差外积最小二乘估计的动机与相关问题；②协方差外积最小二乘估计方法；③协方差外积最小二乘法在增长曲线模型上的应用及其两步广义最小二乘估计和大样本性质；④协方差外积最小二乘法在带模式协方差的多元线性模型上的应用及其二阶参数估计的性质；⑤模拟计算及实际数据分析。本章主要内容基于 Hu 等 (2012a) 及 Liu 和 Hu (2015) 等的工作。

## 3.1　动机与问题

一元线性模型中经典的高斯-马尔可夫模型可以写成以下形式：

$$\boldsymbol{y} = X\boldsymbol{\beta} + \boldsymbol{\epsilon}, \quad \boldsymbol{\epsilon} \sim \mathcal{F}(\boldsymbol{0}, \sigma^2 I) \tag{3.1}$$

其中, $\boldsymbol{y}$ 是观察值向量, $\boldsymbol{\beta}$ 是一个 $m$ 维未知的回归系数参数向量, $X$ 是一个 $n \times m$ 满秩的设计矩阵, $\sigma^2$ 是未知方差, $\mathcal{F}$ 是一个连续型分布。根据最小二乘理论, 线性模型 (3.1) 中回归系数 $\boldsymbol{\beta}$ 的最小二乘估计为

$$\widehat{\boldsymbol{\beta}}_{\text{ols}}(\boldsymbol{y}) = (X^{\mathrm{T}}X)^{-1}X^{\mathrm{T}}\boldsymbol{y} \tag{3.2}$$

高斯-马尔可夫定理说明最小二乘估计 (3.2) 是回归系数 $\boldsymbol{\beta}$ 的最优线性无偏估计 (BLUE)。众所周知, 在高斯-马尔可夫模型中, 除了回归系数 $\boldsymbol{\beta}$, 还有一个独立的方差参数 $\sigma^2$。那么方差 $\sigma^2$ 的最小二乘估计是如何获得的呢? 在经典的最小二乘理论中, 关于方差 $\sigma^2$ 的最小二乘估计计算, 并不像获得回归系数的最小二乘估计那样由一个最小二乘问题求最优而获得, 而是仅为回归系数最小二乘估计的一个副产品。处理过程如下。

首先, 基于回归系数的最小二乘估计 (3.2), 计算残差 $\boldsymbol{y} - X\widehat{\boldsymbol{\beta}}(\boldsymbol{y})$, 然后用残差的内积 (或残差平方和) 作为方差 $\sigma^2$ 估计的一个统计量, 求得这个统计量的期望为 $(n-r)\sigma^2$, 这里 $r$ 是矩阵 $X$ 的秩, 调整系数使得这个关于向量 $\boldsymbol{y}$ 的二次函数统计量是无偏的, 最后获得方差 $\sigma^2$ 的普通最小二乘估计为

$$\widehat{\sigma}^2_{\text{ols}}(\boldsymbol{y}) = \frac{1}{n-r}\boldsymbol{y}^{\mathrm{T}}[I - X(X^{\mathrm{T}}X)^{-1}X]\boldsymbol{y} \tag{3.3}$$

进一步, 若随机误差向量 $\boldsymbol{\epsilon}$ 服从正态分布 $N(\mathbf{0}, \sigma^2 I)$, 则普通最小二乘估计 (3.2) 是回归系数 $\boldsymbol{\beta}$ 的最小方差无偏估计, 并且普通最小二乘估计 (3.3) 是方差 $\sigma^2$ 的最小方差无偏估计。

上述过程完全可以复制到多元统计模型。根据最小二乘理论, 多元线性模型 (1.1) 的回归系数 $\Theta$ 的最小二乘估计为

$$\widehat{\Theta}_{\text{ols}}(Y) = (X^{\mathrm{T}}X)^{-1}X^{\mathrm{T}}Y \tag{3.4}$$

同理, 关于协方差 $\Sigma$ 的最小二乘估计实质上是从回归系数 $\Theta$ 的最小二乘估计 (3.4) 出发, 通过计算残差构造而成的。首先, 计算残差 $Y - X\widehat{\Theta}$, 然后用残差向量 $\widehat{e}_i$ 与 $\widehat{e}_j$ 的内积作为协方差 $\Sigma$ 的第 $(i, j)$ 个元素的估计的一个统计量, 计算得到残差平方和的期望为 $(n-r)\sigma_{ij}$, 调整系数使得这个关于向量 $\boldsymbol{y}_i$ 和 $\boldsymbol{y}_j$ 的两变量二次函数是无偏的, 最后获得协方差 $\Sigma$ 的普通最小二乘估计为

$$\widehat{\Sigma}_{\text{ols}}(Y) = \frac{1}{n-r}Y^{\mathrm{T}}[I - X(X^{\mathrm{T}}X)^{-1}X]Y \tag{3.5}$$

若随机误差矩阵 $\mathcal{E}$ 的行向量独立同分布且服从多元正态分布 $N_p(\mathbf{0}, I \otimes \Sigma)$, 则最小二乘估计式 (3.4) 和式 (3.5) 是各自参数 $\Theta$ 和 $\Sigma$ 的最小方差无偏估计, 参阅 Arnold (1981) 的相关研究。

当然, 在多元线性模型 (1.1) 的假设中, 回归系数 $\Theta$ 和协方差 $\Sigma$ 是相互无关的两个参数, 它们的地位是平等的。既然可以通过先求出回归系数的最小二乘估计然后构造出协方差的最小二乘估计, 那么是否可以通过先求出协方差的最小二乘估计然后再处理回归系数的最小二乘估计？这个想法就是本章的出发源。

## 3.2 增长曲线模型协方差的外积最小二乘估计

对于具有均值和方差结构 $\mathbb{E}(\boldsymbol{\epsilon}) = 0$ 和 $\text{Cov}(\boldsymbol{\epsilon}) = \sigma^2 I$ 的线性模型 (3.1), 假设 $r(X) = m$, 则回归系数的普通最小二乘方法是在 $m$ 维实空间 $\mathbb{R}^m$ 中找到点 $\widehat{\boldsymbol{\beta}}(\boldsymbol{y})$, 使得

$$\widehat{\boldsymbol{\beta}}(\boldsymbol{y}) = \underset{\boldsymbol{\beta} \in \mathbb{R}^m}{\text{argmin}}\, ||\boldsymbol{y} - X\boldsymbol{\beta}||^2$$

即名声显赫的普通最小二乘方法实际就是用 $\boldsymbol{y}$ 的垂直投影 $P_X\boldsymbol{y}$ 作为期望值 $\mathbb{E}(\boldsymbol{y})$ 的估计。同时, 构造统计量

$$\widehat{\sigma}^2_{\text{ols}}(\boldsymbol{y}) = \frac{1}{n-r}(\boldsymbol{y} - P_X\boldsymbol{y})^{\mathrm{T}}(\boldsymbol{y} - P_X\boldsymbol{y}) = \frac{1}{n-r}\boldsymbol{y}^{\mathrm{T}}(I - P_X)\boldsymbol{y}$$

并视它为方差 $\sigma^2$ 的普通最小二乘估计。这种估计方差 $\sigma^2$ 方法的主要缺点在于：在许多复杂的线性结构统计模型中，如增长曲线模型，残差并不能用设计矩阵和观测值 $Y$ 显式地表达出来。从第 2 章 2.4 节知道，当协方差 $\Sigma$ 未知时，上述构造方法是失效的。结合前面所提出的问题，本章将特意设计一种外积最小二乘方法来估计协方差 $\Sigma$。先一步求出协方差 $\Sigma$ 的最小二乘估计就成了必要。这样的思考和处理最终的聚焦点旨在提供一种求协方差 $\Sigma$ (一步) 估计的方法和计算程序。从而也给一元线性模型 (3.1) 的方差和多元线性模型 (1.1) 的协方差最小二乘估计提供了一个新的诠释角度。

一个 $np$ 维实空间 $\mathbb{R}^{np}$ 上的外积是指，对任意的向量 $\boldsymbol{a} = (a_1\ a_2\ \cdots\ a_{np})^{\mathrm{T}} \in \mathbb{R}^{np}$，定义

$$\boldsymbol{a}\square\boldsymbol{a} \equiv \boldsymbol{a}\boldsymbol{a}^{\mathrm{T}} = (a_i a_j)_{np\times np}$$

而 $np$ 维随机向量 $\boldsymbol{y}$ 的协方差是随机变量 $\boldsymbol{y}$ 外积的期望，即

$$\mathrm{Cov}(\boldsymbol{y}) = \mathbb{E}(\boldsymbol{y}\square\boldsymbol{y}) = \big(\mathrm{Cov}(y_i, y_j)\big)_{np\times np}$$

就像使用随机样本矩来估计其总体矩一样，在此，很自然地想到用随机样本向量的外积来估计总体的协方差。随机样本中数据向量的外积应包含总体方差或协方差中未知参数的信息，有兴趣的读者可阅读 Patterson 和 Thompson (1971) 的相关研究。

### 3.2.1 协方差的外积最小二乘问题

对于随机误差向量在一般分布假设下的增长曲线模型 (1.4)，利用 vec 拉直向量运算，可以改写成向量版形式

$$\mathrm{vec}(Y) = T\boldsymbol{\beta} + \boldsymbol{\zeta},\ \mathbb{E}(\boldsymbol{\zeta}) = \boldsymbol{0}\,, \mathrm{Cov}(\boldsymbol{\zeta}) = I_n \otimes \Sigma \tag{3.6}$$

其中，$\boldsymbol{\beta} = \mathrm{vec}(\Theta), T = X \otimes Z$ 和 $\boldsymbol{\zeta} = \mathrm{vec}(\mathcal{E})$。

误差组合 (error contrast) 是期望值为零的响应向量 $\mathrm{vec}(Y)$ 的任意线性组合，它们形成了一个 $np-r$ 维线性空间，一组 $np-r$ 个线性独立的误差组合称为一组完整的误差组合。Patterson 和 Thompson (1971) 首次提出并使用了完整的误差组合的概念，并发展了带约束的最大似然方法，Harville (1974) 对其进行了修改优化。正交补 $\mathscr{C}(T)^{\perp}$ 上的正交投影 $M_T$ 的列就可形成一组完整误差组合。

接下来，建立未知协方差的最小二乘估计方法，具体如下。

第一步，由完整的误差组合 $M_T\mathrm{vec}(Y)$ 构造外积。

第二步，基于将两个随机向量的协方差视为两个随机向量的某种特殊外积的思想，使用残差向量的外积来估计未知随机误差的协方差，即用外积 $M_T\mathrm{vec}(Y)\,\mathrm{vec}(Y)^{\mathrm{T}}M_T$ 来估计协方差，就像在普通最小二乘方法中用 $\mathrm{vec}(P_XY)$ 来估计 $\mathrm{vec}(\Theta)$ 一样。

第三步, 构造一个辅助线性模型。设 $Q(Y) = M_T\text{vec}(Y)\text{vec}(Y)^{\mathrm{T}}M_T$, 则 $Q(Y)$ 是随机向量 $M_T\text{vec}(Y)$ 的外积。所有 $Q(Y)$ 构成 $\mathscr{M}_{np\times np}$ 的一个子集, 该子集由 $M_T$ 的列生成。事实上, $Q(Y)$ 是一个均值形式为

$$\boldsymbol{\mu} = \mathbb{E}[Q(Y)] = M_T(I \otimes \Sigma)M_T$$

的随机矩阵。显然, 辅助最小二乘模型, 也称为外积最小二乘模型, 可以定义为

$$Q(Y) = M_T(I \otimes \Sigma)M_T + \boldsymbol{\xi} \tag{3.7}$$

其中, $\mathbb{E}(\boldsymbol{\xi}) = 0$ 和 $\text{Cov}(\boldsymbol{\xi}) = (M_T \otimes M_T)\mathbb{E}\left[(\mathcal{E} \otimes \mathcal{E})(\mathcal{E}^{\mathrm{T}} \otimes \mathcal{E}^{\mathrm{T}})\right](M_T \otimes M_T)$。

第四步, 定义矩阵迹距为矩阵 $Q(Y)$ 与其期望值 $M_T(I\otimes\Sigma)M_T$ 差的范数的平方, 具体形式为

$$D(\Sigma, Y) = \| Q(Y) - M_T(I \otimes \Sigma)M_T \|_{\mathrm{F}}^2$$

要注意的是, 这里定义的矩阵迹距并没有考虑 Mahalanobis 距离。

协方差的外积最小二乘问题 (3.8), 是找到一个非负定矩阵 $\widehat{\Sigma}_{\text{ls}}(Y)$, 使得矩阵迹距 $D(\Sigma, Y)$ 在 $\widehat{\Sigma}_{\text{ls}}(Y)$ 处取得最小值, 即

$$\widehat{\Sigma}_{\text{ls}}(Y) = \underset{\Sigma\in\mathscr{N}_p}{\text{argmin}}\, D(\Sigma, Y) \tag{3.8}$$

换言之, 模型 (3.6) 的协方差外积最小二乘问题, 是集合 $\mathscr{N}_p$ 上外积最小二乘模型 (3.7) 的一个普通最小二乘问题。在协方差外积最小二乘问题 (3.8) 中, 如果 $\widehat{\Sigma}_{\text{ls}}(Y)$ 是唯一的, 则称其为协方差的外积最小二乘估计 (outer product least square estimator of covariance, COPLS)。

鉴于 $\mathscr{N}_p$ 是非负定矩阵集合, 这涉及一个凸锥上的最优化问题, 如何处理凸锥上的最优化问题已超过本书的范围。这里实际上接受了凸锥上的最优化问题 (3.8) 是难解的这个事实 (若朝此方向研究必定涉及新的技术)。为了技术路线上的可行性, 把 $\mathscr{N}_p$ 放松到矩阵集合 $\mathscr{M}_{p\times p}$, 于是把凸锥上的最优化问题 (3.8) 变成了实数空间上的最优化问题

$$\widehat{\Sigma}_{\text{copls}}(Y) = \underset{\Sigma\in\mathscr{M}_{p\times p}}{\text{argmin}}\; D(\Sigma, Y) \tag{3.9}$$

实际上, $\mathscr{N}_p$ 放松到对称矩阵集合 $\mathscr{S}_p$ 就可以了。除了对称矩阵这个要求, 这两种放松方式没有本质区别。所以, 在后续的讨论中, 常用 $\mathscr{S}_p$ 代替 $\mathscr{M}_{p\times p}$。而后续的探讨将基于协方差外积最小二乘问题 (3.9) 而不是式 (3.8) 而开展延拓。

这样处理的好处显而易见, 实数空间的优化问题可以利用投影原理这个方便的技术 (向凸锥上投影不能保证其投影在凸锥内)。但交换的条件是牺牲了估计正定性的保证, 在后续的讨论中, 解或估计的正定性总是需要附加

说明。

### 3.2.2 外积最小二乘问题与外积最小二乘解

正如前面所述, 为了找到最优化问题 (3.8) 的解, 将最优化问题 (3.8) 中的凸锥 $\mathscr{N}_p$ 扩展到 $\mathscr{M}_{p\times p}$ 来求解最优化问题 (3.9) 的解。

基于以上思路, 寻找协方差外积最小二乘估计的过程如下。

(1) 为最优化问题 (3.9) 找一个外积最小二乘解 $\widehat{\Sigma}(Y)$, 如果解唯一, 该解 $\widehat{\Sigma}(Y)$ 就是协方差的外积最小二乘估计 $\widehat{\Sigma}_{\text{copls}}(Y)$ 的最佳候选者。

(2) 当协方差外积最小二乘估计的最佳候选者 $\widehat{\Sigma}_{\text{copls}}(Y)$ 是一个正定矩阵时, 即协方差外积最小二乘问题 (3.9) 的唯一解就是协方差外积最小二乘问题 (3.8) 的唯一解。那么, $\widehat{\Sigma}_{\text{copls}}(Y)$ 就是要寻找的协方差的外积最小二乘估计。

### 3.2.3 外积最小二乘解的正规方程

如果 $\widehat{\Sigma}_{\text{copls}}(Y)$ 是最优化问题 (3.9) 的外积最小二乘解, 则根据投影理论, 对于任意 $V\in\mathscr{S}_p$, $M_T\,\text{vec}(Y)\text{vec}(Y)^{\mathrm{T}}M_T-M_T[I\otimes\widehat{V}(Y)]M_T$ 和 $M_T(I\otimes V)M_T$ 是迹正交的, 即对任意的 $V\in\mathscr{S}_p$, 有

$$< M_T\text{vec}(Y)\text{vec}(Y)^{\mathrm{T}}M_T-M_T[I\otimes\widehat{\Sigma}_{\text{copls}}(Y)]M_T,\ M_T(I\otimes V)M_T >= 0$$

因此, 对所有 $V\in\mathscr{S}_p$, 得方程式

$$\text{tr}\left[\left\{M_T\text{vec}(Y)\text{vec}(Y)^{\mathrm{T}}M_T-M_T[I\otimes\widehat{\Sigma}_{\text{copls}}(Y)]M_T\right\}(I\otimes V)\right]=0 \tag{3.10}$$

注意到

$$\begin{aligned}&\text{tr}\left[\left\{M_T\text{vec}(Y)\text{vec}(Y)^{\mathrm{T}}M_T-M_T[I\otimes\widehat{\Sigma}_{\text{copls}}(Y)]M_T\right\}(I\otimes V)\right]\\&=\text{tr}\left\{\sum_{i=1}^{n}M_i^{\mathrm{T}}[\text{vec}(Y)\text{vec}(Y)^{\mathrm{T}}-I\otimes\widehat{\Sigma}_{\text{copls}}(Y)]M_iV\right\}\end{aligned}$$

其中, $M_T=(M_1\ M_2\ \cdots\ M_n)$, $M_i$ 是 $np\times p$ 阶的矩阵, $i=1,2,\cdots,n$。所以, 由 $V$ 在空间 $\mathscr{M}_{p\times p}$ 中的任意性意味着

$$\sum_{i=1}^{n}M_i^{\mathrm{T}}\left[\text{vec}(Y)\text{vec}(Y)^{\mathrm{T}}-I\otimes\widehat{\Sigma}_{\text{copls}}(Y)\right]M_i=\mathbf{0} \tag{3.11}$$

进一步计算可得

$$\sum_{i=1}^{n}\sum_{j=1}^{n}M_{ij}^{\mathrm{T}}\widehat{\Sigma}_{\text{copls}}(Y)M_{ji}=\sum_{i=1}^{n}\left(\sum_{j=1}^{n}M_{ji}Y_j\right)\left(\sum_{l=1}^{n}M_{li}Y_l\right)^{\mathrm{T}} \tag{3.12}$$

其中, $Y=(Y_1\,Y_2\,\cdots\,Y_n)^{\mathrm{T}}$, $M_{ij}$ 是 $p\times p$ 阶的矩阵, $i,j=1,2,\cdots,n$。式 (3.10)~式 (3.12) 中的任意一个方程, 均可被视为外积最小二乘问题 (3.9) 的正规方程。设

$$H=\sum_{i,j=1}^{n} M_{ij}\otimes M_{ij}, C(Y)=\sum_{i,j=1}^{n}\left(\sum_{k=1}^{n} M_{ik}\otimes M_{jk}\right)\mathrm{vec}(Y_iY_j^{\mathrm{T}}) \tag{3.13}$$

然后将正规方程 (3.12) 改写为

$$H\mathrm{vec}\left[\widehat{\Sigma}_{\mathrm{copls}}(Y)\right]=C(Y) \tag{3.14}$$

正规方程的功能是解决外积最小二乘问题 (3.9) , 由以下结论, 可得上述正规方程和外积最小二乘问题之间的联系。

**定理 3.1** 当且仅当矩阵 $\widehat{\Sigma}_{\mathrm{copls}}(Y)$ 是正规方程的解时, 矩阵 $\widehat{\Sigma}_{\mathrm{copls}}(Y)$ 是外积最小二乘解。此外, 对于给定的观察值 $Y$, $\widehat{\Sigma}_{\mathrm{copls}}(Y)$ 在 $r(X)<n$ 下是唯一的。

**证明:** 假设 $\widehat{\Sigma}_{\mathrm{copls}}(Y)$ 是正规方程的解, 则由式 (3.10) , 对任意 $V\in\mathscr{S}_p$, 有

$$\begin{aligned}D(V,Y)&=D(\widehat{\Sigma}_{\mathrm{copls}}(Y),Y)+\|M_T\{I_n\otimes[\widehat{\Sigma}_{\mathrm{copls}}(Y)-V]\}M_T\|_{\mathrm{F}}^2\\&\geqslant D(\widehat{\Sigma}_{\mathrm{copls}}(Y),Y)\end{aligned}$$

因此, $\widehat{\Sigma}_{\mathrm{copls}}(Y)$ 是外积最小二乘问题 (3.9) 的外积最小二乘解。

假定 $\widehat{V}_1(Y)$ 和 $\widehat{V}_2(Y)$ 都是正规方程 (3.10) 的解。假设 $\widehat{V}(Y)=\widehat{V}_1(Y)-\widehat{V}_2(Y)$, 那么, 对任意 $S\in\mathscr{S}_p$, 有

$$\mathrm{tr}\left\{(M_X\otimes I+P_X\otimes M_Z)[I\otimes V(Y)](M_X\otimes I+P_X\otimes M_Z)(I\otimes S)\right\}=\mathbf{0} \tag{3.15}$$

经化简计算可得, 式 (3.15) 等价于

$$[n-r(X)]\widehat{V}(Y)+r(X)M_Z\widehat{V}(Y)M_Z=\mathbf{0} \tag{3.16}$$

将式 (3.16) 的两边乘以 $M_Z$ 得到 $n\,M_ZV(Y)M_Z=\mathbf{0}$。由于 $r(X)<n$, 根据式 (3.16) 得出 $\widehat{V}(Y)=\mathbf{0}$, 即 $\widehat{V}_1(Y)=\widehat{V}_2(Y)$。至此, 定理 3.1 证毕。

### 3.2.4 协方差的外积最小二乘估计

下面将使用正规方程 (3.14), 获得增长曲线模型 (1.4) 中协方差 $\Sigma$ 的外积最小二乘估计 $\widehat{\Sigma}_{\mathrm{copls}}(Y)$, 结果由定理 3.2 表示。

**定理 3.2** 如果设计矩阵 $X$ 的秩小于样本量, 随机误差服从一般连续型分布, 增长曲线模型 (1.4) 中协方差的外积最小二乘估计 $\widehat{\Sigma}_{\mathrm{copls}}(Y)$ 为

$$\widehat{\Sigma}_{\mathrm{copls}}(Y)=\frac{1}{n-r}Y^{\mathrm{T}}M_XY+\frac{1}{n}M_ZY^{\mathrm{T}}YM_Z-\frac{1}{n-r}M_ZY^{\mathrm{T}}M_XYM_Z \tag{3.17}$$

**证明:** 设 $M_T=(M_{ij}), 1\leqslant i,j\leqslant n$, $M_X=\left(m_{ij}^X\right)_{n\times n}$ 和 $P_X=\left(p_{ij}^X\right)_{n\times n}$, 则由

$M_T = M_X \otimes I + P_X \otimes M_Z$, $M_{ij}$ 可以表示为

$$M_{ij} = M_{ji} = m_{ij}^X I + p_{ij}^X M_Z \tag{3.18}$$

因此, 用式 (3.18) 替换式 (3.13) 中的 $M_{ij}$, 可得

$$\begin{aligned} H &= \sum_{i,j=1}^{n} \left(m_{ij}^X I + p_{ij}^X M_Z\right) \otimes \left(m_{ji}^X I + p_{ji}^X M_Z\right) \\ &= \mathrm{tr}(M_X^2) I + \mathrm{tr}(M_X P_X)(I \otimes M_Z + M_Z \otimes I) + \mathrm{tr}(P_X^2) M_Z \otimes M_Z \\ &= (n-r) I + r M_Z \otimes M_Z \end{aligned}$$

对于 $r < n$, $H$ 是非奇异的, 计算得

$$H^{-1} = \frac{1}{n-r}\left(I - \frac{r}{n} M_Z \otimes M_Z\right)$$

而式 (3.14) 中的 $C(Y)$, 简化计算如下:

$$\begin{aligned} C(Y) &= \mathrm{vec}\left[\sum_{i=1}^{n}\sum_{j=1}^{n}\left(m_{ij}^X P_Z + \delta_{ij} M_Z\right) Y_j \sum_{l=1}^{n} Y_l^{\mathrm{T}} \left(m_{il}^X P_Z + \delta_{il} M_Z\right)^{\mathrm{T}}\right] \\ &= \mathrm{vec}\left(P_Z Y^{\mathrm{T}} M_X Y P_Z + P_Z Y^{\mathrm{T}} M_X Y M_Z + M_Z Y^{\mathrm{T}} M_X Y P_Z + M_Z Y^{\mathrm{T}} Y M_Z\right) \\ &= \mathrm{vec}(Y^{\mathrm{T}} M_X Y - M_Z Y^{\mathrm{T}} M_X Y M_Z + M_Z Y^{\mathrm{T}} Y M_Z) \end{aligned}$$

其中, $Y = (Y_1\ Y_2\ \cdots\ Y_n)^{\mathrm{T}}$, 当 $i = j$ 时, $\delta_{ij} = 1$; 当 $i \neq j$ 时, $\delta_{ij} = 0$。正规方程的解 (3.14) 由

$$\mathrm{vec}\left[\widehat{\Sigma}_{\mathrm{copls}}(Y)\right] = \frac{1}{n-r}\left(I - \frac{r}{n} M_Z \otimes M_Z\right) C(Y)$$

确定。适当化简可得表达式 (3.17), 至此, 定理 3.2 证毕。

根据前面的外积最小二乘法, 如果把外积最小二乘法应用到特殊情形: 一元或多元线性模型 (1.1) 中, 协方差的外积最小二乘问题为

$$\min_{V \in \mathbb{R}^{q \times q}} \left\|(I - P_T)\mathrm{vec}(Y)\mathrm{vec}(Y)^{\mathrm{T}}(I - P_T) - (I - P_T)(I \otimes V)(I - P_T)\right\|_{\mathrm{F}}^2 \tag{3.19}$$

其中, $T = X \otimes I$。解决协方差的外积最小二乘问题 (3.19) 得到协方差外积最小二乘估计为

$$\widehat{\Sigma}_{\mathrm{copls}} = \frac{1}{n-r} Y^{\mathrm{T}} (I - P_X) Y \tag{3.20}$$

它是表达式 (3.17) 在 $Z$ 为非奇异矩阵情形时 (这时, $P_Z = I$, $M_Z = 0$) 的结果, 就是式 (3.5) 中所示的 $\widehat{\Sigma}_{\mathrm{ols}}(Y)$。从式 (3.20) 知: 多元线性模型中协方差的外积最小二乘估计是以概率 1 为正定的, 不再存在外积最小二乘估计的正定性问题。这从另外的角度提供了一元和多元线性模型中协方差普通最小二乘估计 $\widehat{\Sigma}_{\mathrm{ols}}$ 的一个

新解释。

设 $\mathscr{G}$ 是一个由下式定义的变换群

$$\mathscr{G} = \{g_{\boldsymbol{\mu}}(Y) : g_{\boldsymbol{\mu}}(Y - \boldsymbol{\mu}) = g_0(Y), \boldsymbol{\mu} = X\Theta Z^{\mathrm{T}}\}$$

接下来给出 $\widehat{\Sigma}_{\text{copls}}(Y)$ 在变换群 $\mathscr{G}$ 上的不变性及其无偏性。

**命题 3.1** 由式 (3.17) 确定的外积最小二乘估计 $\widehat{\Sigma}_{\text{copls}}(Y)$, 在变换群 $\mathscr{G}$ 下是无偏的和不变的, 尤其, $\widehat{\Sigma}_{\text{copls}}(Y) = \widehat{\Sigma}_{\text{copls}}(\mathcal{E})$。

**证明:** 对任意对称矩阵 $A$, 有

$$\mathbb{E}(Y^{\mathrm{T}}AY) = (X\Theta Z^{\mathrm{T}})^{\mathrm{T}}A(X\Theta Z^{\mathrm{T}}) + \operatorname{tr}(A)\Sigma$$

对式 (3.17) 的两边取期望可得

$$\mathbb{E}\left[\widehat{\Sigma}_{\text{copls}}(Y)\right] = \frac{1}{n-r}\mathbb{E}(Y^{\mathrm{T}}M_XY)+\frac{1}{n}M_Z\mathbb{E}(Y^{\mathrm{T}}Y)M_Z-\frac{1}{n-r}M_Z\mathbb{E}(Y^{\mathrm{T}}M_XY)M_Z$$

经适当计算可知, 对任意 $\Sigma \in \mathscr{N}_p$, 有 $\mathbb{E}\left[\widehat{\Sigma}_{\text{copls}}(Y)\right] = \Sigma$。

由正规方程 (3.10) 和变换群 $\mathscr{G}$ 的不变性可知, 外积最小二乘估计 $\widehat{\Sigma}_{\text{copls}}(Y)$ 在变换群 $\mathscr{G}$ 下也是不变的, 尤其, $\widehat{\Sigma}_{\text{copls}}(Y) = \widehat{\Sigma}_{\text{copls}}(\mathcal{E})$, 至此, 命题 3.1 证毕。

## 3.3 增长曲线模型协方差外积最小二乘估计的理论性质

本节将研究外积最小二乘估计 $\widehat{\Sigma}_{\text{copls}}(Y)$ 的分布以及渐近性质。

### 3.3.1 正态随机误差下协方差外积最小二乘估计的分布

基于上述工作, 已知模型 (1.4) 的外积最小二乘估计 $\widehat{\Sigma}_{\text{copls}}(Y)$, 在一般连续型分布随机误差 $\mathcal{E}$ 假设下, 具有不变性和无偏性。如果随机误差矩阵 $\mathcal{E}$ 服从多元正态分布, 能否获得外积最小二乘估计 $\widehat{\Sigma}_{\text{copls}}(Y)$ 的精确分布呢? 答案是肯定的, 有下述定理。

**定理 3.3** 假设随机误差矩阵 $\mathcal{E}$ 服从多元正态分布 $N_{np}(0, I_n \otimes \Sigma)$, 则增长曲线模型 (1.4) 中协方差 $\Sigma$ 的外积最小二乘估计 $\widehat{\Sigma}_{\text{copls}}(Y)$ 与随机矩阵

$$\frac{1}{n-r}R_1 + \frac{1}{n}M_ZR_0M_Z - \frac{r}{n(n-1)}M_ZR_1M_Z \tag{3.21}$$

具有相同的分布, 其中 $R_0 \sim W_p^0(r, \Sigma)$, $R_1 \sim W_p^1(n-r, \Sigma)$, $W_p^0(r, \Sigma)$ 和 $W_p^1(n-r, \Sigma)$ 是两个相互独立的中心 Wishart 分布。

**证明:** 由于 $P_X + M_X = I$, 因此存在一个正交矩阵 $U$, 使得

$$U^{\mathrm{T}}P_XU = \begin{pmatrix} I_r & \mathbf{0} \\ \mathbf{0} & \mathbf{0} \end{pmatrix} \text{ 和 } U^{\mathrm{T}}M_XU = \begin{pmatrix} \mathbf{0} & \mathbf{0} \\ \mathbf{0} & I_{n-r} \end{pmatrix}$$

设 $\boldsymbol{\eta} = (\boldsymbol{\eta}_1^{\mathrm{T}}\ \boldsymbol{\eta}_2^{\mathrm{T}}\ \cdots\ \boldsymbol{\eta}_n^{\mathrm{T}})^{\mathrm{T}} = U^{\mathrm{T}}\mathcal{E}$, 则 $\boldsymbol{\eta} \sim N_{np}(0, I \otimes \Sigma)$ 且

$$R_0 = \mathcal{E}^{\mathrm{T}} P_X \mathcal{E} = \boldsymbol{\eta}^{\mathrm{T}} \begin{pmatrix} I_r & \mathbf{0} \\ \mathbf{0} & \mathbf{0} \end{pmatrix} \boldsymbol{\eta} \text{ 以及} R_1 = \mathcal{E}^{\mathrm{T}} M_X \mathcal{E} = \boldsymbol{\eta}^{\mathrm{T}} \begin{pmatrix} \mathbf{0} & \mathbf{0} \\ \mathbf{0} & I_{n-r} \end{pmatrix} \boldsymbol{\eta} \tag{3.22}$$

根据式 (3.17) 和式 (3.22), 可得

$$\begin{aligned} \widehat{\Sigma}_{\text{copls}}(Y) &= \widehat{\Sigma}_{\text{copls}}(\mathcal{E}) \\ &= \frac{1}{n-r}\mathcal{E}^{\mathrm{T}} M_X \mathcal{E} + \frac{1}{n} M_Z \mathcal{E}^{\mathrm{T}} \mathcal{E} M_Z - \frac{1}{n-r} M_Z \mathcal{E}^{\mathrm{T}} M_X \mathcal{E} M_Z \\ &= \frac{1}{n-r} R_1 + \frac{1}{n} M_Z (R_0 + R_1) M_Z - \frac{1}{n-r} M_Z R_1 M_Z \\ &= \frac{1}{n-r} R_1 + \frac{1}{n} M_Z R_0 M_Z + \left[\frac{1}{n} - \frac{1}{n-r}\right] M_Z R_1 M_Z \end{aligned}$$

根据 Hu (2008) 的定理 3.2, 随机矩阵 $R_0$ 和 $R_1$ 分别服从相互独立的中心 Wishart 分布 $W_p^0(r, \Sigma)$ 和 $W_p^1(n-r, \Sigma)$。因此, $\widehat{\Sigma}_{\text{copls}}(Y)$ 依分布等价于随机矩阵

$$\frac{1}{n-r} R_1 + \frac{1}{n} M_Z R_0 M_Z - \frac{r}{n(n-r)} M_Z R_1 M_Z$$

到此, 定理 3.3 证明完毕。

当 $Z$ 非奇异时, 增长曲线模型简化为多元线性模型。由定理 3.3 中的式 (3.21), 协方差的外积最小二乘估计服从中心 Wishart 分布 $W_p(n-r, (n-r)^{-1}\Sigma)$, 参见 Arnold (1981) 中的定理 19.1。当 $p = 1$ 时, 这就是经典的统计学结论 $(n-r)\widehat{\sigma}^2(Y)$ 服从自由度为 $n-r$ 的卡方分布。

### 3.3.2 误差分布未知时协方差外积最小二乘估计的渐近性质

当随机误差矩阵 $\mathcal{E}$ 服从一般的连续型分布时, 将探讨增长曲线模型 (1.4) 中协方差 $\Sigma$ 的外积最小二乘估计 $\widehat{\Sigma}_{\text{copls}}(Y)$ 的大样本性质。

在统计学中, 如果参数 $\Theta$ 的估计 $\widehat{\Theta}$ 在样本量趋于无穷时以概率 1 收敛到参数 $\Theta$, 则称估计 $\widehat{\Theta}$ 为参数 $\Theta$ 的强相合估计。如果参数 $\Theta$ 的估计 $\widehat{\Theta}$ 在样本量趋于无穷时依概率收敛到参数 $\Theta$, 则称估计 $\widehat{\Theta}$ 为参数 $\Theta$ 的 (弱) 相合估计。如果协方差 $\Sigma$ 是正定的, 它的一个估计 $\widehat{\Sigma}$ (不一定正定) 是协方差 $\Sigma$ 的强相合估计, 则称该估计 $\widehat{\Sigma}$ 是渐近正定的。

**定理 3.4** 假设随机误差矩阵 $\mathcal{E}$ 服从一般的连续型分布, 则增长曲线模型 (1.4) 中由式 (3.17) 给出的协方差外积最小二乘估计 $\widehat{\Sigma}_{\text{copls}}(Y)$ 是协方差 $\Sigma$ 的强相合估计。

**证明:** 存在阶为 $p$ 的正交矩阵 $Q$ 和阶为 $n$ 的正交矩阵 $U$, 使得

$$Q^{\mathrm{T}} P_Z Q = \begin{pmatrix} I_{r_1} & \mathbf{0} \\ \mathbf{0} & \mathbf{0} \end{pmatrix}, \ Q^{\mathrm{T}} M_Z Q = \begin{pmatrix} \mathbf{0} & \mathbf{0} \\ \mathbf{0} & I_{p-r_1} \end{pmatrix}, \ U^{\mathrm{T}} M_X U = \begin{pmatrix} \mathbf{0} & \mathbf{0} \\ \mathbf{0} & I_{n-r} \end{pmatrix}$$

其中, $r_1 = \mathrm{r}(Z)$ 和 $r = \mathrm{r}(X)$。

设 $W = U^{\mathrm{T}}\mathcal{E}Q$, 则 $\mathrm{Cov}(W) = I \otimes \Sigma_1$, 其中 $\Sigma_1 = Q\Sigma Q^{\mathrm{T}}$ 是正定的。

令 $W = (W_1\ W_2)$, 其中 $W_1$ 是 $n \times r_1$ 阶矩阵, $W_2$ 是 $n \times (p - r_1)$ 阶矩阵。又记

$$\Sigma_1 = \begin{pmatrix} \Sigma_1^{11} & \Sigma_1^{12} \\ \Sigma_1^{21} & \Sigma_1^{22} \end{pmatrix}$$

其中, $\Sigma_1^{11}$ 是 $r_1 \times r_1$ 和 $\Sigma_1^{22}$ 是 $(p - r_1) \times (p - r_1)$。于是有

$$\mathrm{Cov}(W_1) = I \otimes \Sigma_1^{11} > 0 \text{ 和 } \mathrm{Cov}(W_2) = I \otimes \Sigma_1^{22} > 0$$

此外, 将 $W$ 划分为

$$\begin{pmatrix} w_{11}^{\mathrm{T}} & w_{12}^{\mathrm{T}} \\ w_{21}^{\mathrm{T}} & w_{22}^{\mathrm{T}} \\ \vdots & \vdots \\ w_{n1}^{\mathrm{T}} & w_{n2}^{\mathrm{T}} \end{pmatrix}$$

其中, $w_{11}, w_{21}, \cdots, w_{n1}$ 是 $r_1$ 维独立同分布随机向量, $w_{12}, w_{22}, \cdots, w_{n2}$ 是 $n - r_1$ 维独立同分布随机向量。于是由式 (3.17) 可知, $Q^{\mathrm{T}}\widehat{\Sigma}_{\mathrm{copls}}(Y)Q$ 可以分解为

$$\begin{aligned} Q^{\mathrm{T}}\widehat{\Sigma}_{\mathrm{copls}}(Y)Q &= Q^{\mathrm{T}}\widehat{\Sigma}_{\mathrm{copls}}(\mathcal{E})Q \\ &= \frac{1}{n-r}W^{\mathrm{T}}\begin{pmatrix} \mathbf{0} & \mathbf{0} \\ \mathbf{0} & I_{n-r} \end{pmatrix}W + \frac{1}{n}\begin{pmatrix} \mathbf{0} & \mathbf{0} \\ \mathbf{0} & I_{p-r_1} \end{pmatrix}W^{\mathrm{T}}W\begin{pmatrix} \mathbf{0} & \mathbf{0} \\ \mathbf{0} & I_{p-r_1} \end{pmatrix} \\ &\quad - \frac{1}{n-r}\begin{pmatrix} \mathbf{0} & \mathbf{0} \\ \mathbf{0} & I_{p-r_1} \end{pmatrix}W^{\mathrm{T}}\begin{pmatrix} \mathbf{0} & \mathbf{0} \\ \mathbf{0} & I_{n-r} \end{pmatrix}W\begin{pmatrix} \mathbf{0} & \mathbf{0} \\ \mathbf{0} & I_{p-r_1} \end{pmatrix} \end{aligned}$$

进一步计算可得

$$Q^{\mathrm{T}}\widehat{\Sigma}_{\mathrm{copls}}(Y)Q = \begin{pmatrix} \frac{1}{n-r}\sum\limits_{i=r+1}^{n} w_{i1}w_{i1}^{\mathrm{T}} & \frac{1}{n-r}\sum\limits_{i=1}^{n-r} w_{i1}w_{i2}^{\mathrm{T}} \\ \frac{1}{n-r}\sum\limits_{i=1}^{n-r} w_{i1}w_{i2}^{\mathrm{T}} & \frac{1}{n}\sum\limits_{i=1}^{n} w_{i2}w_{i2}^{\mathrm{T}} \end{pmatrix}$$

根据强大数定律, 得知

$$\frac{1}{n-r}\sum_{i=1}^{n-r} w_{i1}w_{i1}^{\mathrm{T}} \text{ 以概率 1 收敛到 } \Sigma_1^{11}$$

类似地, $(n-r)^{-1}\sum_{i=1}^{n-r} w_{i1}w_{i2}^{\mathrm{T}}$ 以概率 1 收敛到 $\Sigma_1^{12}$, $(n-r)^{-1}\sum_{i=1}^{n-r} w_{i2}w_{i1}^{\mathrm{T}}$ 以概率 1 收敛到 $\Sigma_1^{21}$ 以及 $n^{-1}\sum_{i=1}^{n} w_{i2}w_{i2}^{\mathrm{T}}$ 以概率 1 收敛到 $\Sigma_1^{22}$。因此, $Q^{\mathrm{T}}\widehat{\Sigma}_{\mathrm{copls}}(Y)Q$ 以概率 1 收敛到 $\Sigma$。由此可得 $\widehat{\Sigma}_{\mathrm{copls}}(Y)$ 以概率 1 收敛到协方差 $\Sigma$。定理 3.4 证明完毕。

一般来说, $\widehat{\Sigma}_{\text{copls}}(Y)$ 并不是非负定的, 但是, 定理 3.4 说明式 (3.17) 给出的 $\widehat{\Sigma}_{\text{copls}}(Y)$ 是渐近正定的。当样本容量足够大时, $\widehat{\Sigma}_{\text{copls}}(Y) > \mathbf{0}$。对于有限样本, 3.6 节的模拟研究表明, 仅当 $n - r(X) - p$ 取定一个适当的小整数时, $\widehat{\Sigma}_{\text{copls}}(Y)$ 就是正定的, 在多次重复观测模拟中, 这个条件非常容易得到满足, 但是在非常小样本量的情形, 式 (3.17) 中的 $\widehat{\Sigma}_{\text{copls}}(Y)$ 的确会是非负正定的 (如 $\widehat{\Sigma}_{\text{copls}}(Y)$ 有负特征值出现)。所以, 值得提醒的是: 在非常小样本量的情形下, 使用式 (3.17) 中的 $\widehat{\Sigma}_{\text{copls}}(Y)$ 时, 尤其需要检查 $\widehat{\Sigma}_{\text{copls}}(Y)$ 的正定性。

接下来研究协方差外积最小二乘估计 $\widehat{\Sigma}_{\text{copls}}(Y)$ 的收敛速度, 渐近正态性蕴含的收敛速度为 $O(n^{-1/2})$, 相关讨论需要对随机误差的四阶矩设定必要的条件。

**假设 3.1** 设 $\mathbb{E}(\boldsymbol{\varepsilon}_1) = \mathbf{0}$, $\mathbb{E}(\boldsymbol{\varepsilon}_1\boldsymbol{\varepsilon}_1^{\mathrm{T}}) = \Sigma > \mathbf{0}$, $\mathbb{E}(\boldsymbol{\varepsilon}_1 \otimes \boldsymbol{\varepsilon}_1\boldsymbol{\varepsilon}_1^{\mathrm{T}}) = \mathbf{0}_{p^2\times p}$ 以及 $\mathbb{E}\|\boldsymbol{\varepsilon}_1\|^4 < \infty$, 其中 $\boldsymbol{\varepsilon}_1^{\mathrm{T}}$ 是随机误差矩阵 $\mathcal{E}$ 的第一个行向量。

**定理 3.5** 在假设 3.1 下, $\sqrt{n}\left[\widehat{\Sigma}_{\text{copls}}(Y) - \Sigma\right]$ 依分布收敛于多元正态分布 $N_{p^2}\left(\mathbf{0}, \mathrm{Cov}(\boldsymbol{\varepsilon}_1 \otimes \boldsymbol{\varepsilon}_1)\right)$。

**证明:** $\sqrt{n}\left[\widehat{\Sigma}_{\text{copls}}(Y) - \Sigma\right]$ 可以分解为

$$\sqrt{n}\left(\frac{1}{n}\mathcal{E}^{\mathrm{T}}\mathcal{E} - \Sigma\right) + Q\begin{pmatrix} A_{11} & A_{12} \\ A_{21} & \mathbf{0} \end{pmatrix} Q^{\mathrm{T}}$$

其中

$$A_{kl} = \sqrt{n}\left(\frac{1}{n-r}\sum_{i=1}^{n-r} w_{ik}w_{il}^{\mathrm{T}} - \frac{1}{n}\sum_{i=1}^{n} w_{ik}w_{il}^{\mathrm{T}}\right), \quad k, l = 1, 2, \text{但不包括 } k = l = 2$$

有

$$A_{kl} = \frac{r\sqrt{n}}{n-r}\frac{1}{n}\sum_{i=1}^{n} w_{ik}w_{il}^{\mathrm{T}} - \frac{\sqrt{n}}{n-r}\sum_{i=n-r+1}^{n} w_{ik}w_{il}^{\mathrm{T}}$$

依概率收敛于 $\mathbf{0}$。由假设 3.1, 第一项依分布收敛到多元正态分布 $N_{p^2}(\mathbf{0}, \Phi_2)$, 其中 $\Phi_2 = \mathrm{Cov}(\boldsymbol{\varepsilon}_1 \otimes \boldsymbol{\varepsilon}_1)$。因此, 根据 Slutsky 定理, $\sqrt{n}\left[\widehat{\Sigma}_{\text{copls}}(Y) - \Sigma\right]$ 依分布收敛于多元正态分布 $N_{p^2}\left(\mathbf{0}, \mathrm{Cov}(\boldsymbol{\varepsilon}_1 \otimes \boldsymbol{\varepsilon}_1)\right)$。至此, 定理 3.5 证毕。

## 3.4 增长曲线模型一阶参数两步广义最小二乘估计与大样本性质

在增长曲线模型 (1.4) 中, 其观察矩阵 $Y$ 和设计矩阵 $X$ 的行是逐一叠加而成的, 增长曲线模型 (1.4) 中的剖面矩阵 $Z$ 与样本量 $n$ 无关。所以, 在实际问题的多次重复测量实验中, 设计矩阵 $X$ 和剖面矩阵 $Z$ 是可以由统计师构造的, 满秩通常是可以满足的, 因此, 在随后的讨论中假设 $X$ 和 $Z$ 是满秩的。

为了寻找增长曲线模型 (1.4) 中一阶参数矩阵 $\Theta$ 的最小二乘估计, 通常使用两步广义最小二乘估计。首先, 基于数据 $Y$, 找到一个 $\Sigma$ 的一步估计 $\widetilde{\Sigma}$; 然后, 用一步估计 $\widetilde{\Sigma}$ 替换未知的 $\Sigma$, 通过正规方程找到两步广义最小二乘估计 $\widehat{\Theta}(Y)$。

根据 2.4 节, 由式 (3.17) 给出的外积最小二乘估计 $\widehat{\Sigma}_{\text{copls}}(Y)$ 作为协方差 $\Sigma$ 的一步估计 $\widetilde{\Sigma}$, 再根据最小二乘原理, 可得增长曲线模型 (1.4) 中一阶参数矩阵的正规方程

$$X^{\mathrm{T}}X\Theta Z^{\mathrm{T}}\widehat{\Sigma}_{\text{copls}}^{-1}(Y)Z = X^{\mathrm{T}}Y\widehat{\Sigma}_{\text{copls}}^{-1}(Y)Z$$

可知:

$$\left[Z^{\mathrm{T}}\widehat{\Sigma}_{\text{copls}}(Y)Z\right]^{-1} \text{ 以概率 1 存在}$$

因此, 参数 $\Theta$ 的两步广义最小二乘估计 $\widehat{\Theta}_{\text{copls}}(Y)$ 为

$$\widehat{\Theta}_{\text{copls}}(Y) = (X^{\mathrm{T}}X)^{-1}X^{\mathrm{T}}Y\widehat{\Sigma}_{\text{copls}}^{-1}(Y)Z\left[Z^{\mathrm{T}}\widehat{\Sigma}_{\text{copls}}^{-1}(Y)Z\right]^{-1} \tag{3.23}$$

假设随机误差矩阵 $\mathcal{E}$ 关于原点是对称的, 则很容易证明估计 $\widehat{\Theta}_{\text{copls}}(Y)$ 具有无偏性。

**假设 3.2** 由设计矩阵构成的 Gram 矩阵 $X^{\mathrm{T}}X$ 的每个元素与样本量 $n$ 最多同阶并且 $\lim_{n\to\infty} X^{\mathrm{T}}X/n = R > \mathbf{0}$。

假设 3.2 是线性模型理论中最基本的经典假设。当 $p$ 随样本量趋于无穷时, 矩阵 $X^{\mathrm{T}}X/n$ 的阶数也会趋于无穷, 于是这个假设的加强版是, $X^{\mathrm{T}}X/n$ 的最小特征根的极限为正数。请参见众多高维数据分析的文献, 如 Xin 等 (2017) 以及 Hu 等 (2023) 的相关研究。

若视 $X$ 为固定数值矩阵, 该假设对每一个新的观察增加到设计矩阵 $X$ 之后, 以前的行和新的行构成的设计矩阵以这样的方式保持平稳趋势, 即 $X^{\mathrm{T}}X/n$ 的每一个元素随着样本量的增加都向某一常数 (含 0) 靠拢。此外, 假设 3.2 也排除了 $X^{\mathrm{T}}X/n$ 的极限是奇异矩阵的可能性。

若视 $X$ 的行向量是来自某总体的一个独立同分布的样本, 那么假设 3.2 只是说明这个整体的分布满足大数定律的条件。为了每章的完整性和叙述的方便, 与假设 3.2 相仿的假设会在不同的章节里表述。

**定理 3.6** 在假设 3.2 下, 两步广义最小二乘估计 $\widehat{\Theta}_{\text{copls}}(Y)$ 是参数 $\Theta$ 的相合估计。

**证明:** 两步广义最小二乘估计 $\widehat{\Theta}_{\text{copls}}(Y)$ 可以分解为

$$\Theta + \left(\frac{X^{\mathrm{T}}X}{n}\right)^{-1}\frac{X^{\mathrm{T}}\mathcal{E}}{n}\widehat{\Sigma}_{\text{copls}}^{-1}(Y)Z\left[Z^{\mathrm{T}}\widehat{\Sigma}_{\text{copls}}^{-1}(Y)Z\right]^{-1}$$

注意到, $\widehat{\Sigma}_{\text{copls}}^{-1}(Y)$ 和 $\left[Z^{\mathrm{T}}\widehat{\Sigma}_{\text{copls}}^{-1}(Y)Z\right]^{-1}$ 都以概率 1 有界。在假设 3.2 下, 由

$$\begin{aligned}\Pr\left(\left\|\frac{1}{n}X^{\mathrm{T}}\mathcal{E}\right\|_{\mathrm{F}}\geqslant\varepsilon\right)\leqslant&\frac{1}{n^2\varepsilon^2}\mathbb{E}\left[\mathrm{tr}(X^{\mathrm{T}}\mathcal{E}\mathcal{E}^{\mathrm{T}}X)\right]\\=&\frac{1}{n\varepsilon^2}\mathrm{tr}\left(\frac{1}{n}X^{\mathrm{T}}X\right)\mathrm{tr}(\Sigma)\end{aligned}$$

可知, 对任意 $\varepsilon>0$, $X^{\mathrm{T}}\mathcal{E}/n$ 依概率收敛到 0。因此, 两步广义最小二乘估计 $\widehat{\Theta}_{\mathrm{copls}}(Y)$ 依概率收敛到 $\Theta$。至此, 定理 3.6 证明完毕。

**定理 3.7**　在假设 3.1 和假设 3.2 下, 下列结论成立:

(a) $\sqrt{n}\left[\widehat{\Theta}_{\mathrm{copls}}(Y)-\Theta\right]$ 依分布收敛到多元正态分布 $N_{mq}(\mathbf{0},\Omega)$, 其中 $\Omega=R^{-1}\otimes(Z^{\mathrm{T}}\Sigma^{-1}Z)^{-1}$;

(b) $\sqrt{n}\left[\widehat{\Sigma}_{\mathrm{copls}}(Y)-\Sigma\right]$ 和 $\sqrt{n}\left[\widehat{\Theta}_{\mathrm{copls}}(Y)-\Theta\right]$ 是渐近独立的。

**证明:** (a) $\sqrt{n}\left[\widehat{\Theta}_{\mathrm{copls}}(Y)-\Theta\right]$ 可以分解成:

$$\sqrt{n}\left[(X^{\mathrm{T}}X)^{-1}X^{\mathrm{T}}\mathcal{E}\right]\left\{\widehat{\Sigma}^{-1}_{\mathrm{copls}}(Y)Z[Z^{\mathrm{T}}\widehat{\Sigma}^{-1}_{\mathrm{copls}}(Y)Z]^{-1}\right\}\tag{3.24}$$

设 $L_n=(X^{\mathrm{T}}X)^{-1}X^{\mathrm{T}}\mathcal{E}$, 根据 Hu 和 Yan (2008) 的定理 4.2, $\sqrt{n}\,L_n$ 依分布收敛到多元正态分布 $N_{mp}(\mathbf{0},R^{-1}\otimes\Sigma)$。因此, $\sqrt{n}\left[\widehat{\Theta}_{\mathrm{copls}}(Y)-\Theta\right]$ 依分布收敛到多元正态分布 $N_{mq}(\mathbf{0},R^{-1}\otimes(Z^{\mathrm{T}}\Sigma^{-1}Z)^{-1})$。

(b) 由式 (3.24) 易知 $\frac{1}{\sqrt{n}}\mathrm{vec}(X^{\mathrm{T}}\mathcal{E})$ 和 $\sqrt{n}\,\mathrm{vec}\left[\widehat{\Sigma}_{\mathrm{copls}}(Y)-\Sigma\right]$ 是渐近独立的。设 $Q_n=X^{\mathrm{T}}\mathcal{E}=(\boldsymbol{x}_1\ \boldsymbol{x}_2\ \cdots\ \boldsymbol{x}_n)(\boldsymbol{\varepsilon}_1\ \boldsymbol{\varepsilon}_2\ \cdots\ \boldsymbol{\varepsilon}_n)^{\mathrm{T}}$, 则

$$\begin{aligned}\mathrm{Cov}\left\{Q_n[\widehat{\Sigma}_{\mathrm{copls}}(Y)-\Sigma]\right\}=&\mathrm{Cov}\left[\left(\sum_{i=1}^{n}x_i\boldsymbol{\varepsilon}_i^{\mathrm{T}}\right)\left(\frac{1}{n}\sum_{i=1}^{n}\boldsymbol{\varepsilon}_i\boldsymbol{\varepsilon}_i^{\mathrm{T}}-\Sigma\right)\right]+o_p(\mathbf{1})\\=&\mathbb{E}\left[\left(\sum_{i=1}^{n}x_i\otimes\boldsymbol{\varepsilon}_i^{\mathrm{T}}\right)\left(\frac{1}{n}\sum_{i=1}^{n}\boldsymbol{\varepsilon}_i\otimes\boldsymbol{\varepsilon}_i^{\mathrm{T}}-\Sigma\right)\right]+o_p(\mathbf{1})\end{aligned}$$

根据假设 3.2, 有

$$\mathrm{Cov}\left\{\left(\frac{1}{\sqrt{n}}X^{\mathrm{T}}\mathcal{E}\right)\sqrt{n}\left[\widehat{\Sigma}_{\mathrm{copls}}(Y)-\Sigma\right]\right\}$$

依概率收敛到 $\mathbf{0}$, 这意味着 $\mathrm{vec}\left(X^{\mathrm{T}}\mathcal{E}\right)$ 和 $\mathrm{vec}\left[\widehat{\Sigma}_{\mathrm{copls}}(Y)-\Sigma\right]$ 是渐近独立的。因此, $\sqrt{n}\left[\widehat{\Sigma}_{\mathrm{copls}}(Y)-\Sigma\right]$ 和 $\sqrt{n}\left[\widehat{\Theta}_{\mathrm{copls}}(Y)-\Theta\right]$ 也是渐近独立的。至此, 定理 3.7 证明完毕。

## 3.5　外积最小二乘法在多元线性模型模式协方差估计中的应用

先简要概述关于模式协方差的现有文献。在早期的一篇文献中, Wilks (1946) 考虑了关于 $k$ 个等价心理测试的一组测量, 导致了一个具有相等对角元素和相等

非对角元素的协方差, 这就是后来的均匀相关结构 $\Sigma_u(\sigma^2,\rho)$ 的雏形。Votaw (1948) 将这个模型扩展到一组具有模式结构的块中。Geisser (1963) 研究了均匀相关协方差的多元方差分析。Anderson (1973) 提出了针对正态误差线性结构的协方差的渐近有效估计。Ohlson 等 (2011) 提出了一般 $q$-依赖的带状协方差结构的多元正态 $p$-维参数向量的估计问题。本节将探讨在多元线性模型中对回归系数带约束或不带约束的模式协方差参数估计问题。同时, 值得特别注意的是, 模式协方差不符合形式为

$$\Sigma = \sum_{i=1}^{r} U_i U_i \otimes \Sigma_i$$

的结构, 参见 Rao 和 Kleffe (1988) 的第 3 章。因此, 最小范数二次无偏估计 (minimum norm quadratic unbiased estimation, MNQUE) 并不适用于模式协方差的情形。

考虑具有模式协方差和对回归系数施加限制的多元线性模型

$$Y = X\Theta + \mathcal{E} \tag{3.25}$$

其中, $Y$ 是由 $n$ 个个体的 $p$ 个测量组成的观测矩阵 $(p < n)$, $X$ 是一个 $n \times m$ 的设计矩阵 (假设 $m < n$), $\Theta$ 是一个 $m \times p$ 的未知回归系数矩阵。假设个体的观测是独立的, 因此随机误差矩阵 $\mathcal{E}$ 的行是独立同分布的, 服从一般的连续型分布 $\mathcal{F}$, 均值为零, 具有一个模式协方差 $\Sigma(\boldsymbol{\eta})$, 阶数为 $p$, $\boldsymbol{\eta} = (\eta_1\ \eta_1\ \cdots\ \eta_k)^{\mathrm{T}}$ 是 $k$ 维未知参数向量, $k$ 是一个固定的整数。回归系数矩阵 $\Theta$ 可能施加了某些限制, 用于形如式 (3.31) 的假设检验问题。

非模式协方差是模式协方差的一种特殊情况。其他常见的特殊模式协方差如下。

(1) 均匀相关结构

$$\Sigma(\sigma^2,\rho) = \sigma^2[(1-\rho)I + \rho\mathbf{1}\mathbf{1}^{\mathrm{T}}] \tag{3.26}$$

其中, $\sigma^2$ 和 $\rho$ 是未知参数, 满足 $\sigma^2 > 0$ 和 $-(p-1)^{-1} < \rho < 1$, 这里 $p > 1$, 研究模式协方差结构现有文献包括 Wilks (1946), Geisser (1963), Khatri (1973) 以及 Lee (1988)。

(2) 广义均匀相关结构

$$\Sigma(\theta,\eta) = \theta UU^{\mathrm{T}} + \eta \boldsymbol{w}\boldsymbol{w}^{\mathrm{T}} \tag{3.27}$$

其中, $U$ 是一个 $p \times s$ 的已知满秩矩阵, 使得 $UU^{\mathrm{T}}$ 是正定的, 这里 $p > 1$, $s \geqslant p$ 和 $\boldsymbol{w}$ 是给定的非零 $p$ 维向量, 满足

$$\theta > 0\ \text{及}\ \theta + \eta\boldsymbol{w}^{\mathrm{T}}(UU^{\mathrm{T}})^{-1}\boldsymbol{w} > 0 \tag{3.28}$$

最初由 Khatri (1973) 提出用于协方差特定结构的假设检验, Kshirsagar 和 Smith

(1995) 应用该模式结构时, 见式 (2.16), 用一个对称矩阵 $G$ 代替了 $UU^{\mathrm{T}}$。

(3) 具有形式

$$\Sigma_{\text{dep}} = \sum_{ij\in\mathscr{I}_q} \sigma_{ij}E_{ij} \tag{3.29}$$

的一般 $q$-依赖结构, 其中 $\mathscr{I}_q = \{ij; 1 \leqslant i \leqslant j \leqslant q < p\}$, $E_{ij}$ 是矩阵, 它的第 $ij$ 元素和第 $ji$ 元素都是 1, 其他元素都是 0, $\sigma_{ij}, ij \in \mathscr{I}_q$, 是未知参数, 使得 $\sum_{ij\in\mathscr{I}_q} \sigma_{ij}E_{ij}$ 是正定的, 这个结构由 Ohlson 等 (2011) 所考虑并研究。

不失一般性, 假设模式协方差 $\Sigma(\boldsymbol{\eta})$ 可表示为

$$\Sigma(\boldsymbol{\eta}) = \eta_1 H_1 + \eta_2 H_2 + \cdots + \eta_k H_k \tag{3.30}$$

其中, $H_1, H_2, \cdots, H_k$ 是已知的对称矩阵, 使得 $\Sigma(\boldsymbol{\eta})$ 是正定的。在实际统计问题中, $H_1, H_2, \cdots, H_k$ 是独立的, 这导致了当且仅当 $\boldsymbol{\eta} = \boldsymbol{\eta}^*$ 时, $\eta_1 H_1 + \eta_2 H_2 + \cdots + \eta_k H_k = \eta_1^* H_1 + \eta_2^* H_2 + \cdots + \eta_k^* H_k$。很容易看出, 结构式 (3.26), 式 (3.27) 和式 (3.29) 具有 (或可以改写为) 形式 (3.30)。在假设检验问题中, 通常考虑线性原假设。如果一个线性方程组至少有一个解, 则称其为一致方程组。统计分析中, 经常需要研究或检验回归系数矩阵 $\Theta$ 的约束式

$$K^{\mathrm{T}}\Theta = J \tag{3.31}$$

其中, $K$ 和 $J$ 是已知矩阵, 且 $K$ 是可估的并且式 (3.31) 是一致方程组。本节将使用协方差外积最小二乘方法, 在模型 (3.25) 中建立一个估计框架, 直接对模式协方差 (3.30) 进行二阶参数的外积最小二乘估计。在此基础上, 把估计框架扩展到带有限制 (3.31) 的情形以及三种特殊协方差结构: 均匀相关、广义均匀相关和一般 $q$-依赖协方差。最后, 在 3.6.4 节进行有限样本的模拟研究。

### 3.5.1 模式协方差的外积最小二乘法

将模型 (3.25) 进行向量化, 得到模型 (3.25) 的向量版表达式, 即

$$\text{vec}(Y) = T\text{vec}(\Theta) + \text{vec}(\mathcal{E}) \tag{3.32}$$

具有如下均值和协方差结构

$$\mathbb{E}[\text{vec}(\mathcal{E})] = \mathbf{0} \text{ 和 } \text{Cov}[\text{vec}(\mathcal{E})] = I \otimes \Sigma(\boldsymbol{\eta})$$

其中, $T = X \otimes I_p$。

把协方差外积最小二乘法应用到模式协方差。首先, 从线性模型 (3.32) 开始, 计算残差的外积 $\text{vec}(Y) - P_{X\otimes I}\text{vec}(Y) = (M_X \otimes I)\text{vec}(Y)$。

其次, 基于数据的外积与模式协方差之间的类比关系构建一个与外积和最小

二乘法相关的辅助模型。

设 $Q(Y)$ 是将随机向量 $\mathrm{vec}(Y)$ 投影到误差空间 $\mathscr{C}(X \otimes I)^{\perp}$ 上的正交投影向量的外积, 即

$$Q(Y) = (M_X \otimes I)\mathrm{vec}(Y)\mathrm{vec}(Y)^{\mathrm{T}}(M_X \otimes I)$$

所有的 $Q(Y)$ 组成了 $\mathscr{M}_{np\times np}$ 的子集。考虑到 $Q(Y)$ 是一个具有均值结构 $\mathbb{E}[Q(Y)] = M_X \otimes \Sigma(\boldsymbol{\eta})$ 的随机矩阵, 外积最小二乘模型为

$$Q(Y) = M_X \otimes \Sigma(\boldsymbol{\eta}) + \boldsymbol{\xi} \tag{3.33}$$

其中, $\mathbb{E}(\boldsymbol{\xi}) = \mathbf{0}$。

最后, 引入矩阵 $Q(Y)$ 与其期望值 $M_X \otimes \Sigma(\boldsymbol{\eta})$ 之间的迹距离。记成 $D(\boldsymbol{\eta}, Y) = \|Q(Y) - M_X \otimes \Sigma(\boldsymbol{\eta})\|_{\mathrm{F}}^2$。

基于上述, 对于多元线性模型 (3.25), 模式协方差的外积最小二乘问题变成在给定观测 $Y$ 的情况下, 找到一个点

$$\widehat{\boldsymbol{\eta}}(Y) = \begin{pmatrix} \widehat{\eta}_1(Y) \\ \widehat{\eta}_2(Y) \\ \vdots \\ \widehat{\eta}_k(Y) \end{pmatrix}$$

使得迹距离函数 $D(\boldsymbol{\eta}, Y)$ 在点 $\widehat{\boldsymbol{\eta}}(Y)$ 处达到最小值, 即

$$\widehat{\boldsymbol{\eta}}(Y) = \underset{\boldsymbol{\eta}\in\mathbb{R}^k}{\operatorname{argmin}}\, D(\boldsymbol{\eta}, Y) \tag{3.34}$$

换句话说, 对于模型 (3.25), 模式协方差的外积最小二乘问题等价于外积最小二乘模型 (3.33) 的普通最小二乘问题。

如果最优化问题 (3.34) 的最优解

$$\widehat{\boldsymbol{\eta}}(Y) = \begin{pmatrix} \widehat{\eta}_1(Y) \\ \widehat{\eta}_2(Y) \\ \vdots \\ \widehat{\eta}_k(Y) \end{pmatrix}$$

是唯一的, 那么这个最优解 $\widehat{\boldsymbol{\eta}}(Y)$ 被称为参数向量 $\boldsymbol{\eta}$ 的外积最小二乘估计, 记为

$$\widehat{\boldsymbol{\eta}}_{\mathrm{copls}}(Y) = \begin{pmatrix} \widehat{\eta}_1^{\mathrm{copls}}(Y) \\ \widehat{\eta}_2^{\mathrm{copls}}(Y) \\ \vdots \\ \widehat{\eta}_k^{\mathrm{copls}}(Y) \end{pmatrix}$$

从而, 得到

$$\widehat{\Sigma}_{\text{copls}}(Y) = \widehat{\eta}_1^{\text{copls}}(Y)H_1 + \widehat{\eta}_2^{\text{copls}}(Y)H_2 + \cdots + \widehat{\eta}_k^{\text{copls}}(Y)H_k$$

定义集合 $\mathscr{V} = \{(M_X \otimes I)\text{vec}(Y)\Box(M_X \otimes I)\text{vec}(Y) : Y \in \mathscr{M}_{n\times p}\}$ 和 $\mathscr{H} = \{M_X \otimes (\eta_1 H_1 + \eta_2 H_2 + \cdots + \eta_k H_k) : \boldsymbol{\eta} \in \mathbb{R}^k\}$。对于任意的 $\eta_1, \eta_2, \cdots, \eta_k$, $\eta_1 H_1 + \eta_2 H_2 + \cdots + \eta_k H_k$ 是对称的, 不一定是正定的。

由于 $\widehat{\Sigma}_{\text{copls}}(Y)$ 是协方差外积最小二乘问题 (3.34) 的解, 根据投影理论, 对于任意 $\boldsymbol{\eta} \in \mathbb{R}^k$, 矩阵的差 $(M_X \otimes I)\text{vec}(Y)\text{vec}(Y)^{\text{T}}(M_X \otimes I) - M_X \otimes \widehat{\Sigma}_{\text{copls}}(Y)$ 和矩阵 $M_X \otimes \eta_1 H_1 + \eta_2 H_2 + \cdots + \eta_k H_k$ 是迹正交的, 即对任何 $\boldsymbol{\eta} \in \mathbb{R}^k$, 有

$< (M_X \otimes I)\text{vec}(Y)\text{vec}(Y)^{\text{T}}(M_X \otimes I) - M_X \otimes \widehat{\Sigma}_{\text{copls}}, M_X \otimes (\eta_1 H_1 + \eta_2 H_2 + \cdots + \eta_k H_k) >= 0$

其中, $< \cdot, \cdot >$ 表示内积运算。从而导致方程

$$\text{tr}\left\{[(M_X \otimes I)\text{vec}(Y)\text{vec}(Y)^{\text{T}}(M_X \otimes I) - I \otimes \widehat{\Sigma}_{\text{copls}}][M_X \otimes \Sigma(\boldsymbol{\eta})]\right\} = 0 \quad (3.35)$$

对任何 $\boldsymbol{\eta} \in \mathbb{R}^k$ 成立。

由于式 (3.35) 中 $\boldsymbol{\eta}$ 的任意性, 通过简化, 得到以下方程组:

$$\sum_{i=1}^{k} \text{tr}(H_i H_j)\widehat{\eta}_i^{\text{copls}} = \text{tr}(M_X)^{-1}\text{tr}\left(Y^{\text{T}} M_X Y H_j\right), \quad j = 1, 2, \cdots, k \quad (3.36)$$

方程 (3.36) 称为外积最小二乘问题 (3.34) 的正规方程。用 $\widehat{\Sigma}_{\text{copls}}(Y)$ 表示正规方程的一个解。

由于 $\text{tr}(M_X) = n - r \geqslant n - m > 0$, 其中 $r$ 是 $X$ 的秩, 无论 $X$ 是满秩还是秩不足, 正规方程 (3.36) 可以简化为

$$L\widehat{\boldsymbol{\eta}}_{\text{copls}}(Y) = \frac{1}{n-r}\boldsymbol{b} \quad (3.37)$$

其中

$$L = \left(\text{tr}(H_i H_j)\right)_{k\times k} \text{ 和 } \boldsymbol{b} = \begin{pmatrix} \text{tr}(Y^{\text{T}} M_X Y H_1) \\ \text{tr}(Y^{\text{T}} M_X Y H_2) \\ \vdots \\ \text{tr}(Y^{\text{T}} M_X Y H_k) \end{pmatrix}$$

常数矩阵 $H_1, H_2, \cdots, H_k$ 是相互无关的, 意味着矩阵 $L$ 非奇异。因此, 外积最小二乘估计可以表示为

$$\widehat{\boldsymbol{\eta}}_{\text{copls}}(Y) = \frac{1}{n-r}L^{-1}\boldsymbol{b} \quad (3.38)$$

使得

$$\widehat{\Sigma}_{\text{copls}}(Y) = \sum_{i=1}^{k} \widehat{\eta}_i^{\text{copls}}(Y) H_i \tag{3.39}$$

从以上讨论中得到了正规方程和外积最小二乘问题 (3.34) 之间的关系。

**定理 3.8** 假设 $H_1, H_2, \cdots, H_k$ 是相互无关的常数矩阵。给定观测值 $Y$, 如果 $k$ 维向量 $\widehat{\boldsymbol{\eta}}(Y)$ 是参数向量 $\boldsymbol{\eta}$ 的外积最小二乘估计, 那么向量 $\widehat{\eta}(Y)$ 就是正规方程 (3.36) 的解。

**证明:** 基于前面的讨论, 只需讨论充分性即可。假设 $\widehat{\boldsymbol{\eta}}(Y)$ 是正规方程 (3.36) 的解, 则有下面的不等式:

$$\begin{aligned} D(\boldsymbol{\eta}, Y) &= D(\widehat{\boldsymbol{\eta}}(Y), Y) + ||M_X \otimes [\Sigma(\widehat{\boldsymbol{\eta}}(Y)) - \Sigma(\boldsymbol{\eta})]||_{\text{F}}^2 \\ &\geqslant D(\widehat{\boldsymbol{\eta}}(Y), Y) \end{aligned}$$

对任何 $\boldsymbol{\eta} \in \mathbb{R}^k$ 成立。因此, $\widehat{\eta}(Y)$ 就是 $\boldsymbol{\eta}$ 的外积最小二乘估计。如果等式成立, 那么

$$||M_X \otimes [\Sigma(\widehat{\boldsymbol{\eta}}(Y)) - \Sigma(\boldsymbol{\eta})]||_{\text{F}}^2 = 0$$

由于 $\text{tr}(M_X) > 0$, $\text{tr}(M_X)||\Sigma(\widehat{\boldsymbol{\eta}}(Y)) - \Sigma(\boldsymbol{\eta})||_{\text{F}}^2 = 0$, 暗示着 $\Sigma(\boldsymbol{\eta}) = \Sigma(\widehat{\boldsymbol{\eta}}(Y))$, 等价于 $\boldsymbol{\eta} = \widehat{\boldsymbol{\eta}}(Y)$。定理 3.8 证明完毕。

非模式协方差 $\Sigma$ 可以分解为 $\sum_{ij \in \mathscr{I}_p} \sigma_{ij} E_{ij}$, 其中 $\mathscr{I}_p = \{ij; 1 \leqslant i \leqslant j \leqslant p\}$, 而 $E_{ij}$ 由式 (3.29) 定义。根据式 (3.37), 对这些分量的行和列进行重新排列会导致

$$\widehat{\Sigma}_{\text{copls}}(Y) = \frac{1}{n-r} Y^{\text{T}} M_X Y \tag{3.40}$$

这意味着非模式协方差的外积最小二乘估计与普通最小二乘估计以及最小范数二次无偏估计重合, 参见 Rao 和 Kleffe (1988) 的相关研究。

设 $\mathscr{G}$ 是一个变换群, 定义为

$$\mathscr{G} = \{g_{\boldsymbol{\mu}}(Y) : g_{\boldsymbol{\mu}}(Y - \boldsymbol{\mu}) = g_{\boldsymbol{0}}(Y), \boldsymbol{\mu} = X\Theta\} \tag{3.41}$$

有下列命题。

**命题 3.2** 式 (3.36) 给出二阶参数 $\boldsymbol{\eta}$ 的外积最小二乘估计 $\widehat{\boldsymbol{\eta}}_{\text{copls}}(Y)$ 具有无偏性且在变换群 $\mathscr{G}$ 下是不变的。

**证明:** 在变换群 $\mathscr{G}$ 下正则方程 (3.36) 是不变的。它的解 $\widehat{\boldsymbol{\eta}}_{\text{copls}}(Y)$ 也是不变的。尤其, $\widehat{\boldsymbol{\eta}}_{\text{copls}}(\mathcal{E}) = \widehat{\boldsymbol{\eta}}_{\text{copls}}(Y - X\Theta) = \widehat{\boldsymbol{\eta}}_{\text{copls}}(Y)$。

对式 (3.38) 两边取期望, 得

$$\mathbb{E}[\widehat{\boldsymbol{\eta}}_{\text{copls}}(Y)] = \frac{1}{n-r} L^{-1} \mathbb{E}(\boldsymbol{b})$$

$$
= \frac{1}{n-r} L^{-1} \begin{pmatrix} \mathrm{tr}\left[\mathbb{E}(Y^{\mathrm{T}} M_X Y) H_1\right] \\ \mathrm{tr}\left[\mathbb{E}(Y^{\mathrm{T}} M_X Y) H_2\right] \\ \vdots \\ \mathrm{tr}\left[\mathbb{E}(Y^{\mathrm{T}} M_X Y) H_k\right] \end{pmatrix}
$$

因为

$$
\mathbb{E}(Y^{\mathrm{T}} M_X Y) = \mathbb{E}(\mathcal{E}^{\mathrm{T}} M_X \mathcal{E}) = \mathrm{tr}(M_X)(\eta_1 H_1 + \eta_2 H_2 + \cdots + \eta_k H_k)
$$

则

$$
\mathbb{E}[\widehat{\boldsymbol{\eta}}_{\mathrm{copls}}(Y)] = L^{-1} \begin{pmatrix} \mathrm{tr}\left[\Sigma(\boldsymbol{\eta}) H_1\right] \\ \mathrm{tr}\left[\Sigma(\boldsymbol{\eta}) H_2\right] \\ \vdots \\ \mathrm{tr}\left[\Sigma(\boldsymbol{\eta}) H_k\right] \end{pmatrix}^{\mathrm{T}} = \boldsymbol{\eta}
$$

对所有 $\boldsymbol{\eta} \in \mathbb{R}^k$ 成立, 意味着 $\widehat{\boldsymbol{\eta}}_{\mathrm{copls}}(Y)$ 是无偏的。命题 3.2 证明完毕。

接下来, 提供外积最小二乘估计 $\widehat{\boldsymbol{\eta}}_{\mathrm{copls}}(Y)$ 的大样本性质。

**定理 3.9** 式 (3.36) 给出二阶参数 $\boldsymbol{\eta}$ 的外积最小二乘估计 $\widehat{\boldsymbol{\eta}}_{\mathrm{copls}}(Y)$ 以概率 1 收敛到 $\boldsymbol{\eta}$。进一步, 外积最小二乘估计 $\widehat{\Sigma}_{\mathrm{copls}}(Y)$ 以概率 1 收敛到 $\Sigma(\boldsymbol{\eta})$。

**证明:** 由式 (3.36) 和定理 3.4, $\widehat{\boldsymbol{\eta}}_{\mathrm{copls}}(Y)$ 以概率 1 收敛于

$$
L^{-1} \begin{pmatrix} \mathrm{tr}[\Sigma(\boldsymbol{\eta}) H_1] \\ \mathrm{tr}[\Sigma(\boldsymbol{\eta}) H_2] \\ \vdots \\ \mathrm{tr}[\Sigma(\boldsymbol{\eta}) H_k] \end{pmatrix}
$$

即 $\widehat{\boldsymbol{\eta}}_{\mathrm{copls}}(Y)$ 以概率 1 收敛到 $\boldsymbol{\eta}$。所以, $\widehat{\Sigma}_{\mathrm{copls}}(Y)$ 以概率 1 收敛到 $\Sigma(\boldsymbol{\eta})$, 完成定理 3.9 的证明。

定理 3.9 说明 $\widehat{\boldsymbol{\eta}}_{\mathrm{copls}}(Y)$ 是 $\boldsymbol{\eta}$ 的强相合的估计, 而 $\widehat{\Sigma}_{\mathrm{copls}}(Y)$ 是模式协方差 $\Sigma(\boldsymbol{\eta})$ 的强相合的估计。意味着 $\widehat{\Sigma}_{\mathrm{copls}}(Y)$ 是渐近正定的。

**定理 3.10** 在假设 3.1 下, $\sqrt{n}\,[\widehat{\boldsymbol{\eta}}_{\mathrm{copls}}(Y) - \boldsymbol{\eta}]$ 依分布收敛于多元正态分布

$$
N_k\left(\mathbf{0}, L^{-1} H^{\mathrm{T}} \mathrm{Cov}(\boldsymbol{\varepsilon}_1 \otimes \boldsymbol{\varepsilon}_1) H L^{-1}\right)
$$

其中, $L$ 由式 (3.36) 确定以及 $H = (\mathrm{vec}(H_1)\ \mathrm{vec}(H_2)\ \cdots\ \mathrm{vec}(H_k))$。

**证明:** 因为

$$
\widehat{\boldsymbol{\eta}}_{\mathrm{copls}}(Y) - \boldsymbol{\eta} = L^{-1} H^{\mathrm{T}} \mathrm{vec}\left[\frac{1}{n-r} Y^{\mathrm{T}} M_X Y - \Sigma(\boldsymbol{\eta})\right]
$$

根据 Slutsky 定理, $\sqrt{n}\,(\widehat{\boldsymbol{\eta}}_{\mathrm{copls}}(Y) - \boldsymbol{\eta})$ 依分布收敛于多元正态分布

$$N_k\left(\mathbf{0}, L^{-1}H^{\mathrm{T}}\mathrm{Cov}(\boldsymbol{\varepsilon}_1 \otimes \boldsymbol{\varepsilon}_1)HL^{-1}\right)$$

定理 3.10 证明完毕。

定理 3.10 提供了一个做统计推断的近似方法。例如, 可以利用近似方法对参数 $\eta_1, \eta_2, \cdots, \eta_k$ 构造置信区间和假设检验, 前提条件是要预先估计出 $\mathrm{Cov}(\boldsymbol{\varepsilon}_1 \otimes \boldsymbol{\varepsilon}_1)$。

下面重点讨论多元线性模型的模式协方差结构的二阶参数的外积最小二乘估计。

### 3.5.2 回归系数带约束的特殊模式结构协方差的估计

本节将前面开发的估计程序扩展到带约束的多元线性模型, 即具有约束条件式 (3.31) 的模型 (3.25)。通过向量化, 约束条件 (3.31) 可以表示为 $(K^{\mathrm{T}} \otimes I)\boldsymbol{\beta} = \boldsymbol{m}$, 其中 $\boldsymbol{\beta} = \mathrm{vec}(\Theta) \in \mathbb{R}^{mp}$, $\boldsymbol{m} \equiv \mathrm{vec}(J) \in \mathscr{C}(K^{\mathrm{T}} \otimes I)$, 即约束是一致方程组, 并且 $\mathscr{C}(K) \subset \mathscr{C}(X^{\mathrm{T}})$, 即约束是可估计的。

在形如

$$H_0 : (K^{\mathrm{T}} \otimes I)\boldsymbol{\beta} = \mathbf{0} \tag{3.42}$$

的假设检验问题中, $K$ 是已知的 $m \times t$ 维矩阵, 通常满秩的 $t < m$, 需要处理这些限制条件 $(K^{\mathrm{T}} \otimes I)\boldsymbol{\beta} = \mathbf{0}$。

设 $\mathscr{K} = \{\boldsymbol{\beta} \in \mathbb{R}^{mp}: (K^{\mathrm{T}} \otimes I)\boldsymbol{\beta} = \mathbf{0}\}$ 和 $\mathscr{S} = \{(X \otimes I)\boldsymbol{\beta} : \boldsymbol{\beta} \in \mathscr{K}\}$。则 $\mathscr{S}$ 是 $\mathscr{C}(X \otimes I)$ 的一个子空间。在 $H_0$ 下, 统计模型 (3.32) 的最小二乘问题是在参数集合 $\mathscr{K}$ 求一个点 $\widehat{\boldsymbol{\beta}}_c(Y)$ 使得

$$\widehat{\boldsymbol{\beta}}_c(Y) = \underset{\boldsymbol{\beta} \in \mathscr{K}}{\mathrm{argmin}}\, ||\mathrm{vec}(Y) - T\boldsymbol{\beta}||^2 \tag{3.43}$$

这里, $T = X \otimes I$。根据投影定理, 期望值 $\mathbb{E}[\mathrm{vec}(Y)]$ 的最小二乘估计 $T\widehat{\boldsymbol{\beta}}_c$ 是空间 $\mathscr{C}(T)$ 中的向量 $\mathrm{vec}(Y)$ 到子空间 $\mathscr{S}$ 上的投影 $P_{\mathscr{S}}\mathrm{vec}(Y)$。

根据前面关于 $\mathrm{vec}(Y) - P_{\mathscr{S}}\mathrm{vec}(Y)$ 的差以及样本的外积, 带约束模型的辅助外积最小二乘模型可以写成

$$Q_c(Y) = M_{\mathscr{S}}[I \otimes \Sigma(\boldsymbol{\eta})]M_{\mathscr{S}} + \boldsymbol{\xi} \tag{3.44}$$

其中, $M_{\mathscr{S}} = I - P_{\mathscr{S}}$。容易验证:

$$M_{\mathscr{S}} = I - T(T^{\mathrm{T}}T)^{-}T^{\mathrm{T}} + T(T^{\mathrm{T}}T)^{-}F(F^{\mathrm{T}}(T^{\mathrm{T}}T)^{-}F)^{-}F^{\mathrm{T}}(T^{\mathrm{T}}T)^{-}T^{\mathrm{T}}$$

这里 $F = K \otimes I$ 或者投影版本

$$M_{\mathscr{S}} = (M_X + P_{P_X B}) \otimes I$$

其中, $K = X^{\mathrm{T}}B$ 和 $B \in \mathscr{M}_{n\times t}$。记 $M^* = (M_X + P_{P_X B})$。前面提供的框架完全

适合外积最小二乘模型 (3.44)。由于 $M^*M^* = M^*$ 和式 (3.39), 约束线性模型模式协方差的外积最小二乘估计为

$$\widehat{\boldsymbol{\eta}}^c_{\text{copls}}(Y) = \frac{1}{\text{tr}(M^*)} L^{-1} \begin{pmatrix} \text{tr}\left(Y^{\text{T}} M^* Y H_1\right) \\ \text{tr}\left(Y^{\text{T}} M^* Y H_2\right) \\ \vdots \\ \text{tr}\left(Y^{\text{T}} M^* Y H_k\right) \end{pmatrix} \tag{3.45}$$

考虑非模式协方差 $\Sigma$, 由表达式 (3.45), 重新安排行和列导致 $\widehat{\Sigma}^*_{\text{copls}}(Y) = Y^{\text{T}}M^*Y/\text{tr}(M^*)$, 类似式 (3.40) 的形式。

类似于本章 3.2 节和 3.3 节的研究, 很容易看出 $\widehat{\boldsymbol{\eta}}^c_{\text{copls}}(Y)$ 是无偏的和强相合的, 并且在由式 (3.41) 定义的变换群 $\mathscr{G}$ 下是不变的。在假设 3.1 下, $\widehat{\boldsymbol{\eta}}^c_{\text{copls}}(Y)$ 也享有渐近正态性。这里就不再详述了。

在形如 $H_0 : (K^{\text{T}} \otimes I)\boldsymbol{\beta} = \boldsymbol{m}$ 的假设检验问题中, 只要利用 $\boldsymbol{\beta} - \boldsymbol{\beta}_0$ 和 $\text{vec}(Y) - T\boldsymbol{\beta}_0$ 替代式 (3.42) 和式 (3.43) 中的 $\boldsymbol{\beta}$ 和 $\text{vec}(Y)$ 即可, 这里, $(K^{\text{T}} \otimes I)\boldsymbol{\beta}_0 = \boldsymbol{m}$, $\boldsymbol{\beta}_0 \in \mathbb{R}^{mp}$ 是已知的。

当在统计模型 (3.25) 上施加其他线性约束时, 上述提出的程序也适用。所需要做的只是找到相应的正交投影 $M_{\mathscr{S}}$, 当然, 找到相应的正交投影在数学上也是技术含量极高的工作。

当 $p = 1$ 时, 模型 (3.25) 简化为一元线性模型。在这种情况下, $M_X = I - P_X$。此外, $Y$ 简化为一个随机向量 $\boldsymbol{y}$, $\Sigma(\boldsymbol{\eta})$ 简化为 $\sigma^2 I$。从式 (3.39) 中, $\sigma^2$ 的外积最小二乘估计值由 $\widehat{\sigma}^2_{\text{copls}}(\boldsymbol{y}) = \boldsymbol{y}^{\text{T}}(I - P_X)\boldsymbol{y}/(n - r)$ 给出。估计 $\widehat{\sigma}^2_{\text{copls}}(\boldsymbol{y})$ 以概率 1 为正, 与标准教科书中的普通最小二乘估计 $\widehat{\sigma}^2_{\text{ols}}(\boldsymbol{y})$ 是一致的, 见 Arnold (1981) 与 Monahan (2008) 的经典教材。

这里, 对这个专题展开论述。对于具有约束子空间 $\mathscr{S}_0 = \{X\boldsymbol{\beta} : \boldsymbol{\beta} \in \mathbb{R}^m, C^{\text{T}}_{m\times t}\boldsymbol{\beta} = \boldsymbol{0}\}$ 的一元线性模型, 其中 $\mathscr{C}(C) \subset \mathscr{C}(X^{\text{T}})$, 即 $C = X^{\text{T}}B_0$, $B_0 \in \mathbb{M}_{n\times t}$ 为某个常数矩阵。如果 $n - r + \text{r}(C) > 0$, $M_{\mathscr{S}_0} = M_X + P_{P_X B_0}$, 则 $\sigma^2$ 的最小二乘估计为

$$\widehat{\sigma}^2_{\mathscr{S}_0}(\boldsymbol{y}) = \frac{1}{n - \dim(\mathscr{S}_0)} \boldsymbol{y}^{\text{T}} M_{\mathscr{S}_0} \boldsymbol{y} = \frac{1}{n - r + \text{r}(C)} \boldsymbol{y}^{\text{T}}(M_X + P_{P_X B_0})\boldsymbol{y}$$

其中, $\dim(\cdot)$ 表示空间维数。这与标准教科书中关于具有约束的线性模型的普通最小二乘估计相同 (Monahan, 2008)。

对于一个约束集 $\mathscr{S}_1 = \{X\boldsymbol{\beta} : \boldsymbol{\beta} \in \mathbb{R}^m, C^{\text{T}}_{m\times t}\boldsymbol{\beta} = \boldsymbol{m}_0\}$, 其中 $\boldsymbol{m}_0 \in \mathscr{C}(C^{\text{T}})$ 已知, 即 $\boldsymbol{m}_0 = C^{\text{T}}\boldsymbol{\beta}_0$, $\boldsymbol{\beta}_0 \in \mathbb{R}^m$ 为常数向量, 这个约束集 $\mathscr{S}_1$ 实际上是一个 Flat, 把这个 Flat 视为一个超平面空间的平移即可。在数学中, Flat 是指一个平面或平坦的曲面, 通常用于描述低维子空间或流形。对于约束集 $\mathscr{S}_1$, 其方差 $\sigma^2$ 的最小二乘估

计为

$$\widehat{\sigma}^2_{\mathscr{S}_1}(\boldsymbol{y}) = \frac{1}{n-r+\mathrm{r}(C)}(\boldsymbol{y} - X\boldsymbol{\beta}_0)^{\mathrm{T}}(M_X + P_{P_X B_0})(\boldsymbol{y} - X\boldsymbol{\beta}_0)$$

对于一个受约束子空间 $\mathscr{S}_2 = \{X\boldsymbol{\beta} : \boldsymbol{\beta} \in \mathbb{R}^m, C^{\mathrm{T}}_{m\times t}\boldsymbol{\beta} = G^{\mathrm{T}}_{u\times t}\boldsymbol{\gamma}, \boldsymbol{\gamma} \in \mathbb{R}^u\}$, 其中 $\mathscr{C}(C) \subset \mathscr{C}(X^{\mathrm{T}})$ 和 $\mathscr{C}(G^{\mathrm{T}}) \subset \mathscr{C}(C^{\mathrm{T}})$, 即 $C = X^{\mathrm{T}}B_1$, $B_1 \in \mathbb{M}_{n\times t}$, $G^{\mathrm{T}} = C^{\mathrm{T}}D$, $D \in \mathbb{M}_{m\times u}$, $M_{\mathscr{S}_2} = M_X + P_{P_X B_1} - P_{P_{P_X B_1} XD}$, 参见 Wong (1989), 建立了在限制 $C^{\mathrm{T}}_{m\times t}\boldsymbol{\beta} = \mathbf{0}$ 下的线性模型 $\boldsymbol{y} \sim N(X\boldsymbol{\beta}, \sigma^2\Sigma)$ 中参数的显式公式, 并获得

$$\begin{aligned}P_{\mathscr{S}_2} =& X(X^{\mathrm{T}}X)^- X^{\mathrm{T}} - X(X^{\mathrm{T}}X)^- C(C^{\mathrm{T}}(X^{\mathrm{T}}X)^- C)^- C^{\mathrm{T}}(X^{\mathrm{T}}X)^- X^{\mathrm{T}} \\ &+ X(X^{\mathrm{T}}X)^- C(C^{\mathrm{T}}(X^{\mathrm{T}}X)^- C)^- G^{\mathrm{T}}(G(C^{\mathrm{T}}(X^{\mathrm{T}}X)^- C)^- G^{\mathrm{T}})^- \\ &\cdot G(C^{\mathrm{T}}(X^{\mathrm{T}}X)^- C)^- C^{\mathrm{T}}(X^{\mathrm{T}}X)^- X^{\mathrm{T}}\end{aligned}$$

如果 $n - r + \mathrm{r}(C) - \mathrm{r}(G) > 0$, 正则方程的解 (3.35) 为

$$\widehat{\sigma}^2_{\mathscr{S}_2}(\boldsymbol{y}) = \frac{1}{n-r+\mathrm{r}(C)-\mathrm{r}(G)}\boldsymbol{y}^{\mathrm{T}}(I - P_X + P_{P_X B_1} - P_{P_{P_X B_1} XD})\boldsymbol{y}$$

对于带有约束条件 $C^{\mathrm{T}}\boldsymbol{\beta} = G^{\mathrm{T}}\gamma$ 的一元线性模型, 这与 $\sigma^2$ 的普通最小二乘估计相同。

### 3.5.3 外积最小二乘法对特殊模式协方差参数的估计

本节将外积最小二乘法应用于三种特殊的协方差模式：均匀相关结构 (3.26)、广义均匀相关结构 (3.27) 和 一般 $q$-依赖结构 (3.29)。

**1. 均匀相关结构**

对均匀相关结构 $\Sigma(\sigma^2, \rho)$, 见式 (3.26), 给定 $Y \in \mathscr{M}_{n\times p}$, 辅助最小二乘模型式 (3.34) 的最小二乘优化问题可以表达为

$$(\widehat{\sigma}^2_{\mathrm{copls}}, \widehat{\rho}_{\mathrm{copls}}) = \underset{\sigma^2,\rho\in\mathbb{R}}{\mathrm{argmin}} \parallel Q(Y) - M_X \otimes \sigma^2[(1-\rho)I + \rho\mathbf{1}\mathbf{1}^{\mathrm{T}}] \parallel^2 \tag{3.46}$$

这里, $p > 1$。在迹内积空间 $(\mathscr{S}, <\cdot,\cdot>)$ 和子空间 $\mathscr{H}_2 = \{M_X \otimes \sigma^2[(1-\rho)I + \rho\mathbf{1}\mathbf{1}^{\mathrm{T}}] : \sigma^2, \rho \in \mathbb{R}\}$ ($\sigma^2$ 可视为实数域上的实数), 根据投影理论, 矩阵 $M_X \otimes \widehat{\sigma}^2_{\mathrm{copls}}[(1-\widehat{\rho}_{\mathrm{copls}})I + \widehat{\rho}_{\mathrm{copls}}\mathbf{1}\mathbf{1}^{\mathrm{T}}] \in \mathscr{H}_2$ 是 $(M_X \otimes I)\mathrm{vec}(Y)\mathrm{vec}(Y)^{\mathrm{T}}(M_X \otimes I)$ 投影到子空间 $\mathscr{H}_2$ 上的正交投影矩阵。因为矩阵 $M_X \otimes \widehat{\sigma}^2_{\mathrm{copls}}[(1-\widehat{\rho}_{\mathrm{copls}})I + \widehat{\rho}_{\mathrm{copls}}\mathbf{1}\mathbf{1}^{\mathrm{T}}]$ 在 $\mathscr{H}_2$ 上是唯一的, 注意到 $M_X \neq \mathbf{0}$, 这意味着 $\widehat{\sigma}^2_{\mathrm{copls}}$ 和 $\widehat{\rho}_{\mathrm{copls}}$ 是唯一的。所以, $(\widehat{\sigma}^2_{\mathrm{copls}}, \widehat{\rho}_{\mathrm{copls}})$ 为参数向量 $(\sigma^2, \rho)$ 的外积最小二乘估计。

**定理 3.11** 外积最小二乘优化问题 (3.46) 的外积最小二乘估计 $(\widehat{\sigma}^2_{\mathrm{copls}}, \widehat{\rho}_{\mathrm{copls}})$ 为

$$\begin{aligned}\widehat{\sigma}^2_{\mathrm{copls}} &= \frac{1}{p(n-r)}\mathrm{vec}(Y)^{\mathrm{T}}(M_X \otimes I)\mathrm{vec}(Y) \\ &= \frac{1}{p(n-r)}\mathrm{tr}(Y^{\mathrm{T}}M_X Y)\end{aligned} \tag{3.47}$$

和

$$\begin{aligned}\widehat{\rho}_{\text{copls}} &= \frac{1}{p-1}\left[\frac{\text{vec}(Y)^{\text{T}}(M_X \otimes \mathbf{1}\mathbf{1}^{\text{T}})\text{vec}(Y)}{\text{vec}(Y)^{\text{T}}(M_X \otimes I)\text{vec}(Y)} - 1\right] \\ &= \frac{1}{p-1}\left[\frac{\mathbf{1}^{\text{T}}Y^{\text{T}}M_X Y\mathbf{1}}{\text{tr}(Y^{\text{T}}M_X Y)} - 1\right]\end{aligned} \tag{3.48}$$

**证明:** 因为

$$(M_X \otimes I)\text{vec}(Y)\text{vec}(Y)^{\text{T}}(M_X \otimes I) - M_X \otimes \widehat{\sigma}^2_{\text{copls}}[(1-\widehat{\rho}_{\text{copls}})I + \widehat{\rho}_{\text{copls}}\mathbf{1}\mathbf{1}^{\text{T}}] \in \mathscr{H}_2^{\perp},$$

式 (3.35) 等价于对所有 $\sigma^2, \rho \in \mathbb{R}$,

$$\begin{aligned}&\text{tr}\left[\text{vec}(Y)\text{vec}(Y)^{\text{T}}\{M_X \otimes \sigma^2[(1-\rho)I + \rho\mathbf{1}\mathbf{1}^{\text{T}}]\}\right] \\ &= \text{tr}\left(\{M_X \otimes \widehat{\sigma}^2_{\text{copls}}[(1-\widehat{\rho}_{\text{copls}})I + \widehat{\rho}_{\text{copls}}\mathbf{1}\mathbf{1}^{\text{T}}]\}\{I \otimes \sigma^2[(1-\rho)I + \rho\mathbf{1}\mathbf{1}^{\text{T}}]\}\right)\end{aligned} \tag{3.49}$$

简单的计算将式 (3.49) 简化为

$$\begin{aligned}&\text{tr}\left[\text{vec}(Y)\text{vec}(Y)^{\text{T}}\{M_X \otimes [I + \rho(\mathbf{1}\mathbf{1}^{\text{T}} - I)]\}\right] \\ &= (n-r)\widehat{\sigma}^2_{\text{copls}}\text{tr}\left\{[I + \widehat{\rho}_{\text{copls}}(\mathbf{1}\mathbf{1}^{\text{T}} - I)][I + \rho(\mathbf{1}\mathbf{1}^{\text{T}} - I)]\right\}\end{aligned} \tag{3.50}$$

比较式 (3.50) 两边导出表达式 (3.47) 和式 (3.48)。所以, 定理 3.11 证明完毕。

下面总结二阶参数 $\sigma^2$ 和 $\rho$ 的外积最小二乘估计的良好性质。

**命题 3.3** 当模式协方差是均匀相关结构时, 由式 (3.47)~式 (3.48) 给出的外积最小二乘估计 $\widehat{\sigma}^2_{\text{copls}}$, $\widehat{\rho}_{\text{copls}}$ 和 $\widehat{\Sigma}_{\text{copls}}(Y) = \widehat{\sigma}^2_{\text{copls}}[(1-\widehat{\rho}_{\text{copls}})I + \widehat{\rho}_{\text{copls}}\mathbf{1}\mathbf{1}^{\text{T}}]$ 具有以下性质。

(a) 估计 $\widehat{\sigma}^2_{\text{copls}}$ 是无偏的, 以概率 1 为正, 对变换群 $\mathscr{G}$ 不变, 并且是强相合的。在假设 3.1 下, $\sqrt{n}\,(\widehat{\sigma}^2_{\text{copls}} - \sigma^2)$ 依分布收敛于一元正态分布 $N(0,\omega_1)$, 其中 $\omega_1 = \text{vec}(I/p)^{\text{T}}\text{Cov}(\boldsymbol{\varepsilon}_1 \otimes \boldsymbol{\varepsilon}_1)\text{vec}(I/p)$。

(b) 估计 $\widehat{\rho}_{\text{copls}}$ 在变换群 $\mathscr{G}$ 下不变, 并且是强相合的。它以概率 1 满足 $-(p-1)^{-1} < \widehat{\rho}_{\text{copls}} < 1$。在假设 3.1 下, $\sqrt{n}\,(\widehat{\rho}_{\text{copls}} - \rho)$ 依分布收敛于一元正态分布 $N(0,\omega_2)$, 其中 $\omega_2 = \text{vec}(V^{\text{T}})\text{Cov}(\boldsymbol{\varepsilon}_1 \otimes \boldsymbol{\varepsilon}_1)\text{vec}(V)$, 而 $V = \{\mathbf{1}^{\text{T}}\mathbf{1} - [1+(p-1)\rho]I\}/[p(p-1)\sigma^2]$。

(c) 当 $n-r>1$ 且 $p>1$ 时, 估计 $\widehat{\Sigma}_{\text{copls}}(Y)$ 以概率 1 为正定的。

**证明:** (a) 不变性和强相合性可由命题 3.2 和定理 3.9 直接得出。无偏性基于事实

$$\begin{aligned}\mathbb{E}(\widehat{\sigma}^2_{\text{copls}}) &= \frac{1}{p(n-r)}\mathbb{E}[\text{vec}(\mathcal{E})^{\text{T}}(M_X \otimes I)\text{vec}(\mathcal{E})] \\ &= \frac{1}{p(n-r)}\text{tr}\{M_X \otimes \sigma^2[(1-\rho)I + \rho\mathbf{1}\mathbf{1}^{\text{T}}]\} \\ &= \sigma^2\end{aligned}$$

由于 $Y^{\mathrm{T}}M_XY$ 的至少一个特征值以概率 1 是正的, 所以以概率 1 有 $\widehat{\sigma}^2_{\mathrm{copls}} > 0$。渐近正态性基于以下事实:

$$\sqrt{n}(\widehat{\sigma}^2_{\mathrm{copls}} - \sigma^2) = \frac{1}{p}\mathrm{vec}(I)^{\mathrm{T}}\mathrm{vec}\left\{\sqrt{n}\left[\frac{1}{n-r}Y^{\mathrm{T}}M_XY - \Sigma(\sigma^2,\rho)\right]\right\}$$

根据定理 3.10 和 Slutsky 定理得到所需结论。

(b) 同样, 不变性和强相合性直接由命题 3.2 和定理 3.9 得出。现在, 根据 von Neumann 不等式 (von Neumann, 1937; Mirsky, 1975), 有

$$\mathbf{1}^{\mathrm{T}}Y^{\mathrm{T}}M_XY\mathbf{1} = \mathrm{tr}(\mathbf{1}^{\mathrm{T}}Y^{\mathrm{T}}M_XY\mathbf{1}) = \mathrm{tr}(Y^{\mathrm{T}}M_XY\mathbf{1}\mathbf{1}^{\mathrm{T}}) \leqslant \lambda_1(\mathbf{1}\mathbf{1}^{\mathrm{T}})\lambda_1(Y^{\mathrm{T}}M_XY)$$

其中, $\lambda_k(A)$ 为矩阵 $A$ 的第 $k$ 个最大特征值。当 $n-r>1$ 和 $p>1$ 时, 以概率 1 有

$$\lambda_1(Y^{\mathrm{T}}M_XY) \geqslant \lambda_2(Y^{\mathrm{T}}M_XY) > 0$$

因此, 不等式

$$\begin{aligned}\mathbf{1}^{\mathrm{T}}Y^{\mathrm{T}}M_XY\mathbf{1} &< \lambda_1(\mathbf{1}\mathbf{1}^{\mathrm{T}})[\lambda_1(Y^{\mathrm{T}}M_XY) + \lambda_2(Y^{\mathrm{T}}M_XY)]\\ &\leqslant \lambda_1(\mathbf{1}\mathbf{1}^{\mathrm{T}})\mathrm{tr}(Y^{\mathrm{T}}M_XY)\\ &= p\,\mathrm{tr}(Y^{\mathrm{T}}M_XY)\end{aligned}$$

以概率 1 成立。由于 $\Pr\{\mathrm{tr}(Y^{\mathrm{T}}M_XY) = 0\} = 0$, 以概率 1 有

$$\widehat{\rho}_{\mathrm{copls}} = \frac{1}{p-1}\left[\frac{\mathbf{1}^{\mathrm{T}}Y^{\mathrm{T}}M_XY\mathbf{1}}{\mathrm{tr}(Y^{\mathrm{T}}M_XY)} - 1\right] < \frac{1}{p-1}\left[\frac{p\,\mathrm{tr}(Y^{\mathrm{T}}M_XY)}{\mathrm{tr}(Y^{\mathrm{T}}M_XY)} - 1\right] = 1$$

由于 $\Pr(\mathbf{1}^{\mathrm{T}}Y^{\mathrm{T}}M_XY\mathbf{1} > 0) = 1$, 得

$$(p-1)\,\widehat{\rho}_{\mathrm{copls}} = \frac{\mathbf{1}^{\mathrm{T}}Y^{\mathrm{T}}M_XY\mathbf{1}}{\mathrm{tr}(Y^{\mathrm{T}}M_XY)} - 1 > -1$$

以概率 1 为真。

进一步, 注意到

$$\sqrt{n}\,(\widehat{\rho}_{\mathrm{copls}} - \rho) = \frac{p\sigma^2}{\mathrm{tr}(Y^{\mathrm{T}}M_XY)}\mathrm{vec}(V)^{\mathrm{T}}\mathrm{vec}\left\{\sqrt{n}\left[\frac{1}{n-r}Y^{\mathrm{T}}M_XY - \Sigma(\sigma^2,\rho)\right]\right\}$$

从定理 3.9 和 Slutsky 定理得出结论, $\sqrt{n}\,(\widehat{\rho}_{\mathrm{copls}} - \rho)$ 依分布收敛于标准正态分布 $N(0,\omega_2)$。

(c) $\widehat{\Sigma}_{\mathrm{copls}}(Y)$ 为正定的充分必要条件为

$$\text{对 } k = 1,2,\cdots,p,\ \text{行列式 } \det\left(\widehat{\Sigma}_k\right) > 0$$

其中, $\widehat{\Sigma}_k$ 是估计 $\widehat{\Sigma}_{\mathrm{copls}}(Y)$ 的 $k\times k$ 主子矩阵。计算 $\widehat{\Sigma}_k$ 的行列式得

$$\det\left(\widehat{\Sigma}_k\right) = \left(\widehat{\sigma}^2_{\mathrm{copls}}\right)^k(1-\widehat{\rho}_{\mathrm{copls}})^{k-1}[1+(k-1)\widehat{\rho}_{\mathrm{copls}}]$$

由前述 (b), 对 $k=1,2,\cdots,p$, 有 $\det(\widehat{\Sigma}_k)>0$。

到此, 命题 3.3 的证明全部完成。

当随机误差矩阵服从正态分布时, $\sigma^2$ 和 $\rho$ 的最大似然估计量分别为 $\widehat{\sigma}^2_{\text{ml}}=\text{tr}(Y^{\text{T}}M_XY)/(pn)$ 和 $\widehat{\rho}_{\text{ml}}=\widehat{\rho}_{\text{copls}}$, 详见 Khatri (1973), Lee (1988) 或本书第 2 章 2.1 节的相关内容。显然, 二阶参数的外积最小二乘估计 $\widehat{\sigma}^2_{\text{copls}}$ 的优点在于其无偏性, 而极大似然估计 $\widehat{\sigma}^2_{\text{ml}}$ 是有偏估计。

**2. 广义均匀相关结构**

对广义均匀相关结构 (3.27), 辅助最小二乘模型 (3.34) 的外积最小二乘最优化问题表示为

$$(\widehat{\theta}_{\text{copls}},\widehat{\eta}_{\text{copls}})=\underset{\theta,\eta\in\mathbb{R}}{\text{argmin}}\parallel Q(Y)-M_X\otimes(\theta UU^{\text{T}}+\eta\boldsymbol{w}\boldsymbol{w}^{\text{T}})\parallel^2_{\text{F}} \tag{3.51}$$

从式 (3.38), 外积最小二乘最优化问题 (3.51) 中参数 $(\theta,\eta)$ 的外积最小二乘估计为

$$\begin{pmatrix}\widehat{\theta}_{\text{copls}}\\ \widehat{\eta}_{\text{copls}}\end{pmatrix}=\frac{1}{n-r}\begin{pmatrix}a & b\\ b & c\end{pmatrix}^{-1}\begin{pmatrix}\text{tr}(U^{\text{T}}Y^{\text{T}}M_XYU)\\ \text{tr}(\boldsymbol{w}^{\text{T}}Y^{\text{T}}M_XY\boldsymbol{w})\end{pmatrix} \tag{3.52}$$

或者

$$\begin{aligned}\widehat{\theta}_{\text{copls}}&=\frac{1}{n-r}\frac{1}{ac-b^2}[c\,\text{tr}(U^{\text{T}}Y^{\text{T}}M_XYU)-b\,\text{tr}(\boldsymbol{w}^{\text{T}}Y^{\text{T}}M_XY\boldsymbol{w})]\\ \widehat{\eta}_{\text{copls}}&=\frac{1}{n-r}\frac{1}{ac-b^2}[a\,\text{tr}(\boldsymbol{w}^{\text{T}}Y^{\text{T}}M_XY\boldsymbol{w})-b\,\text{tr}(U^{\text{T}}Y^{\text{T}}M_XYU)]\end{aligned} \tag{3.53}$$

这里, $a=\text{tr}(UU^{\text{T}}UU^{\text{T}})>0$, $b=\boldsymbol{w}^{\text{T}}UU^{\text{T}}\boldsymbol{w}>0$ 和 $c=(\boldsymbol{w}^{\text{T}}\boldsymbol{w})^2>0$, 见式 (3.28)。矩阵 $UU^{\text{T}}$ 和 $\boldsymbol{w}\boldsymbol{w}^{\text{T}}$ 为独立的, 意味着 $p>1$, 由柯西–施瓦茨不等式知 $ac>b^2$。所以, 式 (3.52) 或者式 (3.53) 的定义是有意义的。

从命题 3.2, 定理 3.9 和定理 3.10, 有下列命题。

**命题 3.4** 当模式协方差为广义均匀相关结构时, 由式 (3.52)~式 (3.53) 给出的外积最小二乘估计 $\widehat{\theta}_{\text{copls}}$, $\widehat{\eta}_{\text{copls}}$ 和 $\widehat{\Sigma}_{\text{copls}}(Y)=\widehat{\theta}_{\text{copls}}UU^{\text{T}}+\widehat{\eta}_{\text{copls}}\boldsymbol{w}\boldsymbol{w}^{\text{T}}$ 具有以下特性。

(a) 估计 $\widehat{\theta}_{\text{copls}}$, $\widehat{\eta}_{\text{copls}}$ 和 $\widehat{\Sigma}_{\text{copls}}(Y)$ 是无偏的, 在变换群 $\mathscr{G}$ 下具有不变性且强相合性。

(b) 根据假设 3.1, 估计 $\widehat{\theta}_{\text{copls}}$ 的收敛速度为 $\sqrt{n}(\widehat{\theta}_{\text{copls}}-\theta)$ 依分布收敛到一元正态分布 $N(0,\text{vec}(V_1)^{\text{T}}\text{Cov}(\boldsymbol{\varepsilon}_1\otimes\boldsymbol{\varepsilon}_1)\text{vec}(V_1))$, 其中 $V_1=(cUU^{\text{T}}-b\boldsymbol{w}\boldsymbol{w}^{\text{T}})/(ac-b^2)$, 而估计 $\widehat{\eta}_{\text{copls}}$ 的收敛速度为 $\sqrt{n}(\widehat{\eta}_{\text{copls}}-\eta)$ 依分布收敛到一元正态分布 $N(0,\text{vec}(V_2)^{\text{T}}\text{Cov}(\boldsymbol{\varepsilon}_1\otimes\boldsymbol{\varepsilon}_1)\text{vec}(V_2))$, 其中 $V_2=(a\boldsymbol{w}\boldsymbol{w}^{\text{T}}-bUU^{\text{T}})/(ac-b^2)$。

**证明:** (a) 是命题 3.2 和定理 3.9 的直接结论。下证 (b) 即可。注意到

$$\sqrt{n}\left(\widehat{\theta}_{\text{copls}}-\theta\right)=\text{vec}(V_1)^{\text{T}}\text{vec}\left\{\sqrt{n}\left[\frac{1}{n-r}Y^{\text{T}}M_XY-\Sigma(\theta,\eta)\right]\right\}$$

其中, $V_1=(cUU^{\mathrm{T}}-b\boldsymbol{w}\boldsymbol{w}^{\mathrm{T}})/(ac-b^2)$, 又

$$\sqrt{n}(\widehat{\eta}_{\mathrm{copls}}-\eta)=\mathrm{vec}(V_2)^{\mathrm{T}}\mathrm{vec}\left\{\sqrt{n}\left[\frac{1}{n-r}Y^{\mathrm{T}}M_XY-\Sigma(\theta,\eta)\right]\right\}$$

其中, $V_2=(a\boldsymbol{w}\boldsymbol{w}^{\mathrm{T}}-bUU^{\mathrm{T}})/(ac-b^2)$。从命题 3.2 和 Slutsky 定理, 能够得到 $\sqrt{n}(\widehat{\theta}_{\mathrm{copls}}-\theta)$ 和 $\sqrt{n}(\widehat{\eta}_{\mathrm{copls}}-\eta)$ 的渐近正态性。命题 3.4 证明完毕。

根据命题 3.4 的 (a) 部分, 可以看出外积最小二乘估计 $\widehat{\Sigma}_{\mathrm{copls}}(Y)$ 是渐近正定的。现在, 进一步研究估计 $\widehat{\Sigma}_{\mathrm{copls}}(Y)$ 的正定性。

**假设 3.3** 假设对于任意 $n\geqslant r+p$, 在每个行向量 $\boldsymbol{y}_i\in\mathbb{R}^p$ 的分布下, 每个 $p-1>0$ 的 Flat 的概率均为 0。

正如前述, 一个 $s$ 维的 Flat $F^{(s)}\in\mathbb{R}^p$ 是一个 $s$ 维流形的平移。Eaton 和 Perlman (1973) 证明了, 在假设 3.3 下, $Y^{\mathrm{T}}M_XY$ 以概率 1 为正定。

**假设 3.4** 假设 $U$ 和非零 $\boldsymbol{w}$ 以概率 1 满足

$$\frac{b}{c}\lambda_1(U)<\frac{1}{d}\mathrm{tr}(U)<\frac{ad-b}{bd-c}\lambda_p(U) \tag{3.54}$$

其中, $d=\boldsymbol{w}^{\mathrm{T}}(UU^{\mathrm{T}})^{-1}\boldsymbol{w}>0, U=(UU^{\mathrm{T}})^{1/2}Y^{\mathrm{T}}M_XY(UU^{\mathrm{T}})^{1/2}$ 和 $\lambda_k(U)$ 是矩阵 $U$ 的第 $k$ 个最大特征值。

在不等式 (3.54) 中, $ad>b$ 是基于事实, 存在正交矩阵 $Q$ 使得

$$UU^{\mathrm{T}}=Q\,\mathrm{diag}(\delta_1\ \delta_2\ \cdots\ \delta_p)\,Q^{\mathrm{T}},\quad \delta_1\geqslant\delta_2\geqslant\cdots\geqslant\delta_p>0$$

记 $\boldsymbol{v}=Q^{\mathrm{T}}\boldsymbol{w}$, 有

$$\sum_{i=1}^p\delta_i^2\sum_{i=1}^p v_i^2/\delta_i>\sum_{i=1}^p\delta_iv_i^2$$

并且不等式 $bd\geqslant c$ 中等式成立的充分必要条件为 $UU^{\mathrm{T}}=I$。如果 $UU^{\mathrm{T}}=I$, 式 (3.54) 右边会无穷大。在假设 3.3 下, 以概率 1 有 $\lambda_p(U)>0$, 见 Eaton 和 Perlman (1973) 的相关研究。因此, 不等式 (3.54) 是有意义的。设

$$\mathscr{U}=\{(U,\boldsymbol{w}):U,\boldsymbol{w}\ \text{满足式 (3.28), 假设 3.3 和假设 3.4}\}$$

故而集合 $\mathscr{U}$ 不空, 例如,

$$\mathscr{U}_0=\{(I,\boldsymbol{w}):\boldsymbol{w}\ \text{满足式 (3.28) 和假设 3.3 (自然满足假设 3.4)}\}$$

是 $\mathscr{U}$ 的一个子集。

**命题 3.5** 对于广义均匀相关结构, 在假设 3.3 和假设 3.4 下, 外积最小二乘估计 $\widehat{\Sigma}_{\mathrm{copls}}(Y)=\widehat{\theta}_{\mathrm{copls}}UU^{\mathrm{T}}+\widehat{\eta}_{\mathrm{copls}}\boldsymbol{w}\boldsymbol{w}^{\mathrm{T}}$ 以概率 1 是正定的。

**证明:** 估计 $\widehat{\Sigma}_{\mathrm{copls}}(Y)$ 是正定的充分必要条件为 $\det(\widehat{\Sigma}_k)>0\ (k=1,2,\cdots,p)$, 其中 $\widehat{\Sigma}_k$ 是 $\widehat{\Sigma}_{\mathrm{copls}}(Y)$ 的 $k\times k$ 主子矩阵。常规的计算得

$$\det(\widehat{\Sigma}_k)=\frac{1}{(n-r)^p}\frac{1}{(ac-b^2)^p}\widehat{\theta}_{\text{copls}}^{p-1}\det(U_kU_k^{\mathrm{T}})\left[\widehat{\theta}_{\text{copls}}+\widehat{\eta}_{\text{copls}}\boldsymbol{w}_k^{\mathrm{T}}(U_kU_k^{\mathrm{T}})^{-1}\boldsymbol{w}_k\right]$$

其中, $U_k$ 是 $k\times s$ 维矩阵, 其行由 $U$ 的前 $k$ 行构成, $\boldsymbol{w}_k$ 是 $k$ 维向量, 其元素由非零向量 $\boldsymbol{w}$ 的前 $k$ 个元素构成。

注意到, 以概率 1 有 $\widehat{\theta}_{\text{copls}}>0$ 和 $\widehat{\theta}_{\text{copls}}+\widehat{\eta}_{\text{copls}}\boldsymbol{w}^{\mathrm{T}}(UU^{\mathrm{T}})^{-1}\boldsymbol{w}>0$ 的充分必要条件是：对 $k=1,2,\cdots,p$, 以概率 1 有

$$\widehat{\theta}_{\text{copls}}>0\text{和 }\widehat{\theta}_{\text{copls}}+\widehat{\eta}_{\text{copls}}\boldsymbol{w}_k^{\mathrm{T}}(U_kU_k^{\mathrm{T}})^{-1}\boldsymbol{w}_k>0$$

下面只需证明, 以概率 1 有 $\widehat{\theta}_{\text{copls}}>0$和 $\widehat{\theta}_{\text{copls}}+\widehat{\eta}_{\text{copls}}\boldsymbol{w}^{\mathrm{T}}(UU^{\mathrm{T}})^{-1}\boldsymbol{w}>0$。

在假设 3.3 和假设 3.4 中, 由 von Neumann 不等式, 如果 $UU^{\mathrm{T}}\neq I$, 有

$$\begin{aligned}(n-r)\frac{ac-b^2}{c}\widehat{\theta}_{\text{copls}}&=\operatorname{tr}\left\{U\left[I-\frac{b}{c}(UU^{\mathrm{T}})^{-1/2}\boldsymbol{w}\boldsymbol{w}^{\mathrm{T}}(UU^{\mathrm{T}})^{-1/2}\right]\right\}\\&\geqslant\lambda_1(U)\left(1-\frac{bd}{c}\right)+\lambda_2(U)+\cdots+\lambda_p(U)\\&=\operatorname{tr}(U)-\frac{bd}{c}\lambda_1(U)>0\end{aligned}$$

和

$$\begin{aligned}&(n-r)\frac{ac-b^2}{c(c-bd)}\left[\widehat{\theta}_{\text{copls}}+\widehat{\eta}_{\text{copls}}\boldsymbol{w}^{\mathrm{T}}(UU^{\mathrm{T}})^{-1}\boldsymbol{w}\right]\\&=\operatorname{tr}\left\{U\left[I-\frac{ad-b}{bd-c}(UU^{\mathrm{T}})^{-1/2}\boldsymbol{w}\boldsymbol{w}^{\mathrm{T}}(UU^{\mathrm{T}})^{-1/2}\right]\right\}\\&\leqslant\lambda_1(U)+\cdots+\lambda_{p-1}(U)+\lambda_p(U)\left(1-\frac{ad-b}{bd-c}d\right)\\&=\operatorname{tr}(U)-\frac{ad-b}{bd-c}d\lambda_p(U)<0\end{aligned}$$

如果 $UU^{\mathrm{T}}=I$, 有

$$\begin{aligned}(n-r)\frac{ac-b^2}{c(ad-b)}(\widehat{\theta}_{\text{copls}}+\widehat{\eta}_{\text{copls}}d)&=\operatorname{tr}(Y^{\mathrm{T}}M_XY\boldsymbol{w}\boldsymbol{w}^{\mathrm{T}})\\&\geqslant(\boldsymbol{w}^{\mathrm{T}}\boldsymbol{w})\lambda_p(Y^{\mathrm{T}}M_XY)\\&>0\end{aligned}$$

前面已经证明, 以概率 1 有 $\widehat{\theta}_{\text{copls}}>0$ 以及 $\widehat{\theta}_{\text{copls}}+\widehat{\eta}_{\text{copls}}\boldsymbol{w}^{\mathrm{T}}(UU^{\mathrm{T}})^{-1}\boldsymbol{w}>0$。到此, 完成了所有结论的证明。命题 3.5 证明完毕。

如果对随机误差矩阵施加正态分布, 则参数 $(\theta,\eta)$ 的最大似然估计 $(\widehat{\theta}_{\text{ml}},\widehat{\eta}_{\text{ml}})$ 为

$$n(p-1)\widehat{\theta}_{\text{mle}}=\operatorname{tr}\left(G^{-1}Y^{\mathrm{T}}M_XY\right)-\frac{\boldsymbol{w}^{\mathrm{T}}G^{-1}YM_XYG^{-1}\boldsymbol{w}}{\boldsymbol{w}^{\mathrm{T}}G^{-1}\boldsymbol{w}}$$

与

$$n(\widehat{\theta}_{\rm mle} + \boldsymbol{w}^{\rm T}G^{-1}\boldsymbol{w}\widehat{\eta}_{\rm ml}) = \frac{\boldsymbol{w}^{\rm T}G^{-1}YM_XYG^{-1}\boldsymbol{w}}{\boldsymbol{w}^{\rm T}G^{-1}\boldsymbol{w}}$$

这里, $G = UU^{\rm T}$, 见 Khatri (1973) 的相关研究。值得强调的是, $\widehat{\theta}_{\rm copls}$ 和 $\widehat{\eta}_{\rm copls}$ 都是无偏的, 而极大似然估计 $\widehat{\theta}_{\rm ml}$ 和 $\widehat{\eta}_{\rm ml}$ 都是有偏的。

**3. 一般 $q$-依赖结构**

Ohlson 等 (2011) 考虑了一般 $q$-依赖结构并获得了二阶未知参数的显式估计, 假设随机误差矩阵服从正态分布, 设计矩阵 $X$ 是一个 $n$ 维向量 $\mathbf{1}$。他们的研究可以看作前面讨论范围内的一个特例。

同样, 根据之前提出的估计程序, 对于一般 $q$-依赖结构式 (3.29), 辅助最小二乘模型 (3.34) 的外积最小二乘最优化问题可以表示为

$$(\widehat{\sigma}_{ij}^{\rm copls} : ij \in \mathscr{I}_q) = \underset{\sigma_{ij}\in\mathbb{R}, ij\in\mathscr{I}_q}{\operatorname{argmin}} \| Q(Y) - M_X \otimes \Sigma(\sigma_{ij} : ij \in \mathscr{I}_q) \|_{\rm F}^2 \tag{3.55}$$

类似式 (3.39) 的推导, 可获得以下定理。

**定理 3.12** 对于 $ij \in \mathscr{I}_q$, 由外积最小二乘最优化问题 (3.55) 确定的外积最小二乘估计 $\widehat{\sigma}_{ij}$ 为

$$\widehat{\sigma}_{ij}^{\rm copls} = \begin{cases} \frac{1}{n-r}{\rm tr}(E_{ij}Y^{\rm T}M_XY), & 若 i = j \\ \frac{1}{2(n-r)}{\rm tr}(E_{ij}Y^{\rm T}M_XY), & 若 i < j \end{cases}$$

显然, 外积最小二乘估计 $\widehat{\sigma}_{ii}^{\rm copls}$ 以概率 1 是正的。根据命题 3.2 和定理 3.9, 对于 $ij \in \mathscr{I}_q$, 外积最小二乘估计 $\widehat{\sigma}_{ij}^{\rm copls}$ 和 $\widehat{\Sigma}_{\rm dep}^{\rm copls}$ 具有无偏性、不变性、强相合性和渐近正态性等性质。详细内容不再重述。

# 3.6 模拟计算和实例分析

## 3.6.1 增长曲线模型的模拟计算

在本小节的模拟计算中, 以探讨 3.2 节～3.4 节所提各估计的有限样本质量, 模拟数据由增长曲线模型 (1.4) 所产生, 其中 ${\rm Cov}(\mathcal{E}) = I_n \otimes \Sigma$, $p = 4$, $m = 2$ 和 $q = 3$。样本量分别设置为 $n = 20, 30, 50, 100$, 设计矩阵设置为 $X = {\rm diag}(\mathbf{1}_{\frac{n}{2}}\ \mathbf{1}_{\frac{n}{2}})$ 以及一阶参数矩阵设置为

$$\Theta = \begin{pmatrix} -1 & 1 & 2 \\ 1 & 3 & 5 \end{pmatrix}$$

二阶参数考虑以下两种协方差 $\Sigma$ 类型。

情形 I：协方差为任意设置的正定矩阵

$$\Sigma_1=\begin{pmatrix}1&0.8&0.5&0.4\\0.8&1&0.6&0.2\\0.5&0.6&1&0.7\\0.4&0.2&0.7&1\end{pmatrix}$$

情形 II：协方差为自回归系数为 $\rho=0.6$ 的自回归结构

$$\Sigma_2=\frac{1}{1-\rho^2}\begin{pmatrix}1&\rho&\rho^2&\rho^3\\\rho&1&\rho&\rho^2\\\rho^2&\rho&1&\rho\\\rho^3&\rho^2&\rho&1\end{pmatrix}$$

在随机误差矩阵为正态分布的假定下，一阶和二阶参数的最大似然估计分别为

$$\begin{aligned}\widehat{\Theta}_{\rm mle}&=(X^{\rm T}X)^{-1}X^{\rm T}Y\left(Y^{\rm T}M_XY\right)^{-1}Z\left[Z^{\rm T}\left(Y^{\rm T}M_XY\right)^{-1}Z\right]^{-1}\\\widehat{\Sigma}_{\rm mle}&=\frac{1}{n}(Y-X\widehat{\Theta}_{\rm mle}Z^{\rm T})^{\rm T}(Y-X\widehat{\Theta}_{\rm mle}Z^{\rm T})\end{aligned}\tag{3.56}$$

每种情形重复模拟 1000 次。计算 COPLS 估计、两步广义最小二乘估计 $\widehat{\Theta}_{\rm copls}$ (或简称两步 GLS 估计) 以及由式 ( 3.56) 给出的极大似然估计。在不同样本量情形下的样本均值 (sm), 偏差 (bias, 估计值和相应的真值之间的差), 标准差 (std), 均方误差 (mse) 和 95% 置信区间 (cp) 的覆盖率等结果汇总于表 3.1 和表 3.2。

**表 3.1 (情形 I) 两步 GLS 或 COPLS 估计和 ML 估计的有限样本表现**

| $n$ | 参数 | 两步 GLS 或 COPLS 估计 | | | | | ML 估计 | | | | |
|---|---|---|---|---|---|---|---|---|---|---|---|
| | | sm | bias | std | mse | cp | sm | bias | std | mse | cp |
| | $\widehat{\theta}_{11}$ | −0.9994 | 0.0006 | 0.5778 | 0.3335 | 0.9410 | −1.0007 | −0.0007 | 0.5807 | 0.3369 | 0.9380 |
| | $\widehat{\theta}_{12}$ | 1.0043 | 0.0043 | 0.5022 | 0.2520 | 0.9430 | 1.0052 | 0.0052 | 0.5047 | 0.2545 | 0.9420 |
| | $\widehat{\theta}_{13}$ | 1.9987 | −0.0013 | 0.1044 | 0.0109 | 0.9380 | 1.9986 | −0.0014 | 0.1049 | 0.0110 | 0.9350 |
| | $\widehat{\theta}_{21}$ | 1.0256 | 0.0256 | 0.5624 | 0.3167 | 0.9470 | 1.0248 | 0.0248 | 0.5656 | 0.3202 | 0.9450 |
| | $\widehat{\theta}_{22}$ | 2.9633 | −0.0367 | 0.4909 | 0.2421 | 0.9540 | 2.9641 | −0.0359 | 0.4937 | 0.2448 | 0.9510 |
| | $\widehat{\theta}_{23}$ | 5.0076 | 0.0076 | 0.1027 | 0.0106 | 0.9520 | 5.0074 | 0.0074 | 0.1033 | 0.0107 | 0.9520 |
| | $\widehat{\sigma}_{11}$ | 1.0247 | 0.0247 | 0.3451 | 0.1196 | — | 0.9315 | −0.0685 | 0.3154 | 0.1041 | — |
| 20 | $\widehat{\sigma}_{12}$ | 0.8169 | 0.0169 | 0.3095 | 0.0960 | — | 0.7456 | −0.0544 | 0.2851 | 0.0842 | — |
| | $\widehat{\sigma}_{13}$ | 0.4998 | −0.0002 | 0.2706 | 0.0732 | — | 0.4445 | −0.0555 | 0.2494 | 0.0652 | — |
| | $\widehat{\sigma}_{14}$ | 0.4050 | 0.0050 | 0.2632 | 0.0692 | — | 0.3598 | −0.0402 | 0.2430 | 0.0606 | — |
| | $\widehat{\sigma}_{22}$ | 1.0065 | 0.0065 | 0.3397 | 0.1153 | — | 0.9217 | −0.0783 | 0.3149 | 0.1052 | — |
| | $\widehat{\sigma}_{23}$ | 0.5971 | −0.0029 | 0.2767 | 0.0765 | — | 0.5253 | −0.0747 | 0.2534 | 0.0697 | — |
| | $\widehat{\sigma}_{24}$ | 0.2064 | 0.0064 | 0.2470 | 0.0610 | — | 0.1724 | −0.0276 | 0.2296 | 0.0534 | — |
| | $\widehat{\sigma}_{33}$ | 0.9821 | −0.0179 | 0.3230 | 0.1045 | — | 0.9167 | −0.0833 | 0.3074 | 0.1013 | — |
| | $\widehat{\sigma}_{34}$ | 0.6863 | −0.0137 | 0.2730 | 0.0746 | — | 0.6462 | −0.0538 | 0.2586 | 0.0697 | — |

续表

| $n$ | 参数 | 两步 GLS 或 COPLS 估计 | | | | | ML 估计 | | | | |
|---|---|---|---|---|---|---|---|---|---|---|---|
| | | sm | bias | std | mse | cp | sm | bias | std | mse | cp |
| 20 | $\widehat{\sigma}_{44}$ | 0.9842 | −0.0158 | 0.3126 | 0.0979 | — | 0.9136 | −0.0864 | 0.2963 | 0.0952 | — |
| 30 | $\widehat{\theta}_{11}$ | −1.0173 | −0.0173 | 0.4414 | 0.1950 | 0.9540 | −1.0179 | −0.0179 | 0.4428 | 0.1962 | 0.9540 |
| | $\widehat{\theta}_{12}$ | 1.0107 | 0.0107 | 0.3930 | 0.1544 | 0.9500 | 1.0110 | 0.0110 | 0.3941 | 0.1553 | 0.9470 |
| | $\widehat{\theta}_{13}$ | 1.9980 | −0.0020 | 0.0825 | 0.0068 | 0.9470 | 1.9980 | −0.0020 | 0.0826 | 0.0068 | 0.9470 |
| | $\widehat{\theta}_{21}$ | 1.0057 | 0.0057 | 0.4499 | 0.2022 | 0.9530 | 1.0052 | 0.0052 | 0.4502 | 0.2025 | 0.9510 |
| | $\widehat{\theta}_{22}$ | 2.9951 | −0.0049 | 0.3968 | 0.1573 | 0.9500 | 2.9954 | −0.0046 | 0.3974 | 0.1578 | 0.9500 |
| | $\widehat{\theta}_{23}$ | 5.0004 | 0.0004 | 0.0828 | 0.0069 | 0.9480 | 5.0004 | 0.0004 | 0.0830 | 0.0069 | 0.9470 |
| | $\widehat{\sigma}_{11}$ | 1.0076 | 0.0076 | 0.2707 | 0.0733 | — | 0.9444 | −0.0556 | 0.2548 | 0.0679 | — |
| | $\widehat{\sigma}_{12}$ | 0.8043 | 0.0043 | 0.2443 | 0.0596 | — | 0.7557 | −0.0443 | 0.2310 | 0.0553 | — |
| | $\widehat{\sigma}_{13}$ | 0.5000 | 0.0000 | 0.2084 | 0.0434 | — | 0.4625 | −0.0375 | 0.1970 | 0.0402 | — |
| | $\widehat{\sigma}_{14}$ | 0.3990 | −0.0010 | 0.2003 | 0.0401 | — | 0.3686 | −0.0314 | 0.1890 | 0.0367 | — |
| | $\widehat{\sigma}_{22}$ | 1.0040 | 0.0040 | 0.2668 | 0.0711 | — | 0.9458 | −0.0542 | 0.2537 | 0.0672 | — |
| | $\widehat{\sigma}_{23}$ | 0.6076 | 0.0076 | 0.2133 | 0.0455 | — | 0.5580 | −0.0420 | 0.2010 | 0.0421 | — |
| | $\widehat{\sigma}_{24}$ | 0.2069 | 0.0069 | 0.1919 | 0.0368 | — | 0.1841 | −0.0159 | 0.1823 | 0.0334 | — |
| | $\widehat{\sigma}_{33}$ | 1.0107 | 0.0107 | 0.2537 | 0.0644 | — | 0.9638 | −0.0362 | 0.2455 | 0.0615 | — |
| | $\widehat{\sigma}_{34}$ | 0.7010 | 0.0010 | 0.2199 | 0.0483 | — | 0.6719 | −0.0281 | 0.2116 | 0.0455 | — |
| | $\widehat{\sigma}_{44}$ | 0.9913 | −0.0087 | 0.2517 | 0.0634 | — | 0.9418 | −0.0582 | 0.2411 | 0.0614 | — |
| 50 | $\widehat{\theta}_{11}$ | −1.0073 | −0.0073 | 0.3529 | 0.1245 | 0.9460 | −1.0073 | −0.0073 | 0.3531 | 0.1246 | 0.9450 |
| | $\widehat{\theta}_{12}$ | 1.0021 | 0.0021 | 0.3096 | 0.0958 | 0.9480 | 1.0021 | 0.0021 | 0.3098 | 0.0959 | 0.9480 |
| | $\widehat{\theta}_{13}$ | 1.9998 | −0.0002 | 0.0643 | 0.0041 | 0.9440 | 1.9998 | −0.0002 | 0.0643 | 0.0041 | 0.9440 |
| | $\widehat{\theta}_{21}$ | 0.9944 | −0.0056 | 0.3406 | 0.1159 | 0.9490 | 0.9944 | −0.0056 | 0.3408 | 0.1160 | 0.9480 |
| | $\widehat{\theta}_{22}$ | 2.9983 | −0.0017 | 0.3088 | 0.0953 | 0.9510 | 2.9984 | −0.0016 | 0.3089 | 0.0954 | 0.9500 |
| | $\widehat{\theta}_{23}$ | 5.0008 | 0.0008 | 0.0648 | 0.0042 | 0.9480 | 5.0007 | 0.0007 | 0.0648 | 0.0042 | 0.9480 |
| | $\widehat{\sigma}_{11}$ | 0.9976 | −0.0024 | 0.1991 | 0.0396 | — | 0.9594 | −0.0406 | 0.1916 | 0.0383 | — |
| | $\widehat{\sigma}_{12}$ | 0.8027 | 0.0027 | 0.1740 | 0.0303 | — | 0.7729 | −0.0271 | 0.1678 | 0.0289 | — |
| | $\widehat{\sigma}_{13}$ | 0.5068 | 0.0068 | 0.1547 | 0.0239 | — | 0.4840 | −0.0160 | 0.1498 | 0.0227 | — |
| | $\widehat{\sigma}_{14}$ | 0.3990 | −0.0010 | 0.1527 | 0.0233 | — | 0.3807 | −0.0193 | 0.1477 | 0.0222 | — |
| | $\widehat{\sigma}_{22}$ | 1.0072 | 0.0072 | 0.1901 | 0.0362 | — | 0.9715 | −0.0285 | 0.1840 | 0.0346 | — |
| | $\widehat{\sigma}_{23}$ | 0.6083 | 0.0083 | 0.1633 | 0.0267 | — | 0.5782 | −0.0218 | 0.1576 | 0.0253 | — |
| | $\widehat{\sigma}_{24}$ | 0.1993 | −0.0007 | 0.1434 | 0.0206 | — | 0.1860 | −0.0140 | 0.1387 | 0.0194 | — |
| | $\widehat{\sigma}_{33}$ | 1.0073 | 0.0073 | 0.2067 | 0.0427 | — | 0.9788 | −0.0212 | 0.2026 | 0.0414 | — |
| | $\widehat{\sigma}_{34}$ | 0.7015 | 0.0015 | 0.1812 | 0.0328 | — | 0.6837 | −0.0163 | 0.1777 | 0.0318 | — |
| | $\widehat{\sigma}_{44}$ | 1.0024 | 0.0024 | 0.2060 | 0.0424 | — | 0.9718 | −0.0282 | 0.2016 | 0.0414 | — |
| 100 | $\widehat{\theta}_{11}$ | −0.9888 | 0.0112 | 0.2407 | 0.0580 | 0.9680 | −0.9888 | 0.0112 | 0.2408 | 0.0580 | 0.9680 |
| | $\widehat{\theta}_{12}$ | 0.9894 | −0.0106 | 0.2088 | 0.0437 | 0.9610 | 0.9894 | −0.0106 | 0.2089 | 0.0437 | 0.9610 |
| | $\widehat{\theta}_{13}$ | 2.0021 | 0.0021 | 0.0436 | 0.0019 | 0.9500 | 2.0021 | 0.0021 | 0.0436 | 0.0019 | 0.9500 |
| | $\widehat{\theta}_{21}$ | 1.0058 | 0.0058 | 0.2534 | 0.0642 | 0.9460 | 1.0058 | 0.0058 | 0.2535 | 0.0642 | 0.9460 |

续表

| $n$ | 参数 | 两步 GLS 或 COPLS 估计 | | | | | ML 估计 | | | | |
|---|---|---|---|---|---|---|---|---|---|---|---|
| | | sm | bias | std | mse | cp | sm | bias | std | mse | cp |
| 100 | $\widehat{\theta}_{22}$ | 2.9927 | −0.0073 | 0.2203 | 0.0485 | 0.9480 | 2.9927 | −0.0073 | 0.2204 | 0.0486 | 0.9470 |
| | $\widehat{\theta}_{23}$ | 5.0015 | 0.0015 | 0.0457 | 0.0021 | 0.9430 | 5.0015 | 0.0015 | 0.0457 | 0.0021 | 0.9420 |
| | $\widehat{\sigma}_{11}$ | 1.0006 | 0.0006 | 0.1397 | 0.0195 | — | 0.9813 | −0.0187 | 0.1371 | 0.0191 | — |
| | $\widehat{\sigma}_{12}$ | 0.7997 | −0.0003 | 0.1272 | 0.0162 | — | 0.7850 | −0.0150 | 0.1250 | 0.0158 | — |
| | $\widehat{\sigma}_{13}$ | 0.4990 | −0.0010 | 0.1088 | 0.0118 | — | 0.4873 | −0.0127 | 0.1071 | 0.0116 | — |
| | $\widehat{\sigma}_{14}$ | 0.3995 | −0.0005 | 0.1053 | 0.0111 | — | 0.3900 | −0.0100 | 0.1036 | 0.0108 | — |
| | $\widehat{\sigma}_{22}$ | 1.0006 | 0.0006 | 0.1448 | 0.0209 | — | 0.9828 | −0.0172 | 0.1426 | 0.0206 | — |
| | $\widehat{\sigma}_{23}$ | 0.6008 | 0.0008 | 0.1139 | 0.0129 | — | 0.5855 | −0.0145 | 0.1118 | 0.0127 | — |
| | $\widehat{\sigma}_{24}$ | 0.2013 | 0.0013 | 0.0980 | 0.0096 | — | 0.1941 | −0.0059 | 0.0965 | 0.0093 | — |
| | $\widehat{\sigma}_{33}$ | 1.0035 | 0.0035 | 0.1369 | 0.0187 | — | 0.9894 | −0.0106 | 0.1356 | 0.0185 | — |
| | $\widehat{\sigma}_{34}$ | 0.7013 | 0.0013 | 0.1192 | 0.0142 | — | 0.6927 | −0.0073 | 0.1182 | 0.0140 | — |
| | $\widehat{\sigma}_{44}$ | 0.9986 | −0.0014 | 0.1412 | 0.0199 | — | 0.9836 | −0.0164 | 0.1399 | 0.0198 | — |

从表 3.1 和表 3.2 中可总结出如下 (依赖有限样本的) 结论。

(1) 随着 $n$ 的增加, 两步广义最小二乘估计 (GLS) 估计 $\widehat{\Theta}_{\text{copls}}$ 的标准差和均方误差减小, 两步广义最小二乘估计 $\widehat{\Theta}_{\text{copls}}$ 的 MSE 也比极大似然估计 $\widehat{\Theta}_{\text{mle}}$ 的 MSE 表现略好。

**表 3.2 (情形 II) 两步 GLS 或 COPLS 估计和 ML 估计的有限样本表现**

| $n$ | 参数 | 两步 GLS 或 COPLS 估计 | | | | | ML 估计 | | | | |
|---|---|---|---|---|---|---|---|---|---|---|---|
| | | sm | bias | std | mse | cp | sm | bias | std | mse | cp |
| 20 | $\widehat{\theta}_{11}$ | −0.9935 | 0.0065 | 0.8065 | 0.6498 | 0.9440 | −0.9926 | 0.0074 | 0.8087 | 0.6534 | 0.9410 |
| | $\widehat{\theta}_{12}$ | 1.0114 | 0.0114 | 0.6933 | 0.4804 | 0.9490 | 1.0102 | 0.0102 | 0.6969 | 0.4852 | 0.9480 |
| | $\widehat{\theta}_{13}$ | 1.9962 | −0.0038 | 0.1350 | 0.0182 | 0.9400 | 1.9965 | −0.0035 | 0.1356 | 0.0184 | 0.9400 |
| | $\widehat{\theta}_{21}$ | 0.9578 | −0.0422 | 0.8205 | 0.6744 | 0.9440 | 0.9581 | −0.0419 | 0.8232 | 0.6787 | 0.9430 |
| | $\widehat{\theta}_{22}$ | 3.0227 | 0.0227 | 0.7189 | 0.5168 | 0.9360 | 3.0224 | 0.0224 | 0.7214 | 0.5204 | 0.9350 |
| | $\widehat{\theta}_{23}$ | 4.9971 | −0.0029 | 0.1395 | 0.0195 | 0.9370 | 4.9972 | −0.0028 | 0.1401 | 0.0196 | 0.9370 |
| | $\widehat{\sigma}_{11}$ | 1.5435 | −0.0190 | 0.5216 | 0.2721 | — | 1.3983 | −0.1642 | 0.4731 | 0.2505 | — |
| | $\widehat{\sigma}_{12}$ | 0.9122 | −0.0253 | 0.4224 | 0.1789 | — | 0.8243 | −0.1132 | 0.3857 | 0.1614 | — |
| | $\widehat{\sigma}_{13}$ | 0.5342 | −0.0283 | 0.3812 | 0.1460 | — | 0.4868 | −0.0757 | 0.3522 | 0.1297 | — |
| | $\widehat{\sigma}_{14}$ | 0.3155 | −0.0220 | 0.3716 | 0.1385 | — | 0.2863 | −0.0512 | 0.3374 | 0.1164 | — |
| | $\widehat{\sigma}_{22}$ | 1.5338 | −0.0287 | 0.5329 | 0.2845 | — | 1.4120 | −0.1505 | 0.4987 | 0.2712 | — |
| | $\widehat{\sigma}_{23}$ | 0.9093 | −0.0282 | 0.4144 | 0.1723 | — | 0.8017 | −0.1358 | 0.3787 | 0.1617 | — |
| | $\widehat{\sigma}_{24}$ | 0.5404 | −0.0221 | 0.3881 | 0.1510 | — | 0.4921 | −0.0704 | 0.3579 | 0.1329 | — |
| | $\widehat{\sigma}_{33}$ | 1.5593 | −0.0032 | 0.5228 | 0.2731 | — | 1.4381 | −0.1244 | 0.4950 | 0.2602 | — |
| | $\widehat{\sigma}_{34}$ | 0.9339 | −0.0036 | 0.4148 | 0.1719 | — | 0.8457 | −0.0918 | 0.3841 | 0.1558 | — |

续表

| $n$ | 参数 | 两步 GLS 或 COPLS 估计 | | | | | ML 估计 | | | | |
|---|---|---|---|---|---|---|---|---|---|---|---|
| | | sm | bias | std | mse | cp | sm | bias | std | mse | cp |
| 20 | $\widehat{\sigma}_{44}$ | 1.5505 | −0.0120 | 0.5195 | 0.2698 | — | 1.4061 | −0.1564 | 0.4721 | 0.2471 | — |
| 30 | $\widehat{\theta}_{11}$ | −1.0090 | −0.0090 | 0.6574 | 0.4318 | 0.9500 | −1.0093 | −0.0093 | 0.6597 | 0.4348 | 0.9480 |
| | $\widehat{\theta}_{12}$ | 1.0084 | 0.0084 | 0.5708 | 0.3256 | 0.9480 | 1.0082 | 0.0082 | 0.5724 | 0.3274 | 0.9450 |
| | $\widehat{\theta}_{13}$ | 1.9988 | −0.0012 | 0.1095 | 0.0120 | 0.9470 | 1.9989 | −0.0011 | 0.1098 | 0.0120 | 0.9460 |
| | $\widehat{\theta}_{21}$ | 1.0010 | 0.0010 | 0.6476 | 0.4190 | 0.9550 | 1.0015 | 0.0015 | 0.6485 | 0.4202 | 0.9530 |
| | $\widehat{\theta}_{22}$ | 2.9949 | −0.0051 | 0.5643 | 0.3182 | 0.9430 | 2.9945 | −0.0055 | 0.5655 | 0.3195 | 0.9430 |
| | $\widehat{\theta}_{23}$ | 5.0013 | 0.0013 | 0.1103 | 0.0122 | 0.9400 | 5.0014 | 0.0014 | 0.1106 | 0.0122 | 0.9400 |
| | $\widehat{\sigma}_{11}$ | 1.5252 | −0.0373 | 0.4113 | 0.1704 | — | 1.4278 | −0.1347 | 0.3853 | 0.1665 | — |
| | $\widehat{\sigma}_{12}$ | 0.9053 | −0.0322 | 0.3304 | 0.1101 | — | 0.8469 | −0.0906 | 0.3122 | 0.1056 | — |
| | $\widehat{\sigma}_{13}$ | 0.5312 | −0.0313 | 0.3034 | 0.0930 | — | 0.4976 | −0.0649 | 0.2876 | 0.0868 | — |
| | $\widehat{\sigma}_{14}$ | 0.3142 | −0.0233 | 0.2777 | 0.0776 | — | 0.2939 | −0.0436 | 0.2600 | 0.0694 | — |
| | $\widehat{\sigma}_{22}$ | 1.5404 | −0.0221 | 0.4182 | 0.1752 | — | 1.4582 | −0.1043 | 0.3995 | 0.1703 | — |
| | $\widehat{\sigma}_{23}$ | 0.9110 | −0.0265 | 0.3414 | 0.1171 | — | 0.8363 | −0.1012 | 0.3208 | 0.1130 | — |
| | $\widehat{\sigma}_{24}$ | 0.5444 | −0.0181 | 0.3006 | 0.0906 | — | 0.5104 | −0.0521 | 0.2840 | 0.0833 | — |
| | $\widehat{\sigma}_{33}$ | 1.5511 | −0.0114 | 0.4190 | 0.1755 | — | 1.4668 | −0.0957 | 0.3992 | 0.1684 | — |
| | $\widehat{\sigma}_{34}$ | 0.9298 | −0.0077 | 0.3339 | 0.1114 | — | 0.8686 | −0.0689 | 0.3145 | 0.1036 | — |
| | $\widehat{\sigma}_{44}$ | 1.5645 | 0.0020 | 0.4096 | 0.1676 | — | 1.4636 | −0.0989 | 0.3836 | 0.1568 | — |
| 50 | $\widehat{\theta}_{11}$ | −1.0228 | −0.0228 | 0.5004 | 0.2507 | 0.9600 | −1.0229 | −0.0229 | 0.5007 | 0.2510 | 0.9590 |
| | $\widehat{\theta}_{12}$ | 1.0178 | 0.0178 | 0.4374 | 0.1914 | 0.9420 | 1.0179 | 0.0179 | 0.4377 | 0.1917 | 0.9420 |
| | $\widehat{\theta}_{13}$ | 1.9968 | −0.0032 | 0.0848 | 0.0072 | 0.9470 | 1.9968 | −0.0032 | 0.0849 | 0.0072 | 0.9470 |
| | $\widehat{\theta}_{21}$ | 0.9876 | −0.0124 | 0.5125 | 0.2625 | 0.9490 | 0.9877 | −0.0123 | 0.5129 | 0.2630 | 0.9470 |
| | $\widehat{\theta}_{22}$ | 3.0105 | 0.0105 | 0.4394 | 0.1930 | 0.9540 | 3.0104 | 0.0104 | 0.4398 | 0.1934 | 0.9540 |
| | $\widehat{\theta}_{23}$ | 4.9991 | −0.0009 | 0.0854 | 0.0073 | 0.9550 | 4.9991 | −0.0009 | 0.0854 | 0.0073 | 0.9540 |
| | $\widehat{\sigma}_{11}$ | 1.5497 | −0.0128 | 0.3117 | 0.0972 | — | 1.4891 | −0.0734 | 0.2995 | 0.0950 | — |
| | $\widehat{\sigma}_{12}$ | 0.9332 | −0.0043 | 0.2583 | 0.0667 | — | 0.8958 | −0.0417 | 0.2494 | 0.0639 | — |
| | $\widehat{\sigma}_{13}$ | 0.5701 | 0.0076 | 0.2406 | 0.0579 | — | 0.5486 | −0.0139 | 0.2323 | 0.0541 | — |
| | $\widehat{\sigma}_{14}$ | 0.3424 | 0.0049 | 0.2322 | 0.0539 | — | 0.3289 | −0.0086 | 0.2232 | 0.0498 | — |
| | $\widehat{\sigma}_{22}$ | 1.5589 | −0.0036 | 0.3169 | 0.1004 | — | 1.5072 | −0.0553 | 0.3078 | 0.0977 | — |
| | $\widehat{\sigma}_{23}$ | 0.9392 | 0.0017 | 0.2693 | 0.0725 | — | 0.8928 | −0.0447 | 0.2592 | 0.0691 | — |
| | $\widehat{\sigma}_{24}$ | 0.5671 | 0.0046 | 0.2476 | 0.0613 | — | 0.5456 | −0.0169 | 0.2390 | 0.0573 | — |
| | $\widehat{\sigma}_{33}$ | 1.5618 | −0.0007 | 0.3291 | 0.1082 | — | 1.5102 | −0.0523 | 0.3201 | 0.1051 | — |
| | $\widehat{\sigma}_{34}$ | 0.9356 | −0.0019 | 0.2660 | 0.0707 | — | 0.8982 | −0.0393 | 0.2569 | 0.0675 | — |
| | $\widehat{\sigma}_{44}$ | 1.5526 | −0.0099 | 0.3128 | 0.0979 | — | 1.4918 | −0.0707 | 0.3006 | 0.0953 | — |
| 100 | $\widehat{\theta}_{11}$ | −0.9854 | 0.0146 | 0.3532 | 0.1248 | 0.9570 | −0.9853 | 0.0147 | 0.3533 | 0.1249 | 0.9560 |
| | $\widehat{\theta}_{12}$ | 0.9905 | −0.0095 | 0.3124 | 0.0976 | 0.9450 | 0.9906 | −0.0094 | 0.3125 | 0.0976 | 0.9430 |
| | $\widehat{\theta}_{13}$ | 2.0014 | 0.0014 | 0.0602 | 0.0036 | 0.9510 | 2.0014 | 0.0014 | 0.0602 | 0.0036 | 0.9510 |
| | $\widehat{\theta}_{21}$ | 0.9968 | −0.0032 | 0.3599 | 0.1294 | 0.9470 | 0.9969 | −0.0031 | 0.3601 | 0.1295 | 0.9470 |

续表

| $n$ | 参数 | 两步 GLS 或 COPLS 估计 | | | | | ML 估计 | | | | |
|---|---|---|---|---|---|---|---|---|---|---|---|
| | | sm | bias | std | mse | cp | sm | bias | std | mse | cp |
| 100 | $\widehat{\theta}_{22}$ | 2.9953 | −0.0047 | 0.3073 | 0.0943 | 0.9520 | 2.9953 | −0.0047 | 0.3074 | 0.0944 | 0.9510 |
| | $\widehat{\theta}_{23}$ | 5.0010 | 0.0010 | 0.0587 | 0.0034 | 0.9560 | 5.0010 | 0.0010 | 0.0587 | 0.0034 | 0.9560 |
| | $\widehat{\sigma}_{11}$ | 1.5500 | −0.0125 | 0.2147 | 0.0462 | — | 1.5194 | −0.0431 | 0.2104 | 0.0461 | — |
| | $\widehat{\sigma}_{12}$ | 0.9292 | −0.0083 | 0.1733 | 0.0301 | — | 0.9104 | −0.0271 | 0.1703 | 0.0297 | — |
| | $\widehat{\sigma}_{13}$ | 0.5688 | 0.0063 | 0.1598 | 0.0256 | — | 0.5579 | −0.0046 | 0.1571 | 0.0247 | — |
| | $\widehat{\sigma}_{14}$ | 0.3414 | 0.0039 | 0.1594 | 0.0254 | — | 0.3346 | −0.0029 | 0.1562 | 0.0244 | — |
| | $\widehat{\sigma}_{22}$ | 1.5561 | −0.0064 | 0.2140 | 0.0458 | — | 1.5299 | −0.0326 | 0.2111 | 0.0456 | — |
| | $\widehat{\sigma}_{23}$ | 0.9413 | 0.0038 | 0.1815 | 0.0329 | — | 0.9179 | −0.0196 | 0.1782 | 0.0321 | — |
| | $\widehat{\sigma}_{24}$ | 0.5632 | 0.0007 | 0.1699 | 0.0288 | — | 0.5523 | −0.0102 | 0.1671 | 0.0280 | — |
| | $\widehat{\sigma}_{33}$ | 1.5702 | 0.0077 | 0.2233 | 0.0499 | — | 1.5441 | −0.0184 | 0.2202 | 0.0488 | — |
| | $\widehat{\sigma}_{34}$ | 0.9409 | 0.0034 | 0.1889 | 0.0357 | — | 0.9220 | −0.0155 | 0.1856 | 0.0347 | — |
| | $\widehat{\sigma}_{44}$ | 1.5686 | 0.0061 | 0.2237 | 0.0500 | — | 1.5376 | −0.0249 | 0.2192 | 0.0486 | — |

(2) 偏差都随着 $n$ 的增加而减小, 两步广义最小二乘估计 $\widehat{\Theta}_{\text{copls}}$ 各个元素的偏差几乎都小于极大似然估计 $\widehat{\Theta}_{\text{mle}}$ 对应元素的偏差。

(3) 两步广义最小二乘估计 $\widehat{\Theta}_{\text{copls}}$ 的 95% 置信区间的覆盖率比极大似然估计 $\widehat{\Theta}_{\text{mle}}$ 的覆盖率更高。

由式 (3.17) 给出的 $\widehat{\Sigma}_{\text{copls}}$ 和式 (3.56) 给出的极大似然估计 $\widehat{\Sigma}_{\text{mle}}$, 在不同样本量情形下的样本均值 (sm), 偏差 (bias, 估计值和相应真实值之间的差), 标准差 (std) 和均方误差 (mse), 也分别列举在表 3.1 和表 3.2 中, 从表中易知:

(i) 两步广义最小二乘估计 $\widehat{\Sigma}_{\text{copls}}$ 的样本均值 (sm) 比 $\widehat{\Sigma}_{\text{mle}}$ 更接近对应的真值, 并且, 随着 $n$ 的增加, 它们都越来越接近相应的真实值;

(ii) 两个协方差估计的误差和标准差都随着 $n$ 的增加而减小。两步广义最小二乘估计 $\widehat{\Sigma}_{\text{copls}}$ 的误差远小于极大似然估计 $\widehat{\Sigma}_{\text{mle}}$ 的误差, 而极大似然估计 $\widehat{\Sigma}_{\text{mle}}$ 的标准差和均方误差则小于 $\widehat{\Sigma}_{\text{copls}}$ (极大似然估计渐近有效性优势的体现)。

上述结果表明, 两步广义最小二乘估计 $\widehat{\Theta}_{\text{copls}}$ 在小样本性能上比极大似然估计 $\widehat{\Theta}_{\text{mle}}$ 更有效 (更精确、更准确), 并且两步广义最小二乘估计 $\widehat{\Sigma}_{\text{copls}}$ 在准确度上比极大似然估计 $\widehat{\Sigma}_{\text{mle}}$ 更好。这些结果表明, 所提出的协方差外积最小二乘 (COPLS) 估计及基于它的两步广义最小二乘估计分别是增长曲线模型二阶和一阶参数估计的有力竞争者。

### 3.6.2 几何解释

由上述模拟过程和结论可得到一种比较自然的几何解释。首先换一个角度来看极大似然估计 $\widehat{\Theta}_{\text{mle}}(Y)$。如果将 $\widehat{\Sigma}_{\text{ols}} = Y^{\text{T}} M_X Y/(n-r)$ 作为协方差的一步估计, 可得另一个两步广义最小二乘估计

$$\begin{aligned}\widehat{\Theta}_{2\mathrm{gls}}(Y) &= (X^{\mathrm{T}}X)^{-1}X^{\mathrm{T}}Y\left[\widehat{\Sigma}_{\mathrm{ols}}(Y)\right]^{-1}Z\left\{Z^{\mathrm{T}}\left[\widehat{\Sigma}_{\mathrm{ols}}(Y)^{-1}\right]Z\right\}^{-1} \\ &= (X^{\mathrm{T}}X)^{-1}X^{\mathrm{T}}Y\,(YM_XY)^{-1}\,Z\left[Z^{\mathrm{T}}\,(YM_XY)^{-1}\,Z\right]^{-1}\end{aligned} \tag{3.57}$$

根据定理 2.1, 这个两步广义二乘估计 $\widehat{\Theta}_{2\mathrm{gls}}(Y)$ 就是随机误差为多元正态分布的增长曲线模型的一阶参数极大似然估计。换句话说, 在正态分布假设下, 极大似然估计式 (3.56) 与 $\Theta$ 的一个两步广义最小二乘估计 $\widehat{\Theta}_{2\mathrm{gls}}(Y)$ 一致, 这个两步广义最小二乘估计所用的一步估计为

$$\widehat{\Sigma}_{1\mathrm{st}} = \frac{1}{n-r}Y^{\mathrm{T}}M_XY$$

根据式 (3.20) 的讨论, $\widehat{\Sigma}_{1\mathrm{st}}$ 是多元线性模型中协方差 $\Sigma$ 的外积最小二乘估计。

进一步, 重写具有相同协方差结构 $I\otimes\Sigma$ 的多元线性模型和增长曲线模型如下：

$$\mathrm{vec}(Y) = (X\otimes I)\mathrm{vec}(\Theta) + \mathcal{E} \tag{3.58}$$

和

$$\mathrm{vec}(Y) = (X\otimes Z)\mathrm{vec}(\Theta) + \mathcal{E} \tag{3.59}$$

由于 $\mathrm{r}(Z) < \mathrm{r}(I) = p, \mathscr{C}(X\otimes Z)\subset\mathscr{C}(X\otimes I)$, 意味着模型 (3.59) 是完整模型 (3.58) 的简化版本。若简化模型 (3.59) 为真, 则完整模型 (3.58) 也为真。若简化模型的误差空间大于完整模型的误差空间, 则完整模型的误差空间是简化模型的误差空间的子空间。 $\widehat{\Sigma}_{\mathrm{copls}}$ 是通过使用较大的误差空间获得的, $\widehat{\Sigma}_{\mathrm{ols}}$ 则是通过使用较小的误差空间获得的, 较大的空间包含有关协方差的信息更多、更充分。因此, 无法忽视式 (3.17) 中的 COPLS 估计而选择 $Y^{\mathrm{T}}M_XY/(n-r)$。增长曲线模型中一阶回归系数矩阵的任何估计都非常依赖于协方差 $\Sigma$ 的估计 (这一点是完全与多元线性模型不同的)。因此, 对于增长曲线模型而言, $\widehat{\Theta}_{\mathrm{copls}}(Y)$ 比 $\widehat{\Theta}_{2\mathrm{gls}}(Y)$ 或 $\widehat{\Theta}_{\mathrm{mle}}(Y)$ 更具竞争力, 见式 (3.57)。简而言之, 在对增长曲线模型中一阶参数回归系数矩阵进行两步 GLS 估计时, 将由式 (3.17) 给出的 COPLS 估计作为协方差的一步估计具有更多的理论与实践优势, 参阅第 2 章 2.3 节和 2.4 节的相关内容。

### 3.6.3 实际数据分析

Potthoff 和 Roy (1964) 所述的实际数据, 是在 4 个不同年龄段, 分别对 11 名女孩和 16 名男孩进行测量所得的数据, 见附录 A 表 A.1。用 $\widehat{\Theta}_{\mathrm{copls}}(Y)$ 表示对应增长曲线一阶参数回归系数的两步广义最小二乘估计。

(1) 假设 16 名男孩和 11 名女孩的增长曲线在时间 $t$ 上的增长是二次的, $m = 2, p = 3, t_1 = -3, t_2 = -2, t_3 = 1, t_4 = 3$, 设计矩阵为 $X = \mathrm{diag}(\mathbf{1}_{11}\ \mathbf{1}_{16})$, 剖面矩阵为

$$Z^{\mathrm{T}}=\begin{pmatrix}1 & 1 & 1 & 1\\ -3 & -1 & 1 & 3\\ 9 & 1 & 1 & 9\end{pmatrix}$$

以及回归系数矩阵为

$$\Theta=\begin{pmatrix}\theta_{11} & \theta_{12} & \theta_{13}\\ \theta_{21} & \theta_{22} & \theta_{23}\end{pmatrix}$$

根据式 (3.17) 和式 (3.23), 得到一阶参数矩阵的两步广义最小二乘估计为

$$\widehat{\Theta}_{\text{copls}}=\begin{pmatrix}22.6819 & 0.4783 & -0.0026\\ 24.6444 & 0.7887 & 0.0501\end{pmatrix}$$

协方差的外积最小二乘估计为

$$\widehat{\Sigma}_{\text{copls}}=\begin{pmatrix}5.4081 & 2.7388 & 3.8882 & 2.7176\\ 2.7388 & 4.1187 & 2.9932 & 3.2951\\ 3.8882 & 2.9932 & 6.3896 & 4.1528\end{pmatrix}$$

在上面的 $\widehat{\Theta}_{\text{copls}}$ 中, $\widehat{\theta}_{13}$ 和 $\widehat{\theta}_{23}$ 非常接近于零, 因此考虑 11 名女孩和 16 名男孩的增长曲线在时间 $t$ 上的增长是线性的。

(2) 假设 11 名女孩和 16 名男孩的增长曲线在时间 $t$ 上的增长是线性的, 则 $p=2$, 剖面矩阵为

$$Z^{\mathrm{T}}=\begin{pmatrix}1 & 1 & 1 & 1\\ -3 & -1 & 1 & 3\end{pmatrix}$$

回归系数为

$$\Theta=\begin{pmatrix}\theta_{11} & \theta_{12}\\ \theta_{21} & \theta_{22}\end{pmatrix}$$

其他设置与 (1) 中所述相同。

根据式 (3.17) 和式 (3.23) 得到的回归系数的两步广义最小二乘估计为

$$\widehat{\Theta}_{\text{copls}}=\begin{pmatrix}22.6665 & 0.4765\\ 24.9382 & 0.8255\end{pmatrix}$$

协方差的外积最小二乘估计为

$$\widehat{\Sigma}_{\text{copls}}=\begin{pmatrix}5.4262 & 2.708 & 3.8958 & 2.7228\\ 2.708 & 4.1624 & 2.9985 & 3.2771\\ 3.8958 & 2.9985 & 6.3563 & 4.1732\\ 2.7228 & 3.2771 & 4.1732 & 4.9708\end{pmatrix}$$

### 3.6.4 具有模式协方差多元线性模型的模拟计算

本节使用有限样本量进行模拟计算研究, 以展示 3.5 节提出的计算程序的有限样本性能和质量。

数据由多元线性模型 (1.1) 随机生成, 模型的设置为 $p = 5$, $m = 2$, $X = (\mathbf{1}_n, \boldsymbol{x})$, 向量 $\boldsymbol{x}$ 的元素产生于标准正态分布, 并且 $\Theta = (\theta_{ij})_{2\times 5}$, 它的元素也产生于标准正态分布, 样本量分别为 $n = 20, 30, 50, 100$。

对于模式协方差, 考虑以下三种结构的模拟研究。

情形 1: 均匀相关结构 (3.26), 设 $\sigma = 1, \rho = 0.5$。

情形 2: 广义均匀相关结构 (3.27), 设置 $\theta = 1, \eta = 0.2$, $\boldsymbol{w}$ 元素由标准正态分布产生且取 $U = I$。

情形 3: 一般的 1-相关结构 (3.29), 设 $q = 1$, $\sigma_{11} = 0.4, \sigma_{12} = 0.2, \sigma_{22} = 0.6, \sigma_{23} = -0.4, \sigma_{33} = 0.8, \sigma_{34} = -0.2, \sigma_{44} = 1, \sigma_{45} = 0.4, \sigma_{55} = 1.2$。

回顾模式协方差中参数的最大似然估计。如果随机误差服从正态分布, 那么可以考虑未知参数的最大似然估计。对于 $n \times p$ 的正态分布随机矩阵 $Y$, 期望 $\Theta \in \mathscr{M}_{s\times q}$ 且协方差 $\Sigma(\boldsymbol{\eta}) = \eta_1 H_1 + \eta_2 H_2 + \cdots + \eta_k H_k \in \mathscr{D}_p, \boldsymbol{\eta} = (\eta_1, \eta_2, \cdots, \eta_k)^{\mathrm{T}} \in \mathbb{R}^k$, 它的联合概率密度函数 $f_Y(Y; \Theta, \boldsymbol{\eta})$ 为

$$f_Y(Y; \Theta, \boldsymbol{\eta}) = c|\Sigma(\boldsymbol{\eta})|^{-n/2} \mathrm{etr}\left[-\frac{1}{2}(Y - X\Theta)^{\mathrm{T}}(Y - X\Theta)\Sigma^{-1}(\boldsymbol{\eta})\right]$$

二阶参数 $\Theta, \eta_1, \eta_2, \cdots, \eta_k$ 的最大似然估计 $\widehat{\Theta}_{\mathrm{mle}}(Y), \widehat{\eta}_1^{\mathrm{mle}}(Y), \widehat{\eta}_2^{\mathrm{mle}}(Y), \cdots, \widehat{\eta}_k^{\mathrm{mle}}(Y)$ 满足以下方程组:

$$\widehat{\Theta}_{\mathrm{mle}}(Y) = (X^{\mathrm{T}}X)^{-1}X^{\mathrm{T}}Y$$

对于 $i = 1, 2, \cdots, k$, 有

$$\mathrm{tr}\left[Y^{\mathrm{T}} M_X Y \widehat{\Sigma}_{\mathrm{mle}}(Y)^{-1} H_i \widehat{\Sigma}_{\mathrm{mle}}(Y)^{-1}\right] = n\,\mathrm{tr}\left[\widehat{\Sigma}_{\mathrm{mle}}(Y)^{-1} H_i\right] \tag{3.60}$$

其中, $\widehat{\Sigma}_{\mathrm{mle}}(Y) = \sum_{i=1}^k \widehat{\eta}_i^{\mathrm{mle}}(Y) H_i$。

为了解方程 (3.60), 需要使用迭代方法。设定 $\widehat{\eta}_1^{(0)}, \widehat{\eta}_2^{(0)}, \cdots, \widehat{\eta}_k^{(0)}$ 为初始值。令 $\widehat{\eta}_1^{(j)}, \widehat{\eta}_2^{(j)}, \cdots, \widehat{\eta}_k^{(j)}$ 为以下线性方程组的解:

$$\sum_{l=1}^k \mathrm{tr}\left[\widehat{\Sigma}_{j-1}(Y)^{-1} H_i \widehat{\Sigma}_{j-1}(Y)^{-1} H_l\right] \widehat{\eta}_l = \mathrm{tr}\left[\frac{1}{n} Y^{\mathrm{T}} M_X Y \widehat{\Sigma}_{j-1}(Y)^{-1} H_i \widehat{\Sigma}_{j-1}(Y)^{-1}\right] \tag{3.61}$$

$i = 1, 2, \cdots, k$, 其中 $\widehat{\Sigma}_{j-1}(Y) = \sum_{i=1}^k \widehat{\eta}_i^{(j-1)} H_i, j = 1, 2, \cdots$。

如果 $\widehat{\Sigma}_{j-1}(Y)$ 是非奇异的, 则式 (3.61) 中的系数矩阵是正定的, 参阅 Anderson (1973) 的相关研究。如果 $\widehat{\eta}_1^{(j)}, \widehat{\eta}_2^{(j)}, \cdots, \widehat{\eta}_k^{(j)}$ 与 $\widehat{\eta}_1^{(j-1)}, \widehat{\eta}_2^{(j-1)}, \cdots, \widehat{\eta}_k^{(j-1)}$ 差别不大, 迭代可以在第 $j$ 步停止。因为 $Y^{\mathrm{T}} M_X Y/n$ 依概率收敛于 $\Sigma$, 所以相合估计 $\eta_1, \eta_2, \cdots, \eta_k$ 可以从下式的解中获得

$$\sum_{l=1}^k \mathrm{tr}\,(\Gamma H_i \Gamma H_l)\,\widehat{\eta}_l = \mathrm{tr}\left(\frac{1}{n} Y^{\mathrm{T}} M_X Y \Gamma H_i \Gamma\right), \quad i = 1, 2, \cdots, k \tag{3.62}$$

其中, $\Gamma$ 为任意正定矩阵 (这里取 $\Gamma = I$)。这些来自式 (3.62) 的相合估计可以作为初始值 $\widehat{\eta}_1^{(0)}, \widehat{\eta}_2^{(0)}, \cdots, \widehat{\eta}_k^{(0)}$。

对于固定的样本量, 得到了样本均值 (sm)、偏差 (bias, 估计值与相应真实值之间的差异)、标准差 (std) 和均方误差 (mse)。结果汇总到表 3.3～表 3.5。模拟实现的数量为 1000 次。

**表 3.3 (情形 1) 均匀相关结构协方差 COPLS 和 ML 估计有限样本表现**

| $n$ | 参数 | 真值 | COPLS 估计 | | | | ML 估计 | | | |
|---|---|---|---|---|---|---|---|---|---|---|
| | | | sm | bias | std | mse | sm | bias | std | mse |
| 20 | $\widehat{\sigma}^2$ | 1 | 0.9980 | −0.0020 | 0.2189 | 0.0479 | 0.8982 | −0.1018 | 0.1970 | 0.0492 |
| | $\widehat{\rho}$ | 0.5 | 0.4815 | −0.0185 | 0.1147 | 0.0135 | 0.4815 | −0.0185 | 0.1147 | 0.0135 |
| | AAT | | | 0.0205 | | 0.0614 | | 0.1203 | | 0.0627 |
| 30 | $\widehat{\sigma}^2$ | 1 | 0.9988 | −0.0012 | 0.1653 | 0.0273 | 0.9322 | −0.0678 | 0.1543 | 0.0284 |
| | $\widehat{\rho}$ | 0.5 | 0.4886 | −0.0114 | 0.0909 | 0.0084 | 0.4886 | −0.0114 | 0.0909 | 0.0084 |
| | AAT | | | 0.0126 | | 0.0357 | | 0.0792 | | 0.0368 |
| 50 | $\widehat{\sigma}^2$ | 1 | 1.0007 | 0.0007 | 0.1301 | 0.0169 | 0.9606 | −0.0394 | 0.1249 | 0.0171 |
| | $\widehat{\rho}$ | 0.5 | 0.4954 | −0.0046 | 0.0660 | 0.0044 | 0.4954 | −0.0046 | 0.0660 | 0.0044 |
| | AAT | | | 0.0053 | | 0.0213 | | 0.0440 | | 0.0215 |
| 100 | $\widehat{\sigma}^2$ | 1 | 0.9997 | −0.0003 | 0.0906 | 0.0082 | 0.9797 | −0.0203 | 0.0888 | 0.0083 |
| | $\widehat{\rho}$ | 0.5 | 0.4945 | −0.0055 | 0.0484 | 0.0024 | 0.4945 | −0.0055 | 0.0484 | 0.0024 |
| | AAT | | | 0.0058 | | 0.0106 | | 0.0258 | | 0.0107 |

**表 3.4 (情形 2) 均匀相关结构协方差 COPLS 和 ML 估计有限样本表现**

| $n$ | 参数 | 真值 | COPLS 估计 | | | | ML 估计 | | | |
|---|---|---|---|---|---|---|---|---|---|---|
| | | | sm | bias | std | mse | sm | bias | std | mse |
| 20 | $\widehat{\theta}$ | 1 | 1.0048 | 0.0048 | 0.1665 | 0.0278 | 0.9043 | −0.0957 | 0.1499 | 0.0316 |
| | $\widehat{\eta}$ | 0.2 | 0.1963 | −0.0037 | 0.0853 | 0.0073 | 0.1766 | −0.0234 | 0.0768 | 0.0064 |
| | AAT | | | 0.0085 | | 0.0350 | | 0.1190 | | 0.0381 |
| 30 | $\widehat{\theta}$ | 1 | 0.9990 | −0.0010 | 0.1340 | 0.0180 | 0.9324 | −0.0676 | 0.1251 | 0.0202 |
| | $\widehat{\eta}$ | 0.2 | 0.2003 | 0.0003 | 0.0862 | 0.0074 | 0.1870 | −0.0130 | 0.0805 | 0.0066 |
| | AAT | | | 0.0014 | | 0.0254 | | 0.0806 | | 0.0269 |
| 50 | $\widehat{\theta}$ | 1 | 1.0007 | 0.0007 | 0.1041 | 0.0108 | 0.9607 | −0.0393 | 0.0999 | 0.0115 |
| | $\widehat{\eta}$ | 0.2 | 0.1995 | −0.0005 | 0.0457 | 0.0021 | 0.1915 | −0.0085 | 0.0438 | 0.0020 |
| | AAT | | | 0.0012 | | 0.0129 | | 0.0478 | | 0.0135 |
| 100 | $\widehat{\theta}$ | 1 | 0.9946 | −0.0054 | 0.0736 | 0.0055 | 0.9747 | −0.0253 | 0.0722 | 0.0058 |
| | $\widehat{\eta}$ | 0.2 | 0.1984 | −0.0016 | 0.0323 | 0.0010 | 0.1945 | −0.0055 | 0.0317 | 0.0010 |
| | AAT | | | 0.0069 | | 0.0065 | | 0.0308 | | 0.0069 |

**表 3.5 (情形 3) 均匀相关结构协方差 COPLS 和 ML 估计有限样本表现**

| $n$ | 参数 | 真值 | COPLS 估计 | | | | ML 估计 | | | |
|---|---|---|---|---|---|---|---|---|---|---|
| | | | sm | bias | std | mse | sm | bias | std | mse |
| 20 | $\widehat{\sigma}_{11}$ | 0.4 | 0.4009 | 0.0009 | 0.1305 | 0.0170 | 0.3352 | −0.0648 | 0.1463 | 0.0256 |
| | $\widehat{\sigma}_{12}$ | 0.2 | 0.1873 | −0.0127 | 0.1200 | 0.0146 | 0.1634 | −0.0366 | 0.1026 | 0.0119 |
| | $\widehat{\sigma}_{22}$ | 0.6 | 0.5863 | −0.0137 | 0.1932 | 0.0375 | 0.4999 | −0.1001 | 0.2175 | 0.0573 |
| | $\widehat{\sigma}_{23}$ | −0.4 | −0.3820 | 0.0180 | 0.1788 | 0.0323 | −0.3271 | 0.0729 | 0.1771 | 0.0367 |
| | $\widehat{\sigma}_{33}$ | 0.8 | 0.7853 | −0.0147 | 0.2666 | 0.0713 | 0.6620 | −0.1380 | 0.2961 | 0.1067 |
| | $\widehat{\sigma}_{34}$ | −0.2 | −0.1921 | 0.0079 | 0.1993 | 0.0398 | −0.1680 | 0.0320 | 0.1510 | 0.0238 |
| | $\widehat{\sigma}_{44}$ | 1 | 0.9787 | −0.0213 | 0.3145 | 0.0994 | 0.8278 | −0.1722 | 0.3622 | 0.1609 |
| | $\widehat{\sigma}_{45}$ | 0.4 | 0.3908 | −0.0092 | 0.2755 | 0.0760 | 0.3303 | −0.0697 | 0.2552 | 0.0700 |
| | $\widehat{\sigma}_{55}$ | 1.2 | 1.1852 | −0.0148 | 0.3938 | 0.1553 | 0.9910 | −0.2090 | 0.4380 | 0.2355 |
| | AAT | | | 0.1133 | | 0.5431 | | 0.8953 | | 0.7284 |
| 30 | $\widehat{\sigma}_{11}$ | 0.4 | 0.3972 | −0.0028 | 0.1073 | 0.0115 | 0.3641 | −0.0359 | 0.1108 | 0.0136 |
| | $\widehat{\sigma}_{12}$ | 0.2 | 0.2002 | 0.0002 | 0.0977 | 0.0095 | 0.1821 | −0.0179 | 0.0819 | 0.0070 |
| | $\widehat{\sigma}_{22}$ | 0.6 | 0.6058 | 0.0058 | 0.1573 | 0.0248 | 0.5553 | −0.0447 | 0.1592 | 0.0273 |
| | $\widehat{\sigma}_{23}$ | −0.4 | −0.4003 | −0.0003 | 0.1476 | 0.0218 | −0.3688 | 0.0312 | 0.1394 | 0.0204 |
| | $\widehat{\sigma}_{33}$ | 0.8 | 0.8012 | 0.0012 | 0.2149 | 0.0462 | 0.7404 | −0.0596 | 0.2208 | 0.0523 |
| | $\widehat{\sigma}_{34}$ | −0.2 | −0.1916 | 0.0084 | 0.1666 | 0.0278 | −0.1829 | 0.0171 | 0.1213 | 0.0150 |
| | $\widehat{\sigma}_{44}$ | 1 | 1.0023 | 0.0023 | 0.2649 | 0.0702 | 0.9235 | −0.0765 | 0.2766 | 0.0823 |
| | $\widehat{\sigma}_{45}$ | 0.4 | 0.4024 | 0.0024 | 0.2219 | 0.0493 | 0.3716 | −0.0284 | 0.2087 | 0.0444 |
| | $\widehat{\sigma}_{55}$ | 1.2 | 1.1881 | −0.0119 | 0.3106 | 0.0966 | 1.0889 | −0.1111 | 0.3229 | 0.1166 |
| | AAT | | | 0.0354 | | 0.3576 | | 0.4224 | | 0.3790 |
| 50 | $\widehat{\sigma}_{11}$ | 0.4 | 0.4006 | 0.0006 | 0.0797 | 0.0064 | 0.3842 | −0.0158 | 0.0774 | 0.0062 |
| | $\widehat{\sigma}_{12}$ | 0.2 | 0.2014 | 0.0014 | 0.0779 | 0.0061 | 0.1938 | −0.0062 | 0.0635 | 0.0041 |
| | $\widehat{\sigma}_{22}$ | 0.6 | 0.6019 | 0.0019 | 0.1264 | 0.0160 | 0.5783 | −0.0217 | 0.1147 | 0.0136 |
| | $\widehat{\sigma}_{23}$ | −0.4 | −0.4030 | −0.0030 | 0.1163 | 0.0135 | −0.3856 | 0.0144 | 0.1037 | 0.0110 |
| | $\widehat{\sigma}_{33}$ | 0.8 | 0.8051 | 0.0051 | 0.1650 | 0.0273 | 0.7708 | −0.0292 | 0.1578 | 0.0258 |
| | $\widehat{\sigma}_{34}$ | −0.2 | −0.2035 | −0.0035 | 0.1297 | 0.0168 | −0.1922 | 0.0078 | 0.0940 | 0.0089 |
| | $\widehat{\sigma}_{44}$ | 1 | 0.9959 | −0.0041 | 0.1988 | 0.0395 | 0.9563 | −0.0437 | 0.1907 | 0.0383 |
| | $\widehat{\sigma}_{45}$ | 0.4 | 0.4004 | 0.0004 | 0.1638 | 0.0268 | 0.3849 | −0.0151 | 0.1517 | 0.0232 |
| | $\widehat{\sigma}_{55}$ | 1.2 | 1.1868 | −0.0132 | 0.2344 | 0.0551 | 1.1382 | −0.0618 | 0.2278 | 0.0557 |
| | AAT | | | 0.0333 | | 0.2075 | | 0.2157 | | 0.1868 |
| 100 | $\widehat{\sigma}_{11}$ | 0.4 | 0.4005 | 0.0005 | 0.0553 | 0.0031 | 0.3925 | −0.0075 | 0.0542 | 0.0030 |
| | $\widehat{\sigma}_{12}$ | 0.2 | 0.2027 | 0.0027 | 0.0528 | 0.0028 | 0.1981 | −0.0019 | 0.0435 | 0.0019 |
| | $\widehat{\sigma}_{22}$ | 0.6 | 0.6051 | 0.0051 | 0.0857 | 0.0074 | 0.5925 | −0.0075 | 0.0801 | 0.0065 |
| | $\widehat{\sigma}_{23}$ | −0.4 | −0.4044 | −0.0044 | 0.0808 | 0.0066 | −0.3950 | 0.0050 | 0.0748 | 0.0056 |
| | $\widehat{\sigma}_{33}$ | 0.8 | 0.8062 | 0.0062 | 0.1154 | 0.0134 | 0.7894 | −0.0106 | 0.1113 | 0.0125 |
| | $\widehat{\sigma}_{34}$ | −0.2 | −0.2005 | −0.0005 | 0.0977 | 0.0095 | −0.1964 | 0.0036 | 0.0706 | 0.0050 |

续表

| $n$ | 参数 | 真值 | COPLS 估计 | | | | ML 估计 | | | |
|---|---|---|---|---|---|---|---|---|---|---|
| | | | sm | bias | std | mse | sm | bias | std | mse |
| 100 | $\widehat{\sigma}_{44}$ | 1 | 1.0024 | 0.0024 | 0.1430 | 0.0205 | 0.9834 | −0.0166 | 0.1384 | 0.0194 |
| | $\widehat{\sigma}_{45}$ | 0.4 | 0.4044 | 0.0044 | 0.1200 | 0.0144 | 0.3973 | −0.0027 | 0.1137 | 0.0129 |
| | $\widehat{\sigma}_{55}$ | 1.2 | 1.2110 | 0.0110 | 0.1796 | 0.0324 | 1.1868 | −0.0132 | 0.1761 | 0.0312 |
| | AAT | | | 0.0372 | | 0.1099 | | 0.0686 | | 0.0980 |

累积模式协方差中所有估计的偏差或均方误差的绝对值总和, 定义如下:

$$\mathrm{AAT}(\widehat{\boldsymbol{\eta}}) = \sum_{i=1}^{k} |\mathrm{bias}(\widehat{\eta}_i)| \text{ 或 } \sum_{i=1}^{k} \mathrm{mse}(\widehat{\eta}_i)$$

简称为 AAT。指标 AAT 越小, 意味着估计量在总体准确性或均方误差方面越有效。

从表 3.3～表 3.5 中对三种模式化协方差结构做出以下观察和结论。

(1) 外积最小二乘估计的样本均值与相应的真值比最大似然估计的样本均值更接近, 尽管随着 $n$ 的增加, 两者都越来越接近真值。因此, 外积最小二乘估计量的偏差要比最大似然估计量的偏差小得多。对于追求无偏估计量的统计学家来说, 外积最小二乘估计量是一个非常好的选择。

(2) 外积最小二乘估计的无偏性是以牺牲其标准差换来的。因此, 尽管随着 $n$ 的增加, 两者都变得越来越小, 但外积最小二乘估计量的标准差几乎都比最大似然估计的大。从均方误差的意义上看, 均衡偏差和标准差, 对于均匀相关结构和广义均匀相关结构, 在样本量 $n \leqslant 100$ 时, 外积最小二乘估计至少不比最大似然估计量差, 参见表 3.3 和表 3.4。然而, 在具有一般 1-依赖结构的情况下, 在样本量 $n \geqslant 50$ 时, 外积最小二乘估计量不如最大似然估计量, 参见表 3.5。由于 Anderson (1973) 的工作, 根据均方误差的标准, 最大似然估计在足够大的样本下击败外积最小二乘估计量而胜出。

上述观察结果表明, 在这些模式协方差中, 无论从总体精度还是总体均方误差的角度来看, 本书提出的外积最小二乘方法在小样本情况下比最大似然方法更有效。因此, 针对模式协方差在多元线性模型中的参数估计, 本书提出的方法是一个替代竞争者。

# 第 4 章　增长曲线模型的变量选择方法

本节讨论的处理设计矩阵 $X$ 假设由截距项和解释变量组成。解释变量本身可以是连续的, 也可以是分类的。具有连续解释变量的数据集经常出现在实际的统计问题中。例如, 在考虑儿童阅读认知的问题中, 家庭对儿童的认知刺激和情感支持可能是连续的解释变量。

在增长曲线模型中, 通常假定增长曲线是一个多项式。与这种结构有关, 多项式增长曲线阶数的确定就成了一个重要的问题, 它可以看作一个变量选择或模型选择的问题。这个问题看似与单变量或多元回归模型中的问题相同。然而, 需要指出的是, 这两类模型变量选择的方式是非常不同的。事实上, 在回归模型中, 通常对选择个体协变量很感兴趣。而在增长曲线模型 (1.4) 中, 不仅对协变量的选取感兴趣, 还对构成剖面矩阵多项式阶数的确定感兴趣。

Potthoff 和 Roy (1964) 提出增长曲线模型时的初始宗旨是多元方差分析模型的一种推广, 每个个体在 $p$ 个不同的场合上测量单个特征。对增长曲线模型 (1.4) 的推断问题是通过使用协方差分析来研究的, 即将这 $p$ 次测量划分为 $q$ 个响应变量的测量和 $p-q$ 个协变量。Rao (1965, 1966) 以及 Grizzle 和 Allen (1969) 讨论了使用少于 $p-q$ 个协变量的可能性。对增长曲线模型 (1.4) 的变量选择, Fujikoshi 和 Rao (1991) 提出了两种关于给定一组协变量的冗余性 (redundancy) 假设, 推导了用于检验这些假设的似然比标准。这些结果使得可以使用信息准则 (如 AIC) 来选择最佳的协变量子集。

Hu 等 (2014) 利用正则化技术, 提出一种基于群组 SCAD 惩罚的广义最小二乘三级惩罚变量选择方法。他们将一阶参数矩阵的行和列分别作为具有重叠的群组来选择变量和控制多项式阶数, 这个三级惩罚变量选择方法能够同时确定剖面矩阵多项式的阶数、识别重要的解释变量和估计非零一阶参数。通过选择适当的调节参数, 可以得到该方法的 Oracle 性质和估计的相合性。

本章的内容包括: 作为用假设检验选择模型方法的代表, 介绍 Fujikoshi 和 Rao (1991) 的假设检验选择方法。作为正则惩罚方法的代表, 阐述 Hu 等 (2014) 的基于群组 SCAD 惩罚的广义最小二乘三级惩罚变量选择方法。最后叙述展示有限样本表现质量的模拟计算和一个实际数据分析。

## 4.1 增长曲线模型的协变量选择

随机误差服从多元正态分布的增长曲线模型为

$$Y \sim N_{n\times p}(X\Theta Z^{\mathrm{T}}, I\otimes \Sigma^*) \tag{4.1}$$

其中, $Y$ 是 $n\times p$ 的观测矩阵, 每一行的值是来自协方差矩阵为 $\Sigma^*$ 的 $p$ 维正态分布, $\Theta$ 是 $m\times q$ 维的未知参数矩阵, $X$ 是 $n\times m$ 维的设计矩阵, $Z$ 是 $p\times q$ 维的剖面矩阵。在此假定中, 矩阵 $X$ 和 $Z$ 各自的秩为 $m$ 和 $q$。Rao (1965, 1966) 讨论了增长曲线模型 (4.1) 的约简形式。

对于剖面矩阵 $Z$, 由矩阵理论, 存在 $p\times q$ 阶矩阵 $Q_1$ 和 $p\times(p-q)$ 阶的矩阵 $Q_2$, 使得

$$Z^{\mathrm{T}}Q_1 = I_q,\ Z^{\mathrm{T}}Q_2 = \mathbf{0}\ \text{且}\ Q=(Q_1\ Q_2)\ \text{是满秩的} \tag{4.2}$$

令

$$(A\ \ B) = Y(Q_1\ \ Q_2)$$

则有

$$(A\ \ B) \sim N_{n\times p}(D, I_n\otimes \Sigma) \tag{4.3}$$

其中, $D = X\Theta(I_q\ \ \mathbf{0})$ 和 $\Sigma = Q^{\mathrm{T}}\Sigma^*Q$。可以把 $(A\ B)$ 的行看作 $\boldsymbol{a}=(a_1\, a_2\ \cdots\ a_q)^{\mathrm{T}}$ 和 $\boldsymbol{b}=(b_1\, b_2\ \cdots\ b_{p-q})^{\mathrm{T}}$ 的 $n$ 个独立的观察值，其中 $B$ 的每一列对应一个协变量。Fujikoshi 和 Rao (1991) 针对协变量集的冗余假设, 提出了两种形式的约简方法, 并从中得到似然比准则。这些结果可以使用信息准则 (如 AIC) 选择协变量的最佳子集。

### 4.1.1 协变量降维

协变量 $b_1, b_2, \cdots, b_{p-q}$ 虽然在模型 (4.3) 中不涉及 $\Theta$, 但与通过 $\boldsymbol{a}$ 和 $\boldsymbol{b}$ 之间的相关关系而进行的统计推断有关。Rao (1967)、 Grizzle 和 Allen (1969) 指出, 对于某些模式的协方差矩阵, 协变量集 $\{b_1, b_2, \cdots, b_{p-q}\}$ 的一个适当的子集可以包含所有协变量的信息。然而这种方法并不适用于没有这种模式结构的协方差 $\Sigma$ 或者 $\Sigma^*$。当 $\Sigma$ 是未知正定矩阵时, Rao (1966) 依据每个 $\Theta$ 的置信区间的宽度, 比较了使用所有协变量和选择适当子集两种不同方法。另外, Grizzle 和 Allen (1969) 使用样本广义方差作为比较的标准。本节着重介绍 Fujikoshi 和 Rao (1991) 给出的一组给定协变量的两种冗余假设：一是基于 $\boldsymbol{a}$ 和 $\boldsymbol{b}$ 的相关性, 也就是只考虑 $\Sigma$；二是同时考虑 $\Sigma$ 和 $\Theta$。

把 $\boldsymbol{b}$ 分成两个部分, 即 $\boldsymbol{b}^{\mathrm{T}} = \left(\boldsymbol{b}_1^{\mathrm{T}}\ \boldsymbol{b}_2^{\mathrm{T}}\right)$, 其中 $\boldsymbol{b}_1$ 为 $k\times 1$ 向量, $\boldsymbol{b}_2$ 为 $(p-q-k)\times 1$ 向量。对应地, $\Sigma$ 可以分割成为

$$\Sigma = \left(\begin{array}{c:c} \Sigma_{aa} & \Sigma_{ab} \\ \hdashline \Sigma_{ba} & \Sigma_{bb} \end{array}\right) = \left(\begin{array}{c:cc} \Sigma_{aa} & \Sigma_{a1} & \Sigma_{a2} \\ \hdashline \Sigma_{1a} & \Sigma_{11} & \Sigma_{12} \\ \Sigma_{2a} & \Sigma_{21} & \Sigma_{22} \end{array}\right) \tag{4.4}$$

假设 $\boldsymbol{b}_2$ 存在冗余性, 且可以由 $\boldsymbol{b}_1$ 表示, 只依赖于 $\Sigma$, 则很自然地可以认为此时 $\boldsymbol{a}$ 和 $\boldsymbol{b}$ 的相关程度和 $\boldsymbol{a}$ 和 $\boldsymbol{b}_1$ 的相关程度是相同的。根据 Laha (1954), McKay (1977) 和 Fujikoshi (1982) 的思路, 定义如下假设问题

$$H_k: \ \mathrm{tr}(\Sigma_{aa}^{-1}\Sigma_{ab}\Sigma_{bb}^{-1}\Sigma_{ba}) = \mathrm{tr}(\Sigma_{aa}^{-1}\Sigma_{a1}\Sigma_{11}^{-1}\Sigma_{1a}) \tag{4.5}$$

根据 Fujikoshi (1982) 的研究, 还可以等价写成

$$H_k: \ \Sigma_{a2.1} = \mathbf{0} \tag{4.6}$$

其中

$$\begin{pmatrix} \Sigma_{aa.1} & \Sigma_{a2.1} \\ \Sigma_{2a.1} & \Sigma_{22.1} \end{pmatrix} = \begin{pmatrix} \Sigma_{aa} & \Sigma_{a2} \\ \Sigma_{2a} & \Sigma_{22} \end{pmatrix} - \begin{pmatrix} \Sigma_{a1} \\ \Sigma_{21} \end{pmatrix} \Sigma_{11}^{-1} (\Sigma_{1a} \ \Sigma_{12}) \tag{4.7}$$

假设 (4.6) 也可以从估计的效率的角度进行解释。$\Theta$ 的极大似然估计为

$$\widehat{\Theta} = (X^{\mathrm{T}}X)^{-1}X^{\mathrm{T}}YS^{-1}Z(Z^{\mathrm{T}}S^{-1}Z)^{-1}$$

其中, $S = (n-m)^{-1}Y^{\mathrm{T}}[I_n - X(X^{\mathrm{T}}X)^{-1}X^{\mathrm{T}}]Y$。根据 Rao (1967) 以及 Grizzle 和 Allen (1969) 可知, $\widehat{\Theta}$ 为 $\Theta$ 的无偏估计, 其协方差矩阵为

$$\mathrm{Cov}(\widehat{\Theta}) = \frac{n-m-1}{n-m-(p-q)-1}(X^{\mathrm{T}}X)^{-1} \otimes \Sigma_{aa.b}$$

设 $\widehat{\Theta}_{\boldsymbol{b}_1}$ 为 $\Theta$ 基于前 $k$ 个协变量 $\boldsymbol{b}_1$ 的极大似然估计, 其协方差矩阵为

$$\mathrm{Cov}(\widehat{\Theta}_{b_1}) = \frac{n-m-1}{n-m-k-1}(X^{\mathrm{T}}X)^{-1} \otimes \Sigma_{aa.1}$$

显然, 如果 $\mathrm{Cov}(\widehat{\Theta}) \geqslant \mathrm{Cov}(\widehat{\Theta}_{b_1})$, 则 $\boldsymbol{b}_2$ 是冗余的。该不等式很难用一个简单的形式表达出来。但是, 当 $n$ 充分大时, 由于 $\Sigma_{aa.b} = \Sigma_{aa.1} - \Sigma_{a2.1}\Sigma_{22.1}^{-1}\Sigma_{2a.1}$, 可以得知该不等式成立当且仅当 $\Sigma_{aa.b} \geqslant \Sigma_{aa.1}$。

另一类考虑 $\boldsymbol{b}_2$ 的方法, 同时依赖于参数 $\Theta$ 和 $\Sigma$。Rao (1973) 在多元方差分析模型中引入了一个没有多余信息的假设。McKay (1977) 和 Fujikoshi (1982) 注意到 Rao 的假设可以用几种方式表述。按照他们的想法, 可以把假设表述为

$$\widetilde{H}_k: \ \mathrm{tr}(\Theta\ \mathbf{0})^{\mathrm{T}}(\Theta\ \mathbf{0})\Sigma^{-1} = \mathrm{tr}(\Theta\ \mathbf{0})^{\mathrm{T}}(\Theta\ \mathbf{0}) \begin{pmatrix} \Sigma_{aa} & \Sigma_{a1} \\ \Sigma_{1a} & \Sigma_{11} \end{pmatrix} \tag{4.8}$$

或其等价形式

$$\widetilde{H}_k: \quad \Theta\Sigma_{aa.1}^{-1}\Sigma_{a2.1} = \mathbf{0} \tag{4.9}$$

假设 (4.8) 和假设 (4.9) 的等价性可以从以下两点推出：

(1) 假设 (4.8) 等价于 $\mathrm{tr}\left(\Theta^{\mathrm{T}}\Theta\Sigma_{aa.b}^{-1}\right)=\mathrm{tr}\left(\Theta^{\mathrm{T}}\Theta\Sigma_{aa.1}^{-1}\right)$；

(2) 定义 $\Sigma_{aa.b}=\Sigma_{aa.1}-\Sigma_{a2.1}\Sigma_{22.1}^{-1}\Sigma_{2a.1}$, 则

$$\Sigma_{aa.b}^{-1}=\Sigma_{aa.1}^{-1}-\Sigma_{aa.1}^{-1}\Sigma_{a2.1}\left(\Sigma_{22.1}+\Sigma_{2a.1}\Sigma_{aa.1}^{-1}\Sigma_{a2.1}\right)^{-1}\Sigma_{2a.1}\Sigma_{aa.b}^{-1}$$

值得注意的是, 如果假设 $H_k$ 成立, 则假设 $\widetilde{H}_k$ 也成立；但是反之未必成立。假设 (4.9) 也可以从 $\Theta$ 检验的势的角度解释。对 $\Theta=\mathbf{0}$ 的检验, Fujikoshi (1973) 验证了一些不变检验的势依赖于 $n-m-(p-q)$, $m$ 和矩阵 $\Theta^{\mathrm{T}}\Theta\Sigma_{aa.b}^{-1}$ 的特征根 $\eta_1\geqslant\eta_2\geqslant\cdots\geqslant\eta_p$, 并且这些不变检验的势是 $\eta_1,\eta_2,\cdots,\eta_p$ 的单调递增函数。设不变检验的势为

$$\beta=\beta(n-m-p+q,m;\eta_1,\eta_2,\cdots,\eta_p)$$

则基于前 $k$ 个协变量 $\boldsymbol{b}_1$ 的检验的势为

$$\beta_{b_1}=\beta(n-m-k,m;\eta_1^*,\eta_2^*,\cdots,\eta_p^*)$$

其中 $\eta_1^*\geqslant\eta_2^*\geqslant\cdots\geqslant\eta_p^*$ 是矩阵 $\Theta^{\mathrm{T}}\Theta\Sigma_{aa.1}^{-1}$ 的特征根。如果 $\beta\leqslant\beta_{b_1}$, 则在 $\boldsymbol{b}_1$ 出现时, $\boldsymbol{b}_2$ 是冗余的。对足够大的 $n$, 当且仅当 $\eta_i\leqslant\eta_i^*$ $(i=1,2,\cdots,p)$ 时, 等号成立。在一般情况下当 $\eta_i\geqslant\eta_i^*$ 时, 后者条件等价于 $\mathrm{tr}\left(\Theta\Theta^{\mathrm{T}}\Sigma_{aa.b}^{-1}\right)=\mathrm{tr}\left(\Theta\Theta^{\mathrm{T}}\Sigma_{aa.1}^{-1}\right)$, 进而推导出假设 (4.8)。

### 4.1.2 似然比检验

考虑假设 (4.5) 的检验问题。定义 $H=(H_1\ H_2)$ 为正交矩阵, 其中 $H_1$ 为通过 $X$ 的列向量空间张成的正交基矩阵。记

$$(U\ V)=H^{\mathrm{T}}(A\ B)=H^{\mathrm{T}}(A\ B_1\ B_2)$$

并令 $U_i=H_i^{\mathrm{T}}A$, $V_{ij}=H_i^{\mathrm{T}}B_j$ 和 $V_j=H^{\mathrm{T}}B_j$, $i,j=1,2$, 则

$$(U\ V)=\begin{pmatrix}U_1 & V_{11} & V_{12}\\ U_2 & V_{21} & V_{22}\end{pmatrix}\sim N_{n\times p}(D_1,I_n\otimes\Sigma),\ D_1=\begin{pmatrix}\widetilde{\Theta} & \mathbf{0} & \mathbf{0}\\ \mathbf{0} & \mathbf{0} & \mathbf{0}\end{pmatrix}$$

其中, $\widetilde{\Theta}=H_1^{\mathrm{T}}X\Theta$。给定 $V_1$ 时 $(U\ \ V_2)$ 的条件分布为 $N_{n\times(p-k)}(M,I_n\otimes\Lambda)$, 其中

$$M=\begin{pmatrix}\widetilde{\Theta} & \mathbf{0}\\ \mathbf{0} & \mathbf{0}\end{pmatrix}+\begin{pmatrix}V_{11}\\ V_{21}\end{pmatrix}(\boldsymbol{\beta}_a\ \boldsymbol{\beta}_2),\ (\boldsymbol{\beta}_a\ \boldsymbol{\beta}_2)=\Sigma_{11}^{-1}(\Sigma_{1a}\ \Sigma_{12})$$

和

$$\Lambda=\begin{pmatrix}\Lambda_{aa} & \Lambda_{a2}\\ \Lambda_{2a} & \Lambda_{22}\end{pmatrix}=\begin{pmatrix}\Sigma_{aa.1} & \Lambda_{a2.1}\\ \Lambda_{2a.1} & \Lambda_{22.1}\end{pmatrix}$$

所以, 假设 (4.5) 可以写为

$$\widetilde{H}_k:\ \Lambda_{a2}=\mathbf{0}$$

也就是假设 (4.6) 的另外一种表达形式。分解密度函数

$$f(U,V_2|V_1)=f(U|V_1,V_2)f(V_2|V_1)$$

并应用多元线性模型中常用方法对其条件密度进行分析, 可以得到似然比统计量。为了表达关于 $A$ 和 $B$ 的似然比统计量, 记

$$\begin{aligned}W&=(U\ \ V_1\ \ V_2)^{\mathrm T}H_2H_2^{\mathrm T}(U\ \ V_1\ \ V_2)\\&=(A\ \ B_1\ \ B_2)^{\mathrm T}[I_n-X(X^{\mathrm T}X)^{-1}X^{\mathrm T}](A\ \ B_1\ \ B_2)\end{aligned}$$

和

$$T=(U\ \ V_1\ \ V_2)^{\mathrm T}(U\ \ V_1\ \ V_2)=(A\ \ B_1\ \ B_2)^{\mathrm T}(A\ \ B_1\ \ B_2)$$

矩阵 $W$ 和 $T$ 的定义方式类似于矩阵 (4.4) 中的 $\Sigma$ 的定义方式, 等式 (4.7) 中 $\Sigma_{aa.1}$ 也可以用矩阵 $W$ 和 $T$ 表示。

**定理 4.1**　假设 (4.6) 中检验似然比准则 $\lambda_k$ 为

$$\lambda_k^{2/n}=\frac{|W_{aa.b}|}{|W_{aa.1}|}=\frac{1}{|W_{aa.1}||W_{22.1}|}\begin{vmatrix}W_{aa.1}&W_{a2.1}\\W_{2a.1}&W_{22.1}\end{vmatrix}$$

很容易看出, 在假设 $H_k$ 成立的条件下,

$$\begin{pmatrix}W_{aa.1}&W_{a2.1}\\W_{2a.1}&W_{22.1}\end{pmatrix}\sim W_{p-k}\left(n-m-k,\begin{pmatrix}\Lambda_{aa}&\mathbf{0}\\\mathbf{0}&\Lambda_{22}\end{pmatrix}\right)$$

根据 Anderson (2003) 的研究, 在假设 $H_k$ 下,

$$\Pr\left\{-\left[n-m-\frac{1}{2}(p+k+1)\right]\log(\lambda_k^{2/n})\leqslant x\right]=\Pr(\chi^2_{q(p-q-k)}\leqslant x)+O(n^{-2})$$

为了检验假设 (4.9), 可以把给定 $V_1$ 条件下 $(U\ \ V_2)$ 的条件分布分解为

$$f(U,V_2|V_1)=f(V_2|U,V_1)f(U|V_1)\tag{4.10}$$

可以看出,

$$\mathbb{E}\big[V_2|(U\ V_1)\big]=\begin{pmatrix}U_1-\widetilde{\Theta}&V_{11}\\U_2&V_{21}\end{pmatrix}\begin{pmatrix}\Gamma_a\\\Gamma_1\end{pmatrix}$$

其中

$$\begin{pmatrix}\Gamma_a\\\Gamma_1\end{pmatrix}=\begin{pmatrix}\Sigma_{aa}&\Sigma_{a1}\\\Sigma_{1a}&\Sigma_{11}\end{pmatrix}^{-1}\begin{pmatrix}\Sigma_{a2}\\\Sigma_{12}\end{pmatrix}$$

注意到 $\Gamma_a = \Sigma_{aa.1}^{-1}\Sigma_{a2.1}$, 基于条件分布 (4.10), 假设 (4.8) 可以写成

$$\widetilde{H}_k: \widetilde{\Theta}\Gamma_a = \mathbf{0} \tag{4.11}$$

Fujikoshi 和 Khatri (1990) 已经解决了假设 (4.11) 的问题。由此可以得出下面的定理。

**定理 4.2** 假设检验问题 $\widetilde{H}_k: \Theta\Sigma_{aa.1}^{-1}\Sigma_{a2.1} = \mathbf{0}$ 的经验似然比参数 $\widetilde{\lambda}_k$ 为

$$\widetilde{\lambda}_k^{2/n} = \frac{1}{|W_{aa.1}||W_{22.1}|}\begin{vmatrix} W_{aa.1} & W_{a2.1} \\ W_{2a.1} & W_{22.1} \end{vmatrix}\left(\prod_{i=q-s+1}^{q} l_i\right)^{-1} \tag{4.12}$$

其中

$$l_1 \geqslant \cdots \geqslant l_{q-s} > 1 \geqslant l_{q-s+1} \geqslant \cdots \geqslant l_q > 0$$

是 $T_{aa.b}W_{aa.1}^{-1}$ 的特征根。

注意到 $\lambda_k^{2/n} \leqslant \widetilde{\lambda}_k^{2/n}$, 当且仅当 $l_q \geqslant 1$ 时等式成立。通过文献索引, 由式 (4.12) 定义的统计量 $\lambda_k^{2/n}$ 的分布问题仍悬而未决。

假设 (4.8) 或假设 (4.9) 可以看作 $\boldsymbol{b}_2$ 是在 $\boldsymbol{b}_1$ 分离出 $\Theta$ 的无效变量。现在感兴趣的是从 $C\Theta$ 分离出的冗余变量, 其中 $C$ 是一个已知秩为 $r$ 的 $r \times m$ 的矩阵。定义 $\boldsymbol{b}_2$ 的冗余性为 $\bar{H}_k: C\Theta\Sigma_{aa.1}^{-1}\Sigma_{a2.1} = \mathbf{0}$。并且 $\bar{H}_k$ 的似然比准则可以类似得到。所有的冗余性和前面讨论是类似的, 除了需要将 $X(X^{\mathrm{T}}X)^{-1/2}$ 替换为 $X(X^{\mathrm{T}}X)^{-1}C^{\mathrm{T}}[C(X^{\mathrm{T}}X)^{-1}C^{\mathrm{T}}]^{-1/2}$。

### 4.1.3 协变量选择标准

在实际问题中, 往往感兴趣的一个问题是找到 $\{b_1, b_2, \cdots, b_{p-q}\}$ 的最优子集。记 $j$ 是 $\{1, 2, \cdots, p-q\}$ 的一个子集 $\{j_1, j_2, \cdots, j_{k(j)}\}$, 并记

$$\boldsymbol{b}(j) = (b_{j_1}\ b_{j_2}\ \cdots\ b_{j_{k(j)}})^{\mathrm{T}}$$

下面用 $j$ 表示 $\boldsymbol{b}_j$。注意到 "$\boldsymbol{b}(j)$ 和 $\boldsymbol{b}$ 有一样多的信息" 意味着 "$\boldsymbol{b}(j^c)$ 是 $\boldsymbol{b}(j)$ 的冗余部分", 其中 $j^c$ 是 $j$ 相对于整个集合 $\{1, 2, \cdots, p-q\}$ 的补集。考虑问题式 (4.6) 和式 (4.9) 中 $\boldsymbol{b}(j^c)$ 的冗余性问题, 也就是假设 $H(j)$ 和 $\widetilde{H}(j)$ 问题。所以选择协变量最优子集的问题可以看作选择 $H(j)$ 和 $\widetilde{H}(j)$ 此类假设族中最优的假设检验问题。可以利用 Akaike 信息准则 (Akaike, 1973) 选择协变量:

$$\mathrm{AIC}(j) = -2\log f(A, B; \widehat{\Theta}_j, \widehat{\Sigma}_j) + 2p(j)$$

其中, $f(A, B; \Theta, \Sigma)$ 是 $(A\ B)$ 的密度函数, $\widehat{\Theta}_j$ 和 $\widehat{\Sigma}_j$ 是假设 $H(j)$ 和 $\widetilde{H}(j)$ 下 $\Theta$ 和 $\Sigma$ 的极大似然估计, $p(j)$ 是对应独立参数的个数。最小化 $\mathrm{AIC}(j)$ 可以选择最优协变量 $b(j)$。记 $\lambda(j)$ 和 $\widetilde{\lambda}(j)$ 为检验问题 $H(j)$ 和 $\widetilde{H}(j)$ 的似然准则参数, 可以看出,

当考虑假设 $\{H(j)\}$ 问题时, 选择最优子集 $j$ 等价于最小化

$$A(j) = -n\log\lambda(j)^{2/n} - 2m[p-q-k(j)]$$

考虑假设 $\{\widetilde{H}(j)\}$ 问题时, 可以类似得到

$$\widetilde{A}(j) = -n\log\widetilde{\lambda}(j)^{2/n} - 2q[p-q-k(j)]$$

当对 $C\Theta$ 的冗余性感兴趣时, 可以对应于 $\widetilde{A}(j)$, 使用标准

$$\bar{A}(j) = -n\log\bar{\lambda}(j)^{2/n} - 2r[p-q-k(j)]$$

其中, $\bar{\lambda}$ 是检验假设 $\bar{H}(j)$ 的似然比准则, 而 $\bar{H}(j)$ 是对 $C\Theta$ 冗余性 $b(j^c)$ 的假设。

**例 4.1** 现在研究来自 Grizzle 和 Allen (1969) 的 Ramus 高度数据, 见表 A.3。该数据测量了 20 名分别为 8, 8.5, 9, 9.5 岁的男孩 Ramus 高度, 单位为毫米 (mm)。观测矩阵 $Y$ 为 $20\times 4$ 矩阵, 假定增长曲线模型为 (4.1), 其中均值为

$$\mathbb{E}(Y) = \mathbf{1}\,(\xi_0 \quad \xi_1)\begin{pmatrix} 1 & 1 & 1 & 1 \\ -3 & -1 & 1 & 3 \end{pmatrix}$$

矩阵 $Q_1 = Z(Z^{\mathrm{T}}Z)^{-1}$ 以及 $Q_2$ 由式 (4.2) 定义, 计算可得

$$Q_1 = \begin{pmatrix} \frac{1}{4} & -\frac{3}{20} \\ \frac{1}{4} & -\frac{1}{20} \\ \frac{1}{4} & \frac{1}{20} \\ \frac{1}{4} & \frac{3}{20} \end{pmatrix}, Q_2 = \begin{pmatrix} 1 & -1 \\ -1 & 3 \\ -1 & -3 \\ 1 & 1 \end{pmatrix}$$

可以计算响应变量 $\boldsymbol{y}$ 和 $(\boldsymbol{a}^{\mathrm{T}}\ \boldsymbol{b}^{\mathrm{T}})^{\mathrm{T}}$ 的样本协方差矩阵和相关矩阵为

$$\begin{array}{c} \\ y_1 \\ y_2 \\ y_3 \\ y_4 \end{array}\begin{array}{c} \begin{array}{cccc} y_1 & y_2 & y_3 & y_4 \end{array} \\ \begin{pmatrix} 6.33 & 6.19 & 5.78 & 5.55 \\ 0.97 & 6.45 & 6.15 & 5.92 \\ 0.87 & 0.92 & 6.92 & 6.95 \\ 0.81 & 0.85 & 0.97 & 7.47 \end{pmatrix} \end{array}, \begin{array}{c} \\ y_1 \\ y_2 \\ b_1 \\ b_2 \end{array}\begin{array}{c} \begin{array}{cccc} y_1 & y_2 & b_1 & b_2 \end{array} \\ \begin{pmatrix} 6.27 & 0.09 & -0.20 & -0.30 \\ 0.12 & 0.09 & 0.04 & -0.33 \\ -0.08 & 0.15 & 0.89 & -0.20 \\ -0.06 & -0.59 & -0.11 & 3.63 \end{pmatrix} \end{array}$$

数值结果见表 4.1。表中置信区间宽度是根据 Rao (1965,1966) 而计算得到的, 广义方差是根据 Grizzle 和 Allen (1969) 定义计算的, 即 $\mathrm{Cov}\left[(\widehat{\xi}_0 \quad \widehat{\xi}_1)^{\mathrm{T}}\right]$ 估计的行列式。

从表 4.1 可以看出, 所有的准则都选择了 $\{b_2\}$ 作为协变量的最优子集, 然而, 基于 AIC 和广义方差准则的次优子集是不同的。AIC 准则选择完整的协变量作为次优子集。在考虑 $\xi_0$ 和 $\xi_1$ 的情况下, 基于置信区间宽度的次优子集是不同的。

**表 4.1 协变量选择的标准**

| 结果 | 无冗余 | $\{b_2\}$ | $\{b_1, b_2\}$ |
|---|---|---|---|
| $\xi_0$ 估计值 | 50. 07 | 50. 07 | 50. 05 |
| $\xi_0$ 长度 | 2. 34 | 2. 31 | 2. 49 |
| $\xi_1$ 估计值 | 0. 4665 | 0. 4629 | 0. 4654 |
| $\xi_1$ 长度 | 0. 273 | 0. 227 | 0. 249 |
| 400 (广义方差) | 0. 525 | 0. 430 | 0. 535 |
| $A(j)$ | 0. 96 | $-3.6$ | 0 |
| $\widetilde{A}(j)$ | 4. 96 | $-1.6$ | 0 |

## 4.2 增长曲线模型的多目标变量选择

由前面所述, Fujikoshi 和 Rao (1991) 用假设检验和似然比方法来确定增长曲线模型中剖面多项式阶数, 假设设计矩阵 $X$ 的变量不需要选择。上述工作存在明显的限制: ①假设随机误差服从多元正态分布; ②假设构成设计矩阵的变量无须选择。另外, 众所周知, 传统的假设检验, $C_p$ 和 AIC 仅靠最优子集来逐步选择变量是个 NP 难问题 (Huo and Ni, 2007)。在增长曲线模型里当变量个数和多项式阶数的乘积较大时, 上述方法的有效性极低, 使得最终增长曲线模型中一阶参数估计值的准确性不能得到保证。

为了突破这些限制, 考虑一种替代传统最佳子集变量选择的新方法, 同时克服现存方法的缺陷, 期望可以同时选择构成设计矩阵的变量、确定剖面矩阵多项式的阶数以及估计相对应的一阶参数。回顾对于线性回归模型的变量选择问题, Fan 和 Li (2001) 提出了一种平滑截断绝对偏差 (SCAD) 惩罚方法, 该方法通常用于变量选择和模型估计中, 特别是在高维数据环境下。SCAD 惩罚函数具有平滑的形状, 在零处最小, 而在非零值附近则逐渐增加。这种形式使得在变量选择过程中可以压缩不需要的变量, 同时保留对真实信号的敏感性。SCAD 惩罚方法在统计建模和机器学习中得到了广泛应用, 特别是在稀疏模型估计和特征选择方面。

Fan 和 Li (2001) 所提出的 SCAD 方法在计算成本和稳定性方面优于最佳子集变量选择。其吸引人的特点是, 在适当选择正则化参数的情况下, 所得到的估计具有 Oracle 性质, 即真正的零一阶参数会被自动估计为零, 并且剩余的系数会被估计与事先知道正确的模型一样好。Fan 和 Li (2004) 进一步利用 SCAD 惩罚的思想去解决纵向数据变量选择的问题。

为了同时选择剖面矩阵多项式的阶数和构成设计矩阵的解释变量, 借助 SCAD 的众多优点, Hu 等 (2014) 提出了基于群组 SCAD 惩罚的广义最小二乘的三级变量选择与估计方法, 可以同时确定剖面矩阵多项式的阶数, 识别显著的解释变量, 还能将一阶参数收缩 (shrinkage) 为零并同时估计非零一阶参数的估计值。

把增长曲线模型 (1.4) 中的一阶参数矩阵的行和列划分为具有特殊重叠 (overlapping) 的行和列群组, 不但行组与变量选择之间存在等价关系, 而且列组与剖面矩阵的多项式阶数之间也存在等价关系, 前者类似线性模型中行组与变量选择之间的等价关系, Chen 和 Huang (2012) 利用了这个等价关系。增长曲线模型的重叠是非常特殊的, 参数矩阵的每一个元素重复两次也仅重复两次, 一次是成为行群组的一员, 另一次是成为列群组的一员, 只有两次被选择, 该元素才最终被选择。所以这种特别的重叠并没有增加问题的复杂度。然后, 利用这种等价关系, Hu 等 (2014) 使用平滑截断绝对偏差惩罚函数对行组、列组和一阶参数进行惩罚, 最终通过三级 SCAD 惩罚得到一阶参数矩阵的群组 SCAD 惩罚的广义最小二乘估计。理论证明, 在适当选择调节参数的情况下, 一阶参数矩阵的群组 SCAD 惩罚的广义最小二乘估计具有 Oracle 性质以及相合性。模拟计算结果表明提出的方法优于最佳子集选择以及直接将 SCAD 应用于增长曲线模型的向量版本的方法。本节内容主要取自 Hu 等 (2014) 的工作。

### 4.2.1 带群组 SCAD 惩罚的最小二乘估计

为了便于讨论, 记

$$\Theta = \begin{pmatrix} \Theta_{11} & \Theta_{12} \\ \Theta_{21} & \Theta_{22} \end{pmatrix}$$

其中, $\Theta_{11}$ 是一个 $m_0 \times q_0$ 矩阵。这里 $q_0$ ($\leqslant q-1$) 是剖面矩阵中多项式的基 $\{1, t, t^2, \cdots, t^{q-1}\}$ 的真实阶数, $m_0$ ($\leqslant m$) 是解释变量真实的个数。

设 $\boldsymbol{\theta}_{\cdot j}$ 表示参数矩阵 $\Theta$ 的第 $j$ $(1 \leqslant j \leqslant q)$ 列而 $\boldsymbol{\theta}_{i\cdot}$ 表示参数矩阵 $\Theta$ 的第 $i$ $(1 \leqslant i \leqslant m)$ 行。矩阵 $\Theta$ 的第 $j$ 列 $\boldsymbol{\theta}_{\cdot j}$ 对应于多项式的第 $(j-1)$ 阶项或 $Z$ 的第 $j$ 列。容易看出 $\boldsymbol{\theta}_{\cdot j} = \mathbf{0}$ 或 $\|\boldsymbol{\theta}_{\cdot j}\|_2 = 0$ 当且仅当 $j$ 项 (即剖面矩阵中多项式的 $t^{j-1}$ 项) 不存在。矩阵 $\Theta$ 的第 $i$ 行对应于 $X$ 的第 $i$ 列。同样, 不难看到, $\|\boldsymbol{\theta}_{i\cdot}\|_2 = 0$ 意味着第 $i$ 个解释变量是一个无意义的变量。因此, 这些无意义的解释变量需要从增长曲线模型 (1.4) 中删除。

Yuan 和 Lin (2006) 成功地把 LASSO (Tibshirani, 1996) 方法扩展到了群组变量的选择。Huang 等 (2009) 提出了一种用于变量选择的群组桥 (group bridge) 方法。Breheny 和 Huang (2009) 讨论了双水平选择的惩罚方法。Wei 和 Huang (2010) 在高维线性回归中研究了相合性选择。感兴趣的读者可以阅读综述文献 Huang 等 (2012) 关于群组选择方法的发展、理论性质和计算算法。

在剖面矩阵的多项式中包含过多的额外阶数会导致一阶参数的额外变异性和膨胀的置信区间, 在后面的模拟中显而易见, 更重要的是, 合适的解释变量可以使模型更高效、更准确。因此, 基于增长曲线模型 (1.4) 的结构和上述划分, 群组变量选择是一种有前景的 (甚至可能是不可或缺的) 通过增长曲线模型 (1.4) 进行重复观测数据分析的统计方法和工具。

本节把一阶参数矩阵的列和行视为群组，它们是具有先验信息的特别重叠结构的群组。将考虑非凹惩罚方法扩展到增长曲线模型 (1.4) 中变量的选择、剖面矩阵多项式阶数的确定以及模型中一阶参数元素的选择，这是一个三级变量选择的问题。特别地，所提出的三级变量选择是每个 $\Theta$ 的行组、每个列组以及每个参数元素的非凹惩罚的组合。带有三级群组非凹惩罚的最小二乘法目标函数为

$$\begin{aligned}\mathscr{L}(\Theta) \equiv & \frac{1}{2}\operatorname{tr}\left[\left(Y - X\Theta Z^{\mathrm{T}}\right)^{\mathrm{T}}\left(Y - X\Theta Z^{\mathrm{T}}\right)\right] + n\sum_{i=1}^{m}\mathrm{pe}_{\kappa_i}\left(\|\boldsymbol{\theta}_{i\cdot}\|_2\right) \\ & + n\sum_{j=1}^{q}\mathrm{pe}_{\varsigma_j}\left(\|\boldsymbol{\theta}_{\cdot j}\|_2\right) + n\sum_{i=1}^{m}\sum_{j=1}^{q}\mathrm{pe}_{\lambda_{ij}}\left(|\theta_{ij}|\right)\end{aligned} \tag{4.13}$$

其中，$\|\cdot\|_2$ 表示 $L_2$ 范数，$\boldsymbol{\theta}_{\cdot j}$ 表示 $\Theta$ 的第 $j$ 列向量，$\boldsymbol{\theta}_{i\cdot}$ 表示 $\Theta$ 的第 $i$ 行向量，$\mathrm{pe}_{\kappa_i}(\cdot)$，$\mathrm{pe}_{\varsigma_j}(\cdot)$ 和 $\mathrm{pe}_{\lambda_{ij}}(\cdot)$ 为惩罚函数，$(\kappa_i\ \ \varsigma_j\ \ \lambda_{ij})$ 是三个调节参数。根据惩罚最小二乘法目标函数 (4.13)，一阶参数矩阵带群组 SCAD 惩罚的最小二乘估计 (penalized least squares estimator with group SCAD penalty, LSE-gscad 或者简记为 gscad) 为

$$\widehat{\Theta}_{\mathrm{gscad}} = \underset{\Theta \in \mathscr{M}_{m\times q}}{\operatorname{argmin}}\ \mathscr{L}(\Theta) \tag{4.14}$$

通过求解最优化问题 (4.14)，可以唯一确定重要变量集合，剖面矩阵多项式的阶数以及参数矩阵非零元素的集合。

调节参数控制模型的复杂度，可以通过一些数据驱动方法进行选择，这将在 4.2.4 节进行探讨。此外，许多惩罚函数，如 $L_r$-惩罚 $(r \geqslant 0)$ 族，在各种参数模型的惩罚最小二乘和惩罚似然中都有所使用。Antoniadis 和 Fan (2001) 以及 Fan 和 Li (2001) 提供了关于如何选择惩罚函数的各种见解。他们主张一个良好的惩罚函数应该使得估计具有以下三个关键特性。

无偏性：当真实未知参数较大时，所得到的估计应该几乎是无偏的。这有助于避免不必要的建模偏差，从而使估计结果更加准确。无偏性确保了提供的参数估计在平均值上不会有系统性的过高或过低偏差。

稀疏性：所得到的估计应该具有阈值规则的特性，能够自动将具有较小估计的参数设定为零。这有助于促进模型的稀疏性，通过有效地选择对响应变量相关性最高的特征变量子集。减少特征变量数量有助于简化模型并减少过拟合的风险。

连续性：所得到的估计应该在数据上具有连续性，即输入数据的微小变化应该只导致估计的微小变化。这一特性对于模型预测的稳定性至关重要，因为它有助于防止由数据微小变化引起的参数估计的大幅波动。连续性确保模型预测在不同数据集或数据点上保持稳定性。

Fan 和 Li (2001) 提出的 SCAD 惩罚函数具有上述三个期望的性质。这个

SCAD 惩罚函数归功于 Fan (1997) 的工作, 他在小波设置中已对这个函数进行了讨论。仿照这个 SCAD 惩罚函数, 具体给定 $\varsigma > 0$, 在增长曲线模型 (1.4) 参数矩阵 $\Theta$ 处的 SCAD 惩罚定义为

$$\mathrm{pe}_{\varsigma}(\theta) = \begin{cases} \varsigma|\theta|, & |\theta| \leqslant \varsigma \\ -(\theta^2 - 2a\varsigma|\theta| + \varsigma^2)/[2(a-1)], & \varsigma < |\theta| \leqslant a\varsigma \\ (a+1)\varsigma^2/2, & |\theta| > a\varsigma \end{cases}$$

可以通过它的一阶导数获得更多的详细信息

$$\mathrm{pe}'_{\varsigma}(\theta) = \begin{cases} \varsigma\, \mathrm{sign}(\theta), & |\theta| \leqslant \varsigma \\ \frac{a\varsigma - |\theta|}{a-1} \mathrm{sign}(\theta), & \varsigma < |\theta| \leqslant a\varsigma \\ 0, & |\theta| > a\varsigma \end{cases}$$

基于 $\mathrm{pe}'_{\varsigma}(\theta)$ 很容易看到 SCAD 惩罚在 $(-\infty, 0) \cup (0, \infty)$ 是连续可微的, 但在 0 处是奇异的。因此, SCAD 惩罚方法可以产生稀疏解和对较大一阶参数的无偏估计。本章将采用 Fan 和 Li (2001) 中建议的 $a = 3.7$。

研究带群组 SCAD 惩罚的最小二乘估计 $\widehat{\Theta}_{\mathrm{gscad}}$ 的渐近性质, 首先需要知道它的收敛速度。记

$$a_n^{\mathrm{r}} = \max_{1 \leqslant i \leqslant m} \{|\mathrm{pe}'_{\kappa_i}(\|\boldsymbol{\theta}_{\boldsymbol{i}\cdot}\|_2)| : \boldsymbol{\theta}_{\boldsymbol{i}\cdot} \neq \mathbf{0}\},\ b_n^{\mathrm{r}} = \max_{1 \leqslant j \leqslant m} \{|\mathrm{pe}''_{\kappa_i}(\|\boldsymbol{\theta}_{\boldsymbol{i}\cdot}\|_2)| : \boldsymbol{\theta}_{\boldsymbol{i}\cdot} \neq \mathbf{0}\}$$

$$a_n^{\mathrm{c}} = \max_{1 \leqslant j \leqslant q} \left\{\left|\mathrm{pe}'_{\varsigma_j}\left(\|\boldsymbol{\theta}_{\cdot\boldsymbol{j}}\|_2\right)\right| : \boldsymbol{\theta}_{\cdot\boldsymbol{j}} \neq \mathbf{0}\right\},\ b_n^{\mathrm{c}} = \max_{1 \leqslant j \leqslant q} \left\{\left|\mathrm{pe}''_{\varsigma_j}\left(\|\boldsymbol{\theta}_{\cdot\boldsymbol{j}}\|_2\right)\right| : \boldsymbol{\theta}_{\boldsymbol{i}\cdot} \neq \mathbf{0}\right\}$$

以及

$$a_n^{\mathrm{id}} = \max_{1 \leqslant i \leqslant m, 1 \leqslant j \leqslant p} \left\{\left|\mathrm{pe}'_{\lambda_{ij}}(\theta_{ij})\right| : \theta_{ij} \neq 0\right\}$$

和

$$b_n^{\mathrm{id}} = \max_{1 \leqslant i \leqslant m, 1 \leqslant j \leqslant p} \left\{\left|\mathrm{pe}''_{\lambda_{ij}}(\theta_{ij})\right| : \theta_{ij} \neq 0\right\}$$

对应于参数矩阵 $\Theta$ 的分块, 记

$$\widehat{\Theta}_{\mathrm{gscad}} = \begin{pmatrix} \widehat{\Theta}_{11} & \widehat{\Theta}_{12} \\ \widehat{\Theta}_{21} & \widehat{\Theta}_{22} \end{pmatrix}$$

其中, $\widehat{\Theta}_{11}$ 是一个 $m_0 \times q_0$ 矩阵。根据 $\Theta$ 的分块, 把剖面 $Z$ 和设计矩阵 $X$ 分块为

$$Z = \begin{pmatrix} Z_1 & Z_2 \end{pmatrix}$$

其中, $Z_1$ 是 $p \times q_0$ 阶矩阵且 $Z_2$ 是 $p \times (q - q_0)$ 阶矩阵, 以及

$$X = \begin{pmatrix} X_1 & X_2 \end{pmatrix}$$

其中, $X_1$ 是一个 $n\times m_0$ 阶矩阵而 $X_2$ 是 $n\times(m-m_0)$ 阶矩阵。

**假设 4.1** 假设

$$\lim_{n\to\infty} n^{-1}X_1^{\mathrm{T}}X_1=R_{11}>\mathbf{0} \text{ 和 } Z_1^{\mathrm{T}}Z_1>\mathbf{0}$$

如果想象设计矩阵的子矩阵 $X_1$ 的行向量是来自协方差为 $R_{11}$ 分布的一个独立同分布的样本, 那么根据柯尔莫哥洛夫强大数定律, $\dfrac{1}{n}X_1^{\mathrm{T}}X_1$ 以概率 1 收敛于正定矩阵 $R_{11}$。

**定理 4.3** 在假设 4.1 下, 当样本量趋于无穷大时, 如果 $a_n^{\mathrm{r}}$, $a_n^{\mathrm{c}}$, $a_n^{\mathrm{id}}$, $b_n^{\mathrm{r}}$, $b_n^{\mathrm{c}}$ 和 $b_n^{\mathrm{id}}$ 均趋于 0, 则以概率趋于 1 群组 SCAD 惩罚的最小二乘目标函数 $\mathscr{L}(\Theta)$ 有一个局部极小值 $\widehat{\Theta}_{\mathrm{gscad}}$, 使

$$\|\widehat{\Theta}_{\mathrm{gscad}}-\Theta\|_{\mathrm{F}}=O_p\left(n^{-1/2}+a_n^{\mathrm{r}}+a_n^{\mathrm{c}}+a_n^{\mathrm{id}}\right)$$

为了证明定理 4.3, 要使用下面的符号以及相应的矩阵拉直运算。

对于矩阵 $\Theta_{11}$, 存在一个 $m_0q_0\times m_0q_0$ 初等变换矩阵 $L_0=(L_{10}\ L_{20})$ 使得

$$\mathrm{vec}(\Theta_{11})=L_{10}\boldsymbol{\beta}_{10}+L_{20}\boldsymbol{\beta}_{20}$$

其中, $\boldsymbol{\beta}_{10}$ 是一个 $d_0$-维非零元素构成的向量, 而所有零元素向量为 $\boldsymbol{\beta}_{20}=\mathbf{0}$。相应的估计记为

$$\mathrm{vec}(\widehat{\Theta}_{11})=L_{10}\widehat{\boldsymbol{\beta}}_{\mathbf{10}}+L_{20}\widehat{\boldsymbol{\beta}}_{\mathbf{20}}$$

下面展示一个简单的例子, 如果

$$\Theta_{11}=\begin{pmatrix}\theta_{11} & 0\\ 0 & \theta_{22}\\ \theta_{31} & \theta_{32}\end{pmatrix}$$

则有

$$L_{10}=\begin{pmatrix}1&0&0&0\\0&0&0&0\\0&0&0&0\\0&1&0&0\\0&0&1&0\\0&0&0&1\end{pmatrix},L_{20}=\begin{pmatrix}0&0\\1&0\\0&1\\0&0\\0&0\\0&0\end{pmatrix}$$

以及

$$\boldsymbol{\beta}_{10}=\begin{pmatrix}\theta_{11}\\ \theta_{22}\\ \theta_{31}\\ \theta_{32}\end{pmatrix} \text{ 和 } \boldsymbol{\beta}_{20}=\begin{pmatrix}0\\0\end{pmatrix}$$

上述初等变换矩阵 $L_0$ 对把矩阵 $\Theta_{11}$ 的元素任意分成两组的划分也成立。又记

$$\boldsymbol{\beta}=\begin{pmatrix}\boldsymbol{\beta}_{10}\\ \boldsymbol{\beta}_Z\end{pmatrix} \text{ 并且 } \boldsymbol{\beta}_z=\begin{pmatrix}\boldsymbol{\beta}_{20}\\ \mathrm{vec}(\Theta_{12})\\ \mathrm{vec}(\Theta_{21})\\ \mathrm{vec}(\Theta_{22})\end{pmatrix}$$

首先介绍一个引理。

**引理 4.1** 对于任意 $(i,j)$, 当 $n\to\infty$ 时, 如果有 $\kappa_i\to 0,\varsigma_j\to 0,\lambda_{ij}\to 0$ 并且 $\sqrt{n}\,\kappa_i\to\infty,\sqrt{n}\,\varsigma_j\to\infty,\sqrt{n}\,\lambda_{ij}\to\infty$, 那么对于任意给定的满足 $||\boldsymbol{\beta}_{10}^*-\boldsymbol{\beta}_{10}||_2=O_p(n^{-1/2})$ 的 $\boldsymbol{\beta}_{10}^*$ 和任意常数 $c_1,c_2,c_3,c_4$, 则

$$\mathscr{L}((\boldsymbol{\beta}_{10}^*\ \ \mathbf{0}))=\min_{\boldsymbol{\beta}_z^*\in\mathscr{H}_0}\mathscr{L}((\boldsymbol{\beta}_{10}^*\ \ \boldsymbol{\beta}_z^*)) \tag{4.15}$$

的概率趋向于 1, 其中

$$\mathscr{H}_0=\{\boldsymbol{\beta}_z^*:||\boldsymbol{\beta}_{20}^*||\leqslant c_1n^{-1/2},||\Theta_{12}^*||\leqslant c_2n^{-1/2},||\Theta_{21}^*||\leqslant c_3n^{-1/2},\\ ||\Theta_{22}^*||\leqslant c_4n^{-1/2}\}$$

**证明:** 为了证明最小值在 $\boldsymbol{\beta}_z^*=\mathbf{0}$ 处达到, 可以证明, 对于常数 $c=\max\{c_1,c_2,c_3,c_4\}$, 如果 $\boldsymbol{\beta}$ 或 $\Theta^*$ 满足

$$||\boldsymbol{\beta}_{10}^*-\boldsymbol{\beta}_{10}||_2=O_p(n^{-1/2})$$

并且对于 $\boldsymbol{\beta}_z^*$ 中的任意元素 $\beta_l^*,\beta_l^*\equiv\theta_{ij}^*\in(-cn^{-1/2},cn^{-1/2})$, $\partial\mathscr{L}(\boldsymbol{\beta}^*)/\partial\beta_l^*$ 和 $\beta_l^*$ 有相同的符号, 即 $\partial\mathscr{L}(\Theta^*)/\partial\theta_{ij}^*$ 和 $\theta_{ij}^*$ 有相同的符号, 那么, 当 $n\to\infty$ 时, 式 (4.15) 概率趋向于 1。

记

$$\Phi(\Theta)=\frac{1}{2}\mathrm{tr}\left[(Y-X\Theta Z^{\mathrm{T}})^{\mathrm{T}}(Y-X\Theta Z^{\mathrm{T}})\right]$$

对于任意非零元素 $\theta_{ij}^*$, 即 $\boldsymbol{\beta}_z$ 中的 $\beta_l^*$, 都有

$$\frac{\partial\mathscr{L}(\Theta^*)}{\partial\theta_{ij}^*}=\frac{\partial\Phi(\Theta^*)}{\partial\theta_{ij}^*}+n\mathrm{pe}'_{\kappa_i}(||\boldsymbol{\theta}_{i\cdot}^*||_2)\frac{\theta_{ij}^*}{||\boldsymbol{\theta}_{i\cdot}^*||_2}+n\mathrm{pe}'_{\varsigma_j}(||\boldsymbol{\theta}_{\cdot j}^*||_2)\frac{\theta_{ij}^*}{||\ \boldsymbol{\theta}_{\cdot j}^*||_2}+n\mathrm{pe}'_{\lambda_{ij}}(|\theta_{ij}^*|)$$

容易看出

$$\begin{aligned}\frac{\partial\Phi(\Theta^*)}{\partial\theta_{ij}^*}&=-\sum_{s=1}^{n}\sum_{t=1}^{p}x_{si}(y_{st}-\boldsymbol{x}_s^{\mathrm{T}}\Theta\boldsymbol{z}_t)z_{jt}-\sum_{s=1}^{n}\sum_{t=1}^{p}x_{si}\boldsymbol{x}_s^{\mathrm{T}}(\Theta^*-\Theta)\boldsymbol{z}_tz_{jt}\\ &=J_1+J_2\end{aligned}$$

其中, $\boldsymbol{x}_s=(x_{s1}\ x_{s2}\ \cdots\ x_{sm})^{\mathrm{T}}$ 和 $\boldsymbol{z}_t=(z_{1t}\ z_{2t}\ \cdots\ z_{pt})^{\mathrm{T}}$。容易验证

$$\frac{1}{n}J_1=-\frac{1}{n}\sum_{t=1}^{p}\sum_{s=1}^{n}x_{si}\mathcal{E}_{st}z_{jt}=O_p(n^{-1/2})$$

其中, $\mathcal{E}_{st}$ 是随机误差矩阵 $\mathcal{E}$ 的第 $st$ 个元素。另外, 假设 $||\Theta^* - \Theta||_{\mathrm{F}} = O_p(n^{-1/2})$ 并且 $X^{\mathrm{T}}X/n = O(1)$, 可以得到

$$J_2 = O_p(n^{-1/2})$$

故 $\dfrac{1}{n}\dfrac{\partial \Phi(\Theta^*)}{\partial \theta_{ij}^*}$ 是 $O_p(n^{-1/2})$ 的阶。

因此,

$$\frac{\partial \mathscr{L}(\Theta^*)}{\partial \theta_{ij}^*} = n\Bigg[\mathrm{pe}'_{\kappa_i}(||\boldsymbol{\theta}_{i\cdot}^*||_2)\frac{\theta_{ij}^*}{||\boldsymbol{\theta}_{i\cdot}^*||_2} + \mathrm{pe}'_{\varsigma_j}(||\boldsymbol{\theta}_{\cdot j}^*||_2)\frac{\theta_{ij}^*}{||\boldsymbol{\theta}_{\cdot j}^*||_2} + \mathrm{pe}'_{\lambda_{ij}}(|\theta_{ij}^*|) + O_p(n^{-1/2})\Bigg]$$

当 $n \to \infty$ 时, $\kappa_i \to 0, \varsigma_j \to 0, \lambda_{ij} \to 0$ 并且 $\sqrt{n}\kappa_i \to \infty, \sqrt{n}\varsigma_j \to \infty, \sqrt{n}\lambda_{ij} \to \infty$。因此存在一个很大的 $N$, 当 $n > N$ 时, 有

$$||\boldsymbol{\theta}_{i\cdot}^*||_2 \leqslant n^{-1/2}qc < \kappa_i$$

$$||\boldsymbol{\theta}_{\cdot j}^*||_2 \leqslant n^{-1/2}mc < \varsigma_j$$

以及

$$|\beta_{ij}| \leqslant n^{-1/2} < \lambda_{ij}$$

因此, $\partial \mathscr{L}(\Theta^*)/\partial \theta_{ij}^*$ 可以进一步表示为

$$\frac{\partial \mathscr{L}(\Theta^*)}{\partial \theta_{ij}^*} = n\left[\left(\kappa_i \frac{|\theta_{ij}^*|}{||\boldsymbol{\theta}_{i\cdot}^*||_2} + \varsigma_j \frac{|\theta_{ij}^*|}{||\boldsymbol{\theta}_{\cdot j}^*||_2} + \lambda_{ij}\right)\mathrm{sgn}(\theta_{ij}^*) + O_p(n^{-1/2})\right]$$

这意味着导数的符号完全由 $\theta_{ij}^*$ 的符号决定。这就完成了引理 4.1 的证明。

**定理 4.3 的证明:** 记 $\alpha_n = (n^{-1/2} + a_n^{\mathrm{r}} + a_n^{\mathrm{c}} + a_n^{\mathrm{id}})$。可以证明, 对于任意给定的 $\tau > 0$, 存在一个很大的常数 $h$, 使得

$$\Pr\left[\inf_{||U||=h} \mathscr{L}(\Theta + \alpha_n U) \geqslant \mathscr{L}(\Theta)\right] \geqslant 1 - \tau$$

其中, $U$ 是一个 $m \times q$ 阶常数矩阵。上面式子的概率至少为 $1-\tau$, 这意味着在 $\{\Theta + \alpha_n U : ||U|| \leqslant h\}$ 内存在一个极小元。令

$$D_n(U) = \mathscr{L}(\Theta + \alpha_n U) - \mathscr{L}(\Theta)$$

注意到

$$\mathrm{pe}_{\kappa_i}(0) = 0,\ \mathrm{pe}_{\varsigma_j}(0) = 0,\ \mathrm{pe}_{\lambda_{ij}}(0) = 0$$

并且

$$\mathrm{pe}_{\kappa_i}(||\boldsymbol{\theta}_{i\cdot}^*||_2) \geqslant 0,\ \mathrm{pe}_{\varsigma_j}(||\boldsymbol{\theta}_{\cdot j}||_2) \geqslant 0 \text{ 和 } \mathrm{pe}_{\lambda_{ij}}(|\theta_{ij}|) \geqslant 0$$

因此认为

$$\begin{aligned}\frac{1}{n}D_n(U) =& \frac{1}{2n}\mathrm{tr}\left\{\left[Y - X(\Theta+\alpha_n U)Z^{\mathrm{T}}\right]^{\mathrm{T}}\left[Y - X(\Theta+\alpha_n U)Z^{\mathrm{T}}\right]\right\}\\ &+\sum_{i=1}^{m}\mathrm{pe}_{\kappa_i}(||\boldsymbol{\theta}_{i\cdot}+\alpha_n\boldsymbol{u}_{i\cdot}||_2)+\sum_{j=1}^{q}\mathrm{pe}_{\varsigma_j}(||\boldsymbol{\theta}_{i\cdot}+\alpha_n\boldsymbol{u}_{\cdot j}||_2)\\ &+\sum_{i,j=1}^{(m,q)}\mathrm{pe}_{\lambda_{ij}}(|\theta_{ij}+\alpha_n u_{ij}|)-\frac{1}{n}\mathscr{L}(\Theta)\end{aligned}$$

很容易得到如下分解式

$$\begin{aligned}&\mathrm{tr}\left\{[Y - X(\Theta+\alpha_n U)Z^{\mathrm{T}}]^{\mathrm{T}}[Y - X(\Theta+\alpha_n U)Z^{\mathrm{T}}]\right\}\\ =&\,\mathrm{tr}[(Y-X\Theta Z^{\mathrm{T}})^{\mathrm{T}}(Y-X\Theta Z^{\mathrm{T}})]+\alpha_n^2\mathrm{tr}(ZU^{\mathrm{T}}X^{\mathrm{T}}XUZ^{\mathrm{T}})\\ &-2\alpha_n\mathrm{tr}[U^{\mathrm{T}}X^{\mathrm{T}}(Y-X\Theta Z^{\mathrm{T}})Z]\\ =&\,\mathrm{tr}[(Y-X\Theta Z^{\mathrm{T}})^{\mathrm{T}}(Y-X\Theta Z^{\mathrm{T}})]+2n(J_1+J_2)\end{aligned}$$

由于 $X^{\mathrm{T}}X/n = O(1)$, 已知 $J_1$ 的阶为 $h^2\alpha_n^2$, $n^{-1/2}\alpha_n = O_p(\alpha_n^2)$。根据中心极限定理

$$\frac{1}{n}X^{\mathrm{T}}(Y - X\Theta Z^{\mathrm{T}}) = \frac{1}{n}X\mathcal{E} = O_p(n^{-1/2})$$

可以认为

$$J_2 = O_p(n^{-1/2}\alpha_n||U||)$$

通过选择一个足够大的 $h$, $J_1$ 将占据第二项, 相同的 $||U|| = h$。而且, 由泰勒展开式和柯西-施瓦茨不等式

$$\alpha_n a_n^{\mathrm{c}}||u_{\cdot j}||_2 + \alpha_n^2 b_n^{\mathrm{c}}||u_{\cdot j}||_2^2 \leqslant h\alpha_n^2(1+b_n^{\mathrm{c}}h)$$

可以得到

$$\sum_{j=1}^{q}[\mathrm{pe}_{\varsigma_j}(||\boldsymbol{\theta}_{i\cdot}+\alpha_n\boldsymbol{u}_{\cdot j}||_2)-\mathrm{pe}_{\varsigma_j}(||\boldsymbol{\theta}_{i\cdot}||_2)]$$

类似地, 根据

$$\alpha_n a_n^{\mathrm{r}}||\boldsymbol{u}_{\cdot j}||_2 + \alpha_n^2 b_n^{\mathrm{r}}||\boldsymbol{u}_{\cdot j}||_2^2 \leqslant h\alpha_n^2(1+b_n^{\mathrm{r}}h)$$

可以得到

$$\sum_{i=1}^{m}[\mathrm{pe}_{\kappa_j}(||\boldsymbol{\theta}_{i\cdot}+\alpha_n\boldsymbol{u}_{\cdot j}||_2)-\mathrm{pe}_{\kappa_j}(||\boldsymbol{\theta}_{i\cdot}||_2)]$$

再根据

$$\alpha_n a_n^{\mathrm{id}}|u_{ij}| + \alpha_n^2 b_n^{\mathrm{id}}|u_{ij}|^2 \leqslant h\alpha_n^2(1+b_n^{\mathrm{id}}h)$$

可以得到

$$\sum_{i,j=1}^{(m,q)} [\mathrm{pe}_{\lambda_{ij}}(|\theta_{ij} + \alpha_n u_{ij}|) - \mathrm{pe}_{\lambda_{ij}}(|\theta_{ij}|)]$$

由于 $b_n^{\mathrm{r}} \to 0$, $b_n^{\mathrm{c}} \to 0$ 和 $b_n^{\mathrm{id}} \to 0$, 则当 $h$ 足够大时, $h\alpha_n^2(1+b_n^{\mathrm{r}}h)$, $h\alpha_n^2(1+b_n^{\mathrm{c}}h)$ 和 $h\alpha_n^2(1+b_n^{\mathrm{id}}h)$ 将取决于 $J_1$, 这就完成了定理 4.3 的证明。

从定理 4.3 可以看出 $\Theta$ 的收敛速度依赖于 $\kappa_i$, $\varsigma_j$ 和 $\lambda_{ij}$。为了达到 $\sqrt{n}$ 的收敛速度, 取 $\kappa_i$, $\varsigma_j$ 和 $\lambda_{ij}$ 足够小使 $a_n^{\mathrm{r}} + a_n^{\mathrm{c}} + a_n^{\mathrm{id}} = O\left(n^{-1/2}\right)$。

接下来, 建立带群组 SCAD 惩罚的最小二乘估计 $\widehat{\Theta}_{\mathrm{gscad}}$ 的 Oracle 性质。

**定理 4.4** (Oracle 性质) 在假设 4.1 下, 当 $n \to \infty$ 时, 如果 $\kappa_i \to 0$, $\varsigma_j \to 0$, $\lambda_{ij} \to 0$ 以及 $\sqrt{n}\kappa_i \to \infty$, $\sqrt{n}\varsigma_j \to \infty$, $\sqrt{n}\lambda_{ij} \to \infty$, 那么, $\sqrt{n}$ 一致局部最小值 $\widehat{\Theta}_{\mathrm{gscad}}$ 以概率趋于 1 满足

(1) 稀疏性: $\widehat{\boldsymbol{\beta}}_{20} = \mathbf{0}$, $\widehat{\Theta}_{12} = \mathbf{0}$, $\widehat{\Theta}_{21} = \mathbf{0}$ 和 $\widehat{\Theta}_{22} = \mathbf{0}$。

(2) 渐近正态性: $\sqrt{n}\,\Omega_n^{-1/2}\left(\widehat{\boldsymbol{\beta}}_{10} - \boldsymbol{\beta}_{10}\right)$ 依分布收敛到多元正态分布 $N_{m_0q_0}(\mathbf{0}, 1)$, 其中, $\Omega_n = nT^{-1}L_{10}^{\mathrm{T}}(X_1^{\mathrm{T}}X_1 \otimes Z_1^{\mathrm{T}}\Sigma Z_1)L_{10}T$ 且 $T = L_{10}^{\mathrm{T}}(X_1^{\mathrm{T}}X_1 \otimes Z_1^{\mathrm{T}}Z_1)L_{10}$。

**证明:** (1) 部分可以直接由引理 4.1 推出。现在证明 (2) 部分。由引理 4.1 和定理 4.3 知, 以概率趋于 1 带群组 SCAD 惩罚的最小二乘目标函数 $\mathscr{L}(\beta)$ 或者 $\mathscr{L}(\Theta)$ 有一个局部极小元

$$\widehat{\boldsymbol{\beta}} = \begin{pmatrix} \widehat{\boldsymbol{\beta}}_{10} \\ \mathbf{0} \end{pmatrix}$$

满足

$$\left.\frac{\partial \mathscr{L}(\boldsymbol{\beta})}{\partial \beta_l}\right|_{\widehat{\boldsymbol{\beta}}} = 0, \quad l = 1, 2, \cdots, d_0$$

修正 $\Theta_{12} = \mathbf{0}$, $\Theta_{21} = \mathbf{0}$ 和 $\Theta_{22} = \mathbf{0}$。令 $T = (X_1 \otimes Z_1)L_0$。然后计算 $\mathscr{L}(\boldsymbol{\beta})$ 对 $\beta_l$ 的偏导, 有

$$\begin{aligned}\frac{\partial \mathscr{L}(\boldsymbol{\beta})}{\partial \beta_l} =& -\boldsymbol{t}_l^{\mathrm{T}}[\mathrm{vec}(\mathrm{Y}) - T\boldsymbol{\beta}] + n\mathrm{pe}'_{\kappa_i}(||\boldsymbol{\theta}_{i\cdot}||_2)\frac{\theta_{ij}}{||\boldsymbol{\theta}_{i\cdot}||_2} \\ &+ \mathrm{pe}'_{\varsigma_j}(||\boldsymbol{\theta}_{\cdot j}||_2)\frac{\theta_{ij}}{||\boldsymbol{\theta}_{\cdot j}||_2} + n\mathrm{pe}'_{\lambda_{ij}}(|\theta_{ij}|)\end{aligned}$$

其中, $\beta_l\ (l = 1, 2, \cdots, d_0)$ 是在 $\Theta_{11}$ 和 $T = (\boldsymbol{t}_1\ \boldsymbol{t}_2\ \cdots\ \boldsymbol{t}_{np})^{\mathrm{T}}$ 中的非零元素 $\theta_{ij}$。把 $\widehat{\boldsymbol{\beta}}$ 代入上面的等式并让等式两边同除 $n$, 可以得到以下等式

$$-\frac{1}{n}\boldsymbol{t}_l^{\mathrm{T}}[\mathrm{vec}(\mathrm{Y}) - T\widehat{\boldsymbol{\beta}}_{10}] + \mathrm{pe}'_{\kappa_i}(||\widehat{\boldsymbol{\theta}}_{i\cdot}||_2)\frac{\widehat{\theta}_{ij}}{||\widehat{\boldsymbol{\theta}}_{i\cdot}||_2} + \mathrm{pe}'_{\varsigma_j}(||\widehat{\boldsymbol{\theta}}_{\cdot j}||_2)\frac{\widehat{\theta}_{ij}}{||\widehat{\boldsymbol{\theta}}_{\cdot j}||_2} + \mathrm{pe}'_{\lambda_{ij}}(|\widehat{\theta}_{ij}|) = 0$$

运用泰勒展开式, 可以得到

$$\mathrm{pe}'_{\kappa_i}(||\widehat{\boldsymbol{\theta}}_{i\cdot}||_2) = \mathrm{pe}'_{\kappa_i}(||\boldsymbol{\theta}_{i\cdot}||_2) + [\mathrm{pe}''_{\kappa_i}(||\boldsymbol{\theta}_{i\cdot}||_2) + o_p(1)](||\widehat{\boldsymbol{\theta}}_{i\cdot}||_2 - ||\boldsymbol{\theta}_{i\cdot}||_2)$$

$$\mathrm{pe}'_{\varsigma_j}(||\widehat{\boldsymbol{\theta}}_{\cdot j}||_2) = \mathrm{pe}'_{\varsigma_j}(||\boldsymbol{\theta}_{\cdot j}||_2) + [\mathrm{pe}''_{\varsigma_i}(||\boldsymbol{\theta}_{\cdot j}||_2) + o_p(1)](||\widehat{\boldsymbol{\theta}}_{\cdot j}||_2 - ||\boldsymbol{\theta}_{\cdot j}||_2)$$

和

$$\mathrm{pe}'_{\lambda_{ij}}(|\widehat{\theta}_{ij}|) = \mathrm{pe}'_{\lambda_{ij}}(|\widehat{\theta}_{ij}|) + [\mathrm{pe}''_{\lambda_{ij}}(|\widehat{\theta}_{ij}|) + o_p(1)]|\widehat{\theta}_{ij} - \theta_{ij}|$$

从条件 $b_n^{\mathrm{r}} = o_p(1)$, $b_n^{\mathrm{c}} = o_p(1)$ 和 $b_n^{\mathrm{id}} = o_p(1)$ 表明

$$\mathrm{pe}''_{\kappa_i}(||\boldsymbol{\theta}_{i\cdot}||_2) = o_p(1),\ \mathrm{pe}''_{\varsigma_i}(||\boldsymbol{\theta}_{\cdot j}||_2) = o_p(1) \text{ 和 } \mathrm{pe}''_{\lambda_{ij}}(|\widehat{\theta}_{ij}|) = o_p(1)$$

因为当 $n \to \infty$ 时, $\kappa_i \to 0$, $\varsigma_j \to 0$ 和 $\lambda_{ij} \to 0$, 所以

$$\mathrm{pe}'_{\kappa_i}(||\widehat{\boldsymbol{\theta}}_{i\cdot}||_2) = 0,\ \mathrm{pe}'_{\varsigma_j}(||\widehat{\boldsymbol{\theta}}_{\cdot j}||_2) = 0 \text{ 以及 } \mathrm{pe}'_{\lambda_{ij}}(||\widehat{\boldsymbol{\theta}}_{ij}||_2) = 0$$

这些表明

$$\mathrm{pe}'_{\kappa_i}(||\widehat{\boldsymbol{\theta}}_{i\cdot}||_2)\frac{\widehat{\theta}_{ij}}{||\widehat{\boldsymbol{\theta}}_{i\cdot}||_2} = o_p(||\widehat{\boldsymbol{\beta}}_{10} - \boldsymbol{\beta}_{10}||_2)$$

$$\mathrm{pe}'_{\varsigma_j}(||\boldsymbol{\theta}_{\cdot j}||_2)\frac{\widehat{\theta}_{ij}}{||\widehat{\boldsymbol{\theta}}_{\cdot j}||_2} = o_p(||\widehat{\boldsymbol{\beta}}_{10} - \boldsymbol{\beta}_{10}||_2)$$

并且

$$\mathrm{pe}'_{\lambda_{ij}}(|\widehat{\theta}_{ij}|) = o_p(||\widehat{\boldsymbol{\beta}}_{10} - \boldsymbol{\beta}_{10}||_2)$$

当 $l = 1, 2, \cdots, d_0$ 时, 联合全部不等式, 可以得到

$$\frac{1}{n}T_1^{\mathrm{T}}\left[\mathrm{vec}(Y) - T_1\widehat{\boldsymbol{\beta}}_{10}\right] + o_p(||\widehat{\boldsymbol{\beta}}_{10} - \boldsymbol{\beta}_{10}||_2) = 0$$

其中 $T_1 = (X_1 \otimes Z_1)L_{10}$ 并且 $L_0 = (L_{10}\ \ L_{20})$。也就是

$$\frac{1}{n}T_1^{\mathrm{T}}[\mathrm{vec}(\mathcal{E}) - T_1(\widehat{\boldsymbol{\beta}}_{10} - \boldsymbol{\beta}_{10})] + o_p(||\widehat{\boldsymbol{\beta}}_{10} - \boldsymbol{\beta}_{10}||_2) = \mathbf{0}$$

因此,

$$\sqrt{n}\,(\widehat{\boldsymbol{\beta}}_{10} - \boldsymbol{\beta}_{10}) = \left(T_1^{\mathrm{T}}T_1\right)^{-1}L_{10}^{\mathrm{T}}\left(X_1^{\mathrm{T}}X_1 \otimes Z_1^{\mathrm{T}}\right)\mathrm{vec}\left[\sqrt{n}(X_1^{\mathrm{T}}X_1)^{-1}X_1^{\mathrm{T}}\mathcal{E}\right] + o_p(1)$$

根据 Hu 和 Yan (2008) 的相关研究, 可以认为 $\sqrt{n}\,(X_1^{\mathrm{T}}X_1)^{-1}X_1^{\mathrm{T}}\mathcal{E}$ 依分布收敛到多元正态分布 $N(\mathbf{0}, R_{11}^{-1} \otimes \varSigma)$。因此, $\sqrt{n}\,(\widehat{\boldsymbol{\beta}}_{10} - \boldsymbol{\beta}_{10})$ 依分布收敛到多元正态分布 $N(\mathbf{0}, \varOmega)$, 其中

$$\varOmega = \left[L_{10}^{\mathrm{T}}(R_{11} \otimes Z_1^{\mathrm{T}}Z_1)L_{10}\right]^{-1}L_{10}^{\mathrm{T}}\left(R_{11} \otimes Z_1^{\mathrm{T}}\varSigma Z_1\right)L_{10}\left[L_{10}^{\mathrm{T}}(R_{11} \otimes Z_1^{\mathrm{T}}Z_1)L_{10}\right]^{-1}$$

用 $X_1^{\mathrm{T}}X_1/n$ 代替 $\Omega$ 中的正定极限矩阵 $R_{11}$, 令

$$\Omega_n = nT^{-1}L_{10}^{\mathrm{T}}(X_1^{\mathrm{T}}X_1 \otimes Z_1^{\mathrm{T}}\Sigma Z_1)L_{10}T$$

然后, 由柯西准则可知, $\sqrt{n}\,\Omega_n^{-1/2}(\widehat{\boldsymbol{\beta}}_{10} - \boldsymbol{\beta}_{10})$ 依分布收敛到多元正态分布 $N(\mathbf{0}, I_{m_0q_0})$。这就完成了定理 4.4 的证明。

群组 SCAD 惩罚的最小二乘估计 $\widehat{\Theta}_{\mathrm{gscad}}$ 没有考虑重复观测之间的相关性, 依分布收敛到正态分布的 $\sqrt{n}\,\Omega_n^{-1/2}(\widehat{\boldsymbol{\beta}}_{10} - \boldsymbol{\beta}_{10})$ 的矩阵含有未知协方差和 $\Omega_n$, 若协方差已知, 它不影响使用, 若协方差未知, 使用它之前, 还要估计协方差。从定理 4.3 到定理 4.4, 对任意协方差 $\Sigma$, 可以看到群组 SCAD 惩罚的最小二乘估计 $\widehat{\Theta}_{\mathrm{gscad}}$ 是相合的。因此它可以作为初始估计并在此基础上构造出更有效的估计。前面解决了未知协方差的估计, 接下来在构造协方差矩阵的合适估计时直接利用群组 SCAD 惩罚的最小二乘估计。

### 4.2.2 协方差矩阵的相合估计

通常为了构建一个有效的估计, 需要随机误差协方差矩阵 $\Sigma$ 的一个相合估计, 利用前面发展的群组 SCAD 惩罚的最小二乘估计 $\widehat{\Theta}_{\mathrm{gscad}}$ 并考虑相应的残差 $Y - X\widehat{\Theta}_{\mathrm{gscad}}Z^{\mathrm{T}}$, 构造

$$\widehat{\Sigma} = \frac{1}{n}\left(Y - X\widehat{\Theta}_{\mathrm{gscad}}Z^{\mathrm{T}}\right)^{\mathrm{T}}\left(Y - X\widehat{\Theta}_{\mathrm{gscad}}Z^{\mathrm{T}}\right) \tag{4.16}$$

统计量 $\widehat{\Sigma}$ 在一定的条件下是参数 $\Sigma$ 的相合估计, 或者进一步具有渐近正态性质。

**假设 4.2** 假设四阶矩是有界的, 即 $\mathbb{E}\|\boldsymbol{\epsilon}_i\|^4 < \infty$, 其中 $\mathcal{E} = (\boldsymbol{\epsilon}_1\ \boldsymbol{\epsilon}_2\ \cdots\ \boldsymbol{\epsilon}_n)^{\mathrm{T}}$ 且 $\boldsymbol{\epsilon}_1, \boldsymbol{\epsilon}_2, \cdots, \boldsymbol{\epsilon}_n$ 是独立同分布的。

**定理 4.5** 在定理 4.4 和假设 4.2 条件下, 当样本量趋于无穷大时即 $n \to \infty$, $\sqrt{n}\left(\widehat{\Sigma} - \Sigma\right)$ 依分布收敛到 $N(\mathbf{0}, \mathrm{Cov}(\boldsymbol{\epsilon}_1 \otimes \boldsymbol{\epsilon}_1))$。

**证明:** 由式 (4.16), 统计量 $\widehat{\Sigma}$ 可分解为

$$\begin{aligned}
\widehat{\Sigma} &= \frac{1}{n}(Y - X\widehat{\Theta}_{\mathrm{gscad}}Z^{\mathrm{T}})^{\mathrm{T}}(Y - X\widehat{\Theta}_{\mathrm{gscad}}Z^{\mathrm{T}}) \\
&= \frac{1}{n}(X\Theta Z^{\mathrm{T}} - X\widehat{\Theta}_{\mathrm{gscad}}Z^{\mathrm{T}} + \mathcal{E})^{\mathrm{T}}(X\Theta Z^{\mathrm{T}} - X\widehat{\Theta}_{\mathrm{gscad}}Z^{\mathrm{T}} + \mathcal{E}) \\
&= \frac{1}{n}(X\Theta Z^{\mathrm{T}} - X\widehat{\Theta}_{\mathrm{gscad}}Z^{\mathrm{T}})^{\mathrm{T}}(X\Theta Z^{\mathrm{T}} - X\widehat{\Theta}_{\mathrm{gscad}}Z^{\mathrm{T}}) + \frac{1}{n}\mathcal{E}^{\mathrm{T}}\mathcal{E} \\
&\quad + \frac{1}{n}(X\Theta Z^{\mathrm{T}} - X\widehat{\Theta}_{\mathrm{gscad}}Z^{\mathrm{T}})^{\mathrm{T}}\mathcal{E} + \frac{1}{n}\mathcal{E}^{\mathrm{T}}(X\Theta Z^{\mathrm{T}} - X\widehat{\Theta}_{\mathrm{gscad}}Z^{\mathrm{T}}) \\
&= J_1 + J_2 + J_3 + J_4
\end{aligned}$$

根据定理 4.4, 可得 $J_1 = O_p(n^{-1})$ 以概率 1 收敛于 $\mathbf{0}$, 并且

$$J_3 = (\Theta Z^{\mathrm{T}} - \widehat{\Theta}_{\mathrm{gscad}} Z^{\mathrm{T}})^{\mathrm{T}} \cdot \frac{1}{n} X^{\mathrm{T}} \mathcal{E} = O_p(n^{-1/2}) \cdot O_p(n^{-1/2}) = O_p(n^{-1})$$

以概率 1 收敛于 $\mathbf{0}$。同理, $J_4 = O_p(n^{-1})$ 以概率 1 收敛于 $\mathbf{0}$。此外,

$$J_2 - \varSigma = \frac{1}{n}\mathcal{E}^{\mathrm{T}}\mathcal{E} - \varSigma = \frac{1}{n}\sum_{i=1}^{n}(\boldsymbol{\epsilon}_i\boldsymbol{\epsilon}_i^{\mathrm{T}} - \varSigma)$$

根据中心极限定理, 定理 4.5 证明完成。

基于由式 (4.16) 确定的 $\widehat{\varSigma}$, 可以构造有效变量选择和参数矩阵估计的方法和程序。这将在 4.2.3 节展示。

### 4.2.3　带群组 SCAD 惩罚的广义最小二乘估计

前面在讨论变量选择和带群组 SCAD 惩罚的最小二乘估计时没有考虑到重复观测之间的相关性。本节将考虑 $p$ 个重复观测之间的相关性, 并构建理论上更有效的变量选择和估计方法, 即提出带群组 SCAD 惩罚的广义最小二乘估计。

带群组 SCAD 惩罚的广义最小二乘目标函数定义为

$$\begin{aligned}\mathscr{L}_{\mathrm{g}}(\Theta) \equiv & \frac{1}{2}\mathrm{tr}\left[\left(Y - X\Theta Z^{\mathrm{T}}\right)\widehat{\varSigma}^{-1}\left(Y - X\Theta Z^{\mathrm{T}}\right)^{\mathrm{T}}\right] + n\sum_{i=1}^{m}\mathrm{pe}_{\kappa_i^{\mathrm{g}}}(\|\boldsymbol{\theta}_{i\cdot}\|_2) \\ & + n\sum_{j=1}^{q}\mathrm{pe}_{\varsigma_j^{\mathrm{g}}}(\|\boldsymbol{\theta}_{\cdot j}\|_2) + n\sum_{i=1}^{m}\sum_{j=1}^{q}\mathrm{pe}_{\lambda_{ij}^{\mathrm{g}}}(|\theta_{ij}|)\end{aligned} \tag{4.17}$$

其中, $\left(\kappa_i^{\mathrm{g}}, \varsigma_j^{\mathrm{g}}, \lambda_{ij}^{\mathrm{g}}\right)$ 是三调节参数, 不同于参数 $(\kappa_i, \varsigma_j, \lambda_{ij})$。于是, 基于目标函数 (4.17) 一阶参数矩阵带群组 SCAD 惩罚的广义最小二乘估计为

$$\widehat{\Theta}_{\mathrm{gscad}}^{\mathrm{g}} = \underset{\Theta \in \mathscr{M}_{m\times q}}{\mathrm{argmin}}\ \mathscr{L}_{\mathrm{g}}(\Theta) \tag{4.18}$$

重要的变量, 剖面矩阵的多项式的阶数以及参数矩阵的非零项集可以唯一地通过求解最优化问题 (4.18) 来确定。

记

$$a_n^{\mathrm{rg}} = \max_{1\leqslant i\leqslant m}[|\mathrm{pe}'_{\kappa_i^{\mathrm{g}}}(\|\boldsymbol{\theta}_{i\cdot}\|_2)| : \boldsymbol{\theta}_{i\cdot} \neq \mathbf{0}],\ b_n^{\mathrm{rg}} = \max_{1\leqslant j\leqslant q}[|\mathrm{pe}''_{\kappa_i^{\mathrm{g}}}(\|\boldsymbol{\theta}_{i\cdot}\|_2)| : \boldsymbol{\theta}_{i\cdot} \neq \mathbf{0}]$$

$$a_n^{\mathrm{cg}} = \max_{1\leqslant j\leqslant q}[|\mathrm{pe}'_{\varsigma_i^{\mathrm{g}}}(\|\boldsymbol{\theta}_{\cdot j}\|)| : \boldsymbol{\theta}_{\cdot j} \neq \mathbf{0}],\ b_n^{\mathrm{cg}} = \max_{1\leqslant j\leqslant q}[|\mathrm{pe}''_{\varsigma_i^{\mathrm{g}}}(\|\boldsymbol{\theta}_{\cdot j}\|)| : \boldsymbol{\theta}_{\cdot j} \neq \mathbf{0}]$$

和

$$a_n^{\mathrm{idg}} = \max_{1\leqslant i\leqslant m, 1\leqslant j\leqslant q}[|\mathrm{pe}'_{\lambda_{ij}^{\mathrm{g}}}(\theta_{ij})| : \theta_{ij} \neq 0],\ b_n^{\mathrm{idg}} = \max_{1\leqslant i\leqslant m, 1\leqslant j\leqslant q}[|\mathrm{pe}''_{\lambda_{ij}^{\mathrm{g}}}(\theta_{ij})| : \theta_{ij} \neq 0]$$

带群组 SCAD 惩罚的广义最小二乘估计 $\widehat{\Theta}_{\mathrm{gscad}}^{\mathrm{g}}$ 有如下渐近结果。

**定理 4.6** 在假设 4.1 和假设 4.2 下，当样本量 $n \to \infty$，如果 $a_n^{\mathrm{rg}}$, $a_n^{\mathrm{cg}}$, $b_n^{\mathrm{rg}}$, $b_n^{\mathrm{cg}}$, $a_n^{\mathrm{idg}}$ 和 $b_n^{\mathrm{idg}}$ 趋于零，那么，以概率趋近于 1，带群组 SCAD 惩罚的广义最小二乘目标函数 $\mathscr{L}_{\mathrm{g}}(\Theta)$ 存在一个局部最小值 $\widehat{\Theta}_{\mathrm{gscad}}^{\mathrm{g}}$，使得

$$||\widehat{\Theta}_{\mathrm{gscad}}^{\mathrm{g}} - \Theta||_{\mathrm{F}} = O_p(n^{-1/2} + a_n^{\mathrm{rg}} + a_n^{\mathrm{cg}} + a_n^{\mathrm{idg}})$$

**证明:** 证明过程与定理 4.3 类似，从略。

下面给出带群组 SCAD 惩罚的广义最小二乘估计 $\widehat{\Theta}_{\mathrm{gscad}}^{\mathrm{g}}$ 的 Oracle 性质，对照 $\Theta$ 的划分，记

$$\widehat{\Theta}_{\mathrm{gscad}}^{\mathrm{g}} = \begin{pmatrix} \widehat{\Theta}_{11}^{\mathrm{g}} & \widehat{\Theta}_{12}^{\mathrm{g}} \\ \widehat{\Theta}_{21}^{\mathrm{g}} & \widehat{\Theta}_{22}^{\mathrm{g}} \end{pmatrix}$$

其中，$\widehat{\Theta}_{11}^{\mathrm{g}}$ 是 $m_0 \times q_0$ 阶矩阵。同样，存在某个 $m_0 \times q_0$ 维初等变换矩阵 $L_0^{\mathrm{g}} = (L_{10}^{\mathrm{g}}, L_{20}^{\mathrm{g}})$ 使得

$$\mathrm{vec}(\widehat{\Theta}_{11}^{\mathrm{g}}) = L_{10}^{\mathrm{g}}\widehat{\beta}_{10}^{\mathrm{g}} + L_{20}^{\mathrm{g}}\widehat{\beta}_{20}$$

**定理 4.7** (Oracle 性质) 在假设 4.1 和假设 4.2 下，当样本量 $n \to \infty$ 时，如果 $\kappa_i^{\mathrm{g}} \to 0$, $\varsigma_i^{\mathrm{g}} \to 0$, $\lambda_{ij}^{\mathrm{g}} \to 0$ 以及 $\sqrt{n}\,\kappa_i^{\mathrm{g}} \to \infty$, $\sqrt{n}\,\varsigma_i^{\mathrm{g}} \to \infty$, $\sqrt{n}\,\lambda_{ij}^{\mathrm{g}} \to \infty$，那么，$\sqrt{n}$ 一致局部最小值 $\widehat{\Theta}_{\mathrm{gscad}}^{\mathrm{g}}$ 以概率趋近于 1 满足

(1) 稀疏性：$\widehat{\boldsymbol{\beta}}_{20}^{\mathrm{g}} = \mathbf{0}$, $\widehat{\Theta}_{12}^{\mathrm{g}} = \mathbf{0}$, $\widehat{\Theta}_{21}^{\mathrm{g}} = \mathbf{0}$ 和 $\widehat{\Theta}_{22}^{\mathrm{g}} = \mathbf{0}$。

(2) 渐近正态性：$\sqrt{n}\,\Omega_n^{\mathrm{g}\frac{1}{2}}(\widehat{\boldsymbol{\beta}}_{10}^{\mathrm{g}} - \boldsymbol{\beta}_{10})$ 依分布收敛到多元正态分布 $N_{m_0q_0}(\mathbf{0}, I)$，其中，$\Omega_n^{\mathrm{g}} = n\left[L_{10}^{\mathrm{T}}(X_1^{\mathrm{T}}X_1 \otimes Z_1^{\mathrm{T}}\widehat{\Sigma}^{-1}Z_1)L_{10}\right]^{-1}$。

**证明:** 证明过程与定理 4.4 类似，从略。

### 4.2.4 选择调节系数与计算程序

这里只考虑最优问题 (4.14) 的计算和选择调节系数 $\varsigma_j$ 和 $\kappa_j$ 的选择方法，包括最优问题 (4.18) 的计算和 $\varsigma_j^{\mathrm{g}}$ 与 $\kappa_j^{\mathrm{g}}$ 的选择方法。而选择调节系数 $\lambda_{ij}$ 和 $\lambda_{ij}^{\mathrm{g}}$ 将按照 Fan 和 Li (2001) 提供的方法。

因为在式 (4.14) 中群组 SCAD 惩罚函数在原点处是奇异的，在某些点处可能没有二阶导数，所以很难得到 $\widehat{\Theta}_{\mathrm{gscad}}$ 的精确解。遵循 Fan 和 Li (2001) 的计算思路，使用基于局部二次逼近非凸损失函数 $\mathrm{pe}_{\lambda_{ij}}(|\theta_{ij}|)$, $\mathrm{pe}_{\kappa_{ij}}(||\boldsymbol{\theta}_{i\cdot}||_2)$ 和 $\mathrm{pe}_{\varsigma_{ij}}(||\boldsymbol{\theta}_{\cdot j}||_2)$，然后基于这些逼近的二次函数去寻找 $\widehat{\Theta}_{\mathrm{gscad}}$。

给定 $\Theta^0$ 和 $\theta_{ij}^0 \neq 0$ 的初始值，$\mathrm{pe}_{\lambda_{ij}}(\theta_{ij})$ 可近似为二次函数

$$\mathrm{pe}_{\lambda_{ij}}(\theta_{ij}) \approx \mathrm{pe}_{\lambda_{ij}}(\theta_{ij}^0) + \frac{\mathrm{pe}'_{\lambda_{ij}}(\theta_{ij}^0)}{2\theta_{ij}^0}\left[\theta_{ij}^2 - (\theta_{ij}^0)^2\right]$$

$\mathrm{pe}_{\kappa_i}\left(||\boldsymbol{\theta}_{i\cdot}^0||_2\right)$ 可近似为二次函数

$$\mathrm{pe}_{\kappa_i}(||\boldsymbol{\theta}_{i\cdot}^0||_2) \approx \mathrm{pe}_{\kappa_i}(||\boldsymbol{\theta}_{i\cdot}^0||_2) + \sum_{s=1}^{q} \frac{\mathrm{pe}'_{\kappa_i}(||\boldsymbol{\theta}_{i\cdot}^0||_2)}{2||\boldsymbol{\theta}_{i\cdot}^0||_2}\left[\theta_{is}^2 - (\theta_{is}^0)^2\right]$$

以及 $\mathrm{pe}_{\varsigma_j}\left(||\boldsymbol{\theta}_{\cdot j}||_2\right)$ 可近似为二次函数

$$\mathrm{pe}_{\varsigma_j}(||\boldsymbol{\theta}_{\cdot j}||_2) \approx \mathrm{pe}_{\varsigma_j}(||\boldsymbol{\theta}_{\cdot j}^0||_2) + \sum_{s=1}^{m} \frac{\mathrm{pe}'_{\varsigma_j}(||\boldsymbol{\theta}_{\cdot j}^0||_2)}{2||\boldsymbol{\theta}_{\cdot j}^0||_2}\left[\theta_{sj}^2 - (\theta_{sj}^0)^2\right]$$

其中，$\mathrm{pe}'(\cdot)$ 是 $\mathrm{pe}(\cdot)$ 的一阶导数。记

$$\Sigma_\lambda^0 = \begin{pmatrix} \frac{\mathrm{pe}'_{\lambda_{11}}(\theta_{11}^0)}{2\theta_{11}^0} & & & \\ & \frac{\mathrm{pe}'_{\lambda_{12}}(\theta_{12}^0)}{2\theta_{12}^0} & & \\ & & \ddots & \\ & & & \frac{\mathrm{pe}'_{\lambda_{mq}}(\theta_{mq}^0)}{2\theta_{mq}^0} \end{pmatrix}$$

$$\Sigma_\kappa^0 = \begin{pmatrix} \frac{\mathrm{pe}'_{\kappa_1}(||\boldsymbol{\theta}_{1\cdot}^0||)}{2||_2\boldsymbol{\theta}_{1\cdot}^0||_2} & & & \\ & \frac{\mathrm{pe}'_{\kappa_2}(||\boldsymbol{\theta}_{2\cdot}^0||)}{2||_2\boldsymbol{\theta}_{2\cdot}^0||_2} & & \\ & & \ddots & \\ & & & \frac{\mathrm{pe}'_{\kappa_m}(||\boldsymbol{\theta}_{m\cdot}^0||_2)}{2||\boldsymbol{\theta}_{m\cdot}^0||_2} \end{pmatrix} \otimes I_q$$

以及

$$\Sigma_\varsigma^0 = I_m \otimes \begin{pmatrix} \frac{\mathrm{pe}'_{\varsigma_1}(||\boldsymbol{\theta}_{\cdot 1}^0||)}{2||_2\boldsymbol{\theta}_{\cdot 1}^0||_2} & & & \\ & \frac{\mathrm{pe}'_{\varsigma_2}(||\boldsymbol{\theta}_{\cdot 2}^0||)}{2||_2\boldsymbol{\theta}_{\cdot 2}^0||_2} & & \\ & & \ddots & \\ & & & \frac{\mathrm{pe}'_{\varsigma_q}(||\boldsymbol{\theta}_{\cdot q}^0||_2)}{2||\boldsymbol{\theta}_{\cdot q}^0||_2} \end{pmatrix}$$

则式 (4.13) 右侧的目标函数可近似等价为

$$\frac{1}{np}\mathrm{tr}\left[(Y - X\Theta Z^{\mathrm{T}})^{\mathrm{T}}(Y - X\Theta Z^{\mathrm{T}})\right] + \mathrm{vec}\left(\Theta\right)^{\mathrm{T}}\left(\Sigma_\kappa^0 + \Sigma_\varsigma^0 + \Sigma_\lambda^0\right)\mathrm{vec}(\Theta) \tag{4.19}$$

给定 $\Theta^0$, 利用关系式

$$\mathrm{vec}(\Theta) = \frac{1}{np}\left(\frac{1}{np}X^{\mathrm{T}}X \otimes Z^{\mathrm{T}}Z + \Sigma_\kappa^0 + \Sigma_\varsigma^0 + \Sigma_\lambda^0\right)^{-1}(X^{\mathrm{T}} \otimes Z^{\mathrm{T}})\mathrm{vec}(Y) \tag{4.20}$$

以及

$$\begin{pmatrix} \boldsymbol{\theta}_{1\cdot} \\ \boldsymbol{\theta}_{2\cdot} \\ \vdots \\ \boldsymbol{\theta}_{m\cdot} \end{pmatrix} = \mathrm{vec}(\Theta) \text{ 和 } \begin{pmatrix} \boldsymbol{\theta}_{\cdot 1} \\ \boldsymbol{\theta}_{\cdot 2} \\ \vdots \\ \boldsymbol{\theta}_{\cdot q} \end{pmatrix} = \mathrm{vec}(\Theta^{\mathrm{T}}) \tag{4.21}$$

最小化近似目标函数 (4.19)。

迭代算法概述如下。

**步骤 1:** 初始化 $\Theta^{(1)}$。建议设 $\Theta^{(1)} = (X^{\mathrm{T}}X)^{-1}X^{\mathrm{T}}YZ(Z^{\mathrm{T}}Z)^{-1}$。

**步骤 2:** 对于 $k \geqslant 1$, 在获得 $\Theta(k)$ 的基础上, 由式 (4.21) 可设

$$\begin{pmatrix} \boldsymbol{\theta}_{\cdot 1}^{(k)} \\ \boldsymbol{\theta}_{\cdot 2}^{(k)} \\ \vdots \\ \boldsymbol{\theta}_{\cdot q}^{(k)} \end{pmatrix} = \mathrm{vec}\left(\Theta^{(k)^{\mathrm{T}}}\right)$$

通过公式 (4.20) 来计算 $\mathrm{vec}(\Theta^{(k+1)})$。

**步骤 3:** 重复迭代步骤 2 直至收敛并用 $\widehat{\Theta}$ 表示最终结果。

在迭代步骤 2 中, 如果某个 $||\boldsymbol{\theta}_{\cdot j}^{(k)}||_2$ 小于终止值 $10^{-2}$, 则令 $\widehat{\boldsymbol{\theta}}_{\cdot j} = \mathbf{0}_m$, 如果某个 $||\boldsymbol{\theta}_{i\cdot}^{(k)}||_2$ 小于终止值 $10^{-2}$, 令 $\widehat{\boldsymbol{\theta}}_{i\cdot} = \mathbf{0}_q^{\mathrm{T}}$, 如果某个 $|\theta_{ij}^{(k)}|$ 小于终止值 $10^{-4}$, 令 $\theta_{ij} = 0$。

值得注意的是, 终止值 $10^{-2}$ 是可以达到的。当参数绝对值最小值小于 $10^{-2}$ 时, 可以通过将增长曲线模型 (1.4) 两边乘以一个合适的数 $10^l$ 来改变尺度以避免计算误差。

定理 4.4 表明变量选择过程具有 Oracle 性质。然而, 这种吸引人的优秀性质依赖于参数调优。采用 Wang 等 (2007) 使用的 BIC 准则选择正则化参数 $\kappa_i, \varsigma_j$ 和 $\lambda_{ij}$。众所周知, 在如此庞大数量的调节参数下, 最小化 BIC 的计算时间难以接受。因此必须寻找一种计算时间可控的方式。设想计算时间可控的方式在统计计算中是司空见惯的, 通用方式包括 (不限于) 在调节参数空间里寻找一个有限的低维的长方体采取一种均匀格点或者沿着与长方体边线的平行线或者合理的 (曲线) 路径探索, 以获得那个最小值点, 如 BIC 是凸函数时在有限区域里存在唯一最小值。自然地, 这种计算时间成本可控的探索应该与理论性质的假设保持一致性。

下面的讨论, 就是落实上述设想。设置

$$\varsigma_j = \varsigma \sum_{k=1}^{m} \mathrm{SE}\left(\widehat{\theta}_{kj}^{\mathrm{ols}}\right)$$

其中, $\varsigma$ 是调节参数, $\mathrm{SE}(\widehat{\theta}_{kj}^{\mathrm{ols}})$ 是最小二乘估计 $\theta_{kj}^{\mathrm{ols}}$ 的标准误差。这里, $q$ 维正则化

参数采用了 Fan 和 Li (2001) 的方法。同样的考虑, 设

$$\kappa_i = \kappa \sum_{k=1}^{q} \mathrm{SE}\left(\widehat{\theta}_{ik}^{\mathrm{ols}}\right) \text{ 和 } \lambda_{ij} = \lambda \, \mathrm{SE}\left(\widehat{\theta}_{ij}^{\mathrm{ols}}\right)$$

通过上述设置, 期望得到一个合适的 $\kappa, \varsigma$ 和 $\lambda$ 来选取到 BIC 的最小值点, 找到了 BIC 的最小值就找到了最佳的增长曲线模型。极限理论给出的是肯定答案, 见定理 4.8, 关于线性模型的相同结论最初由 Wang 等 (2007) 提出。

如何取到合适的 $\kappa, \varsigma$ 和 $\lambda$ 值呢？下面讨论操作过程, 记 $\boldsymbol{\xi} = (\kappa \;\; \varsigma \;\; \lambda)$, 用 $\widehat{\Theta}_{\boldsymbol{\xi}}$ 表示最小二乘群组 SCAD 估计 $\widehat{\Theta}$ 以强调 $\widehat{\Theta}$ 和 $\boldsymbol{\xi}$ 之间的关系。通过最小化下面的目标函数来选择 $\boldsymbol{\xi}$

$$\mathrm{BIC}(\boldsymbol{\xi}) = \log \mathrm{SSE}(\boldsymbol{\xi}) + \frac{\log(np)}{np} \times \mathrm{DF}(\widehat{\Theta}_{\boldsymbol{\xi}})$$

其中, 随机误差平方和为

$$\mathrm{SSE}(\boldsymbol{\xi}) = \mathrm{tr}\left[(Y - X\widehat{\Theta}_{\boldsymbol{\xi}} Z^{\mathrm{T}})^{\mathrm{T}}(Y - X\widehat{\Theta}_{\boldsymbol{\xi}} Z^{\mathrm{T}})\right]$$

广义自由度 $\mathrm{DF}(\widehat{\Theta}_{\boldsymbol{\xi}})$ 为

$$\mathrm{DF}(\widehat{\Theta}_{\boldsymbol{\xi}}) = \mathrm{tr}\left[(X \otimes Z)(X^{\mathrm{T}}X \otimes Z^{\mathrm{T}}Z + \Sigma_{\kappa}^0 + \Sigma_{\varsigma}^0 + \Sigma_{\lambda}^0)^{-1}(X^{\mathrm{T}} \otimes Z^{\mathrm{T}})\right]$$

三个有界区间 $[0, \kappa_{\max}]$, $[0, \varsigma_{\max}]$ 和 $[0, \lambda_{\max}]$ 构成一个三维长方体内的格点。这组区间的右端点, 当 $n \to \infty$ 时, 分别满足

$$\kappa_{\max} \to 0, \;\; \varsigma_{\max} \to 0, \;\; \lambda_{\max} \to 0$$

同时

$$\sqrt{n}\,\kappa_{\max} \to \infty, \;\; \sqrt{n}\,\varsigma_{\max} \to \infty, \;\; \sqrt{n}\,\lambda_{\max} \to \infty$$

这是定理 4.7 的假设条件。

用 $\widehat{\boldsymbol{\xi}}$ 表示得到的最优调节参数。实践中, 可以绘制 $\mathrm{BIC}(\boldsymbol{\xi})$ 关于 $\boldsymbol{\xi}$ 的图来确定一个适当的 $\boldsymbol{\xi}_{\max} = (\kappa_{\max} \;\; \varsigma_{\max} \;\; \lambda_{\max})$, 以确保 $\mathrm{BIC}(\boldsymbol{\xi})$ 在 $\boldsymbol{\xi}$ 范围的中间达到最小值。然后, $\boldsymbol{\xi}$ 的网格点被选取为均匀分布在

$$\{(\kappa \;\; \varsigma \;\; \lambda) : \kappa \in [0, \kappa_{\max}], \varsigma \in [0, \varsigma_{\max}], \lambda \in [0, \lambda_{\max}]\}$$

上, 以确保它们足够密集, 以避免 $\mathrm{BIC}(\boldsymbol{\xi})$ 出现多个最小值。

为了研究 BIC 选择的理论特性, 用 $\widehat{q}_0$ 表示真实多项式次数的估计, $\widehat{m}_0$ 表示真实解释变量个数的估计, $\widehat{d}_0$ 表示 $\Theta_{11}$ 中非零元素个数的估计, 即带群组 SCAD 惩罚的广义最小二乘估计中 $\widehat{\Theta}_{11}$ 的非零元素个数, 其中 SCAD 程序使用三个调节参

数 $\varsigma, \kappa$ 和 $\lambda$, 并设定

$$\widehat{\Sigma}_{ij} = \frac{1}{n}\left(Y - X^i\widehat{\Theta}^{ij}Z^{j\mathrm{T}}\right)^{\mathrm{T}}\left(Y - X^i\widehat{\Theta}^{ij}Z^{j\mathrm{T}}\right)$$

其中, $\widehat{\Theta}^{ij}$ 是从第 1 行到第 $i$ 行和第 1 列到第 $j$ 列的估计矩阵, 而且 $X^i$ 和 $Z^j$ 是相应的矩阵。此外, 做出以下假设。

**假设 4.3** 对于任意的 $1 \leqslant i \leqslant m$, $1 \leqslant j \leqslant q$, 当 $n \to \infty$ 时, $\widehat{\Sigma}_{ij}$ 依概率收敛于 $\Sigma_{ij} > \mathbf{0}$。此外, 如果 $i < m_0$, $j < q_0$, 则有 $\Sigma_{ij} > \Sigma_{m_0q_0}$。

需要注意, 假设 4.3 是研究模型误判情形下参数估计的标准条件, 详见 Wang 等 (2007) 的相关研究。

**定理 4.8** 在假设 4.1 和假设 4.3 下, 当 $n \to \infty$ 时, $\Pr(\widehat{q}_0 = q_0, \widehat{m}_0 = m_0, \widehat{d}_0 = d_0) \to 1$。

**证明:** 首先证明结论：当 $n \to \infty$ 时, $\Pr\left(\widehat{q}_0 = q_0\right) \to 1$ 成立。其他的证明过程相似。

让 $\zeta_n = \log(np)$, $\varsigma_j = \zeta_n \sum_{s=1}^{m} \mathrm{SE}(\widehat{\theta}_{sj})$, 其他固定, 即 $\kappa_i = 0, \lambda_{ij} = 0$, 并且

$$\mathrm{BIC}_j = \log\,\mathrm{tr}(\mathrm{MSE}_j) + \frac{\log(np)}{(np)} \times \mathrm{DF}(\widehat{\Theta}^{\cdot j})$$

其中

$$\mathrm{MSE}_j = \frac{1}{n}\left(Y - X\hat{\Theta}_L^{\cdot j}Z^{\mathrm{T}}\right)^{\mathrm{T}}\left(Y - X\hat{\Theta}_L^{\cdot j}Z^{\mathrm{T}}\right)$$

和

$$\widehat{\Theta}_L^{\cdot j} = (\widehat{\boldsymbol{\theta}}_{\cdot 1}\ \widehat{\boldsymbol{\theta}}_{\cdot 2}\ \cdots\ \widehat{\boldsymbol{\theta}}_{\cdot j}\ 0_{m\times q-j})$$

很容易得到

$$\mathrm{SE}(\widehat{\theta}_{sj}) = O_p(n^{-1/2})$$

因此, 调节参数 $\varsigma_j = O_p(n^{-1/2}\log n)$, 显然它满足定理 4.7 的假设条件。然后, 通过与 Wang 等 (2007) 中相同的方法, 可以得到

$$\Pr\left[\mathrm{BIC}(\zeta_n) = \mathrm{BIC}_{q_0}\right] = 1 \tag{4.22}$$

因此, 为了证明定理 4.8, 只需证明: 当 $n \to \infty$ 时, 有

$$\Pr[\inf_{\varsigma\in\Omega_-\cup\Omega_+} \mathrm{BIC}(\varsigma) > \mathrm{BIC}(\zeta_n)] \to 1 \tag{4.23}$$

其中, $j_\varsigma = \max\{j : ||\widehat{\boldsymbol{\theta}}_{\cdot\mathrm{jgscad}}|| \neq 0\}$, $\Omega_- = \{\varsigma : j_\varsigma < q_0\}$ 和 $\Omega_+ = \{\varsigma : j_\varsigma \neq 0 > q_0\}$ 分别表示拟合不足和拟合过度两类模型。

为了证明式 (4.23), 考虑以下两种不同的情况。

情形 1：拟合不足模型, 即多项式剖面矩阵形式的阶小于 $q_0$。对于任意的 $\varsigma \in$

$\Omega_-$, 式 (4.22) 和假设 4.3 意味着

$$\begin{aligned}\mathrm{BIC}(\varsigma)-\mathrm{BIC}(\zeta_n)&=\log\mathrm{tr}[\mathrm{MSE}(\varsigma)]+\frac{\log(np)}{np}\times\mathrm{DF}(\widehat{\Theta}_\varsigma)-\mathrm{BIC}_{q_0}\\&\geqslant\log\mathrm{tr}[\mathrm{MSE}(\varsigma)]-\mathrm{BIC}_{q_0}\\&\geqslant\log\mathrm{tr}(\widehat{\Sigma}_{\cdot j\varsigma})-\mathrm{BIC}_{q_0}\\&\geqslant\inf_{\varsigma\in\Omega_-}\log\mathrm{tr}(\widehat{\Sigma}_{\cdot j\varsigma})-\mathrm{BIC}_{q_0}\\&\geqslant\min_{j<q_0}\log\mathrm{tr}(\widehat{\Sigma}_{\cdot j})-\log\mathrm{tr}(\widehat{\Sigma}_{\cdot q_0})-q_0\frac{\log(np)}{np}\\&\to\min_{j<q_0}\frac{\log\mathrm{tr}(\Sigma_{\cdot j})}{\mathrm{tr}(\Sigma_{\cdot q_0})}>0\end{aligned}$$

的概率趋向于 1。

情形 2：拟合过度模型, 即多项式剖面矩阵形式的阶大于 $q_0$。对于任意的 $\varsigma\in\Omega_+$, 由式 (4.22) 可知

$$\begin{aligned}\mathrm{BIC}(\varsigma)-\mathrm{BIC}(\zeta_n)&=[\mathrm{BIC}(\varsigma)-\mathrm{BIC}_{q_0}]\\&=\log\left\{\frac{\mathrm{tr}[\mathrm{MSE}(\varsigma)]}{\mathrm{tr}(\widehat{\Sigma}_{\cdot q_0})}\right\}+\frac{\log(np)}{np}\left[\mathrm{DF}(\widehat{\Theta}^{\cdot j_\varsigma})-q_0\right]\\&\geqslant\log\left[\frac{\mathrm{tr}(\widehat{\Sigma}_{\cdot j_\varsigma})}{\mathrm{tr}(\widehat{\Sigma}_{\cdot q_0})}\right]+\frac{\log(np)}{np}\left[\mathrm{DF}(\widehat{\Theta}^{\cdot j_\varsigma})-q_0\right]\\&=\frac{\left[\mathrm{tr}(\widehat{\Sigma}_{\cdot j_\varsigma})-\mathrm{tr}(\widehat{\Sigma}_{\cdot q_0})\right]}{\mathrm{tr}(\widehat{\Sigma}_{\cdot q_0})}[1+o_p(1)]+\frac{\log(np)}{np}\left[\mathrm{DF}(\widehat{\Theta}^{\cdot j_\varsigma})-q_0\right]\end{aligned}$$

的概率趋向于 1。

简单起见, 定义

$$\widehat{\Sigma}_{\cdot j\varsigma}=\widehat{\Sigma}_{j\varsigma}$$

下面将证明 $n(\widehat{\Sigma}_{j\varsigma}-\widehat{\Sigma}_{q_0})=O_p(1)$ 和 $\widehat{\Sigma}_{q_0}=O_p(1)$。

记 $\widehat{\Theta}^{\cdot j\varsigma}=(\widehat{\Theta}^{q_0}\ \widehat{\Theta}^{j\varsigma-q_0})$ 并且 $Z^{j\varsigma}=(Z^{q_0}\ Z^{j\varsigma-q_0})$。根据 $\widehat{\Sigma}_{j\varsigma}$ 和 $\widehat{\Sigma}_{q_0}$ 的定义, 可以得到

$$\begin{aligned}n\,(\widehat{\Sigma}_{j\varsigma}-\widehat{\Sigma}_{q_0})&=(Y-X\widehat{\Theta}^{j\varsigma}Z^{j\varsigma\mathrm{T}})^{\mathrm{T}}(Y-X\widehat{\Theta}^{j\varsigma}Z^{j\varsigma\mathrm{T}})\\&\quad-(Y-X\widehat{\Theta}^{q_0}Z^{q_0\mathrm{T}})^{\mathrm{T}}(Y-X\widehat{\Theta}^{q_0}Z^{q_0\mathrm{T}})\\&=J_1+J_2+J_2^{\mathrm{T}}+J_3+J_4+J_4^{\mathrm{T}}\end{aligned}$$

其中

$$J_1=A^{\mathrm{T}}A,\ A=X\Theta^{q_0}Z^{q_0\mathrm{T}}-X\widehat{\Theta}^{q_0}Z^{q_0\mathrm{T}}-X\widehat{\Theta}^{j\varsigma-q_0}(Z^{j\varsigma-q_0})^{\mathrm{T}},\ J_2=A^{\mathrm{T}}\mathcal{E},$$

$$J_3 = (X\Theta^{q_0}Z^{q_0\mathrm{T}} - X\widehat{\Theta}^{q_0}Z^{q_0\mathrm{T}})^{\mathrm{T}}(X\Theta^{q_0}Z^{q_0\mathrm{T}} - X\widehat{\Theta}^{q_0}Z^{q_0\mathrm{T}})$$

和

$$J_4 = (X\Theta^{q_0}Z^{q_0\mathrm{T}} - X\widehat{\Theta}^{q_0}Z^{q_0\mathrm{T}})^{\mathrm{T}}\mathcal{E}$$

由定理 4.4 和最小二乘估计的 $\sqrt{n}$ 一致性, 可以得到 $J_1 = O_p(1)$ 和 $J_4 = O_p(1)$。另外, 由于 $X^{\mathrm{T}}\mathcal{E}/\sqrt{n} = O_p(1)$, 则在 $d = 2, 3, 5$ 和 6 时, $J_d = O_p(1)$。根据定理 4.5 的证明, 容易得到 $\widehat{\Sigma}_{q_0} = O_p(1)$。因此,

$$\frac{\mathrm{tr}(\widehat{\Sigma}_{j\varsigma}) - \mathrm{tr}(\widehat{\Sigma}_{q_0})}{\mathrm{tr}(\widehat{\Sigma}_{q_0})} = O_p(n^{-1})$$

对于任意的 $\varsigma \in \Omega_+$, 都有 $\mathrm{DF}(\widehat{\Theta}_\varsigma) - q_0 \geqslant 1$。因此,

$$\log(np) \times [\mathrm{DF}(\widehat{\Theta}^\varsigma) - q_0]$$

发散到 $+\infty$。当 $n \to \infty$ 时, 有

$$\Pr\left\{\inf_{\varsigma\in\Omega_+} n[\mathrm{BIC}(\varsigma) - \mathrm{BIC}(\zeta_n)] > 0\right\} = \Pr\left\{\inf_{\varsigma\in\Omega_+} [\mathrm{BIC}(\varsigma) - \mathrm{BIC}(\zeta_n)] > 0\right\} \to 1$$

由情形 1 和情形 2 的结果, 完成了当 $n \to \infty$ 时, $\Pr(\widehat{q}_0 = q_0) \to 1$ 的证明。

同理, 可以完成当 $n \to \infty$ 时, $\Pr(\widehat{m}_0 = m_0) \to 1$ 的证明和当 $n \to \infty$ 时, $\Pr(\widehat{d}_0 = d_0) \to 1$ 的证明。

接下来, 记 $\kappa_i = \zeta_n \sum_{s=1}^{m} \mathrm{SE}(\widehat{\theta}_{is})$ 和 $\lambda_{ij} = \zeta_n \mathrm{SE}(\widehat{\theta}_{ij})$, 现在 $\mathrm{BIC}(\boldsymbol{\xi}_n)$ 实际上表示的是 $\mathrm{BIC}(\zeta_n, \zeta_n, \zeta_n)$, 并且

$$\mathrm{BIC}_{ijk} = \log\mathrm{tr}(\mathrm{MSE}_{ijk}) + \frac{\log(np)}{np} \times \mathrm{DF}(\widehat{\Theta}_L^{ijk})$$

其中

$$\mathrm{MSE}_{ijk} = \frac{1}{n}(Y - X\widehat{\Theta}_L^{ijk}Z^{\mathrm{T}})^{\mathrm{T}}(Y - X\widehat{\Theta}_L^{ijk}Z^{\mathrm{T}})$$

和

$$\widehat{\Theta}_L^{ijk} = \begin{pmatrix} \widehat{\Theta}_{11} & \mathbf{0}_{i\times(q-j)} \\ \mathbf{0}_{(m-i)\times j} & \mathbf{0}_{(m-i)\times(q-j)} \end{pmatrix}$$

并且向量 $\widehat{\Theta}_{11}$ 有 $k$ 个非零元素。因此, 对于任意的 $\boldsymbol{\xi} = (\kappa\ \varsigma\ \lambda)$,

$$\begin{aligned}\mathrm{BIC}(\xi) - \mathrm{BIC}(\xi_n) &= \mathrm{BIC}(\xi) - \mathrm{BIC}_{m_0q_0d_0} \\ &= \mathrm{BIC}(\xi) - \mathrm{BIC}_{m_0j_\varsigma k_\lambda} + \mathrm{BIC}_{m_0j_\varsigma k_\lambda} - \mathrm{BIC}_{m_0q_0k_\lambda} \\ &\quad + \mathrm{BIC}_{m_0q_0k_\lambda} - \mathrm{BIC}_{m_0q_0d_0}\end{aligned}$$

的概率趋向于 1。从以上证明得知

$$\mathrm{BIC}(\boldsymbol{\xi}) - \mathrm{BIC}_{m_0 j_\varsigma k_\lambda} > 0,\ \mathrm{BIC}_{m_0 j_\varsigma k_\lambda} - \mathrm{BIC}_{m_0 q_0 k_\lambda} > 0$$

和

$$\mathrm{BIC}_{m_0 q_0 k_\lambda} - \mathrm{BIC}_{m_0 q_0 d_0} > 0$$

的概率也趋向于 1。最终, 完成了定理 4.8 的证明。

定理 4.8 证明了使用 BIC 选择调节参数可以一致地选择真实的模型。有趣的是, Wang 等 (2007) 进一步证明 (定理 1) 通过广义交叉验证 (Craven and Wahba, 1979) 选择的最优模型以正概率包含不必要的变量, 意味着广义交叉验证最终会导致过度拟合真实模型。

### 4.2.5 模拟计算

本节进行蒙特卡罗模拟研究。数据由以下增长曲线模型 (1.4) 生成。设计矩阵为 $X = (X_1\ X_2\ \cdots\ X_8)$, 其中 $X_1, X_2, X_3$ 由自由度为 1 的中心卡方分布 $\chi_1^2$ 生成, 而 $X_4, X_5, \cdots, X_8$ 分别由具有标准误差 $2, 3, \cdots, 6$ 的正态分布生成。一阶参数矩阵为

$$\Theta = \begin{pmatrix} \Theta_{11} & \Theta_{12} \\ \Theta_{21} & \Theta_{22} \end{pmatrix}$$

其中

$$\Theta_{11} = \begin{pmatrix} 5 & -7.5 & 0 \\ 5 & 1 & 0.1 \\ 6 & 4 & 0 \end{pmatrix}$$

$\Theta_{12}$ 是一个 $3 \times 4$ 零矩阵, $\Theta_{21}$ 是一个 $5 \times 3$ 零矩阵, $\Theta_{22}$ 是一个 $5 \times 4$ 零矩阵。剖面矩阵为

$$Z^{\mathrm{T}} = \begin{pmatrix} -3.5 & -2.5 & -1 & 0.5 & 1 & 2 & 3.5 & 4 & 5.5 & 6 \\ (-3.5)^2 & (-2.5)^2 & (-1)^2 & 0.5^2 & 1 & 2^2 & 3.5^2 & 4^2 & 5.5^2 & 6^2 \\ (-3.5)^3 & (-2.5)^3 & (-1)^3 & 0.5^3 & 1 & 2^3 & 3.5^3 & 4^3 & 5.5^3 & 6^3 \\ (-3.5)^4 & (-2.5)^4 & (-1)^4 & 0.5^4 & 1 & 2^4 & 3.5^4 & 4^4 & 5.5^4 & 6^4 \\ (-3.5)^5 & (-2.5)^5 & (-1)^5 & 0.5^5 & 1 & 2^5 & 3.5^5 & 4^5 & 5.5^5 & 6^5 \\ (-3.5)^6 & (-2.5)^6 & (-1)^6 & 0.5^6 & 1 & 2^6 & 3.5^6 & 4^6 & 5.5^6 & 6^6 \\ (-3.5)^7 & (-2.5)^7 & (-1)^7 & 0.5^7 & 1 & 2^7 & 3.5^7 & 4^7 & 5.5^7 & 6^7 \end{pmatrix}$$

协方差矩阵为

$$\Sigma = (\rho^{|s_1 - s_2|})_{s_1, s_2 = 1, 2, \cdots, 10} + \frac{1}{2}\mathbf{1}_{10}\mathbf{1}_{10}^{\mathrm{T}} + \mathrm{diag}(1, 0.8, 0.6, 0.4, 0.6, 0.8, 1, 1.2, 1, 0.5)$$

此外, $\mathcal{E}_i \sim \mathrm{iid}\ N(\mathbf{0}_{10}, \Sigma)$ 并且 $\rho = 0.1$ 和 $0.5$。样本量分别为 $n = 50$, $100$ 和 $200$。

调节参数 $\kappa_i, \varsigma_j$ 和 $\lambda_{ij}$ 由贝叶斯信息标准 BIC 选择。用 SCAD-vec 惩罚表示

将 SCAD 惩罚直接用于增长曲线模型 (1.4) 的向量版本的结果。首先比较表 4.2 和表 4.3 各 $n$ 和 $\rho$ 组合以及超过 1000 个样本的变量选择结果。由于 SCAD-vec 的性能优于 LASSO-vec, 所以不在表中列出 LASSO-vec 的结果。

**表 4.2 群组选择结果 ($C, U, O$ 分别为正确、欠拟合和过拟合的次数)**

| | $n$ | $\rho$ | $C_{\text{col}}$ | $U_{\text{col}}$ | $O_{\text{col}}$ | $C_{\text{row}}$ | $U_{\text{row}}$ | $O_{\text{row}}$ |
|---|---|---|---|---|---|---|---|---|
| | 50 | 0. 1 | 132 | 0 | 868 | 679 | 0 | 321 |
| 最优子集 | 100 | 0. 1 | 264 | 0 | 736 | 745 | 0 | 255 |
| | 200 | 0. 1 | 434 | 0 | 566 | 793 | 0 | 207 |
| | 50 | 0. 1 | 992 | 8 | 0 | 873 | 0 | 127 |
| LSE-scad-vec | 100 | 0. 1 | 1000 | 0 | 0 | 953 | 0 | 47 |
| | 200 | 0. 1 | 1000 | 0 | 0 | 987 | 0 | 13 |
| | 50 | 0. 1 | 1000 | 0 | 0 | 972 | 0 | 28 |
| LSE-gscad | 100 | 0. 1 | 1000 | 0 | 0 | 986 | 0 | 14 |
| | 200 | 0. 1 | 1000 | 0 | 0 | 1000 | 0 | 0 |
| | 50 | 0. 1 | 1000 | 0 | 0 | 975 | 0 | 25 |
| GLSE-gsacd | 100 | 0. 1 | 1000 | 0 | 0 | 994 | 0 | 6 |
| | 200 | 0. 1 | 1000 | 0 | 0 | 1000 | 0 | 0 |
| | 50 | 0. 5 | 236 | 0 | 764 | 546 | 0 | 454 |
| 最优子集 | 100 | 0. 5 | 371 | 0 | 629 | 645 | 0 | 355 |
| | 200 | 0. 5 | 534 | 0 | 466 | 715 | 0 | 285 |
| | 50 | 0. 5 | 998 | 2 | 0 | 788 | 0 | 212 |
| LSE-scad-vec | 100 | 0. 5 | 1000 | 0 | 0 | 915 | 0 | 85 |
| | 200 | 0. 5 | 1000 | 0 | 0 | 968 | 0 | 32 |
| | 50 | 0. 5 | 1000 | 0 | 0 | 936 | 0 | 64 |
| LSE-gscad | 100 | 0. 5 | 1000 | 0 | 0 | 971 | 0 | 29 |
| | 200 | 0. 5 | 1000 | 0 | 0 | 989 | 0 | 11 |
| | 50 | 0. 5 | 1000 | 0 | 0 | 963 | 0 | 37 |
| GLSE-gscad | 100 | 0. 5 | 1000 | 0 | 0 | 990 | 0 | 10 |
| | 200 | 0. 5 | 1000 | 0 | 0 | 997 | 0 | 3 |

从表 4.2 和表 4.3 可以得出以下结论。

(1) 对于固定的 $n$ 和 $\rho$, 基于带群组 SCAD 惩罚的广义最小二乘法估计 (GLSE-gscad) 的正确选择模型的百分比最高, 说明带群组 SCAD 惩罚的广义最小二乘法估计方法胜过最优子集和 SCAD-vec 方法。

(2) 对于参与比较的每一种方法而言, 对于固定的 $n$ 或 $\rho$, 选择剖面矩阵多项式阶数的正确百分比要比选择解释变量的正确百分比高得多。

(3) 随着 $n$ 的增加, 所有的百分比都趋近于 100%。带群组 SCAD 惩罚的广义最小二乘法估计的速度最快, 最优子集方法的速度最慢, 具体来说, 带群组 SCAD 惩罚的广义最小二乘法估计 (GLSE-gscad) 的速度 $>$ SCAD-vec 方法的速度 $>$ 最优子集方法的速度。

(4) 就整体表现, 带群组 SCAD 惩罚的惩罚广义最小二乘法估计 > 带群组 SCAD 惩罚的惩罚最小二乘法估计 > SCAD-vec 方法 > 最优子集方法。而带群组 SCAD 惩罚的惩罚广义最小二乘法估计相比于带群组 SCAD 惩罚的惩罚最小二乘法估计, 当样本量较小时, 存在较明显的差距。但当样本量增加时, 两者的差别逐步消失。

**表 4.3　群组元素选择结果 (模拟次数 1000)**

| $n$ | $\rho$ | LSE-scad-vec | | | LSE-gscad | | | GLSE-gscad | | |
|---|---|---|---|---|---|---|---|---|---|---|
| | | $C$ | $U$ | $O$ | $C$ | $U$ | $O$ | $C$ | $U$ | $O$ |
| 50 | 0. 1 | 955 | 36 | 9 | 986 | 0 | 14 | 995 | 0 | 5 |
| 100 | 0. 1 | 996 | 4 | 0 | 999 | 0 | 1 | 1000 | 0 | 0 |
| 200 | 0. 1 | 1000 | 0 | 0 | 1000 | 0 | 0 | 1000 | 0 | 0 |
| 50 | 0. 5 | 974 | 18 | 8 | 982 | 0 | 18 | 995 | 0 | 5 |
| 100 | 0. 5 | 998 | 1 | 1 | 999 | 0 | 1 | 1000 | 0 | 0 |
| 200 | 0. 5 | 1000 | 0 | 0 | 1000 | 0 | 0 | 1000 | 0 | 0 |

若考虑各方法对真的重要变量和真的多项式阶数被选取以及不重要变量和多项式不合适阶数未被选取的表现, 用平均真阳性数 (true positive, TP) 和平均假阳性数 (false positive, FP) 来刻画。平均真阳性数定义为

$$\mathrm{TP} = \Sigma_{i=1}^{q}\Sigma_{j=1}^{p}I,\ \ \Theta_{ij} \neq 0, \widehat{\Theta}_{ij} \neq 0$$

平均假阳性数定义为

$$\mathrm{FP} = \Sigma_{i=1}^{q}\Sigma_{j=1}^{p}I,\ \ \Theta_{ij} = 0, \widehat{\Theta}_{ij} \neq 0$$

表 4.4 记录了模拟中各方法的平均真阳性数和平均假阳性数。由表 4.4 可知, 带群组 SCAD 惩罚的广义最小二乘法估计的平均假阳性值最小。带群组 SCAD 惩罚的最小二乘法估计和模型向量形式的带群组 SCAD 惩罚的最小二乘法估计的平均真阳性均维持在 7。

**表 4.4　平均真正数 TP 和平均假正数 FP**

| $n$ | $\rho$ | LSE-scad-vec | | LSE-gscad | | GLSE-gscad | |
|---|---|---|---|---|---|---|---|
| | | TP | FP | TP | FP | TP | FP |
| 50 | 0. 1 | 6. 96(0. 19) | 0. 18(0. 45) | 7(0) | 0. 04(0. 22) | 7(0) | 0. 03(0. 19) |
| 100 | 0. 1 | 6. 99(0. 06) | 0. 05(0. 23) | 7(0) | 0. 02(0. 13) | 7(0) | 0. 01(0. 08) |
| 200 | 0. 1 | 7(0) | 0. 01(0. 11) | 7(0) | 0. 00(0. 05) | 7(0) | 0. 00(0. 00) |
| 50 | 0. 5 | 6. 98(0. 13) | 0. 27(0. 53) | 7(0) | 0. 09(0. 30) | 7(0) | 0. 05(0. 22) |
| 100 | 0. 5 | 6. 99(0. 03) | 0. 09(0. 30) | 7(0) | 0. 03(0. 18) | 7(0) | 0. 01(0. 01) |
| 200 | 0. 5 | 7(0) | 0. 03(0. 18) | 7(0) | 0. 01(0. 10) | 7(0) | 0. 00(0. 00) |

结合表 4.2 和表 4.3, 仿真结果证实了带群组 SCAD 变量选择过程能够一致地选择真实模型。

对于每个样本和 $\Theta$, 重复 1000 次的模拟试验, 考虑参数估计的样本均值 (sm) 和标准差 (std), 标准差估计的均值 (se) 以及 95% 置信区间的覆盖概率 (cp), 见图 4.1。

从这些结果可以得出以下结论。GLSE-gscad 和 LSE-gscad(其结果没有出现在图 4.1 中) 的标准差和标准误差要小得多, 比 GLSE 和 LSE-scad 更接近 95% 水平, 改善是显而易见的。这表明了带群组 SCAD 选择的重要性。此外, GLSE-gscad 方法的表现优于 LSE-gscad, 特别是在样本大小适中, 如 $n \geqslant 100$, 或集群内部相关性很强 (如 $\rho = 1$) 的情况下, 这说明协方差相合估计的重要性。LSE-gscad 和 GLSE-gscad 的标准偏差和标准差随着 $n$ 的增大而减小。

使用增长曲线模型进行数据分析的一个关键点是确定构成剖面矩阵的多项式的阶数和适当的解释变量。本章提出了一种基于带群组 SCAD 惩罚的广义最小二乘的三级变量选择方法, 去确定显著解释变量的集合, 剖面矩阵多项式的阶数, 以及收缩估计一阶参数的个体参数。通过适当选择调节参数, 本章发展的估计方法具有 Oracle 性质和一致性。有限样本性能显示表明, 所提出的方法在以下四个方面优于最佳子集选择和直接应用 SCAD 到模型的向量版本的方法: ①更高的真实解释变量正确率; ②更高的剖面矩阵多项式阶数的正确率; ③更高的真实零一阶参数正确率; ④更小的偏差, 更小的标准差和标准误差, 以及对非零系数更准确的覆盖概率。

我们提出的步骤是为 $p < n$ 定义的。然而, 当 $p$ 趋近于 $n$ 时, 该方法可能无效, 因为该方法中的一些矩阵可能接近奇异矩阵。

### 4.2.6 实际数据分析

本节将前面提出的方法应用于实际的数据集。

这里使用的数据是 Curran (1998) 提供的。数据来自美国劳工部进行的全国青年纵向调查 (NLSY)。从 1986 年到 1992 年, 每隔一年对 221 对儿童和母亲进行评估。

在这个例子中, 阅读识别在四个时间点上被重复识别。儿童的阅读识别技能是通过计算皮博迪个人成就阅读识别子测验 84 个项目中儿童正确条目的总数来计算的。此外, 家庭对儿童的认知刺激, 家庭对儿童的情感支持和性别是另外三个变量。他们只在初始时间点测量一次。认知刺激是母亲对家庭环境认知刺激测量亚量表中 14 个项目的反应综合。情感支持是通过将母亲对家庭中 13 个二分法项目的反应加总而得到的。性别是指儿童的性别。在分析中, 将女子编码为 $-1$, 男子编码为 1, 见实例 1.7 所述。

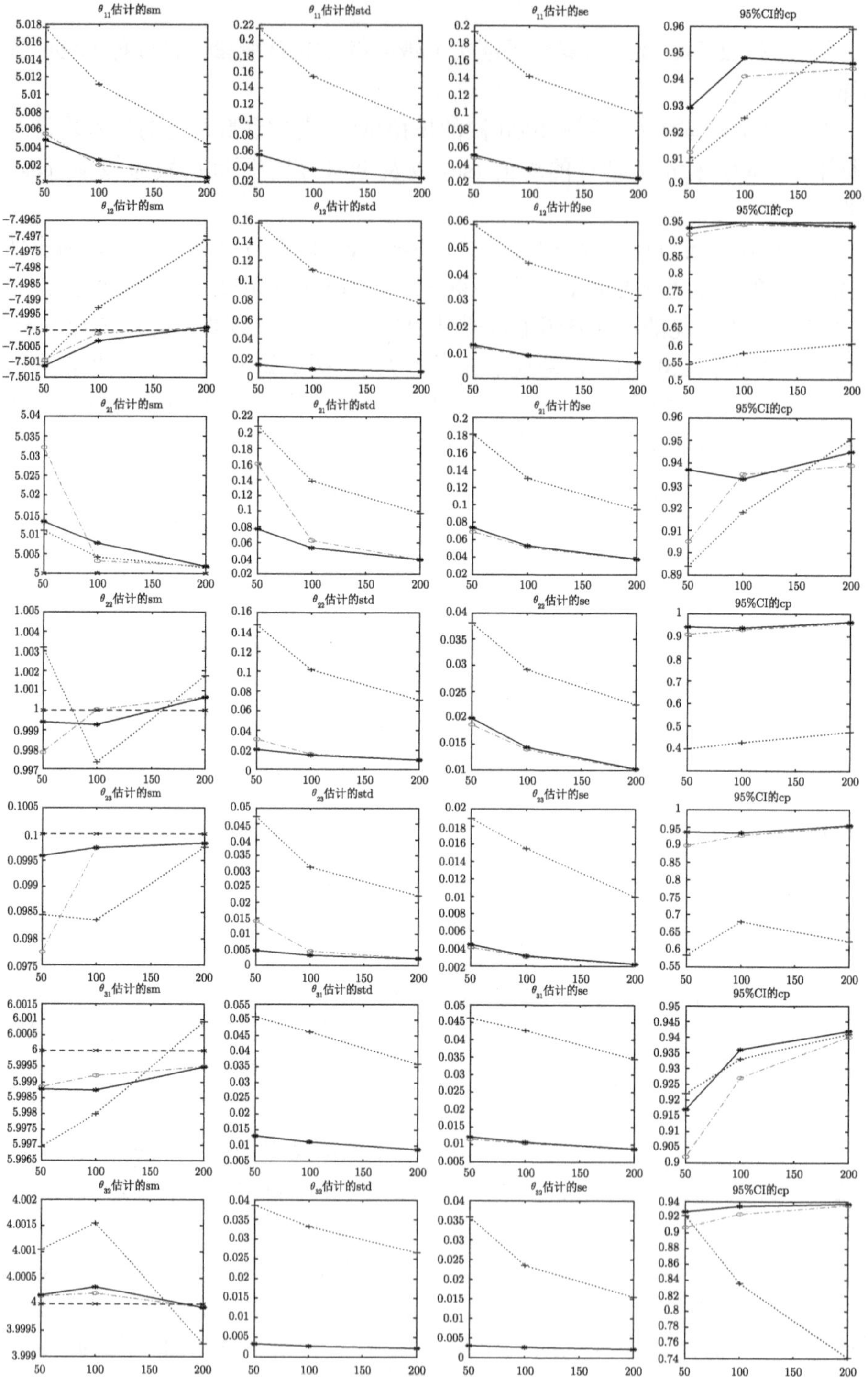


图 4.1 sm, std, se 和 cp 在 $\rho = 0.5$ 时非零参数在 95% CI 下的有限样本性能 (点线为 GLSE, 点划线为 LSE-scad, 实线为真值)

在分析中, $Y_{ij}$ 表示在第 $j$ 个时间点进行的 $i$ 次观测的阅读识别响应变量的观测值, $p=4, n=221$。认知刺激、情感支持和性别被视为变量 $x_1, x_2, x_3$。因此,设计矩阵 $X$ 记为

$$X = \begin{pmatrix} \mathbf{1} & \boldsymbol{x}_1 & \boldsymbol{x}_2 & \boldsymbol{x}_3 \end{pmatrix}$$

其中, $\mathbf{1}$ 表示截距项, $\boldsymbol{x}_1$ 表示认知刺激向量, $\boldsymbol{x}_2$ 表示情感支持向量, $\boldsymbol{x}_3$ 表示性别向量。

在分析数据集的开始, 没有增长曲线阶的信息。由于响应变量仅仅是在 4 个时间点上测量的, 所以假设两个增长曲线在 $t$ 时刻以二阶多项式作为饱和模型。那么剖面矩阵和一阶参数矩阵分别为

$$Z^{\mathrm{T}} = \begin{pmatrix} 1 & 1 & 1 & 1 \\ -3 & 1 & 1 & 3 \\ 9 & 1 & 1 & 9 \end{pmatrix}$$

和

$$\varTheta^{(1)} = \begin{pmatrix} \theta_{11}^{(1)} & \theta_{12}^{(1)} & \theta_{13}^{(1)} \\ \theta_{21}^{(1)} & \theta_{22}^{(1)} & \theta_{23}^{(1)} \\ \theta_{31}^{(1)} & \theta_{32}^{(1)} & \theta_{33}^{(1)} \\ \theta_{41}^{(1)} & \theta_{42}^{(1)} & \theta_{43}^{(1)} \end{pmatrix}$$

应用前面的方法, 确定的合适的模型为

$$Y = X_0 \varTheta Z_0^{\mathrm{T}} + \mathcal{E}$$

其中

$$X_0 = \begin{pmatrix} \mathbf{1} & \boldsymbol{x}_1 & \boldsymbol{x}_2 \end{pmatrix}$$

和

$$Z_0 = (\theta_{ij})_{i,j=1}^3, \quad Z_0^{\mathrm{T}} = \begin{pmatrix} 1 & 1 & 1 & 1 \\ -3 & -1 & 1 & 3 \end{pmatrix}$$

一阶参数矩阵和协方差矩阵的估计分别为

$$\widehat{\varTheta} = \begin{pmatrix} 3.559 & 0.3618 \\ 0.0474 & 0 \\ 0.0377 & 0.0193 \end{pmatrix}$$

和

$$\widehat{\varSigma} = \begin{pmatrix} 0.8078 & 0.4850 & 0.4798 & 0.5123 \\ & 1.0208 & 0.8755 & 0.8091 \\ & & 1.1751 & 0.9867 \\ & & & 1.3793 \end{pmatrix}$$

在方程形式中, 最适合的函数可以表示为

$$
\begin{aligned}
\text{阅读识别的平均值} = 3.559 + 0.3618\,t + 0.0474 \times \text{认知刺激值} \\
+ (0.0377 + 0.0193\,t) \times \text{情感支持值}
\end{aligned}
$$

根据以上结果, 可以对真实数据集得出以下结论。

阅读识别技能是时间的线性函数, 随着儿童的成长, 阅读识别能力越来越强。在家中对孩子进行大量的认知刺激以一定速度提高孩子的阅读识别能力; 在家中对孩子的情感支持越多, 孩子越容易理解。性别对阅读识别技能的影响不显著。阅读识别技能的四个响应在时间点上也存在正相关系数。

## 4.3 现存相关研究

Lee (1991) 进行了一般增长曲线模型的检验和模型选择研究, 重点是选择与协方差结构相关的增长曲线模型, 提出了基于样本重抽样和预测的似然比检验与选择程序, 特别强调了在生物数据和技术替代数据预测中非常重要的序列协方差结构。

Potthoff 和 Roy (1964) 引入的增长曲线模型 (1.4) 为各种生长和重复测量研究提供了一般格式。对该模型的统计推断通常基于协方差分析模型, 其中将 $p$ 次测量分成主要变量的 $q$ 次测量和 $p-q$ 个协变量。在选择协方差的一般非结构化模型时, 选择完整的 $p-q$ 个协变量会导致获得参数的最大似然估计。然而, 在许多实际情况下, 通过选择较少的协变量可以获得更有效的估计量。Wang 等 (1999) 利用这个思路提出了一种计算效率高的选择协变量的方法, 他们把该过程称为双向选择。

Satoh 等 (1997) 考虑了在增长曲线模型中选择个体内的协变量的问题, 他们提出了两种改进的 AIC 和 MIC (modified information criterion) 方法, 这些方法在偏差属性上有所改进。在多项式增长曲线的阶数为真值 $q_0$ 附近, 在适当的条件下, 导出了变量选择标准的渐近分布。

Takane 等 (2011) 引入了一种岭型正则化方法, 以获得参数的更好估计, 在列和行参数中允许单独的岭参数, 并应用广义奇异值分解 (generalized singular value decomposition, GSVD) 进行降秩, 对于固定的岭参数值, 可以以封闭形式获得参数的正则化估计, 使用置换检验来识别解决方案中的最佳维度, 使用 K 折交叉验证方法来选择岭参数的最佳值, 并引入了一种 Bootstrap 方法来评估参数估计的可靠性, 还将提出的模型进一步扩展到多元线性与增长曲线混合模型。

# 第5章　多元线性与增长曲线混合模型

本章介绍的内容包括：①随机误差服从正态分布时多元线性与增长曲线混合模型参数的极大似然估计；②模型的拟合优度检验，复合双线性假设检验；③随机误差分布未知时多元线性与增长曲线混合模型协方差参数的外积最小二乘估计与性质以及一阶参数的两步广义最小二乘估计与大样本性质；④估计方法性能的有限样本模拟计算；⑤一个实际数据分析。本章主要内容基于 Chinchilli 和 Elswick (1985) 以及 Hu 等 (2012b) 的工作。

## 5.1　正态随机误差下参数的极大似然估计

假设多元线性与增长曲线混合模型 (1.8) 的随机误差矩阵服从正态分布。从而 $n \times p$ 阶观测矩阵 $Y$ 服从多元正态分布 $N_{n\times p}(X_1\Theta_1Z^{\mathrm{T}} + X_2\Theta_2, I\otimes\Sigma)$, 其联合概率密度函数为

$$
\begin{aligned}
&f(Y;\Theta_1,\Theta_2,\Sigma)\\
=&c|\Sigma|^{-n/2}\mathrm{etr}\left[-\frac{1}{2}\left(Y - X_1\Theta_1Z^{\mathrm{T}} - X_2\Theta_2\right)^{\mathrm{T}}\left(Y - X\Theta Z^{\mathrm{T}} - X_2\Theta\right)\Sigma^{-1}\right], \quad (5.1)\\
&Y\in\mathscr{M}_{n\times p}
\end{aligned}
$$

其中，$\mathrm{etr}(\cdot)\equiv\exp\ \mathrm{tr}(\cdot)$, $c=(2\pi)^{-np/2}$ 是一个常数, $\Theta_1\in\mathscr{M}_{m_1\times q}$, $\Theta_2\in\mathscr{M}_{m_2\times p}$ 以及 $\Sigma\in\mathscr{N}_p$。

给定数据 $Y$, 由密度函数 (5.1), 参数 $\Theta_1,\Theta_2$ 和 $\Sigma$ 的似然函数为

$$
\begin{aligned}
&L(\Theta_1,\Theta_2,\Sigma|Y)\\
=&c|\Sigma|^{-n/2}\mathrm{etr}\left[-\frac{1}{2}\left(Y - X_1\Theta_1Z^{\mathrm{T}} - X_2\Theta_2\right)^{\mathrm{T}}\left(Y - X_1\Theta_1Z^{\mathrm{T}} - X_2\Theta\right)\Sigma^{-1}\right], \quad (5.2)\\
&\Theta_1\in\mathscr{M}_{m_1\times q},\Theta_2\in\mathscr{M}_{m_2\times p},\Sigma\in\mathscr{N}_p
\end{aligned}
$$

下面讨论一阶参数 $\Theta_1,\Theta_2$ 和协方差参数 $\Sigma$ 的极大似然估计。

**定理 5.1**　假设 $Y$ 服从多元正态分布 $N_{n\times p}(\boldsymbol{\mu}, I\otimes\Sigma)$, 其中均值结构为 $\boldsymbol{\mu} = X_1\Theta_1Z^{\mathrm{T}} + X_2\Theta_2$ 且协方差 $\Sigma$ 为正定矩阵。那么, 参数 $\Theta_1,\Theta_2$ 和 $\Sigma$ 的极大似然估计, 记为 $\widehat{\Theta}_1^{\mathrm{mle}}(Y)$, $\widehat{\Theta}_2^{\mathrm{mle}}(Y)$ 和 $\widehat{\Sigma}_{\mathrm{mle}}(Y)$, 分别为

$$\begin{aligned}\widehat{\Theta}_1^{\mathrm{mle}} &= \left(X_1^{\mathrm{T}} M_{X_2} X_1\right)^- X_1^{\mathrm{T}} M_{X_2} Y S^{-1} Z \left(Z^{\mathrm{T}} S^{-1} Z\right)^-, \\ \widehat{\Theta}_2^{\mathrm{mle}} &= \left(X_2^{\mathrm{T}} X_2\right)^- X_2^{\mathrm{T}} \left(Y - X_1 \widehat{\Theta}_1^{\mathrm{mle}} Z^{\mathrm{T}}\right)\end{aligned} \tag{5.3}$$

和

$$\begin{aligned}\widehat{\Sigma}_{\mathrm{mle}} &= \frac{1}{n}\left(Y - X_1 \widehat{\Theta}_1^{\mathrm{mle}} Z^{\mathrm{T}}\right)^{\mathrm{T}} M_{X_2} \left(Y - X_1 \widehat{\Theta}_1^{\mathrm{mle}} Z^{\mathrm{T}}\right) \\ &= \frac{1}{n} S + \frac{1}{n} T^{\mathrm{T}} Y^{\mathrm{T}} P_{M_{X_2} X_1} Y T\end{aligned} \tag{5.4}$$

其中，$X = (X_1\ X_2)$, $T = I - S^{-1}Z(Z^{\mathrm{T}}S^{-1}Z)^{-1}Z^{\mathrm{T}}$, $S = Y^{\mathrm{T}} M_X Y$ 且在约束 $\mathrm{r}(X) + p \leqslant n$ 下 $S$ 以概率 1 是正定的。

**证明:** 在约束 $\mathrm{r}(X) + p \leqslant n$ 下, $S$ 以概率 1 为正定矩阵, 见定理 2.1。从而对任何合适阶数的矩阵 $V$, 矩阵 $S + V^{\mathrm{T}}V$ 也以概率 1 为正定矩阵。

根据似然函数 (5.2), 对数似然函数记为

$$\begin{aligned}g(\Theta_1, \Theta_2, \Sigma_*) &= \log L(\Theta_1, \Theta_2, \Sigma|Y) \\ &= -\frac{1}{2}\mathrm{tr}\left[\left(Y - X_1\Theta_1 Z^{\mathrm{T}} - X_2\Theta_2\right)^{\mathrm{T}}\left(Y - X_1\Theta_1 Z^{\mathrm{T}} - X_2\Theta_2\right)\Sigma_*\right] \\ &\quad + \frac{n}{2}\log\det\left(\Sigma_*\right) + \log c\end{aligned}$$

其中，$\Sigma_* = \Sigma^{-1}$ 并省去了常数项。那么, 对任意 $\mathrm{d}\Theta_1 \in \mathscr{M}_{m_1\times q}$, 对对数似然函数 $g(\Theta_1, \Theta_2, \Sigma_*)$ 求微分, 有

$$\mathrm{d}g(\Theta_1, \Theta_2, \Sigma_*)(\mathrm{d}\Theta_1) = -\frac{1}{2}\mathrm{tr}\left[(Y - X_1\Theta_1 Z^{\mathrm{T}} - X_2\Theta_2)^{\mathrm{T}}(-X_1\mathrm{d}\Theta_1 Z^{\mathrm{T}})\Sigma_*\right]$$

对任意 $\mathrm{d}\Theta_2 \in \mathscr{M}_{m_2\times p}$, 对对数似然函数 $g(\Theta_1, \Theta_2, \Sigma_*)$ 求微分, 有

$$\mathrm{d}g(\Theta_1, \Theta_2, \Sigma_*)(\mathrm{d}\Theta_2) = -\frac{1}{2}\mathrm{tr}\left[(Y - X_1\Theta_1 Z^{\mathrm{T}} - X_2\Theta_2)^{\mathrm{T}}(-X_2\mathrm{d}\Theta_2)\Sigma_*\right]$$

并且对任意 $\mathrm{d}\Sigma_* \in \mathscr{M}_{p\times p}$, 对对数似然函数 $g(\Theta_1, \Theta_2, \Sigma_*)$ 求微分, 得到

$$\begin{aligned}&\mathrm{d}g(\Theta_1, \Theta_2, \Sigma_*)(\mathrm{d}\Sigma_*) \\ =&\frac{n}{2}\mathrm{tr}\left[\Sigma_*^{-1}(\mathrm{d}\Sigma_*)\right] - \frac{1}{2}\mathrm{tr}\left[(Y - X_1\Theta_1 Z^{\mathrm{T}} - X_2\Theta_2)^{\mathrm{T}}(Y - X_1\Theta_1 Z^{\mathrm{T}} - X_2\Theta_2)(\mathrm{d}\Sigma_*)\right]\end{aligned}$$

根据微分学最优化必要条件设

$$\mathrm{d}g(\Theta_1, \Theta_2, \Sigma_*)(\mathrm{d}\Theta_i) = 0,\ i = 1, 2 \text{ 和 } \mathrm{d}g(\Theta_1, \Theta_2, \Sigma_*)(\mathrm{d}\Sigma_*) = 0$$

有等式

$$\mathrm{tr}\left[Z^{\mathrm{T}}\Sigma_*(Y - X_1\Theta_1 Z^{\mathrm{T}} - X_2\Theta_1)^{\mathrm{T}} X_1 \mathrm{d}\Theta_1\right] = 0$$

$$\mathrm{tr}\left[\Sigma_*(Y - X_1\Theta_1 Z^{\mathrm{T}} - X_2\Theta_1)^{\mathrm{T}} X_2 \mathrm{d}\Theta_2\right] = 0$$

与

$$n\,\mathrm{tr}\left[\Sigma_*^{-1}(\mathrm{d}\Sigma_*)\right]=\mathrm{tr}\left[(Y-X_1\Theta_1Z^{\mathrm{T}}-X_2\Theta_2)^{\mathrm{T}}(Y-X_1\Theta_1Z^{\mathrm{T}}-X_2\Theta_2)(\mathrm{d}\Sigma_*)\right]$$

由于 $\mathrm{d}\Theta_1,\mathrm{d}\Theta_2$ 和 $\mathrm{d}\Sigma_*$ 的任意性，得到下列矩阵方程组

$$X_1^{\mathrm{T}}\left(Y-X_1\Theta_1Z^{\mathrm{T}}-X_2\Theta_2\right)\Sigma^{-1}Z=\mathbf{0} \tag{5.5}$$

$$X_2^{\mathrm{T}}\left(Y-X_1\Theta_1Z^{\mathrm{T}}-X_2\Theta_2\right)\Sigma^{-1}=\mathbf{0} \tag{5.6}$$

与

$$n\,\Sigma=(Y-X_1\Theta_1Z^{\mathrm{T}}-X_2\Theta_2)^{\mathrm{T}}(Y-X_1\Theta_1Z^{\mathrm{T}}-X_2\Theta_2) \tag{5.7}$$

把极大似然估计 $\widehat{\Theta}_1^{\mathrm{mle}}$, $\widehat{\Theta}_2^{\mathrm{mle}}$ 和 $\widehat{\Sigma}_{\mathrm{mle}}$ 代入方程组式 (5.5)～式 (5.7) 并利用等式 $X_1^{\mathrm{T}}P_X=X_1^{\mathrm{T}}$(用 $P_X$ 而不是 $P_{X_1}$ 是后面推导的需要), 有

$$X_1^{\mathrm{T}}\left(P_XY-X_1\widehat{\Theta}_1^{\mathrm{mle}}Z^{\mathrm{T}}-X_2\widehat{\Theta}_2^{\mathrm{mle}}\right)\widehat{\Sigma}_{\mathrm{mle}}^{-1}Z=\mathbf{0} \tag{5.8}$$

$$X_2^{\mathrm{T}}\left(Y-X_1\widehat{\Theta}_1^{\mathrm{mle}}Z^{\mathrm{T}}-X_2\widehat{\Theta}_2^{\mathrm{mle}}\right)\widehat{\Sigma}_{\mathrm{mle}}^{-1}=\mathbf{0} \tag{5.9}$$

以及

$$\widehat{\Sigma}_{\mathrm{mle}}=\frac{1}{n}\left(Y-X_1\widehat{\Theta}_1^{\mathrm{mle}}Z^{\mathrm{T}}-X_2\widehat{\Theta}_2^{\mathrm{mle}}\right)^{\mathrm{T}}\left(Y-X_1\widehat{\Theta}_1^{\mathrm{mle}}Z^{\mathrm{T}}-X_2\widehat{\Theta}_2^{\mathrm{mle}}\right) \tag{5.10}$$

从上面的讨论知, $\widehat{\Sigma}_{\mathrm{mle}}$ 以概率 1 为正定矩阵。所以方程组式 (5.8)～式 (5.10) 中的 $\widehat{\Sigma}_{\mathrm{mle}}^{-1}$ 是有意义的。

注意到 $P_X=P_{X_2}+P_{M_{X_2}X_1}$, 再把 $\widehat{\Sigma}_{\mathrm{mle}}$ 分解成

$$\widehat{\Sigma}_{\mathrm{mle}}=S+V^{\mathrm{T}}V \tag{5.11}$$

其中

$$V=P_{M_{X_2}X_1}Y-M_{X_2}X_1\widehat{\Theta}_1^{\mathrm{mle}}Z^{\mathrm{T}}$$

从式 (5.9), 有

$$\widehat{\Theta}_2^{\mathrm{mle}}=(X_2^{\mathrm{T}}X_2)^{-}X_2^{\mathrm{T}}Y-(X_2^{\mathrm{T}}X_2)^{-}X_2^{\mathrm{T}}X_1\widehat{\Theta}_1^{\mathrm{mle}}Z^{\mathrm{T}} \tag{5.12}$$

用式 (5.12) 替代式 (5.10) 里的 $\widehat{\Theta}_2^{\mathrm{mle}}$, 稍加运算获得表达式 (5.4)。

再用式 (5.12) 替代式 (5.8) 中的 $\widehat{\Theta}_2^{\mathrm{mle}}$, 利用分解式 (5.11), 式 (5.8) 变成

$$X_1^{\mathrm{T}}V(S+V^{\mathrm{T}}V)^{-1}Z=\mathbf{0}$$

等价地,

$$X_1^{\mathrm{T}} M_{X_2} V (S + V^{\mathrm{T}} V)^{-1} Z = \mathbf{0}$$

由引理 2.1, 有

$$X_1^{\mathrm{T}} M_{X_2} H V S^{-1} Z = \mathbf{0}$$

其中，$H = (I + V^{\mathrm{T}} S^{-1} V)^{-1}$ 是正定的。具体地, 有

$$X_1^{\mathrm{T}} M_{X_2} H \left( P_{M_{X_2} X_1} Y - M_{X_2} X_1 \widehat{\Theta}_1^{\mathrm{mle}} Z^{\mathrm{T}} \right) S^{-1} Z = \mathbf{0}\text{。}$$

稍作整理即得

$$\left( H^{1/2} M_{X_2} X_1 \right)^{\mathrm{T}} H^{1/2} M_{X_2} X_1 \left[ (X_1^{\mathrm{T}} M_{X_2} X_1)^{-} X_1^{\mathrm{T}} M_{X_2} Y - \widehat{\Theta}_1^{\mathrm{mle}} Z^{\mathrm{T}} \right] S^{-1} Z = \mathbf{0}$$

利用引理 2.2, 先消去 $(H^{1/2} M_{X_2} X_1)^{\mathrm{T}}$, 然后消去非奇异的 $H^{1/2}$, 得到

$$M_{X_2} X_1 \left[ (X_1^{\mathrm{T}} M_{X_2} X_1)^{-} X_1^{\mathrm{T}} M_{X_2} Y - \widehat{\Theta}_1(Y) Z^{\mathrm{T}} \right] S^{-1} Z = \mathbf{0} \tag{5.13}$$

求解方程 (5.13) 得

$$\widehat{\Theta}_1(Y) = (X_1^{\mathrm{T}} M_{X_2} X_1)^{-} X_1^{\mathrm{T}} M_{X_2} Y S^{-1} Z (Z^{\mathrm{T}} S^{-1} Z)^{-}$$

到此, 获得了表达式 (5.3).

给定 $Y$, 即使 $\widehat{\Theta}_1^{\mathrm{mle}}$ 和 $\Theta_2^{\mathrm{mle}}$ 不唯一, $\widehat{\Sigma}_{\mathrm{mle}}$ 是唯一的。定理 5.1 证明完毕。

从第 1 章得知, 多元线性与增长曲线混合模型是由 Chinchilli 和 Elswick 于 1985 年提出来的。随机误差服从多元正态分布时, Chinchilli 和 Elswick (1985) 首次推导了参数的极大似然估计, 他们还通过似然比准则构建了模型的拟合优度检验以及对于复合双线性假设建立了似然比检验。Chinchilli 和 Elswick (1985) 假设扩充矩阵 $(X_1\ X_2)$ 是满秩的。而定理 5.1, 对所有矩阵都没有满秩的要求。如果都满秩, 则定理 5.1 中广义逆可以换成正常逆, 参数的极大似然估计均唯一。在下面的讨论中, 也遵循 Chinchilli 和 Elswick (1985) 的假设, 相关矩阵都满秩, 这在证明定理时便利许多。

**推论 5.1**　如果式 (5.3) 的广义逆 $G^{-}$ 能被正常逆 $G^{-1}$ 代替, 那么由定理 5.1 所得的 $(\widehat{\Theta}_1^{\mathrm{mle}}, \widehat{\Theta}_2^{\mathrm{mle}}, \widehat{\Sigma}_{\mathrm{mle}})$ 是参数 $(\Theta_1, \Theta_2, \Sigma)$ 的充分统计量和相合估计且 $(\widehat{\Theta}_1^{\mathrm{mle}}, \widehat{\Theta}_2^{\mathrm{mle}})$ 是无偏的。

证明也留作练习, 该结果首次见于 Chinchilli 和 Elswick (1985), 可参考 Arnold (1981), 陈希孺 (1997) 以及 Casella 和 Berger (2002) 相关证明技术。

## 5.2　正态随机误差下的假设检验

### 5.2.1　拟合优度检验

拟合优度检验通常用于确定观察值与假设的理论分布之间的偏差程度, 用于评估一组观察值是否与一个理论分布或模型相符。本节叙述多元线性与增长曲线

混合模型拟合优度检验。

以各种模型参数完整为准则, 增长曲线模型 (1.4) 所用参数的个数少于多元线性与增长曲线混合模型 (1.8) 的参数个数, 而多元线性与增长曲线混合模型 (1.8) 所用参数个数要少于多元线性模型 (1.1) 的参数个数。下面给出两个拟合优度检验。

拟合优度检验 I: 增长曲线模型 (1.4) 对多元线性与增长曲线混合模型 (1.8)。

拟合优度检验 II: 多元线性与增长曲线混合模型 (1.8) 对多元线性模型 (1.1)。

根据已知满秩的剖面矩阵 $Z$, 容易构造一个已知的 $p\times(p-q)$ 阶的满秩矩阵 $Z_*$ 使得

$$Z_*^{\mathrm{T}}Z=\mathbf{0}$$

例如, $Z_*^{\mathrm{T}}$ 由正交投影矩阵 $M_Z$ 的 $p-q$ 列线性独立的向量组成, 容易知 $(Z\ Z_*)$ 满秩。设 $\Theta_2^*$ 为一个 $m_2\times q$ 阶的未知参数矩阵而其他参数的阶遵循前述定义。

第一, 增长曲线模型 (1.4) 对多元线性与增长曲线混合模型 (1.8) 的假设检验问题可设计如下一对原假设与备择假设, 原假设为

$$H_0^{\mathrm{I}}:\ \mathbb{E}(Y)=\begin{pmatrix}X_1 & X_2\end{pmatrix}\begin{pmatrix}\Theta_1\\ \Theta_2^*\end{pmatrix}Z^{\mathrm{T}} \tag{5.14}$$

而备择假设为

$$H_1^{\mathrm{I}}:\ \mathbb{E}(Y)=X_1\Theta_1Z^{\mathrm{T}}+X_2\Theta_2 \tag{5.15}$$

**定理 5.2** 对原假设 (5.14) 与备择假设 (5.15), 给定显著性水平 $\alpha$, 拟合优度的似然比检验拒绝规则为

$$\text{如果 } |I_{p-q}+S_{h_1}S_{e_1}^{-1}|^{-1}>c_\alpha, \text{则拒绝原假设 } H_0^I$$

其中, $c_\alpha$ 是一个依赖 $\alpha$ 的很小的值, $S_{h_1}=Z_*^{\mathrm{T}}Y^{\mathrm{T}}P_{X_2}YZ_*$ 和 $S_{e_1}=Z_*^{\mathrm{T}}Y^{\mathrm{T}}M_{X_2}YZ_*$ 是自由度分别为 $m_2$ 和 $n-m_2$ 参数矩阵为 $Z_*^{\mathrm{T}}\Sigma Z_*$ 的中心 Wishart 分布。

**证明:** 根据定理 2.1 和定理 5.1, 对原假设 (5.14) 与备择假设 (5.15) 的似然比经计算化简为

$$\Lambda_{\mathrm{I}}=\frac{\max\limits_{\Omega_0}L(\Theta_1,\Theta_2^*|Y)}{\max\limits_{\Omega_1}L(\Theta_1,\Theta_2|Y)}=\frac{|S+T^{\mathrm{T}}Y^{\mathrm{T}}P_{M_{X_2}X_1}YT|^{n/2}}{|S+T^{\mathrm{T}}Y^{\mathrm{T}}P_XYT|^{n/2}}$$

其中, $\Omega_0=\{\Theta_1\in\mathscr{M}_{m_1\times q},\Theta_2^*\in\mathscr{M}_{m_2\times q}\}$, $\Omega_1=\{\Theta_1\in\mathscr{M}_{m_1\times q},\Theta_2\in\mathscr{M}_{m_2\times p}\}$ 和 $S=Y^{\mathrm{T}}M_XY$。故对原假设 (5.14) 与备择假设 (5.15), 给定显著性水平 $\alpha$, 获得一个很小的数值 $c_\alpha$, 似然比检验拒绝规则为

$$\text{如果 } \frac{|S+T^{\mathrm{T}}Y^{\mathrm{T}}P_{M_{X_2}X_1}YT|}{|S+T^{\mathrm{T}}Y^{\mathrm{T}}P_XYT|}>c_\alpha, \text{拒绝原假设 } H_0^{\mathrm{I}} \tag{5.16}$$

令 $Q_1^{\mathrm{T}} = S^{-1}Z(Z^{\mathrm{T}}S^{-1}Z)^{-1}$, 一个 $p \times q$ 阶的矩阵, 和 $Q_2^{\mathrm{T}} = Z_*$, 一个 $p \times (p-q)$ 阶的矩阵。则

$$Q^{\mathrm{T}} = \begin{pmatrix} Q_1^{\mathrm{T}} & Q_2^{\mathrm{T}} \end{pmatrix} \text{ 是满秩的}$$

并且

$$Q_1 S Q_2^{\mathrm{T}} = \mathbf{0},\ TQ_1^{\mathrm{T}} = \mathbf{0} \text{ 和 } TQ_2^{\mathrm{T}} = Q_2^{\mathrm{T}}$$

对式 (5.16) 的分子分母同时左乘 $|Q|$ 与同时右乘 $|Q^{\mathrm{T}}|$, 通过矩阵计算导致分子为

$$|Q_1SQ_1^{\mathrm{T}}||Q_2SQ_2 + Q_2Y^{\mathrm{T}}P_{M_{X_2}X_1}YQ_2^{\mathrm{T}}| = |Q_1SQ_1^{\mathrm{T}}||Q_2Y^{\mathrm{T}}M_{X_2}YQ_2^{\mathrm{T}}|$$

而分母为

$$|Q_1SQ_1^{\mathrm{T}}||Q_2SQ_2 + Q_2Y^{\mathrm{T}}P_{X_2}YQ_2^{\mathrm{T}}| = |Q_1SQ_1^{\mathrm{T}}||Q_2Y^{\mathrm{T}}M_{X_2}YQ_2^{\mathrm{T}} + Q_2Y^{\mathrm{T}}P_{X_2}YQ_2^{\mathrm{T}}|$$

似然比检验拒绝规则 (5.16) 重写为

$$\text{如果 } \frac{|Z_*^{\mathrm{T}}Y^{\mathrm{T}}M_{X_2}YZ_*|}{|Z_*^{\mathrm{T}}Y^{\mathrm{T}}M_{X_2}YZ_* + Z_*^{\mathrm{T}}Y^{\mathrm{T}}P_{X_2}YZ_*|} > c_\alpha, \text{拒绝原假设 } H_0^{\mathrm{I}}$$

所以给定显著性水平 $\alpha$, 找到由 $\alpha$ 决定的值 $c_\alpha$, 似然比检验拒绝规则为

$$\text{如果 } |I_{p-q} + S_{h_1}S_{e_1}^{-1}|^{-1} > c_\alpha, \text{则拒绝原假设 } H_0^{\mathrm{I}}$$

类似定理 2.5 的处理方式, 建立 $S_{h_1}$ 和 $S_{e_1}$ 的分布以及确定 $c_\alpha$ 的数值, 这里从略。定理 5.2 证明完毕。

记 $\Theta_1^*$ 为一个 $m_1 \times p$ 阶的未知参数矩阵而其他参数的阶遵循前述定义。

第二, 多元线性与增长曲线混合模型 (1.8) 与多元线性模型的假设检验问题可设计如下一对原假设与备择假设, 原假设为

$$H_0^{\mathrm{II}}:\ \mathbb{E}(Y) = X_1\Theta_1Z^{\mathrm{T}} + X_2\Theta_2 \tag{5.17}$$

而备择假设为

$$H_1^{\mathrm{II}}:\ \mathbb{E}(Y) = \begin{pmatrix} X_1 & X_2 \end{pmatrix}\begin{pmatrix} \Theta_1^* \\ \Theta_2 \end{pmatrix} \tag{5.18}$$

**定理 5.3** 对原假设 (5.17) 与备择假设 (5.18), 给定显著性水平 $\alpha$, 拟合优度的似然比检验拒绝规则为

$$\text{如果 } |I_{p-q} + S_{h_2}S_{e_2}^{-1}|^{-1} > c_\alpha, \text{则拒绝原假设 } H_0^{\mathrm{II}}$$

其中, $c_\alpha$ 是一个依赖 $\alpha$ 的很小的值, $S_{h_2} = Z_*^{\mathrm{T}}Y^{\mathrm{T}}P_{M_{X_2}X_1}YZ_*$ 和 $S_{e_2} = Z_*^{\mathrm{T}}Y^{\mathrm{T}}M_X YZ_*$ 是自由度分别为 $m_1$ 和 $n - m_1 - m_2$ 参数矩阵为 $Z_*^{\mathrm{T}}\Sigma Z_*$ 的中心 Wishart 分布。

**证明:** 证明过程与定理 5.2 相同, 但为了完整性, 下面详细叙述, 读者也可以跳

过下面的证明自己做练习。根据定理 5.1 以及多元线性模型 (1.1) 协方差的极大似然估计 $\widehat{\Sigma}_{\text{mle}} = S/n$, 对原假设 (5.17) 与备择假设 (5.18) 的似然比经计算化简为

$$\Lambda_{\text{II}} = \frac{\max\limits_{\Omega_0} L(\Theta_1, \Theta_2|Y)}{\max\limits_{\Omega_1} L(\Theta_1^*, \Theta_2|Y)} = \frac{|S|^{n/2}}{|S + T^{\text{T}}Y^{\text{T}}P_{M_{X_2}X_1}YT|^{n/2}}$$

其中，$\Omega_0 = \{\Theta_1 \in \mathscr{M}_{m_1\times q}, \Theta_2 \in \mathscr{M}_{m_2\times p}\}$ 和 $\Omega_1 = \{\Theta_1^* \in \mathscr{M}_{m_1\times p}, \Theta_2 \in \mathscr{M}_{m_2\times p}\}$。故对原假设 (5.17) 与备择假设 (5.18), 给定显著性水平 $\alpha$, 获得一个很小的数值 $c_\alpha$, 似然比检验拒绝规则为

$$\text{如果}\ \frac{|S|}{|S + T^{\text{T}}Y^{\text{T}}P_{M_{X_2}X_1}YT|} > c_\alpha, \text{则拒绝原假设}\ H_0^{\text{II}} \tag{5.19}$$

同理, 令 $Q_1^{\text{T}} = S^{-1}Z(Z^{\text{T}}S^{-1}Z)^{-1}$ 和 $Q_2^{\text{T}} = Z_*$。则

$$Q^{\text{T}} = \begin{pmatrix} Q_1^{\text{T}} & Q_2^{\text{T}} \end{pmatrix}\ \text{是满秩的}$$

并且

$$Q_1SQ_2^{\text{T}} = \mathbf{0},\ TQ_1^{\text{T}} = \mathbf{0}\ \text{和}\ TQ_2^{\text{T}} = Q_2^{\text{T}}$$

对式 (5.19) 的分子分母同时左乘 $|Q|$ 与同时右乘 $|Q^{\text{T}}|$, 通过矩阵计算导致分子为

$$|Q_1SQ_1^{\text{T}}||Q_2SQ_2| = |Q_1SQ_1^{\text{T}}||Q_2Y^{\text{T}}M_XYQ_2|$$

而分母为

$$|Q_1SQ_1^{\text{T}}||Q_2SQ_2 + Q_2Y^{\text{T}}P_{M_{X_2}X_1}YQ_2^{\text{T}}|$$

似然比检验拒绝规则 (5.16) 重写为

$$\text{如果}\ \frac{|Z_*^{\text{T}}Y^{\text{T}}M_XYZ_*|}{|Z_*^{\text{T}}Y^{\text{T}}M_XYZ_* + Z_*^{\text{T}}Y^{\text{T}}P_{M_{X_2}X_1}YZ_*} > c_\alpha, \text{则拒绝原假设}\ H_0^{\text{II}}$$

所以给定显著性水平 $\alpha$, 找到由 $\alpha$ 决定的值 $c_\alpha$, 似然比检验拒绝规则为

$$\text{如果}\ |I_{p-q} + S_{h_2}S_{e_2}^{-1}|^{-1} > c_\alpha, \text{拒绝原假设}\ H_0^{\text{II}}$$

类似定理 5.2 的处理方式。定理 5.3 证明完毕。

### 5.2.2 参数线性假设检验和复合双线性假设检验

本节叙述似然比检验方法来检验多元线性与增长曲线混合模型中关于参数矩阵 $\Theta_1$ 和 $\Theta_2$ 的线性与复合双线性假设。原假设与备择假设对为

$$\text{参数复合双线性假设}\ H_0^{(1)}:\ C_1\Theta_1D^{\text{T}} = \mathbf{0}\ \text{对}\ H_1^{(1)}:\ C_1\Theta_1D^{\text{T}} \neq \mathbf{0} \tag{5.20}$$

$$\text{协变量参数线性假设}\ H_0^{(2)}:\ C_2\Theta_2 = \mathbf{0}\ \text{对}\ H_1^{(2)}:\ C_2\Theta_2 \neq \mathbf{0} \tag{5.21}$$

及其

$$\text{同时线性假设}\begin{cases} H_0^{(3)}: & C_1\Theta_1 = \mathbf{0} \text{ 和 } C_2\Theta_2 = \mathbf{0} \\ H_1^{(3)}: & C_1\Theta_1 \neq \mathbf{0} \text{ 或 } C_2\Theta_2 \neq \mathbf{0} \end{cases} \tag{5.22}$$

其中，$C_i$ 是 $c_i \times m_i$ 阶矩阵 ($c_i \leqslant m_i, i = 1, 2$), $D$ 是 $d \times q$ 阶矩阵 ($d \leqslant q$)。

**定理 5.4** 在多元线性与增长曲线混合模型下, 针对原假设与备择假设 (5.20), 给定显著性水平 $\alpha$, 存在一个依赖 $\alpha$ 的很小的值 $c_\alpha$ 使得参数复合双线性假设的似然比检验拒绝规则为

$$\text{如果 } |I_{p-q} + S_{H_1}S_{E_1}^{-1}|^{-1} > c_\alpha, \text{则拒绝原假设 } H_0^{(1)}$$

这里,

$$S_{H_1} = (C_1\widehat{\Theta}_1^{\text{mle}}D^{\text{T}})^{\text{T}}(C_1R_1C_1^{\text{T}})^{-1}(C_1\widehat{\Theta}_1^{\text{mle}}D^{\text{T}}),\ S_{E_1} = D(Z^{\text{T}}S^{-1}Z)^{-1}D^{\text{T}} \tag{5.23}$$

以及

$$\begin{aligned} R_1 = &(X_1^{\text{T}}M_{X_2}X_1)^{-1} + (X_1^{\text{T}}M_{X_2}X_1)^{-1}X_1^{\text{T}}M_{X_2}Y \\ &\cdot [S^{-1} - S^{-1}Z(Z^{\text{T}}S^{-1}Z)^{-1}Z^{\text{T}}S^{-1}]YM_{X_2}X_1(X_1^{\text{T}}M_{X_2}X_1)^{-1} \end{aligned}$$

其中, $S$ 和 $\widehat{\Theta}_1^{\text{mle}}$ 由定理 5.1 确定。$S_{H_1}$ 和 $S_{E_1}$ 是自由度分别为 $c_1$ 和 $n - m_1 - m_2 - p + q$ 参数矩阵为 $D(Z^{\text{T}}\Sigma^{-1}Z^{\text{T}})^{-1}D^{\text{T}}$ 的中心 Wishart 分布。

**证明:** 证明过程用的是定理 2.6 的思路与技术路线, 只是需要更精细。作变量变换

$$W = (W_1\ \ W_2),\ W_1 = YZ(Z^{\text{T}}Z) \text{ 和 } W_2 = YZ_*$$

随机变量 $W$ 的联合密度可以表示为 $Z_2$ 的密度函数和在给定 $Z_2$ 的情况下 $Z_1$ 的条件密度函数的乘积。利用 Muirhead (1982) 的定理 1.2.11, 有

$$W_2 \sim N_{n\times(p-q)}(X_2\Theta_2Z_*, I \otimes Z_*^{\text{T}}\Sigma Z_*)$$

和

$$W_1|W_2 \sim N_{n\times q}(\boldsymbol{\mu}_1 + (W_1 - \boldsymbol{\mu}_2)\Omega_{22}^{-}\Omega_{21}, I \otimes (\Omega_{11} - \Omega_{12}\Omega_{22}^{-}\Omega_{21})) \tag{5.24}$$

由引理 2.3 和引理 2.4, 经过矩阵运算得

$$\Omega_{11} - \Omega_{12}\Omega_{22}^{-}\Omega_{21} = (Z^{\text{T}}\Sigma^{-1}Z)^{-1}$$

和

$$\begin{aligned} \boldsymbol{\mu}_1 + (W_1 - \boldsymbol{\mu}_2)\Omega_{22}^{-}\Omega_{21} = &X_1\Theta_1 + X_2\Theta_2\Sigma^{-1}Z(Z^{\text{T}}\Sigma^{-1}Z)^{-1} \\ &+ W_2(Z_*^{\text{T}}\Sigma Z_*)^{-1}Z_*^{\text{T}}\Sigma Z(Z^{\text{T}}Z)^{-1} \end{aligned}$$

由于 $W_2$ 的分布与参数 $\Theta_1$ 无关, 重点放在条件分布式 (5.24) 上。设

$$A = (X_1 \quad X_2 \quad W_2),\ \Gamma = \begin{pmatrix} \Theta_1 \\ \Gamma_1 \\ \Gamma_2 \end{pmatrix} \text{ 和 } C = (C_1 \quad \mathbf{0} \quad \mathbf{0})$$

其中，$\Gamma_1 = \Theta_2 \Sigma^{-1} Z (Z^{\mathrm{T}} \Sigma^{-1} Z)^{-1}$ 和 $\Gamma_2 = (Z_*^{\mathrm{T}} \Sigma Z_*)^{-1} Z_*^{\mathrm{T}} \Sigma Z (Z^{\mathrm{T}} Z)^{-1}$。则条件期望重写为 $\mathbb{E}(W_1|W_2)D^{\mathrm{T}} = A\Gamma D^{\mathrm{T}}$。

考虑多元线性模型下的假设检验 $C\Gamma D^{\mathrm{T}} = \mathbf{0}$。把 $\Gamma D^{\mathrm{T}}$ 视为响应变量观察矩阵, 这个条件模型属于标准的多元方差分析框架。所以, 似然比中的 $S_{E_1}$ 为

$$S_{E_1} = D W_1^{\mathrm{T}} M_A W_1 D^{\mathrm{T}}$$

而 $S_{H_1}$ 为

$$S_{H_1} = D W_1^{\mathrm{T}} A (A^{\mathrm{T}} A)^{-1} C^{\mathrm{T}} [C (A^{\mathrm{T}} A)^{-1} C^{\mathrm{T}}]^{-1} C (A^{\mathrm{T}} A)^{-1} A^{\mathrm{T}} W_1 D^{\mathrm{T}}$$

详细可参见 Muirhead (1982) 第 10 章的相关内容。从上述 $S_{E_1}$ 和 $S_{H_1}$ 的表达式推导出式 (5.23) 需要利用引理 2.3～引理 2.5, 它们的详细推导留给读者作为练习。

关于 $S_{E_1}$ 和 $S_{H_1}$ 的分布和似然比检验的拒绝规则的讨论类似于定理 2.6 的讨论, 从略。定理 5.4 证明完毕。

**定理 5.5** 在多元线性与增长曲线混合模型下, 针对原假设与备择假设 (5.21), 给定显著性水平 $\alpha$, 存在一个依赖 $\alpha$ 的很小的值 $c_\alpha$ 使得参数线性假设的似然比检验拒绝规则为

$$\text{如果 } |I + S_{H_2} S_{E_2}^{-1}|^{-1} |I + T_{H_2} T_{E_2}^{-1}|^{-1} > c_\alpha, \text{则拒绝原假设 } H_0^{(2)}$$

这里,

$$S_{E_2} = (Z^{\mathrm{T}} S^{-1} Z)^{-1},\ S_{H_2} = (C_2 \widehat{\Theta}_{21})^{\mathrm{T}} (C_2 R_2 C_2^{\mathrm{T}})^{-1} (C_2 \widehat{\Theta}_{21}) \tag{5.25}$$

其中，$\widehat{\Theta}_{21} = \widehat{\Theta}_2^{\mathrm{mle}} S^{-1} Z (Z^{\mathrm{T}} S^{-1} Z)^{-1}$ 和

$$\begin{aligned} R_2 =& (X_2^{\mathrm{T}} M_{X_1} X_2)^{-1} + (X_2^{\mathrm{T}} M_{X_1} X_2)^{-1} X_2^{\mathrm{T}} M_{X_1} Y \\ & \cdot [S^{-1} - S^{-1} Z (Z^{\mathrm{T}} S^{-1} Z)^{-1} Z^{\mathrm{T}} S^{-1}] Y^{\mathrm{T}} M_{X_1} X_2 (X_2^{\mathrm{T}} M_{X_1} X_2)^{-1} \end{aligned}$$

并且

$$T_{E_2} = Z_*^{\mathrm{T}} S_2 Z_*,\ T_{H_2} = (C_2 \widehat{\Theta}_{22})^{\mathrm{T}} [C_2 (X_2^{\mathrm{T}} X_2)^{-1} C_2^{\mathrm{T}}]^{-1} (C_2 \widehat{\Theta}_{22}) \tag{5.26}$$

其中，$S_2 = Y^{\mathrm{T}} M_{X_2} Y$ 和 $\widehat{\Theta}_{22} = \widehat{\Theta}_2^{\mathrm{mle}} Z_* = (X_2^{\mathrm{T}} X_2)^{-1} X_2^{\mathrm{T}} Y Z_*$。进一步, 有

(1) 统计量 $S_{E_2} \sim W_{n-m_1-m_2-p+q}(n, (Z^{\mathrm{T}} \Sigma^{-1} Z)^{-1})$, 在原假设 $H_0^{(2)}$ 成立的前提下, 统计量 $S_{H_2} \sim W_{c_2}(n, (Z^{\mathrm{T}} \Sigma^{-1} Z)^{-1})$ 与 $S_{E_2}$ 独立;

(2) 统计量 $T_{E_2} \sim W_{n-m_2}(n, Z_*^{\mathrm{T}} \Sigma Z_*)$, 统计量 $T_{H_2} \sim W_{c_2}(n, Z_*^{\mathrm{T}} \Sigma Z_*, \Delta_2)$ 且与 $T_{E_2}$ 独立, 其中 $\Delta_2 = (C_2 \Theta_2 Z_*)^{\mathrm{T}} [C_2 (X_2^{\mathrm{T}} X_2)^{-1} C_2^{\mathrm{T}}]^{-1} (C_2 \Theta_2 Z_*)$;

(3) 统计量组 $(S_{H_1}, S_{E_1})$ 与统计量组 $(T_{H_2}, T_{E_2})$ 也相互独立。

**证明:** 容易看到：$H_0^{(2)}: C_2\Theta_2 = \mathbf{0}$ 等价于 $H_0: C_2\Theta_{21} = \mathbf{0}$ 和 $C_2\Theta_{22} = \mathbf{0}$, 其中 $\Theta_{21} = \Theta_2\Sigma^{-1}Z(Z^{\mathrm{T}}\Sigma^{-1}Z)^{-1}$ 和 $\Theta_{22} = \Theta_2 Z_*$。作变量变换

$$W = (W_1 \quad W_2),\ W_1 = YZ(Z^{\mathrm{T}}Z) \text{ 和 } W_2 = YZ_*$$

随机变量 $W$ 的联合密度可以表示为 $Z_2$ 的密度函数和在给定 $Z_2$ 的情况下 $Z_1$ 的条件密度函数的乘积，有

$$W_2 \sim N_{n\times(p-q)}(X_2\Theta_2 Z_*, I \otimes Z_*^{\mathrm{T}}\Sigma Z_*)$$

和

$$W_1|W_2 \sim N_{n\times q}(\boldsymbol{\mu}_1 + (W_1 - \boldsymbol{\mu}_2)\Omega_{22}^{-}\Omega_{21}, I \otimes (\Omega_{11} - \Omega_{12}\Omega_{22}^{-}\Omega_{21}))$$

其中

$$\Omega_{11} - \Omega_{12}\Omega_{22}^{-}\Omega_{21} = (Z^{\mathrm{T}}\Sigma^{-1}Z)^{-1}$$

和

$$\begin{aligned}\boldsymbol{\mu}_1 + (W_1 - \boldsymbol{\mu}_2)\Omega_{22}^{-}\Omega_{21} &= X_1\Theta_1 + X_2\Theta_2\Sigma^{-1}Z(Z^{\mathrm{T}}\Sigma^{-1}Z)^{-1} \\ &\quad + W_2(Z_*^{\mathrm{T}}\Sigma Z_*)^{-1}Z_*^{\mathrm{T}}\Sigma Z(Z^{\mathrm{T}}Z)^{-1}\end{aligned}$$

似然比可分成两个子似然比的乘积。设

$$A = (X_2 \quad X_1 \quad W_2),\ \Gamma = \begin{pmatrix}\Theta_{21}\\ \Theta_1\\ \Gamma_0\end{pmatrix} \text{ 和 } C = \begin{pmatrix}C_2 & \mathbf{0} & \mathbf{0}\end{pmatrix}$$

其中，$\Gamma_0 = (Z_*^{\mathrm{T}}\Sigma Z_*)^{-1}Z_*^{\mathrm{T}}\Sigma Z(Z^{\mathrm{T}}Z)^{-1}$。

注意到条件期望可写成 $\mathbb{E}(W_1|W_2) = A\Gamma$。考虑多元线性模型下的假设检验 $C\Gamma = \mathbf{0}$。第一个子似然比中的 $S_{E_2}$ 为

$$S_{E_2} = W_1^{\mathrm{T}}M_A W_1$$

而 $S_{H_2}$ 为

$$S_{H_2} = W_1^{\mathrm{T}}A(A^{\mathrm{T}}A)^{-1}C^{\mathrm{T}}[C(A^{\mathrm{T}}A)^{-1}C^{\mathrm{T}}]^{-1}C(A^{\mathrm{T}}A)^{-1}A^{\mathrm{T}}W_1$$

类似于定理 5.5 得 $S_{E_2}$ 和 $S_{H_2}$ 的表达式 (5.25)。

而 $W_2$ 的期望为 $\mathbb{E}(W_2) = X_2\Theta_{22}$。考虑多元线性模型下的假设检验 $C_2\Theta_{22} = \mathbf{0}$，第二个子似然比中的 $T_{E_2}$ 为

$$T_{E_2} = W_2^{\mathrm{T}}M_{X_2}W_2$$

而 $T_{H_2}$ 为

$$T_{H_2} = W_2^{\mathrm{T}} X_2 (X_2^{\mathrm{T}} X_2)^{-1} C_2^{\mathrm{T}} [C_2 (X_2^{\mathrm{T}} X_2)^{-1} C_2^{\mathrm{T}}]^{-1} C_2 (X_2^{\mathrm{T}} X_2)^{-1} X_2^{\mathrm{T}} W_2$$

整理简约得 $T_{E_2}$ 和 $T_{H_2}$ 的表达式 (5.26)。关于 $S_{E_2}$ 和 $S_{H_2}$ 的分布的讨论类似于定理 5.5 的讨论, 从略。关于 $\widehat{\Theta}_{21} = \widehat{\Theta} S^{-1} Z (Z^{\mathrm{T}} S^{-1} Z)^{-1}$ 以及 $\widehat{\Theta}_{22} = \widehat{\Theta} Z_*$ 等式的验证留着练习。

而似然比检验的拒绝规则, 由上所述, 给定显著性水平 $\alpha$, 存在一个依赖 $\alpha$ 的很小的值 $c_\alpha$ 使得参数线性假设的似然比检验拒绝规则为

$$\text{如果 } |I + S_{H_2} S_{E_2}^{-1}|^{-1} |I + T_{H_2} T_{E_2}^{-1}|^{-1} > c_\alpha, \text{则拒绝原假设 } H_0^{(2)}$$

定理 5.5 证明完毕。

**定理 5.6** 在多元线性与增长曲线混合模型下, 针对原假设与备择假设 (5.22), 给定显著性水平 $\alpha$, 存在一个依赖 $\alpha$ 的很小的值 $c_\alpha$ 使得参数线性假设的似然比检验拒绝规则为

$$\text{如果 } |I + S_{H_3} S_{E_3}^{-1}|^{-1} |I + T_{H_3} T_{E_3}^{-1}|^{-1} > c_\alpha, \text{则拒绝原假设 } H_0^{(3)}$$

这里,

$$S_{H_3} = (C_* \widehat{\Theta}_*)^{\mathrm{T}} (C_* R_3 C_*^{\mathrm{T}})^{-1} (C_* \widehat{\Theta}_*)$$

其中

$$C_* = \begin{pmatrix} C_1 & \mathbf{0} \\ \mathbf{0} & C_2 \end{pmatrix}, \ \widehat{\Theta}_* = \begin{pmatrix} \widehat{\Theta}_1^{\mathrm{mle}} \\ \widehat{\Theta}_{21} \end{pmatrix}$$

以及

$$R_3 = (X^{\mathrm{T}} X)^{-1} + (X^{\mathrm{T}} X)^{-1} X^{\mathrm{T}} Y [S^{-1} - S^{-1} Z (Z^{\mathrm{T}} S^{-1} Z)^{-1} Z^{\mathrm{T}} S^{-1}] Y^{\mathrm{T}} X (X^{\mathrm{T}} X)^{-1}$$

这里 $X = (X_1\ X_2)$。除了 $S_{H_3}$ 的自由度为 $c_1 + c_2$, 其他符号和相应的结论与定理 5.5 的相同。

**证明:** 注意到

$$H_0^{(3)}: \ C_1 \Theta_1 = \mathbf{0} \text{ 和 } C_2 \Theta_2 = \mathbf{0}$$

等价于

$$H_0: \ C_1 \Theta_1 = \mathbf{0}, \ C_2 \Theta_{21} = \mathbf{0} \text{ 和 } C_2 \Theta_{22} = \mathbf{0}$$

其中, $\Theta_{21} = \Theta_2 \Sigma^{-1} Z (Z^{\mathrm{T}} \Sigma^{-1} Z)^{-1}$ 和 $\Theta_{22} = \Theta_2 Z_*$。其他类似定理 5.5 的证明。定理 5.6 证明完毕。

# 5.3 随机误差分布未知时参数的广义最小二乘估计

前面在随机误差矩阵服从多元正态分布的假设下, 推导了多元线性与增长曲线混合模型 (1.8) 的极大似然估计。但在实际问题中, 存在随机误差矩阵不服从正态分布假设的情形。在随机误差非多元正态分布情形下, 尤其是随机误差的分布与多元正态相差较大时, 数据样本量并不大的情形, 利用极大似然估计没有优势。本节通过将数据向量的外积与协方差进行类比, 利用第 3 章发展的协方差外积最小二乘估计方法, 先获得协方差的最小二乘估计, 并在对随机误差矩阵施加多元正态假设时给出了其精确分布。然后把协方差的最小二乘估计作为一步估计, 推导了一阶参数的两步广义最小二乘估计量, 并研究这些估计量的渐近正态性。

## 5.3.1 协方差外积最小二乘估计

本节对多元线性与增长曲线混合模型, 应用第 3 章发展的协方差最小二乘估计方法, 获得协方差外积最小二乘估计。

记 $T = (X_1 \otimes Z \quad X_2 \otimes I)$, 而 $P_T = T(T^{\mathrm{T}}T)^{-}T^{\mathrm{T}}$ 是矩阵 $T$ 的列空间 $\mathscr{C}(T)$ 上的正交投影, $M_T = I - P_T$ 是 $\mathscr{C}(T)$ 的正交补 $\mathscr{C}(T)^{\perp}$ 上的正交投影矩阵。

在多元线性与增长曲线混合模型 (1.8) 中, 残差由 $\mathrm{vec}(Y) - P_T\mathrm{vec}(Y) = M_T\mathrm{vec}(Y)$ 给出。使用残差向量的外积

$$\boldsymbol{a}\Box\boldsymbol{b} = \boldsymbol{a}\boldsymbol{b}^{\mathrm{T}} \text{ 对任意 } \boldsymbol{a} = (a_1\ a_2\ \cdots\ a_{np})^{\mathrm{T}}, \boldsymbol{b} = (b_1\ b_2\ \cdots\ b_{np})^{\mathrm{T}} \in \mathbb{R}^{np}$$

来估计未知的随机误差协方差矩阵, 主要过程如下。

令数据矩阵

$$Q(Y) = M_T\mathrm{vec}(Y)\mathrm{vec}(Y)^{\mathrm{T}}M_T$$

即为向量 $M_T\mathrm{vec}(Y)$ 的外积 $M_T\mathrm{vec}(Y)\Box M_T\mathrm{vec}(Y)$, 则数据矩阵 $Q(Y)$ 的期望满足

$$\mathbb{E}[Q(Y)] = M_T(I_n \otimes \Sigma)M_T \tag{5.27}$$

式 (5.27) 揭示了观察数据向量与总体协方差矩阵 $\Sigma$ 的联系。因此可以构造如下辅助最小二乘问题

$$Q(Y) = M_T(I_n \otimes \Sigma)M_T + \boldsymbol{\zeta}$$

其中, $\boldsymbol{\zeta}$ 是一个均值为 $\mathbf{0}$, 协方差为

$$\mathrm{Cov}(\boldsymbol{\zeta}) = (M_T \otimes M_T)\mathbb{E}\left[(\mathcal{E} \otimes \mathcal{E})(\mathcal{E}^{\mathrm{T}} \otimes \mathcal{E}^{\mathrm{T}})\right](M_T \otimes M_T)$$

的 $np \times np$ 随机矩阵。

基于普通最小二乘思想, 在给定观测值 $Y$ 的情况下, 多元线性与增长曲线混合模型 (1.8) 中未知 $\Sigma$ 的最小二乘估计 $\widehat{\Sigma}_{\rm ls}(Y)$ 满足

$$\widehat{\Sigma}_{\rm ls}(Y) = \mathop{\rm argmin}_{\Sigma\in\mathscr{M}_{p\times p}} ||M_T{\rm vec}(Y){\rm vec}(Y)M_T - M_T(I_n\otimes\Sigma)M_T||_{\rm F}^2 \tag{5.28}$$

注意到, 集合 $\mathscr{N}_p$ 仅仅是一个凸锥, 并不是 $\mathscr{M}_{p\times p}$ 中的子空间。为了避免凸锥上求最优化的问题, 只能将 $\mathscr{N}_p$ 扩大到 $\mathscr{M}_{p\times p}$ 或 $\mathscr{S}_p$, 参见第 3 章 3.2 节。于是可以把问题转化为以下容易求解的最优化问题: 找到一个 $p\times p$ 阶的 (对称) 矩阵 $\widehat{S}(Y)$, 使得

$$\widehat{S}(Y) = \mathop{\rm argmin}_{S\in\mathscr{M}_{p\times p}} ||M_T{\rm vec}(Y){\rm vec}(Y)M_T - M_T(I\otimes S)M_T||_{\rm F}^2 \tag{5.29}$$

这里, $\widehat{S}(Y)$ 是 $\Sigma$ 的最小二乘估计的可能值。如果 $\widehat{S}(Y)$ 是非负定的, 则 $\widehat{S}(Y)$ 是最优化问题 (5.28) 中的最小二乘估计 $\widehat{\Sigma}_{\rm ls}(Y)$。但是, 对于多元线性与增长曲线混合模型 (1.8), $\widehat{S}(Y)$ 并非在所有情形下都为非负定。$\widehat{S}(Y)$ 与 $\widehat{\Sigma}_{\rm ls}(Y)$ 差一个正定性保证。

因此, 使用 $\widehat{\Sigma}_{\rm copls}(Y)$ 来表示最优化问题 (5.29) 中的解 $\widehat{S}(Y)$, 并称 $\widehat{\Sigma}_{\rm copls}(Y)$ 是 $\Sigma$ 的基于数据向量外积的最小二乘估计, 简称为 COPLS 估计。

如果 $\widehat{\Sigma}_{\rm copls}(Y)$ 是最优化问题 (5.29) 的协方差外积最小二乘估计, 则根据投影理论, 任意 $S\in\mathscr{S}_p$, $M_T{\rm vec}(Y){\rm vec}(Y)^{\rm T}M_T - M_T[I\otimes\widehat{\Sigma}_{\rm copls}(Y)]M_T$ 和 $M_T(I\otimes S)M_T$ 是迹正交的, 即对任意的 $S\in\mathscr{S}_p$, 有

$$< M_T{\rm vec}(Y){\rm vec}(Y)^{\rm T}M_T - M_T[I\otimes\widehat{\Sigma}_{\rm copls}(Y)]M_T,\ M_T(I\otimes S)M_T >= 0$$

即

$${\rm tr}\left[\{M_T{\rm vec}(Y){\rm vec}(Y)^{\rm T}M_T - M_T[I\otimes\widehat{\Sigma}_{\rm copls}(Y)]M_T\}(I\otimes S)\right] = 0 \tag{5.30}$$

对所有 $S\in\mathscr{S}_p$ 成立。

式 (5.30) 称为最优化问题 (5.29) 的正规方程。

以下引理对于后续讨论很重要。

**引理 5.1** 记 $X=(X_1,X_2)$, 则下列等式成立。

(a) $M_T = M_X\otimes P_Z + M_{X_2}\otimes M_Z$。

(b) $M_T = M_X\otimes I + (M_{X_2}-M_X)\otimes M_Z$。

(c) $M_T = I - P_{X_2}\otimes I - (P_X - P_{X_2})\otimes P_Z$。

(d) $M_T = I - P_{X_1}\otimes P_Z - (P_X - P_{X_1})\otimes I$。

**证明:** 验证各项即可, 因容易而从略。

**引理 5.2** 记 $X=(X_1\quad X_2)$, 则存在一个 $n\times n$ 阶正交矩阵 $U$, 使得

$$U^{\mathrm{T}}M_XU = \begin{pmatrix} \mathbf{0} & \mathbf{0} \\ \mathbf{0} & I_{n-r} \end{pmatrix} \text{ 和 } U^{\mathrm{T}}M_{X_2}U = \begin{pmatrix} \mathbf{0} & \mathbf{0} & \mathbf{0} \\ \mathbf{0} & I_{r-r_2} & \mathbf{0} \\ \mathbf{0} & \mathbf{0} & I_{n-r} \end{pmatrix}$$

成立, 其中 $r = r(X)$ 和 $r_2 = r(X_2)$。

正规方程的主要用途是解决优化问题 (5.29)。以下结果给出了正规方程与最优化问题 (5.29) 之间的关系。

**定理 5.7**　当且仅当矩阵 $\widehat{\Sigma}_{\mathrm{copls}}(Y)$ 是正规方程的一个解时, 矩阵 $\widehat{\Sigma}_{\mathrm{copls}}(Y)$ 是多元线性与增长曲线混合模型协方差矩阵的协方差外积最小二乘估计。而且, 在 $r(X) < n$ 且给定观察值 $Y$ 的情况下, $\widehat{\Sigma}_{\mathrm{copls}}(Y)$ 是唯一的。

**证明:** 假设 $\widehat{\Sigma}_{\mathrm{copls}}(Y)$ 是正规方程的解, 由等式 (5.30) 可得, 对任意 $S \in \mathscr{S}_p$, 矩阵迹距分解为

$$D(S, Y) = D(\widehat{\Sigma}_{\mathrm{copls}}(Y), Y) + ||M_T\{I \otimes [\widehat{\Sigma}_{\mathrm{copls}}(Y) - S]\}M_T||_{\mathrm{F}}^2 \geqslant D(\widehat{\Sigma}_{\mathrm{copls}}(Y), Y)$$

因此 $\widehat{\Sigma}_{\mathrm{copls}}(Y)$ 是最优化问题 (5.29) 的协方差外积最小二乘估计。

为了证明唯一性, 假定 $\widehat{\Sigma}_1(Y)$ 和 $\widehat{\Sigma}_2(Y)$ 都是正规方程的解 (5.30)。它们的差记为 $V = \widehat{\Sigma}_1(Y) - \widehat{\Sigma}_2(Y)$ , 由引理 5.1的 (a), 对任意的 $S \in \mathscr{S}_p$, 有

$$\mathrm{tr}\,[(M_X \otimes P_Z + M_{X_2} \otimes M_Z)(I \otimes V)(M_X \otimes P_Z + M_{X_2} \otimes M_Z)(I \otimes S)] = 0 \tag{5.31}$$

成立。经过简单的张量积运算, 可知式 (5.31) 等价于

$$[n - r(X)]V + [r(X) - r(X_2)]M_ZVM_Z = \mathbf{0}$$

将上式乘以 $M_Z$ 可得 $M_ZVM_Z = \mathbf{0}$。又由于 $r(X_2) \leqslant r(X) < n$, 因此 $V = \mathbf{0}$, 于是唯一性得证。定理 5.7 证明完毕。

基于定理 5.7 和等式 (5.30), 可以找到 $\Sigma$ 的外积最小二乘估计 $\widehat{\Sigma}_{\mathrm{copls}}(Y)$, 该结论正式表达为如下的定理。

**定理 5.8**　多元线性与增长曲线混合模型 (1.8) 中 $\Sigma$ 的外积最小二乘估计 $\widehat{\Sigma}_{\mathrm{copls}}(Y)$ 为

$$\widehat{\Sigma}_{\mathrm{copls}}(Y) = \alpha Y^{\mathrm{T}}M_XY + \beta M_ZY^{\mathrm{T}}M_{X_2}YM_Z - \alpha M_ZY^{\mathrm{T}}M_XYM_Z \tag{5.32}$$

其中, $r = r(X) < n, r_2 = r(X_2) \leqslant r$ 以及 $\alpha = (n-r)^{-1}, \beta = (n-r_2)^{-1}$。

**证明:** 证明过程中为了简洁记 $\widehat{\Sigma} = \widehat{\Sigma}_{\mathrm{copls}}(Y)$。根据投影原理, 则 $M_T\boldsymbol{y}\boldsymbol{y}^{\mathrm{T}}M_T - M_T(I \otimes \widehat{\Sigma})M_T$ 与 $M_T(I \otimes S)M_T$ 迹正交, 其中 $\boldsymbol{y} = \mathrm{vec}(Y)$ 以及 $S \in \mathscr{S}_p$, 故式 (5.29) 等价于对所有 $S \in \mathscr{S}_p$, 有

$$\mathrm{tr}\left\{[M_T\boldsymbol{y}\boldsymbol{y}^{\mathrm{T}}M_T - M_T(I \otimes \widehat{\Sigma})M_T]M_T(I \otimes S)M_T\right\} = 0$$

同样地,

$$\operatorname{tr}\left[(I\otimes S)M_T\boldsymbol{y}(M_T\boldsymbol{y})^{\mathrm{T}}\right]=\operatorname{tr}\left[(I\otimes\Sigma)M_T(I\otimes\widehat{\Sigma})M_T\right] \tag{5.33}$$

由引理 5.1 (a), 拉直运算等式 $\operatorname{vec}(ABC)=(A\otimes C^{\mathrm{T}})\operatorname{vec}(B)$ 及 Kronecker 积运算规则, 可得以下方程式

$$M_T\boldsymbol{y}=\operatorname{vec}(M_XYP_Z+M_{X_2}YM_Z)$$

$$(I\otimes S)M_T\boldsymbol{y}=\operatorname{vec}(M_XYP_ZS+M_{X_2}YM_ZS)$$

以及

$$(I\otimes\widehat{\Sigma})M_T=M_X\otimes\left(\widehat{\Sigma}P_Z\right)+M_{X_2}\otimes\left(\widehat{\Sigma}M_Z\right)$$

注意到

$$\operatorname{tr}[\operatorname{vec}(C)\operatorname{vec}(D)^{\mathrm{T}}]=\operatorname{tr}\{[\operatorname{vec}(D)]^{\mathrm{T}}\operatorname{vec}(C)\}=\operatorname{tr}(DC^{\mathrm{T}})$$

式 (5.33) 的左边可以表示为

$$\begin{aligned}\operatorname{tr}\left[(I\otimes S)M_T\boldsymbol{y}(M_T\boldsymbol{y})^{\mathrm{T}}\right]=&\operatorname{tr}(SP_ZY^{\mathrm{T}}M_XYP_Z)+\operatorname{tr}(SM_ZY^{\mathrm{T}}M_XYP_Z)\\&+\operatorname{tr}(SP_ZY^{\mathrm{T}}M_XYM_Z)+\operatorname{tr}(SM_ZY^{\mathrm{T}}M_{X_2}YM_Z)\end{aligned}$$

另外, 用式 (5.32) 右边表达式替换 $\widehat{\Sigma}$, 则式 (5.33) 的右边表达式可改写为

$$\begin{aligned}&\operatorname{tr}\left[(I\otimes S)M_T(I\otimes\widehat{\Sigma})M_T\right]\\=&\operatorname{tr}\left[(M_X\otimes\Sigma P_Z+M_{X_2}\otimes SM_Z)(M_X\otimes\widehat{\Sigma}P_Z+M_{X_2}\otimes\widehat{\Sigma}M_Z)\right]\\=&\operatorname{tr}\left[M_X\otimes\alpha SP_ZY^{\mathrm{T}}M_XYP_Z+M_{X_2}\otimes\beta SM_ZY^{\mathrm{T}}M_{X_2}YM_Z\right]\\&+\operatorname{tr}\left[M_X\otimes\alpha SP_ZY^{\mathrm{T}}M_XYM_Z+M_X\otimes\alpha SM_ZY^{\mathrm{T}}M_XYP_Z\right]\\=&\,\alpha\operatorname{tr}(M_X)\operatorname{tr}(SP_ZY^{\mathrm{T}}M_XYP_Z)+\beta\operatorname{tr}(M_{X_2})\operatorname{tr}(SM_ZY^{\mathrm{T}}M_{X_2}YP_Z)\\&+\alpha\operatorname{tr}(M_X)\operatorname{tr}(SP_ZY^{\mathrm{T}}M_XYM_Z)+\alpha\operatorname{tr}(M_X)\operatorname{tr}(SM_ZY^{\mathrm{T}}M_XYM_Z)\end{aligned}$$

因此等式 (5.33) 成立。$\widehat{\Sigma}_{\text{copls}}(Y)$ 的唯一性源自正交投影的唯一性。定理 5.7 证明完毕。

定理 5.8 说明, 外积最小二乘估计 $\widehat{\Sigma}_{\text{copls}}(Y)$ 由随机矩阵 $Y$ 和 $YM_Z$ 的二次型组成, 其中 $(YP_Z)^{\mathrm{T}}$ 是 $Y$ 的行向量到 $\mathscr{C}(Z)$ 上的正交投影, 而 $(YM_Z)^{\mathrm{T}}$ 是 $Y$ 行向量到 $\mathscr{C}(Z)^{\perp}$ 上的正交投影。

当 $X_2=\mathbf{0}$ 时, 表达式 (5.32) 简化为传统增长曲线模型 (1.4) 协方差的估计, 见定理 3.2。当 $X_1=\mathbf{0}$ 时, 表达式 (5.32) 简化为多元线性模型 (1.1) 协方差的估计, 参见 Arnold (1981) 的第 19 章。

又设 $\mathscr{G}$ 是一组由

$$\mathscr{G}=\{g_{\boldsymbol{\mu}}(Y):g_{\boldsymbol{\mu}}(Y-\boldsymbol{\mu})=g_{\mathbf{0}}(Y),\boldsymbol{\mu}=X_1\Theta_1Z^{\mathrm{T}}+X_2\Theta_2\}$$

定义的变换群, 下列定理说明 $\widehat{\Sigma}_{\text{copls}}(Y)$ 在变换群 $\mathscr{G}$ 下的不变性和无偏性。

**定理 5.9** 协方差外积最小二乘估计 $\widehat{\Sigma}_{\text{copls}}(Y)$ 在变换群 $\mathscr{G}$ 下是多元线性与增长曲线混合模型 (1.8) 协方差 $\Sigma$ 的不变二次无偏估计。

**证明:** 显然, 协方差外积最小二乘估计 $\widehat{\Sigma}_{\text{copls}}(Y)$ 是数据观测矩阵 $Y$ 的二次函数。设 $\Theta_1$ 和 $\Theta_2$ 分别为 $m_1\times q$ 阶和 $m_2\times p$ 阶的参数矩阵, 注意到 $M_{X_2}X_2=\mathbf{0}$, $M_ZZ=\mathbf{0}$ 和 $M_XX_i=\mathbf{0}\ (i=1,2)$, 故有

$$M_Z(Y+X_1\Theta_1Z^{\mathrm{T}}+X_2\Theta_2)^{\mathrm{T}}M_{X_2}(Y+X_1\Theta_1Z^{\mathrm{T}}+X_2\Theta_2)M_Z=M_ZY^{\mathrm{T}}M_{X_2}YM_Z$$

$$P_Z(Y+X_1\Theta_1Z^{\mathrm{T}}+X_2\Theta_2)^{\mathrm{T}}M_X(Y+X_1\Theta_1Z^{\mathrm{T}}+X_2\Theta_2)P_Z=P_ZY^{\mathrm{T}}M_XYP_Z$$

于是有

$$\widehat{\Sigma}(Y+X_1\Theta_1Z^{\mathrm{T}}+X_2\Theta_2)=\widehat{\Sigma}(Y)$$

所以, $\widehat{\Sigma}$ 在变换群 $\mathscr{G}$ 上具有不变性。特别地, $\widehat{\Sigma}(Y)=\widehat{\Sigma}(\mathcal{E})$。

由于 $M_X$ 是幂等的, 所以存在一个正交矩阵 $U$, 使得

$$U^{\mathrm{T}}M_XU=\begin{pmatrix}\mathbf{0}&\mathbf{0}\\\mathbf{0}&I_{n-r}\end{pmatrix}$$

设 $\boldsymbol{\xi}=U^{\mathrm{T}}\mathcal{E}=(\boldsymbol{\xi}_1\ \boldsymbol{\xi}_2\ \cdots\ \boldsymbol{\xi}_n)^{\mathrm{T}}$, 则 $\boldsymbol{\xi}\sim\mathcal{G}(\mathbf{0},I\otimes\Sigma)$, 因此,

$$\mathbb{E}(\mathcal{E}^{\mathrm{T}}M_X\mathcal{E})=\mathbb{E}\left[(U^{\mathrm{T}}\mathcal{E})^{\mathrm{T}}\begin{pmatrix}\mathbf{0}&\mathbf{0}\\\mathbf{0}&I_{n-r}\end{pmatrix}U^{\mathrm{T}}\mathcal{E}\right]=\sum_{i=r+1}^{n}\mathbb{E}(\boldsymbol{\xi}_i\boldsymbol{\xi}_i^{\mathrm{T}})=(n-r)\Sigma$$

类似可得

$$\mathbb{E}(\mathcal{E}^{\mathrm{T}}M_{X_2}\mathcal{E})=(n-r_2)\Sigma$$

因此, 有

$$\begin{aligned}\mathbb{E}[\widehat{\Sigma}_{\text{copls}}(\mathcal{E})]&=\mathbb{E}\left(\alpha\mathcal{E}^{\mathrm{T}}M_X\mathcal{E}+\beta M_Z\mathcal{E}^{\mathrm{T}}M_{X_2}\mathcal{E}M_Z-\alpha M_Z\mathcal{E}^{\mathrm{T}}M_X\mathcal{E}M_Z\right)\\&=\alpha\mathbb{E}(\mathcal{E}^{\mathrm{T}}M_X\mathcal{E})+\beta M_Z\mathbb{E}(\mathcal{E}^{\mathrm{T}}M_{X_2}\mathcal{E})M_Z-\alpha M_Z\mathbb{E}(\mathcal{E}^{\mathrm{T}}M_X\mathcal{E})M_Z\\&=\alpha(n-r)\Sigma+\beta M_Z(n-r_2)\Sigma M_Z-\alpha M_Z(n-r)\Sigma M_Z=\Sigma\end{aligned}$$

至此, 协方差外积最小二乘估计 $\widehat{\Sigma}_{\text{copls}}(Y)$ 的无偏性得证。定理 5.9 证明完毕。

估计 $\widehat{\Sigma}_{\text{copls}}(Y)$ 的不变性和无偏性适用于随机误差 $\mathcal{E}$ 服从的任何连续类型分布。

### 5.3.2 正态随机误差下协方差最小二乘估计的分布

如果假定随机误差 $\mathcal{E}$ 的概率分布为正态分布, 则由下述定理可以得到协方差外积最小二乘估计的精确概率分布。

**定理 5.10** 假设随机误差矩阵 $\mathcal{E} \sim N(\mathbf{0}, I \otimes \Sigma)$, 则协方差矩阵 $\Sigma$ 的外积最小二乘估计 $\widehat{\Sigma}_{\text{copls}}(Y)$ 与随机矩阵

$$\alpha W_p^{(1)}(n-r,\Sigma)+(\beta-\alpha)M_Z W_p^{(1)}(n-r,\Sigma)M_Z+\beta M_Z W_p^{(2)}(r-r_2,\Sigma)M_Z$$

有相同的分布, 其中 $W_p^{(1)}(n-r,\Sigma)$ 与 $W_p^{(2)}(r-r_2,\Sigma)$ 是两个独立的中心 Wishart 分布。

**证明:** 由引理 5.2 可知, 存在一个正交矩阵 $U$, 使得

$$U^{\mathrm{T}}M_X U=\begin{pmatrix}\mathbf{0} & \mathbf{0}\\ \mathbf{0} & I_{n-r}\end{pmatrix} \text{ 和 } U^{\mathrm{T}}M_{X_2}U=\begin{pmatrix}\mathbf{0} & \mathbf{0} & \mathbf{0}\\ \mathbf{0} & I_{r-r_2} & \mathbf{0}\\ \mathbf{0} & \mathbf{0} & I_{n-r}\end{pmatrix}$$

设 $\boldsymbol{\xi}=U^{\mathrm{T}}\mathcal{E}=(\boldsymbol{\xi}_1\ \boldsymbol{\xi}_2\ \cdots\ \boldsymbol{\xi}_n)^{\mathrm{T}}$, 显然, $\boldsymbol{\xi}\sim N(\mathbf{0}, I\otimes\Sigma)$。通过矩阵分解, 可得

$$\begin{aligned}\widehat{\Sigma}(Y)&=\widehat{\Sigma}(\mathcal{E})=\alpha\mathcal{E}^{\mathrm{T}}M_X\mathcal{E}+\beta M_Z\mathcal{E}^{\mathrm{T}}M_{X_2}\mathcal{E}M_Z-\alpha M_Z\mathcal{E}^{\mathrm{T}}M_X\mathcal{E}M_Z\\ &=\alpha G_1+\beta M_Z G_1 M_Z+\beta M_Z G_2 M_Z-\alpha M_Z G_1 M_Z\end{aligned}$$

其中

$$G_1=\boldsymbol{\xi}^{\mathrm{T}}\begin{pmatrix}\mathbf{0} & \mathbf{0}\\ \mathbf{0} & I_{n-r}\end{pmatrix}\boldsymbol{\xi} \text{ 和 } G_2=\boldsymbol{\xi}^{\mathrm{T}}\begin{pmatrix}\mathbf{0} & \mathbf{0} & \mathbf{0}\\ \mathbf{0} & I_{r-r_2} & \mathbf{0}\\ \mathbf{0} & \mathbf{0} & \mathbf{0}\end{pmatrix}\boldsymbol{\xi}$$

很容易验证以下事实, 随机矩阵 $G_1$ 和 $G_2$ 是独立的, 并且它们分别服从 Wishart 分布 $W_p^{(1)}(n-r,\Sigma)$ 和 $W_p^{(2)}(r-r_2,\Sigma)$, 参见 Hu (2008) 的相关研究。因此, 协方差矩阵 $\Sigma$ 的外积最小二乘估计 $\widehat{\Sigma}_{\text{copls}}(Y)$ 与 $\alpha W_p^{(1)}(n-r,\Sigma)+(\beta-\alpha)M_Z W_p^{(1)}(n-r,\Sigma)M_Z+\beta M_Z W_p^{(2)}(r-r_2,\Sigma)M_Z$ 服从相同的分布, 定理 5.10 证明完毕。

定理5.10 说明, 在正态假设下, 不变无偏二次估计 $\widehat{\Sigma}_{\text{copls}}(Y)$ 服从两个独立 Wishart 分布的特殊线性组合混合分布。

### 5.3.3 随机误差分布未知时一阶参数两步广义最小二乘估计

一般地, 多元线性与增长曲线混合模型 (1.8) 中的设计矩阵 $X_1$、剖面矩阵 $Z$ 和复合协变量矩阵 $X_2$ 通常是满秩的。矩阵 $X_1$ 和 $X_2$ 分别描述了模型的两类不同结构特征, 因此, 当样本量足够大时, $X_1$ 和 $X_2$ 的两个列空间的交集不会包含任何非零向量, 但它们不一定是正交的, 这就正如 Chinchilli 和 Elswick (1985) 假设扩充矩阵 $(X_1\ \ X_2)$ 是满秩的情形。

因为独立于一阶参数获得协方差的估计, 所以采用常用的两步广义最小二乘

估计方法寻求一阶参数的估计。将 $\widehat{\Sigma}(Y)$ 作为协方差 $\Sigma$ 的一步估计。以下定理描述了一阶参数 $\Theta_1$ 和 $\Theta_2$ 的两步广义最小二乘估计的表达式以及这些估计在原点对称条件下的无偏性。

**定理 5.11** 设 $X_1, X_2, Z$ 和 $M_{X_2}X_1$ 均满秩, 则

(a) 以外积最小二乘估计为一步估计的两步广义最小二乘估计 $\widehat{\Theta}_1^{\text{2gls}}(Y)$ 和 $\widehat{\Theta}_2^{\text{2gls}}(Y)$ 分别为

$$\widehat{\Theta}_1^{\text{2gls}}(Y) = (X_1^{\mathrm{T}} M_{X_2} X_1)^{-1} X_1^{\mathrm{T}} M_{X_2} YSZ(Z^{\mathrm{T}}SZ)^{-1} \tag{5.34}$$

和

$$\widehat{\Theta}_2(Y) = -(X_2^{\mathrm{T}} X_2)^{-1} X_2^{\mathrm{T}} P_{X_1}^{M_{X_2}} YSZ(Z^{\mathrm{T}}SZ)^{-1} Z^{\mathrm{T}} + (X_2^{\mathrm{T}} X_2)^{-1} X_2^{\mathrm{T}} Y \tag{5.35}$$

其中，$S = \widehat{\Sigma}(Y)^{-1}$ 而 $P_{X_1}^{M_{X_2}} = X_1(X_1^{\mathrm{T}} M_{X_2} X_1)^{-1} X_1^{\mathrm{T}} M_{X_2}$ 是列空间 $\mathscr{C}(X_1)$ 上的投影矩阵。

(b) 如果随机误差矩阵 $\mathcal{E}$ 的分布关于原点 $\mathbf{0}$ 对称, 则两步广义最小二乘估计 $\widehat{\Theta}_1^{\text{2gls}}(Y)$ 和 $\widehat{\Theta}_2^{\text{2gls}}(Y)$ 分别是参数矩阵 $\Theta_1$ 和 $\Theta_2$ 的无偏估计。

**证明:** (a) 记 $\Sigma = \widehat{\Sigma}_{\text{copls}}(Y)$ 以及 $\Sigma_* = \widehat{\Sigma}_{\text{copls}}^{-1}(Y)$。令

$$\mu = X_1\Theta_1 Z^{\mathrm{T}} + X_2\Theta_2 \text{ 和 } \boldsymbol{\beta} = \begin{pmatrix} \operatorname{vec}(\Theta_1) \\ \operatorname{vec}(\Theta_2) \end{pmatrix}$$

应用 vec 运算规则, 两步广义最小二乘估计模型 (1.8) 可以改写为

$$\operatorname{vec}(Y) = T\boldsymbol{\beta} + \operatorname{vec}(\mathcal{E})$$

从数据 $Y$ 中获得 $\mu$ 的两步广义最小二乘估计, 等价于将普通最小二乘法应用到以下模型

$$\operatorname{vec}(Y_*) = \operatorname{vec}(\nu) + \left(I \otimes \Sigma_*^{1/2}\right) \operatorname{vec}(\mathcal{E}) \tag{5.36}$$

其中

$$\operatorname{vec}(Y_*) = \left(I \otimes \Sigma_*^{1/2}\right) \operatorname{vec}(Y) \text{ 和 } \operatorname{vec}(\nu) = \left(I \otimes \Sigma_*^{1/2}\right) \boldsymbol{\beta}$$

所以 $\operatorname{vec}(\nu)$ 的普通最小二乘估计是

$$\operatorname{vec}[\widehat{\nu}_{\text{ols}}(Y_*)] = P_{\left(I \otimes \Sigma_*^{1/2}\right)T} \operatorname{vec}(Y_*) \tag{5.37}$$

因此, 通过式 (5.36) 和式 (5.37), 可得 $\operatorname{vec}(\mu)$ 的广义最小二乘估计如下：

$$\operatorname{vec}[\widehat{\mu}(Y)] = (I \otimes \Sigma^{1/2}) P_{\left(I \otimes \Sigma_*^{1/2}\right)T} \left(I \otimes \Sigma_*^{1/2}\right) \operatorname{vec}(Y) \tag{5.38}$$

由于 $X_i$ 和 $M_{X_2}X_1$ 是满秩的, 因此 $T^{\mathrm{T}}(I \otimes \Sigma_*)T$ 和 $T^{\mathrm{T}}T$ 是非奇异的。注意到

$$P_{(I\otimes\Sigma_*^{1/2})T} = \left(I\otimes\Sigma_*^{1/2}\right)T\left[T^{\mathrm{T}}(I\otimes\Sigma_*)T\right]^{-1}T^{\mathrm{T}}(I\otimes\Sigma_*^{1/2}) \tag{5.39}$$

由式 (5.38) 和式 (5.39), 可得

$$\mathrm{vec}[\widehat{\mu}(Y)] = T\left[T^{\mathrm{T}}(I\otimes\Sigma_*)T\right]^{-1}T^{\mathrm{T}}(I\otimes\Sigma_*)\mathrm{vec}(Y)$$

所以

$$\widehat{\boldsymbol{\beta}}(Y) = \left[T^{\mathrm{T}}(I\otimes\Sigma_*)T\right]^{-1}T^{\mathrm{T}}\left(I\otimes\Sigma_*\right)\mathrm{vec}(Y)$$

即

$$\widehat{\boldsymbol{\beta}}(Y) = \begin{pmatrix} X_1^{\mathrm{T}}X_1\otimes Z^{\mathrm{T}}\Sigma_*Z & X_1^{\mathrm{T}}X_2\otimes Z^{\mathrm{T}}\Sigma_* \\ X_1^{\mathrm{T}}X_2\otimes\Sigma_*Z & X_2^{\mathrm{T}}X_2\otimes\Sigma_* \end{pmatrix}^{-1}\begin{pmatrix} X_1^{\mathrm{T}}\otimes Z^{\mathrm{T}}\Sigma_* \\ X_2^{\mathrm{T}}\otimes\Sigma_* \end{pmatrix}\mathrm{vec}(Y)$$

由于

$$\widehat{\boldsymbol{\beta}}(Y) = \begin{pmatrix} \mathrm{vec}(\widehat{\Theta}_1) \\ \mathrm{vec}(\widehat{\Theta}_2) \end{pmatrix}$$

其中，$\widehat{\Theta}_i$ 是 $\widehat{\Theta}_i(Y)$ 的简写 $(i=1,2)$, 使用矩阵对称分块技巧和 Kronecker 积运算性质, 可得

$$\mathrm{vec}[\widehat{\Theta}_1(Y)] = \left[X_1^{\mathrm{T}}M_{X_2}X_1)^{-1}X_1M_{X_2}\otimes(Z^{\mathrm{T}}\Sigma_*Z)^{-1}Z^{\mathrm{T}}\Sigma_*\right]\mathrm{vec}(Y)$$

和

$$\begin{aligned} &\mathrm{vec}[\widehat{\Theta}_2(Y)] \\ =&-\left[(X_2^{\mathrm{T}}X_2)^{-1}X_2^{\mathrm{T}}X_1(X_1^{\mathrm{T}}M_{X_2}X_1)^{-1}X_1^{\mathrm{T}}M_{X_2}\otimes Z(Z^{\mathrm{T}}\Sigma_*Z)^{-1}Z^{\mathrm{T}}\Sigma_*\right]\mathrm{vec}(Y) \\ &+\left[(X_2^{\mathrm{T}}X_2)^{-1}X_2^{\mathrm{T}}\otimes I\right]\mathrm{vec}(Y) \end{aligned}$$

式 (5.34) 和式 (5.35) 是以上表达式的矩阵版本。

(b) 由定理 5.9 可知,

$$\widehat{\Sigma}(Y) = \widehat{\Sigma}(\mathcal{E}) = \widehat{\Sigma}(-\mathcal{E})$$

用 $X_1\Theta_1Z^{\mathrm{T}}+X_2\Theta_2+\mathcal{E}$ 替代式 (5.34) 中的 $Y$, 则可以将 $\widehat{\Theta}_1(Y)$ 分解为

$$\widehat{\Theta}_1(Y) = \Theta_1 + (X_1^{\mathrm{T}}M_{X_2}X_1)^{-1}X_1^{\mathrm{T}}M_{X_2}\mathcal{E}\Sigma_*Z(Z^{\mathrm{T}}\Sigma_*Z)^{-1}$$

因此,

$$\mathbb{E}[\widehat{\Theta}_1(Y)] = \Theta_1 + (X_1^{\mathrm{T}}M_{X_2}X_1)^{-1}X_1^{\mathrm{T}}M_{X_2}\mathbb{E}[\mathcal{E}\Sigma_*Z(Z^{\mathrm{T}}\Sigma_*Z)^{-1}]$$

其中,$\Sigma_*=\widehat{\Sigma}(\mathcal{E})^{-1}$。记 $H(\mathcal{E})=\mathcal{E}\Sigma_*Z(Z^{\mathrm{T}}\Sigma_*Z)^{-1}$, $H(-\mathcal{E})=H(\mathcal{E})$, 故 $\mathbb{E}[\widehat{\Theta}_1(Y)]=\Theta_1$, 因此, $\widehat{\Theta}_1(Y)$ 是无偏的。

类似地, $\widehat{\Theta}_2(Y)$ 可以分解为

$$\widehat{\Theta}_2(Y)=\Theta_2-(X_2^{\mathrm{T}}X_2)^{-1}X_2^{\mathrm{T}}P_{X_1}^{M_{X_2}}H(\mathcal{E})Z^{\mathrm{T}}+(X_2^{\mathrm{T}}X_2)^{-1}X_2\mathcal{E}$$

类似地, $\mathbb{E}[\widehat{\Theta}_2(Y)]=\Theta_2$, 因此, $\widehat{\Theta}_2(Y)$ 也是无偏的, 定理 5.11 证明完毕。

### 5.3.4 随机误差分布未知时两步最小二乘估计的大样本性质

本节将研究二阶参数的外积最小二乘估计 $\widehat{\Sigma}(Y)$ 以及一阶参数的两步广义最小二乘估计 $\widehat{\Theta}_1(Y)$ 和 $\widehat{\Theta}_2(Y)$ 的大样本性质。

首先, 研究估计 $\widehat{\Sigma}(Y)$, $\widehat{\Theta}_1(Y)$ 和 $\widehat{\Theta}_2(Y)$ 的强相合性。

**假设 5.1**　假设

$$\lim_{n\to\infty}\frac{1}{n}\begin{pmatrix}X_1^{\mathrm{T}}X_1 & X_1^{\mathrm{T}}X_2\\ X_2^{\mathrm{T}}X_1 & X_2X_2\end{pmatrix}=\begin{pmatrix}R_{11} & R_{12}\\ R_{21} & R_{22}\end{pmatrix}>0$$

**定理 5.12**　在假设 5.1 下, 外积最小二乘估计 $\widehat{\Sigma}(Y)$ 是 $\Sigma$ 的强相合估计, 而两步广义最小二乘估计 $\widehat{\Theta}_1(Y)$ 和 $\widehat{\Theta}_2(Y)$ 分别是一阶参数矩阵 $\Theta_1$ 和 $\Theta_2$ 的强相合估计。

**证明:** 由引理 5.2 可知

$$U^{\mathrm{T}}M_XU=\begin{pmatrix}\mathbf{0} & \mathbf{0}\\ \mathbf{0} & I_{n-r}\end{pmatrix}\ 且\ U^{\mathrm{T}}M_{X_2}U=\begin{pmatrix}\mathbf{0} & \mathbf{0} & \mathbf{0}\\ \mathbf{0} & I_{r-r_2} & \mathbf{0}\\ \mathbf{0} & \mathbf{0} & I_{n-r}\end{pmatrix}$$

其中, $U$ 是阶数为 $n$ 的正交矩阵。而且存在阶数为 $p$ 的正交矩阵 $Q$, 使得

$$Q^{\mathrm{T}}M_ZQ=\begin{pmatrix}\mathbf{0} & \mathbf{0}\\ \mathbf{0} & I_{n-q}\end{pmatrix}$$

其中, $q=r(Z)$。设 $W=U^{\mathrm{T}}\mathcal{E}Q$, 则

$$\mathrm{Cov}(W)=I\otimes\Sigma_1$$

其中, $\Sigma_1=Q^{\mathrm{T}}\Sigma Q$ 是正定的。对 $W=(W_1\ \ W_2)$ 进行分块, 其中 $W_1$ 是 $n\times q$ 阶矩阵, $W_2$ 是 $n\times(p-q)$ 阶矩阵, 且

$$\Sigma_1=\begin{pmatrix}\Sigma_1^{11} & \Sigma_1^{12}\\ \Sigma_1^{21} & \Sigma_1^{22}\end{pmatrix}$$

其中, $\Sigma_1^{11}$ 是 $q\times q$ 阶矩阵, $\Sigma_1^{22}$ 是 $(p-q)\times(p-q)$ 阶矩阵, 则有

$$\mathrm{Cov}(W_1)=I\otimes\Sigma_1^{11}>\mathbf{0}\ 和\ \mathrm{Cov}(W_2)=I\otimes\Sigma_1^{22}>\mathbf{0}$$

此外, 将 $W$ 划分为

$$W=\begin{pmatrix}\boldsymbol{w}_{11}^{\mathrm{T}} & \boldsymbol{w}_{12}^{\mathrm{T}}\\ \boldsymbol{w}_{21}^{\mathrm{T}} & \boldsymbol{w}_{22}^{\mathrm{T}}\\ \vdots & \vdots\\ \boldsymbol{w}_{n1}^{\mathrm{T}} & \boldsymbol{w}_{n2}^{\mathrm{T}}\end{pmatrix}$$

其中，$\boldsymbol{w}_{11},\boldsymbol{w}_{21},\cdots,\boldsymbol{w}_{n1}$ 是独立同分布的 $q$ 阶随机向量, $\boldsymbol{w}_{12},\boldsymbol{w}_{22},\cdots,\boldsymbol{w}_{n2}$ 是独立同分布的 $p-q$ 阶随机向量。由式 (5.32) 可以将 $Q^{\mathrm{T}}\widehat{\Sigma}_{\mathrm{copls}}(\mathcal{E})Q$ 分解为

$$\begin{aligned}
&Q^{\mathrm{T}}\widehat{\Sigma}_{\mathrm{copls}}(\mathcal{E})Q\\
=&\alpha W^{\mathrm{T}}\begin{pmatrix}\mathbf{0}&\mathbf{0}\\\mathbf{0}&I_{n-r}\end{pmatrix}W+\beta\begin{pmatrix}\mathbf{0}&\mathbf{0}\\\mathbf{0}&I_{p-s}\end{pmatrix}W^{\mathrm{T}}\begin{pmatrix}\mathbf{0}&\mathbf{0}\\\mathbf{0}&\mathbf{0}\\\mathbf{0}&I_{n-r_2}\end{pmatrix}W\begin{pmatrix}\mathbf{0}&\mathbf{0}\\\mathbf{0}&I_{p-s}\end{pmatrix}\\
&-\alpha\begin{pmatrix}\mathbf{0}&\mathbf{0}\\\mathbf{0}&I_{p-s}\end{pmatrix}W^{\mathrm{T}}\begin{pmatrix}\mathbf{0}&\mathbf{0}\\\mathbf{0}&I_{n-r}\end{pmatrix}W\begin{pmatrix}\mathbf{0}&\mathbf{0}\\\mathbf{0}&I_{p-s}\end{pmatrix}
\end{aligned}$$

进一步计算可得

$$Q^{\mathrm{T}}\widehat{\Sigma}_{\mathrm{copls}}(Y)Q=\begin{pmatrix}\alpha\sum\limits_{i=r+1}^{n}\boldsymbol{w}_{i1}\boldsymbol{w}_{i1}^{\mathrm{T}}&\alpha\sum\limits_{i=r+1}^{n}\boldsymbol{w}_{i1}\boldsymbol{w}_{i2}^{\mathrm{T}}\\\alpha\sum\limits_{i=r+1}^{n}\boldsymbol{w}_{i2}\boldsymbol{w}_{i1}^{\mathrm{T}}&\beta\sum\limits_{i=r_2+1}^{n}\boldsymbol{w}_{i2}\boldsymbol{w}_{i2}^{\mathrm{T}}\end{pmatrix}$$

根据强大数定律, $\alpha\sum\limits_{i=r+1}^{n}\boldsymbol{w}_{i1}\boldsymbol{w}_{i1}^{\mathrm{T}}$ 以概率 1 收敛到 $\Sigma_1^{11}$。类似地, $\alpha\sum\limits_{i=r+1}^{n}\boldsymbol{w}_{i1}\boldsymbol{w}_{i2}^{\mathrm{T}}$ 以概率 1 收敛到 $\Sigma_1^{12}$, $\alpha\sum\limits_{i=r+1}^{n}\boldsymbol{w}_{i2}\boldsymbol{w}_{i1}^{\mathrm{T}}$ 以概率 1 收敛到 $\Sigma_1^{21}$, $\beta\sum\limits_{i=r_2+1}^{n}\boldsymbol{w}_{i2}\boldsymbol{w}_{i2}^{\mathrm{T}}$ 以概率 1 收敛到 $\Sigma_1^{22}$。因此 $Q^{\mathrm{T}}\widehat{\Sigma}_{\mathrm{copls}}(Y)Q$ 以概率 1 收敛到 $\Sigma_1$。所以, $\widehat{\Sigma}_{\mathrm{copls}}(Y)$ 以概率 1 收敛到协方差 $\Sigma$, 定理 5.12 证明完毕。

以概率 1 收敛蕴含着依概率收敛, 因此, 在假设 5.1 下, 协方差外积最小二乘估计 $\widehat{\Sigma}(Y)$ 以及一阶参数两步最小二乘估计 $\widehat{\Theta}_1(Y)$ 和 $\widehat{\Theta}_2(Y)$ 分别为 $\Sigma,\Theta_1$ 和 $\Theta_2$ 的相合估计量。

接下来, 研究协方差外积最小二乘估计 $\widehat{\Sigma}(Y)$ 以及一阶参数两步最小二乘估计 $\widehat{\Theta}_1(Y)$ 和 $\widehat{\Theta}_2(Y)$ 收敛速度, 即它们的渐近正态性, 为此, 需要对随机误差矩阵的四阶矩给出相应的设定。

**假设 5.2**　随机误差矩阵 $\mathcal{E}$ 的行向量满足 $\mathbb{E}(\boldsymbol{\varepsilon}_1)=\mathbf{0}$, $\mathbb{E}(\boldsymbol{\varepsilon}_1\boldsymbol{\varepsilon}_1^{\mathrm{T}})=\Sigma>\mathbf{0}$, $\mathbb{E}(\boldsymbol{\varepsilon}_1\otimes\boldsymbol{\varepsilon}_1\boldsymbol{\varepsilon}_1^{\mathrm{T}})=\mathbf{0}_{p^2\times p}$ 和 $\mathbb{E}||\boldsymbol{\varepsilon}_1||^4<\infty$, 其中 $\boldsymbol{\varepsilon}_1^{\mathrm{T}}$ 是随机误差矩阵 $\mathcal{E}$ 的第一个行向量。

**定理 5.13**　在假设 5.1 和假设 5.2 的设定下, 以下结论成立。

(1) $\sqrt{n}\left[\widehat{\Sigma}(Y)-\Sigma\right]$ 依分布收敛于多元正态分布 $N(\mathbf{0},\Omega_1)$, 其中 $\Omega_1=\mathrm{Cov}(\boldsymbol{\varepsilon}_1^{\mathrm{T}}\otimes\boldsymbol{\varepsilon}_1^{\mathrm{T}})$。

(2) $\sqrt{n}\left[\widehat{\Theta}_1(Y)-\Theta_1\right]$ 依分布收敛于多元正态分布 $N(\mathbf{0},\Omega_2)$, 其中 $\Omega_2=(R_{11}-R_{12}R_{22}^{-1}R_{21})^{-1}\otimes(Z^{\mathrm{T}}\Sigma^{-1}Z)^{-1}$。

(3) $\sqrt{n}\left[\widehat{\Theta}_2(Y)-\Theta_2\right]$ 依分布收敛于多元正态分布 $N(\mathbf{0},\Omega_3)$, 其中 $\Omega_3=R_{22}^{-1}$

$R_{21}(R_{11}-R_{12}R_{22}^{-1}R_{21})^{-1}R_{12}R_{22}^{-1}\otimes Z(Z^{\mathrm{T}}\Sigma^{-1}Z)^{-1}Z^{\mathrm{T}}+R_{22}^{-1}\otimes\Sigma$。

(4) $\sqrt{n}\left[\widehat{\Sigma}(Y)-\Sigma\right]$ 和 $\sqrt{n}\left[\widehat{\Theta}_i(Y)-\Theta_i\right]$ $(i=1,2)$ 是渐近独立的。

**证明:** (1) 有分解式

$$\sqrt{n}\left[\widehat{\Sigma}(Y)-\Sigma\right]=\Delta_1+\Delta_2+\Delta_3+\Delta_4$$

其中

$$\Delta_1=\sqrt{n}\left(\frac{1}{n}\mathcal{E}^{\mathrm{T}}\mathcal{E}-\Sigma\right),\ \Delta_2=\frac{r}{\sqrt{n}(n-r)}\mathcal{E}^{\mathrm{T}}\mathcal{E},\ \Delta_3=-\frac{\sqrt{n}}{n-r}\mathcal{E}^{\mathrm{T}}P_X\mathcal{E}$$

$$\Delta_4=M_Z\mathcal{E}^{\mathrm{T}}\left(\frac{\sqrt{n}}{n-s}M_{X_2}-\frac{\sqrt{n}}{n-r}M_X\right)\mathcal{E}M_Z$$

由切比雪夫不等式可知 $\Delta_2,\Delta_3$ 和 $\Delta_4$ 以概率 1 收敛到 $\mathbf{0}$。

根据假设 5.1 和假设 5.2, $\Delta_1$ 收敛到 $N(\mathbf{0},\Phi_2)$, 其中 $\Phi_2=\mathrm{Cov}(\boldsymbol{\varepsilon}_1^{\mathrm{T}}\otimes\boldsymbol{\varepsilon}_1^{\mathrm{T}})$。因此, 可得

$$\sqrt{n}\,\mathrm{vec}\left[\widehat{\Sigma}(Y)-\Sigma\right]=\mathrm{vec}(\Delta_1)+o_p(1)$$

所以, 有结论

$$\sqrt{n}\left[\widehat{\Sigma}(Y)-\Sigma\right]\ \text{依分布收敛到多元正态分布}\ N\left(\mathbf{0},\mathrm{Cov}(\boldsymbol{\varepsilon}_1^{\mathrm{T}}\otimes\boldsymbol{\varepsilon}_1^{\mathrm{T}})\right)。$$

(2) 有分解式

$$\sqrt{n}\left[\widehat{\Theta}_1(Y)-\Theta_1\right]=\sqrt{n}\left[(X_1^{\mathrm{T}}M_{X_2}X_1)^{-1}X_1^{\mathrm{T}}M_{X_2}\mathcal{E}\right]\left[\Sigma_*(\mathcal{E})Z(Z^{\mathrm{T}}\Sigma_*Z)^{-1}\right] \tag{5.40}$$

令 $L_n(\mathcal{E})=(X_1^{\mathrm{T}}M_{X_2}X_1)^{-1}X_1M_{X_2}^{\mathrm{T}}\mathcal{E}$, 根据 Hu 和 Yan(2008) 的定理 4.2 可知, $\sqrt{n}L_n(\mathcal{E})$ 依分布收敛到多元正态分布 $N(\mathbf{0},(R_{11}-R_{12}R_{22}^{-1}R_{21})^{-1}\otimes\Sigma)$。因此,

$$\sqrt{n}\left[\widehat{\Theta}_1(Y)-\Theta_1\right]\ \text{依分布收敛到多元正态分布}\ N(\mathbf{0},\Omega_2)$$

其中，$\Omega_2=(R_{11}-R_{12}R_{22}^{-1}R_{21})^{-1}\otimes(Z^{\mathrm{T}}\Sigma^{-1}Z)^{-1}$。

(3) 有分解式

$$\begin{aligned}\sqrt{n}\left[\widehat{\Theta}_2(Y)-\Theta_2\right]=&-(X_2^{\mathrm{T}}X_2)^{-1}X_2^{\mathrm{T}}X_1\left[\sqrt{n}(X_1^{\mathrm{T}}M_{X_2}X_1)^{-1}X_1^{\mathrm{T}}M_{X_2}\mathcal{E}\right]\\&\Sigma_*(Z^{\mathrm{T}}\Sigma_*Z)^{-1}Z^{\mathrm{T}}+\sqrt{n}(X_2^{\mathrm{T}}X_2)^{-1}X_2\mathcal{E}\end{aligned} \tag{5.41}$$

由 (1) 和 Kronecker 积运算, 式 (5.41) 右边的第一项依分布收敛于多元正态分布 $N(\mathbf{0},\Omega_{31})$, 其中 $\Omega_{31}=R_{22}^{-1}R_{21}(R_{11}-R_{12}R_{22}^{-1}R_{21})^{-1}R_{12}R_{22}^{-1}\otimes Z(Z^{\mathrm{T}}\Sigma^{-1}Z)^{-1})Z^{\mathrm{T}}$。根据 Hu 和 Yan (2008) 的定理 4.2, 式 (5.41) 右边的第二项依分布收敛于多元正态分布 $N(\mathbf{0},\Omega_{32})$, 其中 $\Omega_{32}=R_{22}^{-1}\otimes\Sigma$。而且, 易知式 (5.41) 右边的两项是独立的。因此, 结论是 $\sqrt{n}\left[\widehat{\Theta}_2(Y)-\Theta_2\right]$ 依分布收敛于多元正态分布 $N(\mathbf{0},\Omega_{31}+\Omega_{32})$。

(4) 由式 (5.40) 可知, 两个随机向量 $\mathrm{vec}(X_1^{\mathrm{T}}M_{X_2}\mathcal{E})$ 和 $\mathrm{vec}\left[\widehat{\Sigma}(Y)-\Sigma\right]$ 是渐近独立的。

设 $Q_n = X_1^{\mathrm{T}}M_{X_2}\mathcal{E} = (\boldsymbol{x}_1\ \boldsymbol{x}_2\ \cdots\ \boldsymbol{x}_n)(\boldsymbol{\varepsilon}_1\ \boldsymbol{\varepsilon}_2\ \cdots\ \boldsymbol{\varepsilon}_n)^{\mathrm{T}}$, 则

$$\begin{aligned}\mathrm{Cov}\left[\left(\frac{1}{\sqrt{n}}Q_n\right)\sqrt{n}\left(\widehat{\Sigma}-\Sigma\right)\right] &= \mathrm{Cov}\left[\left(\sum_{i=1}^n \boldsymbol{x}_i\boldsymbol{\varepsilon}_i^{\mathrm{T}}\right)\left(\frac{1}{n}\sum_{i=1}^n \boldsymbol{\varepsilon}_i\boldsymbol{\varepsilon}_i^{\mathrm{T}}-\Sigma\right)\right]+o_p(1)\\ &= \mathbb{E}\left[\left(\sum_{i=1}^n \boldsymbol{x}_i\otimes\boldsymbol{\varepsilon}_i^{\mathrm{T}}\right)\left(\frac{1}{n}\sum_{i=1}^n \boldsymbol{\varepsilon}_i\otimes\boldsymbol{\varepsilon}_i^{\mathrm{T}}-\Sigma\right)\right]+o_p(1)\end{aligned}$$

由假设 5.2 可知, $\mathrm{Cov}\left[\left(\frac{1}{\sqrt{n}}X_1^{\mathrm{T}}M_{X_2}\mathcal{E}\right)\sqrt{n}\left(\widehat{\Sigma}-\Sigma\right)\right]$ 依概率收敛到 $\mathbf{0}$。

两个随机向量 $\mathrm{vec}\left(X_1^{\mathrm{T}}M_{X_2}\mathcal{E}\right)$ 和 $\sqrt{n}\mathrm{vec}\left(\widehat{\Sigma}(Y)-\Sigma\right)$ 是渐近独立的, 因此, 获得结论: $\sqrt{n}\left[\widehat{\Sigma}(Y)-\Sigma\right]$ 和 $\sqrt{n}\left(\widehat{\Theta}_1(Y)-\Theta_1\right)$ 也是渐近独立的。

至此, 定理 5.13 (1)～(4) 全部证明完毕。

定理 5.13 可用于对 $\Theta_1$, $\Theta_2$ 和 $\Sigma$ 进行统计推断, 例如, 考虑复合双线性假设

$$H_0:\ C_1\Theta_1D_1^{\mathrm{T}}=\mathbf{0}$$

其中，$C_1$ 和 $D_1$ 分别是 $s_1\times m$ 和 $t_1\times q$ 的常数矩阵。由定理 5.13 (2) 和 Slutsky 定理, 参见 Lehmann 和 Romano (2005) 的定理 11.2.11, 可以知道 $\sqrt{n}\left[C_1\widehat{\Theta}_1(Y)D_1^{\mathrm{T}}-C_1\Theta_1D_1^{\mathrm{T}}\right]$ 的渐近正态性。

**命题 5.1** *在假设 5.1 下, 如果矩阵 $C_1(X^{\mathrm{T}}M_{X_2}X)^{-1}C_1^{\mathrm{T}}$ 和 $D_1\left[Z^{\mathrm{T}}\widehat{\Sigma}(Y)^{-1}Z\right]^{-1}D_1^{\mathrm{T}}$ 是非奇异的, 则*

$$[nC_1(X^{\mathrm{T}}M_{X_2}X)^{-1}C_1^{\mathrm{T}}]^{-1/2}\sqrt{n}\left[C_1\widehat{\Theta}_1(Y)D_1^{\mathrm{T}}\right]\left\{D_1\left[Z^{\mathrm{T}}\widehat{\Sigma}(Y)^{-1}Z\right]^{-1}D_1^{\mathrm{T}}\right\}^{-1/2}$$

*在原假设 $H_0$ 下依分布收敛于多元正态分布 $N_{s_1\times t_1}(\mathbf{0},I)$。*

## 5.4 模拟计算与实例分析

本节将进行一些模拟仿真研究, 以验证所提出估计量的大样本性质。

### 5.4.1 模拟计算

模拟数据由多元线性与增长曲线混合模型 $Y=X_1\Theta_1Z^{\mathrm{T}}+X_2\Theta_2+\mathcal{E}$ 生成, 其中 $Y$ 是样本量 $n=30,50,100,200,300$ 和 $500$ 的 $n\times 6$ 响应变量观测矩阵,

$$X_1=I_2\otimes\mathbf{1}^{\mathrm{T}},\ X_2\sim N(0,1),$$

$$Z=\begin{pmatrix}1 & 1 & 1 & 1 & 1 & 1\\ 0 & 1/5 & 2/5 & 3/5 & 4/5 & 1\\ 0 & (1/5)^2 & (2/5)^2 & (3/5)^2 & (4/5)^2 & 1\end{pmatrix},$$

$$\Theta_1=\begin{pmatrix}2 & 1.5 & -1.75\\ 1.75 & 2 & 2.5\end{pmatrix},\Theta_2=(2.5\ -1.5\ \ 2\ \ 1.75\ \ 2\ -1.5),$$

$$\Sigma=I_6+(\rho_1)_{j_1,j_2=1}^{6}+\left(\rho_2^{|j_1-j_2|}\right)_{j_1,j_2=1}^{6}$$

以及 $\mathcal{E}\sim N(0\ \Sigma)$, 这里, $\boldsymbol{\rho}=(\rho_1\ \rho_2)$ 分别取 $(0\ 0),(-0.2\ 0.4),(0.4\ 0.4),(0.8\ 0.8)$。表中仅列出 $\boldsymbol{\rho}=(-0.2\ \ 0.4)$ 和 $(0.4\ \ 0.4)$ 且样本量为 $n=20,30,50$ 的情形。

在每种设定下, 模拟次数均为 10000 次, 参数的广义最小二乘估计 $(\widehat{\Theta}_1^{2\text{gls}},\widehat{\Theta}_2^{2\text{gls}})$ 由式 (5.34)～式 (5.35) 确定, 参数的极大似然估计 $(\widehat{\Theta}_1^{\text{mle}},\widehat{\Theta}_2^{\text{mle}})$ 由式 (5.3) 和式 (5.4) 确定。对于给定样本量, 样本均值 (sm), 偏差 (bias, 估计值和相应真值之间的差异), 标准差 (std) 和方差估计的均值 (se), 均由定理 5.13 中的 (2) 与 (3) 确定, 这些结果与 95% 置信区间 (cp) 的覆盖率, 汇总在表 5.1 和表 5.3 中。从这两个表格中不难得出以下结论。

(1) 提出的广义最小二乘估计 $(\widehat{\Theta}_1^{2\text{gls}},\widehat{\Theta}_2^{2\text{gls}})$ 的标准差和方差估计均值随着 $n$ 的增加而减小。当样本量 $n=20,30,50$ 时, 所提广义最小二乘估计 $(\widehat{\Theta}_1^{2\text{gls}},\widehat{\Theta}_2^{2\text{gls}})$ 的性质要优于极大似然估计。

(2) 两种估计的偏差都随着 $n$ 的增加而减少, $(\widehat{\Theta}_1^{2\text{gls}},\widehat{\Theta}_2^{2\text{gls}})$ 的偏差几乎都小于极大似然估计的偏差。

(3) 广义最小二乘估计 $(\widehat{\Theta}_1^{2\text{gls}},\widehat{\Theta}_2^{2\text{gls}})$ 的每个置信区间都比极大似然估计更接近 95% 的置信水平。

由式 (5.32) 给定的外积最小二乘估计 $\widehat{\Sigma}_{\text{copls}}$ 和极大似然估计 $\widehat{\Sigma}_{\text{mle}}$, 在同样模拟设定下的样本均值 (sm), 偏差 (bias, 估计值与相应真值之间的差) 和标准差 (std), 详细汇总于表 5.2 和表 5.4 中。从表中数据可知, $\widehat{\Sigma}_{\text{copls}}$ 的偏差小于 $\widehat{\Sigma}_{\text{mle}}$ 的偏差, 而极大似然估计量的标准差小于提出的 $\widehat{\Sigma}_{\text{copls}}$ 的标准差。

本书的主要目标是寻求更好的一阶参数矩阵的估计, 因此本章所提出的两阶段广义最小二乘估计是多元线性与增长曲线混合模型中一阶参数矩阵估计的有力竞争者。

### 5.4.2 实例分析

现在, 通过一个真实的数据分析实例来说明所提出的两阶段广义最小二乘估计方法的应用。该数据来源于美国劳工部开展的针对 1968 年时 14 岁至 24 岁女性有关的美国国家纵向调查 (NLS) 数据集。此数据属于 1982, 1983, 1985, 1987 和 1988 年进行的相关调查数据集的子集, 数据的详细描述可参见 Hill 等 (2008) 的

**表 5.1 一阶参数两步 GLSE 和 MLE 有限样本性能 (I)**

| $\rho$=(−0.2,0.4) | | 两步 GLS | | | | | MLE | | | | |
|---|---|---|---|---|---|---|---|---|---|---|---|
| $n$ | 参数 | sm | bias | std | se | cp | sm | bias | std | se | cp |
| 20 | $\hat{\Theta}_1(11)$ | 2.0021 | 0.0021 | 0.4392 | 0.2434 | 0.9410 | 2.0026 | 0.0026 | 0.4540 | 0.3419 | 0.9340 |
| | $\hat{\Theta}_1(12)$ | 1.5340 | 0.0340 | 2.0980 | 1.1227 | 0.9320 | 1.5397 | 0.0397 | 2.1717 | 1.6217 | 0.9220 |
| | $\hat{\Theta}_1(13)$ | −1.7875 | −0.0375 | 2.0206 | 1.0841 | 0.9370 | −1.7930 | −0.0430 | 2.0914 | 1.5448 | 0.9320 |
| | $\hat{\Theta}_1(21)$ | 1.7466 | −0.0034 | 0.4437 | 0.2411 | 0.9270 | 1.7463 | −0.0037 | 0.4589 | 0.3387 | 0.9190 |
| | $\hat{\Theta}_1(22)$ | 2.0853 | 0.0853 | 2.0228 | 1.1121 | 0.9450 | 2.0898 | 0.0898 | 2.0949 | 1.6064 | 0.9360 |
| | $\hat{\Theta}_1(23)$ | 2.4091 | −0.0909 | 1.9306 | 1.0738 | 0.9330 | 2.4063 | −0.0937 | 2.0011 | 1.5302 | 0.9260 |
| | $\hat{\Theta}_2(11)$ | 2.4989 | −0.0011 | 0.4025 | 0.2793 | 0.9430 | 2.4986 | −0.0014 | 0.4038 | 0.3640 | 0.9420 |
| | $\hat{\Theta}_2(12)$ | −1.5125 | −0.0125 | 0.3815 | 0.2693 | 0.9450 | −1.5128 | −0.0128 | 0.3824 | 0.3613 | 0.9450 |
| | $\hat{\Theta}_2(13)$ | 2.0062 | 0.0062 | 0.3842 | 0.2741 | 0.9570 | 2.0059 | 0.0059 | 0.3844 | 0.3585 | 0.9580 |
| | $\hat{\Theta}_2(14)$ | 1.7514 | 0.0014 | 0.3870 | 0.2724 | 0.9410 | 1.7511 | 0.0011 | 0.3878 | 0.3581 | 0.9400 |
| | $\hat{\Theta}_2(15)$ | 1.9973 | −0.0027 | 0.3818 | 0.2691 | 0.9500 | 1.9969 | −0.0031 | 0.3827 | 0.3619 | 0.9500 |
| | $\hat{\Theta}_2(16)$ | −1.5154 | −0.0154 | 0.4013 | 0.2796 | 0.9470 | −1.5160 | −0.0160 | 0.4040 | 0.3627 | 0.9470 |
| 30 | $\hat{\Theta}_1(11)$ | 1.9893 | −0.0107 | 0.3467 | 0.1839 | 0.9390 | 1.9876 | −0.0124 | 0.3519 | 0.2962 | 0.9330 |
| | $\hat{\Theta}_1(12)$ | 1.5638 | 0.0638 | 1.6134 | 0.8546 | 0.9410 | 1.5732 | 0.0732 | 1.6446 | 1.4031 | 0.9340 |
| | $\hat{\Theta}_1(13)$ | −1.8093 | −0.0593 | 1.5362 | 0.8272 | 0.9430 | −1.8175 | −0.0675 | 1.5647 | 1.3370 | 0.9340 |
| | $\hat{\Theta}_1(21)$ | 1.7595 | 0.0095 | 0.3355 | 0.1811 | 0.9470 | 1.7592 | 0.0092 | 0.3408 | 0.2916 | 0.9440 |
| | $\hat{\Theta}_1(22)$ | 2.0018 | 0.0018 | 1.6314 | 0.8414 | 0.9330 | 2.0019 | 0.0019 | 1.6587 | 1.3814 | 0.9300 |
| | $\hat{\Theta}_1(23)$ | 2.4872 | −0.0128 | 1.5769 | 0.8144 | 0.9410 | 2.4872 | −0.0128 | 1.6041 | 1.3164 | 0.9350 |
| | $\hat{\Theta}_2(11)$ | 2.4865 | −0.0135 | 0.2989 | 0.1864 | 0.9430 | 2.4867 | −0.0133 | 0.2990 | 0.2738 | 0.9420 |
| | $\hat{\Theta}_2(12)$ | −1.4842 | 0.0158 | 0.2822 | 0.1824 | 0.9570 | −1.4842 | 0.0158 | 0.2823 | 0.2774 | 0.9570 |
| | $\hat{\Theta}_2(13)$ | 2.0079 | 0.0079 | 0.2831 | 0.1824 | 0.9580 | 2.0078 | 0.0078 | 0.2832 | 0.2761 | 0.9570 |
| | $\hat{\Theta}_2(14)$ | 1.7579 | 0.0079 | 0.2909 | 0.1844 | 0.9480 | 1.7578 | 0.0078 | 0.2911 | 0.2747 | 0.9480 |
| | $\hat{\Theta}_2(15)$ | 1.9976 | −0.0024 | 0.2853 | 0.1840 | 0.9460 | 1.9975 | −0.0025 | 0.2853 | 0.2757 | 0.9460 |
| | $\hat{\Theta}_2(16)$ | −1.5017 | −0.0017 | 0.2856 | 0.1852 | 0.9470 | −1.5017 | −0.0017 | 0.2860 | 0.2742 | 0.9470 |
| 50 | $\hat{\Theta}_1(11)$ | 1.9897 | −0.0103 | 0.2572 | 0.1374 | 0.9450 | 1.9899 | −0.0101 | 0.2586 | 0.2362 | 0.9430 |
| | $\hat{\Theta}_1(12)$ | 1.5567 | 0.0567 | 1.1917 | 0.6360 | 0.9470 | 1.5550 | 0.0550 | 1.2009 | 1.1227 | 0.9460 |
| | $\hat{\Theta}_1(13)$ | −1.7968 | −0.0468 | 1.1275 | 0.6147 | 0.9550 | −1.7952 | −0.0452 | 1.1364 | 1.0693 | 0.9540 |
| | $\hat{\Theta}_1(21)$ | 1.7466 | −0.0034 | 0.2628 | 0.1370 | 0.9440 | 1.7467 | −0.0033 | 0.2647 | 0.2356 | 0.9400 |
| | $\hat{\Theta}_1(22)$ | 2.0232 | 0.0232 | 1.3030 | 0.6343 | 0.9320 | 2.0244 | 0.0244 | 1.3102 | 1.1197 | 0.9310 |
| | $\hat{\Theta}_1(23)$ | 2.4863 | −0.0137 | 1.2541 | 0.6131 | 0.9250 | 2.4848 | −0.0152 | 1.2602 | 1.0665 | 0.9210 |
| | $\hat{\Theta}_2(11)$ | 2.5048 | 0.0048 | 0.1919 | 0.1145 | 0.9500 | 2.5048 | 0.0048 | 0.1919 | 0.1816 | 0.9500 |
| | $\hat{\Theta}_2(12)$ | −1.4985 | 0.0015 | 0.1856 | 0.1147 | 0.9570 | −1.4985 | 0.0015 | 0.1856 | 0.1828 | 0.9570 |
| | $\hat{\Theta}_2(13)$ | 1.9993 | −0.0007 | 0.1843 | 0.1140 | 0.9520 | 1.9993 | −0.0007 | 0.1843 | 0.1834 | 0.9520 |
| | $\hat{\Theta}_2(14)$ | 1.7358 | −0.0142 | 0.1858 | 0.1139 | 0.9490 | 1.7358 | −0.0142 | 0.1858 | 0.1834 | 0.9490 |
| | $\hat{\Theta}_2(15)$ | 1.9918 | −0.0082 | 0.1847 | 0.1139 | 0.9540 | 1.9918 | −0.0082 | 0.1847 | 0.1840 | 0.9540 |
| | $\hat{\Theta}_2(16)$ | −1.5130 | −0.0130 | 0.2003 | 0.1146 | 0.9300 | −1.5130 | −0.0130 | 0.2004 | 0.1815 | 0.9300 |

**表 5.2　协方差外积最小二乘和极大似然估计有限样本性能 (I)**

| $\rho$=(−0.2,0.4) | | n=20 | | | n=30 | | | n=50 | | |
|---|---|---|---|---|---|---|---|---|---|---|
| 估计 | 参数 | sm | bias | std | sm | bias | std | sm | bias | std |
| COPLS | $\hat{\sigma}_{11}$ | 1.8179 | 0.0179 | 0.6498 | 1.8093 | 0.0093 | 0.5039 | 1.7899 | −0.0101 | 0.3639 |
| | $\hat{\sigma}_{12}$ | 0.1767 | −0.0233 | 0.4527 | 0.2066 | 0.0066 | 0.3454 | 0.1876 | −0.0124 | 0.2541 |
| | $\hat{\sigma}_{13}$ | −0.0483 | −0.0083 | 0.4439 | −0.0449 | −0.0049 | 0.3458 | −0.0406 | −0.0006 | 0.2578 |
| | $\hat{\sigma}_{14}$ | −0.1413 | −0.0053 | 0.4431 | −0.1545 | −0.0185 | 0.3487 | −0.1207 | 0.0153 | 0.2628 |
| | $\hat{\sigma}_{15}$ | −0.1651 | 0.0093 | 0.4348 | −0.1858 | −0.0114 | 0.3632 | −0.1864 | −0.0120 | 0.2607 |
| | $\hat{\sigma}_{16}$ | −0.1939 | −0.0041 | 0.4418 | −0.1950 | −0.0053 | 0.3404 | −0.1751 | 0.0147 | 0.2629 |
| | $\hat{\sigma}_{22}$ | 1.8056 | 0.0056 | 0.6028 | 1.8333 | 0.0333 | 0.5006 | 1.7839 | −0.0161 | 0.3580 |
| | $\hat{\sigma}_{23}$ | 0.2063 | 0.0063 | 0.4331 | 0.2025 | 0.0025 | 0.3318 | 0.1974 | −0.0026 | 0.2744 |
| | $\hat{\sigma}_{24}$ | −0.0256 | 0.0144 | 0.4220 | −0.0426 | −0.0026 | 0.3533 | −0.0187 | 0.0213 | 0.2631 |
| | $\hat{\sigma}_{25}$ | −0.1234 | 0.0126 | 0.4369 | −0.1389 | −0.0029 | 0.3456 | −0.1170 | 0.0190 | 0.2676 |
| | $\hat{\sigma}_{26}$ | −0.1880 | −0.0136 | 0.4239 | −0.1799 | −0.0055 | 0.3548 | −0.1645 | 0.0099 | 0.2553 |
| | $\hat{\sigma}_{33}$ | 1.7771 | −0.0229 | 0.6054 | 1.8164 | 0.0164 | 0.4842 | 1.7997 | −0.0003 | 0.3678 |
| | $\hat{\sigma}_{34}$ | 0.1810 | −0.0190 | 0.4285 | 0.1955 | −0.0045 | 0.3459 | 0.2069 | 0.0069 | 0.2579 |
| | $\hat{\sigma}_{35}$ | −0.0266 | 0.0134 | 0.4221 | −0.0283 | 0.0117 | 0.3487 | −0.0272 | 0.0128 | 0.2589 |
| | $\hat{\sigma}_{36}$ | −0.1498 | −0.0138 | 0.4303 | −0.1420 | −0.0060 | 0.3428 | −0.1375 | −0.0015 | 0.2592 |
| | $\hat{\sigma}_{44}$ | 1.7730 | −0.0270 | 0.5956 | 1.8026 | 0.0026 | 0.4965 | 1.8010 | 0.0010 | 0.3760 |
| | $\hat{\sigma}_{45}$ | 0.1799 | −0.0201 | 0.4293 | 0.2093 | 0.0093 | 0.3520 | 0.1953 | −0.0047 | 0.2609 |
| | $\hat{\sigma}_{46}$ | −0.0210 | 0.0190 | 0.4043 | −0.0400 | 0.0000 | 0.3420 | −0.0336 | 0.0064 | 0.2573 |
| | $\hat{\sigma}_{55}$ | 1.8148 | 0.0148 | 0.5988 | 1.8073 | 0.0073 | 0.4654 | 1.8076 | 0.0076 | 0.3641 |
| | $\hat{\sigma}_{56}$ | 0.1807 | −0.0193 | 0.4479 | 0.2154 | 0.0154 | 0.3598 | 0.1934 | −0.0066 | 0.2660 |
| | $\hat{\sigma}_{66}$ | 1.7946 | −0.0054 | 0.5771 | 1.8172 | 0.0172 | 0.5127 | 1.7882 | −0.0118 | 0.3670 |
| ML | $\hat{\sigma}_{11}$ | 1.6031 | −0.1969 | 0.5827 | 1.6565 | −0.1435 | 0.4669 | 1.6951 | −0.1049 | 0.3455 |
| | $\hat{\sigma}_{12}$ | 0.1171 | −0.0829 | 0.4191 | 0.1610 | −0.0390 | 0.3261 | 0.1603 | −0.0397 | 0.2452 |
| | $\hat{\sigma}_{13}$ | −0.0479 | −0.0079 | 0.4125 | −0.0427 | −0.0027 | 0.3270 | −0.0390 | 0.0010 | 0.2494 |
| | $\hat{\sigma}_{14}$ | −0.1057 | 0.0303 | 0.4064 | −0.1288 | 0.0072 | 0.3292 | −0.1062 | 0.0298 | 0.2543 |
| | $\hat{\sigma}_{15}$ | −0.1256 | 0.0488 | 0.4032 | −0.1581 | 0.0163 | 0.3436 | −0.1696 | 0.0048 | 0.2543 |
| | $\hat{\sigma}_{16}$ | −0.1778 | 0.0119 | 0.3969 | −0.1849 | 0.0048 | 0.3147 | −0.1697 | 0.0200 | 0.2502 |
| | $\hat{\sigma}_{22}$ | 1.6664 | −0.1336 | 0.5664 | 1.7341 | −0.0659 | 0.4810 | 1.7252 | −0.0748 | 0.3501 |
| | $\hat{\sigma}_{23}$ | 0.1543 | −0.0457 | 0.4051 | 0.1648 | −0.0352 | 0.3179 | 0.1741 | −0.0259 | 0.2670 |
| | $\hat{\sigma}_{24}$ | −0.0496 | −0.0096 | 0.3975 | −0.0606 | −0.0206 | 0.3384 | −0.0307 | 0.0093 | 0.2561 |
| | $\hat{\sigma}_{25}$ | −0.1193 | 0.0167 | 0.4118 | −0.1355 | 0.0005 | 0.3317 | −0.1162 | 0.0198 | 0.2618 |
| | $\hat{\sigma}_{26}$ | −0.1525 | 0.0219 | 0.3980 | −0.1531 | 0.0213 | 0.3358 | −0.1479 | 0.0265 | 0.2474 |
| | $\hat{\sigma}_{33}$ | 1.6284 | −0.1716 | 0.5711 | 1.7110 | −0.0890 | 0.4662 | 1.7351 | −0.0649 | 0.3584 |
| | $\hat{\sigma}_{34}$ | 0.1172 | −0.0828 | 0.3973 | 0.1470 | −0.0530 | 0.3283 | 0.1763 | −0.0237 | 0.2492 |
| | $\hat{\sigma}_{35}$ | −0.0508 | −0.0108 | 0.3973 | −0.0462 | −0.0062 | 0.3345 | −0.0394 | 0.0006 | 0.2522 |
| | $\hat{\sigma}_{36}$ | −0.1159 | 0.0201 | 0.4022 | −0.1169 | 0.0191 | 0.3239 | −0.1212 | 0.0148 | 0.2501 |
| | $\hat{\sigma}_{44}$ | 1.6242 | −0.1758 | 0.5625 | 1.6956 | −0.1044 | 0.4758 | 1.7356 | −0.0644 | 0.3673 |
| | $\hat{\sigma}_{45}$ | 0.1300 | −0.0700 | 0.4021 | 0.1708 | −0.0292 | 0.3371 | 0.1705 | −0.0295 | 0.2543 |
| | $\hat{\sigma}_{46}$ | −0.0148 | 0.0252 | 0.3762 | −0.0376 | 0.0024 | 0.3249 | −0.0332 | 0.0068 | 0.2487 |
| | $\hat{\sigma}_{55}$ | 1.6721 | −0.1279 | 0.5657 | 1.7094 | −0.0906 | 0.4483 | 1.7471 | −0.0529 | 0.3553 |
| | $\hat{\sigma}_{56}$ | 0.1217 | −0.0783 | 0.4129 | 0.1700 | −0.0300 | 0.3398 | 0.1660 | −0.0340 | 0.2572 |
| | $\hat{\sigma}_{66}$ | 1.5839 | −0.2161 | 0.5234 | 1.6627 | −0.1373 | 0.4728 | 1.6933 | −0.1067 | 0.3488 |

**表 5.3 一阶参数两步 GLSE 和 MLE 有限样本性能 (II)**

| $\boldsymbol{\rho}=(0.4,0.4)$ | | 两步 GLSE | | | | | MLE | | | | |
|---|---|---|---|---|---|---|---|---|---|---|---|
| $n$ | 参数 | sm | bias | std | se | cp | sm | bias | std | se | cp |
| 20 | $\hat{\Theta}_1(11)$ | 1.9934 | −0.0066 | 0.4977 | 0.2096 | 0.9400 | 1.9941 | −0.0059 | 0.5188 | 0.3883 | 0.9340 |
| | $\hat{\Theta}_1(12)$ | 1.4802 | −0.0198 | 1.9826 | 1.0824 | 0.9430 | 1.4758 | −0.0242 | 2.0468 | 1.5695 | 0.9320 |
| | $\hat{\Theta}_1(13)$ | −1.7229 | 0.0271 | 1.8716 | 1.0470 | 0.9350 | −1.7204 | 0.0296 | 1.9392 | 1.4914 | 0.9310 |
| | $\hat{\Theta}_1(21)$ | 1.7325 | −0.0175 | 0.4900 | 0.2088 | 0.9370 | 1.7305 | −0.0195 | 0.5101 | 0.3868 | 0.9250 |
| | $\hat{\Theta}_1(22)$ | 2.0131 | 0.0131 | 2.0270 | 1.0781 | 0.9280 | 2.0196 | 0.0196 | 2.0999 | 1.5633 | 0.9110 |
| | $\hat{\Theta}_1(23)$ | 2.4966 | −0.0034 | 1.9587 | 1.0428 | 0.9270 | 2.4927 | −0.0073 | 2.0239 | 1.4854 | 0.9140 |
| | $\hat{\Theta}_2(11)$ | 2.4988 | −0.0012 | 0.3081 | 0.1752 | 0.9480 | 2.4989 | −0.0011 | 0.3085 | 0.2833 | 0.9480 |
| | $\hat{\Theta}_2(12)$ | −1.4961 | 0.0039 | 0.3071 | 0.1786 | 0.9570 | −1.4961 | 0.0039 | 0.3072 | 0.2876 | 0.9570 |
| | $\hat{\Theta}_2(13)$ | 2.0015 | 0.0015 | 0.3065 | 0.1782 | 0.9470 | 2.0014 | 0.0014 | 0.3065 | 0.2872 | 0.9470 |
| | $\hat{\Theta}_2(14)$ | 1.7559 | 0.0059 | 0.3189 | 0.1779 | 0.9250 | 1.7558 | 0.0058 | 0.3189 | 0.2879 | 0.9250 |
| | $\hat{\Theta}_2(15)$ | 2.0125 | 0.0125 | 0.3187 | 0.1782 | 0.9420 | 2.0124 | 0.0124 | 0.3187 | 0.2870 | 0.9430 |
| | $\hat{\Theta}_2(16)$ | −1.4972 | 0.0028 | 0.3123 | 0.1749 | 0.9470 | −1.4973 | 0.0027 | 0.3128 | 0.2850 | 0.9470 |
| 30 | $\hat{\Theta}_1(11)$ | 2.0052 | 0.0052 | 0.3903 | 0.1638 | 0.9490 | 2.0039 | 0.0039 | 0.3968 | 0.3365 | 0.9430 |
| | $\hat{\Theta}_1(12)$ | 1.5047 | 0.0047 | 1.6275 | 0.8410 | 0.9300 | 1.5060 | 0.0060 | 1.6518 | 1.3691 | 0.9290 |
| | $\hat{\Theta}_1(13)$ | −1.7592 | −0.0092 | 1.5785 | 0.8110 | 0.9190 | −1.7593 | −0.0093 | 1.5989 | 1.3058 | 0.9130 |
| | $\hat{\Theta}_1(21)$ | 1.7562 | 0.0062 | 0.4107 | 0.1694 | 0.9340 | 1.7559 | 0.0059 | 0.4164 | 0.3480 | 0.9260 |
| | $\hat{\Theta}_1(22)$ | 1.9742 | −0.0258 | 1.7066 | 0.8698 | 0.9300 | 1.9680 | −0.0320 | 1.7375 | 1.4159 | 0.9270 |
| | $\hat{\Theta}_1(23)$ | 2.5264 | 0.0264 | 1.6241 | 0.8388 | 0.9370 | 2.5329 | 0.0329 | 1.6556 | 1.3504 | 0.9340 |
| | $\hat{\Theta}_2(11)$ | 2.5089 | 0.0089 | 0.2833 | 0.1399 | 0.9360 | 2.5089 | 0.0089 | 0.2838 | 0.2539 | 0.9360 |
| | $\hat{\Theta}_2(12)$ | −1.4992 | 0.0008 | 0.2644 | 0.1407 | 0.9580 | −1.4990 | 0.0010 | 0.2646 | 0.2554 | 0.9580 |
| | $\hat{\Theta}_2(13)$ | 1.9994 | −0.0006 | 0.2712 | 0.1414 | 0.9490 | 1.9997 | −0.0003 | 0.2715 | 0.2550 | 0.9500 |
| | $\hat{\Theta}_2(14)$ | 1.7584 | 0.0084 | 0.2745 | 0.1416 | 0.9440 | 1.7587 | 0.0087 | 0.2747 | 0.2543 | 0.9450 |
| | $\hat{\Theta}_2(15)$ | 2.0017 | 0.0017 | 0.2603 | 0.1394 | 0.9530 | 2.0019 | 0.0019 | 0.2604 | 0.2574 | 0.9540 |
| | $\hat{\Theta}_2(16)$ | −1.4919 | 0.0081 | 0.2722 | 0.1384 | 0.9500 | −1.4919 | 0.0081 | 0.2722 | 0.2573 | 0.9500 |
| 50 | $\hat{\Theta}_1(11)$ | 1.9898 | −0.0102 | 0.3186 | 0.1224 | 0.9280 | 1.9902 | −0.0098 | 0.3199 | 0.2792 | 0.9260 |
| | $\hat{\Theta}_1(12)$ | 1.5329 | 0.0329 | 1.2718 | 0.6337 | 0.9360 | 1.5317 | 0.0317 | 1.2771 | 1.1205 | 0.9350 |
| | $\hat{\Theta}_1(13)$ | −1.7756 | −0.0256 | 1.2171 | 0.6126 | 0.9410 | −1.7746 | −0.0246 | 1.2229 | 1.0675 | 0.9410 |
| | $\hat{\Theta}_1(21)$ | 1.7491 | −0.0009 | 0.3100 | 0.1227 | 0.9410 | 1.7493 | −0.0007 | 0.3112 | 0.2799 | 0.9420 |
| | $\hat{\Theta}_1(22)$ | 1.9838 | −0.0162 | 1.2152 | 0.6353 | 0.9450 | 1.9833 | −0.0167 | 1.2204 | 1.1234 | 0.9440 |
| | $\hat{\Theta}_1(23)$ | 2.5197 | 0.0197 | 1.1547 | 0.6141 | 0.9470 | 2.5195 | 0.0195 | 1.1599 | 1.0702 | 0.9470 |
| | $\hat{\Theta}_2(11)$ | 2.5096 | 0.0096 | 0.2415 | 0.1136 | 0.9450 | 2.5096 | 0.0096 | 0.2415 | 0.2280 | 0.9460 |
| | $\hat{\Theta}_2(12)$ | −1.4916 | 0.0084 | 0.2221 | 0.1161 | 0.9610 | −1.4916 | 0.0084 | 0.2221 | 0.2298 | 0.9610 |
| | $\hat{\Theta}_2(13)$ | 2.0081 | 0.0081 | 0.2369 | 0.1171 | 0.9470 | 2.0081 | 0.0081 | 0.2369 | 0.2287 | 0.9470 |
| | $\hat{\Theta}_2(14)$ | 1.7447 | −0.0053 | 0.2312 | 0.1169 | 0.9510 | 1.7448 | −0.0052 | 0.2312 | 0.2286 | 0.9510 |
| | $\hat{\Theta}_2(15)$ | 1.9845 | −0.0155 | 0.2366 | 0.1166 | 0.9510 | 1.9845 | −0.0155 | 0.2366 | 0.2294 | 0.9510 |
| | $\hat{\Theta}_2(16)$ | −1.5115 | −0.0115 | 0.2347 | 0.1140 | 0.9530 | −1.5114 | −0.0114 | 0.2347 | 0.2273 | 0.9530 |

**表 5.4 协方差外积最小二乘和极大似然估计有限样本性能 (II)**

| $\boldsymbol{\rho}=(0.4,0.4)$ | | $n$=20 | | | $n$=30 | | | $n$=50 | | |
|---|---|---|---|---|---|---|---|---|---|---|
| 估计 | 参数 | sm | bias | std | sm | bias | std | sm | bias | std |
| COPLS | $\hat{\sigma}_{11}$ | 2.3956 | −0.0044 | 0.8349 | 2.3529 | −0.0471 | 0.6301 | 2.4101 | 0.0101 | 0.4945 |
| | $\hat{\sigma}_{12}$ | 0.8074 | 0.0074 | 0.5975 | 0.7555 | −0.0445 | 0.4841 | 0.8120 | 0.0120 | 0.3537 |
| | $\hat{\sigma}_{13}$ | 0.5281 | −0.0319 | 0.5998 | 0.5315 | −0.0285 | 0.4504 | 0.5659 | 0.0059 | 0.3521 |
| | $\hat{\sigma}_{14}$ | 0.4546 | −0.0094 | 0.5936 | 0.4262 | −0.0378 | 0.4510 | 0.4676 | 0.0036 | 0.3415 |
| | $\hat{\sigma}_{15}$ | 0.4348 | 0.0092 | 0.5809 | 0.4073 | −0.0183 | 0.4694 | 0.4438 | 0.0182 | 0.3593 |
| | $\hat{\sigma}_{16}$ | 0.4135 | 0.0033 | 0.5940 | 0.4034 | −0.0069 | 0.4772 | 0.4107 | 0.0004 | 0.3483 |
| | $\hat{\sigma}_{22}$ | 2.3863 | −0.0137 | 0.8060 | 2.3800 | −0.0200 | 0.6403 | 2.4283 | 0.0283 | 0.4955 |
| | $\hat{\sigma}_{23}$ | 0.7809 | −0.0191 | 0.6075 | 0.7868 | −0.0132 | 0.4671 | 0.8109 | 0.0109 | 0.3736 |
| | $\hat{\sigma}_{24}$ | 0.5616 | 0.0016 | 0.5861 | 0.5295 | −0.0305 | 0.4672 | 0.5615 | 0.0015 | 0.3733 |
| | $\hat{\sigma}_{25}$ | 0.4742 | 0.0102 | 0.5725 | 0.4450 | −0.0190 | 0.4831 | 0.4533 | −0.0107 | 0.3553 |
| | $\hat{\sigma}_{26}$ | 0.4562 | 0.0306 | 0.5835 | 0.4254 | −0.0002 | 0.4887 | 0.4265 | 0.0009 | 0.3594 |
| | $\hat{\sigma}_{33}$ | 2.3972 | −0.0028 | 0.8111 | 2.3728 | −0.0272 | 0.6395 | 2.4087 | 0.0087 | 0.4874 |
| | $\hat{\sigma}_{34}$ | 0.7903 | −0.0097 | 0.5942 | 0.7771 | −0.0229 | 0.4666 | 0.8051 | 0.0051 | 0.3501 |
| | $\hat{\sigma}_{35}$ | 0.5411 | −0.0189 | 0.5835 | 0.5354 | −0.0246 | 0.4681 | 0.5689 | 0.0089 | 0.3630 |
| | $\hat{\sigma}_{36}$ | 0.4726 | 0.0086 | 0.5719 | 0.4428 | −0.0212 | 0.4630 | 0.4728 | 0.0088 | 0.3552 |
| | $\hat{\sigma}_{44}$ | 2.4062 | 0.0062 | 0.7905 | 2.3585 | −0.0415 | 0.6422 | 2.4072 | 0.0072 | 0.4864 |
| | $\hat{\sigma}_{45}$ | 0.7877 | −0.0123 | 0.6028 | 0.7752 | −0.0248 | 0.4782 | 0.8086 | 0.0086 | 0.3801 |
| | $\hat{\sigma}_{46}$ | 0.5748 | 0.0148 | 0.5962 | 0.5522 | −0.0078 | 0.4694 | 0.5520 | −0.0080 | 0.3512 |
| | $\hat{\sigma}_{55}$ | 2.3860 | −0.0140 | 0.8106 | 2.4191 | 0.0191 | 0.6570 | 2.4202 | 0.0202 | 0.4924 |
| | $\hat{\sigma}_{56}$ | 0.8129 | 0.0129 | 0.6015 | 0.8138 | 0.0138 | 0.4932 | 0.8133 | 0.0133 | 0.3743 |
| | $\hat{\sigma}_{66}$ | 2.4204 | 0.0204 | 0.8301 | 2.4141 | 0.0141 | 0.6353 | 2.3956 | −0.0044 | 0.4922 |
| ML | $\hat{\sigma}_{11}$ | 2.1038 | −0.2962 | 0.7452 | 2.1493 | −0.2507 | 0.5798 | 2.2788 | −0.1212 | 0.4686 |
| | $\hat{\sigma}_{12}$ | 0.6759 | −0.1241 | 0.5452 | 0.6604 | −0.1396 | 0.4507 | 0.7488 | −0.0512 | 0.3386 |
| | $\hat{\sigma}_{13}$ | 0.4548 | −0.1052 | 0.5502 | 0.4801 | −0.0799 | 0.4215 | 0.5323 | −0.0277 | 0.3377 |
| | $\hat{\sigma}_{14}$ | 0.4113 | −0.0527 | 0.5455 | 0.4001 | −0.0639 | 0.4237 | 0.4484 | −0.0156 | 0.3279 |
| | $\hat{\sigma}_{15}$ | 0.3949 | −0.0307 | 0.5403 | 0.3786 | −0.0470 | 0.4430 | 0.4248 | −0.0008 | 0.3451 |
| | $\hat{\sigma}_{16}$ | 0.3514 | −0.0588 | 0.5318 | 0.3591 | −0.0511 | 0.4380 | 0.3826 | −0.0276 | 0.3305 |
| | $\hat{\sigma}_{22}$ | 2.1796 | −0.2204 | 0.7603 | 2.2313 | −0.1687 | 0.6103 | 2.3337 | −0.0663 | 0.4812 |
| | $\hat{\sigma}_{23}$ | 0.6561 | −0.1439 | 0.5593 | 0.6965 | −0.1035 | 0.4378 | 0.7525 | −0.0475 | 0.3598 |
| | $\hat{\sigma}_{24}$ | 0.4617 | −0.0983 | 0.5404 | 0.4606 | −0.0994 | 0.4415 | 0.5153 | −0.0447 | 0.3603 |
| | $\hat{\sigma}_{25}$ | 0.4014 | −0.0626 | 0.5365 | 0.3929 | −0.0711 | 0.4614 | 0.4200 | −0.0440 | 0.3453 |
| | $\hat{\sigma}_{26}$ | 0.4131 | −0.0125 | 0.5459 | 0.3988 | −0.0268 | 0.4632 | 0.4087 | −0.0169 | 0.3474 |
| | $\hat{\sigma}_{33}$ | 2.1695 | −0.2305 | 0.7605 | 2.2156 | −0.1844 | 0.6117 | 2.3090 | −0.0910 | 0.4706 |
| | $\hat{\sigma}_{34}$ | 0.6477 | −0.1523 | 0.5438 | 0.6775 | −0.1225 | 0.4379 | 0.7398 | −0.0602 | 0.3360 |
| | $\hat{\sigma}_{35}$ | 0.4399 | −0.1201 | 0.5383 | 0.4626 | −0.0974 | 0.4439 | 0.5227 | −0.0373 | 0.3504 |
| | $\hat{\sigma}_{36}$ | 0.4263 | −0.0377 | 0.5249 | 0.4140 | −0.0500 | 0.4352 | 0.4541 | −0.0099 | 0.3416 |
| | $\hat{\sigma}_{44}$ | 2.1789 | −0.2211 | 0.7410 | 2.2021 | −0.1979 | 0.6084 | 2.3070 | −0.0930 | 0.4710 |
| | $\hat{\sigma}_{45}$ | 0.6605 | −0.1395 | 0.5574 | 0.6836 | −0.1164 | 0.4500 | 0.7499 | −0.0501 | 0.3656 |
| | $\hat{\sigma}_{46}$ | 0.5022 | −0.0578 | 0.5499 | 0.5015 | −0.0585 | 0.4403 | 0.5188 | −0.0412 | 0.3369 |
| | $\hat{\sigma}_{55}$ | 2.1688 | −0.2312 | 0.7606 | 2.2661 | −0.1339 | 0.6287 | 2.3253 | −0.0747 | 0.4790 |
| | $\hat{\sigma}_{56}$ | 0.6748 | −0.1252 | 0.5462 | 0.7156 | −0.0844 | 0.4607 | 0.7502 | −0.0498 | 0.3577 |
| | $\hat{\sigma}_{66}$ | 2.1302 | −0.2698 | 0.7526 | 2.2053 | −0.1947 | 0.5823 | 2.2658 | −0.1342 | 0.4670 |

15.4.4 节。数据集共收集了 716 名妇女的信息, 每一个妇女的信息包含八个变量, 分别是工资/ GNP 通货膨胀扣除率的对数值、正常工作时间、业绩完成质量等级、总体工作经验和三个哑变量：D1 如果该妇女来自南方, 则取值为 1；D2 如果该妇女是黑人, 则取值为 1；D3 如果该妇女来自工会, 则取值为 1。

数据分析的目标之一是评估黑人妇女和白人妇女的工资/GNP 通货膨胀扣除率的对数值是否存在差异。用两个模型拟合该数据。一种是忽略所有复合协变量, 只考虑哑变量 D2 和年份, 即

$$Y = X\Theta Z^{\mathrm{T}} + \mathcal{E}$$

其中，$Y$ 为 $716 \times 5$ 的响应变量矩阵, $X$ 是 $716 \times 2$ 阶矩阵, 第一列的元素对于白人女性设为 1, 黑人女性设为 0, 第二列的元素对于白人女性设为 0, 黑人女性设为 1。另外, 设

$$Z = \begin{pmatrix} 1 & 1 & 1 & 1 & 1 \\ 0 & 1/6 & 3/6 & 5/6 & 1 \\ 0 & (1/6)^2 & (3/6)^2 & (5/6)^2 & 1 \end{pmatrix}^{\mathrm{T}}$$

用第 3 章发展的协方差外积最小二乘估计以及两步最小二乘估计方法, 获得 $\Theta$ 的估计为

$$\widehat{\Theta} = \begin{pmatrix} 1.8736 & 0.2641 & -0.0663 \\ 1.7156 & 0.0402 & 0.0635 \end{pmatrix}$$

$\Sigma$ 的估计如下:

$$\widehat{\Sigma} = \begin{pmatrix} 0.1785 & 0.1516 & 0.1477 & 0.1486 & 0.1456 \\ 0.1516 & 0.1824 & 0.1681 & 0.1625 & 0.1612 \\ 0.1477 & 0.1681 & 0.2082 & 0.1806 & 0.1801 \\ 0.1486 & 0.1625 & 0.1806 & 0.2174 & 0.1885 \\ 0.1456 & 0.1612 & 0.1801 & 0.1885 & 0.2228 \end{pmatrix}$$

由图 5.1 (a) 的曲线所示, 从 1982 年到 1988 年, 黑人妇女和白人妇女的工资均增加了, 但白人妇女的工资高于黑人妇女, 而且, 白人妇女工资的增长速度快于黑人妇女。

还考虑了使用以下多元线性与增长曲线混合模型

$$Y = X_1\Theta_1 Z^{\mathrm{T}} + X_2\Theta_2 + \mathcal{E}$$

对数据进行拟合, 其中 $X_2$ 是一个 $716 \times 13$ 的矩阵, 第一至第五列分别是 1982, 1983, 1985, 1987 和 1988 年的正常工作时间, 第六列为业绩完成质量等级, 第七列为哑变量 D1, 第八列为哑变量 D3, 第九至第十三列分别为 1982, 1983, 1985, 1987 和 1988 年的总体工作经验, $\Theta_2$ 是 $13 \times 5$ 的未知参数矩阵。

通过外积最小二乘估计方法以及两步最小二乘估计方法, 获得 $\Theta_1$ 估计为

$$\widehat{\Theta}_1 = \begin{pmatrix} 0.3191 & -0.6625 & 0.3340 \\ 0.2546 & -0.8616 & 0.4750 \end{pmatrix}$$

$\Theta_2$ 的估计为

$$\widehat{\Theta}_2 = \begin{pmatrix} 0.0036 & 0.0014 & 0.0012 & 0.0045 & 0.0020 \\ -0.0046 & -0.0018 & -0.0047 & -0.0051 & -0.0048 \\ 0.0011 & -0.0006 & -0.0009 & -0.0018 & 0.0009 \\ 0.0039 & 0.0056 & 0.0086 & 0.0065 & 0.0063 \\ 0.0014 & 0.0017 & 0.0029 & 0.0011 & 0.0012 \\ 0.0231 & 0.0286 & 0.0314 & 0.0405 & 0.0392 \\ -0.0206 & -0.0417 & -0.0311 & -0.0111 & -0.0790 \\ -0.0270 & -0.0086 & 0.0176 & 0.0084 & 0.0176 \\ -0.1049 & -0.0784 & -0.0902 & -0.0453 & -0.0509 \\ -0.1283 & -0.1818 & -0.1803 & -0.2685 & -0.2503 \\ 0.0850 & 0.1388 & 0.1338 & 0.2056 & 0.1778 \\ -0.1072 & -0.1630 & -0.1555 & -0.2915 & -0.2860 \\ 0.2466 & 0.2781 & 0.2895 & 0.3941 & 0.4058 \end{pmatrix}$$

协方差矩阵 $\Sigma$ 的估计为

$$\widehat{\Sigma} = \begin{pmatrix} 0.1306 & 0.1018 & 0.0959 & 0.0969 & 0.0946 \\ 0.1018 & 0.1292 & 0.1119 & 0.1067 & 0.1064 \\ 0.0959 & 0.1119 & 0.1467 & 0.1192 & 0.1203 \\ 0.0969 & 0.1067 & 0.1192 & 0.1517 & 0.1289 \\ 0.0946 & 0.1064 & 0.1203 & 0.1289 & 0.1611 \end{pmatrix}$$

由图 5.1 (b), (c) 和 (d) 可知, 从 1982 年到 1988 年, 呈现

(1) 白人妇女的工资高于黑人妇女;

(2) 黑人妇女和白人妇女的工资都下降了, 但是, 白人妇女的工资下降速度比黑人妇女慢, 尽管后者的工作时间比前者更长, 见图 5.1 (c);

(3) 拟合误差接近白噪声过程, 见图 5.1 (d)。

另外, 多元线性与增长曲线混合模型的随机误差协方差矩阵的各元素普遍比传统的增长曲线建模的随机误差协方差矩阵 $\Sigma$ 的各元素更小。

## 5.5 关于极大似然估计的精确分布

关于多元线性与增长曲线混合模型协方差 $\Sigma$ 的极大似然估计 $\widehat{\Sigma}_{\mathrm{mle}}$ 的分布, 白鹏 (2005) 获得了其精确分布, Bai 和 Shi (2007) 推导了一阶参数极大似然估计线性函数的特征函数和分布函数。寻求多元统计模型参数估计的精确分布实属不易, 推导复杂烦琐, 本书限于篇幅, 没有列入叙述内容, 感兴趣的读者请参看相关文献。

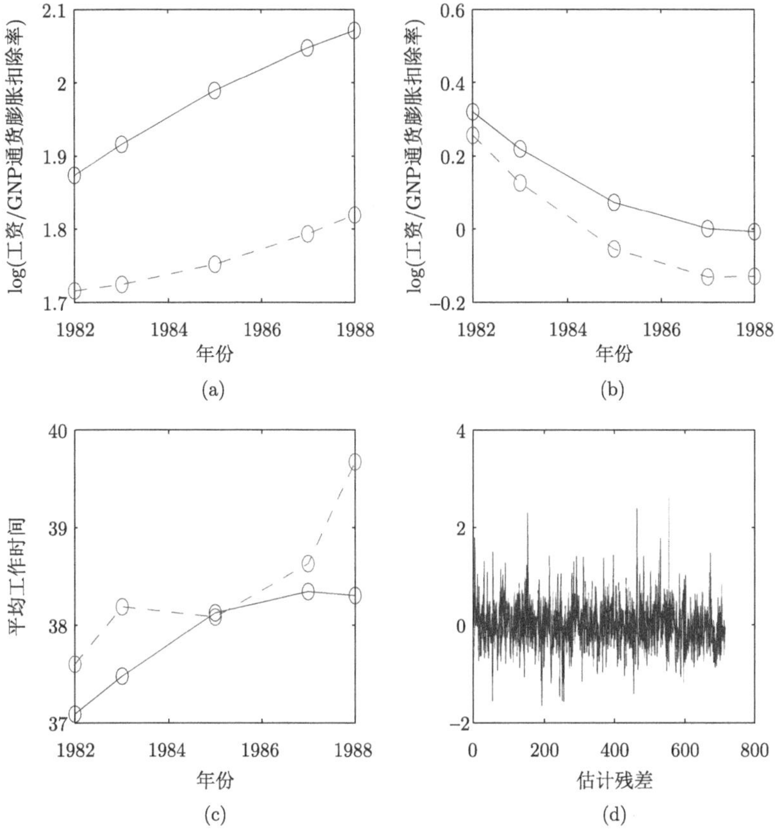


实线: 白人妇女；点划线: 黑人妇女

图 5.1 数据经变量选择后的统计分析图

(a) 不考虑复合协变量的白人妇女和黑人妇女的 (工资/ GNP 通货膨胀扣除率) 对数值的拟合曲线; (b) 考虑复合协变量的白人妇女和黑人妇女的 (工资/ GNP 通货膨胀扣除率) 对数值的拟合曲线; (c) 1982 年, 1983 年, 1985 年, 1987 年和 1988 年白人妇女和黑人妇女的平均工作时间; (d) 使用多元线性与增长曲线混合模型的拟合误差。

在多元统计模型中, 参数估计的精确分布通常由于模型的复杂性而难以获得封闭形式的解析表达式, 或者即使获得这样的解析表达式, 也晦涩难懂, 难以应用。因此, 研究此类模型参数估计的分布可以使用数值方法或模拟方法来近似计算。

一种常见的数值方法是蒙特卡罗方法, 特别是马尔可夫链蒙特卡罗 (Markov chain Monte Carlo, MCMC) 方法, 如 Gibbs 抽样和 Metropolis-Hastings 算法。这些方法可以通过从参数空间中进行随机抽样, 从而近似地获得参数估计的分布。MCMC 方法通常适用于贝叶斯估计中, 通过对参数的后验分布进行抽样来获得参数估计的分布。

另一种方法是引入一些近似理论, 如渐近分布理论。对于大样本情况下, 一些参数估计通常具有渐近正态分布, 可以利用渐近理论来近似计算参数估计的分布。渐近理论通常要求样本量足够大, 使得中心极限定理成立。

此外, 对于某些特定的多元统计模型, 可能存在一些特殊的分布性质, 可以通过推导或数值计算来获得参数估计的近似分布, 如 Edgeworth 展开等近似方法。这些特殊的分布性质通常与模型的结构和假设有关, 因此可能不适用于所有的多元统计模型。

总之, 对于多元统计模型中参数估计的精确分布, 通常需要借助数值方法、模拟方法或近似理论来进行研究和计算。选择合适的方法取决于模型的具体形式、参数估计的性质以及研究问题的需求。

# 第 6 章　嵌套可加增长曲线模型

与第 5 章多元线性与增长曲线模型创建者 Chinchilli 和 Elswick (1985) 思考问题的角度不同, von Rosen (1989) 为了考查多种类型预测变量对系统的不同影响效应、不同阶数的多项式剖面以及一阶参数矩阵的假设检验问题, 需要借助可加增长曲线模型。但是, 一般的可加增长曲线模型 (1.7) 求解极大似然估计时没有显式表示, 需要迭代算法, von Rosen 借助向量空间划分的技巧, 将模型设定条件中的预测变量矩阵关系巧妙地拟定为列空间嵌套形式, 并获得了一个非常有意义的设计矩阵的列空间具有嵌套结构的可加增长曲线模型。

本章介绍的内容包括：随机误差服从正态分布时参数的嵌套可加增长曲线模型参数的极大似然估计, 在随机误差分布自由时嵌套可加增长曲线模型协方差参数的外积最小二乘估计与性质以及一阶参数的两步广义最小二乘估计与大样本性质, 模拟计算比较极大似然估计和协方差参数的外积最小二乘估计以及一阶参数的两步广义最小二乘估计, 最后进行了实际数据分析。

## 6.1　正态随机误差下参数的极大似然估计

对于嵌套可加增长曲线模型式 (1.9)～式 (1.10), 正如第 2 章所述, 假设随机误差矩阵服从正态分布也是最常见的。本节假设嵌套可加增长曲线模型中的 $n \times p$ 维观测矩阵 $Y$ 服从多元正态分布 $N_{n\times p}(\sum_{i=1}^{k} X_i\Theta_i Z_i^{\mathrm{T}}, I\otimes\Sigma)$, 其联合概率密度函数为

$$\begin{aligned}&f(Y;\Theta,\Sigma)\\&=c|\Sigma|^{-n/2}\mathrm{etr}\left[-\frac{1}{2}\left(Y-\sum_{i=1}^{k}X_i\Theta_iZ_i^{\mathrm{T}}\right)^{\mathrm{T}}\left(Y-\sum_{i=1}^{k}X_i\Theta_iZ_i^{\mathrm{T}}\right)\Sigma^{-1}\right],\qquad(6.1)\\&\quad Y\in\mathscr{M}_{n\times p}\end{aligned}$$

其中，设计矩阵 $X_1, X_2, \cdots, X_k$ 满足式嵌套条件 (1.10), $\mathrm{etr}(\cdot)\equiv\exp\ \mathrm{tr}(\cdot)$, $c=(2\pi)^{-np/2}$, $\Theta_i\in\mathscr{M}_{m_i\times q_i}$ $(i=1,2,\cdots,k)$ 以及 $\Sigma\in\mathscr{N}_p$。

给定数据 $Y$, 参数 $\Theta_1,\Theta_2,\cdots,\Theta_k$ 和 $\Sigma$ 的似然函数为

$$L(\Theta_1,\Theta_2,\cdots,\Theta_k,\Sigma|Y)$$

$$=c|\Sigma|^{-n/2}\operatorname{etr}\left[-\frac{1}{2}\left(Y-\sum_{i=1}^{k}X_i\Theta_iZ_i^{\mathrm{T}}\right)^{\mathrm{T}}\left(Y-\sum_{i=1}^{k}X_i\Theta_iZ_i^{\mathrm{T}}\right)\Sigma^{-1}\right], \tag{6.2}$$

$$\Theta_i\in\mathscr{M}_{m_i\times q_i}, i=1,2,\cdots,k, \Sigma\in\mathscr{N}_p$$

下面计算一阶参数 $\Theta_1,\Theta_2,\cdots,\Theta_k$ 和协方差矩阵 $\Sigma$ 的极大似然估计。

**定理 6.1**　设 $Y\sim N_{n\times p}(\boldsymbol{\mu},I\otimes\Sigma)$, 其中 $\Sigma>\mathbf{0}$, 均值结构 $\boldsymbol{\mu}=\sum_{i=1}^{k}X_i\Theta_iZ_i^{\mathrm{T}}$ 且满足嵌套条件 (1.10)。那么, 参数 $\Theta_1,\Theta_2,\cdots,\Theta_k$ 和 $\Sigma$ 的极大似然估计, 记为 $\widehat{\Theta}_1^{\mathrm{mle}},\widehat{\Theta}_2^{\mathrm{mle}},\cdots,\widehat{\Theta}_k^{\mathrm{mle}}$ 和 $\widehat{\Sigma}_{\mathrm{mle}}$, 分别为

$$\begin{aligned}
\widehat{\Theta}_1^{\mathrm{mle}}&=(X_1^{\mathrm{T}}X_1)^-X_1^{\mathrm{T}}\left(Y-\sum_{i=2}^{k}X_i\widehat{\Theta}_iZ_i^{\mathrm{T}}\right)T_1\\
\widehat{\Theta}_2^{\mathrm{mle}}&=(X_2^{\mathrm{T}}X_2)^-X_2^{\mathrm{T}}\left(Y-\sum_{i=3}^{k}X_i\widehat{\Theta}_iZ_i^{\mathrm{T}}\right)T_2\\
\widehat{\Theta}_3^{\mathrm{mle}}&=(X_3^{\mathrm{T}}X_3)^-X_3^{\mathrm{T}}\left(Y-\sum_{i=4}^{k}X_i\widehat{\Theta}_iZ_i^{\mathrm{T}}\right)T_3\\
&\vdots\\
\widehat{\Theta}_k^{\mathrm{mle}}&=(X_k^{\mathrm{T}}X_k)^-X_k^{\mathrm{T}}YT_k
\end{aligned} \tag{6.3}$$

以及

$$\widehat{\Sigma}_{\mathrm{mle}}=\frac{1}{n}\left(Y-\sum_{i=1}^{k}X_i\widehat{\Theta}_iZ_i^{\mathrm{T}}\right)^{\mathrm{T}}\left(Y-\sum_{i=1}^{k}X_i\widehat{\Theta}_iZ_i^{\mathrm{T}}\right)=S_{k+1} \tag{6.4}$$

其中

$$\begin{aligned}
S_1&=Y^{\mathrm{T}}M_{X_1}Y,\\
T_1&=S_1^{-1}Z_1(Z_1^{\mathrm{T}}S_1^{-1}Z_1)^-,\\
S_2&=S_1+(I-T_1Z_1^{\mathrm{T}})^{\mathrm{T}}Y^{\mathrm{T}}P_{M_{X_2}X_1}Y(I-T_1Z_1^{\mathrm{T}}),\\
T_2&=(I-T_1Z_1^{\mathrm{T}})S_2^{-1}Z_2\left[Z_2^{\mathrm{T}}(I-T_1Z_1^{\mathrm{T}})S_2^{-1}Z_2\right]^-,\\
S_3&=S_2+(I-T_1Z_1^{\mathrm{T}})^{\mathrm{T}}(I-T_2Z_2^{\mathrm{T}})^{\mathrm{T}}Y^{\mathrm{T}}P_{M_{X_2}X_2}Y(I-T_2Z_2^{\mathrm{T}})(I-T_1Z_1^{\mathrm{T}}),\\
T_3&=(I-T_2Z_2^{\mathrm{T}})(I-T_1Z_1^{\mathrm{T}})S_3^{-1}Z_3\left[Z_3^{\mathrm{T}}(I-T_2Z_2^{\mathrm{T}})(I-T_1Z_1^{\mathrm{T}})S_3^{-1}Z_3\right]^-,\\
&\vdots\\
S_k&=S_{k-1}+\prod_{i=1}^{k-1}(I-T_iZ_i^{\mathrm{T}})^{\mathrm{T}}Y^{\mathrm{T}}P_{M_{X_k}X_{k-1}}Y\prod_{i=1}^{k-1}(I-T_{k-i}Z_{k-i}^{\mathrm{T}}),\\
T_k&=\prod_{i=1}^{k-1}(I-T_{k-i}Z_{k-i}^{\mathrm{T}})S_k^{-1}Z_k\left[Z_k^{\mathrm{T}}\prod_{i=1}^{k-1}(I-T_{k-i}Z_{k-i}^{\mathrm{T}})S_k^{-1}Z_k\right]^-,
\end{aligned}$$

$$S_{k+1} = S_k + \prod_{i=1}^{k} \left(I - T_i Z_i^{\mathrm{T}}\right)^{\mathrm{T}} Y^{\mathrm{T}} P_{X_k} Y \prod_{i=1}^{k} (I - T_{k-i} Z_{k-i}^{\mathrm{T}})$$

约定 $Z_0 = \mathbf{0}$, $T_0 = \mathbf{0}$, $X_{k+1} = \mathbf{0}$ 以及 $P_{X_{k+1}} = \mathbf{0}$, 且 $S_1, S_2, \cdots, S_k$ 在 $r(X_1)+p \leqslant n$ 条件下以概率 1 正定。

**证明**：根据参数的似然函数 (6.1), 对数似然函数 $g(\Theta_1, \Theta_2, \cdots, \Theta_k, \Sigma_*)$ 为

$$g(\Theta_1, \Theta_2, \cdots, \Theta_k, \Sigma_*) = \frac{n}{2} \log \det(\Sigma_*) - \frac{1}{n} \mathrm{tr}[(Y - \boldsymbol{\mu})^{\mathrm{T}} (Y - \boldsymbol{\mu}) \Sigma_*] + \log c$$

其中，$\Sigma_* = \Sigma^{-1}$。那么, 针对任意的 $\mathrm{d}\Theta_i \in \mathscr{M}_{m_i \times q_i}$, $i = 1, 2, \cdots, k$, 求对数似然函数微分得

$$\mathrm{d}g(\Theta_1, \Theta_2, \cdots, \Theta_k, \Sigma^*)(\mathrm{d}\Theta_i) = -\frac{1}{2} \mathrm{tr}\left[\left(Y - \sum_{i=1}^{k} X_i \Theta_i Z_i\right)^{\mathrm{T}} \left(-X_i \mathrm{d}\Theta_i Z_i^{\mathrm{T}}\right) \Sigma_*\right]$$

以及对任意的 $\mathrm{d}\Sigma_* \in \mathscr{M}_{p \times p}$, 对对数似然函数微分导致

$$\mathrm{d}g(\Theta_1, \Theta_2, \cdots, \Theta_k, \Sigma_*)(\mathrm{d}\Sigma_*) = \frac{n}{2} \mathrm{tr}\left[\Sigma_*^{-1} (\mathrm{d}\Sigma_*)\right] - \frac{1}{2} \mathrm{tr}\left[(Y - \boldsymbol{\mu})^{\mathrm{T}} (Y - \boldsymbol{\mu}) (\mathrm{d}\Sigma_*)\right]$$

根据微分学一阶导数最优化必要条件, 设

$$\mathrm{d}g(\Theta_1, \Theta_2, \cdots, \Theta_k, \Sigma_*)(\mathrm{d}\Theta_k) = \mathbf{0}, \quad i = 1, 2, \cdots, k$$

和

$$\mathrm{d}g(\Theta_1, \Theta_2, \cdots, \Theta_k, \Sigma_*)(\mathrm{d}\Sigma_*) = \mathbf{0}$$

获得

$$\mathrm{tr}\left[\left(Y - \sum_{i=1}^{k} X_i \Theta_i Z_i\right)^{\mathrm{T}} \left(-X_i \mathrm{d}\Theta_i Z_i^{\mathrm{T}}\right) \Sigma_*\right] = 0, \quad i = 1, 2, \cdots, k$$

即

$$\mathrm{tr}\left[Z_i^{\mathrm{T}} \Sigma_* \left(Y - \sum_{i=1}^{k} X_i \Theta_i Z_i^{\mathrm{T}}\right)^{\mathrm{T}} X_i \mathrm{d}\Theta_i\right] = 0, \quad i = 1, 2, \cdots, k$$

以及

$$n \,\mathrm{tr}\left[\Sigma_*^{-1} (\mathrm{d}\Sigma_*)\right] - \mathrm{tr}\left[(Y - \boldsymbol{\mu})^{\mathrm{T}} (Y - \boldsymbol{\mu}) (\mathrm{d}\Sigma_*)\right] = 0$$

由于 $\mathrm{d}\Theta_i$ $(i = 1, 2, \cdots, k)$ 和 $\mathrm{d}\Sigma_*$ 的任意性, 得到下列方程:

$$X_i^{\mathrm{T}} \left(Y - \sum_{i=1}^{k} X_i \Theta_i Z_i^{\mathrm{T}}\right) \Sigma^{-1} Z_i = \mathbf{0}\,, i = 1, 2, \cdots, k \tag{6.5}$$

和

$$n\Sigma=\left(Y-\sum_{i=1}^{k}X_i\Theta_iZ_i^{\mathrm{T}}\right)^{\mathrm{T}}\left(Y-\sum_{i=1}^{k}X_i\Theta_iZ_i^{\mathrm{T}}\right) \tag{6.6}$$

把极大似然估计 $\widehat{\Theta}_1^{\mathrm{mle}},\widehat{\Theta}_2^{\mathrm{mle}},\cdots,\widehat{\Theta}_k^{\mathrm{mle}}$ 和 $\widehat{\Sigma}_{\mathrm{mle}}$ 代入式 (6.5) 与式 (6.6) 得到联立方程组

$$X_i^{\mathrm{T}}\left(Y-\sum_{i=1}^{k}X_i\widehat{\Theta}_i^{\mathrm{mle}}Z_i^{\mathrm{T}}\right)\widehat{\Sigma}_{\mathrm{mle}}^{-1}Z_i=\mathbf{0}\,,i=1,2,\cdots,k \tag{6.7}$$

和

$$n\Sigma=\left(Y-\sum_{i=1}^{k}X_i\widehat{\Theta}_i^{\mathrm{mle}}Z_i^{\mathrm{T}}\right)^{\mathrm{T}}\left(Y-\sum_{i=1}^{k}X_i\Theta_i^{\mathrm{mle}}Z_i^{\mathrm{T}}\right) \tag{6.8}$$

注意初次分解

$$Y-\sum_{1=1}^{k}X_i\widehat{\Theta}_i^{\mathrm{mle}}Z_i^{\mathrm{T}}=M_{X_1}Y+\left(P_{X_1}Y-\sum_{i=1}^{k}X_i\widehat{\Theta}_i^{\mathrm{mle}}Z_i^{\mathrm{T}}\right)$$

导致恒等式

$$n\,\widehat{\Sigma}_{\mathrm{mle}}=Y^{\mathrm{T}}M_{X_1}Y+\left(P_{X_1}Y-\sum_{i=1}^{k}X_i\widehat{\Theta}_i^{\mathrm{mle}}Z_i^{\mathrm{T}}\right)^{\mathrm{T}}\left(P_{X_1}Y-\sum_{i=1}^{k}X_i\widehat{\Theta}_i^{\mathrm{mle}}Z_i^{\mathrm{T}}\right)$$

对协方差 $\Sigma$ 的估计 $\widehat{\Sigma}$, 由第 3 章以及对多元高斯-马尔可夫模型协方差估计的了解, 到目前为止, 数据到 $\mathscr{C}(X_1)^{\perp}$ 空间的残差是可以利用的信息, 上述的初次分解正是沿着这个思路把 $\widehat{\Sigma}$ 的表达式进行了简易的分解。在后面的证明过程中, 随着考虑 $\mathscr{C}(X_i)^{\perp}$ 空间成为可行, 更多的信息可以利用, 进一步的分解成为可能 (自然是必要的)。当需要时, 及时给出 $\widehat{\Sigma}$ 的包含更多信息的具体分解。

极大似然估计 $\widehat{\Sigma}_{\mathrm{mle}}$ (后面把下标 mle 省去仅为表述简洁) 可以表示为

$$n\,\widehat{\Sigma}=S_1+V_1^{\mathrm{T}}V_1$$

其中, $V_1=P_{X_1}Y-\sum_{i=1}^{k}X_i\widehat{\Theta}_iZ_i^{\mathrm{T}}$。如果 $r(X_1)+p\leqslant n$, $S_1=Y^{\mathrm{T}}M_{X_1}Y$ 以概率 1 正定。故 $S_1+V^{\mathrm{T}}V$ 也以概率 1 正定。意味着方程式 (6.7) 和式 (6.8) 中的 $\widehat{\Sigma}^{-1}$ 是有意义的。

下面将通过联立方程式 (6.7) 和式 (6.8) 逐步推导出极大似然估计的显式表达式 (6.3) 和式 (6.4)。

当 $i=1$ 时, 有

$$X_1^{\mathrm{T}}\left(P_{X_1}Y-X_1\widehat{\Theta}_1Z_1^{\mathrm{T}}-\sum_{i=2}^{k}X_i\widehat{\Theta}_iZ_i^{\mathrm{T}}\right)\widehat{\Sigma}^{-1}Z_1=\mathbf{0} \tag{6.9}$$

式 (6.9) 重新表达成 $X_1^{\mathrm{T}}V_1(S_1+V_1^{\mathrm{T}}V_1)^{-1}Z_1=\mathbf{0}$。由引理 2.1, 得到 $X_1^{\mathrm{T}}H_1V_1S_1^{-1}Z_1=\mathbf{0}$, 其中 $H_1=(I+V_1^{\mathrm{T}}S_1V_1)^{-1}$ 是正定的。具体来说, 有

$$X_1^{\mathrm{T}}H_1\left(P_{X_1}Y-X_1\widehat{\Theta}_1Z_1^{\mathrm{T}}-\sum_{i=2}^{k}X_i\widehat{\Theta}_iZ_i^{\mathrm{T}}\right)S_1^{-1}Z_1=\mathbf{0}$$

等价地,

$$X_1^{\mathrm{T}}H_1X_1\left[(X_1^{\mathrm{T}}X_1)^{-}X_1^{\mathrm{T}}Y-\widehat{\Theta}_1Z_1^{\mathrm{T}}-\sum_{i=2}^{k}A_i\widehat{\Theta}_iZ_i^{\mathrm{T}}\right]S_1^{-1}Z_1=\mathbf{0}$$

其中, $X_i=X_1A_i\ (i=2,3,\cdots,k)$。根据引理 2.2 半消去法原则先从左消去 $X_1^{\mathrm{T}}H_1^{1/2}$, 然后再从左消去非奇异的 $H_1^{1/2}$, 获得

$$\left(P_{X_1}Y-X_1\widehat{\Theta}_1Z_1^{\mathrm{T}}-\sum_{i=2}^{k}X_i\widehat{\Theta}_iZ_i^{\mathrm{T}}\right)S_1^{-1}Z_1=\mathbf{0} \tag{6.10}$$

用 $X_1^{\mathrm{T}}$ 左乘方程式 (6.10) 并求解新的方程式得到 $\widehat{\Theta}_1$ 的解

$$\widehat{\Theta}_1=(X_1^{\mathrm{T}}X_1)^{-}X_1^{\mathrm{T}}\left(Y-\sum_{i=2}^{k}X_i\widehat{\Theta}_iZ_i^{\mathrm{T}}\right)T_1 \tag{6.11}$$

其中, $T_1=S_1^{-1}Z_1(Z_1^{\mathrm{T}}S^{-1}Z_1)^{-}$。

当 $i=2$ 时, 用式 (6.11) 代替式 (6.7) 中第 $i=2$ 个联立方程式的 $\widehat{\Theta}_1$, 常规计算得到

$$X_2^{\mathrm{T}}\left(P_{X_2}Y-X_2\widehat{\Theta}_2Z_2^{\mathrm{T}}-\sum_{i=3}^{k}X_i\widehat{\Theta}_iZ_i^{\mathrm{T}}\right)M_{Z_1}^{S_1^{-1}}\widehat{\Sigma}^{-1}Z_2=\mathbf{0} \tag{6.12}$$

其中, $M_{Z_1}^{S_1^{-1}}=I-T_1Z_1^{\mathrm{T}}=I-S_1^{-1}Z_1(Z_1^{\mathrm{T}}S^{-1}Z_1)^{-}Z_1^{\mathrm{T}}$。随着未知参数 $\widehat{\Theta}_1$ 的解被 $\widehat{\Theta}_2,\widehat{\Theta}_3,\cdots,\widehat{\Theta}_k$ 表示, 对协方差估计 $\widehat{\Sigma}$ 的有利信息量已扩展到了 $\mathscr{C}(X_2)^{\perp}$ 空间, 在 $\mathscr{C}(X_2)^{\perp}$ 空间的相关残差平方和信息量中, 除了第一次分解时已经考虑的投影信息, $X_1$ 在空间 $\mathscr{C}(X_2)^{\perp}$ 的投影信息是新增加的, 故更新 $\widehat{\Sigma}$ 的表达式为 $n\widehat{\Sigma}=S_2+V_2^{\mathrm{T}}V_2$, 其中 $S_2=S_1+\left(M_{Z_1}^{S_1^{-1}}\right)^{\mathrm{T}}Y^{\mathrm{T}}P_{M_{X_2}X_1}YM_{Z_1}^{S_1^{-1}}$, 这里利用了等式 $P_{X_1}-P_{X_2}=P_{X_1}M_{X_2}P_{X_1}=P_{M_{X_2}X_1}$ 以及

$$V_2=\left(P_{X_2}Y-\sum_{i=2}^{k}X_i\widehat{\Theta}_iZ_i^{\mathrm{T}}\right)M_{Z_1}^{S_1^{-1}}$$

第二次分解

$$Y-\sum_{1=1}^{k}X_i\widehat{\Theta}_iZ_i^{\mathrm{T}}=M_{X_1}Y+P_{M_{X_2}X_1}YM_{Z_1}^{S_1^{-1}}+\left(P_{X_2}Y-\sum_{1=2}^{k}X_i\widehat{\Theta}_iZ_i^{\mathrm{T}}\right)M_{Z_1}^{S_1^{-1}}$$

导致恒等式

$$n\widehat{\Sigma}=Y^{\mathrm{T}}M_{X_1}Y+\left(M_{Z_1}^{S_1^{-1}}\right)^{\mathrm{T}}Y^{\mathrm{T}}P_{M_{X_2}X_1}YM_{Z_1}^{S_1^{-1}}$$
$$+\left(M_{Z_1}^{S_1^{-1}}\right)^{\mathrm{T}}\left(P_{X_2}Y-\sum_{i=2}^{k}X_i\widehat{\Theta}_iZ_i^{\mathrm{T}}\right)^{\mathrm{T}}\left(P_{X_2}Y-\sum_{i=2}^{k}X_i\widehat{\Theta}_iZ_i^{\mathrm{T}}\right)M_{Z_1}^{S_1^{-1}}$$

由于 $S_1$ 以概率 1 正定, $S_2$ 也以概率 1 正定。方程式 (6.12) 重新表示为 $X_2^{\mathrm{T}}V_2(S_2+V_2^{\mathrm{T}}V_2)^{-1}Z_2=\mathbf{0}$。又由引理 2.1, 得 $X_2^{\mathrm{T}}H_2V_2S_2^{-1}Z_2=\mathbf{0}$, 其中 $H_2=(I+V_2^{\mathrm{T}}S_2V_2)^{-1}$ 是正定的。具体地,

$$X_2^{\mathrm{T}}H_2\left(P_{X_2}Y-\sum_{i=2}^{k}X_j\widehat{\Theta}_iZ_i^{\mathrm{T}}\right)M_{Z_1}^{S_1^{-1}}S_2^{-1}Z_2=\mathbf{0}$$

等价地,

$$X_2^{\mathrm{T}}H_2X_2\left((X_2^{\mathrm{T}}X_2)^{-}X_2^{\mathrm{T}}Y-\Theta_2Z_2^{\mathrm{T}}-\sum_{i=3}^{k}B_i\widehat{\Theta}_iZ_i^{\mathrm{T}}\right)M_{Z_1}^{S_1^{-1}}S_2^{-1}Z_2=\mathbf{0}$$

其中, $X_i=X_2B_i\ (i=3,4,\cdots,k)$。用半消去法原则先从左消去 $X_2^{\mathrm{T}}H_2^{1/2}$, 然后再从左消去非奇异的 $H_2^{1/2}$, 类似地获得

$$\left(P_{X_2}Y-X_2\widehat{\Theta}_2Z_2^{\mathrm{T}}-\sum_{i=3}^{k}X_i\widehat{\Theta}_iZ_i^{\mathrm{T}}\right)M_{Z_1}^{S_1^{-1}}S_2^{-1}Z_2=\mathbf{0} \tag{6.13}$$

用 $X_2^{\mathrm{T}}$ 左乘方程式 (6.13) 并求解新的方程式得到 $\widehat{\Theta}_2$ 的解

$$\widehat{\Theta}_2=(X_2^{\mathrm{T}}X_2)^{-}X_2^{\mathrm{T}}\left(Y-\sum_{i=3}^{k}X_i\widehat{\Theta}_iZ_i^{\mathrm{T}}\right)T_2 \tag{6.14}$$

其中, $T_2=(I-T_1Z_1^{\mathrm{T}})S_2^{-1}Z_2[Z_2^{\mathrm{T}}(I-T_1Z_1^{\mathrm{T}})S_2^{-1}Z_2]^{-}$。

当 $i=3$ 时, 用式 (6.11) 以及式 (6.14) 代替式 (6.7) 中第 $i=3$ 个联立方程式的 $\widehat{\Theta}_1$ 与 $\widehat{\Theta}_2$, 通过常规而不轻松的计算, 得到

$$X_3^{\mathrm{T}}\left(P_{X_3}Y-X_3\widehat{\Theta}_3Z_3^{\mathrm{T}}-\sum_{i=4}^{k}X_i\widehat{\Theta}_iZ_i^{\mathrm{T}}\right)\left(M_{Z_2}^{S_2^{-1}}M_{Z_1}^{S_1^{-1}}\right)\widehat{\Sigma}^{-1}Z_3=\mathbf{0} \tag{6.15}$$

其中, $M_{Z_2}^{S_2^{-1}}=I-T_2Z_2^{\mathrm{T}}$。

随着未知参数 $\widehat{\Theta}_1$ 和 $\widehat{\Theta}_2$ 的解被 $\widehat{\Theta}_3,\widehat{\Theta}_4,\cdots,\widehat{\Theta}_k$ 表示, 对协方差估计 $\widehat{\Sigma}$ 的有利信息量已扩展到了 $\mathscr{C}(X_3)^{\perp}$ 空间, 在 $\mathscr{C}(X_3)^{\perp}$ 空间的相关残差平方和信息量中, 除了之前已考虑的, $X_2$ 在空间 $\mathscr{C}(X_3)^{\perp}$ 的投影信息是新增加的, 故更新 $\widehat{\Sigma}$ 的表达式为 $n\widehat{\Sigma}=S_3+V_3^{\mathrm{T}}V_3$, 其中

$$S_3 = S_2 + \left(M_{Z_2}^{S_2^{-1}} M_{Z_1}^{S_1^{-1}}\right)^{\mathrm{T}} Y^{\mathrm{T}} P_{M_{X_3}X_2} Y M_{Z_2}^{S_2^{-1}} M_{Z_1}^{S_1^{-1}}$$

这里也利用了等式 $P_{X_2} - P_{X_3} = P_{X_2} M_{X_3} P_{X_2} = P_{M_{X_3}X_2}$ 以及

$$V_3 = \left(P_{X_3}Y - \sum_{i=3}^{k} X_i \widehat{\Theta}_i Z_i^{\mathrm{T}}\right) M_{Z_2}^{S_2^{-1}} M_{Z_1}^{S_1^{-1}}$$

第三次分解

$$\begin{aligned} Y - \sum_{i=1}^{k} X_i \widehat{\Theta}_i Z_i^{\mathrm{T}} &= M_{X_1}Y + P_{M_{X_2}X_1} Y M_{Z_1}^{S_1^{-1}} + P_{M_{X_3}X_2} Y M_{Z_2}^{S_2^{-1}} M_{Z_1}^{S_1^{-1}} \\ &\quad + \left(P_{X_3}Y - \sum_{i=3}^{k} X_i \widehat{\Theta}_i Z_i^{\mathrm{T}}\right) M_{Z_2}^{S_2^{-1}} M_{Z_1}^{S_1^{-1}} \end{aligned}$$

导致恒等式

$$\begin{aligned} n\,\widehat{\Sigma} &= Y^{\mathrm{T}} M_{X_1} Y + \left(M_{Z_1}^{S_1^{-1}}\right)^{\mathrm{T}} Y^{\mathrm{T}} P_{M_{X_2}X_1} Y M_{Z_1}^{S_1^{-1}} \\ &\quad + \left(M_{Z_2}^{S_2^{-1}} M_{Z_1}^{S_1^{-1}}\right)^{\mathrm{T}} Y^{\mathrm{T}} P_{M_{X_2}X_1} Y M_{Z_2}^{S_2^{-1}} M_{Z_1}^{S_1^{-1}} \\ &\quad + \left(M_{Z_2}^{S_2^{-1}} M_{Z_1}^{S_1^{-1}}\right)^{\mathrm{T}} \left(P_{X_3}Y - \sum_{i=3}^{k} X_i \widehat{\Theta}_i Z_i^{\mathrm{T}}\right)^{\mathrm{T}} \\ &\quad \left(P_{X_2}Y - \sum_{i=3}^{k} X_i \widehat{\Theta}_i Z_i^{\mathrm{T}}\right) M_{Z_2}^{S_2^{-1}} M_{Z_1}^{S_1^{-1}} \end{aligned}$$

由于 $S_3$ 也是以概率 1 正定的。方程式 (6.15) 重新表示为 $X_3^{\mathrm{T}} V_3 (S_3 + V_3^{\mathrm{T}} V_3)^{-1} Z_3 = \mathbf{0}$。再次由引理 2.1, 得 $X_3^{\mathrm{T}} H_3 V_2 S_3^{-1} Z_3 = \mathbf{0}$, 其中 $H_3 = (I + V_3^{\mathrm{T}} S_3 V_3)^{-1}$ 是正定的。具体地,

$$X_3^{\mathrm{T}} H_3 \left(P_{X_3}Y - \sum_{i=3}^{k} X_i \widehat{\Theta}_i Z_i^{\mathrm{T}}\right) M_{Z_2}^{S_2^{-1}} M_{Z_1}^{S_1^{-1}} S_2^{-1} Z_3 = \mathbf{0}$$

等价地,

$$X_3^{\mathrm{T}} H_3 X_3 \left[(X_3^{\mathrm{T}} X_3)^{-} X_3^{\mathrm{T}} Y - \Theta_3 Z_3^{\mathrm{T}} - \sum_{i=4}^{k} C_i \widehat{\Theta}_i Z_i^{\mathrm{T}}\right] M_{Z_2}^{S_2^{-1}} M_{Z_1}^{S_1^{-1}} S_3^{-1} Z_3 = \mathbf{0}$$

其中，$X_i = X_3 C_i \ (i = 4, 5, \cdots, k)$。用半消去法原则先从左消去 $X_3^{\mathrm{T}} H_3^{1/2}$, 然后再从左消去非奇异的 $H_3^{1/2}$, 类似地获得

$$\left(P_{X_3}Y - X_3 \widehat{\Theta}_3 Z_3^{\mathrm{T}} - \sum_{i=3}^{k} X_i \widehat{\Theta}_i Z_i^{\mathrm{T}}\right) M_{Z_2}^{S_2^{-1}} M_{Z_1}^{S_1^{-1}} S_3^{-1} Z_3 = \mathbf{0} \tag{6.16}$$

用 $X_3^{\mathrm{T}}$ 左乘方程式 (6.16) 并求解新的方程式得到 $\widehat{\Theta}_3$ 的解

$$\widehat{\Theta}_3 = (X_3^{\mathrm{T}}X_3)^- X_3^{\mathrm{T}}\left(Y - \sum_{i=4}^{k} X_i\widehat{\Theta}_i Z_i^{\mathrm{T}}\right)T_3 \tag{6.17}$$

其中，$T_3 = (I - T_2Z_2^{\mathrm{T}})(I - T_1Z_1^{\mathrm{T}})S_3^{-1}Z_3\left[Z_3^{\mathrm{T}}(I - T_2Z_2^{\mathrm{T}})(I - T_1Z_1^{\mathrm{T}})S_3^{-1}Z_3\right]^-$。

仔细重复上述过程的每一步骤直到 $i = k+1$, 并根据约定, 得到极大似然估计 $\widehat{\Theta}_1^{\mathrm{mle}}, \widehat{\Theta}_2^{\mathrm{mle}}, \cdots, \widehat{\Theta}_k^{\mathrm{mle}}$ 和 $\widehat{\Sigma}_{\mathrm{mle}}$ 的系列表达式 (6.3) 和式 (6.4)。

给定 $Y$, 即使极大似然估计 $\widehat{\Theta}_1^{\mathrm{mle}}, \widehat{\Theta}_2^{\mathrm{mle}}, \cdots, \widehat{\Theta}_k^{\mathrm{mle}}$ 通常不是唯一的而 $\widehat{\Sigma}_{\mathrm{mle}}$ 总是以概率 1 唯一的。至此, 定理 6.1 证明完毕。

嵌套可加增长曲线模型参数的极大似然估计最先由 von Rosen (1989) 给出, 并在专著 Kollo 和 von Rosen (2005) 中重点论述。在证明定理 6.1 的上述过程中, 处处体现了嵌套条件的作用。嵌套条件还体现在正态随机误差下的多元线性与嵌套可加增长曲线混合模型式 (1.12)～式 (1.13) 或式 (1.14) 上。该模型参数的极大似然估计由下面的定理给出。

**定理 6.2**　设 $Y \sim N_{n\times p}(\boldsymbol{\mu}, I\otimes\Sigma)$, 其中 $\Sigma > \mathbf{0}$, 均值结构 $\boldsymbol{\mu} = \sum_{i=1}^{k} X_i\Theta_i Z_i^{\mathrm{T}} + X_{k+1}\Theta_{k+1}$ 且满足嵌套条件 (1.14)。那么, 参数 $\Theta_1, \Theta_2, \cdots, \Theta_k, \Theta_{k+1}$ 和 $\Sigma$ 的极大似然估计 $\widehat{\Theta}_1^{\mathrm{mle}}, \widehat{\Theta}_2^{\mathrm{mle}}, \cdots, \widehat{\Theta}_k^{\mathrm{mle}}, \widehat{\Theta}_{k+1}^{\mathrm{mle}}$ 和 $\widehat{\Sigma}_{\mathrm{mle}}$ 分别为

$$\begin{aligned}
\widehat{\Theta}_1^{\mathrm{mle}} &= (A_1^{\mathrm{T}}A_1)^- A_1^{\mathrm{T}}\left(Y_1 - \sum_{i=2}^{k} A_i\widehat{\Theta}_i Z_i^{\mathrm{T}}\right)T_1\\
\widehat{\Theta}_2^{\mathrm{mle}} &= (A_2^{\mathrm{T}}A_2)^- A_2^{\mathrm{T}}\left(Y_1 - \sum_{i=3}^{k} A_i\widehat{\Theta}_i Z_i^{\mathrm{T}}\right)T_2\\
\widehat{\Theta}_3^{\mathrm{mle}} &= (A_3^{\mathrm{T}}A_3)^- A_3^{\mathrm{T}}\left(Y_1 - \sum_{i=4}^{k} A_i\widehat{\Theta}_i Z_i^{\mathrm{T}}\right)T_3\\
&\vdots\\
\widehat{\Theta}_k^{\mathrm{mle}} &= (A_k^{\mathrm{T}}A_k)^- A_k^{\mathrm{T}}Y_1T_k\\
\widehat{\Theta}_{k+1}^{\mathrm{mle}} &= (X_{k+1}^{\mathrm{T}}X_{k+1})^- X_{k+1}^{\mathrm{T}}\left(Y - \sum_{i=1}^{k} X_i\widehat{\Theta}_i^{\mathrm{mle}} Z_i^{\mathrm{T}}\right)
\end{aligned} \tag{6.18}$$

以及

$$\widehat{\Sigma}_{\mathrm{mle}} = \frac{1}{n}\left(Y_1 - \sum_{i=1}^{k} A_i\widehat{\Theta}_i^{\mathrm{mle}} Z_i^{\mathrm{T}}\right)^{\mathrm{T}}\left(Y_1 - \sum_{i=1}^{k} A_i\widehat{\Theta}_i^{\mathrm{mle}} Z_i^{\mathrm{T}}\right) = S_{k+1} \tag{6.19}$$

其中

$$S_1 = Y_1^{\mathrm{T}}M_XY_1,$$

$$
\begin{aligned}
T_1 &= S_1^{-1} Z_1 (Z_1^{\mathrm{T}} S_1^{-1} Z_1)^{-}, \\
S_2 &= S_1 + (I - T_1 Z_1^{\mathrm{T}})^{\mathrm{T}} Y_1^{\mathrm{T}} P_{M_{A_2} A_1} Y_1 (I - T_1 Z_1^{\mathrm{T}}), \\
T_2 &= (I - T_1 Z_1^{\mathrm{T}}) S_2^{-1} Z_2 \left[ Z_2^{\mathrm{T}} (I - T_1 Z_1^{\mathrm{T}}) S_2^{-1} Z_2 \right]^{-}, \\
S_3 &= S_2 + (I - T_1 Z_1^{\mathrm{T}})^{\mathrm{T}} (I - T_2 Z_2^{\mathrm{T}})^{\mathrm{T}} Y_1^{\mathrm{T}} P_{M_{A_3} A_2} Y_1 (I - T_2 Z_2^{\mathrm{T}})(I - T_1 Z_1^{\mathrm{T}}), \\
T_3 &= (I - T_2 Z_2^{\mathrm{T}})(I - T_1 Z_1^{\mathrm{T}}) S_3^{-1} Z_3 \left[ Z_3^{\mathrm{T}} (I - T_2 Z_2^{\mathrm{T}})(I - T_1 Z_1^{\mathrm{T}}) S_3^{-1} Z_3 \right]^{-}, \\
&\ \ \vdots \\
S_k &= S_{k-1} + \prod_{i=1}^{k-1} \left( I - T_i Z_i^{\mathrm{T}} \right)^{\mathrm{T}} Y_1^{\mathrm{T}} P_{M_{A_k} A_{k-1}} Y_1 \prod_{i=1}^{k-1} (I - T_{k-i} Z_{k-i}^{\mathrm{T}}), \\
T_k &= \prod_{i=1}^{k-1} (I - T_{k-i} Z_{k-i}^{\mathrm{T}}) S_k^{-1} Z_k \left[ Z_k^{\mathrm{T}} \prod_{i=1}^{k-1} (I - T_{k-i} Z_{k-i}^{\mathrm{T}}) S_k^{-1} Z_k \right]^{-}, \\
S_{k+1} &= S_k + \prod_{i=1}^{k} \left( I - T_i Z_i^{\mathrm{T}} \right)^{\mathrm{T}} Y_1^{\mathrm{T}} P_{A_k} Y_1 \prod_{i=1}^{k} (I - T_{k-i} Z_{k-i}^{\mathrm{T}})
\end{aligned}
$$

这里, $Y_1 = M_{X_{k+1}} Y$, $X = (X_1 \quad X_{k+1})$, $A_i = M_{X_{k+1}} X_i$ $(i = 1, 2, \cdots, k)$, 约定 $Z_0 = \mathbf{0}$, $T_0 = \mathbf{0}$, $X_{k+1} = \mathbf{0}$ 以及 $P_{A_{k+1}} = \mathbf{0}$, 并且 $S_1, S_2, \cdots, S_k$ 在 $r(X) + p \leqslant n$ 条件下以概率 1 正定。

**证明:** 类似定理 6.1 的求极大似然估计的过程, 得到联立方程组 (为了简洁, 省略 mle) 为

$$
X_i^{\mathrm{T}} \left( Y - \sum_{i=1}^{k} X_i \widehat{\Theta}_i Z_i^{\mathrm{T}} - X_{k+1} \widehat{\Theta}_{k+1} \right) \widehat{\Sigma}^{-1} Z_i = \mathbf{0}, \quad i = 1, 2, \cdots, k \tag{6.20}
$$

$$
X_{k+1}^{\mathrm{T}} \left( Y - \sum_{i=1}^{k} X_i \widehat{\Theta}_i Z_i^{\mathrm{T}} - X_{k+1} \widehat{\Theta}_{k+1} \right) \widehat{\Sigma}^{-1} = \mathbf{0} \tag{6.21}
$$

和

$$
n\Sigma = \left( Y - \sum_{i=1}^{k} X_i \widehat{\Theta}_i Z_i^{\mathrm{T}} - X_{k+1} \widehat{\Theta}_{k+1} \right)^{\mathrm{T}} \left( Y - \sum_{i=1}^{k} X_i \Theta_i Z_i^{\mathrm{T}} - X_{k+1} \widehat{\Theta}_{k+1} \right) \tag{6.22}
$$

由式 (6.21) 可以推出

$$
\widehat{\Theta}_{k+1} = (X_{k+1}^{\mathrm{T}} X_{k+1})^{-} X_{k+1}^{\mathrm{T}} \left( Y - \sum_{i=1}^{k} X_i \widehat{\Theta}_i Z_i^{\mathrm{T}} \right)
$$

把 $\widehat{\Theta}_{k+1}$ 代入式 (6.20) 和式 (6.22), 得到新的方程组

$$A_i^{\mathrm{T}}\left(Y_1-\sum_{i=1}^{k}A_i\widehat{\Theta}_iZ_i^{\mathrm{T}}\right)\widehat{\Sigma}^{-1}Z_i=\mathbf{0}\ ,\ i=1,2,\cdots,k \tag{6.23}$$

和

$$n\Sigma=\left(Y_1-\sum_{i=1}^{k}A_i\widehat{\Theta}_iZ_i^{\mathrm{T}}\right)^{\mathrm{T}}\left(Y_1-\sum_{i=1}^{k}A_i\Theta_iZ_i^{\mathrm{T}}\right) \tag{6.24}$$

由嵌套条件 (1.14) 得到

$$r(X)+p\leqslant n,\quad \mathscr{C}(A_1)\supseteq\mathscr{C}(A_2)\supseteq\cdots\supseteq\mathscr{C}(A_k) \tag{6.25}$$

基于式 (6.23)～式 (6.25), 余下的证明任务遵循定理 6.1 的后段推导过程即可获得极大似然估计表达式 (6.18)～式 (6.19)。到此, 定理 6.2 证明完毕。

## 6.2 协方差的外积最小二乘估计及其性质

正如第 2, 3 章所指出的, 在嵌套可加增长曲线模型 (1.9) 的重复测量数据分析中也同样会出现: 如果不确定随机误差分布, 当协方差 $\Sigma$ 未知时, 根据 2.2 节的推导, 相对应的广义最小二乘估计 $\widehat{\Theta}_{\mathrm{gls}}(Y)$ 含有未知参数, 它并不是一个统计量也不是 $Y$ 的一个线性函数。于是, 当协方差 $\Sigma$ 未知时, 嵌套可加增长曲线模型 (1.9) 一阶参数 $\Theta$ 的估计需要采用两步估计思想。本节主要探讨协方差 $\Sigma$ 的外积最小二乘估计以及下节关注的一阶参数 $\Theta$ 的两步广义最小二乘估计及其他的相合性质和渐近正态性质。这两节的内容主要取自 Liu 等 (2015) 的相关研究。

### 6.2.1 协方差矩阵的外积最小二乘估计

根据第 3 章所述原则和步骤, 把外积最小二乘估计方法应用到嵌套可加增长曲线模型的协方差估计问题上。

令 $T=(X_1\otimes Z_1\ \ X_2\otimes Z_2\ \ \cdots\ \ X_k\otimes Z_k)$ 以及

$$\boldsymbol{\beta}=\begin{pmatrix}\mathrm{vec}(\Theta_1)\\ \mathrm{vec}(\Theta_2)\\ \vdots\\ \mathrm{vec}(\Theta_k)\end{pmatrix}$$

则嵌套可加增长曲线模型可以改写为如下的拉直的线性模型形式

$$\mathrm{vec}(Y)=T\boldsymbol{\beta}+\mathrm{vec}(\mathcal{E}),\ \mathrm{Cov}[\mathrm{vec}(\mathcal{E})]=I_n\otimes\Sigma \tag{6.26}$$

并满足式 (1.10)。

记 $P_T=T(T^{\mathrm{T}}T)^{-}T^{\mathrm{T}}$ 为实空间 $\mathbb{R}^{np}$ 到矩阵 $T$ 的列空间 $\mathscr{C}(T)$ 上的正交投影,

$M_T = I - P_T$ 为实空间 $\mathbb{R}^{np}$ 到 $\mathscr{C}(T)$ 的正交补空间 $\mathscr{C}(T)^{\perp}$ 上的正交投影。

下面讨论模型协方差的外积最小二乘估计。

拉直的线性模型 (6.26) 的残差为 $\text{vec}(Y) - P_T\text{vec}(Y) = M_T\text{vec}(Y)$。下面用残差向量 $M_T\text{vec}(Y)$ 来构造一个辅助线性模型。

令 $Q(Y) = M_T\text{vec}(Y)\text{vec}(Y)^{\text{T}}M_T$, 即残差外积 $M_T\text{vec}(Y)\square M_T\text{vec}(Y)$。它的期望为

$$\mathbb{E}[Q(Y)] = M_T(I_n \otimes \Sigma)M_T \tag{6.27}$$

均值结构 (6.27) 蕴含着目标模型随机误差协方差矩阵 $\Sigma$ 体现了与可观测响应变量形成的向量外积之间的关系, 因而, 构造一个对应的辅助最小二乘模型如下:

$$Q(Y) = M_T(I_n \otimes \Sigma)M_T + \boldsymbol{\varpi} \tag{6.28}$$

其中，$\boldsymbol{\varpi}$ 是 $np \times np$ 的随机矩阵, 其均值为 $\mathbf{0}$, 协方差矩阵为

$$\text{Cov}(\boldsymbol{\varpi}) = (M_T \otimes M_T)\mathbb{E}\left[(\mathcal{E} \otimes \mathcal{E})(\mathcal{E}^{\text{T}} \otimes \mathcal{E}^{\text{T}})\right](M_T \otimes M_T)$$

定义一个新的随机矩阵 $Q(Y)$ 与它的期望 $M_T(I \otimes \Sigma)M_T$ 之间的迹距离为

$$D(\Sigma, Y) = ||M_T\text{vec}(Y)\text{vec}(Y)^{\text{T}}M_T - M_T(I_n \otimes \Sigma)M_T||_{\text{F}}^2$$

由普通最小二乘思想, 拉直的线性模型 (6.26) 的随机误差协方差矩阵 $\Sigma$ 的最小二乘估计即为求解下列最优化问题, 获得一个非负定矩阵 $\widehat{\Sigma}(Y)$ 使得

$$\widehat{\Sigma}(Y) = \underset{\Sigma \in \mathscr{N}_p}{\text{argmin}}\, ||M_T\text{vec}(Y)\text{vec}(Y)^{\text{T}}M_T - M_T(I_n \otimes \Sigma)M_T||_{\text{F}}^2 \tag{6.29}$$

注意到集合 $\mathscr{N}_p$ 仅仅是 $\mathscr{M}_{p\times p}$ 中的一个凸锥, 并不是它的子空间。根据第 3 章描述的技术路线, 将 $\mathscr{N}_p$ 扩充到 $\mathscr{S}_p$, 于是问题转化为下列最优化问题的求解: 寻找一个 $p$ 维对称矩阵 $\widehat{\Sigma}_{\text{copls}}(Y)$ 使得

$$\widehat{\Sigma}_{\text{copls}}(Y) = \underset{S \in \mathscr{S}_p}{\text{argmin}}\, ||M_T\text{vec}(Y)\text{vec}(Y)^{\text{T}}M_T - M_T(I \otimes S)M_T||_{\text{F}}^2 \tag{6.30}$$

显然, $\widehat{\Sigma}_{\text{copls}}(Y)$ 可以作为 $\Sigma$ 的最小二乘估计的候选者。如果 $\widehat{\Sigma}_{\text{copls}}(Y)$ 是正定的, 则 $\widehat{\Sigma}_{\text{copls}}(Y)$ 就是最优化问题 (6.29) 的最小二乘解 $\widehat{\Sigma}(Y)$。对嵌套可加增长曲线模型, 式 (6.30) 中的 $\widehat{\Sigma}_{\text{copls}}(Y)$ 与式 (6.29) 中的 $\widehat{\Sigma}(Y)$ 之间差一个非负定性的确定。在此, 将 $\widehat{\Sigma}_{\text{copls}}(Y)$ 称为模型随机误差协方差矩阵 $\Sigma$ 的外积最小二乘估计 (简记为 COPLS 估计)。

如果 $\widehat{\Sigma}_{\text{copls}}(Y)$ 是最优化问题 (6.30) 的外积最小二乘的解, 则由投影理论可知, 对任意的 $S \in \mathscr{S}_p$, $M_T\text{vec}(Y)\text{vec}(Y)^{\text{T}}M_T - M_T[I \otimes \widehat{\Sigma}_{\text{copls}}(Y)]M_T$ 与 $M_T(I \otimes S)M_T$ 是矩阵迹正交的, 即

$$< M_T\text{vec}(Y)\text{vec}(Y)^{\mathrm{T}}M_T - M_T[I\otimes \widehat{\Sigma}_{\text{copls}}(Y)]M_T,\ M_T(I\otimes S)M_T >= 0$$

对任意的 $S\in\mathscr{S}_p$ 成立。于是, 对任意的 $S\in\mathscr{S}_p$, 有

$$\text{tr}\left[\{M_T\text{vec}(Y)\text{vec}(Y)^{\mathrm{T}}M_T - M_T[I\otimes \widehat{\Sigma}_{\text{copls}}(Y)]M_T\}(I\otimes S)\right] = 0 \tag{6.31}$$

在这里, 将式 (6.31) 称为与最优化问题 (6.30) 对应的正规方程组。

上述正规方程组 (6.31) 的构造主要是为了寻找最优化问题 (6.30) 的解, 下述结论描述了它们之间的关系。

**定理 6.3** 矩阵 $\widehat{\Sigma}_{\text{copls}}(Y)$ 是嵌套可加增长曲线模型协方差矩阵的外积最小二乘估计当且仅当 $\widehat{\Sigma}_{\text{copls}}(Y)$ 是正规方程组 (6.31) 的一个解。

**证明:** 事实上, 这里只需要证明其充分性。假设 $\widehat{\Sigma}_{\text{copls}}(Y)$ 是正规方程组的一个解, 由式 (6.31), 对任意的 $S\in\mathscr{S}_p$, 有

$$D(S,Y) = D(\widehat{\Sigma}_{\text{copls}}(Y),Y) + ||M_T\{I\otimes[\widehat{\Sigma}_{\text{copls}}(Y)-S]\}M_T||_{\mathrm{F}}^2 \geqslant D(\widehat{\Sigma}_{\text{copls}}(Y),Y)$$

故 $\widehat{\Sigma}_{\text{copls}}(Y)$ 是最优化问题 (6.30) 的一个解, 即为嵌套可加增长曲线模型协方差 $\Sigma$ 的外积最小二乘估计。

后面的讨论需要下列几个引理。

**引理 6.1** 设计矩阵满足嵌套关系, 则下列性质成立。

(a) $M_T = \sum\limits_{i=1}^{k+1} M_{X_i}\otimes\left(M_{Z^*_{i-1}} - M_{Z^*_i}\right) = \sum\limits_{i=1}^{k+1} M_{X_i}\otimes M_{Z^*_{i-1}}P_{Z^*_i}$。

(b) $M_T = \sum\limits_{i=0}^{k}(M_{X_{i+1}} - M_{X_i})\otimes M_{Z^*_i} = \sum\limits_{i=0}^{k} M_{X_{i+1}}P_{X_i}\otimes M_{Z^*_i}$。

(c) $M_T = I_{np} - \sum\limits_{i=1}^{k} P_{X_i}\otimes\left(P_{Z^*_i} - P_{Z^*_{i-1}}\right)$。

(d) $M_T = I_{np} - \sum\limits_{i=1}^{k}(P_{X_i} - P_{X_{i+1}})\otimes P_{Z^*_i}$。

(e) $M^*_{Z_{i-1}}P^*_{Z_i} = P^*_{Z_i}M^*_{Z_{i-1}}$, 其中 $X_0 = I_n$, $X_{k+1} = \mathbf{0}$, $Z^*_0 = \mathbf{0}$, $Z^*_i = (Z_1\ Z_2\ \cdots\ Z_i)$, $i = 1,2,\cdots,k$ 以及 $Z^*_{k+1} = I_p$。

**证明:** 用代入验算即可证明引理 6.1, 具体的验证从略。

根据定理 6.3, 由式 (6.31), 可得 $\Sigma$ 的外积最小二乘估计 $\widehat{\Sigma}_{\text{copls}}(Y)$, 详见下面的定理。

**定理 6.4** 嵌套可加增长曲线模型式 (1.9) ~ 式 (1.10) 协方差矩阵 $\Sigma$ 的外积最小二乘估计为

$$\widehat{\Sigma}_{\text{copls}}(Y) = \sum_{i=0}^{k}\left(\alpha_{i+1}M_{Z^*_i}Y^{\mathrm{T}}M_{X_{i+1}}YM_{Z^*_i} - \alpha_i M_{Z^*_i}Y^{\mathrm{T}}M_{X_i}YM_{Z^*_i}\right) \tag{6.32}$$

符号由引理 6.1 和引理 6.2 定义, 且 $\alpha_i = [n - r(X_i)]^{-1}, i = 1, 2, \cdots, k+1$。

**证明:** 由定理 6.3, 式 (6.32) 中所定义的 $\widehat{\Sigma}_{\text{copls}}(Y)$ 是最优化问题 (6.30) 的一个解, 当且仅当, 对任意的 $S \in \mathscr{S}_p$,

$$\text{tr}\left[(I_n \otimes S)M_T \text{vec}(Y)\text{vec}(Y)^{\text{T}} M_T\right] = \text{tr}\left\{(I_n \otimes S)M_T[I_n \otimes \widehat{\Sigma}_{\text{copls}}(Y)]M_T\right\} \tag{6.33}$$

成立。

一方面, 由引理 6.1 的结论 (a), $\text{vec}(ABC) = (A \otimes C^{\text{T}})\text{vec}(B)$ 和 Kronecker 积的运算性质, 有

$$M_T \text{vec}(Y) = \text{vec}\left(\sum_{i=1}^{k+1} M_{X_i} Y M_{Z_{i-1}^*} P_{Z_i^*}\right),$$

$$(I_n \otimes S)M_T \text{vec}(Y) = \text{vec}\left(\sum_{i=1}^{k+1} M_{X_i} Y M_{Z_{i-1}^*} P_{Z_i^*} S^{\text{T}}\right)$$

以及

$$[I_n \otimes \widehat{\Sigma}_{\text{copls}}(Y)]M_T = \sum_{i=1}^{k+1} M_{X_i} \otimes \widehat{\Sigma}_{\text{copls}}(Y) M_{Z_{i-1}^*} P_{Z_i^*}$$

同时注意到恒等式 $\text{tr}[\text{vec}(C)\text{vec}(D)^{\text{T}}] = \text{tr}[\text{vec}(D)^{\text{T}}\text{vec}(C)] = \text{tr}(DC^{\text{T}})$。

式 (6.33) 的左边可以表示为

$$\begin{aligned}
&\text{tr}\left[(I \otimes S)M_T \text{vec}(Y)\text{vec}(Y)^{\text{T}} M_T\right] \\
&= \text{tr}\left\{\left[\sum_{i=1}^{k+1} M_{X_i} Y (M_{Z_{i-1}^*} - M_{Z_i^*})\right]\left[\sum_{i=1}^{k+1} M_{X_i} Y (M_{Z_{i-1}^*} - M_{Z_i^*}) S^{\text{T}}\right]^{\text{T}}\right\} \\
&= \text{tr}\left[\sum_{i=1}^{k+1}\sum_{j=1}^{k+1} S(M_{Z_{i-1}^*} - M_{Z_i^*}) Y^{\text{T}} M_{X_i} M_{X_j} Y (M_{Z_{j-1}^*} - M_{Z_j^*})\right] \\
&= \text{tr}\left(\sum_{i=1}^{k+1}\sum_{j=1}^{k+1} S M_{Z_{i-1}^*} P_{Z_i^*} Y^{\text{T}} M_{X_i} M_{X_j} Y P_{Z_j^*} M_{Z_{j-1}^*}\right)
\end{aligned}$$

另一方面, 有

$$\begin{aligned}
&(I \otimes S)M_T[I \otimes \widehat{\Sigma}_{\text{copls}}(Y)]M_T \\
&= \sum_{i=1}^{k+1} M_{X_i} \otimes S(M_{Z_{i-1}^*} - M_{Z_i^*}) \sum_{j=1}^{k+1} M_{X_j} \otimes \widehat{\Sigma}_{\text{copls}}(Y)(M_{Z_{j-1}^*} - M_{Z_j^*}) \\
&= \sum_{i=1}^{k+1}\sum_{j=1}^{k+1} M_{X_i} M_{X_j} \otimes S M_{Z_{i-1}^*} P_{Z_i^*} \widehat{\Sigma}_{\text{copls}}(Y) P_{Z_j^*} M_{Z_{j-1}^*}
\end{aligned}$$

式 (6.33) 的右边可以改写为

$$
\begin{aligned}
&\operatorname{tr}\left\{(I\otimes S)M_T[I\otimes\widehat{\Sigma}_{\text{copls}}(Y)]M_T\right\}\\
&=\sum_{i=1}^{k+1}\sum_{j=1}^{k+1}\operatorname{tr}\left(M_{X_i}M_{X_j}\right)\operatorname{tr}\left[SM_{Z_{i-1}^*}P_{Z_i^*}\widehat{\Sigma}_{\text{copls}}(Y)P_{Z_j^*}M_{Z_{j-1}^*}\right]
\end{aligned}
$$

记 $\Delta_{ij}=\operatorname{tr}(M_{X_i}M_{X_j})\operatorname{tr}[SM_{Z_{i-1}^*}P_{Z_i^*}\widehat{\Sigma}_{\text{copls}}(Y)P_{Z_j^*}M_{Z_{j-1}^*}]$。注意到, $P_{Z_i^*}M_{Z_j^*}=\mathbf{0}$ $(i\leqslant j)$ 以及对所有的 $i$, $P_{Z_i^*}M_{Z_{i-1}^*}=M_{Z_{i-1}^*}P_{Z_i^*}$ 成立。

对情形 $1\leqslant i\leqslant j\leqslant k+1$, 有

$$
\begin{aligned}
&\operatorname{tr}(M_{X_i})^{-1}\Delta_{ij}\\
&=\operatorname{tr}\left[S\sum_{l=0}^{i-1}M_{Z_{i-1}^*}P_{Z_i^*}M_{Z_l^*}\left(\alpha_{l+1}Y^{\mathrm{T}}M_{X_{l+1}}Y-\alpha_lY^{\mathrm{T}}M_{X_l}Y\right)M_{Z_l^*}P_{Z_j^*}M_{Z_{j-1}^*}\right]\\
&=\operatorname{tr}\left[SP_{Z_i^*}M_{Z_{i-1}^*}\sum_{l=0}^{i-1}\left(\alpha_{l+1}Y^{\mathrm{T}}M_{X_{l+1}}Y-\alpha_lY^{\mathrm{T}}M_{X_l}Y\right)M_{Z_{j-1}^*}P_{Z_j^*}\right]\\
&=\operatorname{tr}(M_{X_i})\operatorname{tr}\left[SP_{Z_i^*}M_{Z_{i-1}^*}(\alpha_iY^{\mathrm{T}}M_{X_i}Y-\alpha_0Y^{\mathrm{T}}M_{X_0}Y)M_{Z_{j-1}^*}P_{Z_j^*}\right]
\end{aligned}
$$

即

$$
\Delta_{ij}=\operatorname{tr}\left(SM_{Z_{i-1}^*}P_{Z_i^*}Y^{\mathrm{T}}M_{X_i}M_{X_j}YP_{Z_j^*}M_{Z_{j-1}^*}\right) \tag{6.34}
$$

同理可得, 式 (6.34) 对情形 $1\leqslant j<i\leqslant k+1$ 也成立。故式 (6.33) 的右边等于

$$
\sum_{i=1}^{k+1}\sum_{j=1}^{k+1}\Delta_{ij}=\operatorname{tr}\left(\sum_{i=1}^{k+1}\sum_{j=1}^{k+1}SM_{Z_{i-1}^*}P_{Z_i^*}Y^{\mathrm{T}}M_{X_i}M_{X_j}YP_{Z_j^*}M_{Z_{j-1}^*}\right)
$$

这就是式 (6.33) 的左边, 定理 6.4 证毕。

当 $k=1$ 时, 嵌套可加增长曲线模型式 (1.9)～式 (1.10) 退化为增长曲线模型, 而式 (6.32) 简化到定理 3.2 的结论:

$$
\widehat{\Sigma}_{\text{copls}}(Y)=\frac{1}{n-r_1}Y^{\mathrm{T}}M_{X_1}Y+\frac{1}{n}M_{Z_1}Y^{\mathrm{T}}YM_{Z_1}-\frac{1}{n-r_1}M_{Z_1}Y^{\mathrm{T}}M_{X_1}YM_{Z_1}
$$

进一步地, 当 $Z_1$ 非奇异时, $M_{Z_1}=\mathbf{0}$, 式 (6.32) 简化为

$$
\widehat{\Sigma}_{\text{copls}}(Y)=\frac{1}{n-r_1}Y^{\mathrm{T}}M_{X_1}Y
$$

这正是多元线性模型协方差矩阵的最小二乘估计, 详情可参见 Arnold (1981) 的第 19 章。

### 6.2.2 正态随机误差协方差的外积最小二乘估计的分布

先介绍下列引理。

**引理 6.2** 设计矩阵满足嵌套关系, 设 $r(X_i) = r_i\ (i = 1, 2, \cdots, k)$, 则存在一个与 $i$ 无关的正交矩阵 $U$, 使得对每一个 $i$, 有

$$U^{\mathrm{T}} P_{X_i} U = \operatorname{diag}(I_{r_i} \quad \mathbf{0}) \text{ 和 } U^{\mathrm{T}} M_{X_i} U = \operatorname{diag}(\mathbf{0} \quad I_{n-r_i}) \tag{6.35}$$

**证明:** 因为对任意的 $i$ 均有 $P_{X_i}^2 = P_{X_i}$, 投影矩阵 $P_{X_i}$ 的特征值只能是数值 0 和 1。令 $\boldsymbol{\zeta}$ 是与特征值 1 所对应的特征向量, 则 $P_{X_i}\boldsymbol{\zeta} = \boldsymbol{\zeta}$。

当 $i = k$ 时, 有 $P_{X_k} P_{X_{k-1}} = P_{X_{k-1}} P_{X_k} = P_{X_k}$。于是

$$\boldsymbol{\zeta} = P_{X_k}\boldsymbol{\zeta} = P_{X_{k-1}} P_{X_k}\boldsymbol{\zeta} = P_{X_{k-1}}\boldsymbol{\zeta}$$

所以, $\boldsymbol{\zeta}$ 也是 $P_{X_{k-1}}$ 的特征向量, 故存在另一正交矩阵 $Q_0$ 使得

$$Q_0^{\mathrm{T}} P_{X_k} Q_0 = \begin{pmatrix} I_{r_k} & \mathbf{0} \\ \mathbf{0} & \mathbf{0} \end{pmatrix}, \quad Q_0^{\mathrm{T}} P_{X_{k-1}} Q_0 = \begin{pmatrix} I_{r_k} & A_{12} \\ A_{21} & A_{22} \end{pmatrix}$$

另外, 由 $P_{X_k} P_{X_{k-1}} = P_{X_{k-1}} P_{X_k}$ 可知

$$A_{12} = A_{21} = 0 \text{ 以及 } A_{22}^2 = A_{22}$$

所以, 存在阶数为 $n - r_k$ 的正交矩阵 $Q_1$ 使得

$$Q_1^{\mathrm{T}} A_{22} Q_1 = \operatorname{diag}(I_{r_{k-1}-r_k} \quad \mathbf{0})$$

取

$$Q_2 = Q_0 \operatorname{diag}(I_{r_k} \quad Q_1)$$

则

$$Q_2^{\mathrm{T}} P_{X_k} Q_2 = \operatorname{diag}(I_{r_k} \quad \mathbf{0}) \text{ 以及 } Q_2^{\mathrm{T}} P_{X_{k-1}} Q_2 = \operatorname{diag}(I_{r_{k-1}} \quad \mathbf{0})$$

重复以上过程直到 $i = 2$, 此时可以得到一个共同的正交矩阵 $U$ 满足式 (6.32)。引理 6.2 证毕。

如果随机误差 $\mathcal{E}$ 服从正态分布, 嵌套可加增长曲线模型协方差的外积最小二乘估计的精确分布可由下述定理给出。

**定理 6.5** 如果随机误差矩阵 $\mathcal{E} \sim N(0, I \otimes \Sigma)$, 且 $V_j \sim W_p^j(r_{j-1} - r_j, \Sigma)$ $(j = 1, 2, \cdots, k+1)$, 并记 $r_0 = n$, $r_{k+1} = 0$, 其中 $W_p^0(n - r_1, \Sigma)$, $W_p^1(r_1 - r_2, \Sigma)$, $\cdots$, $W_p^k(r_k, \Sigma)$ 是 $k+1$ 个相互独立的中心 Wishart 分布。则外积最小二乘估计 $\widehat{\Sigma}_{\mathrm{copls}}(Y)$ 和随机矩阵

$$\sum_{i=1}^{k}(\alpha_{i+1}-\alpha_i)M_{Z_i^*}\sum_{j=1}^{i}V_jM_{Z_i^*}+\sum_{i=0}^{k}\alpha_{i+1}M_{Z_i^*}V_{i+1}M_{Z_i^*} \tag{6.36}$$

具有相同的分布。这里的记号与引理 6.1 和引理 6.2 的用法一致。

**证明:** 根据引理 6.2, 存在一个与 $i$ 无关的正交矩阵 $U$, 使得

$$U^{\mathrm{T}}M_{X_i}U=\mathrm{diag}(I_{n-r_i}\quad \mathbf{0})$$

对每一个 $i$ 成立。令 $\boldsymbol{\eta}=(\boldsymbol{\eta}_1^{\mathrm{T}},\boldsymbol{\eta}_2^{\mathrm{T}},\cdots,\boldsymbol{\eta}_n^{\mathrm{T}})^{\mathrm{T}}=U^{\mathrm{T}}\mathcal{E}$, 则 $\boldsymbol{\eta}\sim N(0,I\otimes\Sigma)$。并且 $\mathcal{E}^{\mathrm{T}}M_{X_i}\mathcal{E}$ 可分解为

$$\mathcal{E}^{\mathrm{T}}M_{X_i}\mathcal{E}=\boldsymbol{\eta}^{\mathrm{T}}\mathrm{diag}(I_{n-r_i}\quad \mathbf{0})\boldsymbol{\eta}=\sum_{j=1}^{i}\boldsymbol{\eta}^{\mathrm{T}}\mathrm{diag}(\mathbf{0}\quad I_{r_{j-1}-r_j}\quad \mathbf{0})\boldsymbol{\eta}$$

其中，$r_0=n$。随机矩阵

$$\boldsymbol{\eta}^{\mathrm{T}}\mathrm{diag}(\mathbf{0}\quad I_{r_{j-1}-r_j}\quad \mathbf{0})\boldsymbol{\eta}$$

由它的相互独立性结构以及 $\boldsymbol{\eta}$ 的正态性获知也是相互独立的中心 Wishart 分布 $W_p^j(r_{j-1}-r_j,\Sigma)$ ($j=1,2,\cdots,k+1$), 其中 $r_0=n$ 和 $r_{k+1}=0$, 参见 Hu (2008) 的定理 3.2。

记 $V_j\sim W_p^j(r_{j-1}-r_j,\Sigma)$ ( $j=1,2,\cdots,k+1$)，则对 $i=1,2,\cdots,k$, 随机矩阵

$$\alpha_{i+1}M_{Z_i^*}Y^{\mathrm{T}}M_{X_{i+1}}YM_{Z_i^*}-\alpha_iM_{Z_i^*}Y^{\mathrm{T}}M_{X_i}YM_{Z_i^*}$$

依分布等价于

$$(\alpha_{i+1}-\alpha_i)M_{Z_i^*}\sum_{j=1}^{i}V_jM_{Z_i^*}+\alpha_{i+1}M_{Z_i^*}V_{i+1}M_{Z_i^*}$$

所以, $\widehat{\Sigma}_{\mathrm{copls}}(Y)$ 依分布等价于

$$\sum_{i=1}^{k}(\alpha_{i+1}-\alpha_i)M_{Z_i^*}\sum_{j=1}^{i}V_jM_{Z_i^*}+\sum_{i=0}^{k}\alpha_{i+1}M_{Z_i^*}V_{i+1}M_{Z_i^*}$$

定理 6.5 证毕。

当 $k=1$ 时, 式 (6.36) 简化为 $(\alpha_2-\alpha_1)M_{Z_1}V_1M_{Z_1}+\alpha_1V_1+\alpha_2M_{Z_1}V_2M_{Z_1}$。而且, 当 $Z$ 非奇异时, 式 (6.36) 简化为 $\alpha_1V_1$, 即 Wishart 分布 $W_p(n-r,(n-r)^{-1}\Sigma)$, 相关细节可参阅 Arnold (1981) 的相关研究。

### 6.2.3 随机误差分布未知时协方差的外积最小二乘估计的性质

先考虑与外积最小二乘估计的一个关于变换群的性质, 记

$$\mathscr{G}=\left\{g_{\boldsymbol{\nu}}(Y)=\boldsymbol{\nu}+Y:\boldsymbol{\nu}=T\boldsymbol{\beta},\ \boldsymbol{\beta}\text{ 是一个 }\sum_{i=1}^{k}m_iq_i\text{ 维向量}\right\}$$

外积最小二乘估计 $\widehat{\Sigma}_{\text{copls}}(Y)$ 关于变换群不变的性质总结在下面的推论之中。

**命题 6.1** 由式 (6.32) 给出的嵌套可加增长曲线模型的随机误差协方差的外积最小二乘估计 $\widehat{\Sigma}_{\text{copls}}(Y)$ 在群 $\mathscr{G}$ 变换下具有不变性, 尤其 $\Sigma_{\text{copls}}(Y) = \Sigma_{\text{copls}}(\mathcal{E})$。

**证明:** 显然, 正规方程组 (6.31) 在群 $\mathscr{G}$ 变换下具有不变性。所以, 外积最小二乘估计 $\widehat{\Sigma}_{\text{copls}}(Y)$ 在群 $\mathscr{G}$ 变换下具有不变性。尤其 $\Sigma_{\text{copls}}(Y) = \Sigma_{\text{copls}}(\mathcal{E})$。

注意到, 对任意对称矩阵 $A$, 有 $\mathbb{E}(\mathcal{E}^{\mathrm{T}}A\mathcal{E}) = \operatorname{tr}(A)\Sigma$, 于是对式 (6.32) 两边取期望得

$$\mathbb{E}\left[\widehat{\Sigma}_{\text{copls}}(\mathcal{E})\right] = \sum_{i=0}^{k}\left[\alpha_{i+1}M_{Z_i^*}\mathbb{E}(\mathcal{E}^{\mathrm{T}}M_{X_{i+1}}\mathcal{E})M_{Z_i^*} - \alpha_i M_{Z_i^*}\mathbb{E}(\mathcal{E}^{\mathrm{T}}M_{X_i}\mathcal{E})M_{Z_i^*}\right]$$

因为 $\mathbb{E}(\mathcal{E}^{\mathrm{T}}M_{X_0}\mathcal{E}) = \mathbf{0}$ 以及 $\mathbb{E}(\mathcal{E}^{\mathrm{T}}M_{X_i}\mathcal{E}) = \Sigma/\alpha_i\ (i = 1, 2, \cdots, k+1)$, 所以, 表达式

$$\mathbb{E}\left[\widehat{\Sigma}_{\text{copls}}(\mathcal{E})\right] = M_{Z_0^*}\Sigma M_{Z_0^*} + \sum_{i=1}^{k}\left(M_{Z_i^*}\Sigma M_{Z_i^*} - M_{Z_i^*}\Sigma M_{Z_i^*}\right) = \Sigma$$

对所有的 $\Sigma \in \mathscr{N}_p$ 均成立, 由此可知 $\widehat{\Sigma}(Y)$ 是无偏的, 命题 6.1 证毕。

接下来, 研究估计 $\widehat{\Sigma}_{\text{copls}}(Y)$ 的渐近性质。首先, 讨论统计量 $\widehat{\Sigma}_{\text{copls}}(Y)$ 的相合性。

**假设 6.1** 设

$$\lim_{n\to\infty}\frac{1}{n}X_i^{\mathrm{T}}X_j = \begin{cases} R_{ii} > \mathbf{0}, & i = j \\ R_{ii}A_{ij}, & i < j \end{cases}$$

**定理 6.6** 在假设 6.1 下, 如果 $X_i^{\mathrm{T}}X_i$ 和 $W_i^{\mathrm{T}}M_{(W_1\ W_2\ \cdots\ W_{i-1})}W_i\ (i = 1, 2, \cdots, k)$ 以概率 1 非奇异, 则外积最小二乘估计 $\widehat{\Sigma}_{\text{copls}}(Y)$ 是参数 $\Sigma$ 的相合估计。

**证明:** 由外积最小二乘估计的不变性可知, 只需要证明 $\widehat{\Sigma}_{\text{copls}}(\mathcal{E})$ 的相合性。由式 (6.32) 可知, $\widehat{\Sigma}_{\text{copls}}(\mathcal{E})$ 可分解为

$$\widehat{\Sigma}_{\text{copls}}(\mathcal{E}) = \alpha_1\mathcal{E}^{\mathrm{T}}\mathcal{E} - \alpha_1\mathcal{E}^{\mathrm{T}}P_{X_1}\mathcal{E} + \sum_{i=1}^{k}M_{Z_i^*}\mathcal{E}^{\mathrm{T}}(\alpha_{i+1}M_{X_{i+1}} - \alpha_i M_{X_i})\mathcal{E}M_{Z_i^*}$$

由大数定律, $\mathcal{E}^{\mathrm{T}}\mathcal{E}/n$ 依概率收敛于 $\Sigma$。同时, $\alpha_1\mathcal{E}^{\mathrm{T}}\mathcal{E} = \dfrac{n}{n-r_1}\cdot\dfrac{1}{n}\mathcal{E}^{\mathrm{T}}\mathcal{E}$ 也依概率收敛于 $\Sigma$。

根据假设 6.1, $\lim\limits_{n\to\infty} n^{-1}(X_1^{\mathrm{T}}X_1)^{-1} = R_{11}^{-1}$。同时, 对任意的 $\varepsilon > 0$, 有

$$\Pr\left(\left\|\frac{1}{n}X_1^{\mathrm{T}}\mathcal{E}\right\| \geqslant \varepsilon\right) \leqslant \frac{1}{n^2\varepsilon^2}\mathbb{E}(\operatorname{tr}(\mathcal{E}^{\mathrm{T}}X_1X_1^{\mathrm{T}}\mathcal{E})) = \frac{1}{n\varepsilon^2}\operatorname{tr}\left(\frac{1}{n}X_1^{\mathrm{T}}X_1\right)\operatorname{tr}(\Sigma)$$

因此, $\lim_{n\to\infty} n^{-1}(X_1^{\mathrm{T}}\mathcal{E}) = \mathbf{0}$ 依概率成立。所以,

$$\alpha_1\mathcal{E}^{\mathrm{T}}P_{X_1}\mathcal{E} = \frac{n}{n-r_1}\frac{\mathcal{E}^{\mathrm{T}}X_1}{n}\left(\frac{X_1^{\mathrm{T}}X_1}{n}\right)^{-1}\frac{X_1^{\mathrm{T}}\mathcal{E}}{n}$$

依概率收敛于 $\mathbf{0}$。根据引理 6.2 和定理 6.5 的证明, 可知

$$\begin{aligned}&\mathcal{E}^{\mathrm{T}}\left(\alpha_{i+1}M_{X_{i+1}}-\alpha_i M_{X_i}\right)\mathcal{E}\\ =&-\alpha_{i+1}\boldsymbol{\eta}^{\mathrm{T}}\mathrm{diag}(\mathbf{0}\quad I_{\kappa_i}\quad \mathbf{0})\boldsymbol{\eta}-(\alpha_i-\alpha_{i+1})\boldsymbol{\eta}^{\mathrm{T}}\mathrm{diag}(I_{n-r_i}\quad \mathbf{0})\boldsymbol{\eta}\end{aligned}$$

其中，$\kappa_i=r_i-r_{i+1}\geqslant 0\,(i=1,2,\cdots,k)$。上式右边两项都依概率收敛于 $\mathbf{0}$。所以, $\widehat{\Sigma}_{\mathrm{copls}}(Y)$ 依概率收敛于 $\Sigma$, 即 $\widehat{\Sigma}_{\mathrm{copls}}(Y)$ 是协方差 $\Sigma$ 的相合估计。定理 6.6 证明完毕。

一般地, $\widehat{\Sigma}_{\mathrm{copls}}(Y)$ 并不总是非负定的, 但定理 6.6 表明, $\widehat{\Sigma}_{\mathrm{copls}}(Y)$ 是渐近正定的。在有限样本情形下, $\widehat{\Sigma}_{\mathrm{copls}}(Y)$ 在 $n>r(X_1)+p$ 条件下的正定性仍然是需要验证的事情。模拟实验表明, $n-[r(X_1)+p]$ 的值并不需要太大就能充分保证 $\widehat{\Sigma}_{\mathrm{copls}}(Y)$ 的正定性, 这一点在实际应用中也很容易满足。

现在, 接着讨论估计 $\widehat{\Sigma}_{\mathrm{copls}}(Y)$ 的收敛速度, 即渐近正态性。在这里, 需要用到模型随机误差向量的四阶矩条件, 这也是多元统计模型中的经典条件。

**假设 6.2**　$\mathbb{E}(\boldsymbol{\varepsilon}_i)=0, \mathbb{E}(\boldsymbol{\varepsilon}_i\boldsymbol{\varepsilon}_i^{\mathrm{T}})=\Sigma>0, \mathbb{E}(\boldsymbol{\varepsilon}_i\otimes\boldsymbol{\varepsilon}_i\boldsymbol{\varepsilon}_i^{\mathrm{T}})=0_{p^2\times p}, \mathbb{E}||\boldsymbol{\varepsilon}_i||^4<\infty$, 其中 $\boldsymbol{\varepsilon}_i^{\mathrm{T}}$ 是模型随机误差矩阵 $\mathcal{E}$ 的第 $i$ 个行向量。

**定理 6.7**　在假设 6.1 及假设 6.2 下, $\sqrt{n}\left[\widehat{\Sigma}_{\mathrm{copls}}(Y)-\Sigma\right]$ 依分布收敛于多元正态分布 $N\left(\mathbf{0},\mathrm{Cov}(\boldsymbol{\varepsilon}_1\otimes\boldsymbol{\varepsilon}_1)\right)$。

**证明:** $\sqrt{n}\left[\widehat{\Sigma}_{\mathrm{copls}}(Y)-\Sigma\right]$ 可以分解为如下形式

$$\sqrt{n}\left[\widehat{\Sigma}_{\mathrm{copls}}(Y)-\Sigma\right]=\Delta_1+\Delta_2+\Delta_3+\Delta_4$$

其中

$$\Delta_1=\sqrt{n}\left(\frac{1}{n}\mathcal{E}^{\mathrm{T}}\mathcal{E}-\Sigma\right)$$

$$\Delta_2=\frac{r_1}{\sqrt{n}(n-r_1)}\mathcal{E}^{\mathrm{T}}\mathcal{E}$$

$$\Delta_3=-\frac{\sqrt{n}}{n-r_1}\mathcal{E}^{\mathrm{T}}P_{X_1}\mathcal{E}$$

$$\Delta_4=$$

$$\sum_{i=1}^{k}M_{Z_i^*}\left[\frac{\sqrt{n}}{n-r_{i+1}}\boldsymbol{\eta}^{\mathrm{T}}\begin{pmatrix}\mathbf{0}&\mathbf{0}&\mathbf{0}\\ \mathbf{0}&I_{\kappa}&\mathbf{0}\\ \mathbf{0}&\mathbf{0}&\mathbf{0}\end{pmatrix}\boldsymbol{\eta}-\frac{\sqrt{n}(r_i-r_{i+1})}{(n-r_i)(n-r_{i+1})}\boldsymbol{\eta}^{\mathrm{T}}\begin{pmatrix}I_{n-r_i}&\mathbf{0}\\ \mathbf{0}&\mathbf{0}\end{pmatrix}\boldsymbol{\eta}\right]M_{Z_i^*}$$

由定理 6.6 及其证明易知 $\Delta_2$, $\Delta_3$ 和 $\Delta_4$ 依概率收敛于 $\mathbf{0}$。由假设 6.1 和假设 6.2, $\Delta_1$ 依分布收敛于 $N(\mathbf{0},\Phi_2)$, 其中 $\Phi_2=\mathrm{Cov}(\boldsymbol{\varepsilon}_1\otimes\boldsymbol{\varepsilon}_1)$。于是, 可得

$$\sqrt{n}\,\mathrm{vec}\left[\widehat{\Sigma}_{\mathrm{copls}}(Y)-\Sigma\right]=\mathrm{vec}(\Delta_1)+o_p(1)$$

根据 Slutsky 定理, $\sqrt{n}\left[\widehat{\Sigma}_{\text{copls}}(Y)-\Sigma\right]$ 依分布收敛于 $N\left(\mathbf{0},\text{Cov}(\boldsymbol{\varepsilon}_1\otimes\boldsymbol{\varepsilon}_1)\right)$。定理 6.7 证毕。

## 6.3 误差分布未知时一阶参数两步广义最小二乘估计及渐近性质

通常情况下, 嵌套可加增长曲线模型式 (1.9)～式 (1.10) 中的设计矩阵 $X_i$ 与剖面矩阵 $Z_i$ 都是满秩矩阵。接下来用两步广义最小二乘估计方法来推导嵌套可加增长曲线模型的一阶参数矩阵 $\Theta_1,\Theta_2,\cdots,\Theta_k$ 的估计。先将定理 6.4 给出的协方差 $\Sigma$ 的外积最小二乘估计 $\widehat{\Sigma}_{\text{copls}}(Y)$ 作为嵌套可加增长曲线模型协方差的第一步估计; 再用估计 $\widehat{\Sigma}_{\text{copls}}(Y)$ 代替未知的参数 $\Sigma$, 并应用由模型式 (1.9)～式 (1.10) 导出的正规方程组来求解各个一阶参数矩阵的两步广义最小二乘估计 $\widehat{\Theta}_1$, $\widehat{\Theta}_2$, $\cdots$, $\widehat{\Theta}_k$。为方便接下来的论述, 先介绍一些必要的记号。

记 $S=\widehat{\Sigma}_{\text{copls}}^{-1}(Y), Y^*=YS^{1/2}, W_i=S^{1/2}Z_i\,(W_0=0), W_i^*=(W_1\,W_2\,\cdots\,W_i)$ $(W_0^*=0)$, $\bar{P}_{X_i}=(X_i^{\mathrm{T}}X_i)^-X_i^{\mathrm{T}}$ $P_{W_i}(M_{W_{i-1}^*})=M_{W_{i-1}^*}W_i(W_i^{\mathrm{T}}M_{W_{i-1}^*}W_i)^-W_i^{\mathrm{T}}$ $M_{W_{i-1}^*}$, 以及 $\bar{P}_{W_i}(M_{W_{i-1}^*})=(W_i^{\mathrm{T}}M_{W_{i-1}^*}W_i)^-W_i^{\mathrm{T}}M_{W_{i-1}^*}$ $(i=1,2,\cdots,k)$。

特别地, $\bar{P}_{W_1}(M_{W_0^*})=(W_1^{\mathrm{T}}W_1)^-W_1^{\mathrm{T}}$。

对 $i=1,2,\cdots,k$, 定义

$$\Omega_i^k=\{\omega=(d_0\quad d_1\quad\cdots\quad d_j):j\in\{0,1,\cdots,k-i\},i=d_0<d_1<\cdots<d_j\leqslant k\}$$

显然, 集合 $\Omega_i^k$ 中的元素总数是 $2^{k-i}$, 所以, 其总数是以指数级速度递增的。不过, 在实际分析中, $k$ 值通常都比较小, 例如,

当 $k=1$ 时, $\Omega_1^1=\{(1)\}$;

当 $k=2$ 时, $\Omega_1^2=\{(1),(12)\}$, $\Omega_2^2=\{(2)\}$;

当 $k=3$ 时, $\Omega_1^3=\{(1),(12),(13),(123)\}$, $\Omega_2^3=\{(2),(23)\}$, $\Omega_3^3=\{(3)\}$;

当 $k=4$ 时, $\Omega_1^4=\{(1),(12),(13),(14),(123),(124),(134),(1234)\}$, $\Omega_2^4=\{(2),(23),(24),(234)\}$, $\Omega_3^4=\{(3),(34)\}$, $\Omega_4^4=\{(4)\}$;

当 $k$ 取其他值时, 也可类似计算, 从略。

然后, 介绍一个重要的关于投影矩阵的分解递归关系

$$\begin{aligned}&P_{(I\otimes S^{1/2})(X_1\otimes Z_1\ X_2\otimes Z_2\ \cdots\ X_k\otimes Z_k)}\\&=P_{X_1}\otimes P_{W_1}+P_{X_2}\otimes P_{M_{W_1^*}W_2}+\cdots+P_{X_k}\otimes P_{M_{W_{k-1}^*}W_k}\end{aligned}\tag{6.37}$$

从几何角度来看, 整个空间的投影是由各不重叠的子空间投影相加而成的。也可用数学归纳法证之, 或按定义逐项计算验证两边等式即可, 此处从略。在下面推

导两步广义最小二乘估计时, 该递归关系 (6.37) 将发挥很重要的作用。令

$$\boldsymbol{\mu}_{n\times p}=\mathbb{E}(Y)=\sum_{i=1}^{k}X_i\Theta_iZ_i^{\mathrm{T}} \tag{6.38}$$

关于均值 $\boldsymbol{\mu}$ 与一阶参数矩阵 $\Theta_1,\Theta_2,\cdots,\Theta_k$ 的两步广义最小二乘估计以及它们的无偏性质由下面的定理给出。

**定理 6.8**　给定观测数据矩阵 $Y$, 用 $\widehat{\Sigma}_{\mathrm{copls}}(Y)$ 代替嵌套可加增长曲线模型式 (1.9) ~ 式 (1.10) 中的协方差矩阵 $\Sigma$, 由最小二乘方法可得

(a) 均值 $\boldsymbol{\mu}$ 的两步广义最小二乘估计为

$$\widehat{\boldsymbol{\mu}}_{\mathrm{copls}}(Y)=\sum_{i=1}^{k}P_{X_i}YS^{1/2}P_{M_{W_{i-1}^*}W_i}S^{-1/2} \tag{6.39}$$

如果随机误差矩阵 $\mathcal{E}$ 的分布关于原点 0 对称, 则统计量 $\widehat{\boldsymbol{\mu}}_{\mathrm{copls}}(Y)$ 是 $\boldsymbol{\mu}$ 的一个无偏估计。

(b) 嵌套可加增长曲线模型式 (1.9) ~ 式 (1.10) 的正规方程组的解可由下式给出

$$\begin{aligned}&\widetilde{\Theta}_i^{\mathrm{copls}}(Y)\\=&\sum_{\omega\in\Omega_i^k,\,j=|\omega|}(-1)^j\bar{P}_{X_i}P_{X_{d_j}}YS^{1/2}\left[\bar{P}_{W_i}(M_{W_{i-1}^*})P_{W_{d_1}}(M_{W_{d_1-1}^*})\cdots P_{W_{d_j}}(M_{W_{d_j-1}^*})\right]^{\mathrm{T}}\end{aligned} \tag{6.40}$$

或者向量版本

$$\begin{aligned}&\mathrm{vec}(\widetilde{\Theta}_i^{\mathrm{copls}}(Y))\\=&\sum_{\omega\in\Omega_i^k,\,j=|\omega|}(-1)^j\bar{P}_{X_i}P_{X_{d_j}}\otimes\bar{P}_{W_i}(M_{W_{i-1}^*})P_{W_{d_1}}(M_{W_{d_1-1}^*})\cdots P_{W_{d_j}}(M_{W_{d_j-1}^*})\mathrm{vec}(Y^*),\end{aligned} \tag{6.41}$$

其中, $|\omega|$ 表示集合 $\omega$ 中元素的数量。

(c) 如果式 (6.40) 对应的解存在, 则它正是嵌套可加增长曲线模型式 (1.9) ~ 式 (1.10) 一阶参数矩阵的两步广义最小二乘估计, 记为 $\widehat{\Theta}_i^{\mathrm{copls}}(Y)$。进一步地, 如果 $\mathcal{E}$ 的分布是关于原点 **0** 对称的, 则统计量 $\widehat{\Theta}_i^{\mathrm{copls}}(Y)$ 是一阶参数矩阵 $\Theta_i$ $(i=1,2,\cdots,k)$ 的无偏估计。

由于在真实数据分析中, $k$ 值通常是比较小的整数, 下面介绍其中的几种特殊情况。

当 $k=1$ 时, 嵌套可加增长曲线模型式 (1.9)～式 (1.10) 退化为经典的增长曲线模型式 (2.1)。式 (6.39) 和式 (6.40) 简化为

$$\widehat{\boldsymbol{\mu}}=P_XYS^{\frac{1}{2}}P_{S^{1/2}Z}S^{-1/2} \tag{6.42}$$

以及

$$\widetilde{\Theta} = (X^{\mathrm{T}}X)^{-}X^{\mathrm{T}}YSZ(Z^{\mathrm{T}}SZ)^{-} \tag{6.43}$$

为了书写简洁, 这里以及后续表述中, 用 $\widehat{\boldsymbol{\mu}}$ 表示 $\widehat{\boldsymbol{\mu}}_{\text{copls}}(Y)$ 而用 $\widehat{\Theta}$ 表示 $\widehat{\Theta}_{\text{copls}}(Y)$。

当 $k=2$ 时, 式 (6.39) 和式 (6.40) 分别简化为

$$\widehat{\boldsymbol{\mu}} = P_{X_1}YS^{1/2}P_{W_1}S^{-1/2} + P_{X_2}YS^{1/2}P_{M_{W_1^*}W_2}S^{-1/2} \tag{6.44}$$

以及

$$\begin{aligned}\widetilde{\Theta}_1 &= (X_1^{\mathrm{T}}X_1)^{-}X_1^{\mathrm{T}}\left[Y^* - P_{X_2}Y^*M_{W_1}W_2(W_2^{\mathrm{T}}M_{W_1}W_2)^{-}W_2^{\mathrm{T}}\right]W_1(W_1^{\mathrm{T}}W_1)^{-},\\ \widetilde{\Theta}_2 &= (X_2^{\mathrm{T}}X_2)^{-}X_2^{\mathrm{T}}YS^{1/2}M_{W_1}W_2(W_2^{\mathrm{T}}M_{W_1}W_2)^{-}\end{aligned} \tag{6.45}$$

当 $k=3$ 时, 式 (6.39) 和式 (6.40) 为

$$\widehat{\boldsymbol{\mu}} = P_{X_1}YS^{1/2}P_{W_1}S^{-1/2} + P_{X_2}YS^{1/2}P_{M_{W_1^*}W_2}S^{-1/2} + P_{X_3}YS^{1/2}P_{M_{W_2^*}W_3}S^{-1/2} \tag{6.46}$$

以及

$$\begin{aligned}\widetilde{\Theta}_1 &= (X_1^{\mathrm{T}}X_1)^{-}X_1^{\mathrm{T}}Y^*W_1(W_1^{\mathrm{T}}W_1)^{-}\\ &\quad - (X_1^{\mathrm{T}}X_1)^{-}X_1^{\mathrm{T}}P_{X_2}Y^*P_{W_2}(M_{W_1})^{\mathrm{T}}W_1(W_1^{\mathrm{T}}W_1)^{-}\\ &\quad - (X_1^{\mathrm{T}}X_1)^{-}X_1^{\mathrm{T}}P_{X_3}Y^*P_{W_3}(M_{W_2^*})^{\mathrm{T}}\left[I - P_{W_2}(M_{W_1})^{\mathrm{T}}\right]W_1(W_1^{\mathrm{T}}W_1)^{-},\\ \widetilde{\Theta}_2 &= (X_2^{\mathrm{T}}X_2)^{-}X_2^{\mathrm{T}}\left[Y^* - P_{X_3}Y^*P_{W_3}(M_{W_2^*})^{\mathrm{T}}\right]M_{W_1}W_2(W_2^{\mathrm{T}}M_{W_1}W_2)^{-},\\ \widetilde{\Theta}_3 &= (X_3^{\mathrm{T}}X_3)^{-}X_3^{\mathrm{T}}YS^{1/2}M_{W_2^*}W_3\left(W_3^{\mathrm{T}}M_{W_2^*}W_3\right)^{-}\end{aligned} \tag{6.47}$$

**定理 6.8 的证明:** (a) 记 $S = \widehat{\Sigma}_{\text{copls}}^{-1}(Y)$ (不要与对称矩阵记号混淆) 以及未知一阶参数拉直向量

$$\boldsymbol{\beta} = \begin{pmatrix}\mathrm{vec}(\Theta_1)\\ \mathrm{vec}(\Theta_2)\\ \vdots\\ \mathrm{vec}(\Theta_k)\end{pmatrix}$$

则嵌套可加增长曲线模型式 (1.9)～式 (1.10) 可改写为

$$(I\otimes S^{1/2})\mathrm{vec}(Y) = (I\otimes S^{1/2})T\boldsymbol{\beta} + (I\otimes S^{1/2})\mathrm{vec}(\mathcal{E}) \tag{6.48}$$

显然, 推导 $\boldsymbol{\mu}$ 的两步广义最小二乘估计等价于对线性版嵌套可加增长曲线模型式 (6.48) 应用最小二乘估计方法推导一阶参数均值的估计。易知, $\mathrm{vec}(\boldsymbol{\mu})$ 的广义最小二乘估计是

$$\mathrm{vec}(\widehat{\boldsymbol{\mu}}) = (I \otimes S^{-1/2}) P_{(I \otimes S^{1/2})T} \left(I \otimes S^{1/2}\right) \mathrm{vec}(Y) \tag{6.49}$$

于是, 式 (6.39) 可由式 (6.49) 和式 (6.37) 经简单计算得出。

同时, 注意到

$$W_j^{\mathrm{T}} P_{M_{W_{i-1}^*} W_i} = 0 \ (j = 0, 1, \cdots, i-1) \ \text{以及} P_{X_i} X_j = X_j$$

对任意的 $j = i, i+1, \cdots, k$, 由式 (6.37), $\widehat{\boldsymbol{\mu}}_{\mathrm{copls}}(Y)$ 或 $\widehat{\boldsymbol{\mu}}$ 可分解为

$$\begin{aligned}
\widehat{\boldsymbol{\mu}} &= \sum_{i=1}^{k} P_{X_i} \left( \sum_{j=1}^{k} X_j \Theta_j Z_j^{\mathrm{T}} + \mathcal{E} \right) S^{1/2} P_{M_{W_{i-1}^*} W_i} S^{-1/2} \\
&= \sum_{i=1}^{k} \sum_{j=i}^{k} X_j \Theta_j Z_j^{\mathrm{T}} S^{1/2} P_{M_{W_{i-1}^*} W_i} S^{-1/2} + \widehat{\boldsymbol{\mu}}_{\mathrm{copls}}(\mathcal{E}) \\
&= \sum_{i=1}^{k} X_i \Theta_i W_i^{\mathrm{T}} \sum_{j=1}^{i} P_{M_{W_{i-1}^*} W_i} S^{-1/2} + \widehat{\boldsymbol{\mu}}_{\mathrm{copls}}(\mathcal{E}) \\
&= \sum_{i=1}^{k} X_i \Theta_i W_i^{\mathrm{T}} P_{(W_1 \ W_2 \ \cdots \ W_i)} + \widehat{\boldsymbol{\mu}}_{\mathrm{copls}}(\mathcal{E}) \\
&= \boldsymbol{\mu} + \widehat{\boldsymbol{\mu}}_{\mathrm{copls}}(\mathcal{E})
\end{aligned}$$

所以要证 $\widehat{\boldsymbol{\mu}}_{\mathrm{copls}}(Y)$ 的无偏性, 只需要证明 $\mathbb{E}[\widehat{\boldsymbol{\mu}}_{\mathrm{copls}}(\mathcal{E})] = 0$ 即可。由式 (6.39) 可知, 只需要证明 $\mathbb{E}[A_i(\mathcal{E})] = 0 \ (i = 1, 2, \cdots, k)$, 其中 $A_i(\mathcal{E}) = \mathcal{E} S^{1/2} P_{M_{W_{i-1}^*} W_i} S^{-1/2}$。

事实上, $A_i(-\mathcal{E}) = -A_i(\mathcal{E}) \ (i = 1, 2, \cdots, k)$。由随机矩阵 $A_i(\mathcal{E})$ 关于 0 的对称性可知 $\mathbb{E}[A_i(\mathcal{E})]$ 一定是零矩阵。于是结论 (a) 得证。

(b) 线性模型 (6.48) 的正规方程组为

$$T^{\mathrm{T}} (I \otimes S) T \boldsymbol{\beta} = T^{\mathrm{T}} (I \otimes S) \mathrm{vec}(Y) \tag{6.50}$$

若设

$$\widetilde{\boldsymbol{\beta}} = \begin{pmatrix} \mathrm{vec}(\widetilde{\Theta}_1) \\ \mathrm{vec}(\widetilde{\Theta}_2) \\ \vdots \\ \mathrm{vec}(\widetilde{\Theta}_k) \end{pmatrix}$$

是正规方程组 (6.50) 的一个解, 则

$$T^{\mathrm{T}} (I \otimes S) T \widetilde{\boldsymbol{\beta}} = T^{\mathrm{T}} (I \otimes S^{1/2}) P_{(I \otimes S^{\frac{1}{2}})T} (I \otimes S^{1/2}) \mathrm{vec}(Y)$$

依概率等价于 (利用了矩阵学的半消去法则)

$$T \widetilde{\boldsymbol{\beta}} = (I \otimes S^{-1/2}) P_{(I \otimes S^{1/2})T} (I \otimes S^{1/2}) \mathrm{vec}(Y) \tag{6.51}$$

因为式 (6.40) 是式 (6.41) 的矩阵形式, 故只需要证明式 (6.41) 满足式 (6.51) 即可。

当 $k=1$ 时, 由式 (6.43) 可知

$$
\begin{aligned}
T\widetilde{\boldsymbol{\beta}} &= \mathrm{vec}(X_1\widetilde{\Theta}_1 Z_1^{\mathrm{T}}) \\
&= \mathrm{vec}\left(P_{X_1} Y S^{1/2} P_{W_1} S^{-1/2}\right) \\
&= (I\otimes S^{-1/2}) P_{(I\otimes S^{1/2})(X_1\otimes Z_1)} (I\otimes S^{1/2})\mathrm{vec}(Y)
\end{aligned}
$$

由此可知式 (6.51) 对 $k=1$ 情形成立。

当 $k=2$ 时, 由式 (6.45) 和式 (6.47) 可将 $T\widetilde{\boldsymbol{\beta}}(Y)$ 或 $T\widetilde{\boldsymbol{\beta}}$ 分解为

$$
\begin{aligned}
T\widetilde{\boldsymbol{\beta}} =& \mathrm{vec}(X_1\widetilde{\Theta}_1 Z_1^{\mathrm{T}} + X_2\widetilde{\Theta}_2 Z_2^{\mathrm{T}}) \\
=& \mathrm{vec}\left\{P_{X_1}[Y S^{1/2} - P_{X_2} Y S^{1/2} P_{W_2}(M_{W_1})^{\mathrm{T}}] P_{W_1} S^{-1/2}\right\} \\
& + \mathrm{vec}\left[P_{X_2} Y S^{1/2} P_{W_2} (M_{W_1})^{\mathrm{T}} S^{-1/2}\right] \\
=& \mathrm{vec}\left(P_{X_1} Y S^{1/2} P_{W_1} S^{-1/2} + P_{X_2} Y S^{1/2} P_{M_{W_1^*} W_2} S^{-1/2}\right) \\
=& (I\otimes S^{-1/2}) P_{(I\otimes S^{1/2})(X_1\otimes Z_1\quad X_2\otimes Z_2)} (I\otimes S^{1/2})\mathrm{vec}(Y)
\end{aligned}
$$

由此可知, 当 $k=2$ 时式 (6.51) 成立。

当 $k=3$ 时, 由式 (6.47) 和式 (6.37) 可将 $T\widetilde{\boldsymbol{\beta}}(Y)$ 或 $T\widetilde{\boldsymbol{\beta}}$ 分解为

$$
\begin{aligned}
T\widetilde{\boldsymbol{\beta}} =& \mathrm{vec}\left(X_1\widetilde{\Theta}_1 Z_1^{\mathrm{T}} + X_2\widetilde{\Theta}_2 Z_2^{\mathrm{T}} + X_3\widetilde{\Theta}_3 Z_3^{\mathrm{T}}\right) \\
=& A_1 + A_2 + \cdots + A_6 \\
=& \mathrm{vec}\left[P_{X_1} Y^* P_{W_1} S^{-1/2} + P_{X_2} Y^* P_{M_{W_1} W_2} S^{-1/2}\right] \\
& + \mathrm{vec}\left[P_{X_3} Y^* P_{M^*_{W_2} W_3} S^{-1/2}\right] \\
=& (I\otimes S^{-1/2}) P_{(I\otimes S^{1/2})(X_1\otimes Z_1\quad X_2\otimes Z_2\quad X_3\otimes Z_3)} (I\otimes S^{1/2})\mathrm{vec}(Y)
\end{aligned}
$$

其中

$$
\begin{aligned}
A_1 &= \mathrm{vec}\left[P_{X_1} Y^* P_{W_1} - P_{X_2} Y^* P_{W_2}(M_{W_1})^{\mathrm{T}} P_{W_1} S^{-1/2}\right] \\
A_2 &= \mathrm{vec}\left[P_{X_3} Y^* P_{W_3}(M_{W_2^*})^{\mathrm{T}} P_{W_2}(M_{W_1})^{\mathrm{T}} P_{W_1} S^{-1/2}\right] \\
A_3 &= -\,\mathrm{vec}\left[P_{X_3} Y^* P_{W_3}(M_{W_2^*})^{\mathrm{T}} P_{W_2}(M_{W_1})^{\mathrm{T}} S^{-1/2}\right] \\
A_4 &= -\,\mathrm{vec}\left[P_{X_3} Y^* P_{W_3}(M_{W_2^*})^{\mathrm{T}} P_{W_1} S^{-1/2}\right] \\
A_5 &= \mathrm{vec}\left[P_{X_2} Y^* P_{W_2}(M_{W_1})^{\mathrm{T}} S^{-1/2}\right] \\
A_6 &= \mathrm{vec}\left[P_{X_3} Y^* P_{W_3}(M_{W_2^*})^{\mathrm{T}} S^{-1/2}\right]
\end{aligned}
$$

因此, 当 $k=3$ 时式 (6.51) 成立。对任意给定的整数 $k$, 同理可证, 式 (6.51) 成立。

(c) 在定理假设条件下, $\widehat{\Theta}_i^{\mathrm{copls}}(Y)$ 的无偏性与结论 (a) 同理可得。

至此, 定理 6.8 全部证明完毕。

当 $X_i^{\mathrm{T}}X_i$ 和 $W_i^{\mathrm{T}}M_{(W_1\ W_2\ \cdots\ W_{i-1})}W_i\ (i=1,2,\cdots,k)$ 全部都是非奇异时, 所有的广义逆很自然地变为通常的矩阵逆, 于是式 (6.40)、式 (6.43)、式 (6.45) 和式 (6.47) 都变成唯一值, 它们正是嵌套可加增长曲线模型一阶参数 $\Theta_i$ 的两步广义最小二乘估计 $\widehat{\Theta}_i^{\mathrm{copls}}(Y)$。必须指出的是, $k$ 值越大, $W_i^{\mathrm{T}}M_{(W_1\ W_2\ \cdots\ W_{i-1})}W_i$ 的非奇异性越难有保证。

接下来, 研究估计量 $\widehat{\Theta}_i^{\mathrm{copls}}(Y)$ 的渐近性质。先来讨论统计量 $\Theta_i^{\mathrm{copls}}(Y)$ 的相合性。

**定理 6.9** 在假设 6.1 下, 如果 $X_i^{\mathrm{T}}X_i$ 和 $W_i^{\mathrm{T}}M_{(W_1\ W_2\ \cdots\ W_{i-1})}W_i\ (i=1,2,\cdots,k)$ 以概率 1 非奇异, 则对所有的 $i$, 嵌套可加增长曲线模型一阶参数矩阵 $\Theta_i$ 的估计 $\widehat{\Theta}_i^{\mathrm{copls}}(Y)$ 都是相合估计。

**证明:** 因为

$$T\widehat{\boldsymbol{\beta}}(Y)=\mathrm{vec}[\widehat{\boldsymbol{\mu}}_{\mathrm{copls}}(Y)],\ T\widehat{\boldsymbol{\beta}}(\mathcal{E})=\mathrm{vec}[\widehat{\boldsymbol{\mu}}_{\mathrm{copls}}(\mathcal{E})]\ 和\ T\boldsymbol{\beta}=\mathrm{vec}(\boldsymbol{\mu})$$

故

$$T[\widehat{\boldsymbol{\beta}}(Y)-\boldsymbol{\beta}-\widehat{\boldsymbol{\beta}}(\mathcal{E})]=\mathrm{vec}[\widehat{\boldsymbol{\mu}}_{\mathrm{copls}}(Y)]-\mathrm{vec}(\boldsymbol{\mu})-\mathrm{vec}[\widehat{\boldsymbol{\mu}}_{\mathrm{copls}}(\mathcal{E})]=\mathbf{0}$$

由 $T^{\mathrm{T}}(I\otimes S)T$ 的非奇异性可得 $\widehat{\boldsymbol{\beta}}(Y)=\boldsymbol{\beta}+\widehat{\boldsymbol{\beta}}(\mathcal{E})$, 即

$$\widehat{\Theta}_i^{\mathrm{copls}}(Y)=\Theta_i+\widehat{\Theta}_i^{\mathrm{copls}}(\mathcal{E}),\quad i=1,2,\cdots,k \tag{6.52}$$

要证明 $\widehat{\Theta}_i^{\mathrm{copls}}(Y)$ 的相合性, 只需要证明 $\widehat{\Theta}_i^{\mathrm{copls}}(\mathcal{E})$ 依概率收敛于 $\mathbf{0}$ 即可。

由式 (6.40), 有

$$\widehat{\Theta}_i^{\mathrm{copls}}(\mathcal{E})=\sum_{\omega\in\Omega_i^k,\,j=|\omega|}(-1)^j\left(\frac{X_i^{\mathrm{T}}X_i}{n}\right)^{-1}\frac{X_i^{\mathrm{T}}X_{d_j}}{n}\left(\frac{X_{d_j}^{\mathrm{T}}X_{d_j}}{n}\right)^{-1}\frac{X_{d_j}^{\mathrm{T}}\mathcal{E}}{n}B_{ij}(S) \tag{6.53}$$

其中，$B_{ij}(S)=S^{1/2}\left[\bar{P}_{W_i}(M_{W_{i-1}^*})P_{W_{d_1}}(M_{W_{d_1-1}^*})\cdots P_{W_{d_j}}(M_{W_{d_j-1}^*})\right]^{\mathrm{T}}$。

由上述 (a), $\lim_{n\to\infty}B_{ij}(S)=B_{ij}(\Sigma^{-1})$ 依概率有界。根据假设 6.1, 有

$$\lim_{n\to\infty}n^{-1}(X_{d_j}^{\mathrm{T}}X_{d_j})^{-1}=R_{d_jd_j}^{-1},\quad i\leqslant d_j\leqslant k$$

且 $\lim_{n\to\infty}n^{-1}(X_{d_j}^{\mathrm{T}}\mathcal{E})=0$ 依概率成立。因此, 统计量 $\widehat{\Theta}_i^{\mathrm{copls}}(Y)$ 依概率收敛于 $\Theta_i$, 即 $\widehat{\Theta}_i^{\mathrm{copls}}(Y)$ 是嵌套可加增长曲线模型一阶参数 $\Theta_i$ 的相合估计。定理 6.9 证毕。

接着讨论估计 $\Theta_i^{\mathrm{copls}}(Y)$ 的收敛速度和渐近正态性。

**定理 6.10** 在假设 6.1 下, $\sqrt{n}\left[\widehat{\Theta}_i^{\mathrm{copls}}(Y)-\Theta_i\right]$ 依分布收敛于正态分布 $N(\mathbf{0},\Pi_i^k),(i=1,2,\cdots,k)$, 其中协方差矩阵 $\Pi_i^k$ 由式 (6.55)～式 (6.57) 确定。

**证明:** 对给定的 $i$, 集合 $\Omega_i^k$ 划分成 $k+1$ 个子集 $\Omega_{ii}^k=\{(i)\}$。对任意 $i<j\leqslant k$,

$\Omega_{ij}^k = \{(d_0 d_1 \cdots d_l j) : l \in (0, 1, \cdots, j-i-1)$ 使得 $i = d_0 < d_1 < \cdots < d_l < j\}$。则由式 (6.53) 可得下面的分解:

$$\sqrt{n}\left[\widehat{\Theta}_i^{\text{copls}}(Y) - \Theta_i\right] = \sum_{j=i}^{k} \sqrt{n}\, \Xi_{ij}^k(\mathcal{E}) \tag{6.54}$$

其中，$\Xi_{ii}^k(\mathcal{E}) = \bar{P}_{X_i}\mathcal{E}S^{1/2}\bar{P}_{W_i}(M_{W_{i-1}^*})^{\mathrm{T}}$。同时, 对任意 $i < j \leqslant k$,

$$\Xi_{ij}^k(\mathcal{E}) = \bar{P}_{X_i}P_{X_j}\mathcal{E}S^{1/2}P_{W_j}(M_{W_{j-1}^*})^{\mathrm{T}}D_{ij}^k(S)^{\mathrm{T}}\bar{P}_{W_i}(M_{W_{i-1}^*})^{\mathrm{T}}$$

其中,$D_{ij}^k(S) = \sum_{\omega\in\Omega_{ij}^k}(-1)^{l+1}P_{W_{d_1}}(M_{W_{d_1-1}^*})P_{W_{d_2}}(M_{W_{d_2-1}^*})\cdots P_{W_{d_l}}(M_{W_{d_l-1}^*})$。为方便后续的讨论, 在此定义 $D_{ii}^k(S) \equiv I$, 而且 $D_{i(i+1)}^k(S) = -I$。

由定理 6.8 可知, 当 $l = 1, 2, \cdots, k$ 时, $P_{W_l}(M_{W_{l-1}^*})$ 依概率收敛于 $P_{W_l}(M_{W_{l-1}^*})$, 其中 $W_l = \Sigma^{-1/2}Z_l$ 和 $W_l^* = \Sigma^{-1/2}(Z_1\ Z_2\ \cdots\ Z_l)$。于是 $\bar{P}_{W_l}(M_{W_{l-1}^*})$ 依概率收敛于 $\bar{P}_{W_l}(M_{W_{l-1}^*})$, 而且 $D_{ij}^k(S)$ 依概率收敛于 $D_{ij}^k(\Sigma^{-1})$。

由定理条件易证 $\sqrt{n}(X_i^{\mathrm{T}}X_i)^{-1}X_i^{\mathrm{T}}\mathcal{E}$ 依分布收敛于 $N(\mathbf{0}, R_{ii}^{-1}\otimes\Sigma)$, 可参见 Hu 和 Yan (2008) 中的定理 4.2。根据 Slutsky 定理可得 $\sqrt{n}\,\Xi_{ij}^k(\mathcal{E})$ 依分布收敛于 $N(\mathbf{0}, \Gamma_{ij}\otimes G_{ij})$, 其中

$$\Gamma_{ij} = A_{ij}R_{jj}^{-1}A_{ij}^{\mathrm{T}} \tag{6.55}$$

以及

$$G_{ij} = \bar{P}_{W_i}(M_{W_{i-1}^*})D_{ij}^k(\Sigma^{-1})W_j(W_j^{\mathrm{T}}M_{W_{j-1}^*}W_j)^{-1}W_j^{\mathrm{T}}D_{ij}^k(\Sigma^{-1})^{\mathrm{T}}\bar{P}_{W_i}(M_{W_{i-1}^*})^{\mathrm{T}} \tag{6.56}$$

设随机矩阵 $\Xi \sim N(\mathbf{0}, I)$, 考虑

$$\Xi_{ij}^k = A_{ij}R_{jj}^{-1/2}\Xi P_{W_j}(M_{W_{j-1}^*})^{\mathrm{T}}D_{ij}^k(\Sigma^{-1})^{\mathrm{T}}\bar{P}_{W_i}(M_{W_{i-1}^*})^{\mathrm{T}}, \quad j = i, i+1, \cdots, k$$

则 $\Xi_{ij}^k \sim N(\mathbf{0}, \Gamma_{ij}^k\otimes G_{ij}^k)$。因此, 对任意 $i \leqslant j, j' \leqslant k$, 有

$$\mathrm{Cov}\left[\sqrt{n}\Xi_{ij}^k(\mathcal{E}), \sqrt{n}\Xi_{ij'}^k(\mathcal{E})\right] = \mathrm{Cov}\left[\Xi_{ij}^k(\mathcal{E}), \Xi_{ij'}^k(\mathcal{E})\right] + o_p(1)$$

对不同的 $j, j'$ 值, 易知

$$\bar{P}_{W_i}(M_{W_{i-1}^*})D_{ij}^k(\Sigma^{-1})P_{W_j}(M_{W_{j-1}^*})P_{W_{j'}}(M_{W_{j'-1}^*})^{\mathrm{T}}D_{ij'}^k(\Sigma^{-1})^{\mathrm{T}}\bar{P}_{W_i}(M_{W_{i-1}^*})^{\mathrm{T}} = \mathbf{0}$$

由此可知 $\mathrm{Cov}\left[\Xi_{ij}^k(\mathcal{E}), \Xi_{ij'}^k(\mathcal{E})\right] = \mathbf{0}$。因此, $\sqrt{n}\,\Xi_{ij}^k(\mathcal{E})$ 与 $\sqrt{n}\,\Xi_{ij'}^k(\mathcal{E})$ 对不同的 $j, j'$ 是渐近独立的。由式 (6.54) 可知 $\sqrt{n}\,[\widehat{\Theta}_i^{\text{copls}}(Y) - \Theta_i]$ 的渐近正态性质成立。

因此, $\sqrt{n}\left[\widehat{\Theta}_i^{\text{copls}}(Y) - \Theta_i\right]$ 依分布收敛于正态分布 $N(\mathbf{0}, \Pi_i^k)$ $(i = 1, 2, \cdots, k)$, 其中

$$\Pi_i^k = \sum_{j=i}^{k} \Gamma_{ij} \otimes G_{ij} \tag{6.57}$$

定理 6.10 证毕。

在定理 6.10 中, $\Gamma_{ij}$ 算起来并不难。不过, 由式 (6.56) 定义的 $G_{ij}$ 中元素个数为 $2^{j-i}$, 所以当 $k$ 较大时, 集合 $G_{ij}$ 中元素的确定就有一定工作量了。但幸运的是, 在实际统计分析时, $k$ 值通常都比较小。下面讨论其中的几种特殊情形。

当 $k=1$ 时, 嵌套可加增长曲线模型式 (1.9)~式 (1.10) 退化为经典的增长曲线模型 2.1。此时, $i=j=k=1$。由定理 6.10, 式 (6.55) 和式 (6.57), $\sqrt{n}\left[\widehat{\Theta}_{\text{copls}}(Y)-\Theta\right]$ 依分布收敛于正态分布 $N(\mathbf{0},\Pi_1^1)$, 其中

$$\Pi_1^1 = \Gamma_{11} \otimes G_{11} = R_{11}^{-1} \otimes (W_1^{\mathrm{T}} W_1)^{-1} = R_{11}^{-1} \otimes (Z_1^{\mathrm{T}} \Sigma^{-1} Z_1)^{-1}$$

这正是经典增长曲线模型相应的结果, 可参见 Hu 和 Yan (2008) 或 Hu 等 (2012a) 的相关研究。

当 $k=2$ 时, 由定理 6.10 有

(1) $\sqrt{n}\left[\widehat{\Theta}_1^{\text{copls}}(Y)-\Theta_1\right]$ 依分布收敛于正态分布 $N(\mathbf{0},\Pi_1^2)$, 这里

$$\Pi_1^2 = R_{11}^{-1} \otimes (Z_1^{\mathrm{T}} \Sigma^{-1} Z_1)^{-1} + A_{12} R_{22}^{-1} A_{12}^{\mathrm{T}} \otimes G_{12}$$

其中

$$\begin{aligned} G_{12} &= (W_1^{\mathrm{T}} W_1)^{-1} W_1^{\mathrm{T}} W_2 \left(W_2^{\mathrm{T}} M_{W_1} W_2\right)^{-1} W_2^{\mathrm{T}} W_1 (W_1^{\mathrm{T}} W_1)^{-1} \\ &= (Z_1^{\mathrm{T}} \Sigma^{-1} Z_1)^{-1} Z_1^{\mathrm{T}} \Sigma^{-1} Z_2 \left(Z_2^{\mathrm{T}} \Sigma^{-1/2} M_{\Sigma^{-1/2} Z_1} \Sigma^{-1/2} Z_2\right)^{-1} \\ &\quad \times Z_2^{\mathrm{T}} \Sigma^{-1} Z_1 (Z_1^{\mathrm{T}} \Sigma^{-1} Z_1)^{-1} \end{aligned}$$

(2) $\sqrt{n}\left[\widehat{\Theta}_2^{\text{copls}}(Y)-\Theta_2\right]$ 依分布收敛于正态分布 $N(\mathbf{0},\Pi_2^2)$, 其中

$$\begin{aligned} \Pi_2^2 &= \Gamma_{22} \otimes G_{22} = R_{22}^{-1} \otimes \left(W_2^{\mathrm{T}} M_{W_1} W_2\right)^{-1} \\ &= R_{22}^{-1} \otimes \left(Z_2^{\mathrm{T}} \Sigma^{-1/2} M_{\Sigma^{-1/2} Z_1} \Sigma^{-1/2} Z_2\right)^{-1} \end{aligned}$$

当 $k=3$ 时, 由定理 6.10 有

(1) $\sqrt{n}\left[\widehat{\Theta}_1^{\text{copls}}(Y)-\Theta_1\right]$ 依分布收敛于正态分布 $N(\mathbf{0},\Pi_1^3)$, 这里

$$\Pi_1^3 = R_{11}^{-1} \otimes G_{11} + A_{12} R_{22}^{-1} A_{12}^{\mathrm{T}} \otimes G_{12} + A_{13} R_{33}^{-1} A_{13}^{\mathrm{T}} \otimes G_{13}$$

其中

$$\begin{aligned} G_{13} &= (W_1^{\mathrm{T}} W_1)^{-1} W_1^{\mathrm{T}} D_{13}^3 \Sigma^{-1} W_3 \left[W_3^{\mathrm{T}} M_{(W_1\ W_2)} W_3\right]^{-1} \\ &\quad \times W_3^{\mathrm{T}} D_{13}^3 \Sigma^{-1} W_1 (W_1^{\mathrm{T}} W_1)^{-1} \end{aligned}$$

这里令 $D_{13}^3 \Sigma^{-1} = -I + M_{W_1} W_2 (W_2^{\mathrm{T}} M_{W_1} W_2)^{-1} W_2^{\mathrm{T}}$。

(2) $\sqrt{n}\left[\widehat{\Theta}_2^{\text{copls}}(Y)-\Theta_2\right]$ 依分布收敛于正态分布 $N(\mathbf{0},\Pi_2^3)$ 而且 $\Pi_2^3$ 由下式确定

$$\Pi_2^3=R_{22}^{-1}\otimes G_{22}+A_{23}R_{33}^{-1}A_{23}^{\mathrm{T}}\otimes G_{23}$$

其中

$$\begin{aligned}G_{23}=&(W_2^{\mathrm{T}}M_{W_1}W_2)^{-1}W_2^{\mathrm{T}}M_{W_1}W_3\left[W_3^{\mathrm{T}}M_{(W_1\ W_2)}W_3\right]^{-1}\\&\cdot W_3^{\mathrm{T}}M_{W_1}W_2(W_2^{\mathrm{T}}M_{W_1}W_2)^{-1}\end{aligned}$$

(3) $\sqrt{n}\left[\widehat{\Theta}_3^{\text{copls}}(Y)-\Theta_3\right]$ 依分布收敛于正态分布 $N(\mathbf{0},\Pi_3^3)$, 其中

$$\begin{aligned}\Pi_3^3&=\Gamma_{33}\otimes G_{33}=R_{33}^{-1}\otimes\left[W_3^{\mathrm{T}}M_{(W_1\ W_2)}W_3\right]^{-1}\\&=R_{33}^{-1}\otimes\left[Z_3^{\mathrm{T}}\Sigma^{-1/2}M_{\Sigma^{-\frac{1}{2}}(Z_1\ Z_2)}\Sigma^{-1/2}Z_3\right]^{-1}\end{aligned}$$

**定理 6.11** 在假设 6.1 和假设 6.2 下, $\sqrt{n}\left[\widehat{\Sigma}_{\text{copls}}(Y)-\Sigma\right]$ 与 $\sqrt{n}\left[\widehat{\Theta}_i^{\text{copls}}(Y)-\Theta_i\right]$ $(i=1,2,\cdots,k)$ 渐近独立。

**证明:** 由式 (6.52) 与式 (6.53) 可知, 只需要证明: 随机向量 $\text{vec}(X_{d_j}^{\mathrm{T}}\mathcal{E})$ 与 $\text{vec}\left[\widehat{\Sigma}_{\text{copls}}(Y)-\Sigma\right]$ $(i\leqslant d_j\leqslant k)$ 是渐近独立的。

令 $Q_n=X_{d_j}^{\mathrm{T}}\mathcal{E}=(X_1,X_2,\cdots,X_n)(\boldsymbol{\varepsilon}_1,\boldsymbol{\varepsilon}_2,\cdots,\boldsymbol{\varepsilon}_n)^{\mathrm{T}}$, 则

$$\begin{aligned}&\text{Cov}\left[\left(\frac{1}{\sqrt{n}}Q_n\right)\sqrt{n}\left(\widehat{\Sigma}_{\text{copls}}(Y)-\Sigma\right)\right]\\&=\text{Cov}\left[\left(\sum_{i=1}^n X_i\boldsymbol{\varepsilon}_i^{\mathrm{T}}\right)\left(\frac{1}{n}\sum_{i=1}^n\boldsymbol{\varepsilon}_i\boldsymbol{\varepsilon}_i^{\mathrm{T}}-\Sigma\right)\right]+o_p(1)\\&=\mathbb{E}\left[\left(\sum_{i=1}^n X_i\otimes\boldsymbol{\varepsilon}_i^{\mathrm{T}}\right)\left(\frac{1}{n}\sum_{i=1}^n\boldsymbol{\varepsilon}_i\otimes\boldsymbol{\varepsilon}_i^{\mathrm{T}}-\Sigma\right)\right]+o_p(1)\end{aligned}$$

根据假设 5.2, $\text{Cov}\left[\left(\frac{1}{\sqrt{n}}X_{d_j}^{\mathrm{T}}\mathcal{E}\right)\sqrt{n}\left(\widehat{\Sigma}_{\text{copls}}(Y)-\Sigma\right)\right]$ 依概率收敛于 $\mathbf{0}$, 这意味着随机向量 $\text{vec}\left(X_{d_j}^{\mathrm{T}}\mathcal{E}\right)$ 与 $\text{vec}\left[\widehat{\Sigma}_{\text{copls}}(Y)-\Sigma\right]$ 是渐近不相关的。由定理 6.8 和定理 6.10 可知 $\left[\widehat{\Sigma}_{\text{copls}}(Y)-\Sigma\right]$ 与 $\left[\widehat{\Theta}_i^{\text{copls}}(Y)-\Theta_i\right]$ 是渐近独立的。定理 6.11 证毕。

## 6.4 数值模拟分析

本节应用蒙特卡罗随机模拟实验来评估本章所提出的嵌套可加增长曲线模型的各个估计的有限样本效果。实验数据产生的模型如下:

$$Y_{n\times p}=X_1\Theta_1Z_1^{\mathrm{T}}+X_2\Theta_2Z_2^{\mathrm{T}}+\mathcal{E}_{n\times p},\ \text{Cov}(\mathcal{E})=I_n\otimes\Sigma$$

随机误差项 $\varepsilon_{ij} \sim U(-2,2), i=1,2,\cdots,n\ (n=20,30,50,100), p=4, j=1,2,\cdots$, 协方差定义为 $\mathrm{Cov}(\boldsymbol{\varepsilon}_{i\cdot})=\Sigma=(4/3)\Sigma_0$, 其中

$$\boldsymbol{\varepsilon}_{i\cdot}=\begin{pmatrix}\varepsilon_{i1}\\ \varepsilon_{i2}\\ \varepsilon_{i3}\\ \varepsilon_{i4}\end{pmatrix},\ \Sigma_0=\begin{pmatrix}1.0&0.8&0.5&0.4\\0.8&3.0&0.6&0.2\\0.5&0.6&3.0&0.7\\0.4&0.2&0.7&3.0\end{pmatrix},$$

$$X_1=\begin{pmatrix}\mathbf{1}_{\frac{n}{2}\times 1}&\mathbf{0}_{\frac{n}{2}\times 1}\\ \mathbf{0}_{\frac{n}{2}\times 1}&\mathbf{1}_{\frac{n}{2}\times 1}\end{pmatrix},\ \Theta_1=\begin{pmatrix}1&2\\1&1\end{pmatrix},\ Z_1^{\mathrm T}=\begin{pmatrix}1&2&3&4\\1&4&9&16\end{pmatrix},$$

$$X_2=\begin{pmatrix}\mathbf{0}_{\frac{n}{2}\times 1}\\ \mathbf{1}_{\frac{n}{2}\times 1}\end{pmatrix},\ \Theta_2=\begin{pmatrix}3\end{pmatrix}\ ,\ Z_2^{\mathrm T}=(1\quad 8\quad 27\quad 64)$$

为方便极大似然估计和外积最小二乘估计之间的比较, 先将它们分别列举如下。

(1) 模型参数的极大似然估计由定理 6.1 给出, 具体为

$$\begin{aligned}\widehat{\Theta}_1^{\mathrm{mle}}&=(X_1^{\mathrm T}X_1)^{-1}X_1^{\mathrm T}\left(Y-X_2\widehat{\Theta}_2^{\mathrm{ml}}Z_2^{\mathrm T}\right)S_1^{-1}Z_1\left(Z_1^{\mathrm T}S_1^{-1}Z_1\right)^{-1},\\ \widehat{\Theta}_2^{\mathrm{mle}}&=(X_2^{\mathrm T}X_2)^{-1}X_2^{\mathrm T}YP_2S_2^{-1}Z_2\left(Z_2^{\mathrm T}P_2S_2^{-1}Z_2\right)^{-1},\\ \widehat{\Sigma}_{\mathrm{mle}}&=\frac{1}{n}\left(Y-X_1\widehat{\Theta}_1^{\mathrm{mle}}Z_1^{\mathrm T}-X_2\widehat{\Theta}_2^{\mathrm{ml}}Z_2^{\mathrm T}\right)^{\mathrm T}\left(Y-X_1\widehat{\Theta}_1^{\mathrm{mle}}Z_1^{\mathrm T}-X_2\widehat{\Theta}_2^{\mathrm{ml}}Z_2^{\mathrm T}\right)\end{aligned}$$

其中

$$S_1=Y^{\mathrm T}M_{X_1}Y,$$

$$S_2=S_1+(I-T_1Z_1^{\mathrm T})^{\mathrm T}Y^{\mathrm T}P_{M_{X_2}X_1}Y(I-T_1Z_1^{\mathrm T})$$

和

$$T_1=S_1^{-1}Z_1(Z_1^{\mathrm T}S_1^{-1}Z_1)^{-1}$$

(2) 由式 (6.45) 所得两步广义最小二乘估计和由式 (6.32) 所得外积最小二乘估计为

$$\begin{aligned}\widehat{\Theta}_1^{\mathrm{copls}}&=(X_1^{\mathrm T}X_1)^{-1}X_1^{\mathrm T}\left[YS^{1/2}-P_{X_2}YS^{\frac{1}{2}}M_{W_1}W_2(W_2^{\mathrm T}M_{W_1}W_2)^{-1}W_2^{\mathrm T}\right]\\ &\quad W_1(W_1^{\mathrm T}W_1)^{-1},\\ \widehat{\Theta}_2^{\mathrm{copls}}&=(X_2^{\mathrm T}X_2)^{-1}X_2^{\mathrm T}YS^{\frac{1}{2}}M_{W_1}W_2(W_2^{\mathrm T}M_{W_1}W_2)^{-1}\end{aligned}$$

以及

$$\begin{aligned}\widehat{\Sigma}_{\mathrm{copls}}=&\,\alpha_1Y^{\mathrm T}M_{X_1}Y+M_{Z_1}Y^{\mathrm T}(\alpha_2M_{X_2}-\alpha_1M_{X_1})YM_{Z_1}\\ &+M_{Z_2^*}Y^{\mathrm T}(\alpha_3I-\alpha_2M_{X_2})YM_{Z_2^*}\end{aligned}$$

其中, $\alpha_1=(n-r_1)^{-1}, \alpha_2=(n-r_2)^{-1}, \alpha_3=n^{-1}, Z_2^*=(Z_1,Z_2), S=\widehat{\Sigma}_{\text{copls}}^{-1}(Y)$ 以及 $W_i=S^{1/2}Z_i, i=1,2$。在这里, 为方便与极大似然估计比较, 将本书所提出的模型一阶参数估计量也称为外积最小二乘估计。

定义估计绝对偏差和 (简写为 SAB) 为

$$\text{SAB}(\widehat{\Theta})=\sum_{k,i,j}|\text{bias}(\widehat{\theta}_{k,ij})| \text{ 和 } \text{SAB}(\widehat{\Sigma})=\sum_{i\leqslant j}|\text{bias}(\widehat{\sigma}_{ij})|$$

随机模拟试验次数为 5000。$\widehat{\Theta}_i^{\text{copls}}, \widehat{\Theta}_i^{\text{mle}}\ (i=1,2)$, $\widehat{\Sigma}_{\text{copls}}$ 以及 $\widehat{\Sigma}_{\text{mle}}$ 的定义与前相同。用 $\text{MSE}(\widehat{\theta}_{k,ij})$ 与 $\text{MSE}(\widehat{\sigma}_{ij})$ 分别表示参数估计 $\widehat{\theta}$ 通常意义下的均方误差。

模拟数据分析试验中, 设定随机误差服从均匀分布, 样本容量分别取 $n=20$, 30, 50, 100, 将外积最小二乘和极大似然两个估计的模拟试验结果列于表 6.1 中。从表 6.1 不难看出: 在不同样本量情形下, 模型参数的外积最小二乘估计与极大似然估计基本接近, 但在总体绝对误差 SAB ($\widehat{\Sigma}$) 方面, 尤其是小样本情形下, 外积最小二乘估计更加精准与稳健。

模拟数据分析还考虑了 $k$ 值为 2 的嵌套可加增长曲线模型在随机误差分布分别为正态分布和三角分布等情形下的一阶参数和协方差的 COPLS 估计问题, 并与相应的极大似然估计进行了比较。在小样本情形下, $\widehat{\Sigma}_{\text{copls}}(Y)$ 估计的偏差会显著地小于 $\widehat{\Sigma}_{\text{mle}}(Y)$ 估计的偏差, 更加稳定和精准。但随着样本量的递增, 两者的差异会逐渐减小。同时, 两种估计的 MSE 数值在各种样本量情形下都比较接近。相对于传统的极大似然估计方法, 在随机误差为非正态分布时, 本章提出的外积最小二乘估计方法优于极大似然估计 (特别是小样本情形), 因而, 具有更宽广的应用范围和更稳健的应用效果。

正态分布误差和三角分布情形下的模拟数据分析结果与均匀分布误差情形下的模拟计算结果基本一致, 为节省篇幅, 此处从略。

## 6.5 实例分析

在一项关于高血糖和相对高胰岛素血症关联的研究中, 在科罗拉多大学医学中心的儿科临床研究病房对 13 名对照组和 20 名肥胖患者进行了标准葡萄糖耐量口服试验。表 A.5 报告了从标准剂量口服葡萄糖后的 0, 0.5, 1, 1.5, 2, 3, 4 和 5 小时抽取的血样测得的血浆无机磷浓度测量结果。

通常, 患者的血浆无机磷 (mg/dl) 被假定为随葡萄糖口服后时间的多项式函数而变化。如第 1 章介绍中所指出的, 使用经典的生长曲线模型来处理具有相同阶数的多项式剖面是方便的。然而, 对于具有不同阶数的多项式剖面, 嵌套可加增长曲线模型式 (1.9)～式 (1.10) 显示出其优势。在这个关于葡萄糖口服试验后 8 个时间点的血浆无机磷实际问题中, 更合理的假设是控制组和肥胖组患者的平均血浆无机磷曲线遵循两个不同阶数的多项式。使用 AIC 准则的方法表明, 肥胖患者的平

**表 6.1　协方差 COPLS 与 ML 估计在均匀误差下的有限样本表现**

| $n$ | 参数 | COPLS 估计 | | | | ML 估计 | | | |
|---|---|---|---|---|---|---|---|---|---|
| | | sm | bias | std | mse | sm | bias | std | mse |
| 20 | $\hat{\Theta}_{1,11}$ | 0.9884 | −0.0116 | 0.4730 | 0.2239 | 0.9888 | −0.0112 | 0.4689 | 0.2200 |
| | $\hat{\Theta}_{1,12}$ | 2.0014 | 0.0014 | 0.1265 | 0.0160 | 2.0013 | 0.0013 | 0.1253 | 0.0157 |
| | $\hat{\Theta}_{1,21}$ | 1.0005 | 0.0005 | 0.7578 | 0.5742 | 1.0013 | 0.0013 | 0.7594 | 0.5765 |
| | $\hat{\Theta}_{1,22}$ | 0.9994 | −0.0006 | 0.5591 | 0.3125 | 0.9988 | −0.0012 | 0.5610 | 0.3147 |
| | $\hat{\Theta}_2$ | 3.0002 | 0.0002 | 0.1025 | 0.0105 | 3.0004 | 0.0004 | 0.1029 | 0.0106 |
| | SAB($\widehat{\Theta}$) | — | 0.0143 | — | 1.1370 | — | 0.0154 | — | 1.1375 |
| | $\hat{\Sigma}_{11}$ | 1.2874 | −0.0460 | 0.3437 | 0.1202 | 1.2245 | −0.1089 | 0.3156 | 0.1114 |
| | $\hat{\Sigma}_{12}$ | 1.0872 | 0.0205 | 0.5678 | 0.3227 | 0.9474 | −0.1193 | 0.5394 | 0.3052 |
| | $\hat{\Sigma}_{13}$ | 0.6832 | 0.0165 | 0.5402 | 0.2920 | 0.5855 | −0.0812 | 0.5143 | 0.2710 |
| | $\hat{\Sigma}_{14}$ | 0.5047 | −0.0286 | 0.5406 | 0.2930 | 0.4899 | −0.0434 | 0.4993 | 0.2512 |
| | $\hat{\Sigma}_{22}$ | 3.9247 | −0.0753 | 0.9206 | 0.8530 | 3.7934 | −0.2066 | 0.8943 | 0.8423 |
| | $\hat{\Sigma}_{23}$ | 0.8443 | 0.0443 | 0.9319 | 0.8702 | 0.6037 | −0.1963 | 0.8937 | 0.8372 |
| | $\hat{\Sigma}_{24}$ | 0.2130 | −0.0536 | 0.9211 | 0.8512 | 0.1903 | −0.0764 | 0.8854 | 0.7896 |
| | $\hat{\Sigma}_{33}$ | 3.9195 | −0.0805 | 0.9184 | 0.8497 | 3.7910 | −0.2090 | 0.8851 | 0.8268 |
| | $\hat{\Sigma}_{34}$ | 0.9627 | 0.0294 | 0.9445 | 0.8928 | 0.8027 | −0.1306 | 0.8928 | 0.8139 |
| | $\hat{\Sigma}_{44}$ | 3.9440 | −0.0560 | 0.9180 | 0.8458 | 3.6300 | −0.3700 | 0.8479 | 0.8557 |
| | SAB($\widehat{\Sigma}$) | — | 0.4508 | — | 6.1908 | — | 1.5416 | — | 5.9043 |
| 30 | $\hat{\Theta}_{1,11}$ | 0.9913 | −0.0087 | 0.3772 | 0.1423 | 0.9912 | −0.0088 | 0.3760 | 0.1414 |
| | $\hat{\Theta}_{1,12}$ | 2.0017 | 0.0017 | 0.1011 | 0.0102 | 2.0017 | 0.0017 | 0.1008 | 0.0102 |
| | $\hat{\Theta}_{1,21}$ | 1.0067 | 0.0067 | 0.6215 | 0.3862 | 1.0066 | 0.0066 | 0.6211 | 0.3857 |
| | $\hat{\Theta}_{1,22}$ | 0.9935 | −0.0065 | 0.4624 | 0.2138 | 0.9936 | −0.0064 | 0.4622 | 0.2136 |
| | $\hat{\Theta}_2$ | 3.0013 | 0.0013 | 0.0850 | 0.0072 | 3.0013 | 0.0013 | 0.0850 | 0.0072 |
| | SAB($\widehat{\Theta}$) | — | 0.0249 | — | 0.7598 | — | 0.0248 | — | 0.7581 |
| | $\hat{\Sigma}_{11}$ | 1.3016 | −0.0318 | 0.2680 | 0.0728 | 1.2573 | −0.0760 | 0.2517 | 0.0691 |
| | $\hat{\Sigma}_{12}$ | 1.0769 | 0.0102 | 0.4513 | 0.2037 | 0.9799 | −0.0868 | 0.4356 | 0.1973 |
| | $\hat{\Sigma}_{13}$ | 0.6788 | 0.0121 | 0.4426 | 0.1960 | 0.6130 | −0.0536 | 0.4271 | 0.1853 |
| | $\hat{\Sigma}_{14}$ | 0.5194 | −0.0139 | 0.4367 | 0.1909 | 0.5080 | −0.0253 | 0.4145 | 0.1724 |
| | $\hat{\Sigma}_{22}$ | 3.9554 | −0.0446 | 0.7213 | 0.5222 | 3.8619 | −0.1381 | 0.7028 | 0.5129 |
| | $\hat{\Sigma}_{23}$ | 0.8236 | 0.0236 | 0.7464 | 0.5575 | 0.6591 | −0.1409 | 0.7232 | 0.5428 |
| | $\hat{\Sigma}_{24}$ | 0.2337 | −0.0330 | 0.7573 | 0.5745 | 0.2150 | −0.0516 | 0.7333 | 0.5403 |
| | $\hat{\Sigma}_{33}$ | 3.9473 | −0.0527 | 0.7303 | 0.5360 | 3.8549 | −0.1451 | 0.7101 | 0.5252 |
| | $\hat{\Sigma}_{34}$ | 0.9621 | 0.0287 | 0.7666 | 0.5885 | 0.8538 | −0.0795 | 0.7357 | 0.5474 |
| | $\hat{\Sigma}_{44}$ | 3.9718 | −0.0282 | 0.7283 | 0.5311 | 3.7526 | −0.2474 | 0.6892 | 0.5360 |
| | SAB($\widehat{\Sigma}$) | — | 0.2788 | — | 3.9731 | — | 1.0445 | — | 3.8287 |

续表

| $n$ | 参数 | COPLS 估计 | | | | ML 估计 | | | |
|---|---|---|---|---|---|---|---|---|---|
| | | sm | bias | std | mse | sm | bias | std | mse |
| 50 | $\hat{\Theta}_{1,11}$ | 0.9964 | −0.0036 | 0.2819 | 0.0794 | 0.9964 | −0.0036 | 0.2815 | 0.0792 |
| | $\hat{\Theta}_{1,12}$ | 2.0009 | 0.0009 | 0.0766 | 0.0059 | 2.0009 | 0.0009 | 0.0765 | 0.0058 |
| | $\hat{\Theta}_{1,21}$ | 1.0021 | 0.0021 | 0.4828 | 0.2330 | 1.0022 | 0.0022 | 0.4827 | 0.2330 |
| | $\hat{\Theta}_{1,22}$ | 0.9980 | −0.0020 | 0.3575 | 0.1278 | 0.9980 | −0.0020 | 0.3575 | 0.1278 |
| | $\hat{\Theta}_2$ | 3.0005 | 0.0005 | 0.0654 | 0.0043 | 3.0005 | 0.0005 | 0.0654 | 0.0043 |
| | SAB($\widehat{\Theta}$) | — | 0.0090 | — | 0.4504 | — | 0.0091 | — | 0.4501 |
| | $\hat{\Sigma}_{11}$ | 1.3140 | −0.0193 | 0.2055 | 0.0426 | 1.2860 | −0.0473 | 0.1975 | 0.0412 |
| | $\hat{\Sigma}_{12}$ | 1.0701 | 0.0035 | 0.3462 | 0.1199 | 1.0115 | −0.0552 | 0.3399 | 0.1186 |
| | $\hat{\Sigma}_{13}$ | 0.6758 | 0.0092 | 0.3322 | 0.1104 | 0.6353 | −0.0314 | 0.3249 | 0.1065 |
| | $\hat{\Sigma}_{14}$ | 0.5226 | −0.0108 | 0.3377 | 0.1141 | 0.5160 | −0.0173 | 0.3277 | 0.1077 |
| | $\hat{\Sigma}_{22}$ | 3.9829 | −0.0171 | 0.5626 | 0.3167 | 3.9249 | −0.0751 | 0.5534 | 0.3118 |
| | $\hat{\Sigma}_{23}$ | 0.8334 | 0.0334 | 0.5746 | 0.3312 | 0.7336 | −0.0664 | 0.5653 | 0.3239 |
| | $\hat{\Sigma}_{24}$ | 0.2526 | −0.0141 | 0.5803 | 0.3369 | 0.2411 | −0.0256 | 0.5694 | 0.3248 |
| | $\hat{\Sigma}_{33}$ | 3.9629 | −0.0371 | 0.5425 | 0.2956 | 3.9048 | −0.0952 | 0.5317 | 0.2917 |
| | $\hat{\Sigma}_{34}$ | 0.9401 | 0.0068 | 0.5787 | 0.3348 | 0.8735 | −0.0598 | 0.5651 | 0.3229 |
| | $\hat{\Sigma}_{44}$ | 3.9835 | −0.0165 | 0.5461 | 0.2984 | 3.8492 | −0.1508 | 0.5287 | 0.3022 |
| | SAB($\widehat{\Sigma}$) | — | 0.1677 | — | 2.3007 | — | 0.6241 | — | 2.2513 |
| 100 | $\hat{\Theta}_{1,11}$ | 0.9972 | −0.0028 | 0.1993 | 0.0397 | 0.9972 | −0.0028 | 0.1993 | 0.0397 |
| | $\hat{\Theta}_{1,12}$ | 2.0005 | 0.0005 | 0.0535 | 0.0029 | 2.0005 | 0.0005 | 0.0535 | 0.0029 |
| | $\hat{\Theta}_{1,21}$ | 1.0026 | 0.0026 | 0.3353 | 0.1124 | 1.0027 | 0.0027 | 0.3353 | 0.1124 |
| | $\hat{\Theta}_{1,22}$ | 1.0001 | 0.0001 | 0.2494 | 0.0622 | 1.0001 | 0.0001 | 0.2494 | 0.0622 |
| | $\hat{\Theta}_2$ | 2.9998 | −0.0002 | 0.0458 | 0.0021 | 2.9998 | −0.0002 | 0.0458 | 0.0021 |
| | SAB($\widehat{\Theta}$) | — | 0.0063 | — | 0.2193 | — | 0.0063 | — | 0.2193 |
| | $\hat{\Sigma}_{11}$ | 1.3243 | −0.0090 | 0.1445 | 0.0210 | 1.3097 | −0.0237 | 0.1414 | 0.0206 |
| | $\hat{\Sigma}_{12}$ | 1.0714 | 0.0047 | 0.2448 | 0.0600 | 1.0418 | −0.0248 | 0.2423 | 0.0593 |
| | $\hat{\Sigma}_{13}$ | 0.6739 | 0.0072 | 0.2381 | 0.0567 | 0.6535 | −0.0132 | 0.2354 | 0.0556 |
| | $\hat{\Sigma}_{14}$ | 0.5316 | −0.0018 | 0.2353 | 0.0554 | 0.5279 | −0.0054 | 0.2316 | 0.0536 |
| | $\hat{\Sigma}_{22}$ | 3.9976 | −0.0024 | 0.3821 | 0.1460 | 3.9674 | −0.0326 | 0.3786 | 0.1444 |
| | $\hat{\Sigma}_{23}$ | 0.8083 | 0.0083 | 0.4023 | 0.1619 | 0.7582 | −0.0418 | 0.3990 | 0.1609 |
| | $\hat{\Sigma}_{24}$ | 0.2625 | −0.0041 | 0.4108 | 0.1687 | 0.2566 | −0.0101 | 0.4064 | 0.1652 |
| | $\hat{\Sigma}_{33}$ | 3.9762 | −0.0238 | 0.3813 | 0.1459 | 3.9465 | −0.0535 | 0.3771 | 0.1451 |
| | $\hat{\Sigma}_{34}$ | 0.9408 | 0.0075 | 0.4049 | 0.1640 | 0.9072 | −0.0261 | 0.4000 | 0.1607 |
| | $\hat{\Sigma}_{44}$ | 3.9966 | −0.0034 | 0.3720 | 0.1383 | 3.9278 | −0.0722 | 0.3657 | 0.1390 |
| | SAB($\widehat{\Sigma}$) | — | 0.0722 | — | 1.1178 | — | 0.3034 | — | 1.1043 |

均增长曲线是一个四次多项式, 而控制组患者的平均增长曲线是五次多项式。基于对数据残差图的分析, 对时间作变换 $t_0 = t^{1/2}$。

实际问题可以建模如下。有 33 个观测值、8 个时间点和 2 个剖面矩阵, 即 $n = 33$, $p = 8$ 和 $k = 2$。因此, 为了分析表 A.5 中的数据, 构建了嵌套可加增长曲线模型:

$$Y = X_1\Theta_1 Z_1^{\mathrm{T}} + X_2\Theta_2 Z_2^{\mathrm{T}} + \mathcal{E}$$

其中, $Y$ 是一个 $33 \times 8$ 阶的重复观测矩阵,

$$X_1 = \mathbf{diag}(\mathbf{1}_{13}\ \mathbf{1}_{20}),\ X_2 = \begin{pmatrix} \mathbf{1}_{13} \\ \mathbf{0} \end{pmatrix},$$

$$Z_1 = \begin{pmatrix} 1 & 0 & 0 & 0 & 0 \\ 1 & 0.5^{\frac{1}{2}} & 0.5 & 0.5^{\frac{3}{2}} & 0.5^2 \\ 1 & 1 & 1 & 1 & 1 \\ 1 & 1.5^{\frac{1}{2}} & 1.5 & 1.5^{\frac{3}{2}} & 1.5^2 \\ 1 & 2^{\frac{1}{2}} & 2 & 2^{\frac{3}{2}} & 2^2 \\ 1 & 2.5^{\frac{1}{2}} & 2.5 & 2.5^{\frac{3}{2}} & 2.5^2 \\ 1 & 3^{\frac{1}{2}} & 3 & 3^{\frac{3}{2}} & 3^2 \\ 1 & 4^{\frac{1}{2}} & 4 & 4^{\frac{3}{2}} & 4^2 \\ 1 & 5^{\frac{1}{2}} & 5 & 5^{\frac{3}{2}} & 5^2 \end{pmatrix}$$

$$Z_2 = (0\ \ 0.5^{\frac{5}{2}}\ \ 1\ \ 1.5^{\frac{5}{2}}\ \ 2^{\frac{5}{2}}\ \ 3^{\frac{5}{2}}\ \ 4^{\frac{5}{2}}\ \ 5^{\frac{5}{2}})^{\mathrm{T}}$$

利用外积最小二乘法, 获得协方差 $\Sigma$ 的外积最小二乘估计为

$$\widehat{\Sigma}_{\text{copls}} = \begin{pmatrix} 0.4700 & 0.4397 & 0.3231 & 0.3015 & 0.2601 & 0.2823 & 0.2420 & 0.2298 \\ * & 0.5666 & 0.3115 & 0.2657 & 0.2579 & 0.2649 & 0.2868 & 0.2155 \\ * & * & 0.3902 & 0.2876 & 0.2590 & 0.2116 & 0.2049 & 0.1908 \\ * & * & * & 0.3715 & 0.3118 & 0.2990 & 0.2169 & 0.1846 \\ * & * & * & * & 0.5249 & 0.3696 & 0.2756 & 0.2286 \\ * & * & * & * & * & 0.4882 & 0.3715 & 0.3017 \\ * & * & * & * & * & * & 0.4076 & 0.3235 \\ * & * & * & * & * & * & * & 0.3400 \end{pmatrix}$$

肥胖组患者的拟合增长曲线为

$$y_{\text{obese}} = 4.543 + 1.894\, t^{1/2} - 5.405\, t + 3.261\, t^{3/2} - 0.567\, t^2$$

控制组患者的拟合增长曲线为

$$y_{\text{control}} = 4.119 + 1.421\, t^{1/2} - 35.648\, t + 37.405\, t^{3/2} - 16.149\, t^2 + 2.509\, t^{5/2}$$

控制组和肥胖组患者在 8 个时间点上的拟合平均血浆无机磷含量曲线及其标

准误差展示在图 6.1(a) 中。

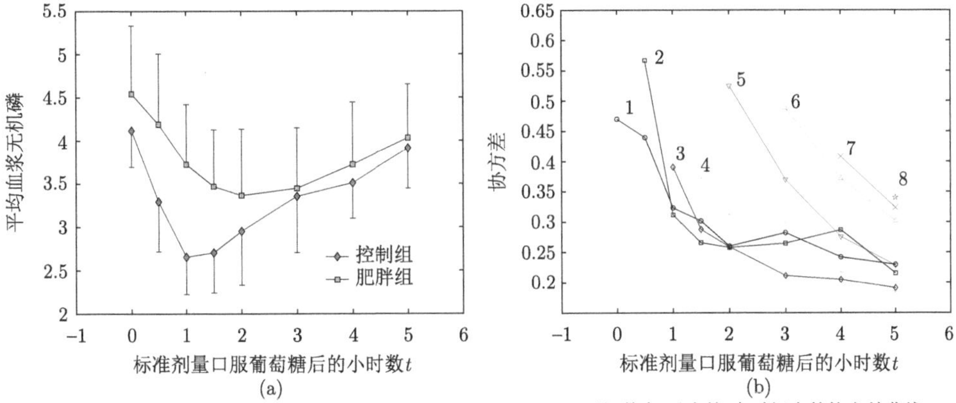


注:每个点对应误差棒的长度表示标准误的大小　　注:数字$i$对应第$i$个时间点的协方差曲线

图 6.1　(a) 在 8 个时间点上, 控制组和肥胖组患者的平均血浆无机磷曲线及其标准误差; (b) 协方差的估计值

数据分析表明, 控制组患者的平均血浆无机磷曲线在标准剂量口服葡萄糖后的所有时间点都位于肥胖组患者的平均曲线下方。与肥胖组患者的生长曲线相比, 控制组患者的增长曲线下降得更为陡峭, 并且至少在较早的半小时内达到最小值。这意味着标准剂量口服葡萄糖对控制组患者的血浆无机磷有更强的影响力。从估计量 $\widehat{\Sigma}_{\text{copls}}$ 可以看出, 在接近最小值的 1 小时或 1.5 小时, 血浆无机磷与其他时间点之间的依赖关系较弱。图 6.1(b) 提供了 8 个时间点的血浆无机磷之间协方差的估计值。

# 第 7 章　正交可加增长曲线模型

本章介绍的内容包括：① 正态分布随机误差情形下正交可加增长曲线模型参数的极大似然估计; ② 任意分布随机误差情形下正交可加增长曲线模型协方差矩阵的二次估计及由此产生的一阶参数两步广义最小二乘估计及其小样本性质和大样本性质; ③ 模拟计算和实际数据分析。本章内容主要取材于 Hu (2010) 和 Hu 等 (2011) 的工作。

## 7.1　正态随机误差下参数的极大似然估计

对于正交可加增长曲线模型式 (1.15) 和式 (1.16), 正如前面章节所述, 假设随机误差矩阵服从正态分布是最常见的。本节假设正交可加增长曲线模型中的 $n\times p$ 阶观测矩阵 $Y$ 服从多元正态分布 $N_{n\times p}(\sum_{i=1}^{k} X_i\Theta_i Z_i^{\mathrm{T}}, I\otimes\Sigma)$, 其联合概率密度函数为

$$
\begin{aligned}
&f(Y;\Theta,\Sigma)\\
&=c|\Sigma|^{-n/2}\mathrm{etr}\left[-\frac{1}{2}\left(Y-\sum_{i=1}^{k}X_i\Theta_i Z_i^{\mathrm{T}}\right)^{\mathrm{T}}\left(Y-\sum_{i=1}^{k}X_i\Theta_i Z_i^{\mathrm{T}}\right)\Sigma^{-1}\right],\\
&\quad Y\in\mathscr{M}_{n\times p}
\end{aligned}
\tag{7.1}
$$

其中，设计矩阵 $X_1,X_2,\cdots,X_k$ 满足列空间正交条件式 (1.16), $\mathrm{etr}(\cdot)\equiv\exp\ \mathrm{tr}(\cdot)$, $c=(2\pi)^{-np/2}$, $\Theta_i\in\mathscr{M}_{m_i\times q_i}$ $(i=1,2,\cdots,k)$ 以及 $\Sigma\in\mathscr{N}_p$。

给定数据 $Y$, 根据密度函数 (7.1), 一阶参数 $\Theta_1,\Theta_2,\cdots,\Theta_k$ 和协方差矩阵 $\Sigma$ 的似然函数为

$$
\begin{aligned}
&L(\Theta_1,\Theta_2,\cdots,\Theta_k,\Sigma|Y)\\
&=c|\Sigma|^{-n/2}\mathrm{etr}\left[-\frac{1}{2}\left(Y-\sum_{i=1}^{k}X_i\Theta_i Z_i^{\mathrm{T}}\right)^{\mathrm{T}}\left(Y-\sum_{i=1}^{k}X_i\Theta_i Z_i^{\mathrm{T}}\right)\Sigma^{-1}\right],\\
&\quad \Theta_i\in\mathscr{M}_{m_i\times q_i}, i=1,2,\cdots,k,\Sigma\in\mathscr{N}_p
\end{aligned}
\tag{7.2}
$$

下面计算一阶参数 $\Theta_1,\Theta_2,\cdots,\Theta_k$ 和协方差 $\Sigma$ 的极大似然估计。

**定理 7.1**　设 $Y\sim N_{n\times p}(\boldsymbol{\mu},I\otimes\Sigma)$, 其中, $\Sigma>\mathbf{0}$, 均值结构 $\boldsymbol{\mu}=\sum_{i=1}^{k}X_i\Theta_i Z_i^{\mathrm{T}}$

且满足设计矩阵列空间正交条件 (1.16)。那么, 参数 $\Theta_1, \Theta_2, \cdots, \Theta_k$ 和 $\Sigma$ 的极大似然估计, 记为 $\widehat{\Theta}_1^{\mathrm{mle}}, \widehat{\Theta}_2^{\mathrm{mle}}, \cdots, \widehat{\Theta}_k^{\mathrm{mle}}$ 和 $\widehat{\Sigma}_{\mathrm{mle}}$, 分别为

$$\widehat{\Theta}_i^{\mathrm{mle}} = (X_i^{\mathrm{T}} X_i)^{-} X_i^{\mathrm{T}} Y \widehat{\Sigma}_{\mathrm{mle}}^{-1} Z_i \left(Z_i^{\mathrm{T}} \widehat{\Sigma}_{\mathrm{mle}}^{-1} Z_i\right)^{-}, \ i = 1, 2, \cdots, k \tag{7.3}$$

和

$$\begin{aligned}\widehat{\Sigma}_{\mathrm{mle}} &= \frac{1}{n}\left(Y - \sum_{i=1}^{k} X_i \widehat{\Theta}_i^{\mathrm{mle}} Z_i^{\mathrm{T}}\right)^{\mathrm{T}}\left(Y - \sum_{i=1}^{k} X_i \widehat{\Theta}_i^{\mathrm{mle}} Z_i^{\mathrm{T}}\right) \\ &= \frac{1}{n} S + \frac{1}{n}\sum_{i=1}^{k}\{I - Z_i(Z_i^{\mathrm{T}}\Sigma^{-1}Z_i)^{-1}Z_i^{\mathrm{T}}\Sigma^{-1}]Y^{\mathrm{T}}P_{X_i}Y \\ &\qquad \{I - \Sigma^{-1}Z_i(Z_i^{\mathrm{T}}\Sigma^{-1}Z_i)^{-1}Z_i^{\mathrm{T}}]\end{aligned} \tag{7.4}$$

**证明:** 根据参数的似然函数 (7.2), 对数似然函数 $g(\Theta_1, \Theta_2, \cdots, \Theta_k, \Sigma_*)$ 为

$$g(\Theta_1, \Theta_2, \cdots, \Theta_k, \Sigma_*) = \frac{n}{2}\log\det(\Sigma_*) - \frac{1}{n}\mathrm{tr}[(Y - \boldsymbol{\mu})^{\mathrm{T}}(Y - \boldsymbol{\mu})\Sigma_*] + \log c$$

其中, $\Sigma_* = \Sigma^{-1}$。那么, 针对任意的 $\mathrm{d}\Theta_i \in \mathscr{M}_{m_i \times q_i}$ $(i = 1, 2, \cdots, k)$, 对对数似然函数进行微分, 得

$$\mathrm{d}g(\Theta_1, \Theta_2, \cdots, \Theta_k, \Sigma^*)(\mathrm{d}\Theta_i) = -\frac{1}{2}\mathrm{tr}\left[\left(Y - \sum_{i=1}^{k} X_i\Theta_i Z_i\right)^{\mathrm{T}}\left(-X_i \mathrm{d}\Theta_i Z_i^{\mathrm{T}}\right)\Sigma_*\right]$$

以及对任意的 $\mathrm{d}\Sigma_* \in \mathscr{M}_{p\times p}$, 对对数似然函数进行微分, 得到

$$\mathrm{d}g(\Theta_1, \Theta_2, \cdots, \Theta_k, \Sigma_*)(\mathrm{d}\Sigma_*) = \frac{n}{2}\mathrm{tr}\left[\Sigma_*^{-1}(\mathrm{d}\Sigma_*)\right] - \frac{1}{2}\mathrm{tr}\left[(Y - \boldsymbol{\mu})^{\mathrm{T}}(Y - \boldsymbol{\mu})(\mathrm{d}\Sigma_*)\right]$$

根据微分学一阶导数最优化必要条件, 设

$$\mathrm{d}g(\Theta_1, \Theta_2, \cdots, \Theta_k, \Sigma_*)(\mathrm{d}\Theta_i) = \mathbf{0}, \quad i = 1, 2, \cdots, k$$

和

$$\mathrm{d}g(\Theta_1, \Theta_2, \cdots, \Theta_k, \Sigma_*)(\mathrm{d}\Sigma_*) = \mathbf{0}$$

利用设计矩阵列空间正交条件 (1.16), 获得

$$\mathrm{tr}\left[(Y - X_i\Theta_i Z_i)^{\mathrm{T}}\left(-X_i \mathrm{d}\Theta_i Z_i^{\mathrm{T}}\right)\Sigma_*\right] = 0, \quad i = 1, 2, \cdots, k$$

即

$$\mathrm{tr}\left[Z_i^{\mathrm{T}}\Sigma_*\left(Y - X_i\Theta_i Z_i^{\mathrm{T}}\right)^{\mathrm{T}} X_i \mathrm{d}\Theta_i\right] = 0, \quad i = 1, 2, \cdots, k$$

以及

$$n\,\mathrm{tr}\left[\Sigma_*^{-1}(\mathrm{d}\Sigma_*)\right]-\mathrm{tr}\left[(Y-\boldsymbol{\mu})^{\mathrm{T}}(Y-\boldsymbol{\mu})(\mathrm{d}\Sigma_*)\right]=0$$

由于微分 $\mathrm{d}\Theta_i\ (i=1,2,\cdots,k)$ 和 $\mathrm{d}\Sigma_*$ 的任意性, 得到下列联立方程组

$$X_i^{\mathrm{T}}(Y-X_i\Theta_iZ_i^{\mathrm{T}})\Sigma^{-1}Z_i=\mathbf{0},\quad i=1,2,\cdots,k \tag{7.5}$$

和

$$n\,\Sigma=\left(Y-\sum_{i=1}^{k}X_i\Theta_iZ_i^{\mathrm{T}}\right)^{\mathrm{T}}\left(Y-\sum_{i=1}^{k}X_i\Theta_iZ_i^{\mathrm{T}}\right) \tag{7.6}$$

把极大似然估计 $\widehat{\Theta}_1^{\mathrm{mle}},\widehat{\Theta}_2^{\mathrm{mle}},\cdots,\widehat{\Theta}_k^{\mathrm{mle}}$ 和 $\widehat{\Sigma}_{\mathrm{mle}}$ 代入式 (7.5) 和式 (7.6) 得到联立方程组

$$X_i^{\mathrm{T}}(Y-X_i\widehat{\Theta}_i^{\mathrm{mle}}Z_i^{\mathrm{T}})\widehat{\Sigma}_{\mathrm{mle}}^{-1}Z_i=\mathbf{0},\quad i=1,2,\cdots,k$$

和

$$n\,\Sigma_{\mathrm{mle}}=\left(Y-\sum_{i=1}^{k}X_i\widehat{\Theta}_i^{\mathrm{mle}}Z_i^{\mathrm{T}}\right)^{\mathrm{T}}\left(Y-\sum_{i=1}^{k}X_i\Theta_i^{\mathrm{mle}}Z_i^{\mathrm{T}}\right)$$

由上两式即获得式 (7.3) 和式 (7.4)。定理 7.1 证明完毕。

正交可加增长曲线模型参数的极大似然估计 $\widehat{\Theta}_1^{\mathrm{mle}},\widehat{\Theta}_2^{\mathrm{mle}},\cdots,\widehat{\Theta}_k^{\mathrm{mle}}$ 和 $\widehat{\Sigma}_{\mathrm{mle}}$ 未能显式表示出来, 这在数学上没有嵌套可加增长曲线模型参数的极大似然估计 (见第 5 章 5.1 节) 显式表达结果漂亮。

计算极大似然估计 $\widehat{\Theta}_1^{\mathrm{mle}},\widehat{\Theta}_2^{\mathrm{mle}},\cdots,\widehat{\Theta}_k^{\mathrm{mle}}$ 和 $\widehat{\Sigma}_{\mathrm{mle}}$ 的迭代算法基本步骤如下。

第 0 步, 输入 $Y,X_1,X_2,\cdots,X_k,Z_1,Z_2,\cdots,Z_k$, 设 $X=(X_1\ X_2\ \cdots\ X_k)$。

第 1 步, 取初始值 $\widehat{\Sigma}_{(0)}=Y^{\mathrm{T}}M_XY/n$, 记 $l\leftarrow 1$。

第 2 步, 已知有 $\widehat{\Sigma}_{(l-1)}$, 对 $i=1,2,\cdots,k$, 计算

$$\widehat{\Theta}_i^{(l)}=(X_i^{\mathrm{T}}X_i)^{\mathrm{T}}X_i^{\mathrm{T}}Y\widehat{\Sigma}_{(l-1)}^{-1}Z_i(Z_i^{\mathrm{T}}\widehat{\Sigma}_{(l-1)}^{-1}Z_i)^{-1}$$

第 3 步, 按式 (7.4) 计算 $\widehat{\Sigma}_{(l)}$, 当 $\|\widehat{\Sigma}_{(l)}-\widehat{\Sigma}_{(l-1)}\|_{\mathrm{F}}>\varepsilon$($\varepsilon$ 是事先设定的一个很小的正数), 更新

$$\widehat{\Sigma}_{(l-1)}\leftarrow\widehat{\Sigma}_{(l)}\,,\ \mathrm{l}\leftarrow\mathrm{l}+1$$

转到第 2 步, 否则转到第 4 步。

第 4 步, 对 $i=1,2,\cdots,k$, $\widehat{\Theta}_i^{\mathrm{mle}}=\widehat{\Theta}_i^{(l)}$ 以及 $\widehat{\Sigma}_{\mathrm{mle}}=\widehat{\Sigma}_{(l)}$, 终止。

迭代算法的思路, 首先本质上用多元线性模型 $Y=X\Theta+\mathcal{E}$ 协方差的极大似然估计 $Y^{\mathrm{T}}M_XY/n$ 作为 $\widehat{\Sigma}_{\mathrm{mle}}$ 的初始值, 这时仅利用了空间 $\mathscr{C}(X)^{\perp}\otimes\mathbb{R}^p$ 提供的残差信息, 然后累加每个空间 $\mathscr{C}(X_i)\otimes\mathscr{C}(Z_i)_*^{\perp}$ 的残差信息, 这里 $\mathscr{C}(Z_i)_*$ 是列空

间 $\mathscr{C}(Z_i)$ 在投影矩阵 $\Sigma^{-1}Z_i(Z_i^{\mathrm{T}}\Sigma^{-1}Z_i)^{-1}Z_i^{\mathrm{T}}$ 下的投影空间, 而 $\mathscr{C}(Z_i)_*^{\perp}$ 是投影空间 $\mathscr{C}(Z_i)_*$ 的正交补空间。迭代的过程意味着寻找 $k$ 个最优投影矩阵或 $k$ 个最优投影空间的过程。

算法收敛涉及方程

$$n\Sigma = S + \sum_{i=1}^{k} T_i^{\mathrm{T}} Y^{\mathrm{T}} P_{X_i} Y T_i$$

解的唯一性, 其中 $T_i = I - \Sigma^{-1}Z_i(Z_i^{\mathrm{T}}\Sigma^{-1}Z_i)^{-1}Z_i^{\mathrm{T}}$ $(i = 1, 2, \cdots, k)$, 迭代的过程也就是寻找最优解 $\widehat{\Sigma}_{\mathrm{mle}}$ 的过程。到目前为止, 算法收敛问题还未见研究。

在实际数据分析中, 会涉及增长问题, 因而可以建立各种增长曲线模型, Verbyla 和 Venables (1988) 考虑了增长曲线模型的均值具有可加线性结构式 (1.7), 这是在多项式基本函数下最一般化的拓展。在此均值结构下, 一阶参数 $\Theta_1, \Theta_2, \cdots, \Theta_k$ 的估计实际上也过多地依赖于设计矩阵或剖面矩阵的结构, 这给数学上的处理带来了挑战。例如, 嵌套可加增长曲线模型式 (1.9)～式 (1.10) 可以依赖嵌套条件的美妙结构, 通过矩阵方程、空间投影与递推手段, 获得参数的极大似然估计显式表达式。即使存在正交条件, 正交可加增长曲线模型式 (1.15)～式 (1.16) 也难获得一阶参数的极大似然估计显式表达式。如果均值结构式 (1.7) 是任意的, 求一阶参数 $\Theta_1, \Theta_2, \cdots, \Theta_k$ 的估计势必会变成一个技术上困难的问题。这就导致了对增长问题的研究内容和研究方法趋于分散化, 从而严重阻碍了该问题成为学科发展的研究重点或成为研究热门的可能性。增长曲线模型的研究与发展状况基本呈现了这个现象。于是, 挖掘对社会发展各学科活动意义重大的增长问题才能显著提高增长曲线问题研究的学术理论价值。

## 7.2 协方差的无偏不变估计与一阶参数的广义最小二乘估计

对正交可加增长曲线模型式 (1.15) 和式 (1.16) 的参数估计, 在已知随机误差分布前提下, 推导极大似然估计成为必然。如果随机误差分布不易确定, 最小二乘法是另一统计思想。

设 $W$ 是对称矩阵, 关于正交可加增长曲线模型式 (1.15) 和式 (1.16), 如果对任何矩阵 $\Theta_i \in \mathscr{M}_{m_i \times q_i}$ 以及 $Y \in \mathscr{M}_{n \times p}$ 都有

$$\left(Y - \sum_{i=1}^{k} X_i \Theta_i Z_i^{\mathrm{T}}\right)^{\mathrm{T}} W \left(Y - \sum_{i=1}^{k} X_i \Theta_i Z_i^{\mathrm{T}}\right) = Y^{\mathrm{T}} W Y$$

则称数据 $Y$ 的二次函数 $Y^{\mathrm{T}}WY$ 对位移变换是不变的。如果对任何矩阵 $\Sigma \in \mathscr{N}_p$ 都有

$$\mathbb{E}\left(Y^{\mathrm{T}}WY\right)=\Sigma$$

则称数据 $Y$ 的二次函数 $Y^{\mathrm{T}}WY$ 为参数 $\Sigma$ 的无偏估计。

二次函数常常是协方差估计的理想候选对象, 不变性也常伴随着二次参数的估计而出现。于是, 从二次函数开始, 针对协方差 $\Sigma$ 来讨论无偏估计和无偏不变估计。下面介绍与无偏估计和无偏不变估计等价的代数关系。

**引理 7.1**　设 $Y$ 服从连续型分布 $\mathcal{G}_{n\times p}(\boldsymbol{\mu}, I\otimes\Sigma)$ 且矩阵 $W$ 是对称的, 其中均值结构为 $\boldsymbol{\mu}=\sum_{i=1}^{k}X_i\Theta_iZ_i^{\mathrm{T}}$, 考虑下列论述:

(a) 统计量 $Y^{\mathrm{T}}WY$ 是参数 $\Sigma$ 的一个无偏估计;

(b) $\mathrm{tr}(W)=1$ 且 $\boldsymbol{\mu}'W\boldsymbol{\mu}=\mathbf{0}$;

(c) $\mathrm{tr}(W)=1$ 且 $X_i'WX_j=\mathbf{0}\ (1\leqslant i\leqslant j\leqslant k)$;

(d) 统计量 $Y^{\mathrm{T}}WY$ 是参数 $\Sigma$ 的一个无偏不变估计;

(e) $\mathrm{tr}(W)=1$ 且 $W\boldsymbol{\mu}=\mathbf{0}$;

(f) $\mathrm{tr}(W)=1$ 且 $WX_i=\mathbf{0}\ (i=1,2,\cdots,k)$。

则论述 (a) – (c) 之间相互等价并且论述 (d) – (f) 之间相互等价。

**证明:** (1) 先证明 (a) – (c) 等价。把 $\boldsymbol{\mu}$ 代入 $\mathbb{E}(Y^{\mathrm{T}}WY)=\mathrm{tr}(W)\Sigma+\boldsymbol{\mu}W\boldsymbol{\mu}$ 获得

$$\mathbb{E}(Y^{\mathrm{T}}WY)=\mathrm{tr}(W)\Sigma+\sum_{i=1}^{k}\sum_{j=1}^{k}(X_i\Theta_iZ_i^{\mathrm{T}})^{\mathrm{T}}WX_j\Theta_jZ_j^{\mathrm{T}}$$

显然, (c) ⇒ (b) ⇒ (a)。

假设统计量 $Y^{\mathrm{T}}WY$ 是 $\Sigma$ 的一个无偏估计, 那么

$$\mathrm{tr}(W)\Sigma+\boldsymbol{\mu}^{\mathrm{T}}W\boldsymbol{\mu}=\Sigma$$

取值 $\boldsymbol{\mu}=\mathbf{0}$ 且考虑非奇异的 $\Sigma$, 意味着 $\mathrm{tr}(W)=1$ 且 $\boldsymbol{\mu}^{\mathrm{T}}W\boldsymbol{\mu}=\mathbf{0}$。故得 (a) ⇒ (b)。

若论述 (b) 成立, 那么,

$$\sum_{i=1}^{k}\sum_{j=1}^{k}Z_i\Theta_i^{\mathrm{T}}X_i^{\mathrm{T}}WX_j\Theta_jZ_j^{\mathrm{T}}=\mathbf{0} \tag{7.7}$$

由参数 $\Theta_i\in\mathscr{M}_{m_i\times q_i}$ 的任意性, 断言: $X_i^{\mathrm{T}}WX_j=\mathbf{0}\ (1\leqslant i\leqslant j\leqslant k)$。

对断言的验证如下。固定 $i$ 且其他参数矩阵设为零矩阵, 式 (7.7) 简化为

$$Z_i\Theta_i^{\mathrm{T}}X_i^{\mathrm{T}}WX_i\Theta_iZ_i^{\mathrm{T}}=\mathbf{0}$$

对上式左乘 $Z_i^{\mathrm{T}}$ 与右乘 $Z_i$ 得到 $\Theta_i^{\mathrm{T}}X_i^{\mathrm{T}}WX_i\Theta_i=\mathbf{0}$。由参数 $\Theta_i$ 的任意性推出结论 $X_i^{\mathrm{T}}WX_i=\mathbf{0}$。

其次, 固定 $i$ 与 $j$ 并取 $\Theta_l=\mathbf{0}\ (l\neq i,j)$, 则式 (7.7) 简化为

$$Z_i\Theta_i^{\mathrm{T}}X_i^{\mathrm{T}}WX_j\Theta_jZ_j^{\mathrm{T}}+Z_j\Theta_j^{\mathrm{T}}X_j^{\mathrm{T}}WX_i\Theta_iZ_i^{\mathrm{T}}=\mathbf{0}$$

或

$$Z_i\Theta_i^{\mathrm{T}}X_i^{\mathrm{T}}WX_j\Theta_jZ_j^{\mathrm{T}}=-[Z_i\Theta_i^{\mathrm{T}}X_i^{\mathrm{T}}WX_j\Theta_jZ_j^{\mathrm{T}}]^{\mathrm{T}}$$

所以，有

$$\operatorname{tr}\left(Z_i\Theta_i^{\mathrm{T}}X_i^{\mathrm{T}}WX_j\Theta_jZ_j^{\mathrm{T}}\right)=0,\ \operatorname{tr}\left(Z_j^{\mathrm{T}}Z_i\Theta_i^{\mathrm{T}}X_i^{\mathrm{T}}WX_j\Theta_j\right)=0$$

参数 $\Theta_j$ 的任意性意味着

$$Z_j^{\mathrm{T}}Z_i\Theta_i^{\mathrm{T}}X_i^{\mathrm{T}}WX_j=\mathbf{0}\ \text{或者}\ \left(Z_j^{\mathrm{T}}Z_i\otimes X_j^{\mathrm{T}}WX_i\right)\operatorname{vec}(\Theta_i^{\mathrm{T}})=\mathbf{0}$$

又由参数 $\operatorname{vec}\left(\Theta_i^{\mathrm{T}}\right)$ 的任意性以及矩阵 $Z_i$ 和 $Z_j$ 的满秩条件，推出 $X_j^{\mathrm{T}}WX_i=\mathbf{0}$ 成立的结论。因此，(b) $\Rightarrow$ (c)。

(2) 再证明 (d) – (f) 等价。因与 (1) 的证明过程类似，故从略。引理 7.1 证明完毕。

根据引理 7.1，作为协方差矩阵 $\Sigma$ 的估计 $Y^{\mathrm{T}}WY$，它的无偏性条件是 $\operatorname{tr}(W)=1$ 和 $\boldsymbol{\mu}^{\mathrm{T}}W\boldsymbol{\mu}=\mathbf{0}$，等价地，$\operatorname{tr}(W)=1$ 且 $X_i^{\mathrm{T}}WX_j=\mathbf{0}$ $(1\leqslant i\leqslant j\leqslant k)$。而它的无偏不变性条件为 $\operatorname{tr}(W)=1$ 和 $W\boldsymbol{\mu}=\mathbf{0}$，等价地，$\operatorname{tr}(W)=1$ 与 $WX_i=\mathbf{0}$ $(i=1,2,\cdots,k)$。

### 7.2.1 协方差的无偏不变估计及其分布

对于正交可加增长曲线模型式 (1.15) 和式 (1.16)，考虑针对协方差 $\Sigma$ 的一个二次估计。设

$$\widehat{\Sigma}_{\text{quad}}=Y^{\mathrm{T}}W_0Y,\ \ W_0=\frac{1}{r}\left(I-\sum_{i=1}^{k}P_{X_i}\right)\tag{7.8}$$

其中，$r=n-\sum_{i=1}^{k}r(X_i)$。

根据引理 7.1 的等价代数关系，容易确定二次函数 $\widehat{\Sigma}_{\text{quad}}$ 是参数 $\Sigma$ 的无偏不变估计。

二次无偏不变估计式 (7.8) 是从第 2 章的二次估计式 (2.36) 自然延拓而来的，研究二次无偏不变估计式 (7.8) 的动机也与研究式 (2.36) 的动机相同，见 2.3 节的相关阐述。

定理 7.2 说明 $\widehat{\Sigma}_{\text{quad}}$ 服从中心 Wishart 分布，这与正态多元线性模型 (Arnold, 1981, 第 19 章) 和正态增长曲线模型 (Žežula, 1993) 中的结果类似。

**定理 7.2** 设 $Y\sim N_{n\times p}(\sum_{i=1}^{k}X_i\Theta_iZ_i^{\mathrm{T}},I\otimes\Sigma)$ 且设计矩阵满足正交条件式 (1.16)。则统计量 $\widehat{\Sigma}_{\text{quad}}$ 服从中心 Wishart 分布 $W_p(r,\Sigma/r)$。

**证明:** $rW_0$ 是一个幂等矩阵 (idempotent matrix)，从而 $r\widehat{\Sigma}_{\text{quad}}$ 服从中心 Wishart

分布 $W_p(r,\Sigma)$, 参考 Hu (2008) 的相关研究。故二次估计 $\widehat{\Sigma}_{\text{quad}}$ 服从中心 Wishart 分布 $W_p(r,\Sigma/r)$，定理 7.2 证明完毕。

### 7.2.2 已知协方差时一阶参数的广义最小二乘估计

**引理 7.2** 已知正定矩阵 $\Sigma$, 假设 $\mathcal{E}\sim\mathcal{G}_{n\times p}(\mathbf{0},I\otimes\Sigma)$, 那么, 一阶参数 $\boldsymbol{\mu}$ 的广义最小二乘估计 $\widehat{\boldsymbol{\mu}}_{\text{gls}}$ 为

$$\widehat{\boldsymbol{\mu}}_{\text{gls}}=\sum_{i=1}^{k}P_{X_i}Y\Sigma^{-1}\left(P_{Z_i}\Sigma^{-1}P_{Z_i}\right)^{+} \tag{7.9}$$

进一步, $\widehat{\boldsymbol{\mu}}_{\text{gls}}$ 是参数 $\boldsymbol{\mu}$ 的无偏估计且它的协方差为 $\sum_{i=1}^{k}P_{X_i}\otimes(P_{Z_i}\Sigma^{-1}P_{Z_i})^{+}$。

**证明:** 设 $T=(X_1\otimes Z_1,X_2\otimes Z_2,\cdots,X_k\otimes Z_k)$ 和

$$\boldsymbol{\beta}=\begin{pmatrix}\operatorname{vec}(\Theta_1)\\ \operatorname{vec}(\Theta_2)\\ \vdots\\ \operatorname{vec}(\Theta_k)\end{pmatrix}$$

从均值结构式 (1.7), 有

$$\operatorname{vec}(\boldsymbol{\mu})=T\boldsymbol{\beta} \tag{7.10}$$

显然, 由正交条件式 (1.16), $\mathscr{C}(T)=\mathscr{C}(X_1\otimes Z_1)+\mathscr{C}(X_2\otimes Z_2)+\cdots+\mathscr{C}(X_k\otimes Z_k)$。

给定数据 $Y$ 后, 获得参数 $\boldsymbol{\mu}$ 的广义最小二乘估计等价于应用普通最小二乘方法到下列模型：

$$\operatorname{vec}(U)=\operatorname{vec}(\boldsymbol{\nu})+(I\otimes\Sigma^{-1/2})\operatorname{vec}(\mathcal{E})$$

其中

$$\operatorname{vec}(U)=(I\otimes\Sigma^{-1/2})\operatorname{vec}(Y) \tag{7.11}$$

和

$$\operatorname{vec}(\boldsymbol{\nu})=(I\otimes\Sigma^{-1/2})\operatorname{vec}(\boldsymbol{\mu})=(I\otimes\Sigma^{-1/2})T\boldsymbol{\beta} \tag{7.12}$$

所以, 参数 $\operatorname{vec}(\boldsymbol{\nu})$ 的普通最小二乘估计为

$$\operatorname{vec}\left(\widehat{\boldsymbol{\nu}}_{\text{ols}}\right)=P_{(I\otimes\Sigma^{-1/2})T}\operatorname{vec}(U) \tag{7.13}$$

从式 (7.10)～式 (7.13) 得到

$$\operatorname{vec}\left(\widehat{\boldsymbol{\mu}}_{\text{gls}}\right)=(I\otimes\Sigma^{1/2})P_{(I\otimes\Sigma^{-1/2})T}(I\otimes\Sigma^{-1/2})\operatorname{vec}(Y) \tag{7.14}$$

由于

$$P_{(I\otimes\Sigma^{-1/2})T}=(I\otimes\Sigma^{-1/2})T(T^{\mathrm{T}}(I\otimes\Sigma)^{-1}T)^{+}T^{\mathrm{T}}(I\otimes\Sigma^{-1/2}) \tag{7.15}$$

从式 (7.14)～式 (7.15), 获得

$$\mathrm{vec}(\widehat{\boldsymbol{\mu}}_{\mathrm{gls}})=T[T^{\mathrm{T}}(I\otimes\Sigma)^{-1}T]^{+}T^{\mathrm{T}}(I\otimes\Sigma)^{-1}\mathrm{vec}(Y) \tag{7.16}$$

利用 Kronecker 积运算以及式 (1.16), 方程 (7.16) 简化为

$$\mathrm{vec}(\widehat{\boldsymbol{\mu}}_{\mathrm{gls}})=\sum_{i=1}^{k}\left\{X_i(X_i^{\mathrm{T}}X_i)^{-}X_i^{\mathrm{T}}\otimes[Z_i(Z_i^{\mathrm{T}}\Sigma^{-1}Z_i)^{+}Z_i^{\mathrm{T}}\Sigma^{-1}]\right\}\mathrm{vec}(Y) \tag{7.17}$$

注意到, $[Z_i(Z_i^{\mathrm{T}}Z_i)^{-}Z_i^{\mathrm{T}}\Sigma^{-1}Z_i(Z_i^{\mathrm{T}}Z_i)^{-}Z_i^{\mathrm{T}}]^{+}=Z_i(Z_i^{\mathrm{T}}\Sigma^{-1}Z_i)^{+}Z_i^{\mathrm{T}}$。用矩阵语言重写式 (7.17), 得到 $\widehat{\boldsymbol{\mu}}_{\mathrm{gls}}$ 的表达式 (7.9)。

利用等式

$$Z_i^{\mathrm{T}}\Sigma^{-1}(P_{Z_i}\Sigma^{-1}P_{Z_i})^{+}=Z_i'P_{Z_i}\Sigma^{-1}P_{Z_i}(P_{Z_i}\Sigma^{-1}P_{Z_i})^{+}=Z_i^{\mathrm{T}} \tag{7.18}$$

对 $\widehat{\boldsymbol{\mu}}_{\mathrm{gls}}$ 的表达式 (7.9) 两边取期望得

$$\begin{aligned}\mathbb{E}(\widehat{\boldsymbol{\mu}}_{\mathrm{gls}})&=\mathbb{E}\left[\sum_{i=1}^{k}P_{Z_i}Y\Sigma^{-1}(P_{Z_i}\Sigma^{-1}P_{Z_i})^{+}\right]\\&=\sum_{i=1}^{k}P_{X_i}\boldsymbol{\mu}\Sigma^{-1}(P_{Z_i}\Sigma^{-1}P_{Z_i})^{+}\\&=\sum_{i=1}^{k}P_{X_i}X_i\Theta_iZ_i^{\mathrm{T}}\Sigma^{-1}(P_{Z_i}\Sigma^{-1}P_{Z_i})^{+}\\&=\sum_{i=1}^{k}X_i\Theta_iZ_i^{\mathrm{T}}=\boldsymbol{\mu}\end{aligned}$$

这表明 $\widehat{\boldsymbol{\mu}}_{\mathrm{gls}}$ 是无偏的。而 $\widehat{\boldsymbol{\mu}}_{\mathrm{gls}}$ 的协方差 $\Sigma_{\widehat{\boldsymbol{\mu}}_{\mathrm{gls}}}$ 计算如下:

$$\begin{aligned}\Sigma_{\widehat{\boldsymbol{\mu}}_{\mathrm{gls}}}&=\mathrm{Cov}\left[\mathrm{vec}(\widehat{\boldsymbol{\mu}}_{\mathrm{gls}})\mathrm{vec}(\widehat{\boldsymbol{\mu}}_{\mathrm{gls}})^{\mathrm{T}}\right]\\&=\sum_{i=1}^{k}\sum_{j=1}^{k}A_i\mathrm{Cov}[\mathrm{vec}(Y)\mathrm{vec}(Y)^{\mathrm{T}}]A_j^{\mathrm{T}}\\&=\sum_{i=1}^{k}\sum_{j=1}^{k}A_i(I\otimes\Sigma)A_j^{\mathrm{T}}\\&=\sum_{i=1}^{k}P_{X_i}\otimes(P_{Z_i}\Sigma^{-1}P_{Z_i})^{+}\end{aligned}$$

其中，$A_i=P_{X_i}\otimes(P_{Z_i}\Sigma^{-1}P_{Z_i})^{+}\Sigma^{-1}$。引理 7.2 证明完毕。

由于 $X_i$ 和 $Z_i$ 满秩, 一阶参数矩阵 $\Theta_i$ 是可估的。从均值结构 (1.7) 和正交条件 (1.16) 获得参数 $\Theta_i$ $(i=1,2,\cdots,k)$ 的显式表达式为

$$\Theta_i=(X_i^{\mathrm{T}}X_i)^{-1}X_i^{\mathrm{T}}\boldsymbol{\mu}Z_i(Z_i^{\mathrm{T}}Z_i)^{-1} \tag{7.19}$$

所以, 由引理 7.2, 正交条件 (1.16) 和式 (7.19), 一阶参数矩阵 $\Theta_i$ $(i=1,2,\cdots,k)$ 的广义最小二乘估计为

$$\widehat{\Theta}_i^{\mathrm{gls}}=(X_i^{\mathrm{T}}X_i)^{-1}X_i^{\mathrm{T}}Y\Sigma^{-1}(P_{Z_i}\Sigma^{-1}P_{Z_i})^{+}Z_i(Z_i^{\mathrm{T}}Z_i)^{-1} \tag{7.20}$$

**引理 7.3** 假设 $\mathcal{E}\sim\mathcal{G}_{n\times p}(\mathbf{0},I\otimes\Sigma)$ 和已知 $\Sigma$, 那么, 对所有 $i=1,2,\cdots,k$, 由式 (7.20) 定义的一阶参数 $\Theta_i$ 的广义最小二乘估计 $\widehat{\Theta}_i^{\mathrm{gls}}$ 是无偏的且它的协方差 $\Sigma_{\widehat{\Theta}_i^{\mathrm{gls}}}$ 为 $(X_i^{\mathrm{T}}X_i)^{-1}\otimes(Z_i^{\mathrm{T}}\Sigma^{-1}Z_i)^{-1}$。

**证明:** 对任意 $i$, 利用式 (7.20) 和式 (7.18) 推导出

$$\begin{aligned}\mathbb{E}(\widehat{\Theta}_i^{\mathrm{gls}})&=(X_i^{\mathrm{T}}X_i)^{-1}X_i^{\mathrm{T}}\mathbb{E}(Y)\Sigma^{-1}(P_{Z_i}\Sigma^{-1}P_{Z_i})^{+}Z_i(Z_i^{\mathrm{T}}Z_i)^{-1}\\&=(X_i^{\mathrm{T}}X_i)^{-1}X_i^{\mathrm{T}}\sum_{i=1}^{k}X_i\Theta_iZ_i^{\mathrm{T}}\Sigma^{-1}(P_{Z_i}\Sigma^{-1}P_{Z_i})^{+}Z_i(Z_i^{\mathrm{T}}Z_i)^{-1}\\&=\Theta_iZ_i^{\mathrm{T}}\Sigma^{-1}(P_{Z_i}\Sigma^{-1}P_{Z_i})^{+}Z_i(Z_i^{\mathrm{T}}Z_i)^{-1}\\&=\Theta_iZ_i^{\mathrm{T}}Z_i(Z_i^{\mathrm{T}}Z_i)^{-1}=\Theta_i\end{aligned}$$

设 $C_i=(X_i^{\mathrm{T}}X_i)^{-1}X_i^{\mathrm{T}}$ 和 $D_i=(Z_i^{\mathrm{T}}Z_i)^{-1}Z_i^{\mathrm{T}}$。则由引理 7.2, 均值结构和 Kronecker 积运算, 有

$$\begin{aligned}\Sigma_{\widehat{\Theta}_i^{\mathrm{gls}}}&=\mathrm{Cov}\left[\mathrm{vec}(\widehat{\Theta}_i^{\mathrm{gls}})\mathrm{vec}(\widehat{\Theta}_i^{\mathrm{gls}})^{\mathrm{T}}\right]\\&=\mathrm{Cov}\left[(C_i\otimes D_i)\mathrm{vec}(\widehat{\boldsymbol{\mu}}_{\mathrm{gls}})\mathrm{vec}(\widehat{\boldsymbol{\mu}}_{\mathrm{gls}})^{\mathrm{T}}(C_i^{\mathrm{T}}\otimes D_i^{\mathrm{T}})\right]\\&=(C_i\otimes D_i)\left[\sum_{i=1}^{k}P_{X_i}\otimes(P_{Z_i}\Sigma^{-1}P_{Z_i})^{+}\right](C_i^{\mathrm{T}}\otimes D_i^{\mathrm{T}})\\&=(X_i^{\mathrm{T}}X_i)^{-1}\otimes(Z_i^{\mathrm{T}}Z_i)^{-1}Z_i^{\mathrm{T}}(P_{Z_i}\Sigma^{-1}P_{Z_i})^{+}Z_i(Z_i^{\mathrm{T}}Z_i)^{-1}\end{aligned}$$

从式 (7.18) 得到

$$\Sigma_{\widehat{\Theta}_i^{\mathrm{gls}}}=(X_i^{\mathrm{T}}X_i)^{-1}\otimes(Z_i^{\mathrm{T}}\Sigma^{-1}Z_i)^{-1}$$

引理 7.3 证明完毕。

### 7.2.3 一阶参数两步广义最小二乘估计的小样本性质

引理 7.2 和引理 7.3 提供了在协方差已知情形下的一阶参数无偏的广义最小二乘估计。但是, 当协方差未知时, $\widehat{\boldsymbol{\mu}}_{\mathrm{gls}}$ 和 $\widehat{\Theta}_{\mathrm{gls}}^{i}$ 都依赖未知参数。需要采纳两步估计思想。

基于定理 7.2, 把由式 (7.9) 定义的二次估计 $\widehat{\Sigma}_{\text{quad}} = Y^{\mathrm{T}} W_0 Y$ 作为第一步估计 $\widetilde{\Sigma}$。用 $\widehat{\Sigma}_{\text{quad}}$ (下面简记 $\widehat{\Sigma}$) 取代式 (7.9) 的 $\Sigma$ 得参数 $\boldsymbol{\mu}$ 的两步广义最小二乘估计为

$$\widehat{\boldsymbol{\mu}}_{\text{2gls}} = \sum_{i=1}^{k} P_{X_i} Y \widehat{\Sigma}^{-1} \left( P_{Z_i} \widehat{\Sigma}^{-1} P_{Z_i} \right)^{+} \tag{7.21}$$

同理, 对 $i = 1, 2, \cdots, k$, 参数 $\Theta_i$ 的两步广义最小二乘估计为

$$\widehat{\Theta}_i^{\text{2gls}} = (X_i^{\mathrm{T}} X_i)^{-1} X_i^{\mathrm{T}} Y \widehat{\Sigma}^{-1} \left( P_{Z_i} \widehat{\Sigma}^{-1} P_{Z_i} \right)^{+} Z_i (Z_i^{\mathrm{T}} Z_i)^{-1} \tag{7.22}$$

本小节主要介绍两步广义最小二乘估计 $\widehat{\boldsymbol{\mu}}_{\text{2gls}}$ 和 $\widehat{\Theta}_i^{\text{2gls}}$ $(i = 1, 2, \cdots, k)$ 的一些小样本性质。记

$$\widehat{H}_i = \widehat{\Sigma}^{-1} \left( P_{Z_i} \widehat{\Sigma}^{-1} P_{Z_i} \right)^{+}$$

从式 (7.21) 和式 (7.22) 可以发现 $\widehat{H}_i$ 对 $\widehat{\boldsymbol{\mu}}_{\text{2gls}}$ 和 $\widehat{\Theta}_i^{\text{2gls}}$ 有重要影响。

**引理 7.4** 如果随机误差矩阵 $\mathcal{E}$ 关于原点对称, 那么对 $i = 1, 2, \cdots, k$, 统计量 $\widehat{\Theta}_i^{\text{2gls}}$ 是一阶参数矩阵 $\Theta_i$ 的无偏估计而统计量 $\widehat{\boldsymbol{\mu}}_{\text{2gls}}$ 是一阶参数矩阵 $\boldsymbol{\mu}$ 的无偏估计。

**证明:** 因为 $\widehat{\Sigma}^{-1}$ 是位移变换不变估计, $\widehat{\Sigma}^{-1}$ 关于原点对称, $\widehat{H}_i$ 也关于原点对称, 有 $\mathbb{E}(\mathcal{E}\widehat{H}_i) = \mathbf{0}$。所以统计量 $\widehat{\Theta}_i$ 表示为

$$\widehat{\Theta}_i = \Theta_i + (X_i^{\mathrm{T}} X_i)^{-1} X_i^{\mathrm{T}} \mathcal{E} \widehat{H}_i Z_i (Z_i^{\mathrm{T}} Z_i)^{-1}$$

因此,

$$\mathbb{E}(\widehat{\Theta}_i) = \Theta_i + (X_i^{\mathrm{T}} X_i)^{-1} X_i^{\mathrm{T}} \mathbb{E}(\mathcal{E} \widehat{H}_i) Z_i (Z_i^{\mathrm{T}} Z_i)^{-1} = \Theta_i$$

同理, 能证明 $\widehat{\boldsymbol{\mu}}$ 的无偏性。引理 7.4 证明完毕。

**引理 7.5** 假设 $Y \sim N_{n\times p}\left(\sum_{i=1}^{k} X_i \Theta_i Z_i^{\mathrm{T}}, I \otimes \Sigma\right)$, 则对 $i = 1, 2, \cdots, k$, 下列论述成立。

(1) $P_{X_i} Y$ 与 $\widehat{H}_i$ 是相互独立的;

(2) $\widehat{H}_i$ 与 $\Theta_i$ $(i = 1, 2, \cdots, k)$ 和 $\boldsymbol{\mu}$ 无关;

(3) $Z_i^{\mathrm{T}}[I_p - \mathbb{E}(\widehat{H}_i)] = \mathbf{0}$。

**证明:** (1) 因为 $P_{X_i} Y$ 和 $(I - \sum_{i=1}^{k} P_{X_i}) Y$ 是正态的随机变量且不相关, 所以它们是独立的, 于是 $P_{X_i} Y$ 和 $\widehat{H}_i$ 相互独立。

(2) 定理 7.2 说明 $r\widehat{\Sigma}$ 服从中心 Wishart 分布 $W_p(r, \Sigma)$, 随机变量 $r\widehat{\Sigma}$ 与参数矩阵 $\Theta_1, \Theta_2, \cdots, \Theta_k, \boldsymbol{\mu}$ 无关, 所以 $\widehat{H}_i$ 与参数矩阵 $\Theta_1, \Theta_2, \cdots, \Theta_k$ 以及 $\boldsymbol{\mu}$ 也无关。

(3) 由式 (7.21) 给出的 $\widehat{\boldsymbol{\mu}}$ 能写成

$$\widehat{\boldsymbol{\mu}} = \sum_{i=1}^{k} P_{X_i} Y \widehat{H}_i \tag{7.23}$$

从引理 7.5 的 (1) 以及式 (7.23), 有

$$\mathbb{E}(\widehat{\boldsymbol{\mu}}) = \sum_{i=1}^{k} \mathbb{E}(P_{X_i} Y)\mathbb{E}(\widehat{H}_i)$$

由引理 7.4, 有

$$\sum_{i=1}^{k} X_i \Theta_i Z_i^{\mathrm{T}} \mathbb{E}(\widehat{H}_i) = \sum_{i=1}^{k} X_i \Theta_i Z_i^{\mathrm{T}}$$

即

$$\sum_{i=1}^{k} X_i \Theta_i Z_i^{\mathrm{T}} [I_p - \mathbb{E}(\widehat{H}_i)] = \mathbf{0} \tag{7.24}$$

用 $X_i^{\mathrm{T}}$ 左乘式 (7.24), 由 $\Theta_i$ 的任意性, 获得

$$Z_i^{\mathrm{T}} [I_p - \mathbb{E}(\widehat{H}_i)] = \mathbf{0}, \quad i = 1, 2, \cdots, k$$

这意味着 $Z_i$ 与 $I_p - \mathbb{E}(\widehat{H}_i)$ 的列空间是正交的 $(i = 1, 2, \cdots, k)$。引理 7.5 证明完毕。

固定 $i$, $\widehat{\Theta}_i$ 的表现仅依赖 $P_{Z_i}$ 这一项。但是, $\widehat{\boldsymbol{\mu}}$ 的表现却依赖于所有的 $P_{Z_i}$ 项。尤其, 当 $r(Z_i) = p$ 时, 所有 $\widehat{H}_i \equiv I$。因此, 从式 (7.21) 和式 (7.22), $\widehat{\boldsymbol{\mu}} = \sum_{i=1}^{k} P_{X_i} Y$ 和 $\widehat{\Theta}_i = (X_i^{\mathrm{T}} X_i)^{-1} X_i^{\mathrm{T}} Y Z_i (Z_i^{\mathrm{T}} Z_i)^{-1}$ 与 $\widehat{\Sigma}_{\mathrm{quad}}$ 毫无关系。在这种情形, 引理 7.4 是平凡的。

显而易见, 计算 $\widehat{\boldsymbol{\mu}}$ 和 $\widehat{\Theta}_i$ 的协方差是困难的。如果放松目标, 降低要求, 计算它们的协方差的迹值, 也是一个收获。协方差的迹值可以用来评估协方差的界。

**定理 7.3**　假设 $Y \sim N_{n\times p}(\sum_{i=1}^{k} X_i \Theta_i Z_i^{\mathrm{T}}, I \otimes \Sigma)$, 设计矩阵满足正交条件式 (1.16), 那么两步最小二乘估计 $\widehat{\boldsymbol{\mu}}_{\mathrm{2gls}}$ 的协方差矩阵 $\Sigma_{\widehat{\boldsymbol{\mu}}_{\mathrm{2gls}}}$ 的迹值为

$$\begin{aligned}\mathrm{tr}[\Sigma_{\widehat{\boldsymbol{\mu}}_{\mathrm{2gls}}(Y)}] = &\sum_{i=1}^{k} r(X_i)\mathrm{tr}\{\Sigma[\tau_i \Lambda_i + (\Lambda_i \Sigma - I) P_{Z_i} (\Lambda_i \Sigma - I)^{\mathrm{T}}]\} \\ &+ \sum_{i=1}^{k} \mathrm{tr}\{\boldsymbol{\mu}_i^{\mathrm{T}} \boldsymbol{\mu}_i [\tau_i \Lambda_i + (\Lambda_i \Sigma - I) P_{Z_i} (\Lambda_i \Sigma - I)^{\mathrm{T}} - I]\}\end{aligned} \tag{7.25}$$

其中, $\Lambda_i = (M_{Z_i} \Sigma M_{Z_i})^{+}$, $\boldsymbol{\mu}_i = X_i \Theta_i Z_i^{\mathrm{T}}$, $\tau_i = \mathrm{tr}[\Sigma(I - \Lambda_i \Sigma) P_{Z_i}]/(r - p + q_i - 1)$, $r = n - \sum_{i=1}^{k} r(X_i)$ 以及 $q_i = r(Z_i)$。

**证明:** 为了书写简洁, 在证明过程中, 把下标 2gls 省略。记 $Q = r\widehat{\Sigma}$, $\widehat{H}_i =$

$Q^{-1}\left(P_{Z_i}Q^{-1}P_{Z_i}\right)^{+}$。存在 $p\times p$ 阶正交矩阵 $O_i$ 使得

$$P_{Z_i}=O_i\begin{pmatrix}\mathbf{0}&\mathbf{0}\\\mathbf{0}&I_{q_i}\end{pmatrix}O_i^{\mathrm{T}}\tag{7.26}$$

其中，$q_i=r(Z_i)$。又记

$$Q_i=O_i^{\mathrm{T}}QO_i\ \text{和}\ Q_i^{-1}=\begin{pmatrix}G_{i11}&G_{i12}\\G_{i21}&G_{i22}\end{pmatrix}\tag{7.27}$$

其中，$G_{i22}$ 是 $r_i\times r_i$ 的随机矩阵。那么 $Q$ 服从中心 Wishart 分布 $W_p(r,\Sigma)$, 这意味着 $Q_i$ 服从中心 Wishart 分布 $W_p(r,\Sigma_i)$, 其中 $\Sigma_i=O_i^{\mathrm{T}}\Sigma O_i$。

注意到等式

$$\left(P_{Z_i}\widehat{\Sigma}P_{Z_i}\right)^{+}=P_{Z_i}\left(P_{Z_i}\widehat{\Sigma}P_{Z_i}\right)^{+}$$

和

$$\left[O_i\begin{pmatrix}\mathbf{0}&\mathbf{0}\\\mathbf{0}&G_{i22}\end{pmatrix}O_i^{\mathrm{T}}\right]^{+}=O_i\begin{pmatrix}\mathbf{0}&\mathbf{0}\\\mathbf{0}&G_{i22}\end{pmatrix}^{+}O_i^{\mathrm{T}}$$

由式 (7.26) 和式 (7.27), $\widehat{H}_i$ 简化为

$$\widehat{H}_i=O_i\begin{pmatrix}\mathbf{0}&G_{i12}G_{i22}^{-1}\\\mathbf{0}&I_{q_i}\end{pmatrix}O_i^{\mathrm{T}}\tag{7.28}$$

又由式 (7.22), 式 (1.16), 引理 7.4 的 (1), 式 (7.28) 和 $\mathbb{E}(Y^{\mathrm{T}}WY)=\mathrm{tr}(W)\Sigma+\boldsymbol{\mu}^{\mathrm{T}}W\boldsymbol{\mu}$, 获得

$$\begin{aligned}\mathrm{tr}\{\mathbb{E}[\widehat{\boldsymbol{\mu}}(Y)^{\mathrm{T}}\widehat{\boldsymbol{\mu}}(Y)]\}&=\sum_{i=1}^{k}\mathrm{tr}\left[\mathbb{E}(Y^{\mathrm{T}}P_{X_i}Y)\mathbb{E}(\widehat{H}_i\widehat{H}_i^{\mathrm{T}})\right]\\&=\sum_{i=1}^{k}\mathrm{tr}\left\{[r(X_i)\Sigma+\boldsymbol{\mu}^{\mathrm{T}}P_{X_i}\boldsymbol{\mu}]O_i\begin{pmatrix}E_i&F_i\\F_i^{\mathrm{T}}&I_{q_i}\end{pmatrix}O_i^{\mathrm{T}}\right\}\end{aligned}\tag{7.29}$$

其中，$E_i=\mathbb{E}(G_{i12}G_{i22}^{-2}G_{i21})$ 和 $F_i=\mathbb{E}(G_{i12}G_{i22}^{-1})$。

固定 $i$, 式 (7.27) 的 $Q_i$ 可以写成 $Q_i=Y^{\mathrm{T}}Y$ 且 $Y=(Y_1\ Y_2)_{r\times p}\sim N_{r\times p}(\mathbf{0},I_r\otimes\Sigma_i)$, 其中 $Y_1$ 是 $r\times(p-q_i)$ 随机矩阵和 $Y_2$ 是 $r\times q_i$ 随机矩阵 $(r\geqslant p>q_i>1)$。因此,

$$Q_i^{-1}=\begin{pmatrix}Y_1^{\mathrm{T}}Y_1&Y_1^{\mathrm{T}}Y_2\\Y_2^{\mathrm{T}}Y_1&Y_2^{\mathrm{T}}Y_2\end{pmatrix}^{-1}$$

与式 (7.27) 相比较, 获得

$$\begin{aligned}G_{i22}&=[Y_2^{\mathrm{T}}(I-Y_1(Y_1^{\mathrm{T}}Y_1)^{-1}Y_1^{\mathrm{T}})Y_2]^{-1}\\G_{i11}&=(Y_1^{\mathrm{T}}Y_1)^{-1}+(Y_1^{\mathrm{T}}Y_1)^{-1}Y_1^{\mathrm{T}}Y_2G_{i22}Y_2^{\mathrm{T}}Y_1(Y_1^{\mathrm{T}}Y_1)^{-1}\end{aligned}\tag{7.30}$$

$$G_{i12} = G_{i21}^{\mathrm{T}} = -(Y_1^{\mathrm{T}}Y_1)^{-1}Y_1^{\mathrm{T}}Y_2G_{i22}$$

故由式 (7.29) 和式 (7.30) 得

$$F_i = -\mathbb{E}[(Y_1^{\mathrm{T}}Y_1)^{-1}Y_1^{\mathrm{T}}Y_2] \text{ 和 } E_i = \mathbb{E}\left[(Y_1^{\mathrm{T}}Y_1)^{-1}Y_1^{\mathrm{T}}Y_2Y_2^{\mathrm{T}}Y_1(Y_1^{\mathrm{T}}Y_1)^{-1}\right] \tag{7.31}$$

给定 $Y_1$, 对 $Y_2$ 的条件期望为 $\mathbb{E}(Y_2|Y_1) = Y_1\Sigma_{i11}^{-1}\Sigma_{i12}$, 由 $\mathbb{E}(XY) = \mathbb{E}[\mathbb{E}(XY|X)] = \mathbb{E}(X)\mathbb{E}(Y|X)$, 获得 $F_i = -\Sigma_{i11}^{-1}\Sigma_{i12}$。

设

$$D_i = \mathbb{E}\{[Y_2 - \mathbb{E}(Y_2|Y_1)][Y_2 - \mathbb{E}(Y_2|Y_1)]^{\mathrm{T}}|Y_1\} \tag{7.32}$$

则

$$\mathbb{E}(Y_2Y_2^{\mathrm{T}}|Y_1) = D_i + \mathbb{E}(Y_2|Y_1)\mathbb{E}(Y_2|Y_1)^{\mathrm{T}} \tag{7.33}$$

利用 $i_{(2,3)}$ 表示第 2 坐标和第 3 坐标的交换, 见 Wong 和 Liu (1995) 的相关研究。那么

$$\mathrm{vec}(D_i^{\mathrm{T}}) = i_{(2,3)}(\Sigma_{Y_2|Y_1})\mathrm{vec}(I_{q_i})$$

因为

$$\Sigma_{Y_2|Y_1} = I_r \otimes (\Sigma_{i22} - \Sigma_{i21}\Sigma_{i11}^{-1}\Sigma_{i12})$$

和

$$\mathrm{vec}(D_i^{\mathrm{T}}) = i_{(2,3)}[I_r \otimes (\Sigma_{i22} - \Sigma_{i21}\Sigma_{i11}^{-1}\Sigma_{i12})]\mathrm{vec}(I_{q_i})$$

即

$$D_i = \mathrm{tr}(\Sigma_{i22} - \Sigma_{i21}\Sigma_{i11}^{-1}\Sigma_{i12})\, I_r \tag{7.34}$$

由式 (7.31), 获得

$$E_i = \mathbb{E}[(Y_1^{\mathrm{T}}Y_1)^{-1}Y_1^{\mathrm{T}}\mathbb{E}(Y_2Y_2^{\mathrm{T}}|Y_1)Y_1(Y_1^{\mathrm{T}}Y_1)^{-1}] \tag{7.35}$$

所以, 由式 (7.32)～式 (7.35), 有

$$E_i = \mathrm{tr}(\Sigma_{i22} - \Sigma_{i21}\Sigma_{i11}^{-1}\Sigma_{i12})\mathbb{E}\left[(Y_1^{\mathrm{T}}Y_1)^{-1}\right] + \Sigma_{i11}^{-1}\Sigma_{i12}\Sigma_{i21}\Sigma_{i11}^{-1} \tag{7.36}$$

因为 $Y_1^{\mathrm{T}}Y_1$ 是中心 Wishart 分布 $W_{p-q_i}(r, \Sigma_{i11})$, $(Y_1^{\mathrm{T}}Y_1)^{-1}$ 是逆 Wishart 分布 $W_{p-q_i}^{-1}$ $(r+p-q_i+1, \Sigma_{i11}^{-1})$ 以及 $(Y_1^{\mathrm{T}}Y_1)^{-1}$ 的期望是 $\Sigma_{i11}^{-1}/(r-p+q_i-1)$, $r-p+q_i-1>0$, 见 Muirhead (1982) 第 3 章。因此, 由式 (7.36), 计算得到

$$E_i = \frac{1}{r-p+q_i-1}\mathrm{tr}(\Sigma_{i22} - \Sigma_{i21}\Sigma_{i11}^{-1}\Sigma_{i12})\Sigma_{i11}^{-1} + \Sigma_{i11}^{-1}\Sigma_{i12}\Sigma_{i21}\Sigma_{i11}^{-1} \tag{7.37}$$

进一步,

$$\mathrm{tr}[\Sigma_{\widehat{\boldsymbol{\mu}}(Y)}] = \mathrm{tr}\left\{\mathbb{E}[\widehat{\boldsymbol{\mu}}(Y)^{\mathrm{T}}\widehat{\boldsymbol{\mu}}(Y)]\right\} - \mathrm{tr}(\boldsymbol{\mu}^{\mathrm{T}}\boldsymbol{\mu})$$

从式 (7.28)、式 (7.29) 和式 (7.37), 获得

$$\mathrm{tr}[\Sigma_{\widehat{\boldsymbol{\mu}}(Y)}] = -\mathrm{tr}(\boldsymbol{\mu}^{\mathrm{T}}\boldsymbol{\mu}) + \sum_{i=1}^{k}\mathrm{tr}\left\{[r(X_i)\Sigma + \boldsymbol{\mu}^{\mathrm{T}}P_{X_i}\boldsymbol{\mu}]O_i\Psi_iO_i^{\mathrm{T}}\right\} \tag{7.38}$$

其中，$\tau_i = \mathrm{tr}(\Sigma_{i22} - \Sigma_{i21}\Sigma_{i11}^{-1}\Sigma_{i12})/(r-p+q_i-1)$ 以及

$$\Psi_i = \begin{pmatrix} \tau_i\Sigma_{i11}^{-1} + \Sigma_{i11}^{-1}\Sigma_{i12}\Sigma_{i21}\Sigma_{i11}^{-1} & -\Sigma_{i11}^{-1}\Sigma_{i12} \\ -\Sigma_{i21}\Sigma_{i11}^{-1} & I_{q_i} \end{pmatrix}$$

记 $O_i = (O_{i1}, O_{i2})$。那么 $O_{i1}^{\mathrm{T}}O_{i1} = I_{p-q_i}$, $O_{i2}^{\mathrm{T}}O_{i2} = I_{q_i}$, $P_{Z_i} = O_{i2}O_{i2}^{\mathrm{T}}$, $M_{Z_i} = O_{i1}O_{i1}^{\mathrm{T}}$ 和 $\Sigma_{ijk} = O_{ij}^{\mathrm{T}}\Sigma O_{ik}\ (i,k=1,2)$。

注意到 $(P_{Z_i}\Sigma P_{Z_i})^+ = O_{i2}(O_{i2}^{\mathrm{T}}\Sigma O_{i2})^+O_{i2}^{\mathrm{T}}$ 和 $(M_{Z_i}\Sigma M_{Z_i})^+ = O_{i1}(O_{i1}^{\mathrm{T}}\Sigma O_{i1})^+ O_{i1}^{\mathrm{T}}$, 因此,

$$O_{i1}\Sigma_{i11}^{-1}O_{i1}^{\mathrm{T}} = O_{i1}(O_{i1}^{\mathrm{T}}\Sigma O_{i1})^+O_{i1}^{\mathrm{T}} = (M_{Z_i}\Sigma M_{Z_i})^+$$

同理, $O_{i1}\Sigma_{i12}O_{i2} = M_{Z_i}\Sigma P_{Z_i}$。重新表达式 (7.38) 为

$$\begin{aligned}\mathrm{tr}[\Sigma_{\widehat{\boldsymbol{\mu}}(Y)}] = &-\mathrm{tr}(\boldsymbol{\mu}^{\mathrm{T}}\boldsymbol{\mu}) + \sum_{i=1}^{k}\mathrm{tr}\{[r(X_i)\Sigma + \boldsymbol{\mu}^{\mathrm{T}}P_{X_i}\boldsymbol{\mu}][\tau_i(M_{Z_i}\Sigma M_{Z_i})^+ \\ &+ (M_{Z_i}\Sigma M_{Z_i})^+\Sigma P_{Z_i}\Sigma(M_{Z_i}\Sigma M_{Z_i})^+ - (M_{Z_i}\Sigma M_{Z_i})^+\Sigma P_{Z_i} \\ &- P_{Z_i}\Sigma(M_{Z_i}\Sigma M_{Z_i})^+ + P_{Z_i}]\}\end{aligned} \tag{7.39}$$

其中，$\tau_i = \mathrm{tr}[\Sigma P_{Z_i} - \Sigma(M_{Z_i}\Sigma M_{Z_i})^+\Sigma P_{Z_i}]/(r-p+q_i-1)$。通过简化运算和记号, 所需结果式 (7.25) 可以从式 (7.39) 得到。定理 7.3 证明完毕。

**定理 7.4** 假设 $Y \sim N_{n\times p}(\sum_{i=1}^{k}X_i\Theta_iZ_i^{\mathrm{T}}, I\otimes\Sigma)$ 且设计矩阵满足正交条件式 (1.16), 那么对 $i=1,2,\cdots,k$, 两步广义最小二乘估计 $\widehat{\Theta}_i^{2\mathrm{gls}}$ 的协方差的迹为

$$\begin{aligned}\mathrm{tr}[\Sigma_{\widehat{\Theta}_i^{2\mathrm{gls}}(Y)}] = &-\mathrm{tr}(\Theta_i^{\mathrm{T}}\Theta_i) + \mathrm{tr}\left\{[\mathrm{tr}\left((X_i^{\mathrm{T}}X_i)^{-1}\right)\Sigma + Z_i\Theta_i^{\mathrm{T}}\Theta_iZ_i^{\mathrm{T}}]\right. \\ &\left.\cdot[\tau_i^*\Lambda_i + (\Lambda_i\Sigma - I)K_i(\Lambda_i\Sigma - I)^{\mathrm{T}}]\right\}\end{aligned} \tag{7.40}$$

其中，$\Lambda_i = (M_{Z_i}\Sigma M_{Z_i})^+$, $K_i = Z_i(Z_i^{\mathrm{T}}Z_i)^{-2}Z_i^{\mathrm{T}}$, $\tau_i^* = \mathrm{tr}[\Sigma(I-\Lambda_i\Sigma)K_i]/(r-p+q_i-1)$, $r = n - \sum_{i=1}^{k}r(X_i)$ 以及 $q_i = r(Z_i)$。

**证明:** 与定理 7.3 一样, 为了书写简洁, 在证明过程中, 把下标 2gls 省略。

固定 $i$, 因为

$$\mathrm{tr}\left[\Sigma_{\widehat{\Theta}_i(Y)}\right] = \mathrm{tr}\left\{\mathbb{E}\left[\widehat{\Theta}_i(Y)^{\mathrm{T}}\widehat{\Theta}_i(Y)\right]\right\} - \mathrm{tr}\left(\Theta_i^{\mathrm{T}}\Theta_i\right) \tag{7.41}$$

把式 (7.22) 代入式 (7.41) 得

$$\operatorname{tr}\left[\Sigma_{\widehat{\Theta}_i(Y)}\right]=-\operatorname{tr}\left(\Theta_i^{\mathrm{T}}\Theta_i\right)+\operatorname{tr}\left[\mathbb{E}(Y^{\mathrm{T}}L_iY\widehat{H}_iK_i\widehat{H}_i^{\mathrm{T}})\right] \tag{7.42}$$

其中，$L_i=X_i(X_i^{\mathrm{T}}X_i)^{-2}X_i^{\mathrm{T}}$ 和 $K_i=Z_i(Z_i^{\mathrm{T}}Z_i)^{-2}Z_i^{\mathrm{T}}$。

因为 $Y^{\mathrm{T}}L_iY=Y^{\mathrm{T}}P_{X_i}L_iP_{X_i}Y$, 意味着 $Y^{\mathrm{T}}L_iY$ 与 $\widehat{\Sigma}$ 独立, 从而也与 $\widehat{H}_iK_i\widehat{H}_i^{\mathrm{T}}$ 独立。故

$$\mathbb{E}(Y^{\mathrm{T}}L_iY\widehat{H}_iK_i\widehat{H}_i^{\mathrm{T}})=\mathbb{E}(Y^{\mathrm{T}}L_iY)\mathbb{E}(\widehat{H}_iK_i\widehat{H}_i^{\mathrm{T}}) \tag{7.43}$$

为了获得式 (7.40), 只需推导 $\mathbb{E}(Y^{\mathrm{T}}L_iY)$ 和 $\mathbb{E}(\widehat{H}_iK_i\widehat{H}_i^{\mathrm{T}})$。下面的推导与定理 7.3 的推导类似。

注意到

$$\mathbb{E}(Y^{\mathrm{T}}L_iY)=\mathbb{E}[(Y-\boldsymbol{\mu})^{\mathrm{T}}L_i(Y-\boldsymbol{\mu})]+Z_i\Theta_i^{\mathrm{T}}\Theta_iZ_i^{\mathrm{T}} \tag{7.44}$$

像式 (7.33) 一样, 在 $\mathbb{E}[(Y-\boldsymbol{\mu})^{\mathrm{T}}L_i(Y-\boldsymbol{\mu})]$ 上利用坐标交换标志 $i_{(2,3)}$, 获得

$$\operatorname{vec}\left\{\mathbb{E}[(Y-\boldsymbol{\mu})^{\mathrm{T}}L_i(Y-\boldsymbol{\mu})]^{\mathrm{T}}\right\}=[i_{(2,3)}(I\otimes\Sigma)]^{\mathrm{T}}\operatorname{vec}(L_i^{\mathrm{T}})$$

即

$$\mathbb{E}[(Y-\boldsymbol{\mu})^{\mathrm{T}}L_i(Y-\boldsymbol{\mu})]=\operatorname{tr}(L_i)\,\Sigma=\operatorname{tr}\left[(X_i^{\mathrm{T}}X_i)^{-1}\right]\Sigma$$

所以, 从式 (7.44), 有

$$\mathbb{E}(Y^{\mathrm{T}}L_iY)=\operatorname{tr}\left[(X_i^{\mathrm{T}}X_i)^{-1}\right]\Sigma+Z_i\Theta_i^{\mathrm{T}}\Theta_iZ_i^{\mathrm{T}} \tag{7.45}$$

由于式 (7.42) 中存在 $K_i$, 替代先前的谱表示

$$P_{Z_i}=O_i\begin{pmatrix}\mathbf{0} & \mathbf{0}\\ \mathbf{0} & I_{q_i}\end{pmatrix}O_i^{\mathrm{T}}$$

使用 $Z_i$ 的奇异值分解 $Z_i=O_i\ (\mathbf{0}\quad M_i)^{\mathrm{T}}R_i^{\mathrm{T}}$, 其中 $O_i$ 是 $p$ 阶正交矩阵, $R_i$ 是 $q_i$ 阶正交矩阵，$M_i$ 是 $q_i$ 阶非奇异对角矩阵。

显然,

$$Z_i(Z_i^{\mathrm{T}}Z_i)^{-2}Z_i^{\mathrm{T}}=O_i\begin{pmatrix}\mathbf{0} & \mathbf{0}\\ \mathbf{0} & M_i^{-2}\end{pmatrix}O_i^{\mathrm{T}}$$

所以,

$$\widehat{H}_iK_i\widehat{H}_i=O_i\begin{pmatrix}G_{i12}G_{i22}M_i^{-2}G_{i22}G_{i21} & G_{i12}G_{i22}M_i^{-2}\\ M_i^{-2}G_{i22}G_{i21} & M_i^{-2}\end{pmatrix}O_i^{\mathrm{T}}$$

进一步,

$$\mathbb{E}(\widehat{H}_iK_i\widehat{H}_i)=O_i\begin{pmatrix}\mathbb{E}(G_{i12}G_{i22}M_i^{-2}G_{i22}G_{i21}) & \mathbb{E}(G_{i12}G_{i22}M_i^{-2})\\ \mathbb{E}(M_i^{-2}G_{i22}G_{i21}) & M_i^{-2}\end{pmatrix}O_i^{\mathrm{T}} \tag{7.46}$$

设

$$F_i^* = \mathbb{E}(G_{i12}G_{i22}M_i^{-2}) = \mathbb{E}\left[(Y_1^{\mathrm{T}}Y_1)^{-1}Y_1^{\mathrm{T}}Y_2M_i^{-2}\right] \tag{7.47}$$

和

$$E_i^* = \mathbb{E}\left[(Y_1^{\mathrm{T}}Y_1)^{-1}Y_1^{\mathrm{T}}Y_2M_i^{-2}Y_2^{\mathrm{T}}Y_1(Y_1^{\mathrm{T}}Y_1)^{-1}\right] \tag{7.48}$$

然后, 为了获得 $\mathbb{E}(\widehat{H}_iK_i\widehat{H}_i)$, 需要获得式 (7.47) 和式 (7.48) 的显式表达式。

明显地, $\mathbb{E}(Y_2M_i^{-2}|Y_1) = Y_1\varSigma_{i11}^{-1}\varSigma_{i12}M_i^{-2}$ 且由式 (7.47), 有

$$F_i^* = -\varSigma_{i11}^{-1}\varSigma_{i12}M_i^{-2} \tag{7.49}$$

令

$$D_i^* = \mathbb{E}\left\{[Y_2M_i^{-1} - \mathbb{E}(Y_2M_i^{-1}|Y_1)][Y_2M_i^{-1} - \mathbb{E}(Y_2M_i^{-1}|Y_1)]^{\mathrm{T}}|Y_1\right\} \tag{7.50}$$

则

$$\mathbb{E}(Y_2M_i^{-2}Y_2^{\mathrm{T}}|Y_1) = D_i^* + \mathbb{E}(Y_2M_i^{-1}|Y_1)\mathbb{E}(Y_2M_i^{-1}|Y_1)^{\mathrm{T}} \tag{7.51}$$

像式 (7.33) 一样, 在式 (7.50) 中利用 $i_{(2,3)}$, 有

$$\mathrm{vec}(D_i^{*\mathrm{T}}) = i_{(2,3)}\left(\varSigma_{Y_2M_i^{-1}|Y_1}\right)\mathrm{vec}(I_{q_i})$$

因为

$$\varSigma_{Y_2M_i^{-1}|Y_1} = I_r \otimes M_i^{-1}(\varSigma_{i22} - \varSigma_{i21}\varSigma_{i11}^{-1}\varSigma_{i12})M_i^{-1}$$

和

$$\mathrm{vec}(D_i^{*\mathrm{T}}) = i_{(2,3)}[I_r \otimes M_i^{-1}(\varSigma_{i22} - \varSigma_{i21}\varSigma_{i11}^{-1}\varSigma_{i12})M_i^{-1}]\mathrm{vec}(I_{q_i})$$

即

$$D_i^* = \mathrm{tr}[(\varSigma_{i22} - \varSigma_{i21}\varSigma_{i11}^{-1}\varSigma_{i12})M_i^{-2}]\, I_r \tag{7.52}$$

给定 $Y_1$, 利用条件期望, 有

$$E_i^* = \mathbb{E}\left[(Y_1^{\mathrm{T}}Y_1)^{-1}Y_1^{\mathrm{T}}\mathbb{E}(Y_2M_i^{-2}Y_2^{\mathrm{T}}|Y_1)Y_1(Y_1^{\mathrm{T}}Y_1)^{-1}\right] \tag{7.53}$$

所以, 由式 (7.50)～式 (7.53), 得

$$E_i^* = \mathrm{tr}[(\varSigma_{i22} - \varSigma_{i21}\varSigma_{i11}^{-1}\varSigma_{i12})M_i^{-2}]\mathbb{E}\left[(Y_1^{\mathrm{T}}Y_1)^{-1}\right] + \varSigma_{i11}^{-1}\varSigma_{i12}M_i^{-2}\varSigma_{i21}\varSigma_{i11}^{-1} \tag{7.54}$$

与获得式 (7.37) 的讨论那样, 从式 (7.54) 有

$$E_i^* = a\,\mathrm{tr}[(\varSigma_{i22} - \varSigma_{i21}\varSigma_{i11}^{-1}\varSigma_{i12})M_i^{-2}]\varSigma_{i11}^{-1} + \varSigma_{i11}^{-1}\varSigma_{i12}M_i^{-2}\varSigma_{i21}\varSigma_{i11}^{-1} \tag{7.55}$$

其中，$a = (r - p + q_i - 1)^{-1}$。与获得式 (7.39) 的路径相同, 由式 (7.55)、式 (7.49)、

式 (7.46)、式 (7.45)、式 (7.43) 和式 (7.42), 得出结论

$$\begin{aligned}\operatorname{tr}(\Sigma_{\widehat{\Theta}_i}) = & -\operatorname{tr}(\Theta_i^{\mathrm{T}}\Theta_i) + \operatorname{tr}\left\{\left[\operatorname{tr}\left((X_i^{\mathrm{T}}X_i)^{-1}\right)\Sigma + Z_i\Theta_i^{\mathrm{T}}\Theta_i Z_i^{\mathrm{T}}\right]\right. \\ & \cdot\left[\tau_i^*(M_{Z_i}\Sigma M_{Z_i})^+ + (M_{Z_i}\Sigma M_{Z_i})^+\Sigma Z_i(Z_i^{\mathrm{T}}Z_i)^{-2}Z_i^{\mathrm{T}}\Sigma(M_{Z_i}\Sigma M_{Z_i})^+\right. \\ & -(M_{Z_i}\Sigma M_{Z_i})^+\Sigma Z_i(Z_i^{\mathrm{T}}Z_i)^{-2}Z_i^{\mathrm{T}} - Z_i(Z_i^{\mathrm{T}}Z_i)^{-2}Z_i^{\mathrm{T}}\Sigma(M_{Z_i}\Sigma M_{Z_i})^+ \\ & \left.\left.+Z_i(Z_i^{\mathrm{T}}Z_i)^{-2}Z_i^{\mathrm{T}}\right]\right\}\end{aligned} \tag{7.56}$$

其中，$\tau_i^* = \operatorname{tr}[\Sigma Z_i(Z_i^{\mathrm{T}}Z_i)^{-2}Z_i^{\mathrm{T}} - \Sigma(M_{Z_i}\Sigma M_{Z_i})^+\Sigma Z_i(Z_i^{\mathrm{T}}Z_i)^{-2}Z_i^{\mathrm{T}}]/(r-p+q_i-1)$。

所要结果由式 (7.56) 整理简化而成。至此, 定理 7.4 证明完毕。

很容易看出, 定理 7.4 和定理 7.3 中的公式在很大程度上取决于设计矩阵 $Z_i$。如果回到多元线性模型情形, $k=1$ 且没有索引 $i$, 则式 (7.25) 和式 (7.40) 将大大简化。

如果 $P_{Z_i} = I_p$, 式 (7.21) 简化为

$$\widehat{\boldsymbol{\mu}} = P_X Y$$

且定理 7.3 的式 (7.25) 简化成

$$\operatorname{tr}\left(\Sigma_{\widehat{\boldsymbol{\mu}}(Y)}\right) = \operatorname{tr}[r(X)\Sigma] = r(X)\operatorname{tr}(\Sigma)$$

同理, 式 (7.22) 简化成

$$\widehat{\Theta} = (X^{\mathrm{T}}X)^{-1}X^{\mathrm{T}}Y$$

定理 7.4 的式 (7.40) 简化成

$$\operatorname{tr}\left(\Sigma_{\widehat{\Theta}_i(Y)}\right) = -\operatorname{tr}(\Theta^{\mathrm{T}}\Theta) + \operatorname{tr}\left\{\operatorname{tr}\left[(X^{\mathrm{T}}X)^{-1}\right]\Sigma + \Theta^{\mathrm{T}}\Theta\right\}$$

也就是

$$\operatorname{tr}\left[\Sigma_{\widehat{\Theta}_i(Y)}\right] = \operatorname{tr}\left[(X^{\mathrm{T}}X)^{-1}\right]\operatorname{tr}(\Sigma)$$

这些都是多元统计分析的已知结论。

剖面矩阵 $Z_i$ 对可加增长曲线模型的参数估计影响巨大, 然而, 与剖面矩阵 $Z_i$ 的影响相比, 设计矩阵 $X_i$ 的影响并不重要。例如, 在 1.3.3 节的示例中, 对于 $i = 1, 2, \cdots, k$,

$$X_i = \begin{pmatrix} \mathbf{0} \\ \vdots \\ \mathbf{1}_{n_i} \\ \vdots \\ \mathbf{0} \end{pmatrix}$$

虽然 $X_i$ 很简单, 但是式 (7.25) 和式 (7.40) 并不能被简化。

## 7.3 随机误差未知时一阶参数两步广义最小二乘估计及渐近性质

前面推导了两步最小二乘估计 $\widehat{\Theta}_i^{\rm 2gls}$ $(i=1,2,\cdots,k)$ 以及 $\widehat{\Sigma}_{\rm 2gls}$, 并讨论了一些样本性质。本节继续介绍它们的大样本性质。由于数据 $Y$ 与样本量 $n$ 的大小有关, 用 $Y_n$ 代替 $Y$ 并且省略 2gls 下标。然后, 研究样本量 $n$ 趋于无穷大时 两步最小二乘估计 $\widehat{\Theta}_i(Y_n)$ $(i=1,2,\cdots,k)$ 以及 $\widehat{\Sigma}(Y_n)$ 的渐近性质。注意设计矩阵 $X_1,X_2,\cdots,X_k$ 和随机误差矩阵 $\mathcal{E}$ 均与样本量 $n$ 有关。

### 7.3.1 参数估计的相合性

关于二次估计 $\widehat{\Sigma}(Y_n)$ 的相合性, 有下列结果。

**定理 7.5** 针对正交可加增长曲线模型式 (1.15)~式 (1.16), 由式 (7.8) 定义的统计量 $\widehat{\Sigma}(Y_n)$ 是协方差 $\Sigma$ 的一个相合估计。

**证明:** 统计量 $\widehat{\Sigma}(Y_n)$ 具有不变性质, 所以 $\widehat{\Sigma}(Y_n)=\widehat{\Sigma}(\mathcal{E})$。并且 $\widehat{\Sigma}(Y_n)$ 能写成

$$\widehat{\Sigma}(Y_n)=\widehat{\Sigma}(\mathcal{E})=\frac{n}{n-m}\left(\frac{1}{n}\sum_{l=1}^{n}\mathcal{E}_l\mathcal{E}_l^{\rm T}-\frac{1}{n}\mathcal{E}^{\rm T}\sum_{i=1}^{k}P_{X_i}\mathcal{E}\right)\tag{7.57}$$

其中, $m=\sum_{i=1}^{k}r(X_i)$ 且 $\mathcal{E}=(\mathcal{E}_1\ \mathcal{E}_2\ \cdots\ \mathcal{E}_n)^{\rm T}\sim\mathcal{G}(\mathbf{0},I_n\otimes\Sigma)$。

注意到 $(\mathcal{E}_l\mathcal{E}_l^{\rm T})_{l=1}^{n}$ 是来自均值为 $\mathbb{E}(\mathcal{E}_l\mathcal{E}_l^{\rm T})=\Sigma$ 整体的随机样本, 由 Kolmogorov 强大数定律有

$$\frac{1}{n}\sum_{l=1}^{n}\mathcal{E}_l\mathcal{E}_l^{\rm T}\ \text{以概率 1 收敛到}\ \Sigma\tag{7.58}$$

任意给定 $\varepsilon>0$, 由切比雪夫不等式以及 $\mathbb{E}(\mathcal{E}^{\rm T}\mathcal{E})={\rm tr}(I)\Sigma$, 有

$$\begin{aligned}
\Pr\left(\left\|\frac{1}{\sqrt{n}}\sum_{i=1}^{k}P_{X_i}\mathcal{E}\right\|_{\rm F}\geqslant\varepsilon\right)&\leqslant\frac{1}{n\varepsilon^2}\mathbb{E}\left[{\rm tr}\left(\mathcal{E}^{\rm T}\sum_{i=1}^{k}P_{X_i}\mathcal{E}\right)\right]\\
&=\frac{1}{n\varepsilon^2}{\rm tr}\left[\mathbb{E}\left(\mathcal{E}\mathcal{E}^{\rm T}\right)\sum_{i=1}^{k}P_{X_i}\right]\\
&=\frac{1}{n\varepsilon^2}{\rm tr}\left[I_n{\rm tr}(\Sigma)\sum_{i=1}^{k}P_{X_i}\right]\\
&=\frac{1}{n\varepsilon^2}{\rm tr}\left(\sum_{i=1}^{k}P_{X_i}\right){\rm tr}(\Sigma)
\end{aligned}$$

因为 ${\rm tr}(\sum_{i=1}^{k}P_{X_i})=\sum_{i=1}^{k}r(X_i)$ 是一个常数, 当样本量趋于无穷大时,

$$\Pr\left(\left\|\frac{1}{\sqrt{n}}\sum_{i=1}^{k}P_{X_i}\mathcal{E}\right\|\geqslant\varepsilon\right)\text{ 趋向于 }0$$

所以,

$$\frac{1}{\sqrt{n}}\sum_{i=1}^{k}P_{X_i}\mathcal{E}\text{ 依概率收敛到 }\mathbf{0}\tag{7.59}$$

由于以概率 1 收敛一定是依概率收敛, 由式 (7.58) 与式 (7.59), 从式 (7.57) 得到 $\widehat{\Sigma}(Y_n)$ 依概率收敛于 $\Sigma$, 完成了定理 7.5 的证明。

**假设 7.1**　对 $l=1,2,\cdots,k$, 存在

$$\lim_{n\to\infty}\frac{1}{n}X_l^{\mathrm{T}}X_l=R_l\tag{7.60}$$

其中, $R_l$ 是正定的。

推广引理 2.7 到下列引理。

**引理 7.6**　对 $i\in\{1,2,\cdots,k\}$, $\widehat{H}_i(Y_n)$ 依概率收敛到 $H_i\equiv\Sigma^{-1}(P_{Z_i}\Sigma^{-1}P_{Z_i})^{+}$。

关于正交可加增长曲线模型中一阶参数 $\Theta_1,\Theta_2,\cdots,\Theta_k$ 的两步最小二乘估计的相合性, 有下面的定理。

**定理 7.6**　对任何固定的 $i\in\{1,2,\cdots,k\}$, 在假设 7.1 条件下, 统计量 $\widehat{\Theta}_i(Y_n)$ 是一阶参数 $\Theta_i$ 的一个相合估计。

**证明:** 固定 $i\in\{1,2,\cdots,k\}$, 由式 (7.22), 有下面的方程

$$\widehat{\Theta}_i(Y_n)=\Theta_i+S_i\mathcal{E}\widehat{H}_i(Y_n)K_i\tag{7.61}$$

其中, $S_i=(X_i^{\mathrm{T}}X_i)^{-1}X_i^{\mathrm{T}}$ 和 $K_i=Z_i(Z_i^{\mathrm{T}}Z_i)^{-1}$。式 (7.61) 右边的第二项可以写成

$$S_i\mathcal{E}\widehat{H}_i(Y_n)K_i=n(X_i^{\mathrm{T}}X_i)^{-1}\left(\frac{1}{\sqrt{n}}X_i^{\mathrm{T}}\right)\left(\frac{1}{\sqrt{n}}P_{X_i}\mathcal{E}\right)\widehat{H}_i(Y_n)K_i$$

由假设 7.1, $X_i^{\mathrm{T}}/\sqrt{n}$ 是有界的。事实上, $X_i^{\mathrm{T}}/\sqrt{n}$ 的元素最高 $n^{-1/2}$ 阶, 见引理 2.8。所以由式 (7.59), 式 (7.60), 引理 7.6 以及 Lehmann 和 Romano (2005) 的定理 11.2.12, 式 (7.61) 右边第二项依概率收敛到 $\mathbf{0}$。因此, $\widehat{\Theta}_i(Y_n)$ 依概率收敛到 $\Theta_i$, 完成了定理 7.6 证明。

为了证明两步广义最小二乘估计 $\widehat{\Theta}_1(Y_n),\widehat{\Theta}_2(Y_n),\cdots,\widehat{\Theta}_k(Y_n)$ 的相合性, 定理 7.6 利用了假设 7.1 的条件 $\lim_{n\to\infty}n^{-1}X_l^{\mathrm{T}}X_l=R_l\ (l=1,2,\cdots,k)$。对每一个新的观察, 新的一行将加入矩阵 $X_l$ 中, 以前的行以这样的方式保持平稳趋势: 对于 $l=1,2,\cdots,k$, $X_l^{\mathrm{T}}X_l/n$ 的每一个元素接近某一个常数。此外, 还排除了 $n^{-1}X_l^{\mathrm{T}}X_l$ 的极限是奇异矩阵的可能性。

### 7.3.2 渐近正态性质

前面研究了两步广义最小二乘估计 $\widehat{\Sigma}(Y_n)$ 和 $\widehat{\Theta}_1(Y_n), \widehat{\Theta}_2(Y_n), \cdots, \widehat{\Theta}_k(Y_n)$ 的相合性。本节将研究 $\sqrt{n}\,[\widehat{\Theta}_i(Y_n)-\Theta_i]$ 和 $\sqrt{n}\,[\widehat{\Sigma}(Y_n)-\Sigma]$ 的渐近正态性。先推广引理 2.8。

**引理 7.7** 设

$$S_i=(X_i^{\mathrm{T}}X_i)^{-1}X_i^{\mathrm{T}} \equiv (\boldsymbol{s}_{i1}\ \boldsymbol{s}_{i2}\ \cdots\ \boldsymbol{s}_{in})_{m_i\times n}$$

其中，$\boldsymbol{s}_{ij}$ 是 $X_i$ 的第 $j$ 列。那么，在假设 7.1 下，对 $i\in\{1,2,\cdots,k\}$ 和 $j\in\{1,2,\cdots,n\}$，$\sqrt{n}\,\boldsymbol{s}_{ij}$ 中的 $m_i$ 元素是 $O(n^{-1/2})$ 界的。

**证明:** 类似引理 2.8 的证明, 从略。

**定理 7.7** 在假设 7.1 下, 对任意 $i\in\{1,2,\cdots,k\}$, 随机矩阵 $\sqrt{n}\,S_i\mathcal{E}$ 依分布收敛到多元正态分布 $N_{m_i\times p}(\mathbf{0},R_i^{-1}\otimes\Sigma)$。

**证明:** 固定 $i$, 设 $\Gamma_i=S_i\mathcal{E}\in\mathscr{M}_{m_i\times p}$，则 $\Gamma_i$ 能写成

$$\Gamma_i=\sum_{j=1}^{n}\boldsymbol{s}_{ij}\mathcal{E}_j^{\mathrm{T}}$$

其中，$\boldsymbol{s}_{ij}$ 是 $S_i$ 的第 $j$ 列, $\mathcal{E}_j^{\mathrm{T}}$ 是 $\mathcal{E}$ 的第 $j$ 行且 $\mathcal{E}\sim\mathcal{G}(\mathbf{0},I_n\otimes\Sigma)$。

由于随机序列 $\{\mathcal{E}_j^{\mathrm{T}}\}_{j=1}^{n}$ 独立同分布, 对 $\boldsymbol{t}\in\mathscr{M}_{m_i\times p}$, $\sqrt{n}\,\Gamma_i$ 的特征函数 $\Psi_n(\boldsymbol{t})$ 为

$$\begin{aligned}\Psi_n(\boldsymbol{t})&=\mathbb{E}\left\{\exp[i\mathrm{tr}(\sqrt{n}\,\boldsymbol{t}^{\mathrm{T}}\Gamma_i)]\right\}=\mathbb{E}\left\{\exp\left[i\mathrm{tr}\left(\sqrt{n}\,\boldsymbol{t}^{\mathrm{T}}\sum_{j=1}^{n}\boldsymbol{s}_{ij}\mathcal{E}_j^{\mathrm{T}}\right)\right]\right\}\\&=\mathbb{E}\left\{\exp\left[i\mathrm{tr}\left(\sqrt{n}\sum_{j=1}^{n}\boldsymbol{t}^{\mathrm{T}}\boldsymbol{s}_{ij}\mathcal{E}_j^{\mathrm{T}}\right)\right]\right\}=\prod_{j=1}^{n}\Phi(\sqrt{n}\,\boldsymbol{t}^{\mathrm{T}}\boldsymbol{s}_{ij})\end{aligned}$$

其中，$\Phi(\cdot)$ 是 $\mathcal{E}_j^{\mathrm{T}}$ 的特征函数。

当 $u$ 属于 0 的邻域时,

$$\ln(1-u)=-u+f(u)\ \text{且}\ f(u)=\frac{1}{2}u^2+o(u^2) \tag{7.62}$$

记 $p(u)=f(u)/u$, 那么, 从式 (7.62) 得

$$\text{当}\ u\to 0\ \text{时}, p(u)=o(u) \tag{7.63}$$

并且当 $\|\boldsymbol{x}\|_2\to 0$ 时, 有

$$\Phi(\boldsymbol{x})=1-\frac{1}{2}\boldsymbol{x}^{\mathrm{T}}\Sigma\boldsymbol{x}+g(\boldsymbol{x}),\ \boldsymbol{x}\in\mathbb{R}^{m_i}\ \text{和}\ g(\boldsymbol{x})=o(\|\boldsymbol{x}\|_2^2) \tag{7.64}$$

对于 $\varepsilon>0$, 存在 $\delta(\varepsilon)>0$ 使得

$$\text{当}\ 0<\|\boldsymbol{x}\|_2<\delta(\varepsilon)\text{时}, |g(\boldsymbol{x})|<\varepsilon\|\boldsymbol{x}\|_2^2 \tag{7.65}$$

由式 (7.62) 和式 (7.64), 有

$$\begin{aligned}\ln\left[\Phi(\sqrt{n}\,\boldsymbol{t}^{\mathrm{T}}\boldsymbol{s}_{ij})\right] &= \ln\left[1-\frac{n}{2}\boldsymbol{s}_{ij}^{\mathrm{T}}t\Sigma\boldsymbol{t}^{\mathrm{T}}\boldsymbol{s}_{ij}+g(\sqrt{n}\,\boldsymbol{t}^{\mathrm{T}}\boldsymbol{s}_{ij})\right]\\ &= -\frac{1}{2}n\boldsymbol{s}_{ij}^{\mathrm{T}}\boldsymbol{t}\Sigma\boldsymbol{t}^{\mathrm{T}}\boldsymbol{s}_{ij}+g(\sqrt{n}\,\boldsymbol{t}^{\mathrm{T}}\boldsymbol{s}_{ij})\\ &\quad+f\left[\frac{1}{2}n\boldsymbol{s}_{ij}^{\mathrm{T}}\boldsymbol{t}\Sigma\boldsymbol{t}^{\mathrm{T}}\boldsymbol{s}_{ij}-g(\sqrt{n}\,\boldsymbol{t}^{\mathrm{T}}\boldsymbol{s}_{ij})\right]\end{aligned}$$

所以, $\sqrt{n}\,\Gamma_n$ 的特征函数能分解成

$$\Psi_n(\boldsymbol{t})=\exp\left\{\sum_{j=1}^{n}\ln\left[\Phi(\sqrt{n}\,\boldsymbol{t}^{\mathrm{T}}\boldsymbol{s}_{ij})\right]\right\}\equiv\exp\left(-\frac{1}{2}\alpha_n+\beta_n+\eta_n\right) \tag{7.66}$$

其中

$$\alpha_n=\sum_{j=1}^{n}n\boldsymbol{s}_{ij}^{\mathrm{T}}\boldsymbol{t}\Sigma\boldsymbol{t}^{\mathrm{T}}\boldsymbol{s}_{ij}=\mathrm{tr}\left(\sum_{j=1}^{n}n\boldsymbol{s}_{ij}^{\mathrm{T}}\boldsymbol{t}\Sigma\boldsymbol{t}^{\mathrm{T}}\boldsymbol{s}_{ij}\right)$$

$$\beta_n=\sum_{j=1}^{n}g(\sqrt{n}\,\boldsymbol{t}^{\mathrm{T}}\boldsymbol{s}_{ij})$$

且

$$\eta_n=\sum_{j=1}^{n}f\left[\frac{1}{2}n\boldsymbol{s}_{ij}^{\mathrm{T}}\boldsymbol{t}\Sigma\boldsymbol{t}^{\mathrm{T}}\boldsymbol{s}_{ij}-g(\sqrt{n}\,\boldsymbol{t}^{\mathrm{T}}\boldsymbol{s}_{ij})\right]$$

注意到

$$\sum_{j=1}^{n}\boldsymbol{s}_{ij}\boldsymbol{s}_{ij}^{\mathrm{T}}=(X_i^{\mathrm{T}}X_i)^{-1} \tag{7.67}$$

对于 $\alpha_n$, 由式 (7.67), 有

$$\alpha_n=\mathrm{tr}\left(n\boldsymbol{t}\Sigma\boldsymbol{t}^{\mathrm{T}}\sum_{j=1}^{n}\boldsymbol{s}_{ij}\boldsymbol{s}_{ij}^{\mathrm{T}}\right)=\mathrm{tr}\left[n\Sigma\boldsymbol{t}^{\mathrm{T}}(X_i^{\mathrm{T}}X_i)^{-1}\boldsymbol{t}\right] \tag{7.68}$$

由式 (7.60), 得

$$\lim_{n\to\infty}\alpha_n=\mathrm{vec}(\boldsymbol{t})^{\mathrm{T}}(R_i^{-1}\otimes\Sigma)\mathrm{vec}(\boldsymbol{t}) \tag{7.69}$$

对于 $\beta_n$, 根据引理 7.7 和 $\boldsymbol{t}^{\mathrm{T}}\boldsymbol{s}_{ij}$ 的连续性, 对于式 (7.65) 中的 $\delta(\varepsilon)>0$, 存在一个整数 $N(\varepsilon)>0$ 使得当 $n>N(\varepsilon)$ 时有

$$0<\|\sqrt{n}\,\boldsymbol{t}^{\mathrm{T}}\boldsymbol{s}_{ij}\|<\delta(\varepsilon),\quad j=1,2,\cdots,n \tag{7.70}$$

取 $n>N(\varepsilon)$, 那么, 根据式 (7.65) 和式 (7.70), 得

$$|g(\sqrt{n}\,\boldsymbol{t}^{\mathrm{T}}\boldsymbol{s}_{ij})|<\|\sqrt{n}\,\boldsymbol{t}^{\mathrm{T}}\boldsymbol{s}_{ij}\|^2\varepsilon \tag{7.71}$$

由式 (7.67) 获得

$$|\beta_n| < \varepsilon\sum_{j=1}^{n}\|\sqrt{n}\,\boldsymbol{t}^{\mathrm{T}}\boldsymbol{s}_{ij}\|^2 = \varepsilon\, n\sum_{j=1}^{n}\mathrm{tr}(\boldsymbol{t}^{\mathrm{T}}\boldsymbol{s}_{ij}\boldsymbol{s}_{ij}^{\mathrm{T}}t) = \varepsilon\,\mathrm{tr}\left[\boldsymbol{t}^{\mathrm{T}}n(X_iX_i)^{-1}\boldsymbol{t}\right] \tag{7.72}$$

故由式 (7.60), 得 $\limsup_{n\to\infty}|\beta_n| \leqslant \varepsilon\,\mathrm{tr}(\boldsymbol{t}^{\mathrm{T}}R_i^{-1}\boldsymbol{t})$。因为 $\varepsilon > 0$ 是任意的, 得到

$$\lim_{n\to\infty}\beta_n = 0 \tag{7.73}$$

而且, 对 $\eta_n$, 设

$$\lambda_j = \frac{1}{2}(\sqrt{n}\,\boldsymbol{t}^{\mathrm{T}}\boldsymbol{s}_{ij})^{\mathrm{T}}\Sigma(\sqrt{n}\,\boldsymbol{t}^{\mathrm{T}}\boldsymbol{s}_{ij}) - g(\sqrt{n}\,\boldsymbol{t}^{\mathrm{T}}\boldsymbol{s}_{ij})$$

那么, 由式 (7.71), 获得

$$|\lambda_j| < \frac{1}{2}(\sqrt{n}\,\boldsymbol{t}^{\mathrm{T}}\boldsymbol{s}_{ij})^{\mathrm{T}}\Sigma(\sqrt{n}\,\boldsymbol{t}^{\mathrm{T}}\boldsymbol{s}_{ij}) + \|\sqrt{n}\,\boldsymbol{t}^{\mathrm{T}}\boldsymbol{s}_{ij}\|^2\varepsilon \tag{7.74}$$

取 $n > N(\varepsilon)$, 根据引理 7.7, $\boldsymbol{t}^{\mathrm{T}}\boldsymbol{s}_{ij}$ 的连续性和式 (7.63), 如果必要, 增加 $N(\varepsilon)$, 可以设定：对所有的 $j$, 满足 $|p(\lambda_j)| < \varepsilon$。由于 $f(\lambda_j) = p(\lambda_j)\lambda_j$, 可知

$$|\eta_n| \leqslant \sum_{j=1}^{n}|f(\lambda_j)| = \sum_{j=1}^{n}|p(\lambda_j)||\lambda_j| \leqslant \sum_{j=1}^{n}\varepsilon|\lambda_j|$$

根据式 (7.74), 有

$$|\eta_n| \leqslant \sum_{j=1}^{n}\left[\frac{\varepsilon}{2}\mathrm{tr}(\sqrt{n}\,\boldsymbol{s}_{ij}^{\mathrm{T}}\boldsymbol{t}\Sigma\boldsymbol{t}^{\mathrm{T}}\sqrt{n}\,\boldsymbol{s}_{ij}) + \|\sqrt{n}\,\boldsymbol{t}\boldsymbol{s}_{ij}\|^2\varepsilon^2\right]$$

那么, 进行与式 (7.68) 和式 (7.72) 同样的运算, 获得下列不等式

$$|\eta_n| \leqslant \frac{\varepsilon}{2}\mathrm{tr}\left[n(X_i^{\mathrm{T}}X_i)^{-1}\boldsymbol{t}\Sigma\boldsymbol{t}^{\mathrm{T}}\right] + \varepsilon^2\mathrm{tr}\left[\boldsymbol{t}^{\mathrm{T}}n(X_i^{\mathrm{T}}X_i)^{-1}\boldsymbol{t}\right]$$

由条件 (7.60) 导致

$$|\eta_n| \leqslant \frac{\varepsilon}{2}\mathrm{tr}\left(R_i^{-1}\boldsymbol{t}\Sigma\boldsymbol{t}^{\mathrm{T}}\right) + \varepsilon^2\mathrm{tr}\left(\boldsymbol{t}^{\mathrm{T}}R_i^{-1}\boldsymbol{t}\right) \tag{7.75}$$

由于 $\varepsilon$ 的任意性以及式 (7.75), 有

$$\lim_{n\to\infty}\eta_n = 0 \tag{7.76}$$

结合式 (7.69), 式 (7.73) 及式 (7.76), 从式 (7.66) 得知,

$$\lim_{n\to\infty}\Psi_n(t) = \exp\left[-\frac{1}{2}\mathrm{vec}(\boldsymbol{t})^{\mathrm{T}}(R_i^{-1}\otimes\Sigma)\mathrm{vec}(\boldsymbol{t})\right] \tag{7.77}$$

基于式 (7.77), Lévy 连续定理说明 $\sqrt{n}\,\Gamma_i$ 依分布收敛于多元正态分布 $N_{m_i\times p}(\mathbf{0}, R_i^{-1}\otimes\Sigma)$。完成了定理 7.6 所需要的证明。

在定理 7.6 的基础上, 最后证明所有 $\sqrt{n}\,[\widehat{\Theta}_i(Y_n)-\Theta_i]$ 的渐近正态性质。

**定理 7.8** 在假设 7.1 下, 对任意的 $i\in\{1,2,\cdots,k\}$, 统计量 $\sqrt{n}\,[\widehat{\Theta}_i(Y_n)-\Theta_i]$ 依分布收敛于多元正态分布 $N_{m_i\times q_i}(\mathbf{0},R_i\otimes(Z_i^{\mathrm{T}}\Sigma Z_i)^{-1})$。

**证明:** 根据定理 7.7 及 Slutsky 定理即可证明定理 7.8, 详细证明从略。

研究 $\widehat{\Sigma}$ 的渐近正态性。需要随机误差矩阵的第四阶矩存在。

**假设 7.2** $\mathbb{E}(\mathcal{E}_1)=\mathbf{0}$, $\mathbb{E}(\mathcal{E}_1\mathcal{E}_1^{\mathrm{T}})=\Sigma>\mathbf{0}$, $\mathbb{E}(\mathcal{E}_1\otimes\mathcal{E}_1\mathcal{E}_1^{\mathrm{T}})=\mathbf{0}_{p^2\times p}$ 且 $\mathbb{E}||\mathcal{E}_1||_2^4<\infty$, 其中 $\mathcal{E}_1^{\mathrm{T}}$ 为误差矩阵 $\mathcal{E}$ 的第一行。

**定理 7.9** 在假设 7.1 和假设 7.2 下, 下列论述成立。

(1) $\sqrt{n}\left[\widehat{\Sigma}(Y_n)-\Sigma\right]$ 依分布收敛于多元正态分布 $N\left(\mathbf{0},\mathrm{Cov}(\mathcal{E}_1^{\mathrm{T}}\otimes\mathcal{E}_1^{\mathrm{T}})\right)$。

(2) 对任意 $i$, $\sqrt{n}\left[\widehat{\Sigma}(Y_n)-\Sigma\right]$ 与 $\sqrt{n}\left[\widehat{\Theta}_i(Y_n)-\Theta_i\right]$ 是渐近相互独立的。

(3) 对任何不同的 $i,j$, $\sqrt{n}\left[\widehat{\Theta}_i(Y_n)-\Theta_i\right]$ 和 $\sqrt{n}\left[\widehat{\Theta}_j(Y_n)-\Theta_j\right]$ 是渐近相互独立的。

**证明:** (1) $\sqrt{n}\left[\widehat{\Sigma}(Y_n)-\Sigma\right]$ 能分解成

$$\sqrt{n}\left[\widehat{\Sigma}(Y_n)-\Sigma\right]=\Delta_1+\Delta_2+\Delta_3$$

其中

$$\Delta_1=\sqrt{n}\left(\frac{1}{n}\sum_{l=1}^{n}\mathcal{E}_l\mathcal{E}_l^{\mathrm{T}}-\Sigma\right)$$

$$\Delta_2=\frac{m}{\sqrt{n}\,(n-m)}\sum_{l=1}^{n}\mathcal{E}_l\mathcal{E}_l^{\mathrm{T}}\ \text{和}\ \Delta_3=-\frac{\sqrt{n}}{n-m}\mathcal{E}^{\mathrm{T}}\sum_{i=1}^{k}P_{X_i}\mathcal{E}$$

与定理 7.5 中式 (7.58) 和式 (7.59) 的证明类似, 容易得知 $\Delta_2$ 和 $\Delta_3$ 依概率收敛于 $\mathbf{0}$。

又从假设 7.1 和假设 7.2, $\Delta_1$ 依分布收敛于多元正态分布 $N(\mathbf{0},\Phi_2)$, 其中 $\Phi_2=\mathrm{Cov}(\mathcal{E}_1^{\mathrm{T}}\otimes\mathcal{E}_1^{\mathrm{T}})$。故有

$$\sqrt{n}\,\mathrm{vec}\left[\widehat{\Sigma}(Y_n)-\Sigma\right]=\mathrm{vec}(\Delta_1)+o_p(1)$$

因此, $\sqrt{n}\left[\widehat{\Sigma}(Y_n)-\Sigma\right]$ 依分布收敛于 $N\left(\mathbf{0},\mathrm{Cov}(\mathcal{E}_1^{\mathrm{T}}\otimes\mathcal{E}_1^{\mathrm{T}})\right)$。

(2) 由式 (7.61), 只要证明 $\mathrm{vec}(X_i^{\mathrm{T}}\mathcal{E})$ 和 $\mathrm{vec}\left[\widehat{\Sigma}(Y_n)-\Sigma\right]$ 之间的渐近独立性即可。

设 $Q_n=X_i^{\mathrm{T}}\mathcal{E}=(\boldsymbol{x}_1^i\ \boldsymbol{x}_2^i\ \cdots\ \boldsymbol{x}_n^i)(\mathcal{E}_1\ \mathcal{E}_2\ \cdots\ \mathcal{E}_n)^{\mathrm{T}}$, 则

$$\begin{aligned}&\mathrm{Cov}\left[\left(\frac{1}{\sqrt{n}}X_i^{\mathrm{T}}\mathcal{E}\right),\sqrt{n}\left(\widehat{\Sigma}-\Sigma\right)\right]\\=&\mathrm{Cov}\left[\left(\sum_{l=1}^{n}\boldsymbol{x}_l^i\mathcal{E}_l^{\mathrm{T}}\right),\left(\frac{1}{n}\sum_{l=1}^{n}\mathcal{E}_l\mathcal{E}_l^{\mathrm{T}}-\Sigma\right)\right]+o_p(1)\end{aligned}$$

$$= \mathbb{E}\left[\left(\sum_{l=1}^{n} \boldsymbol{x}_l^i \otimes \mathcal{E}_l^{\mathrm{T}}\right)\left(\frac{1}{n}\sum_{j=1}^{n} \mathcal{E}_j \otimes \mathcal{E}_j^{\mathrm{T}} - \Sigma\right)\right] + o_p(1)$$

根据假设 7.2, 有

$$\mathrm{Cov}\left\{\left(\frac{1}{\sqrt{n}} X_i^{\mathrm{T}} \mathcal{E}\right), \sqrt{n}\left[\widehat{\Sigma}(Y_n) - \Sigma\right]\right\} \text{ 依概率收敛于 } \mathbf{0}$$

这意味着 $\mathrm{vec}(X_i^{\mathrm{T}}\mathcal{E})$ 和 $\mathrm{vec}[\widehat{\Sigma}(Y_n) - \Sigma]$ 是渐近独立的。所以, $\sqrt{n}\,[\widehat{\Sigma}(Y_n) - \Sigma]$ 和 $\sqrt{n}\,[\widehat{\Theta}_i(Y_n) - \Theta_i]$ 也是渐近独立的。

(3) 对任何不同的 $i, j$, 由正交条件 (1.16) 得知

$$\mathrm{Cov}\left\{\sqrt{n}\left[\widehat{\Theta}_i(Y_n) - \Theta_i\right], \sqrt{n}\left[\widehat{\Theta}_j(Y_n) - \Theta_j\right]\right\} = \mathbf{0}$$

完成了论述 (1)~(3) 的证明。定理 7.9 证明完毕。

有实际问题中, 常常需要考虑下列形式的假设检验

$$H_i : C\Theta_i V^{\mathrm{T}} = \mathbf{0}$$

其中, $C$ 和 $V$ 分别是 $s \times m_i$ 和 $t \times q_i$ 的常数矩阵。对这种情形, 可以利用定理 7.8 及 Slutsky 定理了解 $\sqrt{n}\,(C\widehat{\Theta}_i V^{\mathrm{T}} - C\Theta_i V^{\mathrm{T}})$ 的渐近表现。

**推论 7.1** 在假设 7.1 下, 如果 $C(X^{\mathrm{T}}X)^{-1}C^{\mathrm{T}}$ 和 $V\left[Z^{\mathrm{T}}\widehat{\Sigma}^{-1}Z\right]^{-1}V^{\mathrm{T}}$ 是非奇异的, 那么, 在假设 $H_i$ 和大样本情形下, 统计量

$$\left[Cn(X^{\mathrm{T}}X)^{-1}C^{\mathrm{T}}\right]^{-1/2} \sqrt{n}\left(C\widehat{\Theta}_i V^{\mathrm{T}}\right)\left[V\left(Z^{\mathrm{T}}\widehat{\Sigma}^{-1}Z\right)^{-1}V^{\mathrm{T}}\right]^{-1/2}$$

依分布收敛于多元正态分布 $N_{s_i \times t_i}(\mathbf{0}, I)$。

另外, 由定理 7.9 的 (3), $H_i$ 和 $H_j$ 可以独立考虑。

### 7.3.3 模拟计算

本节通过与增长曲线模型 (2.1) 比较, 探讨设计矩阵的列空间具有正交结构的可加增长曲线模型式 (1.15) 和式 (1.16) 的有效性与灵活性。

实例背景设置。假设 $n$ 个患者被分成 A 和 B 两个群组, 群组 A 和 B 的患者数分别为 $n_1$ 和 $n_2$。在一个积极的药物试验中, 对群组 A 中每一个患者在时间点 $t_1 = -1$, $t_2 = -0.5$, $t_3 = 0.5$ 和 $t_4 = 1$ 服用一定剂量的安慰剂, 群组 B 的患者在相同的时间点服用活性药物。假设群组 A 的 $n_1$ 个观察来自正态分布 $N(\boldsymbol{\mu}_1, \Sigma_0)$, 其中

$$\boldsymbol{\mu}_1 = (4 + 2\,t_1, 4 + 2\,t_2, 4 + 2\,t_3, 4 + 2\,t_4)$$

以及

$$\Sigma_0 = \begin{pmatrix} 1 & \rho & \rho^2 & \rho^3 \\ \rho & 1 & \rho & \rho^2 \\ \rho^2 & \rho & 1 & \rho \\ \rho^3 & \rho^2 & \rho & 1 \end{pmatrix}, \quad 0 < \rho < 1$$

带 $\Sigma_0$ 的模型在文献中常称为最简单的序列相关模型 (simplest serial correlation model)。这意味着 $n_1$ 个观察在多重时间点上有线性剖面的形式 (linear profile forms over multiple time points)。另外群组 B 的 $n_2$ 观察来自正态分布 $N(\boldsymbol{\mu}_2, \Sigma_0)$, 其中

$$\boldsymbol{\mu}_2 = (3 + 2\,t_1 + t_1^2 - t_1^3, 3 + 2\,t_2 + t_2^2 - t_2^3, 3 + 2\,t_3 + t_3^2 - t_3^3, 3 + 2\,t_4 + t_4^2 - t_4^3)$$

意味着 $n_2$ 个观察在多重时间点上有三阶多项式剖面的形式 (cubic polynomial profile form over multiple time points)。

设

$$Z_1^{\mathrm{T}} = \begin{pmatrix} 1 & 1 & 1 & 1 \\ t_1 & t_2 & t_3 & t_4 \end{pmatrix}, \; Z_2^{\mathrm{T}} = \begin{pmatrix} 1 & 1 & 1 & 1 \\ t_1 & t_2 & t_3 & t_4 \\ t_1^2 & t_2^2 & t_3^2 & t_4^2 \\ t_1^3 & t_2^3 & t_3^3 & t_4^3 \end{pmatrix}$$

以及

$$B_1 = \begin{pmatrix} 4 & 2 \end{pmatrix} \text{ 和 } B_2 = \begin{pmatrix} 3 & 2 & -3 & 2 \end{pmatrix}$$

那么,

$$\boldsymbol{\mu}_1 = B_1 Z_1^{\mathrm{T}} \text{ 以及 } \boldsymbol{\mu}_2 = B_2 Z_2^{\mathrm{T}}$$

在实际实验中, 得到观察值 $Y$ 后, 模型识别是一个有挑战性的任务, 很难准确地判断最合适的多重时间剖面形式。只能扩大模型选择的范围, 这里试着从线性开始, 二阶多项式及三阶多项式考虑三种情形, 识别增长曲线模型来拟合上述重复数据。

模型 I: 认为所有重复测量都具有多重时间点的线性剖面形式。这时, 欠拟合发生了。这个欠拟合的模型记为 $\psi_{\mathrm{u}}$:

$$\text{模型 I} \quad \psi_{\mathrm{u}} : Y = X\Theta_{\mathrm{u}} Z_1^{\mathrm{T}} + \mathcal{E}$$

其中, $X = \mathrm{diag}(\mathbf{1}_{n_1}\ \mathbf{1}_{n_2})$ 以及

$$\Theta_{\mathrm{u}} = \begin{pmatrix} \theta_{11}^{\mathrm{u}} & \theta_{12}^{\mathrm{u}} \\ \theta_{21}^{\mathrm{u}} & \theta_{22}^{\mathrm{u}} \end{pmatrix}$$

由引理 7.6 的 (2), 一阶参数的估计为

$$\widehat{\Theta}_{\mathrm{u}} = (X^{\mathrm{T}}X)^{-1}X^{\mathrm{T}}Y\widehat{\Sigma}^{-1}Z_1(Z_1^{\mathrm{T}}\widehat{\Sigma}^{-1}Z_1)^{-1}$$

模型 II：认为所有重复测量都具有多重时间点的三次多项式剖面形式。这时，过拟合发生了。这个过拟合模型记为 $\psi_{\rm o}$。

$$\text{模型 II} \quad \psi_{\rm o}: Y = X\Theta_{\rm o}Z_2^{\rm T} + \mathcal{E}$$

其中

$$\Theta_{\rm o} = \begin{pmatrix} \theta_{11}^{\rm o} & \theta_{12}^{\rm o} & \theta_{13}^{\rm o} & \theta_{14}^{\rm o} \\ \theta_{21}^{\rm o} & \theta_{22}^{\rm o} & \theta_{23}^{\rm o} & \theta_{24}^{\rm o} \end{pmatrix}$$

一阶参数的估计为

$$\widehat{\Theta}_{\rm o} = (X^{\rm T}X)^{-1}X^{\rm T}Y\widehat{\Sigma}^{-1}Z_2(Z_2^{\rm T}\widehat{\Sigma}^{-1}Z_2)^{-1}$$

模型 III：群组 A 中的 $n_1$ 个观察具有时间点的线性剖面，群组 B 中的 $n_2$ 个观察具有时间点的三阶多项式剖面。这时，模型没有发生误判。可加模型记为 $\psi_{\rm a}$

$$\text{模型 III} \quad \psi_{\rm a}: Y = X_1\Theta_1Z_1^{\rm T} + X_2\Theta_2Z_2^{\rm T} + \mathcal{E}$$

其中

$$X_1 = \begin{pmatrix} \mathbf{1}_{n_1} \\ \mathbf{0} \end{pmatrix}, \ X_2 = \begin{pmatrix} \mathbf{0} \\ \mathbf{1}_{n_2} \end{pmatrix}$$

$$\Theta_1 = \begin{pmatrix} \theta_{11} & \theta_{12} \end{pmatrix} \text{ 以及 } \Theta_2 = \begin{pmatrix} \theta_{21} & \theta_{22} & \theta_{23} & \theta_{24} \end{pmatrix}$$

基于数据的产生过程，$\psi_{\rm a}$ 实际上是真模型。一阶参数的估计为

$$\widehat{\Theta}_i = (X_i^{\rm T}X_i)^{-1}X_i^{\rm T}Y\widehat{\Sigma}^{-1}Z_i(Z_i^{\rm T}\widehat{\Sigma}^{-1}Z_i)^{-1}, \quad i = 1, 2$$

为了比较模式 I – III 的有效性，从残差开始，记 $R = Y - \widehat{Y}$，即观测 $Y$ 与拟合均值 $\widehat{Y}$ 之间的差。

残差矩阵的平方和 (residual matrix sum of squares, RMSS) 定义为

$$\text{RMSS} = ||R||_{\rm F}^2 = \text{tr}[(Y - \widehat{Y})^{\rm T}(Y - \widehat{Y})]$$

通常来说，模型的过拟合利用过度的参数并能提供较小的 RMSS。所以，RMSS 和参数个数是模型识别中要平衡的两个方面。对上述模型 I – III, Akaike 信息标准 AIC (Akaike, 1973) 具体为

$$\text{AIC}_{\rm u} = n \log \text{tr}\left[(Y - X\widehat{\Theta}_{\rm u}Z_1^{\rm T})^{\rm T}(Y - X\widehat{\Theta}_{\rm u}Z_1^{\rm T})\right] + 2(p_{\rm u} + 1) - n \log n$$

$$\text{AIC}_{\rm o} = n \log \text{tr}\left[(Y - X\widehat{\Theta}_{\rm o}Z_2^{\rm T})^{\rm T}(Y - X\widehat{\Theta}_{\rm o}Z_2^{\rm T})\right] + 2(p_{\rm o} + 1) - n \log n$$

和

$$\text{AIC}_{\rm a} = n \log \text{tr}\left[(Y - X_1\widehat{\Theta}_1Z_1^{\rm T} - X_2\widehat{\Theta}_2Z_2^{\rm T})^{\rm T}(Y - X_1\widehat{\Theta}_1Z_1^{\rm T} - X_2\widehat{\Theta}_2Z_2^{\rm T})\right]$$

$$+ 2(p_{\rm a}+1) - n\log n$$

其中，$p_{\rm u}$ 和 $p_{\rm o}$ 分别是 $\Theta_{\rm u}$ 和 $\Theta_{\rm o}$ 中的参数个数，而 $p_{\rm a}$ 是 $\Theta_1$ 与 $\Theta_2$ 中参数个数之和。

在本书模拟中，$n_1 = n_2 = n/2$，重复次数 $N = 10000$，二阶参数 $\rho$ 分别取 $0.2, 0.5$ 和 $0.8$。

重复 $N$ 次，$\mathrm{AIC_u}$, $\mathrm{AIC_o}$ 和 $\mathrm{AIC_a}$ 的平均值表示为

$$\mathrm{AIC}(\psi_{\rm u}) = \frac{1}{N}\sum_{i=1}^{N}\mathrm{AIC}_{\rm u}^{i},\ \mathrm{AIC}(\psi_{\rm o}) = \frac{1}{N}\sum_{i=1}^{N}\mathrm{AIC}_{\rm o}^{i},\ \mathrm{AIC}(\psi_{\rm a}) = \frac{1}{N}\sum_{i=1}^{N}\mathrm{AIC}_{\rm a}^{i}$$

图 7.1～图7.3 分别展示了二阶参数 $\rho = 0.2, 0.5$ 和 $0.8$ 时，$\mathrm{AIC}(\psi_{\rm u})$, $\mathrm{AIC}(\psi_{\rm o})$ 和 $\mathrm{AIC}(\psi_{\rm a})$ 与样本量 $n$ 的关系。从这些曲线，可以得到如下结论。

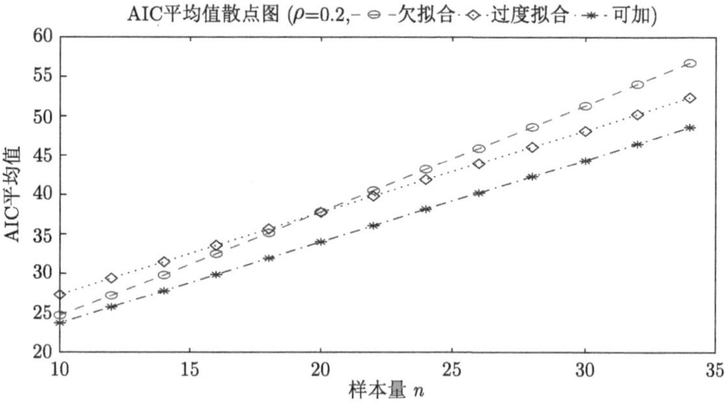


图 7.1　当 $\rho = 0.2$ 时，$\mathrm{AIC}(\psi_{\rm u})$, $\mathrm{AIC}(\psi_{\rm o})$, $\mathrm{AIC}(\psi_{\rm a})$ 随样本量 $n$ 的变化

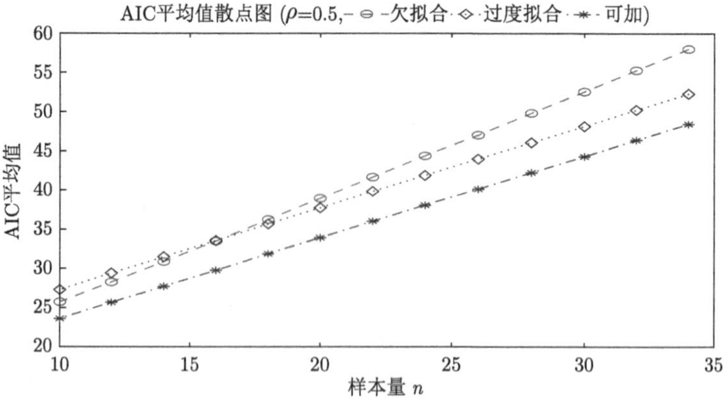


图 7.2　当 $\rho = 0.5$ 时，$\mathrm{AIC}(\psi_{\rm u})$, $\mathrm{AIC}(\psi_{\rm o})$, $\mathrm{AIC}(\psi_{\rm a})$ 随样本量 $n$ 的变化

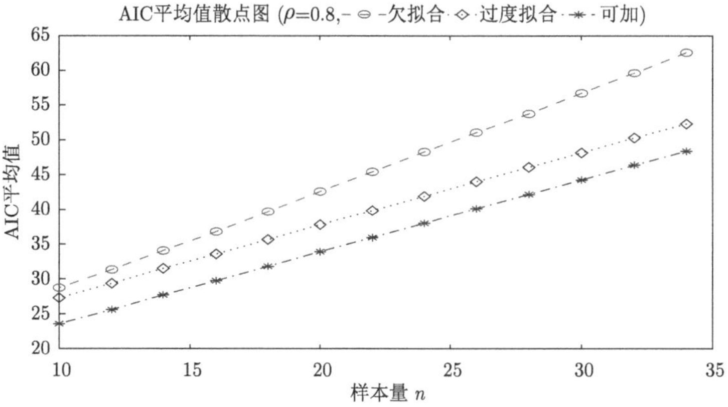


图 7.3 当 $\rho = 0.8$ 时, AIC($\psi_{\text{u}}$), AIC($\psi_{\text{o}}$), AIC($\psi_{\text{a}}$) 随样本量 $n$ 的变化

(1) 当二阶参数 $\rho = 0.2, 0.5, 0.8$ 时, 真模型 $\psi_{\text{a}}$ 的 AIC 很小。当样本量 $n$ 增加时, 尤其明显。对 $\rho \in (0, 1)$ 结论均成立。

(2) 真模型 $\psi_{\text{a}}$ 的 AIC 曲线和过度拟合模型 $\psi_{\text{o}}$ 的 AIC 曲线是平行的。这意味着两者的差是一个常数。这个常数是对过度参数的惩罚。这表明过度拟合模型 $\psi_{\text{o}}$ 与真模型 $\psi_{\text{a}}$ 相比拟合量不显著而因过度参数受到惩罚导致 AIC 增大。

(3) 欠拟合模型 $\psi_{\text{u}}$ 比过度拟合模型 $\psi_{\text{o}}$ 的 AIC 更大。这意味着欠拟合模型 $\psi_{\text{u}}$ 承受了比过度拟合模型 $\psi_{\text{o}}$ 更多的拟合量损失。这种损失随 $n$ 增大而变大, 也随 $\rho$ 接近 1 而增大。

(4) 欠拟合模型的 AIC 曲线在 $\rho$ 逐渐接近 0 时变得有点陡峭, 而过度拟合模型的 AIC 曲线和真模型的 AIC 曲线是与 $\rho$ 无关的。

综上所述, 使用设计矩阵的列空间具有正交结构的可加增长曲线模型比传统的增长曲线模型在模型识别的灵活性和参数估计方面具有明显的优势。

### 7.3.4 实际数据分析

实际数据, 见附录 A 表 A.1, 在一项牙科研究中对 11 名女孩和 16 名男孩分别在不同的年龄 (8 岁、10 岁、12 岁和 14 岁) 进行了测量。利用这个数据集来说明所述设计矩阵的列空间具有正交结构的可加增长曲线模型的思想和技术。

在作模型识别之前, 不知道这些女孩和男孩的从脑垂体中心到翼状上颌裂的距离 (distances, in millimeters, from the center of the pituitary to the pteryo-maxillary fissure) 是否遵循一个同阶的以时间为变量的多项式。所以假设女孩和男孩的从脑垂体中心到翼状上颌裂的距离遵循两个不同阶的以时间为变量的多项式, 分别记为 $g$ 与 $b$ (根据经验, 一般考虑 $1 \leqslant g, b \leqslant 3$ 即可, 因为超过三阶比较罕见)。

基于设计矩阵的列空间具有正交结构的可加增长曲线模型, 表 A.1 的数据可由下列模型实现：

$$Y = X_1\Theta_1 Z_g^{\mathrm{T}} + X_2\Theta_2 Z_b^{\mathrm{T}} + \mathcal{E}$$

其中

$$X_1 = \begin{pmatrix} \mathbf{1}_{11} \\ \mathbf{0} \end{pmatrix},\ \Theta_1 = \begin{pmatrix} \theta_{11} & \theta_{12} & \cdots & \theta_{1g} \end{pmatrix} \text{ 和 } Z_g^{\mathrm{T}} = \begin{pmatrix} 1 & 1 & 1 & 1 \\ t_1 & t_2 & t_3 & t_4 \\ \vdots & \vdots & \vdots & \vdots \\ t_1^g & t_2^g & t_3^g & t_4^g \end{pmatrix},\quad 1 \leqslant g \leqslant 3$$

以及

$$X_2 = \begin{pmatrix} \mathbf{0} \\ \mathbf{1}_{16} \end{pmatrix},\ \Theta_2 = \begin{pmatrix} \theta_{21} & \theta_{22} & \cdots & \theta_{2b} \end{pmatrix} \text{ 和 } Z_b^{\mathrm{T}} = \begin{pmatrix} 1 & 1 & 1 & 1 \\ t_1 & t_2 & t_3 & t_4 \\ \vdots & \vdots & \vdots & \vdots \\ t_1^b & t_2^b & t_3^b & t_4^b \end{pmatrix},\quad 1 \leqslant b \leqslant 3$$

权衡模型的残差矩阵平方和的影响以及过度参数化的损失。设置 $1 \leqslant g, b \leqslant 3$, 构造 9 个模型供选择。这 9 个模型的 AIC 值显示在表 7.1 中。

**表 7.1　模型设置 $(g, b)$ 及其 9 个模型的 AIC 值**

| $(g,b)$ | AIC | $(g,b)$ | AIC | $(g,b)$ | AIC |
|---|---|---|---|---|---|
| (1,1) | 90.4011* | (1,2) | 92.2497 | (1,3) | 94.1817 |
| (2,1) | 92.4009 | (2,2) | 94.2495 | (2,3) | 96.1815 |
| (3,1) | 94.3972 | (3,2) | 96.2458 | (3,3) | 98.1777 |

* 表示最优值

最好的模型具有最小的 AIC, 基于 Akaike 信息标准, 设置 $(1,1)$ 为最优, 即男孩和女孩的增长曲线都具有以时间为变量的线性剖面。巧合的是, 本书模型识别结论与 Potthoff 和 Roy (1964) 的一致。

# 第 8 章　多元增长曲线模型

从第 1 章可知，当对所有的 $k$, 取 $Z_k = I$ 时, 多元增长曲线模型式 (1.17) 就是半相依多元回归模型, 它是多变量回归分析的扩展—用于处理多个相关但不完全相同的回归方程组，允许在同一时间估计多个回归方程，而不是单独地估计每个方程。与单一的多元回归模型不同，半相依多元回归模型允许不同方程之间的随机误差项之间存在相关性。这使得半相依多元回归模型在处理具有交叉依赖的数据集时特别有用，例如，面板数据或时间序列数据。半相依多元回归模型通常使用广义最小二乘或可行广义最小二乘 (feasible generalized least squares, FGLS), 以最大限度地利用方程之间的相关性来提高估计的效率和准确性。

可行广义最小二乘法是一种在计量经济学中普遍使用的统计方法，用于在随机误差项彼此相关或呈异方差的情形下估计回归模型中的参数。可行广义最小二乘法是普通最小二乘法的一种泛化。在可行广义最小二乘法中，通过估计随机误差项的协方差矩阵，并将估计结果用于将原始模型转换为随机误差项不相关且具有恒定方差的模型。这种转换使得可以应用普通最小二乘法来获得有效和无偏的参数估计。可行广义最小二乘法的可行性是指即使普通最小二乘的假设被违反，该方法也能提供相合的参数估计。当随机误差具有相关和异方差特征时，通过考虑随机误差项的相关性和异方差性，可行最小二乘法比普通最小二乘法获得更有效的估计。

鉴于多元增长曲线模型的多响应变量的相关性以及可行广义最小二乘法在分析这类数据时的优势，Xin 和 Qiu (2017) 利用第 3 章介绍的协方差外积最小二乘法获得多元增长曲线模型协方差的最小二乘估计，并以此为基础提出了一种针对多元增长曲线模型一阶参数的可行广义最小二乘的估计方法, 用于多响应变量重复测量数据的模型识别、模型拟合 (参数估计) 和最佳子集的变量选择, 最后利用所提出的方法进行数据实例分析。本章的内容主要取自 Xin 和 Qiu (2017) 的工作。

## 8.1　随机误差分布未知时协方差矩阵的外积最小二乘估计

给定一个向量 $\boldsymbol{a} = (a_1\ a_2\ \cdots\ a_{np_i})^{\mathrm{T}}$ 包含 $np_i$ 个元素, 以及另一个向量 $\boldsymbol{b} = (b_1\ b_2\ \cdots\ b_{np_j})^{\mathrm{T}}$ 包含 $np_j$ 个元素, 它们的外积 $\boldsymbol{a}\boldsymbol{b}^{\mathrm{T}}$ 被定义为一个 $np_i \times np_j$ 的矩

阵, 其元素由 $\boldsymbol{a}$ 的每个元素与 $\boldsymbol{b}$ 的每个元素相乘而得到, 即

$$\boldsymbol{a}\boldsymbol{b}^{\mathrm{T}} = (a_i b_j)_{np_i \times np_j}$$

众所周知, $\mathbb{E}(\boldsymbol{y}) = \boldsymbol{0}$ 的 $np_i$ 维随机向量 $\boldsymbol{y}$ 和 $\mathbb{E}(\boldsymbol{z}) = \boldsymbol{0}$ 的 $np_j$ 维随机向量 $\boldsymbol{z}$ 之间的协方差是随机向量 $\boldsymbol{y}$ 和 $\boldsymbol{z}$ 的外积期望, 即

$$\mathrm{Cov}(\boldsymbol{y}, \boldsymbol{z}) = (\mathrm{Cov}(y_i, z_i))_{np_i \times np_j} = \mathbb{E}(\boldsymbol{y}\boldsymbol{z}^{\mathrm{T}})$$

根据柯尔莫哥洛夫大数定律, 当 $n$ 趋于无穷大时, $\sum \boldsymbol{y}_i \boldsymbol{z}_i^{\mathrm{T}}/n$ 收敛于 $\mathbb{E}(\boldsymbol{y}\boldsymbol{z}^{\mathrm{T}})$, 其中 $\{y_i\}_{i=1}^n$ 和 $\{z_i\}_{i=1}^n$ 分别是 $\boldsymbol{y}$ 和 $\boldsymbol{z}$ 的随机样本。粗略地说, 通过大量试验得到的样本外积的平均值应该接近随机向量的外积期望值, 并且平均值会随着试验次数的增大越来越接近期望值。

在随机样本中, 数据向量的外积应该包含总体协方差中未知参数的信息。使用两个数据向量的外积来估计两个随机向量的协方差, 就像使用随机样本的矩来估计总体的矩, 以及使用随机样本的分位数来估计总体的分位数一样。

### 8.1.1 多元增长曲线模型协方差外积最小二乘问题

使用 vec 拉直算子, 多元增长曲线模型的向量版表示为

$$\mathrm{vec}(Y_k) = T_k \mathrm{vec}(\Theta_k) + \mathrm{vec}(\mathcal{E}_k), \ \mathbb{E}[\mathrm{vec}(\mathcal{E}_k)] = \boldsymbol{0} \tag{8.1}$$

随机误差向量的协方差结构为

$$\mathrm{Cov}[\mathrm{vec}(\mathcal{E}_k), \mathrm{vec}(\mathcal{E}_l)] = I_n \otimes \Sigma_{kl} \tag{8.2}$$

其中，对于 $k, l = 1, 2, \cdots, K$ 有 $T_k = X_k \otimes Z_k$。从以下四个方面考虑, 建立协方差矩阵的最小二乘的框架。

(1) 基于最小二乘理论中方差的普通最小二乘估计, 考虑残差 $\mathrm{vec}(Y_k) - P_{T_k}\mathrm{vec}(Y_k) = M_{T_k}\mathrm{vec}(Y_k)$ 的外积。

(2) 基于两个中心化的随机向量的协方差矩阵可视为其外积的均值这一事实, 利用残差向量的外积来估计随机误差的未知协方差。

(3) 对于 $k, l = 1, 2, \cdots, K$, 有 $Q_{kl} = M_{T_k}\mathrm{vec}(Y_k)\mathrm{vec}(Y_l)^{\mathrm{T}} M_{T_l}$, 即 $Q_{kl}$ 是随机向量 $\mathrm{vec}(Y_k)$ 和 $\mathrm{vec}(Y_l)$ 分别在误差空间 $\mathscr{C}(T_k)^{\perp}$ 和 $\mathscr{C}(T_l)^{\perp}$ 上的两个正交投影向量的外积。固定 $k$ 和 $l$, 所有的 $Q_{kl}$ 构成 $\mathscr{M}_{np_i \times np_j}$ 的子集。

一般来说, $Q_{kl}$ 是一个均值结构为 $\boldsymbol{\mu}_{kl} \equiv \mathbb{E}(Q_{kl}) = M_{T_k}(I \otimes \Sigma_{kl})M_{T_l}$ 的随机矩阵。构造

$$Q_{kl} = M_{T_k}(I \otimes \Sigma_{kl})M_{T_l} + \boldsymbol{\xi}_{kl}$$

作为 $Q_{kl}$ 的一个辅助最小二乘模型, 其中 $\boldsymbol{\xi}_{kl}$ 是 $\mathbb{E}(\boldsymbol{\xi}_{kl}) = \boldsymbol{0}$ 的随机误差矩阵。

(4) 矩阵 $Q_{kl}$ 和它的期望值 $M_{T_k}(I\otimes\Sigma_{kl})M_{T_l}$ 之差的迹矩定义为

$$D(\Sigma_{kl},Y_k,Y_l)=||Q_{kl}-M_{T_k}(I\otimes\Sigma_{kl})M_{T_l}||_{\mathrm{F}}^2$$

多元增长曲线模型的协方差 $\Sigma=(\Sigma_{kl})$ 的外积最小二乘问题即为求一个满足 $\widehat{\Sigma}_{kl}=\widehat{\Sigma}_{lk}^{\mathrm{T}},k,l=1,2,\cdots,K$ 的矩阵 $\widehat{\Sigma}=(\widehat{\Sigma}_{kl})$, 使得迹矩函数 $D(\Sigma_{kl},Y_k,Y_l)$ 在 $\widehat{\Sigma}_{kl}$ 处达到最小, 即对于 $k,l=1,2,\cdots,K$, 有

$$\widehat{\Sigma}_{kl}=\underset{S_{kl}\in M_{p_i\times p_j}}{\operatorname{argmin}}\ D(S_{kl},Y_k,Y_l) \tag{8.3}$$

### 8.1.2 外积最小二乘解的正则方程与外积最小二乘估计

外积最小二乘问题 (8.3) 的任何解都被称为该问题的外积最小二乘解。假设 $\widehat{\Sigma}_{kl}$ 是问题 (8.3) 的一个外积最小二乘解。由投影定理可知, 对于任意的 $S_{kl}\in\mathscr{M}_{p_i\times p_j}$, $M_{T_k}\mathrm{vec}(Y_k)\mathrm{vec}(Y_l)^{\mathrm{T}}M_{T_l}-M_{T_k}(I_n\otimes\widehat{\Sigma}_{kl})M_{T_l}$ 和 $M_{T_k}(I_n\otimes S_{kl})M_{T_l}$ 都是迹正交的。对于 $\mathscr{M}_{np_i\times np_j}$ 中任意的矩阵 $S_{kl}$ 都满足下列方程

$$\mathrm{tr}\left\{[M_{T_k}\mathrm{vec}(Y_k)\mathrm{vec}(Y_l)^{\mathrm{T}}M_{T_l}-M_{T_k}(I\otimes\widehat{\Sigma}_{kl})M_{T_l}](I\otimes S_{kl})\right\}=0 \tag{8.4}$$

将 $M_{T_k}$ 分块为

$$M_{T_k}=(M_{T_k}^1\ M_{T_k}^2\ \cdots\ M_{T_k}^n)$$

其中，$M_{T_k}^i$ 是 $np_i\times p_i$ 阶矩阵 $(i=1,2,\cdots,n)$。将 $M_{T_l}$ 分块为

$$M_{T_l}=(M_{T_l}^1\ M_{T_l}^2\ \cdots\ M_{T_l}^n)$$

其中，$M_{T_l}^i$ 是 $np_j\times p_j$ 阶矩阵 $(i=1,2,\cdots,n)$。由方程 (8.4), 对空间 $\mathscr{M}_{np_i\times np_j}$ 的任意 $S_{kl}$ 都有

$$\mathrm{tr}\left\{\sum_{i=1}^n(M_{T_k}^i)^{\mathrm{T}}[\mathrm{vec}(Y_k)\mathrm{vec}(Y_l)^{\mathrm{T}}-I_n\otimes\widehat{\Sigma}_{kl}]M_{T_l}^iS_{kl}^{\mathrm{T}}\right\}=0$$

这意味着

$$\sum_{i=1}^n(M_{T_k}^i)^{\mathrm{T}}\left[\mathrm{vec}(Y_k)\mathrm{vec}(Y_l)^{\mathrm{T}}-I_n\otimes\widehat{\Sigma}_{kl}\right]M_{T_l}^i=\mathbf{0} \tag{8.5}$$

如果将 $M_{T_k}$ 分解成 $(M_{T_k}^{ij})$, 其中 $M_{T_k}^{ij}$ 是 $p_i\times p_i$ 阶的矩阵, 并且将 $M_{T_l}$ 分解成 $(M_{T_l}^{ij})$, 其中 $M_{T_l}^{ij}$ 是 $p_j\times p_j$ 阶的矩阵, 进一步限制矩阵得到

$$\sum_{i=1}^n\sum_{j=1}^n(M_{T_k}^{ij})^{\mathrm{T}}\widehat{\Sigma}_{kl}M_{T_l}^{ij}=\sum_{i=1}^n\left[\sum_{j=1}^n(M_{T_k}^{ij})^{\mathrm{T}}\boldsymbol{y}_k^j\right]\left(\sum_{j=1}^nM_{T_l}^{ij}\boldsymbol{y}_l^j\right)^{\mathrm{T}} \tag{8.6}$$

其中，$Y_k = (\boldsymbol{y}_k^1\ \boldsymbol{y}_k^2\ \cdots\ \boldsymbol{y}_k^n)^{\mathrm{T}}$，并且 $Y_l = (\boldsymbol{y}_l^1\ \boldsymbol{y}_l^2\ \cdots\ \boldsymbol{y}_l^n)^{\mathrm{T}}$。令 $H_{kl} = \sum_{i,j=1}^n M_{T_k}^{ij} \otimes M_{T_l}^{ij}$，并且注意到

$$C(Y_k, Y_l) = \sum_{i,j=1}^{n} \sum_{s=1}^{n} (M_{T_k}^{is} \otimes M_{T_l}^{js}) \mathrm{vec}(\boldsymbol{y}_k^i \boldsymbol{y}_l^{i\mathrm{T}})$$

则方程 (8.6) 可以重新表示为

$$H_{kl} \mathrm{vec}(\widehat{\Sigma}_{kl}) = C(Y_k, Y_l) \tag{8.7}$$

称式 (8.7) 为外积最小二乘问题 (8.3) 的正则方程。方程式 (8.4)～式 (8.6) 是正则方程式 (8.7) 的等价形式。

正则方程与外积最小二乘问题 (8.5) 之间的关系由以下定理给出。

**定理 8.1**　当且仅当矩阵 $\widehat{\Sigma}_{kl}$ 是正则方程的一个解时，矩阵 $\widehat{\Sigma}_{kl}$ 才是外积最小二乘的解。而且，当 $\mathrm{tr}(M_{T_k} M_{T_l})$ 为正时，$\widehat{\Sigma}_{kl}$ 是唯一的。

**证明:** 假定 $S_{ij}$ 是正规方程的一个解。然后，从式 (8.4) 可以得到以下不等式

$$\begin{aligned} D(S_{kl}, Y_k, Y_l) &= D(\widehat{\Sigma}_{kl}, Y_k, Y_l) + ||M_{T_k}[I_n \otimes (\widehat{\Sigma}_{kl} - S_{kl})] M_{T_l}||_{\mathrm{F}}^2 \\ &\geqslant D(\widehat{\Sigma}_{kl}, Y_k, Y_l) \end{aligned} \tag{8.8}$$

其中，$S_{kl} \in \mathscr{M}_{p_i \times p_j}$。因此，$\widehat{\Sigma}_{kl}$ 是外积最小二乘问题 (8.3) 的一个外积最小二乘解。

如果 $\widehat{\Sigma}_{kl}^0$ 也是一个外积最小二乘解，从式 (8.8) 可以得到

$$||M_{T_k}[I_n \otimes (\widehat{\Sigma}_{kl}^0 - S_{kl})] M_{T_l}||_{\mathrm{F}}^2 = 0$$

同样，

$$\mathrm{tr}\,(M_{T_k} M_{T_l})\, \mathrm{tr}\left[(\widehat{\Sigma}_{kl} - \widehat{\Sigma}_{kl}^0)(\widehat{\Sigma}_{kl} - \widehat{\Sigma}_{kl}^0)^{\mathrm{T}}\right] = 0$$

也就是说，$||\widehat{\Sigma}_{kl} - \widehat{\Sigma}_{kl}^0||_{\mathrm{F}}^2 = 0$ 或者 $\widehat{\Sigma}_{kl}^0 = \widehat{\Sigma}_{kl}$，定理 8.1 完成证明。

如果外积最小二乘问题 (8.5) 的解是唯一的，则称矩阵 $\widehat{\Sigma}$ 为协方差 $\Sigma$ 的外积最小二乘估计，即

$$\widehat{\Sigma}_{\mathrm{copls}} = \left(\widehat{\Sigma}_{kl}^{\mathrm{copls}}\right) \tag{8.9}$$

如果 $\widehat{\Sigma}_{\mathrm{copls}}$ 是非负定的，称它为协方差 $\Sigma$ 的最小二乘估计。

使用正则方程 (8.7) 得到式 (8.2) 中协方差 $\Sigma_{kl}$ 的外积最小二乘估计 $\widehat{\Sigma}_{kl}^{\mathrm{copls}}$，然后由式 (8.9) 得到协方差矩阵 $\Sigma$ 的估计 $\widehat{\Sigma}_{\mathrm{copls}}$。结论总结在下面的定理中。

**定理 8.2**　设 $n_{kl} = \mathrm{tr}(M_{X_k} M_{X_l}) = n - r(X_k) - r(X_l) + \mathrm{tr}(P_{X_k} P_{X_l}) > 0$，然后对于每一对 $(k, l)$，多元增长曲线模型 (1.17) 中的 $\Sigma_{kl}$ 的外积最小二乘估计 $\widehat{\Sigma}_{kl}^{\mathrm{copls}}$ 为

$$\begin{aligned}\widehat{\Sigma}_{kl}^{\text{copls}} = &\frac{1}{n_{kl}} P_{Z_k} Y_k^{\text{T}} M_{X_k} M_{X_l} Y_l P_{Z_l} + \frac{1}{n_k} P_{Z_k} Y_k^{\text{T}} M_{X_k} Y_l M_{Z_l} \\ &+ \frac{1}{n_l} M_{Z_k} Y_k^{\text{T}} M_{X_l} Y_l P_{Z_l} + \frac{1}{n} M_{Z_k} Y_k^{\text{T}} Y_l M_{Z_l}\end{aligned} \tag{8.10}$$

其中，$n_k = n - r_k, n_l = n - r_l, Y_k$ 是一个 $n \times p_i$ 的观测矩阵。然后利用式 (8.9) 构造了对于协方差 $\Sigma$ 的外积最小二乘估计。

**证明:** 令 $M_{T_k} = (M_{T_k}^{ij})_{n\times n}$, 其中分块矩阵 $M_{T_k}^{ij}$ 是 $p_i \times p_i$ 阶的矩阵 $(i, j = 1, 2, \cdots, n)$。又记 $M_{X_k} = (m_{ij}^{X_k})_{n\times n}$ 以及 $P_{X_k} = (p_{ij}^{X_k})_{n\times n}$，有

$$M_{T_k} = M_{X_k} \otimes I + P_{X_k} \otimes M_{Z_k}$$

它的分块矩阵 $M_{T_k}^{ij}$ 表示为

$$M_{T_k}^{ij} = m_{ij}^{X_k} I + p_{ij}^{X_k} M_{Z_k} \tag{8.11}$$

将式 (8.11) 代入方程 (8.7) 的左侧, 得到

$$\begin{aligned}H_{kl} = &\sum_{ij=1}^{n} \left(m_{ij}^{X_k} I + p_{ij}^{X_k} M_{Z_k}\right) \otimes \left(m_{ij}^{X_l} I + p_{ij}^{X_l} M_{Z_l}\right) \\ = &\operatorname{tr}(M_{X_k} M_{X_l}) I + \operatorname{tr}(M_{X_k} P_{X_l}) I \otimes M_{Z_l} \\ &+ \operatorname{tr}(P_{X_k} M_{X_l}) M_{Z_k} \otimes I + \operatorname{tr}(P_{X_k} P_{X_l}) M_{Z_k} \otimes M_{Z_l} \\ = &n_{kl} I + (n - r_k - n_{kl}) I \otimes M_{Z_l} + (n - r_l - n_{kl}) M_{Z_k} \otimes I \\ &+ (r_k + r_l + n_{kl} - n) M_{Z_k} \otimes M_{Z_l}\end{aligned}$$

如果 $H_{kl}$ 是非奇异矩阵, 那么 $H_{kl}^{-1}$ 的形式为

$$aI + bI \otimes M_{Z_l} + cM_{Z_k} \otimes I + dM_{Z_k} \otimes M_{Z_l}$$

从 $H_{Kl} H_{kl}^{-1} = I$ 得到如下方程

$$\begin{cases} a - \frac{1}{n_{kl}} = 0,\ a(n - r_k - n_{kl}) + b(n - r_k) = 0 \\ a(n - r_l - n_{kl}) + c(n - r_l) = 0 \\ a(r_k + r_l + n_{kl} - n) + br_k + cr_l + dn = 0 \end{cases} \tag{8.12}$$

解方程 (8.12), 得到待定系数 $a, b, c, d$ 的解为

$$\begin{aligned} a &= \frac{1}{n_{kl}}, \\ b &= \frac{r_k + n_{kl} - n}{n_{kl}(n - r_k)}, \\ c &= \frac{r_l + n_{kl} - n}{n_{kl}(n - r_l)}, \end{aligned}$$

$$d = -\frac{1}{n}\left[\frac{1}{n_{kl}}(r_k + r_l + n_{kl} - n) + \frac{r_k + n_{kl} - n}{n_{kl}(n - r_k)} r_k + \frac{r_l + n_{kl} - n}{n_{kl}(n - r_l)} r_l\right]$$

上述解的获得意味着 $H$ 是非奇异矩阵。同时, 由于 $M_{T_k} = M_{X_k} \otimes P_{Z_k} + I \otimes M_{Z_k}$, 将式 (8.11) 代入方程 (8.7) 的右侧, 得到 $C(Y_k, Y_l)$ 为

$$\begin{aligned}
&\operatorname{vec}\left[\sum_{i,j,s=1}^{n}(m_{is}^{X_k} P_{Z_k} + \delta_{is} M_{Z_k})\boldsymbol{y}_k^i(\boldsymbol{y}_l^j)^{\mathrm{T}}(m_{js}^{X_l} P_{Z_l} + \delta_{js} M_{Z_l})\right] \\
&= \operatorname{vec}\big(P_{Z_k} Y_k^{\mathrm{T}} M_{X_k} M_{X_l} Y_l P_{Z_l} + P_{Z_k} Y_k^{\mathrm{T}} M_{X_k} Y_l M_{Z_l} \\
&\quad + M_{Z_k} Y_k^{\mathrm{T}} M_{X_l} Y_l P_{Z_l} + M_{Z_k} Y_k^{\mathrm{T}} Y_l M_{Z_l}\big)
\end{aligned}$$

其中, $Y_k = (\boldsymbol{y}_k^1\ \boldsymbol{y}_k^2\ \cdots\ \boldsymbol{y}_k^n)^{\mathrm{T}}$, $Y_l = (\boldsymbol{y}_l^1\ \boldsymbol{y}_l^2\ \cdots\ \boldsymbol{y}_l^n)^{\mathrm{T}}$, $\delta_{ij} = 1\ (i = j)$ 且 $\delta_{ij} = 0\ (i \neq j)$。正规方程 (8.7) 的解由

$$\operatorname{vec}(\widehat{\Sigma}_{kl}^{\text{copls}}) = H_{kl}^{-1} C(Y_k, Y_l)$$

唯一决定。通过计算可得

$$\begin{aligned}
\widehat{\Sigma}_{kl}^{\text{copls}} &= a P_{Z_k} Y_k^{\mathrm{T}} M_{X_k} M_{X_l} Y_l P_{Z_l} + (a+b) P_{Z_k} Y_k^{\mathrm{T}} M_{X_k} Y_l M_{Z_l} \\
&\quad + (a+c) M_{Z_k} Y_k^{\mathrm{T}} M_{X_l} Y_l P_{Z_l} + (a+b+c+d) M_{Z_k} Y_k^{\mathrm{T}} Y_l M_{Z_l}
\end{aligned}$$

即式 (8.10) 成立。定理 8.2 证明完毕。

若所有 $k = 1, 2, \cdots, K$ 都有 $p_i = 1$, 则 $\boldsymbol{y}_k = X_k \boldsymbol{\beta}_k + \boldsymbol{\varepsilon}_k$, 其中 $\boldsymbol{y}_k$ 是 $n \times 1$ 阶矩阵, $X_k$ 是 $n \times r_1$ 阶设计矩阵, $\operatorname{vec}(\boldsymbol{\varepsilon}_1\ \boldsymbol{\varepsilon}_2\ \cdots\ \boldsymbol{\varepsilon}_k) = I_n \otimes (\sigma_{kl})$。由式 (8.10) 可知, 未知 $\Sigma$ 矩阵的外积最小二乘估计为

$$\frac{1}{\operatorname{tr}(M_{X_k} M_{X_l})} \boldsymbol{y}_k^{\mathrm{T}} M_{X_k} M_{X_l} \boldsymbol{y}_l$$

该最小二乘估计就是 Zellner (1962) 提出的可行广义最小二乘估计的两个版本之一。

### 8.1.3 外积最小二乘估计的性质

对于不同的 $k, l$, 一群变换 $\mathscr{G}_{kl}$ 定义为

$$\begin{aligned}
\mathscr{G}_{kl} = \{g_{(\boldsymbol{\mu}_k\ \boldsymbol{\mu}_l)}(Y_k, Y_l) : g_{(\boldsymbol{\mu}_k\ \boldsymbol{\mu}_l)}(Y_k - \boldsymbol{\mu}_k, Y_l - \boldsymbol{\mu}_l) = g_{(\mathbf{0}\ \boldsymbol{\mu}_l)}(Y_k, Y_l - \boldsymbol{\mu}_l), \\
g_{(\boldsymbol{\mu}_k\ \boldsymbol{\mu}_l)}(Y_k - \boldsymbol{\mu}_k, Y_l - \boldsymbol{\mu}_l) = g_{(\boldsymbol{\mu}_k\ \mathbf{0})}(Y_k - \boldsymbol{\mu}_k, Y_l)\}
\end{aligned}$$

其中, $\boldsymbol{\mu}_k = X_k \Theta_k Z_k^{\mathrm{T}}$ 和 $\boldsymbol{\mu}_l = X_l \Theta_l Z_l^{\mathrm{T}}$。特别地,

$$\mathscr{G}_{kk} = \left\{g_{\boldsymbol{\mu}_k}(Y_k) : g_{\boldsymbol{\mu}_k}(Y_k - \boldsymbol{\mu}_k) = g_{\mathbf{0}}(Y_k)\right\}$$

另一群变换 $\mathscr{G}$ 定义为

$$\mathscr{G} = \{\, g_{(\boldsymbol{\mu}_1\ \boldsymbol{\mu}_2\ \cdots\ \boldsymbol{\mu}_K)}(Y_1, Y_2, \cdots, Y_K) :$$
$$g_{(\boldsymbol{\mu}_1\ \boldsymbol{\mu}_2\ \cdots\ \boldsymbol{\mu}_K)}(Y_1 - \boldsymbol{\mu}_1, Y_2 - \boldsymbol{\mu}_2, \cdots, Y_K - \boldsymbol{\mu}_K) = g_{\mathbf{0}}(Y_1, Y_2, \cdots, Y_K)\}$$

**1. 无偏性和不变性**

显然, $\widehat{\Sigma}_{kl}^{\text{copls}}$ 是 $Y_k$ 和 $Y_l$ 的函数。有时, 会用 $\widehat{\Sigma}_{kl}^{\text{copls}}(Y_k, Y_l)$ 表示 $\widehat{\Sigma}_{kl}^{\text{copls}}$ 以强调这种关系。对式 (8.10) 两边取期望, 简单计算得: 对所有 $\Sigma_{kl} \in \mathscr{M}_{p_i \times p_j}$, 有

$$\mathbb{E}[\widehat{\Sigma}_{kl}^{\text{copls}}(Y_k, Y_l)] = P_{Z_k}\Sigma_{kl}P_{Z_l} + P_{Z_k}\Sigma_{kl}M_{Z_l} + M_{Z_k}\Sigma_{kl}P_{Z_l} + M_{Z_i}\Sigma_{kl}M_{Z_l} = \Sigma_{kl}$$

这意味着 $\widehat{\Sigma}_{kl}^{\text{copls}}(Y_k, Y_l)$ 或者 $\widehat{\Sigma}_{kl}^{\text{copls}}$ 是 $\Sigma_{kl}$ 的无偏估计。因此, $\widehat{\Sigma}_{\text{copls}} = (\widehat{\Sigma}_{kl}^{\text{copls}})$ 是 $\Sigma$ 的无偏估计。

正规方程 (8.7) 在群变换 $\mathscr{G}_{kl}$ 下是不变的。故它的解, 即外积最小二乘估计 $\widehat{\Sigma}_{kl}^{\text{copls}}(Y_k, Y_l)$, 在群变换 $\mathscr{G}_{kl}$ 下也是不变的。因此, $\widehat{\Sigma}^{\text{copls}}(Y_1, Y_2, \cdots, Y_K)$ 在群变换 $\mathscr{G}$ 下是不变的。特别地, $\widehat{\Sigma}_{\text{copls}}(Y_1, Y_2, \cdots, Y_K) = \widehat{\Sigma}_{\text{copls}}(\mathcal{E}_1, \mathcal{E}_2, \cdots, \mathcal{E}_K)$。同样, 从式 (8.10) 很容易看出, 外积最小二乘估计 $\widehat{\Sigma}_{kl}^{\text{copls}}(\mathcal{E}_k, \mathcal{E}_l)$ 相对于随机误差矩阵 $\mathcal{E}_k$ 和 $\mathcal{E}_l$ 与原点对称。

**2. 相合性或渐近正定性**

本节将研究外积最小二乘估计 $\widehat{\Sigma}_{\text{copls}}$ 的相合性和渐近正定性。

**假设 8.1** 假设对于任意 $k, l$, $\lim_{n\to\propto} X_k^{\mathrm{T}} X_j/n = R_{kj}$, 其中 $R_{kk} > \mathbf{0}$。

**定理 8.3** 在假设 8.1 下, 定理 8.2 提供的外积最小二乘估计 $\widehat{\Sigma}_{\text{copls}}$ 是协方差 $\Sigma$ 的一个相合估计。

**证明:** 对于任意 $1 \leqslant k \leqslant l \leqslant 1$, 由式 (8.10) 给出的最小二乘估计 $\widehat{\Sigma}_{kl}$ 依概率收敛于协方差 $\Sigma_{kl}$ 即可。

因为 $n_{kl} = \operatorname{tr}(M_{X_k}M_{X_l}) = n - r(X_k) - r_{X_l} + \operatorname{tr}(X_k X_l) > 0$, 显然,

$$n - n_{kl} = r(X_k) + r(X_l) - r(X_k X_l) \overset{\triangle}{=} r_{kl}$$

是与 $n$ 无关的常数, 根据外积最小二乘估计的不变性, 每一个 $\widehat{\Sigma}_{kl}$ 可写成

$$\widehat{\Sigma}_{kl}^{\text{copls}} = \frac{1}{n}\mathcal{E}_k^{\mathrm{T}}\mathcal{E}_l + \Pi_1^{kl} + \Pi_2^{kl} + \Pi_3^{kl} + \Pi_4^{kl} - \Pi_5^{kl} - \Pi_6^{kl} - \Pi_7^{kl} - \Pi_8^{kl} \tag{8.13}$$

其中

$$\begin{aligned}
\Pi_1^{kl} &= \frac{r_{kl}}{nn_{kl}} P_{Z_k}\mathcal{E}_k^{\mathrm{T}}\mathcal{E}_l P_{Z_l}, & \Pi_2^{kl} &= \frac{r_k}{n(n-r_k)} P_{Z_k}\mathcal{E}_k^{\mathrm{T}}\mathcal{E}_l M_{Z_l},\\
\Pi_3^{kl} &= \frac{r_l}{n(n-r_l)} M_{Z_k}\mathcal{E}_k^{\mathrm{T}}\mathcal{E}_l P_{Z_l}, & \Pi_4^{kl} &= \frac{1}{n_{kl}} P_{Z_k}\mathcal{E}_k^{\mathrm{T}} P_{X_k} P_{X_l}\mathcal{E}_l P_{Z_l},\\
\Pi_5^{kl} &= \frac{1}{n_{kl}} P_{Z_k}\mathcal{E}_k^{\mathrm{T}} P_{X_k}\mathcal{E}_l P_{Z_l}, & \Pi_6^{kl} &= \frac{1}{n_{kl}} P_{Z_k}\mathcal{E}_k^{\mathrm{T}} P_{X_l}\mathcal{E}_l P_{Z_l},\\
\Pi_7^{kl} &= \frac{1}{n-r_k} P_{Z_k}\mathcal{E}_k^{\mathrm{T}} P_{X_k}\mathcal{E}_l M_{Z_l}, & \Pi_8^{kl} &= \frac{1}{n-r_l} M_{Z_k}\mathcal{E}_k^{\mathrm{T}} P_{X_l}\mathcal{E}_l P_{Z_l}
\end{aligned}$$

根据大数定律, $n^{-1/2}\mathcal{E}_k^{\mathrm{T}}\mathcal{E}_l$ 依概率收敛于 $\Sigma_{kl}$。所以, 有

$$\Pi_1^{kl}=\frac{r_{kl}}{n_{kl}}P_{Z_k}\left(\frac{\mathcal{E}_k^{\mathrm{T}}\mathcal{E}_l}{n}\right)P_{Z_l} \text{ 依概率收敛于 } \mathbf{0}$$

同理, $\Pi_2^{kl}$ 和 $\Pi_3$ 都依概率收敛于 $\mathbf{0}$。另由切比雪夫不等式和假设 8.1, 对于任意的 $\delta>0$ 和固定的下标 $(k,l)$, 有

$$P\left(\left\|\frac{X_k^{\mathrm{T}}\mathcal{E}_l}{\sqrt{n}}\right\|_{\mathrm{F}}\geqslant\delta\right)\leqslant\frac{1}{n\delta^2}\mathbb{E}\left[\mathrm{tr}\left(X_k^{\mathrm{T}}\mathcal{E}_l\mathcal{E}_j^{\mathrm{T}}X_k\right)\right]=\frac{1}{\delta^2}\mathrm{tr}\left(\frac{X_k^{\mathrm{T}}X_k}{n}\right)\mathrm{tr}\left(\Sigma_{ll}\right)=O_p(1)$$

这意味着 $n^{-1/2}X_k^{\mathrm{T}}\mathcal{E}_l$ 是依概率有界的。所以

$$\Pi_5^{kl}=\frac{1}{n_{kl}}P_{Z_k}\left(\frac{X_k^{\mathrm{T}}\mathcal{E}_k}{\sqrt{n}}\right)^{\mathrm{T}}\left(\frac{X_k^{\mathrm{T}}X_k}{n}\right)^{-1}\frac{X_k^{\mathrm{T}}\mathcal{E}_l}{\sqrt{n}}P_{Z_l} \text{ 依概率收敛于 } \mathbf{0}$$

类似地可以得到 $\Pi_6^{kl}$, $\Pi_7^{kl}$ 和 $\Pi_8^{kl}$ 均依概率收敛于 $\mathbf{0}$。最后,

$$\Pi_4^{kl}=\frac{1}{n_{kl}}P_{Z_k}\frac{(X_k^{\mathrm{T}}\mathcal{E}_k)^{\mathrm{T}}}{\sqrt{n}}n(X_k^{\mathrm{T}}X_k)^{-1}\frac{X_k^{\mathrm{T}}X_l}{n}n(X_l^{\mathrm{T}}X_l)^{-1}\frac{X_l^{\mathrm{T}}\mathcal{E}_l}{\sqrt{n}}P_{Z_l}$$

依概率收敛于零矩阵。因此由式 (8.13), 得到 $\widehat{\Sigma}_{kl}^{\mathrm{copls}}$ 依概率收敛于 $\Sigma_{kl}$ 的结论。定理 8.3 成立。

定理 8.3 说明外积最小二乘估计 $\widehat{\Sigma}_{\mathrm{copls}}$ 是协方差 $\Sigma$ 的相合估计, 即 $\widehat{\Sigma}_{\mathrm{copls}}$ 是依概率正定的。

## 8.2　一阶参数的可行广义最小二乘估计

本节考虑线性回归模型

$$\boldsymbol{y}=X\boldsymbol{\beta}+\boldsymbol{\epsilon} \tag{8.14}$$

其中

$$\boldsymbol{y}=\begin{pmatrix}\mathrm{vec}(Y_1)\\ \mathrm{vec}(Y_2)\\ \vdots\\ \mathrm{vec}(Y_K)\end{pmatrix}$$

为向量表达式中的观察值,

$$X=\begin{pmatrix}X_1\otimes Z_1 & \mathbf{0} & \cdots & \mathbf{0}\\ \mathbf{0} & X_2\otimes Z_2 & \cdots & \mathbf{0}\\ \vdots & \vdots & & \vdots\\ \mathbf{0} & \mathbf{0} & \cdots & X_K\otimes Z_K\end{pmatrix}$$

是满秩的分块对角矩阵,

$$\boldsymbol{\beta}=\begin{pmatrix}\mathrm{vec}(\Theta_1)\\ \mathrm{vec}(\Theta_2)\\ \vdots\\ \mathrm{vec}(\Theta_K)\end{pmatrix}$$

是未知一阶参数,

$$\boldsymbol{\epsilon}=\begin{pmatrix}\mathrm{vec}(\mathcal{E}_1)\\ \mathrm{vec}(\mathcal{E}_2)\\ \vdots\\ \mathrm{vec}(\mathcal{E}_K)\end{pmatrix}$$

为随机误差向量。由式 (1.18) 可知, 随机误差 $\boldsymbol{\epsilon}$ 的协方差结构为 $\mathrm{Cov}(\boldsymbol{\epsilon})=(I\otimes\Sigma_{kl})_{K\times K}$, 其中 $\Sigma_{kl}=\Sigma_{lk}^{\mathrm{T}}$。

当 $\Sigma_{kl}$ 已知时, 多元增长曲线模型的向量版 (8.14) 为线性 Aitken 模型，参见 Monahan (2008) 的相关研究。假设 $X^{\mathrm{T}}\mathrm{Cov}(\boldsymbol{\epsilon})^{-1}X$ 是非奇异的。基于广义最小二乘法, 一阶参数 $\boldsymbol{\beta}$ 的广义最小二乘估计为

$$\widehat{\boldsymbol{\beta}}_{\mathrm{gls}}=\left[X^{\mathrm{T}}\mathrm{Cov}(\boldsymbol{\epsilon})^{-1}X\right]^{-1}X^{\mathrm{T}}\mathrm{Cov}(\boldsymbol{\epsilon})^{-1}\boldsymbol{y}\tag{8.15}$$

根据高斯-马尔可夫定理, $\widehat{\boldsymbol{\beta}}_{\mathrm{gls}}$ 是参数向量 $\boldsymbol{\beta}$ 的最优线性无偏估计。

把 $\Sigma^{-1}$ 分块成

$$\Sigma^{-1}\triangleq(G_{kl})_{K\times K}$$

并令

$$D_{kl}=Z_k^{\mathrm{T}}G_{kl}Z_l,\quad k,l=1,2,\cdots,K\tag{8.16}$$

显然, $D_{kl}^{\mathrm{T}}=D_{lk}$。记

$$(B_{ij})_{K\times K}\triangleq\left[X^{\mathrm{T}}\mathrm{Cov}(\boldsymbol{\epsilon})^{-1}X\right]^{-1}=(X_i^{\mathrm{T}}X_j\otimes D_{ij})_{K\times K}^{-1}$$

式 (8.15) 给出的最优线性无偏估计 $\widehat{\boldsymbol{\beta}}_{\mathrm{gls}}$ 可以表示为

$$\widehat{\boldsymbol{\beta}}_{\mathrm{gls}}=(B_{ij})_{K\times K}(X_i^{\mathrm{T}}\otimes Z_i^{\mathrm{T}}G_{ij})_{K\times K}\boldsymbol{y}\tag{8.17}$$

或者

$$\widehat{\boldsymbol{\beta}}_{\mathrm{gls}}-\boldsymbol{\beta}=(B_{ij})_{K\times K}(X_i^{\mathrm{T}}\otimes Z_i^{\mathrm{T}}G_{ij})_{K\times K}\boldsymbol{\epsilon}$$

从上述式 (8.17), 对 $k=1,2,\cdots,K$, 有

$$\mathrm{vec}(\widehat{\Theta}_k)=\sum_{i=1}^{K}B_{ki}\sum_{j=1}^{K}X_i^{\mathrm{T}}\otimes Z_i^{\mathrm{T}}G_{ij}\mathrm{vec}(Y_j)\tag{8.18}$$

为了简化上述表达式, 必须获得式 (8.18) 中 $B_{kl}$ 的表达式。

由于 $\mathrm{vec}(\widehat{\Theta}_k-\Theta_k)$ 取决于所有 $B_{kl}\ (l=1,2,\cdots,K)$。数值计算可以找到估计值。然而, 在多元增长曲线模型 (1.17) 中当响应变量维数高于两维或设计矩阵任意时很难得到 $\mathrm{vec}(\widehat{\Theta}_k-\Theta_k)$ 的相关性质。鉴于此，先探讨二元增长曲线模型。一方面, 在实际的统计问题中, 分析二元增长曲线模型即两响应变量或特征重复测量数据是一个常见的问题。另一方面, 通过对众多两响应变量或特征重复测量数据的两两分析可以实现多响应变量或特征重复测量数据的分析。下面是两响应变量或特征与嵌套设计矩阵的重复测量的例子。

**实例 8.1** 为了研究孩子的反社会行为和阅读识别两大响应变量或特征，在一段时间内追踪一群孩子进行了重复测量。研究认知刺激、情感支持和性别三大解释变量或因子对这两个响应变量或特征的影响并分析孩子反社会行为和阅读识别两大响应变量或特征随时间变化的最佳模式。当一个解释变量或因子显著影响一个响应变量或特征，而另一个解释变量或因子不显著影响这个响应变量或特征时，设计矩阵之间往往存在嵌套关系。

**实例 8.2** 一种新药对患者收缩压和舒张压的两种影响可以随着时间的推移而重复测量, 研究体重、年龄和性别对这两个指标的影响, 并研究新药对患者收缩压和舒张压随时间变化的最佳模式。在进行假设检验之前, 应该假定它们具有相同的设计矩阵。经过假设检验, 往往存在嵌套结构。

下面将重点用嵌套设计矩阵 $X_1$ 和 $X_2$ 分析双响应变量或特征重复测量数据。嵌套设计矩阵 $X_1$ 和 $X_2$ 是指设计矩阵 $X_1$ 和 $X_2$ 的列空间 $\mathscr{C}(X_1)$ 和 $\mathscr{C}(X_2)$ 具有嵌套结构。并不是所有的两个设计矩阵就一定存在嵌套结构。嵌套结构在许多问题中存在合理性, 特别关注嵌套结构, 正如在第 6 章指出的那样, 嵌套结构具有数学推导上的优势。

假设 $\mathscr{C}(X_1)\supseteq\mathscr{C}(X_2)$。那么, 式 (8.18) 中的 $B_{kl}$ 有如下表达式:

$$
\begin{aligned}
B_{22}&=(X_2^{\mathrm{T}}X_2)^{-1}\otimes D_{22.1}^{-1},\\
B_{12}&=-W_1W_2^{\mathrm{T}}\otimes D_{11}^{-1}D_{12}D_{22.1}^{-1},B_{21}=B_{12}^{\mathrm{T}},\\
B_{11}&=(X_1^{\mathrm{T}}X_1)^{-1}\otimes D_{11}^{-1}+W_1P_{X_2}W_1^{\mathrm{T}}\otimes D_{11}^{-1}D_{12}D_{22.1}^{-1}D_{21}D_{11}^{-1}
\end{aligned}
$$

其中，对 $k=1,2$, $W_k=(X_k^{\mathrm{T}}X_k)^{-1}X_k^{\mathrm{T}}$ 和 $D_{22.1}=D_{22}-D_{21}D_{11}^{-1}D_{12}$。同样通过式 (8.18) 得到

$$
\begin{aligned}
\widehat{\Theta}_1=&W_1M_{X_2}(Y_1G_{11}Z_1+Y_2G_{21}Z_1)D_{11}^{-1}+\\
&W_1P_{X_2}[(Y_1G_{11}+Y_2G_{21})Z_1-(Y_1G_{12}+Y_2G_{22})Z_2D_{22}^{-1}D_{21}]D_{11.2}^{-1}\\
\widehat{\Theta}_2=&W_2[(Y_2G_{22}+Y_1G_{12})Z_2-(Y_2G_{21}+Y_1G_{11})Z_1D_{11}^{-1}D_{12}]D_{22.1}^{-1}
\end{aligned}
\tag{8.19}
$$

其中，$Y=(Y_1\ Y_2)$, $D_{11.2}=D_{11}-D_{12}D_{22}^{-1}D_{21}$ 以及 $\Sigma^{-1}=(G_{kl})$。

在实际问题中, 协方差 $\Sigma$ 通常是未知的。当协方差矩阵 $\Sigma$ 未知时, 可以使用

外积最小二乘法获得 $\widehat{\Sigma}_{\text{copls}}$, 然后把它作为协方差 $\Sigma$ 的一步估计, 寻找一阶参数矩阵的可行广义最小二乘估计。在设计矩阵 $X_1$ 和 $X_2$ 满足嵌套条件下, 一阶参数矩阵的可行广义最小二乘估计由式 (8.19) 提供。对 $k, l = 1, 2$, 令

$$\widehat{D}_{kl} = Z_k^{\mathrm{T}} \widehat{G}_{kl} Z_l$$

其中, $\widehat{D}_{kl}^{\mathrm{T}} = \widehat{D}_{lk}$, $\widehat{D}_{11.2} = \widehat{D}_{11} - \widehat{D}_{12}\widehat{D}_{22}^{-1}\widehat{D}_{21}$, $\widehat{D}_{22.1} = \widehat{D}_{22} - \widehat{D}_{21}\widehat{D}_{11}^{-1}\widehat{D}_{12}$ 以及 $\widehat{\Sigma}_{\text{copls}}^{-1} = (\widehat{G}_{kl})$。

在设计矩阵 $X_1$ 和 $X_2$ 具有嵌套结构假设下, 由式 (8.19), 一阶参数矩阵的可行广义最小二乘估计为

$$\begin{aligned}\widehat{\Theta}_1^{\text{copls}} =& W_1 M_{X_2}(Y_1\widehat{G}_{11}Z_1 + Y_2\widehat{G}_{21}Z_1)\widehat{D}_{11}^{-1} + \\ & W_1 P_{X_2}[(Y_1\widehat{G}_{11} + Y_2\widehat{G}_{21})Z_1 - (Y_1\widehat{G}_{12} + Y_2\widehat{G}_{22})Z_2\widehat{D}_{22}^{-1}\widehat{D}_{21}]\widehat{D}_{11.2}^{-1} \\ \widehat{\Theta}_2^{\text{copls}} =& W_2[(Y_2\widehat{G}_{22} + Y_1\widehat{G}_{12})Z_2 - (Y_2\widehat{G}_{21} + Y_1\widehat{G}_{11})Z_1\widehat{D}_{11}^{-1}\widehat{D}_{12}]\widehat{D}_{22.1}^{-1}\end{aligned} \tag{8.20}$$

在本节考虑可行广义最小二乘估计的大样本性质。根据式 (8.20) 得到以下分解

$$\widehat{\Theta}_k^{\text{copls}}(\mathcal{E}) = \widehat{\Theta}_k^{\text{copls}}(Y) - \Theta_k, \quad k = 1, 2 \tag{8.21}$$

其中, $\mathcal{E} = (\mathcal{E}_1\ \mathcal{E}_2)$。研究一阶参数矩阵可行广义最小二乘估计的渐近性质意味着对每个 $k$ 研究 $\widehat{\Theta}_k^{\text{copls}}(\mathcal{E})$ 的广义最小二乘估计的渐近性质就足够了。

当随机误差矩阵 $\varepsilon$ 的分布关于原点 **0** 对称时, 由任意 $k, l$, $\widehat{\Theta}_k^{\text{copls}}(\varepsilon)$ 关于原点 **0** 的对称性可知, $\widehat{G}_{kl}$ 关于原点 **0** 是对称的。即对于 $k = 1, 2$, $\widehat{\Theta}_k^{\text{copls}}(\mathcal{E})$ 在原点是奇函数。因此, $\widehat{\Theta}_k^{\text{copls}}(\mathcal{E})$ 的期望为零。也就是说, 当随机误差矩阵 $\mathcal{E}$ 的分布关于原点 **0** 对称时, 一阶参数矩阵的可行广义最小二乘估计是无偏的。

作为 $\widehat{\Sigma}$ 的连续函数, $\widehat{G}_{jk}$ 是 $G_{jk}$ 的相合估计。由假设 8.1 和 $X_k^{\mathrm{T}}\mathcal{E}_j/n$ $(j = 1, 2, \cdots, K)$ 的有界性可知, $\widehat{\Theta}_k^{\text{copls}}(Y)$ 依概率收敛于 $\Theta_k$。即当 $k = 1, 2$ 时, $\widehat{\Theta}_k^{\text{copls}}(Y)$ 依概率收敛于参数矩阵 $\Theta_k$。

进行假设检验时, 需要知道统计量的分布或极限分布。下面研究 $k = 1, 2$ 时协方差外积最小二乘估计 $\widehat{\Theta}_k^{\text{copls}}(Y)$ 的渐近正态性。对于有限样本情形, 统计量的分布可以近似地由渐近分布得到。

记

$$\begin{aligned} Q_1 &= (Z_1^{\mathrm{T}}, -D_{12}D_{22}^{-1}Z_2^{\mathrm{T}})^{\mathrm{T}}, \\ Q_2 &= (-D_{21}D_{11}^{-1}Z_1^{\mathrm{T}}, Z_2^{\mathrm{T}})^{\mathrm{T}}, \\ D_{11.2} &= D_{11} - D_{12}D_{22}^{-1}D_{21}, \\ D_{22.1} &= D_{22} - D_{21}D_{11}^{-1}D_{12} \end{aligned}$$

**定理 8.4** 在假设 8.1 下, $\sqrt{n}\,[\widehat{\Theta}_k^{\text{copls}}(Y) - \Theta_k]$ 依分布收敛于多元正态分布

$N_{m_kq_k\times m_kq_k}(\mathbf{0},\Omega_k)$, 其中

$$\begin{aligned}\Omega_1 &= (R_{11}^{-1}-R)\otimes D_{11}^{-1}Z_1^{\mathrm{T}}G_{11}Z_1D_{11}^{-1}+R\otimes D_{11.2}^{-1}Q_1^{\mathrm{T}}\Sigma^{-1}Q_1D_{11.2}^{-1},\\ \Omega_2 &= R_{22}^{-1}\otimes D_{22.1}^{-1}Q_2^{\mathrm{T}}\Sigma^{-1}Q_2D_{22.1}^{-1}\end{aligned}\tag{8.22}$$

这里, $R=R_{11}^{-1}R_{12}R_{22}^{-1}R_{21}R_{11}^{-1}$ 以及 $D_{kl}$ 由式 (8.16) 决定。

**证明:** 将式 (8.21) 中的 $\widehat{\Theta}_1(\mathcal{E})$ 改写成 $\Delta_{11}(\mathcal{E})+\Delta_{12}(\mathcal{E})$, 其中

$$\begin{aligned}\Delta_{11}(\mathcal{E}) &= W_1M_{X_2}(\mathcal{E}_1\ \ \mathcal{E}_2)\begin{pmatrix}\widehat{G}_{11}\\ \widehat{G}_{21}\end{pmatrix}Z_1\widehat{D}_{11}^{-1},\\ \Delta_{12}(\mathcal{E}) &= W_1P_{X_2}(\mathcal{E}_1\ \ \mathcal{E}_2)\widehat{\Sigma}_{\mathrm{copls}}^{-1}\widehat{Q}_1\widehat{D}_{11.2}^{-1}\end{aligned}$$

事实上, $\Delta_{11}(\mathcal{E})$ 和 $\Delta_{12}(\mathcal{E})$ 是随机独立的。通过 Hu 和 Yan (2008) 中定理 4.2 的证明和 Slutsky 定理, $\sqrt{n}\,\Delta_{11}(\mathcal{E})$ 依分布收敛于 $N_{m_1q_1\times m_1q_1}(\mathbf{0},\Omega_{11})$, 其中 $\Omega_{11}=(R_{11}^{-1}-R)\otimes D_{11}^{-1}Z_1^{\mathrm{T}}G_{11}Z_1D_{11}^{-1}$。

同样地, $\sqrt{n}\,\Delta_{12}(\mathcal{E})$ 依分布收敛于 $N_{m_1q_1\times m_1q_1}(\mathbf{0},\Omega_{12})$, 其中 $\Omega_{12}=R\otimes D_{11.2}^{-1}Q_1^{\mathrm{T}}\Sigma^{-1}Q_1D_{11.2}^{-1}$。

因此, $\sqrt{n}\,[\widehat{\Theta}_1^{\mathrm{copls}}(Y)-\Theta_1]$ 依分布收敛于正态分布 $N_{m_1q_1\times m_1q_1}(\mathbf{0},\Omega_{11}+\Omega_{12})$。用相同的方法, 可以得到 $\sqrt{n}\,[\widehat{\Theta}_2^{\mathrm{copls}}(Y)-\Theta_2]$ 的极限分布。定理 8.4 证明完毕。

在多元增长曲线模型 (1.17) 中, 通常考虑假设问题 $H_0^{(1)}: K_1\Theta_1L_1^{\mathrm{T}}=\mathbf{0}$ 或 $H_0^{(2)}: K_2\Theta_2L_2^{\mathrm{T}}=\mathbf{0}$。例如, 多元增长曲线模型 (1.17) 中的某个参数 $\theta_{kl}$ 是否为零。根据定理 8.4 和 Slutsky 定理, 下面的推论给出了 $k=1,2$ 时, $\sqrt{n}\,K_k\Theta_kL_k^{\mathrm{T}}$ 的渐近表现。

**推论 8.1** 假设 $K_k$ 是 $c_k\times m_k$ 阶的, $L_k$ 是 $d_k\times q_k$ 阶的。在假设 8.2 下, $\sqrt{n}\,K_k[\widehat{\Theta}_k^{\mathrm{copls}}(Y)-\Theta_k]L_k^{\mathrm{T}}$ 依分布收敛于多元正态分布 $N_{c_kd_k\times c_kd_k}\big(\mathbf{0},(K_k\otimes L_k)\Omega_k(K_k^{\mathrm{T}}\otimes L_k^{\mathrm{T}})\big)$, 其中 $\Omega_k$ 由式 (8.22) 决定。

特别是当 $c_k=1$ 和 $d_k=1$ 时, 分布简化为单变量正态分布, $Z$ 检验可用于构造临界区。它在多响应重复测量分析的模型识别中发挥重要作用。

## 8.3 一阶参数带约束的估计和最优子集选择

前面可以使用渐近正态性来检验在显著水平下的一阶参数为零的假设。在进行统计推断后，可能对一阶参数有一些限制。下一步要处理的问题是如何在对一阶参数施加一定限制的情况下重新估计一阶参数。本节期望将上述的估计过程扩展到受限制的多元增长曲线模型，即具有以下限制的多元增长曲线模型

$$K_k\Theta_kL_k^{\mathrm{T}}=\mathbf{0},\quad k=1,2\tag{8.23}$$

其中，$K_k$ 是 $c_k \times m_k$ 阶的而 $L_k$ 是 $d_k \times q_k$ 阶的。在向量形式中, 对 $k = 1,2$, $\boldsymbol{\beta}_k = \text{vec}(\Theta_k) \in \mathbb{R}^{m_k q_k}$, 限制条件 (8.23) 可以表示为

$$(K_k \otimes L_k)\boldsymbol{\beta}_k = \mathbf{0}$$

其中, $\mathscr{C}(K_k^{\mathrm{T}}) \subset \mathscr{C}(X_k^{\mathrm{T}})$ 和 $\mathscr{C}(L_k^{\mathrm{T}}) \subset \mathscr{C}(Z_k^{\mathrm{T}})$ 是保证非零参数可估计性的条件。如果 $X_k$ 和 $Z_k$ 都是满秩的, 则由 $n > m_k$ 和 $p_i > q_k$, 估计条件自然成立。

令 $\mathscr{K}_k = \{\boldsymbol{\beta}_k \in \mathbb{R}^{m_k q_k} : (K_k \otimes L_k)\boldsymbol{\beta}_k = \mathbf{0}\}$ 和 $\mathscr{S}_k = \{(X_k \otimes Z_k)\boldsymbol{\beta}_k : \boldsymbol{\beta}_k \in \mathcal{K}_k\}$。那么, $\mathscr{S}_k$ 是 $\mathscr{C}(X_k \otimes Z_k)$ 的子空间, 统计模型 (8.1) 的最小二乘问题是在参数集 $\mathscr{K}_k$ 中找到一个点 $\widehat{\boldsymbol{\beta}}_k^{\mathrm{r}}(Y)$, 使得

$$\widehat{\boldsymbol{\beta}}_k^{\mathrm{r}}(Y) = \underset{\boldsymbol{\beta}_k \in \mathcal{K}_k}{\operatorname{argmin}} ||Y_k - T_k \boldsymbol{\beta}_k||^2$$

其中，$T_k = X_k \otimes Z_k$。根据投影定理, 期望值 $\mathbb{E}(Y_k)$ 的最小二乘估计 $T_k\widehat{\boldsymbol{\beta}}_k^{\mathrm{r}}$ 等于 $P_{\mathscr{S}_k} Y_k$, 即 $Y_k$ 在 $\mathscr{C}(T_k)$ 的子空间 $\mathscr{S}_k$ 上的投影。

根据 $Y_k - P_{\mathcal{S}_k} Y_k$ 和外积的差异, 可以将限制模型的辅助外积最小二乘模型写成

$$Q_{kl}^{\mathrm{r}}(Y_k, Y_l) = M_{\mathcal{S}_k}(I \otimes \Sigma_{kl}) M_{\mathcal{S}_l} + \boldsymbol{\xi}_{kl} \tag{8.24}$$

其中，$M_{\mathscr{S}_k} = I - P_{\mathscr{S}_k}$。很容易证明

$$M_{\mathcal{S}_k} = I - P_{X_k} \otimes P_{Z_k} + P_{P_{X_k} U_k} \otimes P_{P_{Z_k} V_k}$$

其中对于某些 $U_k \in \mathscr{M}_{n \times c_k}$ 和 $V_k \in \mathscr{M}_{p \times d_k}$, 有 $K_k = U_k^{\mathrm{T}} X_k$ 和 $L_k = V_k^{\mathrm{T}} Z_k$。

前面对限制多元增长曲线模型开发的框架完全适用于外积最小二乘模型 (8.24)。

**定理 8.5** 有约束的多元增长曲线模型 (8.23) 中 $\Sigma_{kl}$ 的外积最小二乘估计 $\widehat{\Sigma}_{kl}^{\mathrm{r}}$ 为

$$\widehat{\Sigma}_{kl}^{\mathrm{r}} = \widehat{\Sigma}_{kl}^{\mathrm{copls}} + A_1 + A_2 + A_3 + A_4 + A_5 + A_6 \tag{8.25}$$

其中

$$\begin{aligned}
A_1 =& (a_3 + a_6) M_{Z_k} Y_k^{\mathrm{T}} M_{X_l} Y_l P_{P_{Z_l} V_l} + (a_7 + a_8) P_{P_{Z_k} V_k} Y_k^{\mathrm{T}} M_{X_k} Y_l M_{Z_l}, \\
A_2 =& (a_1 + a_3 + a_4 + a_6) M_{Z_k} Y_k^{\mathrm{T}} P_{P_{X_l} U_l} Y_l P_{P_{Z_l} V_l} \\
&+ (a_1 + a_2 + a_7 + a_8) P_{P_{Z_k} V_k} Y_k^{\mathrm{T}} P_{P_{X_k} U_k} Y_l M_{Z_l}, \\
A_3 =& a_3 P_{Z_k} Y_k^{\mathrm{T}} M_{X_k} M_{X_l} Y_l P_{P_{Z_l} V_l} + a_7 P_{P_{Z_k} V_k} Y_k^{\mathrm{T}} M_{X_k} M_{X_l} Y_l P_{Z_l} \\
&+ a_9 P_{P_{Z_k} V_k} Y_k^{\mathrm{T}} M_{X_k} M_{X_l} Y_l P_{P_{Z_l} V_l}, \\
A_4 =& (a_1 + a_3) P_{Z_k} Y_k^{\mathrm{T}} M_{X_k} P_{P_{X_l} U_l} Y_l P_{P_{Z_l} V_l} + (a_1 + a_7) P_{P_{Z_k} V_k} Y_k^{\mathrm{T}} P_{P_{X_k} U_k} M_{X_l} Y_l P_{Z_l}, \\
A_5 =& P_{P_{Z_k} V_k} [(a_3 + a_9) Y_k^{\mathrm{T}} P_{P_{X_k} U_k} M_{X_l} Y_l + (a_7 + a_9) Y_k^{\mathrm{T}} M_{X_k} P_{P_{X_l} U_l} Y_l] P_{P_{Z_l} V_l},
\end{aligned}$$

$$A_6 = (a_1 + a_3 + a_7 + a_9) P_{P_{Z_k} V_k} Y_k^{\mathrm{T}} P_{P_{X_k} U_k} P_{P_{X_l} U_l} Y_l P_{P_{Z_l} V_l}$$

其中，$Y_k$ 为 $n \times p_i$ 阶矩阵的观测值，系数 $a_i$ 由式 (8.28) 给出，在约束条件 (8.23) 下协方差的外积最小二乘估计 $\widehat{\Sigma}^{\mathrm{r}}_{\mathrm{copls}} = (\widehat{\Sigma}^{\mathrm{r}}_{kl})$。

**证明:** 类似于定理 8.2, 只是方程比较烦琐。令 $M_{\mathscr{S}_k} = (M^{ij}_{\mathscr{S}_k})_{n \times n}$，其中对 $i, j = 1, 2, \cdots, n$，每个分块矩阵 $M^{ij}_{\mathscr{S}_k}$ 是 $p_i \times p_i$ 阶的矩阵。又由于

$$M_{\mathscr{S}_k} = M_{X_k} \otimes I + P_{X_k} \otimes M_{Z_k} + P_{P_{X_k} U_k} \otimes P_{P_{Z_k} V_k}$$

$M^{ij}_{\mathscr{S}_k}$ 可以表示为

$$M^{ij}_{\mathcal{S}_k} = m^{X_k}_{ij} I + p^{X_k}_{ij} M_{Z_k} + p^{(k)}_{ij} P_{P_{Z_k} V_k} \tag{8.26}$$

其中，$P_{P_{X_k} U_k} = (p^{(k)}_{ij})$。因此将式 (8.26) 代入式 (8.7) 的左边，得到

$$\begin{aligned} H_{ckl} = & \sum_{ij=1}^{n} (m^{X_k}_{ij} I + p^{X_k}_{ij} M_{Z_k} + p^{(k)}_{ij} P_{P_{Z_k} V_k}) \otimes (m^{X_l}_{ij} I + p^{X_l}_{ij} M_{Z_l} + p^{(l)}_{ij} P_{P_{Z_l} V_l}) \\ = & r_1^* I + r_2^* I \otimes M_{Z_l} + r_3^* I \otimes P_{P_{Z_l} V_l} + r_4^* M_{Z_k} \otimes I + r_5^* M_{Z_k} \otimes M_{Z_l} \\ & + r_6^* M_{Z_k} \otimes P_{P_{Z_l} V_l} + r_7^* P_{P_{Z_k} V_k} \otimes I + r_8^* P_{P_{Z_k} V_k} \otimes M_{Z_l} + r_9^* P_{P_{Z_k} V_k} \otimes P_{P_{Z_l} V_l} \end{aligned}$$

其中

$$\begin{aligned} & r_1^* = \mathrm{tr}(M_{X_k} M_{X_l}), && r_2^* = \mathrm{tr}(M_{X_k} P_{X_l}), && r_3^* = \mathrm{tr}(M_{X_k} P_{P_{X_l} U_l}), \\ & r_4^* = \mathrm{tr}(P_{X_k} M_{X_l}), && r_5^* = \mathrm{tr}(P_{X_k} P_{X_l}), && r_6^* = \mathrm{tr}(P_{X_k} P_{P_{X_l} U_l}), \\ & r_7^* = \mathrm{tr}(P_{P_{X_k} U_k} M_{X_l}), && r_8^* = \mathrm{tr}(P_{P_{X_k} U_k} P_{X_l}), && r_9^* = \mathrm{tr}(P_{P_{X_k} U_k} P_{P_{X_l} U_l}) \end{aligned}$$

如果 $H_{ckl}$ 是非奇异的，则 $H^{-1}_{ckl}$ 与 $H_{ckl}$ 具有相同的结构。令

$$\begin{aligned} H^{-1}_{ckl} = & a_1 I + a_2 I \otimes M_{Z_l} + a_3 I \otimes P_{P_{Z_l} V_l} + a_4 M_{Z_k} \otimes I + a_5 M_{Z_k} \otimes M_{Z_l} \\ & + a_6 M_{Z_k} \otimes P_{P_{Z_l} V_l} + a_7 P_{P_{Z_k} V_k} \otimes I + a_8 P_{P_{Z_k} V_k} \otimes M_{Z_l} + a_9 P_{P_{Z_k} V_k} \otimes P_{P_{Z_l} V_l} \end{aligned}$$

由 $H_{kl} H^{-1}_{kl} = I$ 得到下面的方程

$$\begin{aligned} & r_1^* a_1 = 1, \ r_1^* a_2 + r_2^* a_1 + r_2^* a_2 = 0, \ r_1^* a_3 + r_3^* a_1 + r_3^* a_3 = 0, \\ & r_1^* a_4 + r_4^* a_1 + r_4^* a_4 = 0, \ r_1^* a_7 + r_7^* a_1 + r_7^* a_7 = 0, \\ & r_5^* a_1 + (r_4^* + r_5^*) a_2 + (r_2^* + r_5^*) a_4 + (r_1^* + r_2^* + r_4^* + r_5^*) a_5 = 0, \\ & r_6^* a_1 + (r_4^* + r_6^*) a_3 + (r_3^* + r_6^*) a_4 + (r_1^* + r_3^* + r_4^* + r_6^*) a_6 = 0, \\ & r_8^* a_1 + (r_7^* + r_8^*) a_2 + (r_2^* + r_8^*) a_7 + (r_1^* + r_2^* + r_7^* + r_8^*) a_8 = 0, \\ & r_9^* a_1 + (r_7^* + r_9^*) a_3 + (r_3^* + r_9^*) a_7 + (r_1^* + r_3^* + r_7^* + r_9^*) a_9 = 0 \end{aligned} \tag{8.27}$$

通过求解上述方程 (8.27) 可以确定待定系数 $a_i$ ($i = 1, 2, \cdots, 9$) 如下：

$$\begin{cases} a_1 = \frac{1}{r_1^*},\ a_2 = -\frac{1}{r_1^*+r_2^*}\frac{r_2^*}{r_1^*}, a_3 = -\frac{1}{r_1^*+r_3^*}\frac{r_3^*}{r_1^*},\ a_4 = -\frac{1}{r_1^*+r_4^*}\frac{r_4^*}{r_1^*} \\ a_5 = \frac{1}{r_1^*+r_2^*+r_4^*+r_5^*}\left(-\frac{r_5^*}{r_1^*} + \frac{r_4^*+r_5^*}{r_1^*+r_2^*}\frac{r_2^*}{r_1^*} + \frac{r_2^*+r_5^*}{r_1^*+r_4^*}\frac{r_4^*}{r_1^*}\right) \\ a_6 = \frac{1}{r_1^*+r_3^*+r_4^*+r_6^*}\left(-\frac{r_6^*}{r_1^*} + \frac{r_4^*+r_6^*}{r_1^*+r_3^*}\frac{r_3^*}{r_1^*} + \frac{r_3^*+r_6^*}{r_1^*+r_4^*}\frac{r_4^*}{r_1^*}\right) \\ a_7 = -\frac{1}{r_1^*+r_7^*}\frac{r_7^*}{r_1^*} \\ a_8 = \frac{1}{r_1^*+r_2^*+r_7^*+r_8^*}\left(-\frac{r_8^*}{r_1^*} + \frac{r_7^*+r_8^*}{r_1^*+r_2^*}\frac{r_2^*}{r_1^*} + \frac{r_2^*+r_8^*}{r_1^*+r_7^*}\frac{r_7^*}{r_1^*}\right) \\ a_9 = \frac{1}{r_1^*+r_3^*+r_7^*+r_9^*}\left(-\frac{r_9^*}{r_1^*} + \frac{r_7^*+r_9^*}{r_1^*+r_3^*}\frac{r_3^*}{r_1^*} + \frac{r_3^*+r_9^*}{r_1^*+r_7^*}\frac{r_7^*}{r_1^*}\right) \end{cases} \tag{8.28}$$

解表明 $H$ 是非奇异的。同样, 由于

$$M_{\mathcal{S}_k} = I \otimes M_{Z_k} + M_{X_k} \otimes P_{Z_k} + P_{P_{X_k}U_k} \otimes P_{P_{Z_k}V_k}$$

将式 (8.26) 代入式 (8.28) 的右边, 得到

$$C_c = \sum_{i,j,s=1}^{n} \text{vec}[(\delta_{is}M_{Z_k} + m_{is}^{X_k}P_{Z_k} + p_{is}^{(k)}P_{P_{Z_k}V_k})\boldsymbol{y}_k^i \boldsymbol{y}_l^{j\text{T}}(\delta_{js}M_{Z_l} + m_{js}^{X_l}P_{Z_l} + p_{js}^{(l)}P_{P_{Z_l}V_l})]$$

的显式表达式为

$$\begin{aligned} C_c = &\text{vec}[M_{Z_k}Y_k^{\text{T}}Y_lM_{Z_l} + M_{Z_k}Y_k^{\text{T}}M_{X_l}Y_lP_{Z_l} + M_{Z_k}Y_k^{\text{T}}P_{P_{X_l}U_l}Y_lP_{P_{Z_l}V_l}] \\ &+ \text{vec}[P_{Z_k}Y_k^{\text{T}}M_{X_k}Y_lM_{Z_l} + P_{Z_k}Y_k^{\text{T}}M_{X_k}M_{X_l}Y_lP_{Z_l} \\ &+ \text{vec}[P_{Z_k}Y_k^{\text{T}}M_{X_k}P_{P_{X_l}U_l}Y_lP_{P_{Z_l}V_l} + P_{P_{Z_k}V_k}Y_k^{\text{T}}P_{P_{X_k}U_k}Y_lM_{Z_l}] \\ &+ \text{vec}[P_{P_{Z_k}V_k}Y_k^{\text{T}}P_{P_{X_k}U_k}M_{X_l}Y_lP_{Z_l} + P_{P_{Z_k}V_k}Y_k^{\text{T}}P_{P_{X_k}U_k}P_{P_{X_l}U_l}Y_lP_{P_{Z_l}V_l}] \end{aligned}$$

其中，$Y_k = (\boldsymbol{y}_k^1\ \boldsymbol{y}_k^2\ \cdots\ \boldsymbol{y}_k^n)^{\text{T}}, Y_l = (\boldsymbol{y}_l^1\ \boldsymbol{y}_l^2\ \cdots\ \boldsymbol{y}_l^n)^{\text{T}}, \delta_{ij} = 1\ (i = j)$ 以及 $\delta_{ij} = 0$ $(i \neq j)$。正则方程 (8.7) 的解由 $\text{vec}(\widehat{\Sigma}_{kl}^{\text{r}}) = H_{ckl}^{-1}C_c(Y_k, Y_l)$ 唯一确定。简单计算可得到 (8.25)。定理 8.5 的证明完毕。

若没有限制约束 (8.23), 意味着 $K_k = K_l = \mathbf{0}$, 于是，$A_i = \mathbf{0}\ (i = 1, 2, \cdots, 6)$, 式 (8.25) 简化为式 (8.10)。

与定理 8.2 的证明类似, 不难看出, 在假设 8.1 下, 外积最小二乘估计 $\widehat{\Sigma}_{\text{copls}}^{\text{r}}$ 是协方差 $\Sigma$ 的相合估计, 令 $(\widehat{G}_{ij}^{\text{r}}) = (\widehat{\Sigma}_{\text{copls}}^{\text{r}})^{-1}$。在式 (8.20) 中用 $\widehat{G}_{ij}^{\text{r}}$ 代替 $\widehat{G}_{ij}$, 可以得到改进的可行最小二乘估计, 为简便起见, 将一阶参数分别写成 $\widehat{\Theta}_1^{\text{r}}$ 和 $\widehat{\Theta}_2^{\text{r}}$。

改进的可行广义最小二乘估计也具有与式 (8.20) 给出的 $\widehat{\Theta}_1^{\text{r}}$ 和 $\widehat{\Theta}_2^{\text{r}}$ 相同的令人满意的性质。烦琐的推导过程不再重复。

一旦一个模型的参数确定, 就需要一个选择准则来保证模型的计算效率和变量选择的良好性能。本章利用贝叶斯信息准则 (BIC), 它是最优子集选择准则之一。设

$$X = \begin{pmatrix} X_1 & X_2 \end{pmatrix}, Z^{\mathrm{T}} = \begin{pmatrix} Z_1^{\mathrm{T}} & \mathbf{0} \\ \mathbf{0} & Z_2^{\mathrm{T}} \end{pmatrix},$$

$$\widehat{\Theta}^{\mathrm{copls}} = \begin{pmatrix} \widehat{\Theta}_1^{\mathrm{copls}}(Y) & \mathbf{0} \\ \mathbf{0} & \widehat{\Theta}_2^{\mathrm{copls}}(Y) \end{pmatrix}$$

和误差平方和

$$\mathrm{SSE} = ||Y - X\widehat{\Theta}^{\mathrm{copls}} Z^{\mathrm{T}}||^2$$

然后,给出最优子集选择的 BIC

$$\mathrm{BIC} = \log\ \mathrm{SSE} + \frac{\log(np)}{np}\delta \tag{8.29}$$

其中,$\delta$ 为所选模型参数的有效数或自由度。由模型式 (1.17) 和式 (8.23) 中的符号, $\delta$ 可以表示为 $(1+p_1+p_2)(p_1+p_2)/2+m_1q_1+m_2q_2-c_1d_1-c_2d_2$。下面将使用最优子集标准 (8.29) 来确定真实数据集中的模型。

## 8.4 实际数据分析

下面的例子来自美国劳工部进行的全国青年纵向调查 (NLSY)。数据由 Curran (1998) 论文提供, 见实例 1.7。从 1986 年到 1992 年, 每隔一年对儿童和母亲进行评估。从 6283 名儿童和母亲的样本中, 本节分析了 221 对儿童与他们的母亲在四个时间点的调查数据。

在这个例子中, 在四个时间点上重复测量两个变量: 反社会行为和阅读识别能力。通过测量母亲对六项反社会行为问题指数的总和得到儿童的反社会行为。儿童的阅读识别技能通过计算皮博迪个人成就阅读识别子测验 84 个项目中儿童正确条目的总数计算。

除了重复测量的两个响应变量或特征指标外, 家庭对儿童的认知刺激 (CS)、情感支持 (ES) 和性别 (G) 是三个解释变量。他们只在初始时间点测量了一次。性别为女取值为 $-1$, 性别为男取值为 1。

研究这个数据有两个主要目的。第一, 研究认知刺激、情感支持和性别对响应变量的影响。第二, 研究反社会行为和阅读识别能力随时间变化的最佳模式。在分析中, 令反社会行为和阅读识别能力分别为两个响应变量 $Y_1$ 和 $Y_2$, 因此 $K=2$, $p_1=p_2=4$。$Y_1$ 和 $Y_2$ 共有 221 个体。而且, 认知刺激、情感支持和性别被认为是解释变量 $x_1, x_2$ 和 $x_3$。因此设计矩阵 $X_0$ 为

$$X_0 = \begin{pmatrix} \mathbf{1} & \boldsymbol{x}_1 & \boldsymbol{x}_2 & \boldsymbol{x}_3 \end{pmatrix}$$

其中, $\mathbf{1}$ 表示截距项, $\boldsymbol{x}_1$ 为 CS 变量, $\boldsymbol{x}_2$ 为 ES 变量, $\boldsymbol{x}_3$ 为 G 变量。

在开始分析数据时, 没有关于增长曲线多项式阶数的信息。因为这两个代表观察目标的响应变量仅仅只在四个时间点上测量, 所以假设二元增长曲线在 $t$ 时刻的二次形式为饱和模型。第一个模型中, 设计矩阵为

$$X_1^{(1)} = X_2^{(1)} = X_0$$

剖面矩阵为

$$Z_1^{(1)} = Z_2^{(1)} = \begin{pmatrix} 1 & -3 & 9 \\ 1 & -1 & 1 \\ 1 & 1 & 1 \\ 1 & 3 & 9 \end{pmatrix}$$

一阶参数矩阵为 $\Theta_i^{(1)} = (\theta_{i,kl}^{(1)})_{4\times 3}$ $(i = 1, 2)$。由式 (8.10) 和式 (8.20) 计算得到 $\Theta_1^{(1)}$ 和 $\Theta_2^{(1)}$ 的可行广义最小二乘估计矩阵为

$$\widehat{\Theta}_1^{(1)} = \begin{pmatrix} 4.1044 & 0.2555 & -0.0460 \\ -0.1232 & -0.0230 & 0.0035 \\ -0.1202 & 0.0047 & 0.0004 \\ 0.3626 & 0.0206 & 0.0048 \end{pmatrix}$$

和

$$\widehat{\Theta}_2^{(1)} = \begin{pmatrix} 3.4841 & 0.2936 & -0.0301 \\ 0.0657 & 0.0061 & -0.0015 \\ 0.0512 & 0.0203 & -0.0002 \\ -0.0391 & 0.0014 & 0.0016 \end{pmatrix}$$

其中, BIC = 8.4213。从饱和模型出发, 采用逆向消元法对模型进行参数选择 (标识化)。具体来说, 对每个一阶参数进行假设检验。基于推论 8.1, 在 5% 显著性水平下, 不能拒绝原假设

$$H_0^{(1)}:\ \theta_{i,13}^{(1)} = \theta_{i,23}^{(1)} = \theta_{i,33}^{(1)} = \theta_{i,43}^{(1)} = 0, \quad i = 1, 2$$

这说明这两个响应变量的增长曲线是线性函数, 而不是时间的线性函数。

所以, 第二个 (合理些的) 模型, 对于 $i = 1, 2$, 设计矩阵为

$$X_1^{(2)} = X_2^{(2)} = X_0$$

剖面矩阵为

$$Z_1^{(2)} = Z_2^{(2)} = \begin{pmatrix} 1 & -3 \\ 1 & -1 \\ 1 & 1 \\ 1 & 3 \end{pmatrix}$$

未知参数矩阵为 $\Theta_i^{(2)} = (\theta_{i,kl}^{(2)})_{4\times 2}\ (i=1,2)$。相应的 BIC = 8.3911 < 8.4213, 这时不能拒绝原假设

$$H_0^{(2)}:\ \theta_{2,41}^{(2)} = \theta_{2,42}^{(2)} = 0$$

这意味着可以推断男孩和女孩在阅读识别能力方面没有区别。换句话说, 性别对阅读识别能力没有显著影响。

因此, 第三个 (更合理的) 模型为：设置设计矩阵 $X_1^{(3)} = X_0, X_2^{(3)} = (\mathbf{1}\ \boldsymbol{x}_1\ \boldsymbol{x}_2)$ 及剖面矩阵 $Z_1^{(3)} = Z_2^{(3)} = Z_1^{(2)}$。在这种情形下, $\mathscr{C}(X_1^{(3)}) \supset \mathscr{C}(X_2^{(3)})$。新的系数回归矩阵是

$$\theta_1^{(3)} = \theta_1^{(2)}\ 和\ \Theta_2^{(3)} = \left(\theta_{2,kl}\right)_{3\times 2}$$

从技术上讲, 不能使用一个方程来表示 $\theta_{2,22}^{(3)} = \theta_{2,31}^{(3)} = 0$。所以不能取 $\theta_{2,31}$ 为 0。因此, 考虑下面的原假设

$$H_0^{(3)}:\ \begin{pmatrix} 0 & 0 & 1 & 0 \\ 0 & 0 & 0 & 1 \end{pmatrix} \Theta_1^{(3)} \begin{pmatrix} 0 \\ 1 \end{pmatrix} = \mathbf{0},\ \begin{pmatrix} 0 & 1 & 0 \end{pmatrix} \Theta_2^{(3)} \begin{pmatrix} 0 \\ 1 \end{pmatrix} = 0$$

这时计算 BIC = 8.3864。进一步考虑参数较少的简化模型会导致 BIC = 8.3864。这表明, 在最新合理的尝试模型中, BIC 的最小值为 8.3864。

从上述辨识、选择、检验和估计过程中, 可以看出最终拟合模型是

$$\begin{aligned} A_t &= 3.859 + 0.26\,t + 0.385\,\mathrm{G} - (0.106 + 0.023\,t)\,\mathrm{CS} - 0.118\,\mathrm{ES} + \epsilon_{1t}, \\ R_t &= 3.264 + 0.287\,t + 0.057\,\mathrm{CS} + 0.02\,t\,\mathrm{ES} + \epsilon_{2t} \end{aligned}$$

其中，$A_t$ 代表在时间点 $t$ 的反社会行为, $R_t$ 代表在时间点 $t$ 的阅读识别能力, 而 $(\epsilon_{11}\ \epsilon_{12}\ \cdots\ \epsilon_{14}\ \epsilon_{21}\ \epsilon_{22}\ \cdots\ \epsilon_{24})$ 服从多元分布, 均值为零, 协方差矩阵 $\widehat{\Sigma}_{\text{copls}}$ 为

$$\begin{pmatrix} 2.1854 & 0.9199 & 1.0063 & 1.0828 & -0.1038 & -0.1857 & -0.2702 & -0.3332 \\ * & 2.8790 & 1.2911 & 1.5829 & -0.0189 & -0.0421 & -0.0823 & -0.2633 \\ * & * & 2.9266 & 1.8516 & -0.0355 & -0.1150 & -0.1553 & -0.2111 \\ * & * & * & 3.8560 & -0.1636 & -0.1337 & -0.1005 & -0.1214 \\ * & * & * & * & 0.8156 & 0.4902 & 0.4864 & 0.5169 \\ * & * & * & * & * & 1.0232 & 0.8799 & 0.8108 \\ * & * & * & * & * & * & 1.1832 & 0.9924 \\ * & * & * & * & * & * & * & 1.3819 \end{pmatrix}$$

在上述分析中, 计算出的最小二乘估计 $\widehat{\Sigma}_{\text{copls}}$ 都是正定的。

由上述拟合方程和外积最小二乘估计 $\widehat{\Sigma}_{\text{copls}}$ 可知, 真实数据的结论如下。

(1) 在三个因素为零或者不考虑这三个因素的情况下, 反社会行为和阅读识别能力都是时间的线性函数, 并且随着儿童的成长而越来越高。

(2) 在家中为孩子提供更高的认知刺激一方面可以导致较低的反社会行为 (随

着孩子的成长，减少速度以时间的线性函数变化)，另一方面可以导致以正常数速度提高其阅读识别能力。

(3) 在家中为孩子提供更高的情感支持一方面可以导致反社会行为以正常速度降低，另一方面随着孩子的成长其阅读识别能力的提高速度逐渐增加。

(4) 性别似乎对反社会行为有恒定的影响。男孩对反社会行为的影响比女孩的影响大 76.92%。相反，性别对阅读识别能力没有显著影响。

(5) 反社会行为在四个不同时间点之间存在正相关系数。阅读识别能力的四个时间点之间也存在正相关系数。然而，反社会行为的观察值与阅读识别能力的观察值之间存在负相关。

简而言之，家庭中的认知刺激和情感支持可以减少反社会行为并增强阅读识别能力，而且随着时间的推移对反社会行为和阅读识别能力的反应具有不同的变化率。开发的建模方法在高效分析全国青年纵向调查的真实数据集方面表现良好。

# 参 考 文 献


白鹏, 2005. GMANOVA-MANOVA 模型中协方差阵的 MLE 的精确分布[J]. 中国科学(A 辑), 35(10): 1162-1173.

白鹏, 郭海兵, 2007. 带Gauss型误差的GMANOVA-MANOVA模型中未知参数的精确置信域[J]. 数学进展, 36(5): 546-560.

陈希孺, 1997. 数理统计引论[M]. 北京: 科学出版社.

王松桂, 史建红, 尹素菊, 等, 2004. 线性模型引论[M]. 北京：科学出版社.

杨兰军, 白鹏, 2020. 正态条件下带AR(1)-型方差结构GMANOVA-MANOVA模型极大似然估计的小样本特征[J]. 系统科学与数学, 40(1): 156-170.

张尧庭, 方开泰, 1982. 多元统计分析引论[M]. 北京: 科学出版社.

Akaike H, 1973. Information theory and in extension of the maximum likelihood principle[A]. In B. N. Petrov and B. F. Csaki (eds.), The Second International Symposium on Information Theory, pp. 267-281. Budapest: Academiai Kiado.

Albert J M, Kshirsagar A M, 1993. The reduced-rank growth curve model for discriminant analysis of longitudinal data[J]. Australian Journal of Statistics, 35(3): 345-357.

Anderson T W, 1973. Asymptotically efficient estimation of covariance matrices with linear structure[J]. The Annals of Statistics, 1(1): 227-233.

Anderson T W, 2003. An Introduction to Multivariate Statistical Analysis[M]. 3rd Edn. New York: John Wiley and Sons.

Anderson T W, Olkin I, 1985. Maximum-likelihood estimation of the parameters of a multivariate normal distribution[J]. Linear Algebra and its Applications, 70: 147-171.

Antoniadis A, Fan J Q, 2001. Regularization of wavelet approximations[J]. Journal of the American Statistical Association, 96(455): 939-967.

Arnold S F, 1981. The Theory of Linear Models and Multivariate Analysis[M]. New York: John Wiley and Sons.

Bai P, 2009. Sphericity test in a GMANOVA-MANOVA model with normal error[J]. Journal of Multivariate Analysis, 100(10): 2305-2312.

Bai P, Shi L, 2007. Exact distributions of MLEs of regression coefficients in GMANOVA-MANOVA model[J]. Journal of Multivariate Analysis, 98(9): 1840-1852.

Bakaslary J K, Kala R, 1976. Criteria for estimability in multivariate linear models[J]. Optimization, 7(1): 5-9.

Baltagi B H, 2021. Seemingly Unrelated Regressions[M]. Econometrics. Cham: Springer: 279-298.

Banken L, 1984. Eine Verallgemeinerung des GMANOVA-Modells[D]. Dissertation, University of Trier, Trier, West Germany.

Bischoff W, 2000. Asymptotically optimal tests for some growth curve models under non-normal error structure[J]. Metrika, 50(3): 195-203.

Bock R D, 1963. Multivariate analysis of variance of repeated measurements[A]. Problems in Measuring Change (C. W. Harris, Editor), pp. 85-103. Madison, Wisconsin: University of Wisconsin Press.

Box G E P, 1950. Problems in the analysis of growth and wear curves[J]. Biometrics, 6(4): 362-389.

Breheny P, Huang J, 2009. Penalized methods for bi-level variable selection[J]. Statistics and Its Interface, 2(3): 369-380.

Byukusenge B, von Rosen D, Singull M, 2022. On the identification of extreme elements in a residual for the GMANOVA-MANOVA model[M]. In Bekker A, Ferreira J T, Arashi M, et al, Eds, Emerging Topics in Statistics and Biostatistics (pp.119-135). Cham: Springer International Publishing.

Carter E M, Hubert J J, 1984. A growth-curve model approach to multivariate quantal bioassay[J]. Biometrics, 40(3): 699-706.

Casella G, Berger R L, 2002. Statistical Inference[M]. 2nd Edn. Belmont: Thompson Learning, Duxbury Press.

Chaganty N R, 2003. Analysis of growth curves with patterned correlation matrices using quasi-least squares[J]. Journal of Statistical Planning and Inference, 117(1): 123-139.

Chakravorti S R, 1976. On asymptotic properties of the maximum likelihood estimates of the general growth curve model[J]. Annals of the Institute of Statistical Mathematics, 28(1): 349-357.

Chen L S, Huang J Z, 2012. Sparse reduced-rank regression for simultaneous dimension reduction and variable selection[J]. Journal of the American Statistical Association, 107(500): 1533-1545.

Chinchilli V M, Carter W H Jr, 1984. A likelihood ratio test for a patterned covariance matrix in a multivariate growth-curve model[J]. Biometrics, 40(1): 151-156.

Chinchilli V M, Elswick R K, 1985. A mixture of the manova and gmanova models[J]. Communications in Statistics - Theory and Methods, 14(12): 3075-3089.

Craven P, Wahba G, 1979. Smoothing noisy data with spline function: Estimating the correct degree of smoothing by the method of generalized cross validation[J]. Numerische Mathematik, 31: 337-403.

Crowder M J, Hand D J, 1990. Analysis of Repeated Measures[M]. London: Chapman and Hall.

Curran P J, 1998. Introduction to hierarchical linear models of individual growth: An applied example using the SAS data system[A]. Paper Presented at the First International Institute on Developmental Science. University of North Carolina, Chapel Hill.

Curran P J, Obeidat K, Losardo D, 2010. Twelve frequently asked questions about growth curve modeling[J]. Journal of Cognition and Development, 11(2): 121-136.

Curran P J, Strauss C L, McCormick E M, et al, 2023. A multivariate growth curve model for three-level data[A]. In Cooper H, Coutanche M N, McMullen L M, et al. (Eds.), APA Handbook of Research Methods in Psychology: Data Analysis and Research Publication (2nd Edn. 351- 376). American Psychological Association.

Danford M B, Hughes H M, McNee R C, 1960. On the analysis of repeated-measurements experiments[J]. Biometrics, 16(4): 547-565.

Daniel K, Ivan Ž, 2011. Overview of recent results in growth-curve-type multivariate linear models[J]. Acta Universitatis Palackianae Olomucensis Facultas Rerum Naturalium Mathematica, 50(2): 137-146.

Demidenko E, 2004. Mixed Models Theory and Applications[M]. New Jersey: John Wiley and Sons, Inc. Hobken.

Dykstra R L, 1970. Establishing the positive definiteness of the sample covariance matrix[J]. The Annals of Mathematical Statistics, 41(6): 2153-2154.

Eaton M L, 1983. Multivariate Statistics: A Vector Space Approach[M]. New York: Wiley.

Eaton M L, Perlman M D, 1973. The non-singularity of generalized sample covariance matrices[J]. The Annals of Statistics, 1(4): 710-717.

Eicker F, 1963. Asymptotic normality and consistency of the least squares estimators for families of linear regressions[J]. The Annals of Mathematical Statistics, 34(2): 447-456.

Elston R C, Grizzle J E, 1962. Estimation of time-response curves and their confidence bands[J]. Biometrics, 18(2): 148.

Elswick R K, 1985. The Missing Data Problem as Applied to the Extended GMANOVA Model[M]. Dissertation, Virginia Commonwealth University, Richmond, Virginia.

Evans J C, Roberts E A, 1979. Analysis of sequential observations with applications to experiments on grazing animals and perennial plants[J]. Biometrics, 35(3): 687-693.

Fan J Q, 1997. Comments on'Wavelets in statistics: A review' by A. Antoniadis[J]. Journal of the Italian Statistical Association, 6: 131-138.

Fan J Q, Li R Z, 2001. Variable selection via non-concave penalized likelihood and its oracle properties[J]. Journal of the American Statistical Association, 96(456): 1348-1360.

Fan J Q, Li R Z, 2004. New estimation and model selection procedures for semi-parametric modeling in longitudinal data analysis[J]. Journal of the American Statistical Association, 99(467): 710-723.

Filipiak K, von Rosen D, 2012. On MLEs in an extended multivariate linear growth curve model[J]. Metrika, 75(8): 1069-1092.

Fujikoshi Y, 1973. Monotonicity of the power functions of some tests in general manova models[J]. The Annals of Statistics, 1(2): 388-391.

Fujikoshi Y, 1974. On the asymptotic non-null distributions of the LR criterion in a general manova[J]. Canadian Journal of Statistics, 2(1/2): 1-12.

Fujikoshi Y, 1982. A test for additional information in canonical correlation analysis[J]. Annals of the Institute of Statistical Mathematics, 34(3): 523-530.

Fujikoshi Y, 1985. An error bound for an asymptotic expansion of the distribution function of an estimate in a multivariate linear model[J]. The Annals of Statistics, 13(2): 827-831.

Fujikoshi Y, 1987. Error bounds for asymptotic expansions of the distribution of the MLE in a GMANOVA model[J]. Annals of the Institute of Statistical Mathematics, 39(1): 153-161.

Fujikoshi Y, Khatri C G, 1990. A study of redundancy of some variables in covariate discriminant analysis[J]. Annals of the Institute of Statistical Mathematics, 42(4): 769-782.

Fujikoshi Y, Rao C R, 1991. Selection of covariables in the growth curve model[J]. Biometrika, 78(4): 779-785.

Fujikoshi Y, Satoh K, 1996. Estimation and model selection in an extended growth curve model[J]. Hiroshima Mathematical Journal, 26(3): 635-647.

Geisser S, 1963. Multivariate analysis of variance for a special covariance case[J]. Journal of the American Statistical Association, 58(303): 660-669.

Geisser S, 1970. Bayesian analysis of growth curves[J]. Sankhyā A, 32: 53-64.

Geisser S, 1987. Prediction of future observations in growth curve models: Comment[J]. Statistical Science, 2(4): 434-471.

Gleser L J, Olkin I, 1970. Linear models in multivariate analysis[A]. In: Essays in Probability and Statistics. Ed. R.C. Bose, I.M. Chakravarti, P.C. Mahalanobis, C.R. Rao and K.J.C. Smith, pp. 267-292, Chapel Hill, North Carolina: University of North Carolina.

Gong L Q, 1998. Asymptotic distribution of likelihood ratio statistic for testing sphericity in growth curve models[J]. Acta Mathematica Scientia, 18(4): 440-448.

Goodfellow I, Engio Y, Courville A. 2016. Deep Learning[M]. Cambridge Massachusetts, London: The MIT Press.

Grizzle J E, Allen D M, 1969. Analysis of growth and dose response curves[J]. Biometrics, 25(2): 357-381.

Hamid J S, Beyene J, 2009. A multivariate growth curve model for ranking genes in replicated time course micro-array data[J]. Statistical Applications in Genetics and Molecular Biology, 8: Article33.

Hamid J S, Beyene J, von Rosen D, 2011. A novel trace test for the mean parameters in a multivariate growth curve model[J]. Journal of Multivariate Analysis, 102(2): 238-251.

Hamid J S, Jana S, 2020. Some tests for the extended growth curve model and applications in the analysis of clustered longitudinal data[M]//Holgersson T, Singull M, eds. Recent Developments in Multivariate and Random Matrix Analysis. Cham: Springer International Publishing: 103-122.

Hamid J S, Huang W L, von Rosen D, 2022. Graphical analysis of residuals in multivariate growth curve models and applications in the analysis of longitudinal data[J]. Communications in Statistics - Simulation and Computation, 51(10): 5556-5581.

Hamid J S, von Rosen D, 2006. Residuals in the extended growth curve model[J]. Scandinavian Journal of Statistics, 33(1): 121-138.

Harville D A, 1974. Bayesian inference for variance components using only error contrasts[J]. Biometrika, 61(2): 383-385.

Healy M J R, 1961. Experiments for comparing growth curves[J]. Biometrics, 17: 333.

Hill R C, Griffiths W E, Lim G C, 2008. Principles of Econometrics[M]. New York: John Wiley and Sons Inc.

Holmes D I, 1983. A graphical identification procedure for growth curves[J]. Journal of the Royal Statistical Society Series D: the Statistician, 32(4): 405-415.

Hu J H, 2008. Wishartness and independence of matrix quadratic forms in a normal random matrix[J]. Journal of Multivariate Analysis, 99(3): 555-571.

Hu J H, 2010. Properties of the explicit estimators in the extended growth curve model[J]. Statistics, 44(5): 477-492.

Hu J H, Huang J, Liu X Q, et al, 2023. Response best-subset selector for multivariate regression with high-dimensional response variables[J]. Biometrika, 110(1): 205-223.

Hu J H, Liu F X, Ahmed S E, 2012a. Estimation of parameters in the growth curve model via an outer product least squares approach for covariance[J]. Journal of Multivariate Analysis, 108: 53-66.

Hu J H, Liu F X, You J H, 2012b. Estimation of parameters in a generalized GMANOVA model based on an outer product analogy and least squares[J]. Journal of Statistical Planning and Inference, 142(7): 2017-2031.

Hu J H, Shi S, 2008. On the expressions of estimability in testing general linear hypotheses[J]. Communications in Statistics - Theory and Methods, 37(5): 782-790.

Hu J H, Xin X, You J H, 2014. Model determination and estimation for the growth curve model via group SCAD penalty[J]. Journal of Multivariate Analysis, 124: 199-213.

Hu J H, Yan G H, 2008. Asymptotic normality and consistency of a two-stage generalized least squares estimator in the growth curve model[J]. Bernoulli, 14(3): 623-636.

Hu J H, Yan G H, You J H, 2011. Estimation for an additive growth curve model with orthogonal design matrices[J]. Bernoulli, 17(4): 1400-1419.

Huang J, Breheny P, Ma S G, 2012. A selective review of group selection in high-dimensional models[J]. Statistical Science, 27(4): 481-499.

Huang J, Ma S G, Xie H L, et al, 2009. A group bridge approach for variable selection[J]. Biometrika, 96(2): 339-355.

Huo X M, Ni X S, 2007. When do stepwise algorithms meet subset selection criteria?[J]. The Annals of Statistics, 35(2): 870-887.

Hwang H, Takane Y, 2004. A multivariate reduced-rank growth curve model with unbalanced data[J]. Psychometrika, 69(1): 65-79.

Hwang H, Takane Y, 2005. An extended multivariate random-effects growth curve model[J]. Behaviormetrika, 32(2): 141-153.

Jana S, 2013. The growth curve model for high dimensional data and its application in genomics[D]. Ph.D. Dissertation, McMaster University, Hamilton, Canada.

Jana S, Balakrishnan N, Hamid J S, 2018. Estimation of the parameters of the extended growth curve model under multivariate skew normal distribution[J]. Journal of Multivariate Analysis, 166: 111-128.

Jana S, Balakrishnan N, Hamid J S, 2019. Bayesian growth curve model useful for high-dimensional longitudinal data[J]. Journal of Applied Statistics, 46(5): 814-834.

Jana S, Balakrishnan N, von Rosen D, et al, 2017. High dimensional extension of the growth curve model and its application in genetics[J]. Statistical Methods & Applications, 26(2): 273-292.

Jones R H, 1993. Longitudinal Data with Serial Correlation: A State-Space Approach[M]. London: Chapman and Hall.

Johnson W, 2015. Analytical strategies in human growth research[J]. American Journal of Human Biology, 27(1): 69-83.

Kabe D G, 1975. Some results for the GMANOVA model[J]. Communications in Statistics, 4(9): 813-820.

Kabe D G, 1986. On a gmanova model likelihood ratio test criterion[J]. Communications in Statistics - Theory and Methods, 15(11): 3419-3427.

Kariya T, 1985. Testing in the Multivariate General Linear Model[M]. Tokyo: Kinokuniya Printing Company.

Kenward M G, 1986. The distribution of a generalized least squares estimator with covariance adjustment[J]. Journal of Multivariate Analysis, 20: 244-250.

Keramidas E M, Lee J C, 1990. Forecasting technological substitutions with concurrent short time series[J]. Journal of the American Statistical Association, 85(411): 625-632.

Khatri C G, 1966. A note on a manova model applied to problems in growth curve[J]. Annals of the Institute of Statistical Mathematics, 18(1): 75-86.

Khatri C G, 1973. Testing some covariance structures under a growth curve model[J]. Journal of Multivariate Analysis, 3(1): 102-116.

Khatri C G, Pillai K C S, 1968. On the non-central distributions of two test criteria in multivariate analysis of variance[J]. The Annals of Mathematical Statistics, 39(1): 215-226.

Kollo T, Roos A, von Rosen D, 2007. Approximation of the distribution of the location parameter in the growth curve model[J]. Scandinavian Journal of Statistics, 34(3): 499-510.

Kollo T, von Rosen D, 1998. A unified approach to the approximation of multivariate densities[J]. Scandinavian Journal of Statistics, 25(1): 93-109.

Kollo T, von Rosen D, 2005. Advanced multivariate statistics with matrices[A]. Mathematics and its Applications 579 (Managing Editor M. Hazewinkel). Berlin, Heidelberg, New York: Springer Dordrecht.

Kshirsagar A M, Smith W B, 1995. Growth Curves[M]. New York: Marcel Dekker.

Laha R G, 1954. On some problems in canonical correlations[J]. Sankhyā A, 14: 61-68.

Lange N, Laird N M, 1989. The effect of covariance structure on variance estimation in balanced growth-curve models with random parameters[J]. Journal of the American Statistical Association, 84(405): 241-247.

Lee J C, 1988. Prediction and estimation of growth curves with special covariance structures[J]. Journal of the American Statistical Association, 83(402): 432-440.

Lee J C, Geisser S, 1972. Growth curve prediction[J]. Sankhyā A, 34: 393-412.

Lee J C, Geisser S, 1975. Applications of growth curve prediction[J]. Sankhyā A, 37: 239-256.

Lee J C, 1991. Tests and model selection for the general growth curve model[J]. Biometrics, 47(1): 147-159.

Leech F B, Healy M J R, 1959. The analysis of experiments on growth rate[J]. Biometrics, 15(1): 98-106.

Lehmann E L, 1999. Elements of Large-Sample Theory[M]. New York: Springer.

Lehmann E L, Romano J P, 2005. Testing Statistical Hypotheses[M]. New York: Springer.

Liski E P, 1985. Estimation from incomplete data in growth curves models[J]. Communications in Statistics - Simulation and Computation, 14(1): 13-27.

Liski E P, 1991. Detecting influential measurements in a growth curves model[J]. Biometrics, 47(2): 659-668.

Liski E P, Nummi T, 1990. Prediction in growth curve models using the EM algorithm[J]. Computational Statistics & Data Analysis, 10(2): 99-108.

Liu A, 1993. An efficient estimation of seemingly unrelated multivariate regression models with application to growth curve analysis[J]. Statistica Sinica, 3: 421-434.

Liu F X, Hu J H, Chu G L, 2015. Estimation of parameters in the extended growth curve model via outer product least squares for covariance[J]. Linear Algebra and Its Applications, 473: 236-260.

Liu X Q, Hu J H, 2015. Estimation of patterned covariance in the multivariate linear models: an outer product least-squares approach[J]. Statistics, 49(2): 408-426.

Lundbye-Christensen S, 1991. A multivariate growth curve model for pregnancy[J]. Biometrics, 47(2): 637-657.

Magnus J R, Neudecker H, 1991. Matrix Differential Calculus with Application in Statistics and Econometrics[M]. New York: Wiley.

McArdle J J, Nesselroade J R, 2003. Growth curve analysis in contemporary psychological research[A]. In J. Schinka, & W. Velicer (Eds.), Comprehensive Handbook of Psychology: Research Methods in Psychology, 2: 447-480. New York: Wiley.

McKay R J, 1977. Variable selection in multivariate regression: an application of simultaneous test procedures[J]. Journal of the Royal Statistical Society Series B: Statistical Methodology, 39(3): 371-380.

Mirsky L, 1975. A trace inequality of John von Neumann[J]. Monatshefte Für Mathematik, 79(4): 303-306.

Monahan J F, 2008. A Primer on Linear Models[M]. New York: CRC Press, Taylor and Francis Group.

Muirhead R J, 1982. Aspects of Multivariate Statistical Theory[M]. New York: John Wiley and Sons.

Nummi T, 2000. Analysis of growth curves under measurement errors[J]. Journal of Applied Statistics, 27(2): 235-243.

Nummi T, Möttönen J, 2000. On the analysis of multivariate growth curves[J]. Metrika, 52(1): 77-89.

Nussbaum M, 1977. Asymptotic efficiency of estimators in the multivariate linear model[J]. Statistics, 8(4): 439-445.

Nzabanita J, von Rosen D, Singull M, 2012. Estimation of parameters in the extended growth curve model with a linearly structured covariance matrix[J]. Acta et Commentationes Universitatis Tartuensis De Mathematica, 16(1): 13-32.

Ohlson M, Andrushchenko Z, von Rosen D, 2011. Explicit estimators under m-dependence for a multivariate normal distribution[J]. Annals of the Institute of Statistical Mathematics, 63(1): 29-42.

Ohlson M, von Rosen D, 2010. Explicit estimators of parameters in the Growth Curve model with linearly structured covariance matrices[J]. Journal of Multivariate Analysis, 101(5): 1284-1295.

Pan J X, Fang K T, 1995. Multiple outlier detection in growth curve model with unstructured covariance matrix[J]. Annals of the Institute of Statistical Mathematics, 47(1): 137-153.

Pan J X, Fang K T, 1996. Influential observation in the growth curve model with unstructured covariance matrix[J]. Computational Statistics & Data Analysis, 22(1): 71-87.

Pan J X, Fang K T, 2002. Growth Curve Models and Statistical Diagnostics[M]. Mathematics Monograph Series 8. Beijing: Science Press.

Patel H I, 1986. Analysis of repeated measures designs with changing covariates in clinical trials[J]. Biometrika, 73(3): 707-715.

Patterson H D, Thompson R, 1971. Recovery of inter-block information when block sizes are unequal[J]. Biometrika, 58(3): 545-554.

Pillai K C S, 1955. Some new test criteria in multivariate analysis[J]. The Annals of Mathematical Statistics, 26(1): 117-121.

Pillai K C S, 1956. Some results useful in multivariate analysis[J]. The Annals of Mathematical Statistics, 27(4): 1106-1114.

Potthoff R F, Roy S N, 1964. A generalized multivariate analysis of variance model useful especially for growth curve problems[J]. Biometrika, 51(3/4): 313-326.

Rao C R, 1958. Some statistical methods for comparison of growth curves[J]. Biometrics, 14(1): 1-17.

Rao C R, 1959. Some problems involving linear hypotheses in multivariate analysis[J]. Biometrika, 46(1/2): 49-58.

Rao C R, 1965. The theory of least squares when the parameters are stochastic and its application to the analysis of growth curves[J]. Biometrika, 52(3/4): 447-458.

Rao C R, 1966. Covariance adjustment and related problems in multivariate analysis[A]. In Multivariate Analysis, Ed. P. R. Krishnaiah, pp. 87-103. New York: Academic Press.

Rao C R, 1967. Least squares theory using an estimated dispersion matrix and its applications to measurement of signals[C]. Proceedings of the Fifth Berkeley Symposium on Mathematical Statistics and Probability 1: 355-372.

Rao C R, 1973. Linear Statistical Inference and its Applications[M]. New York: Wiley.

Rao C R, 1987. Prediction of future observations in growth curve models[J]. Statistical Science, 2: 431-471.

Rao C R, Kleffe J, 1988. Estimation of Variance Components and Applications[M]. Volume 3 of Statistics and Probability, North-Holland, Amsterdam, New York.

Rao C R, Toutenburg H, 1999. Linear Models: Least Squares and Alternatives[M]. 2nd edn. New York: Springer-Verlag.

Reinsel G, 1982. Multivariate repeated-measurement or growth curve models with multivariate random-effects covariance structure[J]. Journal of the American Statistical Association, 77(377): 190-195.

Reinsel G C, Velu R P, 2003. Reduced-rank growth curve models[J]. Journal of Statistical Planning and Inference, 114(1/2): 107-129.

Rusnačko R, Žežula I, 2016. Connection between uniform and serial correlation structure in the growth curve model[J]. Metrika, 79(2): 149-164.

Satoh K, Kobayashi M, Fujikoshi Y, 1997. Variable selection for the growth curve model[J]. Journal of Multivariate Analysis, 60(2): 277-292.

Schwarz G, 1978. Estimating the dimension of a model[J]. The Annals of Statistics, 16: 356-366.

Srivastava M S, 2003. Singular Wishart and multivariate beta distributions[J]. The Annals of Statistics, 31: 1537-1560.

Srivastava M S, Singull M, 2017a. Testing sphericity and intra-class covariance structures under a growth curve model in high dimension[J]. Communications in Statistics - Simulation and Computation, 46: 5740-5751.

Srivastava M S, Singull M, 2017b. Test for the mean matrix in a growth curve model for high dimensions[J]. Communications in Statistics - Theory and Methods, 46: 6668-6683.

Srivastava M S, von Rosen D, 1999. Growth Curve Models Statistics[M]. Textbooks and Monographs, New York: Marcel Dekker AG.

Srivastava U K, David E A G, 1987. Seemingly Unrelated Regression Equations Models: Estimation and Inference[M]. New York: Marcel Dekker AG.

Stanek III E J, Koch G G, 1985. The equivalence of parameter estimates from growth curve models and seemingly unrelated regression models[J]. The American Statistician, 39: 149-152.

Sutton R S, Barto A G, 2018. Reinforcement Learning, An Introduction[M]. 2nd edn. Cambridge, Massachusetts, London: The MIT Press.

Takane Y, Jung K, Hwang H, 2011. Regularized reduced rank growth curve models[J]. Computational Statistics & Data Analysis, 55(2): 1041-1052.

Theil H, 1971. Principles of Econometrics[M]. New York: Wiley.

Tian Y G, Takane Y, 2009. On consistency, natural restrictions and estimability under classical and extended growth curve models[J]. Journal of Statistical Planning and Inference, 139(7): 2445-2458.

Tibshirani R, 1996. Regression shrinkage and selection via the lasso[J]. Journal of the Royal Statistical Society Series B: Statistical Methodology, 58(1): 267-288.

Verbyla A P, 1986. Conditioning in the growth curve model[J]. Biometrika, 73(2): 475-483.

Verbyla A P, 1988. Analysis of repeated measures designs with changing covariates[J]. Biometrika, 75(1): 172-174.

Verbyla A P, Venables W N, 1988. An extension of the growth curve model[J]. Biometrika, 75(1): 129-138.

von Neumann J, 1937. Some matrix-inequalities and metrization of matrix-space[A]. Tomsk

University Review, 1: 286-300. Reprinted in Collected Works (Pergamon Press, 1962): 205-219.

von Rosen D, 1984. Maximum likelihood estimates in multivariate linear normal models with special references to the growth curve model[R]. Research Report 135, Department of Mathematics and Statistics, University of Stockholm, Stockholm, Sweden.

von Rosen D, 1985. Multivariate linear normal models with special references to the growth curve model[D]. Ph.D. dissertation, Department of Mathematics and Statistics, Stockholms Universitet, Stockholm, Sweden.

von Rosen D, 1989. Maximum likelihood estimators in multivariate linear normal models[J]. Journal of Multivariate Analysis, 31(2): 187-200.

von Rosen D, 1990. Moments for a multivariate linear model with an application to the growth curve model[J]. Journal of Multivariate Analysis, 35(2): 243-259.

von Rosen D, 1991. The growth curve model: A review[J]. Communications in Statistics - Theory and Methods, 20(9): 2791-2822.

von Rosen D, 1995. Residuals in the growth curve model[J]. Annals of the Institute of Statistical Mathematics, 47(1): 129-136.

von Rosen T, von Rosen D, 2017. On estimation in some reduced rank extended growth curve models[J]. Mathematical Methods of Statistics, 26(4): 299-310.

Vonesh E F, Carter R L, 1987. Efficient inference for random-coefficient growth curve models with unbalanced data[J]. Biometrics, 43(3): 617-628.

Vonesh E F, Vernon M, Chinchilli V M, 1997. Linear and Nonlinear Models for the Analysis of Repeated Measurements[M]. CRC Press, Taylor & Francis Group.

Votaw D F, 1948. Testing compound symmetry in a normal multivariate distribution[J]. The Annals of Mathematical Statistics, 19(4): 447-473.

Wamono F, Atuhaire L, Ngaruye I, et al, 2023. Small area estimation of trends in household living standards in Uganda using a GMANOVA-MANOVA model and repeated surveys[J]. Communications in Statistics: Case Studies, Data Analysis and Applications, 9(4): 402-421.

Wamono F, von Rosen D, Singull M, 2022. Residuals in GMANOVA-MANOVA model with rank restrictions on parameters[J]. Journal of the Korean Statistical Society, 51(1): 223-244.

Wang H, 2010. Sparse seemingly unrelated regression modelling: Applications in finance and econometrics[J]. Computational Statistics & Data Analysis, 54(11): 2866-2877.

Wang H S, Li R Z, Tsai C L, 2007. Tuning parameter selectors for the smoothly clipped absolute deviation method[J]. Biometrika, 94(3): 553-568.

Wang S G, Liski E P, Nummi T, 1999. Two-way selection of covariables in multivariate growth curve models[J]. Linear Algebra and its Applications, 289(1/2/3): 333-342.

Wei F R, Huang J, 2010. Consistent group selection in high-dimensional linear regression[J]. Bernoulli, 16(4): 1369-1384.

Wilks S S, 1946. Sample criteria for testing equality of means, equality of variances, and equality of covariances in a normal multivariate distribution[J]. The Annals of Mathematical Statistics, 17(3): 257-281.

Williams J S, Izenman A J, 1981. A class of linear spectral models and analyses for the study of longitudinal data[R]. Technical Report, Department of Statistics, Colorado State University.

Wishart J, 1938. Growth-rate determinations in nutrition studies with the bacon pig, and their analysis[J]. Biometrika, 30(1/2): 16-28.

Wong C S, 1989. Linear Models in a general parametric form[J]. Communications in Statistics - Theory and Methods, 18(8): 3095-3115.

Wong C S, Liu D S, 1995. Moments of generalized wishart distributions[J]. Journal of Multivariate Analysis, 52(2): 280-294.

Wong C S, Cheng H, 2001. Estimation in a growth curve model with singular covariance[J]. Journal of Statistical Planning and Inference, 97(2): 323-342.

Woolson R F, Leeper J D, 1980. Growth curve analysis of complete and incomplete longitudinal data[J]. Communications in Statistics - Theory and Methods, 9(14): 1491-1513.

Wu Q G, 1998. Existence conditions of the uniformly minimum risk unbiased estimators in extended growth curve models[J]. Journal of Statistical Planning and Inference, 69(1): 101-114.

Wu X Y, Liang H, Zou G H, 2009. Unbiased invariant least squares estimation in A generalized growth curve model[J]. Sankhyā A (2008), 71(1): 73-93.

Wu X Y, Zou G H, Chen J W, 2006. Unbiased invariant minimum norm estimation in generalized growth curve model[J]. Journal of Multivariate Analysis, 97(8): 1718-1741.

Xin X, Hu J H, Liu L Y, 2017. On the oracle property of a generalized adaptive elastic-net for multivariate linear regression with a diverging number of parameters[J]. Journal of Multivariate Analysis, 162: 16-31.

Xin X, Qiu F, 2017. Multiple-response repeated measurement or multivariate growth curve model with distribution-free errors[J]. Communications in Statistics - Theory and Methods, 46(24): 12370-12386.

Ye R D, Wang S G, 2009. Estimating parameters in extended growth curve models with special covariance structures[J]. Journal of Statistical Planning and Inference, 139(8): 2746-2756.

Yokoyama T, 1995. Statistical inference on some mixed MANOVA-GMANOVA models with random effects[J]. Hiroshima Mathematical Journal, 25(3): 441-474.

Yokoyama T, 1996. Extended growth curve models with random-effects covariance structures[J]. Communications in Statistics - Theory and Methods, 25(3): 571-584.

Yokoyama T, 2000. Non-null distributions of the Wald's criteria in random effects growth curve models[J]. American Journal of Mathematical and Management Sciences, 20(3/4): 415-431.

Yuan M, Lin Y, 2006. Model selection and estimation in regression with grouped variables[J]. Journal of the Royal Statistical Society Series B: Statistical Methodology, 68(1): 49-67.

Zellner A, 1962. An efficient method of estimating seemingly unrelated regressions and tests for aggregation bias[J]. Journal of the American Statistical Association, 57(298): 348-368.

Zellner A, 1963. Estimators for seemingly unrelated regression equations: some exact finite sample results[J]. Journal of the American Statistical Association, 58(304): 977-992.

Zerbe G O, 1979. Randomization analysis of the completely randomized design extended to growth and response curves[J]. Journal of the American Statistical Association, 74(365): 215-221.

Žežula I, 1993. Covariance components estimation in the growth curve model[J]. Statistics, 24(4): 321-330.

Žežula I, 2006. Special variance structures in the growth curve model[J]. Journal of Multivariate Analysis, 97(3): 606-618.

Zhang Z Y, 2016. Modeling error distributions of growth curve models through Bayesian methods[J]. Behavior Research Methods, 48(2): 427-444.

# 附 录 A

附录列出书中使用或讨论所涉及的数据集。

**表 A.1 11 名女孩和 16 名男孩分别在 4 个不同的年龄段的牙科观测数据**

| 女孩 | 8 | 10 | 12 | 14 | 男孩 | 8 | 10 | 12 | 14 |
|---|---|---|---|---|---|---|---|---|---|
| 1 | 21 | 20 | 21.5 | 23 | 1 | 26 | 25 | 29 | 31 |
| 2 | 21 | 21.5 | 24 | 25.5 | 2 | 21.5 | 22.5 | 23 | 26.5 |
| 3 | 20.5 | 24 | 24.5 | 26 | 3 | 23 | 22.5 | 24 | 27.5 |
| 4 | 23.5 | 24.5 | 25 | 26.5 | 4 | 25.5 | 27.5 | 26.5 | 27 |
| 5 | 21.5 | 23 | 22.5 | 23.5 | 5 | 20 | 23.5 | 22.5 | 26 |
| 6 | 20 | 21 | 21 | 22.5 | 6 | 24.5 | 25.5 | 27 | 28.5 |
| 7 | 21.5 | 22.5 | 23 | 25 | 7 | 22 | 22 | 24.5 | 26.5 |
| 8 | 23 | 23 | 23.5 | 24 | 8 | 24 | 21.5 | 24.5 | 25.5 |
| 9 | 20 | 21 | 22 | 21.5 | 9 | 23 | 20.5 | 31 | 26 |
| 10 | 16.5 | 19 | 19 | 19.5 | 10 | 27.5 | 28 | 31 | 31.5 |
| 11 | 24.5 | 25 | 28 | 28 | 11 | 23 | 23 | 23.5 | 25 |
| | | | | | 12 | 21.5 | 23.5 | 24 | 28 |
| | | | | | 13 | 17 | 24.5 | 26 | 29.5 |
| | | | | | 14 | 22.5 | 25.5 | 25.5 | 26 |
| | | | | | 15 | 23 | 24.5 | 26 | 30 |
| | | | | | 16 | 22 | 21.5 | 23.5 | 25 |
| 均值 | 21.18 | 22.23 | 23.09 | 24.09 | 均值 | 22.87 | 23.81 | 25.72 | 27.47 |

资料来源：Potthoff 和 Roy (1964), Lee 和 Geisser (1975), Rao (1987), Hamid 和 von Rosen (2006) 以及 Hu 等 (2011)。

**表 A.2 45 位受试者在心理运动测试设备上的平均每日得分**

| 剂量组 | 患者 | 0 | 1 | 2 | 3 | 4 | 5 | 6 | 7 | 8 | 9 | 10 | 平均年龄 |
|---|---|---|---|---|---|---|---|---|---|---|---|---|---|
| 0 剂量 | 1 | 191 | 223 | 242 | 248 | 266 | 274 | 272 | 279 | 286 | 287 | 286 | 64.5 |
| | 2 | 64 | 72 | 81 | 66 | 92 | 114 | 126 | 123 | 134 | 148 | 140 | |
| | 3 | 206 | 172 | 214 | 239 | 265 | 265 | 262 | 274 | 258 | 288 | 289 | |
| | 4 | 155 | 171 | 191 | 203 | 219 | 237 | 237 | 220 | 252 | 260 | 245 | |
| | 5 | 85 | 138 | 204 | 213 | 224 | 247 | 246 | 259 | 255 | 374 | 284 | |
| | 6 | 15 | 22 | 24 | 24 | 38 | 41 | 46 | 62 | 62 | 79 | 74 | |

续表

| 剂量组 | 患者 | 0 | 1 | 2 | 3 | 4 | 5 | 6 | 7 | 8 | 9 | 10 | 平均年龄 |
|---|---|---|---|---|---|---|---|---|---|---|---|---|---|
| | 7 | 53 | 53 | 102 | 104 | 105 | 125 | 122 | 150 | 93 | 127 | 132 | |
| | 8 | 33 | 45 | 50 | 54 | 44 | 47 | 45 | 61 | 50 | 60 | 52 | |
| | 9 | 16 | 47 | 45 | 34 | 37 | 61 | 51 | 28 | 43 | 40 | 45 | |
| | 10 | 121 | 167 | 188 | 209 | 224 | 229 | 230 | 269 | 264 | 249 | 268 | |
| | 11 | 179 | 193 | 206 | 210 | 221 | 234 | 224 | 255 | 246 | 225 | 229 | |
| | 12 | 114 | 91 | 154 | 152 | 155 | 174 | 196 | 207 | 208 | 229 | 173 | |
| 低剂量 | 13 | 92 | 115 | 133 | 136 | 148 | 159 | 146 | 180 | 148 | 168 | 169 | 67.4 |
| | 14 | 84 | 32 | 97 | 86 | 47 | 87 | 103 | 124 | 110 | 162 | 187 | |
| | 15 | 30 | 38 | 37 | 40 | 48 | 61 | 64 | 65 | 83 | 91 | 90 | |
| | 16 | 51 | 66 | 131 | 148 | 181 | 172 | 195 | 170 | 158 | 203 | 215 | |
| | 17 | 188 | 210 | 221 | 251 | 256 | 268 | 260 | 281 | 286 | 290 | 296 | |
| | 18 | 137 | 167 | 172 | 212 | 168 | 213 | 190 | 196 | 211 | 213 | 224 | |
| | 19 | 108 | 23 | 18 | 30 | 29 | 40 | 57 | 37 | 47 | 56 | 55 | |
| | 20 | 205 | 234 | 260 | 269 | 274 | 282 | 282 | 290 | 298 | 304 | 308 | |
| | 21 | 181 | 206 | 199 | 237 | 219 | 237 | 232 | 251 | 247 | 254 | 250 | |
| | 22 | 178 | 208 | 222 | 237 | 255 | 253 | 254 | 276 | 254 | 267 | 275 | |
| | 23 | 190 | 224 | 224 | 261 | 249 | 291 | 293 | 294 | 295 | 299 | 305 | |
| | 24 | 127 | 119 | 149 | 196 | 203 | 211 | 207 | 241 | 220 | 188 | 219 | |
| | 25 | 94 | 144 | 169 | 164 | 182 | 189 | 188 | 164 | 181 | 142 | 152 | |
| | 26 | 148 | 170 | 202 | 181 | 184 | 186 | 207 | 184 | 195 | 168 | 163 | |
| | 27 | 99 | 93 | 122 | 145 | 130 | 167 | 153 | 165 | 144 | 156 | 167 | |
| 中剂量 | 28 | 207 | 237 | 243 | 281 | 273 | 281 | 279 | 294 | 307 | 305 | 305 | 60.2 |
| | 29 | 188 | 208 | 235 | 249 | 265 | 271 | 263 | 272 | 285 | 283 | 290 | |
| | 30 | 140 | 187 | 199 | 205 | 231 | 227 | 228 | 246 | 245 | 263 | 262 | |
| | 31 | 109 | 95 | 102 | 96 | 135 | 135 | 111 | 146 | 131 | 162 | 171 | |
| | 32 | 69 | 46 | 67 | 28 | 43 | 55 | 55 | 77 | 73 | 76 | 76 | |
| | 33 | 69 | 95 | 137 | 99 | 95 | 108 | 129 | 134 | 133 | 131 | 91 | |
| | 34 | 51 | 59 | 76 | 101 | 72 | 72 | 107 | 91 | 128 | 120 | 133 | |
| | 35 | 156 | 186 | 198 | 201 | 205 | 210 | 217 | 217 | 219 | 223 | 229 | |
| | 36 | 201 | 202 | 229 | 232 | 224 | 237 | 217 | 268 | 244 | 275 | 246 | |
| | 37 | 113 | 126 | 159 | 157 | 137 | 160 | 162 | 171 | 167 | 165 | 185 | |
| | 38 | 86 | 54 | 75 | 75 | 71 | 130 | 157 | 142 | 173 | 174 | 156 | |
| | 39 | 115 | 158 | 168 | 175 | 188 | 164 | 184 | 195 | 194 | 206 | 212 | |
| 高剂量 | 40 | 183 | 175 | 217 | 235 | 241 | 251 | 229 | 241 | 233 | 233 | 275 | 60.2 |
| | 41 | 131 | 147 | 183 | 181 | 206 | 215 | 197 | 207 | 226 | 244 | 240 | |
| | 42 | 71 | 105 | 107 | 92 | 101 | 103 | 78 | 87 | 57 | 70 | 71 | |
| | 43 | 172 | 213 | 263 | 260 | 276 | 273 | 267 | 286 | 283 | 290 | 298 | |
| | 44 | 224 | 258 | 248 | 257 | 257 | 267 | 260 | 279 | 299 | 289 | 300 | |
| | 45 | 246 | 257 | 269 | 270 | 289 | 291 | 306 | 301 | 295 | 312 | 311 | |
| | 45 | | | | | | | | | | | | 62.4 |

资料来源：Danford 等 (1960) 以及 Chinchilli 和 Elswick (1985)。

**表 A.3 20 名男孩在不同年龄时间点的 Ramus 高度**

| 男孩 | 8 岁 | 8.5 岁 | 9 岁 | 9.5 岁 | 男孩 | 8 岁 | 8.5 岁 | 9 岁 | 9.5 岁 |
|---|---|---|---|---|---|---|---|---|---|
| 1 | 47.8 | 48.8 | 49.0 | 49.7 | 11 | 51.2 | 51.4 | 51.6 | 51.9 |
| 2 | 46.4 | 47.3 | 47.7 | 48.4 | 12 | 48.5 | 49.2 | 53.0 | 55.5 |
| 3 | 46.3 | 46.8 | 47.8 | 48.5 | 13 | 52.1 | 52.8 | 53.7 | 55.0 |
| 4 | 45.1 | 45.3 | 46.1 | 47.2 | 14 | 48.2 | 48.9 | 49.3 | 49.8 |
| 5 | 47.6 | 48.5 | 48.9 | 49.3 | 15 | 49.6 | 50.4 | 51.2 | 51.8 |
| 6 | 52.5 | 53.2 | 53.3 | 53.7 | 16 | 50.7 | 51.7 | 52.7 | 53.3 |
| 7 | 51.2 | 53.0 | 54.3 | 54.5 | 17 | 47.2 | 47.7 | 48.4 | 49.5 |
| 8 | 49.8 | 50.0 | 50.3 | 52.7 | 18 | 53.3 | 54.6 | 55.1 | 55.3 |
| 9 | 48.1 | 50.8 | 52.3 | 54.4 | 19 | 46.2 | 47.5 | 48.1 | 48.4 |
| 10 | 45.0 | 47.0 | 47.3 | 48.3 | 20 | 46.3 | 47.6 | 51.3 | 51.8 |

资料来源：Elston 和 Grizzle (1962), Grizzle 和 Allen (1969), Verbyla (1986), Rao (1987), Fujikoshi 和 Rao (1991) 以及 Pan 和 Fang (2002)。

**表 A.4 13 只雄性小鼠从出生到断奶的 21 天内以 3 天为间隔的体重**

| 小鼠 | 3 天 | 6 天 | 9 天 | 12 天 | 15 天 | 18 天 | 21 天 |
|---|---|---|---|---|---|---|---|
| 1 | 0.190 | 0.388 | 0.621 | 0.823 | 1.078 | 1.132 | 1.191 |
| 2 | 0.218 | 0.393 | 0.568 | 0.729 | 0.839 | 0.852 | 1.004 |
| 3 | 0.211 | 0.394 | 0.549 | 0.700 | 0.783 | 0.870 | 0.925 |
| 4 | 0.209 | 0.419 | 0.645 | 0.850 | 1.001 | 1.026 | 1.069 |
| 5 | 0.193 | 0.362 | 0.520 | 0.530 | 0.641 | 0.640 | 0.751 |
| 6 | 0.201 | 0.361 | 0.502 | 0.530 | 0.657 | 0.762 | 0.888 |
| 7 | 0.202 | 0.370 | 0.498 | 0.650 | 0.795 | 0.858 | 0.910 |
| 8 | 0.190 | 0.350 | 0.510 | 0.666 | 0.819 | 0.879 | 0.929 |
| 9 | 0.219 | 0.399 | 0.578 | 0.699 | 0.709 | 0.822 | 0.953 |
| 10 | 0.225 | 0.400 | 0.545 | 0.690 | 0.796 | 0.825 | 0.836 |
| 11 | 0.224 | 0.381 | 0.577 | 0.756 | 0.869 | 0.929 | 0.999 |
| 12 | 0.187 | 0.329 | 0.441 | 0.525 | 0.589 | 0.621 | 0.796 |
| 13 | 0.278 | 0.471 | 0.606 | 0.770 | 0.888 | 1.001 | 1.105 |

资料来源：Williams 和 Izenman (1981), Rao (1987) 以及 Pan 和 Fang (2002)。

**表 A.5 口服葡萄糖后 8 个时间点血浆无机磷 (mg/dl) 数据**

| 患者 | 控制组 | | | | | | | | 患者 | 肥胖组 | | | | | | | |
|---|---|---|---|---|---|---|---|---|---|---|---|---|---|---|---|---|---|
| | 0 | 0.5 | 1 | 1.5 | 2 | 3 | 4 | 5 | | 0 | 0.5 | 1 | 1.5 | 2 | 3 | 4 | 5 |
| 1 | 4.3 | 3.3 | 3.0 | 2.6 | 2.2 | 2.5 | 3.4 | 4.4* | 1 | 4.3 | 3.3 | 3.0 | 2.6 | 2.2 | 2.5 | 2.4 | 3.4* |
| 2 | 3.7 | 2.6 | 2.6 | 1.9 | 2.9 | 3.2 | 3.1 | 3.9 | 2 | 5.0 | 4.9 | 4.1 | 3.7 | 3.7 | 4.1 | 4.7 | 4.9 |
| 3 | 4.0 | 4.1 | 3.1 | 2.3 | 2.9 | 3.1 | 3.9 | 4.0 | 3 | 4.6 | 4.4 | 3.9 | 3.9 | 3.7 | 4.2 | 4.8 | 5.0 |

续表

| 患者 | 控制组 | | | | | | | | 患者 | 肥胖组 | | | | | | | |
|---|---|---|---|---|---|---|---|---|---|---|---|---|---|---|---|---|---|
| | 0 | 0.5 | 1 | 1.5 | 2 | 3 | 4 | 5 | | 0 | 0.5 | 1 | 1.5 | 2 | 3 | 4 | 5 |
| 4 | 3.6 | 3.0 | 2.2 | 2.8 | 2.9 | 3.9 | 3.8 | 4.0 | 4 | 4.3 | 3.9 | 3.1 | 3.1 | 3.1 | 3.1 | 3.6 | 4.0 |
| 5 | 4.1 | 3.8 | 2.1 | 3.0 | 3.6 | 3.4 | 3.6 | 3.7 | 5 | 3.1 | 3.1 | 3.3 | 2.6 | 2.6 | 1.9 | 2.3 | 2.7 |
| 6 | 3.8 | 2.2 | 2.0 | 2.6 | 3.8 | 3.6 | 3.0 | 3.5 | 6 | 4.8 | 5.0 | 2.9 | 2.8 | 2.2 | 3.1 | 3.5 | 3.6 |
| 7 | 3.8 | 3.0 | 2.4 | 2.5 | 3.1 | 3.4 | 3.5 | 3.7 | 7 | 3.7 | 3.1 | 3.3 | 2.8 | 2.9 | 3.6 | 4.3 | 4.4 |
| 8 | 4.4 | 3.9 | 2.8 | 2.1 | 3.6 | 3.8 | 4.0 | 3.9 | 8 | 5.4 | 4.7 | 3.9 | 4.1 | 2.8 | 3.7 | 3.5 | 3.7 |
| 9 | 5.0 | 4.0 | 3.4 | 3.4 | 3.3 | 3.6 | 4.0 | 4.3 | 9 | 3.0 | 2.5 | 2.3 | 2.2 | 2.1 | 2.6 | 3.2 | 3.5 |
| 10 | 3.7 | 3.1 | 2.9 | 2.2 | 1.5 | 2.3 | 2.7 | 2.8 | 10 | 4.9 | 5.0 | 4.1 | 3.7 | 3.7 | 4.1 | 4.7 | 4.9 |
| 11 | 3.7 | 2.6 | 2.6 | 2.3 | 2.9 | 2.2 | 3.1 | 3.9 | 11 | 4.8 | 4.3 | 4.7 | 4.6 | 4.7 | 3.7 | 3.6 | 3.9 |
| 12 | 4.4 | 3.7 | 3.1 | 3.2 | 3.7 | 4.3 | 3.9 | 4.8 | 12 | 4.4 | 4.2 | 4.2 | 3.4 | 3.5 | 3.4 | 3.9 | 4.0 |
| 13 | 4.7 | 3.1 | 3.2 | 3.3 | 3.2 | 4.2 | 3.7 | 4.3 | 13 | 4.9 | 4.3 | 4.0 | 4.0 | 3.3 | 4.1 | 4.2 | 4.3 |
| | | | | | | | | | 14 | 5.1 | 4.1 | 4.6 | 4.1 | 3.4 | 4.2 | 4.4 | 4.9 |
| | | | | | | | | | 15 | 4.8 | 4.6 | 4.6 | 4.4 | 4.1 | 4.0 | 3.8 | 3.8 |
| | | | | | | | | | 16 | 4.2 | 3.5 | 3.8 | 3.6 | 3.3 | 3.1 | 3.5 | 3.9 |
| | | | | | | | | | 17 | 6.6 | 6.1 | 5.2 | 4.1 | 4.3 | 3.8 | 4.2 | 4.8 |
| | | | | | | | | | 18 | 3.6 | 3.4 | 3.1 | 2.8 | 2.1 | 2.4 | 2.5 | 3.5 |
| | | | | | | | | | 19 | 4.5 | 4.0 | 3.7 | 3.3 | 2.4 | 2.3 | 3.1 | 3.3 |
| | | | | | | | | | 20 | 4.6 | 4.4 | 3.8 | 3.8 | 3.8 | 3.6 | 3.8 | 3.8 |

* 控制组中第 1 位患者和肥胖组中第 1 位患者的类似数据是巧合的。资料来源：Liu 等 (2015) 以及 Pan 和 Fang (2002)。

# 附　录　B

大写英文字母表示矩阵, 黑体小写字母一般表示列向量 (有时也用于表示矩阵)，小写字母表示标量。例如，$Y$，$\boldsymbol{x}$ 和 $x$ 分别表示矩阵、列向量和标量。同理，大写希腊字母表示未知参数矩阵，黑体小写希腊字母表示参数列向量 (没有相应大写的希腊字母也可表示矩阵)，标量用小写希腊字母表示。例如，$\Theta$，$\boldsymbol{\theta}$ 和 $\theta$ 分别表示参数矩阵、参数列向量和参数标量。

**空间、集合与变换群**

| | |
|---|---|
| $\mathbb{R}^n$ | $n$ 维实数欧氏空间 |
| $\mathscr{M}_{n\times p}$ | $n\times p$ 阶矩阵集合 |
| $\mathscr{N}_p$ | $p\times p$ 阶非负定矩阵集合 |
| $\mathscr{S}_p$ | $p\times p$ 阶对称矩阵集合 |
| $\mathscr{C}(X)$ | 由矩阵 $X$ 的列向量生成的列空间 |
| $\mathscr{C}(X)^\perp$ | 列空间 $\mathscr{C}(X)$ 的正交补空间 |
| $\mathscr{G}$ | 位置平移变换群 |

**标量**

| | |
|---|---|
| $\mathrm{tr}(A)$ | 矩阵 $A$ 的迹 |
| $\det(A)$ | 矩阵 $A$ 的行列式 |
| $\mathrm{etr}(A)$ | $\mathrm{etr}(A)\equiv\exp[\mathrm{tr}(A)]$ |
| $\mathbb{E}(Y)$ | 随机矩阵 $Y$ 的期望 |
| $\mathrm{Cov}(Y)$ | 随机矩阵 $Y$ 的协方差 |
| $a_n=o(b_n)$ | 对序列 $\{a_n\}$, 有 $\lim_{n\to\infty}\lvert a_n/b_n\rvert=0$ |
| $a_n=O(b_n)$ | 对序列 $\{a_n\}$, 存在常数 $c$ 使得 $\limsup_{n\to\infty}\lvert a_n/b_n\rvert=c$ |

**函数**

| | |
|---|---|
| $\mathcal{F}$ 或 $\mathcal{G}$ | 多元连续型分布函数 |
| $\Gamma_p(\cdot)$ | 多元 $p$-维伽马函数 |
| ${}_0F_1(a;b)$ | 一个特定的广义超几何函数或级数 |

**向量**

| | |
|---|---|
| $1_p$ | 各分量为 1 的 $p$ 维向量, 维数 $p$ 经常省略 |
| $\mathrm{vec}(A)$ | 矩阵 $A$ 的按行拉直运算 |

**矩阵**

| | |
|---|---|
| $I_n$ | 阶数为 $n$ 的单位矩阵，阶数 $n$ 经常省略 |
| $A^{\mathrm{T}}$ | 矩阵 $A$ 的转置 |
| $A^-$ | 矩阵 $A$ 的广义逆。即如果 $AGA=A$，则 $A^-=G$ |
| $A^+$ | 矩阵 $A$ 的 Moore-Penrose 逆 |
| $A\otimes B$ | 矩阵 $A_{n\times p}$ 和 $B_{m\times q}$ 的 Kronecker 积，即 $A\otimes B=(a_{ij}B)$ |

**投影矩阵**

| | |
|---|---|
| $P_X$ | $\mathbb{R}^n$ 到 $\mathscr{C}(X)$ 上的垂直投影，即 $P_X=X(X^{\mathrm{T}}X)^-X^{\mathrm{T}}$ |
| $M_X$ | $\mathbb{R}^n$ 到 $\mathscr{C}(X)^\perp$ 上的垂直投影，即 $M_X=I-P_X$ |
| $P_X^{S^{-1}}$ | $\mathbb{R}^n$ 到 $\mathscr{C}(S^{-1}X)$ 上的投影 $P_X^{S^{-1}}=S^{-1}X(X^{\mathrm{T}}S^{-1}X)^-X^{\mathrm{T}}$ |
| $M_X^{S^{-1}}$ | $\mathbb{R}^n$ 到 $\mathscr{C}(S^{-1}X)^\perp$ 上的投影 $M_X^{S^{-1}}=I-P_X^{S^{-1}}$ |

**范数**

| | |
|---|---|
| $\Vert\boldsymbol{x}\Vert_2$ | $L_2$ 范数, 即 $\Vert\boldsymbol{x}\Vert_2=\left(\sum_{i=1}^p x_i^2\right)^{1/2}$ |
| $\Vert A\Vert_{\mathrm{F}}$ | 矩阵 $A$ 的弗贝罗尼乌斯 (Frobenius) 范数, 即 $\Vert A\Vert_{\mathrm{F}}=\mathrm{tr}(AA^{\mathrm{T}})^{1/2}$ |
| $<\cdot,\cdot>$ | 内积空间的内积运算 |

**概率分布**

| | |
|---|---|
| $U(a,b)$ | 定义在区间 $[a,b]$ 上的均匀分布 |
| $N(\mu,\sigma^2)$ | 期望 $\mu$ 而方差 $\sigma^2$ 的一元正态分布 |
| $\chi_p^2$ | 自由度 $p$ 的中心卡方分布 |
| $\chi_p^2(\delta)$ | 自由度 $p$ 而非中心参数 $\delta$ 的非中心卡方分布 |
| $N_p(\mu,\Sigma)$ | 期望 $\mu$ 而协方差 $\Sigma$ 的 $p$ 维多元正态分布 |
| $N_{n\times p}(M,I\otimes\Sigma)$ | 期望 $M$, 随机矩阵行向量的协方差 $\Sigma$ 而列向量独立的 $n\times p$ 维多元正态分布 |
| $W_p(n,\Sigma)$ | $p$ 维的自由度 $n$ 而协方差 $\Sigma$ 的中心 Wishart(威沙特) 分布 |
| $W_p(n,\Sigma,\Omega)$ | $p$ 维的自由度 $n$, 协方差 $\Sigma$ 而非中心参数 $\Omega$ 的非中心 Wishart 分布 |
| $W_p^{-1}(n,\Sigma)$ | $p$ 维的自由度 $n$ 而协方差 $\Sigma$ 的逆 Wishart 分布 |